U0896142

2018 Fujian Statistical Yearbook

福建统计年鉴

福　建　省　统　计　局
国家统计局福建调查总队　编

中国统计出版社
China Statistics Press

图书在版编目（CIP）数据

福建统计年鉴. 2018：汉英对照 / 福建省统计局，国家统计局福建调查总队编. -- 北京：中国统计出版社，2018.8
ISBN 978-7-5037-8515-3

Ⅰ. ①福… Ⅱ. ①福… ②国… Ⅲ. ①统计资料－福建－2018－年鉴－汉、英 Ⅳ. ①C832.57-54

中国版本图书馆 CIP 数据核字(2018)第 160589 号

福建统计年鉴-2018

作　　者/ 福建省统计局　国家统计局福建调查总队
责任编辑/ 钟　钰
责任校对/ 唐国华
装帧设计/ 陈　泓
出版发行/ 中国统计出版社
地　　址/ 北京市丰台区西三环南路甲 6 号
邮政编码/ 100073
电　　话/ 邮购（010）63376909　书店（010）68783171
网　　址/ http://www.zgtjcbs.com
印　　刷/ 福州统济印务有限公司
经　　销/ 新华书店
开　　本/ 890mm×1240mm　1/16
字　　数/ 1330 千字
印　　张/ 35
印　　数/ 1～1900 册
版　　别/ 2018 年 8 月第 1 版
版　　次/ 2018 年 8 月第 1 次印刷
定　　价/ 270.00 元　Price:270.00(RMB)

本书附同版本 CD-ROM 一张，光盘内容以书面文字为准。
如有印装差错，由本社发行部调换。

编委会及编辑人员

EDITORIAL BOARD AND STAFF

编者说明

一、《福建统计年鉴—2018》，是一部信息高度密集的统计资料书。全书系统收录了2017年福建省全省及各地区、各部门经济和社会发展各方面的统计数据，以及重要年份福建国民经济主要指标的统计数据，是一部全面反映福建经济和社会发展情况的资料性年刊。

二、全书内容分为20个部分：1.综合；2.国民经济核算；3.人口、就业和职工工资；4.固定资产投资；5.对外经济；6.能源；7.人民生活；8.价格指数；9.财政金融；10.农业；11.工业；12.建筑业；13.交通运输和邮电通信业；14.批发零售、住宿餐饮和旅游业；15.科学和教育；16.文化和体育；17.卫生事业；18.公共管理和其他社会活动；19.企业调查；20.市县国民经济主要指标。各篇末均附有《主要统计指标解释》。

三、与《福建统计年鉴－2017》相比较，本年鉴在统计内容和编辑上主要做了如下修订：1.主要年份统一调整为2000，2005，2010，2016，2017等五个年份。2.根据年报制度变化的新情况，某些篇章的统计指标进行了规范和调整。

四、金门县统计资料除另有注明外，暂未列入本年鉴。

五、本年鉴重要统计数据的资料来源、计算口径等均在各篇另有注明。

六、本年鉴使用的度量衡单位均采用国家统一的标准计量单位。

七、本年鉴对过去发布的统计资料重新进行了核实，凡与本年鉴数据有出入的，以本年鉴为准。

八、本年鉴中部分合计数或相对数由于单位取舍不同而产生的计算误差，均不做机械调整。

九、本《年鉴》符号使用说明："空格"表示没有、未掌握该指标数据或不足小数位的数据；"＃"表示其中项。

十、本年鉴产值总量指标按当年价格计算，增长速度和产值指数按可比价格计算。

十一、本年鉴计算增长速度、指数均采用"水平法"。

Editor's Notes

Ⅰ.*Fujian Statistical Yearbook-2018* is an annual statistic publication of comprehensive information with highly density. The yearbook covers very comprehensive data in 2017 and some selected data series in important years of provincial and regional levels and in different departments , reflects various aspects of Fujian social and economic development.

Ⅱ.The yearbook contains twenty chapters: 1.General Survey; 2.National Economy Accounting; 3. Population,Employment and Wages; 4.Investment in Fixed Assets; 5 .Foreign Trade; 6. Energy; 7. People's Living Conditions ; 8.Price Indices ; 9.Finance ; 10.Agriculture; 11.Industry; 12.Construction; 13. Transportation, Postal and Telecommunication Services; 14.Wholesale,Retail Trades, Hotels, Catering Services and Tourism; 15.Science and Education; 16.Culture and Sports ; 17.Health ; 18.Publish Administration and Others; 19. Enterprise Survey; 20.Main Economic Indicators of City Prefecture and County etc. At the end of each chapter, Explanatory Notes on Main Statistical Indicators are included.

Ⅲ. In comparison with the *Fujian Statistical Yearbook 2017*, following revisions have been made in this new version in terms of the statistical contents and in editing:

1.The order of the individual chapters have adjusted, General Survey increase the basic Unit of the Annual Report Legal Entity.2.Years mainly uniformed justment 2000,2005,2010,2016,2017 five years. 3. According to the new situation of the annual report system changes, some statistical indexes of the text and the adjustment of the standard.

Ⅳ.The data of Jinmen county are not included in this yearbook except for some additional notes on it.

Ⅴ.Data source, calculation scope for important statistical data in this yearbook are noted in each chapter.

Ⅵ.The units of measurement used in this yearbook are national standard measurement units.

Ⅶ. The statistics data published in the past is re-verified in this book. Any discrepancy between the data of this book, it prevails.

Ⅷ. As a result of the different unit choices,part of the total or relative data produce calculation error in The yearbook,we do not mechanical adjustment.

Ⅸ. Notations used in the yearbook: "Blank Space" indicates absence or ignorance or insufficient decimal place of data indicator; "#" indicates a major breakdown of the total.

Ⅹ.The indicator of production value in this yearbook is calculated according to prices of the year. Growth rate and indices of production value is calculated according to comparable prices.

Ⅺ.Growth rates and indices in this yearbook are calculated by "level approach".

目　　录

Contents

特　　载
ESPECIALLY PRINTED HERE ARE

统 计 表
STATISTICAL TABLE

第一篇　综合
General Survey

第二篇　国民经济核算
National Economy Accounts

第三篇　人口、就业和职工工资
Population,Employment and Wages

第四篇 固定资产投资
Investment in Fixed Assets

第五篇　对外经济
Foreign Trade

第六篇　能源
Energy

第七篇 人民生活
People's Living Conditions

第八篇　价格指数
Price Indices

第九篇　财政金融保险
Finance,Financial Intermediation and Insurance

第十篇　农业
Agriculture

第十一篇　工业
Industry

第十二篇　建筑业
Construction

第十三篇　交通运输和邮电通信业
Transportation, Postal and Telecommunication Services

第十四篇　批发零售、住宿餐饮和旅游业
Wholesale,Retail Trades, Hotels, Catering Services and Tourism

第十五篇　科学和教育
Science and Education

第十六篇　文化和体育
Culture and Sports

第十七篇　卫生事业
Health

第十八篇　公共管理和其他社会活动
Publish Administration and Others

第十九篇　企业调查
Enterprise Survey

第二十篇　市县国民经济主要指标
Main Economic Indicators of City Prefecture and County

政府工作报告

——2018年1月26日在福建省第十三届人民代表大会第一次会议上

福建省人民政府代省长 唐登杰

各位代表：

现在，我代表福建省人民政府，向大会报告政府工作，请予审议，并请省政协委员提出意见。

一、过去五年工作回顾

党的十八大以来，以习近平同志为核心的党中央以巨大的政治勇气和强烈的责任担当，统筹推进“五位一体”总体布局，协调推进“四个全面”战略布局，解决了许多长期想解决而没有解决的难题，办成了许多过去想办而没有办成的大事，党和国家事业取得历史性成就、发生历史性变革，中国特色社会主义进入新时代。

过去的五年，是福建苦干实干、奋力赶超的五年。习近平总书记多次亲临福建考察，作出了建设“机制活、产业优、百姓富、生态美”的新福建和“四个切实”等一系列重要指示，为福建发展擘画了宏伟蓝图、指明了前进方向、提供了根本遵循。党中央、国务院高度重视福建加快发展，支持建设21世纪海上丝绸之路核心区、国家生态文明试验区、中国（福建）自由贸易试验区、平潭综合实验区、福州新区、福厦泉国家自主创新示范区等，进一步凸显了福建在全国发展大局中的地位和作用。

五年来，在以习近平同志为核心的党中央坚强领导下，在习近平新时代中国特色社会主义思想指导下，我省各级政府认真贯彻落实党中央、国务院和省委的决策部署，坚持稳中求进工作总基调，坚持新发展理念，坚持以供给侧结构性改革为主线，推动经济社会持续健康发展，全省生产总值从接近2万亿元到突破3万2千亿元，2016年首次进入全国前十；人均生产总值从5.3万元增加到8.2万元，2016年上升至全国第6位；一般公共预算总收入增加1594.9亿元，增长53%；城镇居民和农村居民人均可支配收入分别增长52.1%和60.7%；单位生产总值能耗下降20.8%；“十二五”规划圆满完成，“十三五”规划顺利实施。

初步统计，2017年全省生产总值32298.2亿元，增长8.1%；一般公共预算总收入4603.8亿元、增长7.2%，其中地方一般公共预算收入2808.7亿元、同口径增长8.7%；固定资产投资26226.6亿元，增长13.5%；外贸进出口11590.8亿元，增长12%；实际使用外资573.2亿元，增长8.2%；社会消费品零售总额13013亿元，增长11.5%；居民消费价格总水平上涨1.2%；城镇登记失业率3.87%；城镇居民人均可支配收入39001元，增长8.3%；农村居民人均可支配收入16335元，增长8.9%；节能减排降碳年度目标可以实现。省十二届人大一次会议确定的目标任务圆满收官，“机制活、产业优、百姓富、生态美”的新福建建设取得新成效。

（一）全面深化改革开放，体制机制活力增强

供给侧结构性改革深入实施。“三去一降一补”重点任务扎实推进，钢铁、煤炭去产能超额完成国家下达任务，房地产去库存取得积极成效，规上工业企业资产负债率低于全国平均水平，政府综合债务率低于警戒线，累计减轻企业负担1282.5亿元，实施31个补短板工程包、完成投资2180亿元。

积极扩大有效投资，五年完成固定资产投资10.4万亿元、年均增长16.1%，民间投资年均增长19.8%。创新“五个一批”项目推进机制，实施正向激励，突出签约、开工、投产三个环节，优化投资结构，一批重大产业项目相继建成。高速公路运营里程突破5千公里，密度居全国前列，铁路路网密度是全国平均水平的2倍，实现市市通快铁、县县通高速、镇镇通干线、村村通客车，形成“两纵三横”综合交通运输大通道。港口吞吐能力达4.8亿吨。电力装机容量达5597万千瓦。重大水利基础设施建设累计完成投资1587亿元。实施扩大消费十大行动等举措，旅游、文化、体育、健康、养老等热点消费快速发展，电子商务交易额年均增长40%左右。

重大改革试验加快推进。主动融入“一带一路”建设，加快建设海丝核心区，与沿线国家和地区经贸合作、人文交流更加紧密，新增对外投资额年均增长1.2倍，台闽欧国际班列实现常态化运营。自贸试验区推出创新举措11批285项，其中全国首创103项，新增企业数、注册资本分别是挂牌前的4.3倍和6.3倍，国际贸易单一窗口建设成为全国典型案例，跨境电商、保税展示交易、融资租赁等新业态快速发展。平潭“一岛两窗三区”建设扎实推进，对台先行先试步伐加快。福州新区积极创新管理方式，滨海新城建设提速。福厦泉国家自主创新示范区在特色园区、创新平台建设等方面取得成效。

关键环节改革实现突破。深化放管服改革，梳理公布“一趟不用跑”和“最多跑一趟”办事清单2725项，省级行政许可事项精简50%以上，非行政许可审批全部取消。省市县乡四级权责清单实现全覆盖，90%以上事项实现网上办理。多证合一、证照分离等商事制度改革持续深化，“双随机、一公开”监管全面推行。监察体制改革试点稳步推进。党政机关和事业单位公务用车制度改革、事业单位分类改革扎实推进。国企国资改革进一步深化。不动产统一登记制度全面实施。营改增试点改革全面完成。农村集体产权制度等各项改革稳步推进，农村土地承包经营权确权登记颁证基本完成，集体林权制度改革为全国树立了标杆。公立医院综合改革、医保管理体制改革全面推进，三明医改经验在全国推广。

开放合作水平进一步提升。金砖国家领导人厦门会晤筹备和服务保障任务圆满完成，“金砖+”效应逐步显现。支持企业开拓国际市场，推动外贸优进优出，外贸综合服务等新业态加快发展。实施精准招商，实际使用外资年均增长6.2%。支持有条件的企业走出去，对外投资额年均增长32.8%。积极推进闽台经济社会融合发展，43家台湾百大企业在闽投资，实际使用台资74.5亿美元，闽台贸易额2377.6亿元人民币。海峡两岸交流基地数量居全国首位，妈祖等祖地文化交流更加密切。出台支持台湾青年来闽就业创业举措，在闽工作生活台胞超过15万人。海峡论坛品牌效应进一步提升。向金门供水工程海底管道施工全部完成。闽港闽澳在经贸、科技、文化等领域合作不断深化，外事、侨务服务经济社会发展取得新成效。援藏、援疆、援宁等扎实推进。

（二）深入实施创新驱动，产业结构优化升级

创新支撑作用持续提升。加快建设创新型省份，高新技术企业从1638家增加到3054家，规上工业高技术产业增加值年均增长11.9%。建立以“用”为导向的产学研结合新机制，实施研发经费投入分段补助政策，全省研发经费投入年均增长13.9%。推动大众创业万众创新，健全科技成果转化机制，“6·18”累计对接科技成果转化项目2.7万项，技术合同交易额累计367.6亿元。中科院海西研究院、中机院海西分院、国家海洋局海岛研究中心等相继落地，建成省级以上科技创新平台2600个。“数字福建”进入“数字化、网络化、可视化、智慧化”融合发展新阶段，信息化综合指数居全国第6位，数字经济发展水平居全国第7位。

产业转型升级明显加快。实施“中国制造2025”，规上工业增加值从7810.8亿元增加到12146.8亿元，千亿产业集群从5个增加到11个。集成电路、新型显示等一批体量大、带动力强的项目落地建设，战略性新兴产业增加值年均增长15%。累计完成技改投资22075亿元，年均增长17.5%。海洋生产总值从5181亿元增加到9200亿元。服务业发展动力强劲，服务业增加值占地区生产总值比重提高了4.6个百分点。物流业增加值年均增长9.2%。率先实施“放心游福建”服务承诺，旅游总收入增长1.6倍。金融机构体系不断健全，金融业增加值年均增长12.5%，人民币各项贷款余额超过4万亿元，直接融资超过万亿元，金融服务实体经济能力稳步增强。

特色现代农业加快发展。推进农业供给侧结构性改革，品牌农业、生态农业、数字农业加快发展，七大优势特色产业已有5个产值均超千亿元，农林牧渔业总产值年均增长4.1%，粮食总产量每年超过650万吨，“菜篮子”产品丰富、品质提升、保障有效。推进农产品质量安全示范省建设，主要农产品抽检合格率高于全国平均水平。创建现代农业产业园，建成高效设施农业196万亩，建设高标准农田545万亩。完成永久基本农田划定，连续18年实现全省耕地占补平衡。大力推进农业科技创新，深入实施科技特派员制度，农业科技贡献率提高到59%。农村一二三产业加快融合，农产品加工转化率提高到68%，农村电商、产销联盟、休闲农业等新产业新业态不断涌现，新型农业经营主体和服务主体发展壮大。

（三）持续增进民生福祉，人民群众获得感增强

脱贫攻坚战取得决定性进展。全面实施精准扶贫、精准脱贫方略，强化责任落实，建立产业就业、资产收益等稳定脱贫机制，“造福工程”累计搬迁87.9万人，脱贫110万人，基本完成减贫任务，贫困发生率从3.8%下降到0.02%。实施精准扶贫医疗叠加保险政策，筹集2.4亿元为因病致贫返贫的建档立卡农村贫困人口再增加一道保障。23个省级扶贫开发工作重点县生产总值年均增幅高于全省平均水平，2201个建档立卡贫困村面貌明显改善，原中央苏区、革命老区、少数民族聚居区、海岛等欠发达地区发展步伐加快。

基本公共服务持续改善。全省民生相关支出占一般公共预算支出比重每年均超过七成。省级财政累计投入801.9亿元，完成110件为民办实事项目。就业保持良好态势，5年新增城镇就业319.1万人，转移农村劳动力201.1万人。城乡低保对象、特困人员等兜底保障政策惠及652.7万人。48万户棚户区居民“出棚进楼”，20万户困难群众住进公租房。提前整体通过国家义务教育基本均衡县评估认定，92%以上义务教育阶段外来务工人员随迁子女就地入学公办学校，现代职业教育加快发展，厦门大学、福州大学列入国家“双一流”建设计划。基层医疗服务水平提升，医联体建设和家庭医生签约服务持续推进，3所省属医院与国家高水平医院“一对一”合作共建，医疗卫生机构床位数达18.3万张，疾病预防控制进一步加强。全面两孩政策平稳实施。公共法律服务体系不断健全，一村（社区）一法律顾问覆盖率达99.4%。公共文化服务水平不断提高，文化事业和文化产业蓬勃发展。全民健身和竞技体育全面发展，成功承办首届全国青年运动会，晋江成功申办第18届世界中学生运动会。社会福利和慈善事业持续推进，妇女儿童、老龄、残疾人等事业不断发展。民族团结，宗教和睦。

城乡区域发展协调推进。推进以人为核心的新型城镇化，城镇化率从59.6%提高到64.8%，529万农业转移人口成为城镇居民。中心城市辐射带动能力、中小城市和小城镇服务功能不断增强，港产城联动发展态势基本形成。城市规划建设管理水平持续提高，空间规划试点、“多规合一”和城市开发边界划定取得积极进展，“两违”治理腾出土地32.6万亩。福州、厦门地铁1号线建成

通车，地下综合管廊、海绵城市建设试点扎实推进，新建改造市政道路、绿道、雨水管网、污水管网、供水管网和燃气管网 3.2 万公里，城市生活污水、垃圾无害化处理率分别达 91%、97.5%。三分之一村庄开展美丽乡村建设，75%行政村实现生活垃圾常态化治理，乡镇生活垃圾转运系统全面运行。建立专项奖励制度，促进山区专业技术人才收入水平总体上不低于沿海。鼓浪屿申遗成功，国家级风景名胜区、历史文化名镇名村、传统村落数量位居全国前列。

社会保持安定稳定。深化“平安福建”建设，妥善处置各类群体性事件，积极化解信访积案，社会治理体系更加完善。7 个设区市获全国文明城市荣誉称号。金融风险防控有力有效，守住了不发生系统性金融风险的底线。食品药品安全保障水平不断提高。安全生产治理能力和监管水平有效提升，道路交通安全综合整治持续加强，生产安全事故总量比 2012 年下降 33.3%，亿元生产总值生产安全事故死亡率比 2012 年下降 62.5%。防灾减灾救灾机制逐步完善，最大限度减少灾害损失。军民融合深度发展，双拥共建走在全国前列，成为全国唯一连续 4 届所有设区市均被评为“全国双拥模范城”的省份。

（四）加快推进生态省建设，清新福建成为样板

生态文明体制改革不断深化。我省成为第一个国家生态文明试验区，2016 年度生态文明建设评价结果居全国第二。国家生态文明试验区 38 项重点改革任务中 34 项已形成改革成果，其中 11 项在省内复制推广，投入 30 多亿元加大全流域生态补偿力度，生态环保目标责任制、厦门垃圾分类试点、武夷山国家公园体制试点、自然资源资产管理体制试点、环境权益交易等一批改革举措走在全国前列，生态文明制度体系加快形成。

水、大气、土壤污染防治行动计划有效实施。实施最严格的水资源管理制度，建立从水源头到水龙头的全过程治理体系，全省所有的河流都有了河长。推进农业面源污染治理，全面整治生猪养殖污染。实施比国家更严格的大气主要污染物排放标准，强化大气污染联防联控。开展土壤污染治理与修复试点，危险废物处置能力从 39.3 万吨提高到 94.1 万吨，完成重金属总量控制任务。

生态环境质量保持全优。实行最严格的环境执法监管，实现省级环保督察全覆盖。全省 12 条主要河流优良水质比例达 95.8%。近岸海域一、二类海水水质面积占比 88.9%。九个设区城市空气质量优良天数比例达 96.2%，高于全国平均水平 18.2 个百分点。森林覆盖率 65.95%，保持全国首位。完成水土流失治理面积 1296.6 万亩。5 个县（区）成为第一批国家生态文明建设示范县（区），6 个设区市成为国家森林城市，创森工作走在全国前列。

五年来，我们持续加强政府自身建设，马上就办、真抓实干，把“机制活”贯穿政府工作各方面、全过程，努力做到廉洁、勤政、务实、高效。开展党的群众路线教育实践活动和“三严三实”专题教育，推进“两学一做”学习教育常态化制度化。自觉接受人大和政协监督，坚持向人大及其常委会报告工作，向人民政协通报情况，办理省人大代表建议 4037 件、省政协提案 4325 件，办结率 100%。认真听取各民主党派、工商联、各人民团体、无党派人士及社会各界人士意见。用法治方式深化改革、推动发展，提请省人大常委会审议 67 项地方性法规草案，制定出台 82 项省政府规章。行政复议机制不断完善，行政监察和审计监督持续加强，政务公开和权力运行网上公开全面推进，党风廉政建设和反腐败斗争成效明显。

五年成绩来之不易，这是习近平新时代中国特色社会主义思想指导的结果，是党中央、国务院和省委坚强领导的结果，是全省人民团结拼搏和各方面大力支持的结果。我代表省人民政府，向全省人民，向各民主党派、工商联、各人民团体和各界人士，向中央和国家机关及其驻闽机构，向人民解放军

和武警驻闽部队，向所有关心支持福建发展的台港澳同胞、海外乡亲和国际友人，表示衷心的感谢！

回顾过去五年，我们切身体会到：做好政府工作，必须坚持和加强党的全面领导，坚决维护习近平总书记党中央的核心、全党的核心地位，自觉维护以习近平同志为核心的党中央权威和集中统一领导。必须坚持以习近平新时代中国特色社会主义思想为指导，全面贯彻党的基本理论、基本路线、基本方略。必须坚持新发展理念，推动经济发展质量变革、效率变革、动力变革，着力建设现代化经济体系。必须坚持改革开放不动摇，破除体制机制障碍，营造良好发展环境。必须坚持人与自然和谐共生，树立和践行绿水青山就是金山银山的理念，形成节约资源和保护环境的空间格局、产业结构、生产方式、生活方式。必须坚持以人民为中心的发展思想，在发展中补齐民生短板，不断增强人民获得感、幸福感、安全感。必须坚持转变政府职能，深化简政放权，创新监管方式，推进依法行政，建设人民满意的服务型政府。

我们清醒地看到，发展中面临不少困难和挑战，工作中还存在一些不足，主要是：我省经济发展与发达省份相比还存在较大差距，发展不平衡不充分问题仍然突出；发展质量和效益还不高，创新能力、人才支撑不够强；民生领域存在不少短板，稳定脱贫任务艰巨，城乡区域发展与收入分配差距依然较大，群众在就业、教育、医疗、居住、养老等方面面临不少难题；社会治理能力有待加强；生态环境保护压力较大，应对重大自然灾害能力有待提升；体制机制创新和政府职能转变还不到位，营商环境还需进一步优化。我们必须直面问题，创新举措，切实解决。

二、今后五年工作的总体要求和主要任务

今后五年，是“两个一百年”奋斗目标的历史交汇期，既要全面建成小康社会、实现第一个百年奋斗目标，又要乘势而上开启全面建设社会主义现代化国家新征程，向第二个百年奋斗目标进军。做好今后五年政府工作，要全面贯彻习近平新时代中国特色社会主义思想和党的十九大精神，坚定不移贯彻新发展理念，统筹推进“五位一体”总体布局，协调推进“四个全面”战略布局，紧紧围绕习总书记亲自擘画的建设“机制活、产业优、百姓富、生态美”新福建的宏伟蓝图，深入践行习总书记对福建工作的重要指示，坚持以供给侧结构性改革为主线，推动新型工业化、信息化、城镇化、农业现代化同步发展，实现更高质量、更有效率、更加公平、更可持续的发展，到 2020 年全面建成小康社会、实现赶超目标，全面完成省第十次党代会提出的“再上新台阶、建设新福建”中心任务，为实现“两个一百年”奋斗目标、实现中华民族伟大复兴的中国梦作出应有的贡献。

（一）加快构建现代化经济体系，努力实现经济发展高质量。着力“产业优”，坚持质量第一、效益优先，深入实施创新驱动发展战略和标准化战略，进一步深化供给侧结构性改革，大力开展质量提升行动，推动经济发展质量变革、效率变革、动力变革，加快建成创新型省份、先进制造业大省和质量强省。切实贯彻中央关于福建加快发展的重大决策部署，坚持高质量发展与实现赶超有机统一，实施经济发展“百千万支撑”工程，加快“数字福建”建设步伐，形成以先进制造业和现代服务业为主体、特色现代农业为基础的现代产业体系，三大主导产业产值均超万亿元，新兴产业实现倍增发展，服务业比重显著提升。坚持海陆统筹，发展特色鲜明的湾区经济，迈出海洋经济强省建设新步伐。着力“机制活”，用好用足中央赋予的先行先试政策，坚定不移将改革进行到底，在重要领域和关键环节改革上取得更多实质性成效。加快打造一流营商环境，全面提升开放型经济水平，加快建设贸易强省，构建全方位开放新格局。深化闽港闽澳经贸合作，紧密联系和团结更多闽籍海外乡亲。

以中央对台大政方针为指引，继续深化闽台各领域交流合作，为维护和推进两岸关系和平发展、服务祖国统一大业作出更大贡献。

（二）加快民主法治建设，努力实现社会治理高效能。坚定不移走中国特色社会主义民主政治发展道路，坚持党的领导、人民当家作主、依法治国有机统一。深入实施依法治省战略，把政府活动全面纳入法治轨道，推进法治政府建设与创新政府、廉洁政府、服务型政府建设相结合。提高立法质量，完善行政执法体制机制，强化权力制约监督。深入推进军民融合发展战略，依法支持军队改革与建设发展。全面实施“七五”普法，提高群众法治意识，完善法律援助、司法救助等服务体系，切实保障人民群众合法权益。加强社会治理制度建设，加快构建系统完备、科学规范、运行有效的制度体系，推广军门社区好经验好机制好做法，进一步提高社会治理社会化、法治化、智能化、专业化水平。

（三）加快建设文化强省，努力实现精神文明高品位。加强理论武装，坚持正确舆论导向，推动习近平新时代中国特色社会主义思想深入人心。加强思想道德建设，培育和践行社会主义核心价值观，深化群众性精神文明创建活动，持续开展移风易俗行动，推进诚信建设和志愿服务制度化，进一步弘扬民族精神、时代精神和福建精神。实施哲学社会科学创新工程，提升新型智库建设水平，推进科普、档案、地方志等事业发展。繁荣发展社会主义文化，不断提升文化创新力、竞争力和软实力，进一步打响福建文化品牌、延续福建文脉。加强历史文化遗产保护利用，精心守护好老祖宗留下来的文化遗产。

（四）加快提升公共服务水平，努力实现幸福生活高指数。着力“百姓富”，把人民对美好生活的向往作为奋斗目标，切实保障和改善民生，实现居民收入与经济增长同步增长、劳动报酬与劳动生产率同步提高，使全体人民在共建共享发展中有更多获得感、幸福感、安全感。实施区域协调发展战略，着力增强供给能力，促进公共服务、城乡民生基础设施体系更加完善，优质教育公平可及，人民健康水平不断提升，幼有所育、学有所教、劳有所得、病有所医、老有所养、住有所居、弱有所扶不断取得新进展。实施乡村振兴战略，健全城乡融合发展体制机制，坚决打赢脱贫攻坚战，加快推进农业农村现代化，不断促进人的全面发展、全体人民共同富裕。

（五）加快建设国家生态文明试验区，努力实现生态环境高颜值。着力“生态美”，牢固树立“绿水青山就是金山银山”的理念，深入实施生态省建设战略，做好“生态+”文章，坚定走生产发展、生活富裕、生态良好的文明发展道路，为人民群众提供更多优质生态产品。创新生态文明体制机制，创造更多可复制可推广的经验。推进资源全面节约和循环利用，形成绿色发展方式和生活方式。实行最严格的生态环境保护制度，严格国土空间用途管控，打好污染防治攻坚战，推进山水林田湖草系统治理，让天更蓝、地更绿、水更净、空气更清新，加快建设美丽福建。

三、2018 年工作安排

今年发展的主要预期目标是：全省生产总值增长 8.5%左右；一般公共预算总收入增长 7.3%，地方一般公共预算收入增长 7%左右；固定资产投资增长 13%左右；出口增长 3%，实际使用外资增长 3%；社会消费品零售总额增长 10.5%，居民消费价格总水平涨幅 3%左右；城镇登记失业率控制在 4.2%以内；城镇居民人均可支配收入增长 8%，农村居民人均可支配收入增长 8.5%；完成节能减排降碳任务。

今年是贯彻党的十九大精神的开局之年，是改革开放 40 周年，是决胜全面建成小康社会、实施“十三五”规划承上启下的关键一年。我们要全面贯彻党的基本理论、基本路线、基本方略，认真落实党中央、国务院和省委的部署，用好用足中央和国家机关的支持政策，坚持稳中求进工作总基调，坚持新发展理念，按照高质量发展的要求，以供给侧结构性改革为主线，统筹推进稳增长、促改革、调结构、惠民生、防风险各项工作，打好防范化解重大风险、精准脱贫、污染防治攻坚战，推动创新发展、协调发展、绿色发展、开放发展、共享发展取得更大成效。

（一）着力创新发展，不断提高供给体系质量

以转型升级优化供给结构。一是做强做大主导产业。电子信息突出“增芯强屏”，大力突破芯片设计、整机模组一体化设计等关键技术，加快建设新型显示、高端集成电路等重大项目。机械装备突出智能创新，支持首台（套）重大技术装备创新应用，发展高档数控机床、工业机器人、智能化专用设备，提升海工装备、工程机械、电工电器等优势产业。石油化工重点依托“两基地一专区”，以炼化一体化项目为龙头，延伸中下游产业链，提升产品附加值。二是改造提升传统产业。打好“数字化+”“标准化+”组合拳，推动重点产业转型升级、质量提升。实施500项以上省级重点技改项目，推动纺织、鞋服、食品、冶金、建材等传统行业对标国际标准，创品牌提品质。三是培育壮大新兴产业。建立“一个行业、一个规划、一个政策”工作机制，促进创新资源向新兴产业集聚，引进一批高成长新兴产业项目。实施“双高”培育工程，新增高新技术企业350家、高成长企业100家。大力培育“独角兽”“单项冠军”“专精特新”企业，推动种子企业快速成长。精心筹办首届“数字中国”建设峰会，以此为契机加快“数字福建”建设，推动互联网、物联网、大数据、人工智能和实体经济深度融合，做大做强数字经济。推动新能源汽车全产业链发展，加快高端装备、节能环保、生物与新医药、新材料、增材制造等新产业突破发展，战略性新兴产业增加值增长 10%以上，争创“中国制造2025”国家级示范区。科学布局福州新区产业体系，突出高端高新，打造东南沿海重要现代产业基地。四是大幅提升现代服务业。建设一批服务业示范区，促进现代服务业集聚发展。加快发展现代物流、电子商务，提高流通效率，降低流通成本。推动软件信息、科技服务等专业化高端化发展，支持福州、厦门创建中国软件名城。加快发展研发设计、信息服务、会展服务和人力资源服务等服务外包，引导制造业主辅分离，加快发展服务型制造，推动服务业模式创新、业态创新。推进传统手工艺与现代文创产业融合发展，壮大重点文化产业。提升配套设施和服务质量，推进全域生态旅游和“红色旅游”跨越发展，做强“清新福建”品牌。加快发展体育产业，推动群众体育和竞技体育全面发展。五是推进特色现代农业建设。积极发展设施农业，加快现代农业产业园建设，引导优势特色产业向适宜区域和产业园区集聚发展。推进种业创新，优化品种结构和区域布局，培育更多区域公用品牌和名牌农产品，做强做优做大七大优势特色产业。实施农产品质量安全行动计划，持续推进农业面源污染防治，打响“清新福建·绿色农业”品牌。

以扩大内需拓展供给空间。以增加中高端供给和有效供给为导向，建立常态化招商引资机制，促进项目签约、开工、投产良性接续，拓展实施一批新的投资工程包。推进宁德时代、福州京东方、厦门联芯、泉州晋华、莆田华佳彩、漳州核电等一批重大产业项目和铁路、高速公路、机场、地铁、港口、水利等重大基础设施建设，全年省重点项目完成投资 4300 亿元以上。降低社会投资准入门槛，支持社会资本进入医疗、养老、教育等领域，新增民企投资 4000 亿元以上。扩大健康、养老、文化、体育等社会服务有效供给，提升文化消费、旅游休闲、家庭服务等居民服务品质，满足多层次、多样化消费需求。

以科技创新提高供给效益。一是着力增强科技创新能力。支持福厦泉国家自主创新示范区先行先试，推进产业、创新、资金、

政策四链融合。推进创新平台企业化运作，鼓励高校、科研院所与企业合作建立企业化运作的应用型科研机构，支持建设省级制造业创新中心等高水平创新研发平台。强化企业创新主体地位，推进产学研用深度结合，落实科技型中小企业研发费用税前加计扣除和企业研发经费投入分段补助等惠企政策，鼓励产学研用联合体开展集群式研发，支持中小企业创新创造。二是着力转化科技成果。健全科技成果转化激励机制，实施以增加知识价值为导向的收入分配政策，扩大高校和科研院所自主权，完善技术转移和知识产权保护服务体系，提升“6·18”、国家技术转移海峡中心等平台功能，促进产业智慧化、智慧产业化。三是着力营造良好人才生态。实施更加积极有效的人才政策，创新人才引进、培养、使用、评价机制，汇聚更多优秀企业家、科技领军人才和高技能人才，弘扬企业家精神、工匠精神和劳模精神。鼓励人才向山区、革命老区和基层一线流动。营造浓厚的创新创业氛围，让各类人才的创造活力竞相迸发。

以深化改革增添供给活力。突破利益固化的藩篱，破除各方面体制机制弊端，压茬拓展改革广度和深度。一是突出“破”“立”“降”，把供给侧结构性改革推向深入。大力破除无效供给，坚持用市场化、法治化手段化解过剩产能，健全“僵尸企业”出清、重整机制，盘活低效资产。大力培育新动能，加快形成生产要素从低质低效领域向优质高效领域流动的机制。大力降低实体经济成本，全面落实涉企收费目录清单制度，严查乱收费行为，降低制度性交易成本和用能、物流成本，全年减轻企业负担700亿元以上。二是激发各类市场主体活力。做强做优做大国有资本，加快国有企业混合所有制改革，规范国有控股混合所有制员工持股试点，推进省属企业改制上市和兼并重组。完善国有资本授权经营体制，鼓励国有资本与非国有资本双向投资，促进省属企业之间、各级国有资本之间交叉持股、共同发展。规范经营性国有资产处置和收益分配，推进非经营性国有资产整合共享。完善公平竞争的市场环境，落实好支持民营企业发展各项措施，多渠道破解融资难融资贵问题。加强企业家队伍建设。认真落实各项产权保护措施。三是深化财税体制改革。培植壮大财源，提升财政收入质量。进一步推进预决算公开。健全以使用绩效为导向的财政资金配置机制，强化预算绩效管理，加强专项资金整合，提高资金使用效益。合理划分财政事权和支出责任，完善财政转移支付体系。深化投融资体制改革，完善政府与社会资本合作模式，加快推进政府性股权投资基金市场化运作。四是强化金融服务功能。落实金融工作三大任务，健全地方金融议事协调机构和金融监管体系。深化金融改革开放，优化金融资源配置，推动地方法人金融机构做优做强，提高直接融资比重，拓展保险保障功能，大力发展普惠金融、绿色金融、科技金融，提升金融服务实体经济能力。

（二）着力协调发展，不断增强城乡区域均衡性

实施区域协调发展战略。以城市群为主体，推动构建大中小城市和小城镇协调发展的城镇格局，加快农业转移人口市民化。加快构建福州、厦漳泉两大都市区，推进福莆宁和平潭一体化，支持南三龙加快发展，支持武夷新区建设，加强跨区域重大基础设施互联互通。优化中心城市空间布局，促进产城融合，拉开城市框架，拓展承载空间，增强辐射带动和综合服务能力。实施“大城关”战略，优化重点中心镇布局，加强周边统筹配套。推进市县“多规合一”，提升城市品质品位和精细化管理水平。深化山海协作，完善挂钩帮扶机制，支持各地发挥资源禀赋优势，发展壮大各具特色的县域经济。实施一批海洋经济重点项目，提升发展海洋渔业，壮大海洋新兴产业，促进海洋经济一二三产融合发展。推进闽藏、闽疆、闽宁帮扶协作。

实施乡村振兴战略。坚持农业农村优先发展，把握总要求，走好特色路，加快推进农业农村现代化，让农业成为有奔头的产

业，让农民成为有吸引力的职业，让农村成为安居乐业的美丽家园。一是推动农业全面升级。落实粮食安全省长责任制，加强粮食生产、流通、储备、调控，确保粮食安全。大力发展品牌农业、生态农业、数字农业，新增投资 100 亿元实施 350 个产业发展项目。实施农产品加工提升工程，支持主产区农产品就地加工，建设 100 个蔬果加工基地和产后商品化处理中心，加快构建冷链物流体系。推动农村一二三产融合发展，大力发展“互联网+现代农业”，培育农村电商、休闲农业等新业态，加快构建现代农业产业体系、生产体系、经营体系。二是推动农村全面进步。健全城乡融合发展体制机制，继续把公共基础设施建设的重点放在农村，进一步完善农村供水供电、通讯网络、防灾减灾等基础设施，深入推进“四好农村路”建设，全面落实路长制和农村道路专管员制度。实施农村人居环境整治三年行动方案，加强农村突出环境问题综合治理，因地制宜打造特色小镇、美丽乡村，新增乡镇污水处理设施 137 个，新建改造农村三格化粪池 50 万户，实现所有行政村生活垃圾常态化治理全覆盖。加强农村基层基础工作，加强乡村公共文化设施建设，促进居民医保、大病保险、医疗救助等公共服务均等化，健全自治、法治、德治相结合的乡村治理体系，培育文明乡风、良好家风、淳朴民风。三是推动农民全面发展。坚持家庭经营基础性地位，壮大村集体经济，确保集体资产保值增值、农民受益。深化农村各项改革，落实农村承包地“三权”分置制度，深化集体林权制度改革和海域使用改革，推进农村集体产权制度改革。强化乡村振兴人才支撑，鼓励和支持各类人才投身乡村建设，深入实施科技特派员和下派村支书制度，积极培育新型职业农民和新型经营主体。健全农民创业创新机制，完善农业社会化服务体系，促进农民多渠道转移就业，切实提高农民收入。

实施军民融合发展战略。健全军民融合体制，加强军民通用基础设施和标准化体系建设，促进技术、人才、信息、管理等要素双向转化运用，推动设立军民融合产业投资基金，加快“三基地一研究院”建设，支持优势企业进入“大防务、大安全”生产和维修领域。鼓励有条件的地方开展各具特色的军民融合创新实践，加快军民融合重点项目建设。全面加强国防教育，深化双拥共建，健全复退军人荣誉激励制度体系。提高国防动员、后备力量和人民防空体系建设水平；军地合力做好军队全面停止有偿服务工作；全力支持驻闽部队改革与建设。

（三）着力绿色发展，不断巩固发展永续优势

深化生态文明体制改革。加快国家生态文明试验区建设，完成 4 项年度改革任务，形成有效经验，加快复制推广。推动出台生态文明建设促进条例，完善生态环境管理制度。健全生态文明责任体系，建立环境监察、经常性的领导干部自然资源资产审计制度。健全多元化生态补偿机制，开展综合性生态保护补偿试点，完善天然林保护制度。健全国土空间开发保护制度，完善主体功能区配套政策，构建以空间规划为基础、以用途管制为主要手段的国土空间治理体系。创新自然资源资产管理机制，建立以武夷山国家公园为主体的自然保护地体系。

培育加快绿色发展新动能。全面落实能耗总量和强度双控目标责任，完善绿色生产、绿色消费政策，提请制定绿色建筑发展条例，推进绿色技术创新，壮大节能环保、清洁生产、清洁能源等绿色产业，提高清洁能源和可再生能源的消费比重。推进资源全面节约和循环利用，全面落实国家节水行动计划，降低能耗物耗。开展创建节约型机关、绿色家庭、绿色学校、绿色社区行动，倡导绿色出行，引导消费模式和生活方式向绿色、低碳转变。

打好污染防治攻坚战。扎实抓好中央环保督察、国务院海洋督察整改意见落实，坚决守住福建的绿水青山。一是持续实施“清新水域”工程。加强重点流域治理和小流域综合整治。落实河岸生态保护、饮用水水源

地保护、地下水警戒保护三条蓝线管理制度，加快消除城市内河黑臭水体，推进近岸海域污染防治。制定河长制工作管理办法，进一步完善河长制、落实湖长制。二是持续实施“洁净蓝天”工程。推动制定大气污染防治条例，加强工业源污染防治和移动源排放控制，开展重点行业挥发性有机物治理，积极应对臭氧污染天气。三是持续实施“清洁土壤”工程。全面实施“土十条”，推进农用地、滩涂、重点行业企业用地土壤详查，划定农用地土壤类别。加强重金属污染防治，危险废物处置能力提高到100万吨以上，推进土壤污染治理与修复试点。加强垃圾分类处置，加强固体废物进口管理。四是加快建立社会共治大格局。提请修订环境保护条例，加快构建以政府为主导、企业为主体、社会组织和公众共同参与的环境治理体系，加强环境执法监管，加强生态司法保护，坚决制止和惩处破坏生态环境行为。加强生态云平台建设，拓展“福建环境”客户端功能，让群众随时随地了解和监督环境质量，促进社会共治、全民共管。

加强生态系统保护。加强自然保护区建设和管理，完善天空地一体化监管网络。推进生态保护红线、城镇开发边界划定工作。强化湿地保护和恢复，健全林地河湖休养生息制度，推进闽江流域山水林田湖草保护修复试点。推进海洋自然岸线保护和生态修复。开展国土绿化行动，实施森林质量提升工程，全面落实“三个必造”，加快推进“三带一区”造林，完成植树造林100万亩、森林抚育300万亩、封山育林200万亩。推进矿山生态环境修复治理，完成水土流失综合治理200万亩。

（四）着力开放发展，不断拓展合作共赢新空间

加快建设21世纪海丝核心区。推进与海丝沿线国家和地区互联互通、经贸合作、海洋合作、人文交流，促进政策沟通、设施联通、贸易畅通、资金融通、民心相通。用好“9·8”投洽会、东盟博览会等平台，扩大经贸交流，探索在海丝沿线重要节点国家和地区设立经贸联络处。加强港区、航线和联运通道建设，推动海丝与陆丝对接。推进古泉州（刺桐）史迹申遗。加强优势产业领域的国际产能合作，加快建设境外经贸合作园区，打造“丝路明珠”。

加快建设自贸试验区。深化自贸试验区改革开放，对标国际先进规则，聚焦商事、投资、贸易、金融等重点领域，持续推出创新举措，加强系统集成，加快复制推广。加快推动福州物联网产业基地、厦门航空维修基地、平潭国际旅游岛等重点平台做强做大。建设两岸检验检疫合作试验区，扩大两岸检验检疫数据交换、源头管理和口岸验放范围，提升“三创”基地建设水平，促进闽台货物、服务、资金、人员流动更加便利。

发展更高层次开放型经济。开拓国际市场，拓宽传统市场和新兴市场对接渠道。支持外贸产业转型升级，优化出口供给，提升出口质量。加快培育贸易新业态新模式，推动外贸综合服务、市场采购、跨境电商等发展。促进服务贸易创新发展，扩大离岸外包业务领域和规模。借力首届中国国际进口博览会，积极有效扩大进口。加快国际贸易单一窗口3.0版建设，推进“三互”大通关改革，持续扩大口岸开放。坚持引资引智并举，实行准入前国民待遇加负面清单管理模式，精准对接世界500强、民企500强、台湾百大企业、行业龙头企业，引进更多大项目好项目。支持企业开展国际化经营。推进侨务引资引智工作，加强与新华侨华人、华裔新生代、社团新骨干的沟通联络，培养侨界新生力量。推动闽港闽澳携手开拓“一带一路”市场，深化现代服务业等领域合作。

推进闽台经济社会融合发展。一是深化闽台经贸合作。完善与台湾工商团体、行业协会对接机制，深化先进制造业、现代服务业等领域合作，增强台商投资区、台湾农民创业园承载功能，鼓励支持台资企业转型升级、创新发展。支持台湾金融机构拓展福建市场。启动“台商台胞服务年”活动，推广

台胞权益保障联席会议机制，维护台湾同胞合法权益。二是支持台湾青年来闽就业创业和学习生活。探索建立在闽台湾青年联谊会，建设一批台湾青年就业创业基地、闽台大学生创新创业基地、闽台文创基地、台湾青年体验交流中心。三是深化民间基层交流交往。办好第十届海峡论坛、第三届世界妈祖文化论坛、第五届世界佛教论坛等重大活动。充分发挥祖地文化优势，扩大优秀传统文化交流，加强涉台文物保护。新建一批对台交流基地，支持同名同宗村乡亲密切往来，创新两岸村里对接合作模式，鼓励更多台湾同胞来闽参访。提高“三通”服务水平，拓展海空直航，推动增开两岸直航货运航线，完善互联互通合作机制。四是推动区域先行先试。支持平潭综合实验区创新两岸融合模式，加快建设两岸同胞融合融洽的共同家园。积极探索为台湾同胞在闽学习、创业、就业、生活提供与大陆同胞同等待遇。推进厦门深化两岸交流合作综合配套改革试验区建设，打造厦金融合发展示范区。推进与金马地区交流合作，完成大陆向金门供水工程建设。

（五）着力共享发展，不断提升社会和谐程度

打好精准脱贫攻坚战。坚持把提高脱贫质量放在首位，重点再聚焦、措施再精准、保障再强化、成果再巩固，确保现行标准下的国定农村贫困人口如期全部脱贫，到2020年现行标准下的省定农村贫困人口全部脱贫，贫困村和扶贫开发工作重点县如期摘帽。精准落实产业、就业、搬迁、金融、健康、教育、低保兜底等扶贫措施，实施“千企帮千村”计划，完成“造福工程”搬迁1.5万人。实施贫困村提升工程，开展资产收益扶贫，实施第五轮整村推进扶贫开发。改进考核监督，加强动态管理，构建稳定脱贫、有序退出机制，做到真脱贫、脱真贫。

加快补齐民生重点领域短板。一是办好人民满意教育。多渠道扩充学前教育资源，省级财政支持新建公办幼儿园100所，健全政府购买普惠性民办幼儿园教育服务机制。实施城镇中小学扩容工程、薄弱初中提升计划和义务教育提升工程，推进县域城乡义务教育一体化改革发展，着力解决中小学生课外负担重、“择校热”“大班额”等突出问题。提升高中阶段教育质量，推动中考中招和高考综合改革。实施职业院校基础能力建设计划，完善校企合作激励机制，深化产教融合、校企合作。实施“双一流”建设计划，大力推进高等学校内涵式发展。多渠道解决中小学教师结构性缺编问题，全面推进教师“县管校聘”改革，进一步落实乡村教师支持计划，完善教师培养、研训体系，提升教师队伍整体水平。支持和规范社会力量兴办教育。二是加快健康福建建设步伐。深化医药卫生体制改革，在现代医院管理、医疗保障、药品供应保障、分级诊疗、综合监管等5项制度建设上取得新突破。组建省属公立医院管理中心，推动县域紧密型医联体建设，促进“三保”深度融合，规范家庭医生签约服务。全力实施结构优化、学科完善、龙头提升、基层基础、中医固本、公共卫生促进、人才队伍建设、智慧健康等8个工程，推进省儿童医院、疾控中心、妇产医院等项目建设，加强老年人、妇幼等重点人群健康服务。实施好全面两孩政策，解决好婴幼儿照护和儿童早期教育服务问题。鼓励社会资本进入医疗等领域。办好第16届省运会、第10届老健会。三是有效保障老年人服务需求。加快养老服务设施建设，新建150个居家社区养老服务照料中心、400个农村幸福院，实施乡镇敬老院转型升级工程。全面放开养老服务市场，引导和鼓励更多社会资本参与养老服务，壮大养老专业化服务组织，新增养老床位1万张以上，6月底前完成已建养老机构安全达标和设立许可。统筹推进城乡老年教育，加快发展社区老年教育和远程老年教育。四是加快民生基础设施建设。重点在治堵、治涝、治污上下功夫，实施交通畅通、水环境治理、供水安全、防洪防涝、城乡洁净、管网建设、景观提升、配套服务和智慧城市等9大工程，完成投资2400亿元。新增城乡公共停车泊位3万个以上。开展新一轮“厕所革命”专项行动，新建改建公厕2100

座。

积极创新社会治理。一是健全就业服务体系。深入实施就业优先战略和更加积极的就业政策，鼓励以创业带就业，统筹抓好高校毕业生、就业困难人员、农业转移劳动力、退役军人等重点群体就业，城镇新增就业55万人、城镇登记失业人员再就业10万人、城镇就业困难人员再就业3万人。二是完善社会保障。全面实施全民参保计划，完善企业职工养老保险省级统筹，推进机关事业单位养老保险制度改革，推进“五统一、一调剂”工伤保险省级统筹。发展各类商业医疗保险和健康保险。进一步提高农村低保标准，完善城乡衔接的社会救助体系，制定农村留守儿童关爱保护办法，切实维护未成年人合法权益。提高困难残疾人生活补贴和重度残疾人护理补贴标准。三是保持房地产市场总体平稳。坚持房子是用来住的、不是用来炒的定位，加快建立多主体供给、多渠道保障、租购并举的住房制度，完成棚户区改造4.3万户，增加公租房实物供应，加快推出共有产权住房，福州新开工租赁住房和共有产权住房5000套、新增供应5000套，厦门新开工12000套、新增供应8000套。四是着力促进社会团结和谐。全面贯彻党的民族宗教工作基本方针，帮扶少数民族乡村加快发展，做好城市流动少数民族人口服务管理，推动各民族共同团结奋斗、共同繁荣发展。创新群众工作体制机制和方式方法，充分发挥工会、共青团、妇联等群团组织联系群众的桥梁纽带作用。完善社区治理体系，发挥社会组织作用，实现政府治理、社会调节、居民自治良性互动。

打好防范化解重大风险攻坚战。从讲政治大局出发，加强底线思维，提升风险意识，科学研判、提早预防、坚决化解。一是坚决防范化解金融风险。防范化解金融风险，事关国家安全、发展全局、人民群众财产安全。坚持分类施策，有效压降不良贷款。强化政府债务限额管理、预算管理和全口径监测，规范运作模式，稳妥处置隐性债务，有效防控地方政府债务风险。加强小贷公司、融资担保公司、区域性股权市场、典当行、融资租赁公司、商业保理公司、地方资产管理公司等机构监管，坚决防控企业债券违约风险、互联网金融风险、交易场所风险，坚决查处非法集资等各类违法违规金融活动，营造良好的金融生态。二是坚决防范化解房地产市场风险。加快建立房地产市场平稳健康发展长效机制，完善保障性住房价格管理政策，加强市场监测分析，坚决遏制投机炒房，严厉查处捂盘惜售等不良经营行为，确保房地产市场健康发展。三是切实维护公共安全。以“四个最严”治理“餐桌污染”，加强从农田到餐桌全链条全过程监管，加快创建食品安全放心省，确保食品安全。全面落实国务院安委会安全生产考核组要求，健全安全生产责任体系，强化安全隐患排查和风险管控，推进重点行业、重点领域专项整治，推进森林病虫害防治和森林防火，保障生产安全。健全社会治安防控体系，完善立体化、信息化、网格化社会治安管理模式，加强行政调解和行政复议工作，完善多元化纠纷解决机制，开展扫黑除恶专项行动，加快建设更高水平的平安福建。完善农村防汛预报预警体系，完成乡镇防汛指挥图编制，全面完成水毁工程修复，切实提升防汛防台风能力。完善“1+10”防灾救灾机制，加强气象、地质、地震、红十字会等工作，建设避灾示范点200个，创建全国综合减灾示范社区40个，增强防灾减灾救灾能力。

四、建设人民满意的服务型政府

深入贯彻习近平新时代中国特色社会主义思想，坚决维护习近平总书记党中央的核心、全党的核心地位，坚决维护以习近平同志为核心的党中央权威和集中统一领导，牢固树立“四个意识”，坚定“四个自信”，坚持三个“一以贯之”，始终牢记政府前面的“人民”二字，深怀爱民之心，恪守为民之责，善谋富民之策，多办利民之事，让行政效率更高、市场主体更活、人民群众更满意。

坚持依法行政，建设法治政府。坚决维

护宪法权威，捍卫宪法尊严，保证宪法实施，在党的领导下、在法治轨道上开展工作。完善权力、责任、监管清单，坚持法定职责必须为、法无授权不可为。构建依法行政制度体系，加强重点领域立法，推进行政决策科学化、民主化、法治化，推动出台行政执法条例，严格规范公正文明执法，健全行政与司法良性互动机制，完善依法化解纠纷机制。健全守信激励和失信惩戒机制，以政务诚信带动商务诚信和社会诚信。深化政务公开和权力运行网上公开，让权力在阳光下运行。

强化责任担当，建设务实政府。夙夜在公、不辱使命，做到信念过硬、政治过硬、责任过硬、能力过硬、作风过硬。解放思想、攻坚克难，大兴调查研究之风，摸实情、出实招、重实效，把雷厉风行和久久为功有机结合起来，完善政策制定和实施评估机制，以钉钉子精神做好各项工作，确保党中央、国务院和省委的决策部署落地见效。今年投入 366.3 亿元，办好 27 件省委省政府为民办实事项目。优化“政企直通车”，建立高效服务企业的工作机制，构建“亲”“清”新型政商关系。建立激励机制和容错纠错机制，关心爱护基层干部，提振干事创业的精气神。

践行马上就办，建设高效政府。深化机构和行政体制改革，使市场在资源配置中起决定性作用和更好发挥政府作用。深化事业单位改革，推进政事分开、事企分开、管办分离。赋予省级以下政府更多自主权，提升基层服务能力。在全省范围对标国际最高标准，打造国际化、法治化、便利化营商环境。实施市场准入负面清单制度，深化简政放权，创新监管方式，提升机关效能。大力推行网上审批、智能审批，办好“闽政通”，全面推进“一趟不用跑”和“最多跑一趟”，让企业和群众办事像“网购”一样方便。

全面从严治党，建设廉洁政府。深入开展“不忘初心、牢记使命”主题教育，巩固拓展落实中央八项规定精神成果，驰而不息整治“四风”，凡是群众反映强烈的问题都严肃认真对待，凡是损害群众利益的行为都坚决纠正，以永远在路上的执着切实把全面从严治党落到实处。厉行节约，严格控制一般性支出。习惯在受监督和约束的环境中工作生活，自觉接受人大法律监督和工作监督、政协民主监督、监察机关监督，重视群众监督、舆论监督，完善审计监督制度，确保人民赋予的权力始终用来为人民谋利益。

各位代表，新思想引领新征程，新时代展现新气象新作为。让我们更加紧密地团结在以习近平同志为核心的党中央周围，在中共福建省委的领导下，锐意进取、埋头苦干，为“再上新台阶、建设新福建”，为决胜全面建成小康社会、夺取新时代中国特色社会主义伟大胜利、实现中华民族伟大复兴的中国梦而努力奋斗！

关于福建省2017年国民经济和社会发展计划执行情况及2018年国民经济和社会发展计划草案的报告

——2018年1月26日在福建省第十三届人民代表大会第一次会议上

福建省发展和改革委员会

各位代表：

受福建省人民政府委托，现将福建省2017年国民经济和社会发展计划执行情况及2018年国民经济和社会发展计划草案提请省十三届人大一次会议审议，并请省政协各位委员和其他列席人员提出意见。

一、2017年国民经济和社会发展计划执行情况

2017年，面对复杂变化的国内外形势，在以习近平同志为核心的党中央坚强领导下，全省各级各部门坚持以习近平新时代中国特色社会主义思想为指导，坚定不移贯彻落实新发展理念，认真执行省十二届人大五次会议审议通过的国民经济和社会发展计划，着力稳增长、促改革、调结构、惠民生、防风险，全省经济社会保持平稳健康发展。初步统计，全省生产总值32298.28亿元，增长8.1%。

一年来国民经济和社会发展成效主要体现在六个方面：

（一）深化供给侧结构性改革，转型升级持续向好

坚持以供给侧结构性改革为主线，持续推进产业转型升级，经济结构进一步优化。第一、二、三产业分别完成增加值2442.44亿元、15770.32亿元和14085.52亿元，增长3.6%、6.9%和10.3%。

供给侧结构性改革重点任务有效落实。去产能稳步推进，依法取缔“地条钢”产能535万吨，完成煤炭去产能244万吨。房地产库存持续减少，商品房库存比上年初减少819万平方米，去化周期13个月，比上年初减少2个月。企业杠杆率有所降低，54家次企业境内外上市融资再融资626.3亿元，11月末规模以上工业企业资产负债率下降0.2个百分点。降成本成效显著，全省共降低企业成本687亿元，1-11月规模以上工业企业利润总额增长19.8%。补短板有序推动，瞄准重点短板领域特别是省委十届三次全会聚焦的民生社会事业，实施年度29个补短板投资工程包，全年完成投资1460亿元、占年计划的150.2%；卫生、教育、水利等短板领域投资分别增长17.5%、12.6%、16%。

农业生产保持增长。品牌农业、生态农业、数字农业加快发展，农林牧渔业总产值4302.44亿元，增长3.7%；粮食总产量665.4万吨，绿色优质蔬菜、水果、茶叶、肉蛋奶比重提高，肉蛋奶、水产品产量分别增长4.2%、4.5%。现代农业产业园加快创建，农产品加工转换率提高到68%。

工业转型升级加快。出台工业稳增长调结构、企业研发经费投入分段补助等政策举措，规模以上工业增加值增长8%，高于上年0.4个百分点。电子、机械、石化三大主导产业增加值增长8.5%。新一代信息技术、新能源、石墨烯、不锈钢、稀土产业发展势头良好，高技术产业增加值增长12.5%，高

于规模以上工业4.5个百分点。古雷炼化一体化（一期）、中化乙烯和炼油改扩建、厦钨镍钴锰正极材料等项目开工建设，联芯12英寸集成电路、京东方8.5代面板、华佳彩高世代面板、天马TFT平板显示、云度纯电动乘用车等项目投产。

服务业发展持续向好。服务业增加值占地区生产总值比重为43.6%，比上年提高0.7个百分点。物流、金融、旅游等现代服务业发展势头良好，物流业增加值增长9%，全年新增3A级物流企业40家，国家级示范物流园区1个。金融业规模持续扩大，本外币各项存贷款余额分别增长8.9%、10.9%。“清新福建”旅游品牌影响力持续提升，率先实施“放心游福建”服务承诺，旅游总收入增长29.2%。分享经济、平台经济、体验经济等新业态新领域不断拓展，培育行业垂直自营电商平台118个。主辅分离和服务型制造加快推进，传统优势产业服务化趋势明显，涌现出三棵树、科华恒盛、龙净环保、九牧厨卫、雪人股份等一批典型企业。

创新驱动引领新动能加速成长。出台建设国家创新型省份实施方案、省级高新技术企业扶持办法等政策措施，规模以上战略性新兴产业增加值占规模以上工业增加值22.8%，比上年提高1.6个百分点。全省各类科技创新平台超过2600个,福厦泉国家自主创新示范区有序推进，首批18项创新改革举措在全省复制推广，泉州“中国制造2025”城市试点示范持续推进。“数字福建”建设加快，电子证照共享工程列入国家“互联网+政务服务”示范工程，一批物联网重点实验室、物联网企业技术创新中心、大数据研究院（所）加快建设，国家级互联网骨干直联点开通运行，“互联网＋”行动深入推进，获批成为国家大数据综合实验区，数字经济规模、信息化综合指数居全国前列。第十五届中国•海峡项目成果交易会对接合同项目6317项、总投资1691亿元。

（二）积极扩大有效需求，供需结构持续优化

投资保持较快增长，固定资产投资26226.6亿元，增长13.5%。投资结构调整优化，工业投资增长12.6%，其中改建和技术改造投资增长14.9%，机械装备制造业投资增长30%。信息传输、软件和信息技术服务业投资增长17.2%。民间投资增长18.6%，其中制造业民间投资增长17.5%。

重大工程、重大项目支撑有力。强化项目正向激励，截至12月底，全省入库“五个一批”项目24222个、总投资16.02万亿元，其中签约、开工、投产项目分别4458个、6844个、4106个；产业项目14106个、总投资7.65万亿元，基础设施项目6201个、总投资5.76万亿元，民生社会事业项目2126个、总投资8629亿元，“五个一批”项目对扩投资稳增长的作用日益显现。在建省重点项目完成投资4745.9亿元，超额完成年度目标，西气东输三线闽粤支干线、闽江防洪工程福州段(四期)、连城县福地水库等一批项目前期工作加快推进，福厦客专、兴泉铁路、中海油漳州LNG接收站等200个项目开工建设，厦沙高速公路、连江申远聚酰胺一体化、平潭社会福利中心等200个项目建成或部分建成。

新型城镇化建设取得成效。常住人口城镇化率、户籍人口城镇化率分别为64.8%、47.8%，比上年分别提高1.2个、2.3个百分点，居住证制度实现全覆盖。建立完善城镇化人地钱挂钩政策，国家级、省级新型城镇化试点稳步推进，经济发达镇行政管理体制改革深入推进。宁德锂电新能源小镇、晋江“芯”小镇等27个特色小镇列入第二批省级创建名单。

消费升级步伐加快。出台进一步扩大旅游文化体育健康养老教育培训等领域消费实施意见，新消费引领促进产业转型升级效应初显，社会消费品零售总额13013亿元，增长11.5%。网络消费以及信息、体育、文化、养老等升级类消费高速增长,通过互联网实现的商品零售额增长56.5%，体育娱乐用品类商品零售额增长38.7%。

（三）深化重点领域改革，发展活力持续增强

市场运行机制进一步完善。出台完善产权保护制度依法保护产权实施方案和创新政府配置资源方式实施意见，实施工商登记“多证合一”改革，开展“证照分离”试点并将试点范围扩大到自贸试验区及国家级开发区，实现全省企业设立登记全流程网上办理，建立全省统一的名称网上申报系统，有效激发市场主体活力。社会信用体系加快建设，政务诚信、个人诚信、电子商务领域诚信等法规制度相继出台，省公共资源交易电子行政监督平台与省投资项目在线审批监管平台、省信用信息平台以及部分省直监管系统、交易系统实现横向连接，建立了行政监督的联动机制。

国企国资和重点行业改革进一步深化。省属企业集团层面和权属企业公司制改制全面完成，通过上市等多种形式推进混合所有制改革，省属企业并购重组后减少到17户。电力体制改革全面启动，出台售电侧改革十个配套文件，推进增量配电网试点，启动首批购售电业务改革试点园区工作。

“放管服”改革持续深化。全面推行“一趟不用跑”和“最多跑一趟”办事清单，推进“三集中”改革，实施审批服务标准化，全面推进政务公开。进一步减权放权，承接落实国务院取消调整事项，共取消59项行政审批事项、34项中介服务事项和18项证明材料。修订形成全省统一的政府核准的投资项目目录，修订后核准事项省级31项，设区市16项，市、县（区）5项。建成闽政通APP平台，接入省网上办事大厅和各设区市行政服务中心行政审批、公共服务事项超过11万项，变“群众来回跑”为“部门协同办”。基本完成全省党政机关公务用车制度改革，推进各级企事业单位公车改革。

社会民生保障进一步健全。教育综合改革稳步推进，构建与常住人口规模相适应的中小学布局，全省首次统一中考顺利实施。医药卫生体制改革进一步深化，“药价保”深度融合，建立了新的药品供应保障机制，按病种收付费改革面进一步扩大，实行差别化的医保支付政策，在基层医疗机构就医报销比例平均达95%。社会保障机制进一步健全，全面实施特困人员救助供养制度，全面推动养老服务业改革发展，机关事业单位养老保险制度改革稳步推进。

（四）着力构建对外开放新格局，开放型经济水平持续提升

外经贸平稳发展。全省进出口总额11590.8亿元，增长12%；其中出口7114.1亿元，增长4.1%。出台落实国务院关于扩大对外开放积极利用外资若干措施实施方案，促进利用外资转型提质，吸引外资项目和产业招商取得新进展，新设外商投资企业2041家，实际使用外资573.2亿元，增长8.2%，其中亿元以上大项目实际使用外资增长43.2%，第二产业实际使用外资增长23.2%。国际产能合作有序推进，备案境外投资项目148个、投资额35.1亿美元，其中鼓励类境外投资项目占比超80%。

海丝核心区建设稳步推进。持续拓展互联互通，加强港区、航线和联运通道建设，集装箱外贸航线达到138条，空中国际航线达到53条。对海丝沿线国家和地区投资备案项目30个、22.9亿美元，39个项目纳入“一带一路”国家重大项目储备库，贸易额3098.5亿元，中国·福建周、“福建品牌海丝行”等平台作用有效发挥。成功举办“海丝”相关艺术节、电影节等大型活动，厦门大学马来西亚分校在读学生超过2600人。

福建自贸试验区建设效应显现。总体方案181项重点试验任务已实施177项，实施率达97.8%。制度创新和复制推广工作扎实开展，挂牌以来累计推出实施创新举措285项，其中全国首创103项。福州、厦门、平潭片区重点业态、平台发展态势良好，跨境电商、物联网、整车进口、融资租赁等快速发展。

平潭开放开发迈出新步伐。大力推进国际旅游岛建设，旅游产业项目正式列入企业所得税优惠目录，中国-小岛屿国家海洋部长圆桌会议成功举办，成功入选全国首批“健康旅游示范基地”。加快培育优势产业，一批旅游文化康体、总部经济、航运物流、金融等产业项目落地建设。

闽台合作领域进一步扩大。一批重大闽台合作项目加快推进。两岸“三创”基地共吸引台湾青年 4000 多人入驻。闽台双边贸易额 774.6 亿元，增长 18.3%。实际使用台资（含第三地转投）126.6 亿元。成功举办第九届海峡论坛。

（五）全力保障和改善民生，人民群众获得感持续增加

脱贫攻坚深入推进。不断创新产业扶贫、就业扶贫、健康扶贫、科技扶贫和资产收益扶贫机制，扶持建档立卡贫困户发展种养业、农产品加工、休闲农业、电子商务等产业项目，实施精准扶贫医疗叠加保险方案，全省脱贫 20 万人。大力推进造福工程易地扶贫搬迁，全年完成搬迁任务 11.2 万人。23 个省级扶贫开发工作重点县和 2201 个建档立卡贫困村加快发展，三明国家级扶贫改革试验区、屏南全国农村改革试验区、长（汀）连（城）武（平）扶贫开发试验区建设稳步推进。

25 项为民办实事项目全面完成年度目标任务。农村居民最低生活保障标准提高，食品放心工程、养老服务工程、助残工程加快推进。民生相关支出占一般公共预算支出比重为 74.3%。城镇新增就业人数 60.49 万人，新增农村劳动力转移人数 33.32 万人，城镇登记失业率 3.87%。居民收入保持增长，城镇居民人均可支配收入 39001 元，增长 8.3%；农村居民人均可支配收入 16335 元，增长 8.9%。稳妥实施全面二孩政策，人口自然增长率 8.6‰。

公共教育服务体系更加均衡。持续扩大学前教育资源，131 所公办幼儿园开工建设，实施政府购买普惠性民办园教育服务。实施县域内城乡义务教育一体化建设。首次启动遴选培育示范性普通高中建设学校，首次实施省一级达标高中分批复查、动态管理机制，“全面改薄”工程开工面积 276.59 万平方米。推进省级示范性现代职业院校建设，推进地方本科高校向应用型转变。

卫生服务保障能力得到增强。实施全民健康保障工程，加快提升健康扶贫、妇幼健康保障、公共卫生服务能力。推动精神卫生防治体系促进工程建设，提高医疗机构对精神疾病患者的诊疗服务水平。3 所中医医疗机构列入中医药传承创新工程项目储备库，3 所省属医院列入疑难病症诊治能力提升工程项目。

社会服务保障体系加强。实施健康与养老服务工程建设行动计划，推进实施社会服务兜底工程，新建养老服务机构（含社区老年人日间照料中心）128 个、完善提升居家养老服务站 307 个、新建农村幸福院 624 个。

保障性安居工程开工 7.7 万套、开工率 111.8%，基本建成 10.8 万套，超额完成任务。实施农村饮水安全巩固提升工程，受益人口 33 万人。持续治理“餐桌污染”，建设“食品放心工程”。居民消费价格总水平上涨 1.2%，控制在预期目标以内。

文化旅游服务体系进一步健全。实施文化旅游提升工程、乡村旅游扶贫工程，一批旅游基础设施、公共文化服务设施、国家文化和自然遗产保护利用设施项目加快建设。实施公共体育普及工程，足球场地设施和全民健身活动中心项目加快建设，不断满足人民群众日益增长的体育健身需求。

（六）扎实推进生态文明建设，生态环境持续优良

生态环境保护持续推进。完成植树造林 133.9 万亩，森林覆盖率继续保持全国首位。

市县污水处理率达91%、生活垃圾无害化处理率达97.5%。水、大气、土壤污染防治持续深化，全省所有的河流都有了河长，12条主要河流优良水质比例为95.8%，九个设区城市空气质量优良天数比例为96.2%，福州、厦门在全国74个重点城市空气质量排名中分别列第5位、第4位。

国家生态文明试验区建设取得积极进展。扎实推进年度17项重点改革任务，培育发展农村污水垃圾处理市场主体方案、绿色金融体系建设方案、党政领导干部自然资源资产离任审计实施方案、自然资源统一确权登记办法等一批改革方案在全国率先出台、先行探索实施。自然资源资产负债表编制试点、重点生态区位商品林赎买改革试点等改革举措在全省复制推广。

节能减排降碳和资源节约工作取得成效。建立能源消费总量和强度双控制度，预计可完成节能减排降碳年度目标任务。继续实施节能技术改造和合同能源管理财政奖励政策，抓好燃煤工业锅炉（窑炉）改造等重点领域节能重点工程项目建设。排污权交易和碳排放权交易市场稳定运行，用能权交易试点工作有序推进。实施水资源消耗总量和强度双控行动，建立健全省市县三级行政区域用水总量和强度控制指标体系，出台建设用地总量控制和减量化管理方案。

总的看，全省经济运行总体保持平稳态势。但也要清醒地看到，由于国内外经济环境仍然错综复杂，我省经济发展方式转变、经济结构优化、增长动力转换正处于攻关期，地区生产总值增速、固定资产投资增速、出口总额仅在年度预期目标左右，发展不平衡不充分的一些突出问题尚未解决，经济社会发展还面临不少困难和问题。一是实体经济发展仍较困难。受产能过剩、市场需求不足等因素影响，银行贷款趋于谨慎，民营、中小企业资金投放相对较少，部分企业资金趋紧，12月末工业企业贷款余额仅占各项贷款余额的18%；受原材料价格上涨、用工用地成本上升等因素影响，企业成本存在上升压力，1-11月规模以上工业每百元主营业务收入中的成本86.58元，同比增加0.15元。二是新动能培育有待加强。新兴产业体量仍然较小，创新能力不够强，近几年来我省新产业、新业态保持较高增速，但许多新兴产业尚处于"施肥灌溉"、培育发展阶段，规模总体偏小，全省战略性新兴产业增加值占GDP比重12%，占比仍然偏低。高端产业发展不够快，高技术产业和代表先进制造业的装备制造业增加值增速低于全国平均水平。三是出口增长压力依旧较大。出口增长4.1%，低于全国平均水平。传统劳动密集型产品出口优势弱化，受成本上升、关税等因素影响，我省部分传统产业和中低端订单向东南亚、中西部等地转移，七大类劳动密集型产品出口仅微增0.7%。四是补齐教育、医疗、养老、城乡民生基础设施等领域短板任务仍然较重，居民收入保持较快增长难度加大，脱贫攻坚还有很多任务。面对这些困难和问题，我们一定要高度重视，主动作为、敢于担当，着力加以解决。

二、2018年国民经济和社会发展主要预期目标和任务

政府工作报告提出的2018年经济社会发展主要预期目标包括：

一是经济保持稳定增长。预期全省生产总值增长8.5%左右，固定资产投资增长13%左右，社会消费品零售总额增长10.5%，出口增长3%。主要考虑：我省经济结构进一步优化、转型升级和新动能日益成为经济发展的重要支撑力，发展基础总体比较牢固；中央高度重视福建发展，出台系列支持福建加快发展的有力举措，为我省经济社会发展奠定坚实基础；与"十三五"年均增长8.5%目标相衔接，以及进一步加快福建发展战略需要。

二是现代化产业体系加快构建。供给侧结构性改革进一步深化，创新驱动、产业转型升级步伐加快，新经济新动能加快培育，先进制造业和现代服务业加快发展；城乡区

域协调性增强，农业农村现代化和新型城镇化建设加快推进；改革开放深入推进，市场经济体制机制进一步完善，全面开放新格局加快形成。

三是民生福祉继续增加。城乡居民收入差距继续缩小，预期城镇居民人均可支配收入增长8%，农村居民人均可支配收入增长8.5%；公共服务供给能力进一步提升，预期地方一般公共预算收入增长7%左右；城镇新增就业55万人，城镇登记失业率控制在4.2%以内；居民消费价格总水平涨幅3%左右；生态文明进一步提升，完成节能减排降碳任务。

为实现上述目标，我们要以习近平新时代中国特色社会主义思想为指导，全面贯彻落实党的十九大精神，加强党对经济工作的领导，坚持稳中求进工作总基调，坚持新发展理念，紧扣当前社会主要矛盾变化，按照高质量发展的要求，统筹推进“五位一体”总体布局和协调推进“四个全面”战略布局，加快建设现代化经济体系，坚持以供给侧结构性改革为主线，把高质量发展与实现赶超有机统一起来，着力强产业提后劲，着力增创新优供给，着力促改革添动力，着力补短板惠民生，着力美生态固优势，着力防风险守底线，进一步强化压实责任，强化正向激励，强化工作抓手，推动质量变革、效率变革、动力变革，坚决打好防范和化解重大风险、精准脱贫、污染防治三大攻坚战，促进经济社会持续健康发展，推动“再上新台阶、建设新福建”迈出新步伐。要重点组织实施好九个方面工作：

（一）加快产业转型升级

推进制造业转型升级,培育壮大重点产业。支持传统产业优化升级，继续开展新一轮技术改造专项行动，组织实施一批重点技改项目。推动智能制造加快发展，落实国家新一轮增强制造业核心竞争力三年行动计划（2018-2020年），争创“中国制造2025”国家级示范区。实施军民融合发展战略，推进军民融合深度发展，加快创建一批省级军民融合协同创新中心，推动融合产业集聚、区域示范。加大力度支持现有企业健康发展，推动产业龙头培育壮大，制定新一轮龙头企业发展促进计划，重点培育壮大百家以上工业和信息化领域产业龙头，在细分领域培育一批有竞争力的单项冠军企业或科技“小巨人”企业。集成电路产业要培育发展集成电路设计、制造、封装测试产业，完善产业链条，高起点、高标准建设福建（泉州）半导体高新技术产业园区和国家自主可控的国产化存储器芯片生产基地，推动成为东南沿海集成电路产业发展新高地。精细化工业力争在高档功能涂料、含氟聚合物、氟硅精深加工产品、环保型水处理剂、环保型塑料添加剂、高性能电子化学品等领域有所突破。新能源汽车要扶持重点企业发展，壮大电控及核心材料产业，发挥各方力量，加快充电桩（站）建设。纺织服装业要发挥化纤、棉纺、服装、纺机产业链优势，着力发展功能性差别化纤维、高档面料、高性能产业用纺织品，加快打造一批旗舰企业和国际国内品牌。

深入推进新兴产业倍增计划，围绕新一代信息技术、高端装备制造、新材料、新能源等战略性新兴产业重点领域，集中资源支持重点项目、龙头企业和示范工程，继续组织实施一批产业化专项，加快培育一批省级制造业创新中心，争创国家级制造业创新中心。高端装备制造业重点发展智能化专用装备、高档数控机床等我省具有较好发展基础的重大技术装备，培育发展先进轨道交通、通用航空、工业机器人及维护、增材制造等高端新兴装备。石墨烯产业要用好现有规划和政策扶持作用，发挥好石墨烯技术创新联盟和石墨烯产业基金作用，支持厦门、晋江、永安等石墨烯产业园引进高端项目，围绕石墨烯“料、材、器、用”四个环节，加快石墨烯材料规模化制备共性关键技术和产业链关键环节突破。新能源产业重点推动大功率、高能量动力锂电池核心技术研发和产业化，加强正负极材料、电解液和电芯等电池核心件配套生产，打造国内新型环保型动力电池制造和研发中心。海洋新兴产业要推进海洋生物医药、海洋工程装备等海洋新兴产业规模化发展，培育一批海洋特色产业园区。支持“智慧海洋”重大示范工程项目加快建设，争取列入国家“智慧海洋”工程区域试点。

加快现代服务业创新发展。加强服务创新，提升服务品质，更好满足生产性和生活性服务多层次、多样化需求。积极发展“互联网+”高效物流，加快完善省交通物流公共信息平台，提高供应链管理水平，推动物流、制造、商贸等联动发展；全面铺开 15 个国家全域旅游示范区和9个省级全域生态旅游试点县建设；发展以老年人康复服务和护理服务为主的专业组织，引导养老与医疗、旅游、文化等产业融合发展。抓好服务型制造示范企业培育，积极推动主辅分离，支持省内大中型制造业企业整合资源、组建工业设计中心，创建省级和国家级工业设计中心。推动一批国家级、省级服务业标准化试点项目建设，打造一批知名品牌。

下大力气振兴实体经济。加大金融服务力度，大力发展普惠金融，加快建设覆盖省市县三级的政策融资担保机构体系，推动金融更好地为企业服务。支持企业市场化、法治化债转股，加大股权融资力度，加快发展各类投资基金，推动有条件的企业通过发行债券、上市融资、并购重组等方式扩大直接融资，降低企业杠杆率。大力支持民营企业发展，完善公平竞争的市场环境。不折不扣落实国家和省里已出台各项减税降费措施，全面落实涉企收费目录清单制度，全面清理违规中介服务收费。加强产权保护，激发和保护企业家精神，鼓励更多社会主体投身创新创业。大力弘扬劳模精神和工匠精神，营造劳动光荣的社会风尚和精益求精的敬业风气。

（二）积极扩大有效需求稳增长

以“五个一批”项目为抓手，发挥产业项目的直接支撑作用和基础设施、社会事业项目的基础支撑作用，大、中、小项目配套，政、民、外项目齐抓，壮大总量优化结构，夯实重点领域有效投资。促进产业投资比重提高，把扩大有效投资着力点放在实体经济上，扩大工业投资、现代服务业投资和农业领域投资，大力推进产业链缺失项目、延伸项目建设，加快形成上下游配套的产业集群。加快城乡基础设施建设，加快构建适度超前、功能配套、管理科学、安全高效的现代化城乡基础设施体系，加大交通、能源、市政、水利、环保、信息等基础设施建设投资。拓展社会事业补短板投资，在提升现有工程包的基础上，进一步谋划生成一批新的工程包，充分发挥工程包捆绑实施的规模效应和政策效应，通过创新完善“一包一策”“一地一策”，增强补短板的系统性、惠民生的针对性、扩投资的实效性。

加快推动重大项目建设。进一步完善重大项目工作推进机制，积极招商引资，加强与央企、民企、外企洽谈对接，促进项目落地。强化要素保障，加强协调服务，全面提高重大项目开工率、建成率。2018 年在建省重点项目 1150 项，年度计划投资 4308 亿元，计划开工项目 155 项，建成或部分建成 155 项。突出产业项目带动，推进京东方柔性面板、莆田 HDT 高效太阳能电池、福州国家医疗健康大数据中心、厦钨永磁电机等项目完成前期工作并尽快开工；促进晋华集成电路生产线、宁德时代新能源锂离子动力电池、厦门英蓝国际金融中心等一批项目加快建设；争取永荣石化己内酰胺、华佳彩高世代面板、天马 TFT 平板显示二期、厦门三安 LED 等项目建成、投产或达产。夯实基础设施保障能力，力争新增铁路通车里程 253 公里、港口吞吐能力 463 万吨，建成高速公路 225 公里（含扩容工程）。其中，铁路重点抓好福厦客专、兴泉铁路、福平、衢宁、建宁至冠豸山铁路等工程续建，湄洲湾北岸支线主体工程建成、南三龙铁路通车；城市（际）轨道交通方面，福州重点推进地铁 2 号线、1 号线二期、6 号线工程续建，4、5 号线一期全面开工。厦门继续抓好地铁 2 号、3 号、4 号线工程续建，开工建设地铁 6

号线及漳州角美延伸段工程。加快推进厦门新机场、福州机场二期、龙岩至龙川铁路、沈海高速福厦扩容二期等项目前期工作，力争取得重大突破。加快建设社会事业重大项目，推进省疾控中心迁建、省老年医院、省儿童医院、省妇产医院、福州软件职业技术学院、厦大翔安校区、厦门体育中心、泉州大剧院、福建海峡健康养老中心等项目建设，增强人民获得感。

激发民间有效投资活力。落实进一步激发民间有效投资活力促进经济持续健康发展的政策措施，着力解决好民营企业不能投、不愿投、不敢投的问题。规范有序推进政府和社会资本合作，适时调整发布省级PPP项目库清单，有针对性地完善相关领域PPP政策措施，加大项目推介和对接力度。

积极扩大消费需求。实施“促升级扩消费十大行动”，拓展旅游、文化、体育、健康、养老、教育培训、信息、汽车等消费热点。开展加快内贸流通创新推动供给侧结构性改革扩大消费专项行动，引导扩大传统产业的绿色制造、绿色采购和绿色消费，推进全域生态旅游，打响“清新福建”品牌。推动实体零售转型升级，支持企业创新商业模式，完善快递配送和冷链物流体系。加快农村电商综合服务网点建设。

促进出口稳定增长。争取列入国家“市场采购”试点，努力引进和培育外贸综合服务企业，积极促成重点企业在我省建设跨境电商运营中心，推动泉州（晋江）国际邮政交换局尽早运作，扩大跨境电商出口规模。启动外贸企业主体培育和助力万企成长方案，对品牌企业、高新技术企业、小微企业实施分类辅导，推动有潜力的企业扩大出口。

（三）推动创新驱动发展

加快高水平创新平台建设。主动对接国家“科技创新 2030-重大项目”和国家实验室建设，积极参与国家科技重大项目攻关。推动中科院海西研究院、国家专利审查福州分中心等“国字号”科研机构加快建设。支持福厦泉自主创新示范区在光电显示、集成电路、新能源汽车等领域，打造具有较强创新实力的产业基地。围绕产业发展重点领域，再建设一批国家级和省级创新平台，着力构建国家级、国地共建、省级合理分布的创新平台体系。突出科技成果转化应用，加快建立覆盖全省、服务企业的技术转移网络和技术市场体系，促进技术转移转化。

强化知识产权创造、保护和运用。加快知识产权强省建设，健全知识产权运用机制。完善高层次和紧缺人才来闽工作的激励机制。进一步落实税收优惠政策、扩大投贷联动试点范围，支持福州新区、泉州丰泽区和厦门火炬高技术产业开发区等国家“双创”示范基地加快建设。依托互联网建设全省科技资源共享平台，构建重大科研基础设施和大型科研仪器向社会开放服务新机制。

大力发展数字经济。加快推进国家大数据（福建）综合试验区建设，推动国家数字经济（福建）示范区建设，实施国家健康医疗大数据试点，推进福州和厦门健康医疗大数据中心及产业园建设，发展“互联网+健康医疗”服务。实施产业大数据应用示范工程，深化“互联网＋”区域化链条化试点，扶持一批行业应用互联网平台，加快培育大数据、物联网、云计算、人工智能、共享经济等新业态，壮大数字经济规模。人工智能要加快研发攻关、产品应用和产业培育“三位一体”推进，强化创新链和产业链深度融合、技术供给和市场需求互动演进，以应用示范推动技术和系统优化。围绕行政管理、司法管理、城市管理、环境保护等社会治理的热点难点问题，促进人工智能技术应用，推动社会治理现代化。物联网要加强关键技术攻关和核心产品研发，完善物联网公共支撑平台和技术研发平台。实施“物联网+”应用计划，在车联网、船联网、智能家居、人体感知、智慧城市等领域开展规模化集成应用。大数据要研发分布式文件系统、海量存储数据库、大数据搜索引擎、大数据分析挖掘、数据可视化等软件产品，开发海量数据存储设备、大数据一体机等硬件产品。加快打造重要民生服务领域的大数据行业应用平台。

（四）实施乡村振兴战略

加快粮食生产能力建设。继续推进农田水利、山垄田复垦改造和高标准农田建设，依靠科技提高粮食单产，加快划建水稻生产功能区，努力实现粮食总产量稳定在650万吨以上。

加快推动现代特色农业发展。坚持质量兴农、绿色兴农，促进农业发展从增产到提质，继续实施农业“五新”工程，支持七大优势特色产业优先发展，建设特色现代农业产业园、创业园和田园综合体等农业发展平台。实施种业创新与产业化工程。推进国家级、省级农林水产原良种场建设，加强适合我省种养的品种选育、引进、研发、繁殖与示范推广。大力发展休闲渔业。开展畜禽养殖场规模化标准化养殖，全面推进畜禽废弃物资源化利用，年底畜禽养殖废弃物综合利用率达到80%以上。

提升农业农村现代化水平。推动城乡融合发展，引导城市资金、技术、人才等现代化要素向农业农村流动，改善农村生产生活环境。增强城市发展对农业转移人口的吸引力和承载力。因地制宜打造特色小镇、美丽乡村。促进一二三产业融合发展，加强试点示范工作，做好产业融合试点示范县（市、区）、乡镇典型经验推广，开展创建国家农村产业融合发展示范园工作。延伸农业产业链条，发展农产品加工业和休闲农业，支持鼓励农民就业创业，拓展增收渠道。

深化农业农村重点领域改革。巩固和完善农村基本经营制度，深化统筹推进农村土地制度改革试点，探索建立我省农村土地所有权承包权经营权“三权”分置有效机制。深化农村集体产权制度改革。构建现代农业产业体系、生产体系、经营体系，完善农业支持保护制度，发展多种形式适度规模经营，培育新型农业经营主体，健全农业社会化服务体系。

（五）持续深化重点领域改革

深入推进“放管服”改革。进一步减权放权，完善清单管理制度，规范权力运作。推进社会信用体系建设，完善信用信息平台，推进信用示范城市建设，加强信用服务市场培育。全面推动实施市场准入负面清单制度。纵深推进商事制度改革，落实“多证合一”、企业全程电子化登记、企业名称登记便利化、先照后证、证照分离、简易注销等改革举措，加快电子营业执照核发。加强事中事后监管，探索实行“互联网+监管”新模式，完善公平竞争审查制度，加快打造包容创新的监管环境、公平普惠的政策环境和公平竞争的市场环境。

继续深化投融资体制改革。深入贯彻落实我省关于深化投融资体制改革的实施意见。畅通投资项目融资渠道，支持有真实经济活动支撑的项目资产证券化，引导设立各类专业基金。落实精简企业投资前置条件的实施方案，加大前置审批事项精简力度。加快完善投资项目在线审批监管平台，推进审批各环节信息全流程联网共享。

深化国企国资和重点行业改革。推进国企国资产权制度改革，开展混合所有制改革，鼓励国有资本与非国有资本双向投资。开展员工持股、国有资本投资公司和运营公司等试点。深入推进企业兼并重组。推进国企公司制改革，完善法人治理结构，推进董事会规范建设，开展所出资企业外部董事试点和出资人委派总会计师试点。推进电力体制改革，加快推进增量配电业务改革试点，实现试点项目设区市级全覆盖。推动中小用户通过售电公司参与电力市场交易。

推动财税价格改革。深化预算管理制度改革，完善全口径预算编制，加大政府性基金预算、国有资本经营预算与一般公共预算的统筹力度，科学调整国有资本收益上缴比例。完善跨年度预算平衡机制。完善专项资金清单管理制度，建立动态评估清理机制。加快推进财政事权和支出责任划分，加大省对市县转移支付力度，促进区域间均衡发展。深化价格改革，推进水电天然气等要素价格改革。

完善主体功能区战略和制度。调整优化全省主体功能区格局，健全各类主体功能区空间发展长效机制，实施国家重点生态功能区县市产业准入负面清单。统筹建立资源环境承载能力监测预警协调机制，推进全省监测预警大数据平台建设。深化空间规划试点，推进主体功能区战略格局在市县层面精准落地。推进实施福建省海洋主体功能区规划。

（六）提升开放发展水平

促进开放型经济稳定增长。充分利用金砖会晤效应和“多区叠加”政策优势，全面落实促进外资增长的各项政策措施。对标先进地区，进一步改善营商环境，推进投资便利化，创新招商方式，开展精准招商，完善总部经济服务机制，加快发展总部经济。加强与世界500强、全球行业性龙头企业对接，承接高端产业转移。引导我省有条件的企业依法依规参与国际产能合作,鼓励优势产能境外合理布局，支持高新技术领域海外并购，开拓优势装备高端市场。

深入推进海丝核心区建设。以“五通”为抓手，持续拓展国际合作新伙伴、新项目、新平台。实施互联互通建设行动,持续加密海上、空中航线，提升台闽欧国际班列运营成效，加快打造联接“一带一路”的国际运输大通道。实施投资贸易促进行动，支持优势产业合理布局、拓展国际市场，推动能源资源开发和优势装备出口。实施海洋合作提升行动，加快中国-东盟海洋合作中心建设，完善中国东盟海产品交易所功能，支持企业建立远洋渔业基地，推动创建国家海洋经济示范区。实施人文交流深化行动，持续办好各类活动，讲好福建故事、“海丝”故事，有效促进民心相通。

加快福建自贸试验区、平潭综合实验区建设。加快落实深改方案，注重制度创新系统集成，持续推进复制推广工作。着力培育发展功能，扶持重大产业平台，积极吸引外资参与重点业态发展，推进福州、厦门、平潭片区加快发展。深入推进平潭开放开发，用好用足所得税优惠等特殊政策，加快建设国际旅游岛。

加强闽台、闽港澳侨合作。推动闽台经济文化深度交流合作、融合发展，深化先进制造业和现代服务业合作，加强祖地文化传承交流，吸引台湾青年就业创业。继续深化闽港澳金融、物流、旅游、文化、教育、科技等领域合作，拓展闽港、闽澳招商平台。加强与侨界更紧密合作，密切与侨团、商会交往，大力推进侨务引资引智工作，拓展与闽籍新华侨华人、海外留学人员和华裔新生代的联络，培养侨界新生力量。

（七）全面提升生态文明建设水平

加快国家生态文明试验区建设。试验区38项重点改革任务全部形成改革成果，并抓好实施落地和创新推广。稳步推进自然资源资产管理体制改革试点，有序实施环保机构监测监察执法垂直管理制度，探索推进环境治理监管职能整合，在全省范围实施领导干部自然资源资产离任审计制度，推进生态保护红线、永久基本农田、城镇开发边界三条控制线划定。

持续打好污染防治攻坚战。深入实施水污染防治行动计划，深化河长制，加强重点流域水污染综合整治，强化入河排污口监管，持续推进城市黑臭水体治理、近岸海域防治、农村及小流域水环境整治。推进大气污染防治，持续实施优化产业结构和能源结构、治理工业废气、治理城市扬尘污染、治理移动源污染等措施，开展臭氧污染防治。实施土壤污染防治行动计划，加强对工矿企业、农业面源等重点污染源的监管，推进土壤污染治理与修复试点示范工程，加快推进危险废物处置项目建设。

加快推进绿色发展。建立健全绿色低碳循环发展的经济体系，发展绿色金融，壮大节能环保产业、清洁生产产业、清洁能源产业。完善能源消费总量和强度双控目标责任制，健全节能预警调控机制，持续推进用能权交易试点，加快重点企业能源管理体系和能耗在线监测系统建设，实施一批重点节能工程。完善碳排放权交易市场体系，积极对接全国碳市场。倡导绿色低碳的生活方式，推进实施生活垃圾分类制度。

（八）进一步加强扶贫和民生社会事业建设

坚决打好精准脱贫攻坚战。强化因人因户施策、因贫困原因施策、因贫困类型施策，瞄准特殊贫困人口精准帮扶，实施“造血式减负式兜底式”扶贫。注重扶贫同扶志、扶智相结合，继续抓好各类专项扶贫工程，巩固提升脱贫成果。落实对 23 个省级扶贫开发工作重点县支持政策，进一步支持苏区老区发展，强化挂钩帮扶、山海协作，整村推进扶贫开发。推进扶贫开发与低保兜底有效衔接，确保现行国定标准的农村贫困人口稳定脱贫。

提高就业质量和人民收入水平。以经济发展带动就业，以就业促进居民增收。拓宽高校毕业生、就业困难人员、农村转移劳动力、退役士兵等就业渠道和方式，拓宽创业投融资渠道，提高经济发展对就业的拉动能力。加强政府对基层就业服务基础设施的供给能力和信息化、现代化、规范化建设水平，进一步发挥基层就业服务设施效能。

持续提升社会保障水平。以促进城乡居民增收为契机，不断优化社会收入分配结构，缩小不合理的收入分配差距，实现收入水平的共同提升。持续优化与岗位技能相匹配的收入水平，力争做到同工同酬。加大转移支付力度，着力提高低收入者收入。完善城乡统筹、多层次的社会救助体系，确保各类困难群体获得相应救助。

优先发展教育。扶持一批普惠性幼儿园，新建一批公办幼儿园。统筹实施城镇中小学扩容和义务教育学校提升工程，高质量完成“全面改薄”收官年工程，改造提升有办学基础的薄弱高中，全面加强基础教育内涵建设。深化实施产教融合发展工程，继续推进示范性现代职业院校、中等职业学校、示范性应用型本科高校的发展。组织实施一流大学和一流学科建设，重点建设 111 个“高峰”“高原”学科。

加快健康福建建设。推进健康扶贫建设工程、精神卫生防治体系促进工程、妇幼健康保障工程、公共卫生能力促进工程、中医药传承创新工程、疑难病症诊治能力提升工程、人口健康信息平台建设。继续推进健康与养老服务工程建设行动计划和体育健身设施建设。

加快补齐城乡民生基础设施短板。持续推进城市道路交通文明畅通提升行动，加快推进公交、地铁等公共交通建设，提高公共交通分担率。完善普通国省道网建设布局，深入实施交通惠民工程，推进“四好农村路”建设，实施“百乡千村”公路提升计划。完善城乡物流配送网络。持续推进城市内涝防治行动，大力推进福州、厦门等海绵城市试点建设。推进城乡公厕改造建设。

推动文化事业和文化产业发展。加快各级重点文化设施建设，提升基层文化基础设施整体水平。继续完善现代公共文化服务体系，完善市县级档案馆、广播电视高山发射台和城乡电影公共服务一体化建设。推进出版业转向高质量发展，促进文化创意和设计服务与相关产业融合发展。加快福建省优秀传统文化传承，振兴福建传统工艺，举办第七届福建艺术节。

（九）严密防范重点领域风险隐患

积极防范稳妥化解金融风险。加强风险排查和监测预警，落实属地监管责任，坚决守住不发生系统性金融风险的底线。加强地方政府债务管理，梳理排查地方政府债务风险点，及时制定有效防范措施。落实企业信贷风险防控责任，坚持“控新化旧”两手抓，做好重点风险企业资金链、担保链监测预警，“一企一策”“一链一策”，分级分类化解。依法合规开展市场化债转股等工作，坚决打击恶意逃废债和非法集资犯罪行为，切实防范互联网金融领域风险。

保持房地产市场稳定。牢牢把握住房的居住属性，保持房地产调控政策的延续性和稳定性，坚持调控手段不放松，严格防控投机炒房，确保热点区域房价总体可控；因城分类施策优化住房供给，建立健全租购并举住房制度，积极发展租赁市场，加大租赁住房和共有产权住房建设力度，增加住房市场有效供应，稳定市场预期；热点城市及库存少、去化周期短的三四线城市和县城，要落实年度供地计划，加快土地出让节奏。

加强和创新社会治理。推进安全生产领域改革发展，严格落实安全生产责任制，坚持问题导向，盯紧重点行业领域和重要基础设施，加大安全生产排查整治力度，有效遏制重特大生产安全事故，全面完成安全生产责任目标。加强食品药品安全基层监督力量。妥善解决社会矛盾和问题，高度重视社会风险的评估和化解，加强社会治安综合治理，防范经济问题引发社会稳定风险。

各位代表！做好 2018 年经济社会发展各项工作，任务艰巨，意义重大。我们要更加紧密团结在以习近平同志为核心的党中央周围，全面贯彻中央和省委的决策部署，认真落实省十三届人大一次会议决议，自觉接受省人大及其常委会的法律监督、工作监督和省政协的民主监督，高度重视省人大代表和政协委员的意见建议，锐意进取，埋头苦干，努力完成本次会议通过的各项目标任务，为建设机制活、产业优、百姓富、生态美的新福建，为决胜全面建成小康社会、实现中华民族伟大复兴的中国梦、实现人民对美好生活的向往继续奋斗！

第一篇　综合

Chapter 1　General Survey

资料整理：林宇 叶春山 江椿

Database Editor: Linyu Yechunshan Jiangchun

简 要 说 明

本篇资料的主要内容及来源

本篇包括全省行政区划及国民经济和社会发展综合资料二部分。

行政区划划分资料由福建省民政厅提供。国民经济和社会发展综合部分来源于本年鉴各篇章中的资料，由省统计局综合统计处、省统计局普查中心加工整理。

Brief Introduction

Main Content and Source of Data

This chapter mainly covers two parts: the data of divisions of administrative areas and general survey of economy and society development.

Data on divisions of administrative areas are provided by the Bureau of Civil Affairs of Fujian Provincial Department. Data on general survey of eco
-nomy and society development are compiled and processed by the Division of Comprehensive Statistics of the Fujian Provincial Bureau of Statistics and the Division of General Survey Centre of the Fujian Provincial Bureau of Statistics.

1-1 全省行政区划(2017年底)

Division of Administrative Areas in Fujian(2017)

设区市名称 Cities	县级行政单位数(个) Number of Administrative Units at County Lever 合计 Total	县 County	县级市 Cities at County Level	市辖区 District	县级行政单位名称 Name of Administrative Units at County Level
总计 Total	85	44	12	29	
福州市 Fuzhou	13	6	1	6	鼓楼区 仓山区 台江区 马尾区 晋安区 长乐区 福清市 闽侯县 连江县 罗源县 闽清县 永泰县 平潭县 Gulou Cangshan Taijiang Mawei Jin'an Changle Fuqing Minhou Lianjiang Luoyuan Minqing Yongtai Pintan
厦门市 Xiamen	6			6	思明区 海沧区 湖里区 集美区 同安区 翔安区 Siming Haicang Huli Jimei Tongan Xiang'an
莆田市 Putian	5	1		4	城厢区 涵江区 荔城区 秀屿区 仙游县 Chengxiang Hanjiang Licheng Xiuyu Xianyou
三明市 Sanming	12	9	1	2	三元区 梅列区 永安市 明溪县 清流县 宁化县 大田县 尤溪县 沙县 将乐县 泰宁县 建宁县 Sanyuan Meilie Yong'an Mingxi Qingliu Ninghua Datian Youxi Shaxian Jiangle Taining Jianning
泉州市 Quanzhou	12	5	3	4	鲤城区 丰泽区 洛江区 泉港区 石狮市 晋江市 南安市 惠安县 安溪县 永春县 德化县 金门县 Licheng Fengze Luojiang Quangang Shishi Jinjiang Nan'an Huian Anxi Yongchun Dehua Jinmen
漳州市 Zhangzhou	11	8	1	2	芗城区 龙文区 龙海市 云霄县 诏安县 漳浦县 长泰县 东山县 南靖县 平和县 华安县 Xiangcheng Longwen Longhai Yunxiao Zhao'an Zhangpu Changtai Dongshan Nanjing Pinghe Hua'an
南平市 Nanping	10	5	3	2	延平区 建阳区 邵武市 武夷山市 建瓯市 顺昌县 浦城县 光泽县 松溪县 政和县 Yanping Jianyang Shaowu Wuyishan Jian’ou Shunchang Pucheng Guangze Songxi Zhenghe
龙岩市 Longyan	7	4	1	2	新罗区 永定区 漳平市 长汀县 上杭县 武平县 连城县 Xinluo Yongding Zhangping Changting Shanghang Wuping Liancheng
宁德市 Ningde	9	6	2	1	蕉城区 福安市 福鼎市 霞浦县 古田县 屏南县 寿宁县 周宁县 柘荣县 Jiaocheng Fu'an Fuding Xiapu Gutian Pingnan Shouning Zhouning Zherong

1-2 国民经济和社会发展总量和速度指标

项目 Item	总量指标 Aggregate Data 1978	1990	2000	2010
人口与就业				
Population and Employment				
年末总人口（万人）	**2446**	**3037**	**3410**	**3693**
Population at Year-end(10000 persons)				
#城镇人口		642	1432	2108
Urban				
年末从业人员（万人）	**924.41**	**1348.38**	**1660.19**	**2241.59**
Employment at Year-end(10000 persons)				
城镇登记失业人员（万人）	20.82	9.00	9.10	14.49
Registered Unemployed Persons in Urban Areas(10000 persons)				
城镇单位在岗职工平均工资（元）	**567**	**2162**	**10584**	**32647**
Average Wage of Staff and Workers on the Job(yuan)				
国民经济核算				
National Accounts				
地区生产总值（亿元）	**66.37**	**522.28**	**3764.54**	**14737.12**
Gross Domestic Product(100 million yuan)				
第一产业	23.93	147.01	640.57	1363.67
Primary Industry				
第二产业	28.19	174.47	1628.45	7522.83
Secondary Industry				
第三产业	14.25	200.80	1495.52	5850.62
Tertiary Industry				
主要行业				
Major Industry				
工业	23.85	150.55	1422.34	6397.71
Industry				
建筑业	4.34	23.92	206.11	1125.12
Construction				
人均地区生产总值（元）	**273**	**1763**	**11194**	**40025**
Per Capita GDP(yuan)				
固定资产投资				
Investment in Fixed Assets				
固定资产投资（亿元）	9.45	90.51	995.38	8067.33
Investment in Fixed Assets(100 million yuan)				
项目投资		77.04	788.01	6248.48
Projects Investment				
房地产投资		13.47	207.37	1818.86
Real Estate Development				

Principal Aggregate Indicators on National Economic and Social Development and Growth Rates

		平均增长速度(%) Average Annual Growth Rate(%)				2017年比上年增长(%) 2017 as Percentage of the last Years(%)
2016	2017	1979-2017	1991-2017	2001-2017	2011-2017	
3874	**3911**	**1.21**	**0.94**	**0.81**	**0.82**	**0.96**
2464	2534		5.22	3.41	2.66	2.84
2797.03	**2805.74**	**2.9**	**2.8**	**3.1**	**3.3**	**0.3**
16.25	17.15	-0.5	2.4	3.8	2.4	5.5
63138	**69029**	**13.1**	**13.7**	**11.7**	**11.3**	**9.3**
28519.15	**32292.09**	**12.3**	**12.6**	**11.3**	**10.0**	**8.1**
2363.22	2215.13	5.7	5.2	3.7	4.0	3.7
13844.96	15354.29	14.8	15.6	13.2	10.9	6.8
12310.97	14722.67	12.8	12.0	11.1	9.9	10.2
11449.29	12674.89	15.2	15.9	13.2	10.9	7.4
2421.34	2707.82	8.7	13.3	12.8	11.0	3.9
73951	**82960**	**10.9**	**11.5**	**10.4**	**9.1**	**7.1**
23107.49	26226.60	22.5	23.4	21.2	18.3	13.5
18518.66	21432.37		23.2	21.4	19.3	15.7
4588.83	4794.23		24.3	20.3	14.9	4.5

1-2 续表1

项目 Item	总量指标 Aggregate Data 1978	1990	2000	2010
能源生产与消费 **Production and Consumption of Energy**				
一次能源生产总量（万吨标准煤） Total Energy Production(10000 tons of SCE)	461.00	966.52	1654.17	3260.42
能源消费总量（万吨标准煤） Total Energy Consumption(10000 tons of SCE)	688.00	1458.30	2942.60	9189.42
财政 **Revenue**				
一般公共预算总收入（亿元） Budgtary Revenue of Local Government(100 million yuan)	15.13	57.06	369.67	2056.01
地方一般公共预算收入（亿元） Budgtary Revenue of Local Government(100 million yuan)			234.11	1151.49
一般公共预算支出（亿元） Government Expenditure(100 million yuan)	15.14	68.45	324.18	1695.09
金融 **Finance**				
金融机构人民币各项存款余额（亿元） **Deposits RMB of Financial System(100 million yuan)**	**25.95**	**359.45**	**3114.32**	**18309.45**
#财政存款 Fiscal Deposits			39.59	678.08
储蓄存款 Savings Deposits		183.26	1767.59	8101.02
金融机构人民币各项贷款余额（亿元） **Loans RMB of Financial System(100 million yuan)**	**31.43**	**381.93**	**2438.82**	**15231.36**
#短期贷款 Short-term Loans			1728.01	6594.50
中长期贷款 Medium-term &Long-term Loans			510.32	8372.64
保险公司赔款及给付金额（亿元） **Payment of Insurance Companies(100 million yuan)**			**17.76**	**102.90**
价格指数（上年=100） **Price Indices(preceding year=100)**				
居民消费价格指数 Consumer Price Index	100.2	99.3	102.1	103.2
工业生产者出厂价格指数 Producer Price Index			100.5	103.2
工业生产者购进价格指数 Purchasing Price Index forRaw Material,Fuel and Power			112.4	107.7
固定资产投资价格指数 Price Index for Investment in Fixed Assets			100.2	103.3
农业 **Agriculture**				
农林牧渔业总产值（亿元） **Gross Output Value of Agriculture,Forestry,Animal Husbandry and Fishery(100 million yuan)**	**36.33**	**227.12**	**1037.27**	**2226.41**

注：2016年一次能源生产总量包括生物质燃料等其他能源，与往年口径不一致。
Note:In 2016, Total Production of Primary Energy including biomass fuel and other energy sources, was not the same as in previous years.

Continued

		平均增长速度(%) Average Annual Growth Rate(%)				2017年比上年增长(%) 2017as Percentage of the last Years(%)
2016	2017	1979-2017	1991-2017	2001-2017	2011-2017	
4490.80	4227.77	5.8	5.6	5.7	3.8	-5.9
12357.75	12889.97	7.8	8.4	9.1	5.0	4.3
4295.36	4604.69	15.8	17.6	16.0	12.2	6.9
2654.83	2809.03			15.9	14.0	8.7
4275.40	4684.15	15.8	16.9	17.0	15.6	9.1
39275.82	**42794.79**	20.9	19.4	16.7	12.9	9.0
1230.32	1361.81			23.1	10.5	10.7
14366.68	15213.62		17.8	13.5	9.4	5.9
36356.06	**40484.93**	20.2	18.9	18.0	15.0	11.4
12620.98	14040.45			13.1	11.4	11.2
21631.79	25317.11			25.8	17.1	17.0
317.56	**325.66**			18.7	17.9	2.6
101.7	101.2	4.9	3.8	2.0	2.4	1.2
99.1	104.1			0.0	-0.1	4.1
98.0	105.3			2.4	0.2	5.3
100.0	105.6		2.6	1.8	1.5	5.6
3784.24	**3947.16**	**5.9**	**5.5**	**3.3**	**3.5**	**3.7**

1-2 续表2

项目 Item	总量指标 Aggregate Data 1978	1990	2000	2010
主要农产品产量（万吨） Output of Major Farm Products(10000 tons)				
粮食 Grain	744.90	879.64	854.68	584.65
油料 Oil-bearing Crops	13.80	17.66	25.79	22.08
甘蔗 Sugar Cane	288.03	344.28	82.71	55.69
烤烟 Tobacco	1.23	4.26	9.14	11.52
茶叶 Tea	2.03	5.82	12.60	25.83
园林水果 Fruits	10.10	75.78	356.44	510.75
肉类 Meat	24.27	71.83	145.92	192.61
禽蛋 Poultry Eggs		12.94	40.69	30.54
奶类 Milk	0.93	4.87	9.91	13.24
水产品 Aquatic Products	54.44	145.59	527.89	587.42
食用菌 Edible Fungus		18.24	46.25	76.27
造林面积（万亩） Areas of Afforestation(10000 mu)	**292.06**	**455.86**	**36.75**	**44.81**
工业 Industry				
工业总产值（亿元） Gross Industrial Output Value(100 million yuan)	63.14	531.49	3994.86	23805.32
规模以上工业主要产品产量 Output of Major Industrial Products				
原煤(万吨) Coal(10000 tons)	423.05	925.37	375.03	2442.73
原盐(万吨) Salt(10000 tons)	94.67	67.21	28.37	33.39
罐头(万吨) Canned Food(10000 tons)	4.10	14.41	26.78	203.21
布(亿米) Cloth(100 million meters)	1.12	2.26	5.59	31.20
纱(万吨) Yarn(10000 tons)	1.84	5.48	14.36	184.74
机制纸及纸板(万吨) Machine-made Paper and Paperboard(10000 tons)	20.08	52.09	85.07	432.06

Continued

		平均增长速度(%) Average Annual Growth Rate(%)				2017年比上年增长(%) 2017 as Percentage of the last Years(%)
2016	2017	1979-2017	1991-2017	2001-2017	2011-2017	
477.28	487.15	-1.1	-2.2	-3.3	-2.6	2.1
19.41	19.55	0.9	0.4	-1.6	-1.7	0.7
28.83	26.37	-5.9	-9.1	-6.5	-10.1	-8.5
11.80	11.62	5.9	3.8	1.4	0.1	-1.5
37.29	39.49	7.9	7.3	7.0	6.3	5.9
593.10	601.14	11.0	8.0	3.1	2.4	1.4
279.97	264.91	6.3	5.0	3.6	4.7	-5.4
40.65	46.50		4.9	0.8	6.2	14.4
13.36	13.49	7.1	3.8	1.8	0.3	1.0
711.33	744.57	6.9	6.2	2.0	3.4	4.7
118.19	123.16		7.3	5.9	7.1	4.2
15.45	**12.14**	-7.8	-12.6	-6.3	-17.0	-21.5
47275.84	50061.66	18.1	18.8	15.6	12.0	7.8
1346.68	1107.00	2.5	0.7	6.6	-10.7	-17.8
12.50	22.61	-3.6	-4.0	-1.3	-5.4	80.8
303.18	328.93	11.9	12.3	15.9	7.1	8.5
81.60	90.88	11.9	14.7	17.8	16.5	11.4
484.67	522.64	15.6	18.4	23.5	16.0	7.8
727.00	779.90	9.8	10.5	13.9	8.8	7.3

1-2 续表3

项目 Item	总量指标 Aggregate Data 1978	1990	2000	2010
农用化肥(万吨) Chemical Fertilizers(10000 tons)	16.40	43.64	61.38	57.87
烧碱(万吨) Caustic Soda(10000 tons)	4.32	8.70	15.64	20.11
水泥(万吨) Cement(10000 tons)	120.45	540.04	1513.64	5921.20
平板玻璃(万重量箱) Plain Glass(10000 cases)	43.59	66.06	479.87	2765.35
生铁(万吨) Pig Iron(10000 tons)	26.57	62.60	149.37	558.81
钢材(万吨) Rolled Steel(10000 tons)	13.82	56.28	283.79	1340.56
彩色电视机(万台) Color TV(10000 units)		123.14	204.19	903.10
微型电子计算机（万台） Micro-computers(10000 units)			88.77	738.27
汽车(万辆) Motor Vehicles(10000 sets)	0.09	0.07	2.96	19.50
发电量(亿千瓦小时) Electricity(100 million kwh)	40.69	136.65	403.73	1356.32
规模以上工业企业主要经济指标（亿元） **Principal Indicators of Industrial Enterprises above Designated Size(100 million yuan)**				
资产总计 Original Value of Fixed Assets			3368.64	16058.70
主营业务收入 Revenue from Principal Business		352.56	2468.69	21479.37
利润总额 Total Profits	6.75	16.09	110.80	1754.18
建筑业 **Construction**				
建筑业企业从业人员（万人） Number of Employed Persons(10000 persons)	4.54	30.98	41.37	229.57
建筑业总产值（亿元） Gross Output Value(100 million yuan)	3.31	32.54	271.15	3062.17
房屋施工面积（万平方米） Under Construction(10000 sq.m)	416.57	969.35	4085.40	28406.86
房屋竣工面积（万平方米） Completed Construction(10000 sq.m)	183.40	499.30	1729.00	9095.78
交通运输邮电 **Transportation,Postal and Telecommunication**				
铁路营业里程（公里） **Length of Railways in Operation(km)**	**1009**	**1021**	**1454**	**2110**
公路通车里程（公里） Length of Highways in Operation(km)	29109	41011	51073	91015

Continued

2016	2017	平均增长速度(%) Average Annual Growth Rate(%) 1979-2017	1991-2017	2001-2017	2011-2017	2017年比上年增长(%) 2017 as Percentage of the last Years(%)
51.83	24.01	1.0	-2.2	-5.4	-11.8	-53.7
36.65	37.95	5.7	5.6	5.4	9.5	3.6
8091.20	8444.19	11.5	10.7	10.6	5.2	4.4
5403.59	4739.27	12.8	17.1	14.4	8.0	-12.3
980.44	937.92	9.6	10.5	11.4	7.7	-4.3
2859.58	2725.74	14.5	15.5	14.2	10.7	-4.7
1015.57	953.30		7.9	9.5	0.8	-6.1
847.36	998.42			15.3	4.4	17.8
22.02	28.12	15.9	24.9	14.2	5.4	27.7
1812.95	2062.63	10.6	10.6	10.1	6.2	13.8
32081.30	34591.63			14.7	11.6	7.8
42537.24	45658.46		19.7	18.7	11.4	7.3
2889.26	3221.82	17.1	21.7	21.9	9.1	11.5
360.63	464.50	12.6	10.5	15.3	10.6	28.8
8986.78	10478.31	23.0	23.8	24.0	19.2	16.6
62920.69	65711.82	13.9	16.9	17.8	12.7	4.4
18121.20	16895.04	12.3	13.9	14.3	9.2	-6.8
3197	**3187**	3.0	4.3	4.7	6.1	-0.3
106757	108012	3.4	3.7	4.5	2.5	1.2

1-2 续表4

项目 Item	总量指标 Aggregate Data 1978	1990	2000	2010
#高速公路 Expressway			351	2351
内河通航里程（公里） Length of Navigable Inland Waterways in Operation(km)	3629	3888	3701	3245
客运量（万人） **Passenger Traffic(10000 persons)**	**7928**	**39495**	**44203**	**77153**
铁路 Railways	718	1234	1428	3640
公路 Highways	6285	36639	41696	70714
水运 Waterways	924	1567	726	1444
民航 Civil Aviation	1	55	353	1356
货运量（万吨） **Freight Traffic(10000 tons)**	**4871**	**20321**	**29483**	**66159**
铁路 Railways	1261	1902	2475	3765
公路 Highways	2671	16710	22924	45575
水运 Waterways	939	1708	4078	16803
民航 Civil Aviation	0.02	0.83	5.84	15.81
沿海主要港口货物吞吐量（万吨） **Volume of Freight Handled at Major Coastal Ports (10000 tons)**	**408.13**	**1496.50**	**6944.17**	**32687.01**
邮电业务 **Business Volume of Postal and Telecommunication Services**				
函件（万件） Number of Letters Delivered(10000 piece)	8790	16228	24163	25199
互联网用户（万户） Internet Users(10000 household)			70.70	2388.00
移动电话年末用户（万户） Number of Mobile Telephone Subscribers at Year-end (10000 household)			441.00	3022.00
固定电话年末用户（万户） Number of Fixed Telephone Subscribers at Year-end (10000 household)	5.88	22.82	562.70	1046.00
国内贸易 **Domestic Trade**				
社会消费品零售总额（亿元） Total Retail Sales of Consumer Goods(100 million yuan)	30.56	207.74	1320.80	5310.03
进出口 **Exports and Imports**				
海关进出口总额（亿美元） Total Exports and Imports(customs)	2.03	43.39	212.23	1087.80

Continued

		平均增长速度(%) Average Annual Growth Rate(%)				2017年比上年增长(%) 2017 as Percentage of the last Years(%)
2016	2017	1979–2017	1991–2017	2001–2017	2011–2017	
4831	5039			17.0	11.5	4.3
3245	**3245**	-0.3	-0.7	-0.8	0.0	0.0
54237	**54118**	5.0	1.2	1.2	-4.9	-0.2
10496	11624	7.4	8.7	13.1	18.0	10.7
39137	37585	4.7	0.1	-0.6	-8.6	-4.0
2016	1925	1.9	0.8	5.9	4.2	-4.5
2587	2984	22.3	15.9	13.4	11.9	15.3
120379	**132252**	8.8	7.2	9.2	10.4	9.9
2918	3175	2.4	1.9	1.5	-2.4	8.8
85770	95599	9.6	6.7	8.8	11.2	11.5
31668	33453	9.6	11.6	13.2	10.3	5.6
23.00	25.00	20.1	13.4	8.9	6.8	8.7
50776.09	**51995.49**	13.2	14.0	12.6	6.9	2.4
10868	11565	0.7	-1.2	-4.2	-10.5	6.4
4412.12	4882.36			28.3	10.8	10.7
4159.04	4295.03			14.3	5.2	3.3
815.70	781.75	13.4	14.0	2.0	-4.1	-4.2
11674.54	13013.00	16.8	16.6	14.4	13.7	11.5
1568.19	1710.35	18.9	14.6	13.1	6.7	9.1

1-2 续表5

项目 Item	总量指标 Aggregate Data			
	1978	1990	2000	2010
出口总额 Total Exports	1.90	24.49	129.08	714.93
进口总额 Total Imports	0.13	18.90	83.15	372.87
旅游 **Tourism**				
接待入境游客人数（万人次） **Number of Tourists (Overnight Visitors)**		**70.79**	**161.33**	**368.14**
外国人 Foreigner		10.54	49.75	115.27
台湾同胞 Compatriots from Taiwan		36.28	47.79	156.92
港澳同胞 Compatriots from Hong Kong,Macao		23.97	63.80	95.94
国际旅游外汇收入（亿美元） **Foreign Exchange Earnings from Internationa Tourism**			**8.94**	**29.78**
教育 **Education**				
在校学生数（万人） **Students Enrollment(10000 persons)**				
普通高等学校 Regular Institutions of Higher Education	2.05	5.56	13.14	64.78
普通中等学校 Regular Secondary Schools	119.98	120.69	269.46	260.22
普通小学 Primary Schools	370.23	337.08	369.10	238.89
科技 **Science and Technology**				
研究与试验发展经费内部支出（亿元） Expenditures on Research and Development (100 million yuan)			21.19	170.89
技术市场成交额（亿元） **Volume of Transaction in Technical Markets (100 million yuan)**		**0.44**	**17.26**	**38.12**
专利情况（项） **Patent**				
申请量 Number of Applicated		540	4211	21994
授权量 Number of Granted		276	3003	18063
文化 **Culture**				
图书出版总印数（万份） Number of Books Published(10000 copies)	6818	16312	20298	7749

Continued

		平均增长速度(%) Average Annual Growth Rate(%)				2017年比上年增长(%) 2017 as Percentage of the last Years(%)
2016	2017	1979-2017	1991-2017	2001-2017	2011-2017	
1036.73	1049.32	17.6	14.9	13.1	5.6	1.2
531.47	661.03	24.5	14.1	13.0	8.5	24.4
680.79	**775.41**		9.3	9.7	11.2	13.9
254.12	292.87		13.1	11.0	14.2	15.3
267.20	313.27		8.3	11.7	10.4	17.2
159.47	169.26		7.5	5.9	8.4	6.1
66.26	**75.88**			13.4	14.3	14.5
75.64	75.10	9.7	10.1	10.8	2.1	-0.7
222.91	226.83	1.6	2.4	-1.0	-1.9	1.8
298.67	307.09	-0.5	-0.3	-1.1	3.7	2.8
454.29	543.09			21.0	18.0	19.5
105.71	**103.28**		22.4	11.1	15.3	-2.3
130376	128079		22.5	22.2	28.6	-1.8
67142	68304		22.6	20.2	20.9	1.7
9709	10809	1.2	-1.5	-3.6	4.9	11.3

1-2 续表6

项目 Item	总量指标 Aggregate Data			
	1978	1990	2000	2010
期刊出版总印数（万份） Number of Magazines Issued(10000 copies)	388	3157	4463	2940
报纸出版总印数（万份） Number of Newspaper Issued(10000 copies)	14784	41455	68897	99982
电视节目制作时间（小时） **Time for TV Programs Production**			**16519**	**55424**
公共图书馆（座） Libraries(set)	23	74	81	86
博物馆（个） Museums(unit)	13	58	81	94
居民生活 **People's Living Conditions**				
城镇居民人均可支配收入（元） **Per Capita Annual Disposable Income of Urban Households (yuan)**	**371**	**1749**	**7432**	**21781**
城镇居民人均消费支出（元） Per Capita Consumption in Urban Areas	285	1431	5639	14750
城镇居民人均住房建筑面积（平方米） Per Capita Floor Space of Residential Buildings(sq.m)		18.1	28.0	38.5
农村居民人均可支配（纯）收入（元） **Per Capita Net Income of Rural Residents(yuan)**	**138**	**764**	**3230**	**7427**
农村居民人均生活消费支出(元) Peasants'per Capita Living Consumption Expenditure(yuan)	113	708	2410	5498
卫生 **Health Care**				
卫生机构数（个） **Number of Health Institutions(unit)**	**3809**	**4885**	**9807**	**6999**
#医院、卫生院 Hospitals	1111	1198	1323	1325
卫生技人员数（人） **Medical Technical Personnel(person)**	**54855**	**86772**	**97569**	**140133**
医生 Doctor	22097	35696	41461	55402
卫生机构床位数（张） **Number of Hospital Beds(set)**	**51505**	**68073**	**90091**	**112334**
#医院、卫生院 Hospitals	45331	60664	82389	103933

Continued

2016	2017	平均增长速度(%) Average Annual Growth Rate(%) 1979-2017	1991-2017	2001-2017	2011-2017	2017年比上年增长(%) 2017 as Percentage of the last Years(%)
4215	3032	5.4	-0.1	-2.2	0.4	-28.1
90608	83957	4.6	2.6	1.2	-2.5	-7.3
68977	**78353**			9.6	5.1	13.6
90	90	3.6	0.7	0.6	0.7	0.0
98	123	5.9	2.8	2.5	3.9	25.5
36014	**39001**		**12.7**	**11.0**	**10.1**	**8.3**
25006	25980	12.3	11.3	9.4	8.4	3.9
42.7	43.4		3.3	2.6	1.7	1.6
14999	**16335**	**13.0**	**11.9**	**9.9**	**11.6**	**8.9**
12911	14003	13.2	11.7	10.9	14.3	8.5
8713	**8608**	**2.1**	**2.1**	**-0.8**	**3.0**	**-1.2**
1470	1489	0.8	0.8	0.7	1.7	1.3
220889	**231546**	**3.8**	**3.7**	**5.2**	**7.4**	**4.8**
80131	84045	3.5	3.2	4.2	6.1	4.9
178902	**183418**	**3.3**	**3.7**	**4.3**	**7.3**	**2.5**
165177	170440	3.5	3.9	4.4	7.3	3.2

1-3 国民经济和社会发展结构指标

Composition Indicators on National Economic and Social Development

单位：%　　(%)

项目　Item	1978	1990	2000	2010	2016	2017
一、人口						
Population						
（一）性别结构						
Sexual Composition						
男	51.7	51.4	51.5	51.4	50.9	51.1
Male						
女	48.3	48.6	48.5	48.6	49.1	48.9
Female						
（二）城乡结构						
Urban and Rural Composition						
城镇			42.0	57.1	63.6	64.8
Urban						
乡村			58.0	42.9	36.4	35.2
Rural						
二、就业产业结构						
Employment Industrial Composition						
第一产业	75.1	58.4	46.8	28.4	22.0	21.7
Primary Industry						
第二产业	13.4	20.6	24.5	36.6	36.0	35.5
Secondary Industry						
第三产业	11.5	21.1	28.7	35.0	42.0	42.8
Tertiary Industry						
三、国民经济核算						
National Accounting						
地区生产总值产业结构						
Industrial Composition						
第一产业	36.0	28.2	17.0	9.3	8.3	6.9
Primary Industry						
第二产业	42.5	33.4	43.3	51.0	48.5	47.5
Secondary Industry						
第三产业	21.5	38.4	39.7	39.7	43.2	45.6
Tertiary Industry						
四、固定资产投资						
Investment in Fixed Assets						
（一）产业结构						
Industrial Composition						
第一产业				1.6	3.1	3.7
Primary Industry						
第二产业				35.8	34.1	33.7
Secondary Industry						
第三产业				62.6	62.8	62.5
Tertiary Industry						

1-3 续表1
Continued

单位：%　　(%)

项目 Item	1978	1990	2000	2010	2016	2017
（二）登记注册类型结构						
Registration type Composition						
#国有企业 Stated-owned				32.9	19.0	18.8
集体企业 Collective-owned				2.8	4.1	3.5
私营企业 Private economy				24.5	27.7	30.5
外商及港澳台投资企业 Enterprises with Funds from HongKong, Macao,TaiWan and Foreign				13.3	5.2	4.7
五、能源						
Energy						
能源消费结构						
Composition of Total Energy Consumption						
#煤炭 Coal	63.7	67.0	54.4	55.4	43.6	45.9
石油 Petroleum	12.9	12.1	23.3	24.8	23.7	24.1
天然气 Natural Gas				4.2	5.2	5.2
水电 Hydro power	23.4	20.9	22.3	15.2	15.3	10.5
核电 Nuclear power					9.9	13.0
六、农业						
Agriculture						
（一）农林牧渔业产值结构						
Composition of Gross Output Value of Agriculture						
农业 Farming	77.7	52.1	40.6	40.4	39.0	38.7
林业 Forestry	6.4	9.5	7.9	8.5	8.4	8.3
牧业 Animal Husbandry	10.5	22.9	20.1	18.6	20.3	19.0
渔业 Fishery	5.5	15.6	31.4	28.8	28.8	30.5
农林牧渔服务业 Services of Agriculture , Forestry , Animal Husbandry and Fishery				3.7	3.5	3.5
（二）农作物播种面积						
Total Sown Areas of Farm Crops						
粮食作物 Grain Crops	81.9	75.8	65.5	55.3	52.0	51.9
非粮作物 Non-Grain Crops	19.1	24.2	34.5	44.7	48.0	48.1
七、工业						
Industry						
规模以上工业企业资产结构						
Composition of Capital of Industrial Enterprises						
大型企业 Large Enterprises			22.0	23.7	38.7	37.4

1-3 续表2

Continued

单位：%　　(%)

项目 Item	1978	1990	2000	2010	2016	2017
中型企业 Medium-sized Enterprises			13.5	40.9	29.9	30.4
小微企业 Small Enterprises			64.5	35.4	31.4	32.3
规模以上工业增加值 Value- added of Industry above Designated Size						
大型企业 Large Enterprises			20.6	20.1	31.8	32.4
中型企业 Medium-sized Enterprises			14.4	39.3	30.3	29.8
小微企业 Small Enterprises			65.0	40.6	37.9	37.8
八、建筑业 Construction						
建筑业总产值经济类型结构 Composition of Gross Output Value ofConstruction Industry						
国有企业 State-owned Enterprise	56.8	41.1	48.6	14.6	6.1	5.1
集体企业 Collective-owned Enterprises	39.9	34.7	33.0	2.0	1.1	0.9
港澳台商投资企业 Enterprises with Funds from Hong Kong, Macao & Taiwan				1.1	1.0	0.9
外商投资企业 Foreign Funded Enterprises				0.1	0.0	0.1
其他 Other Enterprises				82.2	91.8	92.9
九、交通运输业 Transportation						
（一）货运量结构 Composition of Freight Traffic						
铁路 Railways	25.9	9.4	8.4	5.7	2.4	2.4
公路 Highways	54.8	82.2	77.8	68.9	71.2	72.3
水运 Waterways	19.1	8.4	13.8	25.4	26.3	25.3
民航 Civil Aviation			0.020	0.024	0.019	0.019
（二）客运量结构 Composition of Passenger Traffic						
铁路 Railways	9.1	3.1	3.2	4.7	19.4	21.5
公路 Highways	79.3	92.8	94.3	91.7	72.2	69.5
水运 Waterways	11.7	4.0	1.6	1.9	3.7	3.6
民航 Civil Aviation	0.0	0.1	0.8	1.8	4.8	5.5

1-3 续表3

Continued

单位：% (%)

项目 Item	1978	1990	2000	2010	2016	2017
十、国内贸易						
Domestic Trade						
社会消费品零售总额结构						
Composition of Retail Sales of Consumer Goods						
按销售单位所在地分组						
By Place of Sales Unit						
城镇 Urban				89.0	90.0	89.8
乡村 Rural				11.0	10.0	10.2
按商品形态分						
By Commodity Form						
餐饮收入额 Catering Income					10.5	10.2
商品零售额 Retail Sale					89.5	89.8
十一、海关货物进出口						
Imports and Exports of Goods						
（一）进口货物总额						
Composition of Imports						
初级产品 Primary Goods			12.3	27.5	42.4	46.4
工业制成品 Manufactured Goods			87.7	72.5	57.6	53.6
（二）出口货物总额						
Composition of Exports						
初级产品 Primary Goods			10.6	7.4	9.3	9.1
工业制成品 Manufactured Goods			89.4	92.6	90.7	90.9
十二、国际旅游						
International Tourism						
来华旅游人数结构						
Composition of Tourists Visiting China						
外国人 Foreigners		14.9	30.8	31.3	37.3	37.8
台湾同胞 Taiwan Compatriots		51.3	29.6	42.6	39.2	40.4
港澳同胞 Hong Kong and Macao Compatriots		33.9	39.5	26.1	23.4	21.8
十三、科技						
Science and Technology						
（一）研究与试验发展经费来源						
Composition of Funds for Scientific andTechnological Activities						
#政府资金 Government Funds			14.6	10.3	11.0	11.3
企业资金 Enterprises Funds			74.5	86.9	86.0	86.2

1-3 续表4

Continued

单位：%　　(%)

项目　Item	1978	1990	2000	2010	2016	2017
国外资金 Abroad Funds			1.7	0.8	0.3	0.2
（二）研究与试验发展经费支出 Composition of Expenditure onR&D						
基础研究 Basic Research			3.1	2.5	2.6	3.5
应用研究 Applied Research			6.7	5.6	6.6	7.2
试验发展 Experimental Development			86.4	92.0	90.8	89.3
十四、居民消费 People's Consumption Conditions						
（一）城镇居民消费结构 Consumption Composition of Urban Residents						
食品烟酒 Food			44.7	39.3	33.2	32.9
衣着 Clothing			8.7	8.7	5.8	5.5
居住 Residence			9.4	10.9	26.1	26.3
生活用品及服务 Household Appliances and Service			8.6	6.6	5.6	5.7
交通通信 Transport and Communications			8.6	14.9	12.8	12.9
教育文化娱乐服务 Education, Cultural and Recreation Services			10.4	12.1	9.8	9.6
医疗保健 Health Care and Medical Services			4.7	4.2	4.7	4.8
其他用品及服务 Other Goods and Services			4.9	3.4	2.0	2.4
（二）农村居民消费结构 Consumption Composition of Rural Residents						
食品烟酒 Food			48.7	46.1	37.3	36.9
衣着 Clothing			4.9	5.6	4.4	4.5
居住 Residence			14.6	15.7	24.8	25.3
生活用品及服务 Household Appliances and Services			4.6	5.3	5.3	5.1
交通通信 Transport and Telecommunications			8.6	11.6	11.3	11.1
教育文化娱乐服务 Education, Cultural and Recreation and Services			10.6	8.4	8.3	8.4
医疗保健 Health Care and Medical Services			3.6	4.6	6.7	6.5
其他用品及服务 Other Goods and Services			4.6	2.6	1.9	2.2

1-4 国民经济和社会发展比例和效益指标

Indicators on National Economic and Social Development

项目 Item	1978	1990	2000	2010	2016	2017
一、人口与就业						
Population and Employment						
出生率（‰）	25.35	24.44	11.60	11.27	14.50	15.00
Birth Rate(‰)						
死亡率（‰）	6.31	6.71	5.85	5.16	6.20	6.20
Death Rate(‰)						
自然增长率（‰）	19.04	17.73	5.75	6.11	8.30	8.80
Natural Growth Rate(‰)						
城镇登记失业率（%）	9.10	2.60	2.60	3.77	3.86	3.87
Registered Unemployment Rate in Urban Areas(%)						
二、国民经济核算						
National Accounting						
工业增加值占地区生产总值比重(%)	35.9	28.8	37.8	43.4	40.1	39.3
Proportion of Value added of Industry to GDP(%)						
人均地区生产总值（元）	273	1763	11194	40025	73951	82960
Per Capita GDP(yuan)						
三、固定资产投资						
Investment in Fixed Assets						
固定资产投资相当于地区生产总值比例（%）	14.2	17.3	26.4	54.7	81.0	81.2
Proportion of Investment in Fixed Assets to GDP（%）						
房地产投资占固定资产投资比重（%）		14.9	20.8	22.5	19.9	18.3
Proportion of Investment in Real Estate toFixed Assets（%）						
四、财政金融						
Finance						
一般公共预算总收入相当于地区生产总值比例（%）	22.8	10.9	9.8	14.0	15.1	14.3
Proportion of Government Revenue to GDP（%）						
一般公共预算支出相当于地区生产总值比例（%）	22.8	13.1	8.6	11.5	15.0	14.5
Proportion of Government Expenditures to GDP（%）						
金融机构年末人民币存款余额相当于地区生产总值比例（%）	39.1	68.8	82.7	124.2	137.7	132.5
Bank Deposits as Percentage of GDP（%）						
金融机构年末人民币贷款余额相当于地区生产总值比例（%）	47.4	73.1	64.8	103.4	127.5	125.4
Bank Loans as Percentage of GDP（%）						
五、能源						
Energy						
能源消费弹性系数		0.52	0.66	0.72	0.17	0.53
Elasticity Ratio of Energy Consumption						
电力消费弹性系数		0.73	1.45	1.14	0.75	0.91
Elasticity Ratio of Electricity Consumption						

1-4 续表1
Continued

项目　Item	1978	1990	2000	2010	2016	2017
单位地区生产总值能耗上升或下降(±%) Energy Consumption per Unit of GDP（ton of SCE/ 10 000 yuan)				-3.42	-6.42	-3.50
六、农业 Agriculture						
每亩农产品产量（千克） Output of Farm Crops per Hectare of Sown Area(kg)						
粮食 Grain	219	282	312	363	382	390
油料 Oil-bearing Crops	85	105	138	160	176	180
七、工业 Industry						
规模以上工业 Industrial Enterprises above Designated Size						
总资产贡献率（%） Ratio of Total Assets to Industrial Output Value(%)			9.26	18.80	14.63	14.61
资产负债率（%） Assets-LiabilityRatio(%)			57.52	52.74	52.30	51.95
流动资产周转次数（次） Number of Times of Annual of TurnoverCirculating Funds (time)			1.89	2.87	2.64	2.64
成本费用利润率（%） Ratio of Profits to Industrial Cost(%)			4.76	8.83	7.29	7.55
产品销售率（%） Proportion of Products Sold(%)			96.95	97.76	96.36	97.13
八、建筑业 Construction						
建筑业劳动生产率(按增加值计算)（元/人） Overall Labor Productivity(in terms of value-added per employee)(yuan/person)			20402	42605	67289	67954
产值利税率（%） Ratio of Pre-tax Profit to Gross Output Value(%)		1.5	5.2	6.4	6.5	6.8
九、交通运输业 Transportation						
铁路网密度（公里/万平方公里） Railway Density(km/sq.km)	81.37	82.34	117.26	170.24	257.82	257.02
公路网密度（公里/万平方公里） Highway Density(km/sq.km)	2347.5	3307.34	4315.00	7339.92	8609.44	8710.65

1-4 续表2

Continued

项目 Item	1978	1990	2000	2010	2016	2017
十、对外贸易						
Trade						
进出口总额相当于地区生产总值比例		43.4	46.7	50.0	36.3	35.9
Proportion of Total Value of Imports & Exports to GDP						
#出口总额相当于地区生产总值比例（%）		24.5	28.4	32.8	24.0	22.0
Proportion of Total Value of Exports to GDP(%)						
机电产品出口占出口总额的比重（%）				41.1	34.8	36.4
Proportion of Total Value of Mechanical and Electrical Products to Total Exports(%)						
高新技术产品出口占出口总额的比重（%）				18.4	12.0	14.1
Proportion of Total Value of High and New-tech Products to Total Exports(%)						
十一、自然资源						
Natural Resources						
森林覆盖率（%）	39.50	43.20	60.50	63.10	65.95	65.95
Forest Coverage(%)						
十二、居民生活						
People's Living Conditions						
城镇恩格尔系数（%）		63.5	44.7	39.3	33.2	32.9
Engle Coefficient of Urban(%)						
农村恩格尔系数（%）		60.0	48.7	46.1	37.3	36.9
Engle Coefficient of Rural(%)						
城镇居民人均可支配收入与农村居民人均可支配（纯）收入之比（以农民人均纯收入为1）	2.70	2.29	2.30	2.93	2.40	2.39
Proportion of Income in Urban Areas to in Rural Areas (Rural=1)						
十三、科技教育卫生						
Science and Technology ,Education,Health Care						
研究与试验发展经费（R&D）支出相当于地区生产总值比例（%）			0.56	1.16	1.59	1.68
R&D Expenditures as Percentage of GDP						
学龄前儿童毛入学率（%）		99.10	99.86	100.00	99.99	99.97
Rough Enrollment Rate of Pre-primary Schools(%)						
小学毕业生升学率（%）		64.96	97.27	96.70	98.38	98.73
Graduation Rate of Primary Schools(%)						
初中毕业生升学率（%）		49.71	49.97	92.90	87.80	85.51
Graduation Rate of Junior high schools(%)						
每千人口拥有卫生技术人员数（人）	2.23	2.92	2.82	3.79	5.70	5.92
Number of Licensed(Assistant) Doctors per 1000 Population (person)						
#医生	0.9	1.2	1.2	1.5	2.1	2.1
Doctor						
每千人口拥有卫生机构床位数（张）	2.1	2.2	2.6	3.0	4.6	4.7
Number of Hospital Beds per 1000 Population(set)						

1-5 平均每天主要社会经济活动

Selected Indicators on Average Daily Social and Economic Activities

项目 Item	1978	1990	2000	2010	2016	2017
一、全省每天创造的财富 Daily Provice Production						
地区生产总值（亿元） Gross Domestic Product(100 million yuan)	0.18	1.43	10.29	40.38	78.13	88.47
农林牧渔总产值（亿元） Gross Output Value of Farming,Forestry, AnimalHusbandry and Fishery(100 million yuan)	0.10	0.62	2.83	6.10	10.37	10.81
工业总产值（亿元） Gross Output Value of Industry(100 million yuan)	0.17	1.46	10.91	65.22	129.52	137.16
一般公共预算总收入（亿元） Government Revenue(100 million yuan)	0.04	0.16	1.01	5.63	11.77	12.62
#地方一般公共预算收入 Local Government Revenue			0.64	3.15	7.27	7.70
一般公共预算支出（亿元） Government Expenditure(100 million yuan)	0.04	0.19	0.89	4.64	11.71	12.83
原煤(吨) Coal(ton)	11590	25353	10247	66924	36895	30329
原盐(吨) Salt(ton)	2594	1841	775	915	343	619
发电量(万千瓦时) Electricity(10000 kwh)	1114.79	3743.84	11030.87	37159.45	49669.95	56510.49
粗钢(吨) Crude Steel(ton)	443	1415	3414	29778	41556	51585
钢材(吨) Rolled Steel(ton)	379	1542	7754	36728	78345	74678
生铁(吨) Pig Iron(ton)	728	1715	4081	15310	26861	25696
水泥(吨) Cement(ton)	3300	14796	41356	158718	221677	231348
平板玻璃(重量箱) Plain Glass(weigh case)	1194	1810	13111	74385	148043	129843
布(万米) Cloth(10000 m)	30.68	61.92	152.64	854.80	2233.65	2489.94
纱(吨) Yarn(ton)	50	150	392	5061	13279	14319
服装(万件) Clothes(10000 pcs)		30.46	108.95	800.75	1122.32	1190.45
机制纸及纸板(吨) Machine-made Paper and Paperboard(ton)	550	1427	2324	11837	19918	21367
农用化肥(吨) Chemical Fertilizers(ton)	449	1196	1677	1586	1420	658
烧碱(吨) Caustic Soda(ton)	118	238	427	551	1004	1040

1-5 续表1

Continued

项目 Item	1978	1990	2000	2010	2016	2017
彩色电视机(台)		3374	5579	24742	27824	26118
Color TV(set)						
卷烟(箱)	558	2093	2695	4623	4560	4559
Tobacco(unit)						
罐头(吨)	112	395	732	5567	8306	9012
Canned Food(ton)						
粮食(吨)	20408	24100	23352	16018	13076	13347
Grain(ton)						
油料(吨)	378	484	705	605	532	536
Oil-bearing Crops(ton)						
甘蔗(吨)	7891	9432	2260	1526	790	722
Sugar Cane(ton)						
茶叶(吨)	56	159	344	747	1102	1082
Tea(ton)						
水果(吨)	277	2076	9765	13993	16249	16470
Fruits(ton)						
肉类（吨）		1968	3987	5277	7670	7258
Meat(ton)						
水产品（吨）	1492	3989	14423	16094	19488	20399
Aquatic Products(ton)						
食用菌（吨）		500	1264	2090	3238	3374
Edible Fungus(ton)						
二、全省每天消费量						
Daily Provice Consumption						
能源消费量（万吨标准煤）	1.88	4.00	8.04	25.18	33.86	35.31
Energy Consumption(10000 tons of SCE)						
社会消费品零售总额（亿元）	0.08	0.57	3.61	14.55	31.99	35.65
Total Retail Sales of Consumer Goods(100 million yuan)						
三、每天其他经济活动						
Other Daily Economic Activities						
固定资产投资	0.03	0.25	2.72	22.10	63.31	71.85
Investment in Fixed Assets						

1-5 续表2

Continued

项目 Item	1978	1990	2000	2010	2016	2017
国际旅游外汇收入（万美元）			244.21	815.96	1815.26	2078.90
Foreign Exchange Earnings from International Tourism(USD 10000)						
能源生产总量（万吨标准煤）	1.26	2.65	4.52	8.93	12.30	11.58
Total Energy Production(10000 tons of SCE)						
货运周转量（亿吨公里）	0.20	0.75	1.88	8.17	16.64	18.59
Freight Traffic(100 million ton-km)						
客运周转量（万人公里）	978.90	4805.48	9124.86	17774.25	27055.34	29759.45
Passenger Traffic(10000 person-km)						
货物进出口总额（万美元）	55.62	1188.79	5798.72	29802.81	42964.22	46858.85
Total Value of Imports and Exports(USD 10000)						
出口总额（万美元）	52.05	670.98	3526.85	19587.16	28403.42	28748.43
Total Exports						
进口总额（万美元）	3.56	517.81	2271.87	10215.66	14560.79	18110.42
Total Imports						
主要港口货物吞吐量（万吨）	1.12	4.10	18.97	89.55	139.11	142.45
Freight Handled at Principal Seaports(10000 tons)						
邮电业务总量（万元）	27.67	200.55	6730.60	32717.53	24361.92	35338.63
Business Volume of Postal and Telecommunication Services(10000 yuan)						
邮寄函件（万件）	24.08	44.46	66.02	69.04	29.78	31.68
Number of Letters(10000 piece)						
图书出版总印数（万份）	18.68	44.69	55.46	21.23	26.60	29.61
Books(10000 copies)						
杂志出版总印数（万份）	1.06	8.65	12.19	8.06	11.55	8.31
Magazines(10000 copies)						
报纸出版总印数（万份）	40.50	113.58	188.24	273.92	248.24	230.02
Newspapers(10000 copies)						
四、全省每天婚姻变动						
Daily Marriages Changes						
结婚对数（对）			714	1038	862	798
Marriages(couples)						
离婚对数（对）			33	120	220	246
Divorces(couples)						

1-6 全省法人单位数和从业人员数(2017年)

Number of Legal Entities and Employed(2017)

项目	Item	法人单位数（个）Number of Legal Entities (unit)	单产业法人 Single Industry	多产业法人 Multi-Industry	从业人员数（万人）Number of Employed Persons (10000 persons)
按登记注册类型分	**Grouped by Status of Registration**	**870050**	**840028**	**30022**	**1867.33**
内资	Domestically funded enterprises	853575	824321	29254	1649.51
国有	State-owned Enterprises	43311	38533	4778	135.16
集体	Collective-owned Enterprises	8740	7822	918	18.11
股份合作	Cooperative Enterprises	2468	2356	112	8.31
联营	Joint Ownership Enterprises	1034	995	39	2.40
国有联营	State-owned	188	181	7	0.42
集体联营	Collective-owned	418	396	22	1.01
国有与集体联营	State-owned and Collective-owned	84	82	2	0.25
其他联营	Others	344	336	8	0.72
有限责任公司	Limited-Liability Corporations	157369	153291	4078	458.49
国有独资公司	Limited-Liability Corporations	1853	1622	231	27.67
其他责任有限公司	State-owned	155516	151669	3847	430.82
股份有限公司	Share Holding Corporations Ltd.	7987	7265	722	61.10
私营	Private Enterprises	523045	514710	8335	837.18
私营独资	Private-owned	76177	75483	694	76.66
私营合伙	Private-cooperative	19355	19187	168	21.56
私营有限责任公司	Private-limited liability	417967	410758	7209	715.36
私营股份有限公司	Private-share holding	9546	9282	264	23.60
其他	Other Enterprises	109621	99349	10272	128.77
港澳台商投资	Funds from HongKong, Macao,TaiWan	10994	10516	478	141.41
合资经营（港或澳、台资）	Joint Venture	2255	2123	132	34.41
合作经营（港或澳、台资）	Cooperative Operation	195	188	7	0.87
港、澳、台商独资经营	Venture Exclusively	8043	7736	307	99.22
港、澳、台商投资股份有限公司	Share Holding	308	287	21	4.24
其他港澳台商投资	Others	193	182	11	2.67
外商投资	Foreign Funded Enterprises	5481	5191	290	76.41
中外合资	Joint Venture	1373	1296	77	21.25
中外合作	Cooperative Operation	91	83	8	0.73
外商独资	Venture Exclusively with Foreign Investment	3533	3356	177	49.44
外商投资股份有限公司	Share Holding with Foreign Investment	257	240	17	2.55
其他外商投资	Others	227	216	11	2.44
按机构类型分	**Grouped by Type of Institution**	**870050**	**840028**	**30022**	**1867.33**
企业	Enterprise	748141	732373	15768	1654.04
事业单位	Institution	28939	26881	2058	81.99

1-6 续表1
Continued

项目	Item	法人单位数（个） Number of Legal Entities (unit)	单产业法人 Single Industry	多产业法人 Multi-Industry	从业人员数（万人） Number of Employed Persons (10000 persons)
机关	Agencies Organizations	9183	6817	2366	31.23
社会团体	Community Organization	18185	17860	325	23.20
其他	Others	65602	56097	9505	76.87
按行业分	**Grouped by Sector**	**870050**	**840028**	**30022**	**1867.33**
农、林、牧、渔业	Farming, Forestry, Animal Husbandy and Fishery	55999	55762	237	59.94
农业	Agriculture	29876	29777	99	33.60
林业	Forestry	6860	6797	63	7.55
畜牧业	Animal Husbandry	7541	7511	30	6.93
渔业	Fishery	6429	6411	18	6.60
农、林、牧、渔服务业	Service of Farming,Forestry,Animal Husbandy and Fishery	5293	5266	27	5.26
采矿业	Mining	3024	2976	48	11.62
煤炭开采和洗选业	Coal Mining and Dressing	301	289	12	3.94
石油和天然气开采业	Petroleum and Natural Gas Mining				
黑色金属矿采选业	Ferrous Metals Mining and Dressing	322	310	12	1.44
有色金属矿采选业	Nonferrous Metals Mining and Dressing	348	343	5	1.18
非金属矿采选业	Nonmetal Minerals Mining and Dressing	1908	1889	19	4.91
开采辅助活动	Subsidiary Action	31	31		0.02
其他采矿业	Others Mining and Quarrying	114	114		0.13
制造业	Manufacturing	152699	150680	2019	676.92
农副食品加工业	Agricultural and Sideline Products Processing	6717	6602	115	30.03
食品制造业	Food Manufacturing	4901	4781	120	21.81
酒、饮料和精制茶制造业	Wine，Drink and Tea Manufacturing	5295	5173	122	17.52
烟草制品业	Tobacco Processing	15	14	1	0.60
纺织业	Textile Industry	5855	5791	64	34.14
纺织服装、服饰业	Textile Garments Products	14634	14438	196	76.12
皮革、毛皮、羽毛及其制品和制鞋业	Leather , Furs , Down and Relate Products	10512	10420	92	94.87
木材加工和木、竹、藤、棕、草制品业	Timber Processing,Bamboo,Cane,Palm Fiber and Straw Products	6241	6174	67	19.73
家具制造业	Furniture Manufacturing	4385	4327	58	12.86
造纸和纸制品业	Papermaking and Paper Products	4198	4171	27	16.00
印刷和记录媒介复制业	Printing and Record Medium Reproduction	3504	3457	47	9.64

1-6 续表2

Continued

项目	Item	法人单位数（个） Number of Legal Entities (unit)	单产业法人 Single Industry	多产业法人 Multi-Industry	从业人员数（万人） Number of Employed Persons (10000 persons)
文教、工美、体育和娱乐用品制造业	Cultural , Educational and Sports Goods	9896	9762	134	39.47
石油加工、炼焦和核燃料加工业	Petroleum Processing , Coking and Nuclear Fuel Processing	197	189	8	1.20
化学原料和化学制品制造业	Raw Chemical Materials and Chemical Products	4403	4305	98	15.42
医药制造业	Medical and Pharmaceutical Products	664	636	28	4.07
化学纤维制造业	Chemical Fiber	269	268	1	4.27
橡胶和塑料制品业	Rubber and Plastic Products	7747	7685	62	28.88
非金属矿物制品业	Nonmetal Minerals Products	16107	15933	174	59.90
黑色金属冶炼和压延加工业	Smelting and Pressing of Ferrous Metals	1261	1248	13	10.35
有色金属冶炼和压延加工业	Smelting and Pressing of Nonferrous Metals	729	710	19	6.16
金属制品业	Metal Products	10343	10238	105	26.93
通用设备制造业	General Equipment	6779	6694	85	21.31
专用设备制造业	Special Purpose Equipment	6767	6703	64	16.72
汽车制造业	Car Manufacturing	1962	1925	37	13.74
铁路、船舶、航空航天和其他运输设备制造业	Railway,Watercraft,Aviation and others transportation Manufacturing	1175	1159	16	5.54
电气机械和器材制造业	Electric Equipment and Machinery	7142	7043	99	32.14
计算机、通信和其他电子设备制造业	Computer,Communication and other Electronic Equipment	3904	3813	91	37.09
仪器仪表制造业	Instruments and Meters Machinery	1260	1236	24	6.07
其他制造业	Others Manufacturing	4279	4248	31	11.40
废弃资源综合利用业	Waste Resources and Materials Recovering	715	704	11	1.11
金属制品、机械和设备修理业	Metals,Machinery and Equipment maintenance	843	833	10	1.84
电力、热力、燃气及水生产和供应业	Production and Supply of Electric Power and	7465	7236	229	16.11
电力、热力生产和供应业	Production and Supply of Electric Power and	6219	6039	180	12.80
燃气生产和供应业	Production and Supply of Gas	232	208	24	0.74
水的生产和供应业	Production and Supply of Water	1014	989	25	2.56
建筑业	Construction	36498	34405	2093	408.65
房屋建筑业	Building Engineering	8689	7689	1000	248.39
土木工程建筑业	Civil Engineering	6103	5560	543	68.64
建筑安装业	Installation	3528	3322	206	11.85
建筑装饰和其他建筑业	Building Decontion and Others	18178	17834	344	79.77
批发和零售业	Wholesale and Retail Trade	274120	268935	5185	207.00

1-6 续表3
Continued

项目	Item	法人单位数（个）Number of Legal Entities (unit)	单产业法人 Single Industry	多产业法人 Multi-Industry	从业人员数（万人）Number of Employed Persons (10000 persons)
批发业	Wholesale	178536	176030	2506	124.26
零售业	Retail Trade	95584	92905	2679	82.73
交通运输、仓储和邮政业	Transport,Storage and Post	19128	18202	926	43.33
铁路运输业	Railways	112	109	3	0.87
道路运输业	Highways	9087	8755	332	21.85
水上运输业	Waterways	1405	1308	97	3.79
航空运输业	Civil Aviation	91	78	13	2.32
管道运输业	Pipeline				
装卸搬运和运输代理业	Loading,Unloadingand Others	6237	5980	257	7.83
仓储业	Storages	1107	1072	35	1.44
邮政业	Posts	1089	900	189	5.23
住宿和餐饮业	Hotels and Catering Services	13252	12773	479	31.53
住宿业	Hotels	4771	4651	120	13.98
餐饮业	Catering Services	8481	8122	359	17.55
信息传输、软件和信息技术服务业	Information Transmission,Software and Information Technology Services	31233	30877	356	32.95
电信、广播电视和卫星传输服务	Telecommuni-cations and Others	797	707	90	6.40
互联网和相关服务	Internet Services	6218	6175	43	4.55
软件和信息技术服务业	Software and Information Technology Services	24218	23995	223	22.00
金融业	Financial Intermediation	5360	4867	493	17.19
货币金融服务	Monetary and Financial Services	1289	1063	226	9.74
资本市场服务	Monetary Market Services	2127	2093	34	2.10
保险业	Insurances	610	391	219	4.54
其他金融业	Others	1334	1320	14	0.80
房地产业	Real Estate	19921	18782	1139	37.64
房地产业	Real Estate	19921	18782	1139	37.64
租赁和商务服务业	Leasing and Business Services	90980	89587	1393	75.56
租赁业	Leasing	5815	5745	70	3.70
商务服务业	Business Services	85165	83842	1323	71.86
科学研究和技术服务业	Scientific Research, Technical Service	34023	33171	852	30.47
研究和试验发展	Research and Development	8981	8922	59	5.44

1-6 续表4

Continued

项目	Item	法人单位数（个） Number of Legal Entities (unit)	单产业法人 Single Industry	多产业法人 Multi-Industry	从业人员数（万人） Number of Employed Persons (10000 persons)
专业技术服务业	Professional and Technical Services	14279	13612	667	17.51
科技推广和应用服务业	Science and Technology Exchange and Promotion Services	10763	10637	126	7.52
水利、环境和公共设施管理业	Management of Water Conservancy, Environment and Public Facilities	5574	5405	169	10.95
水利管理业	Water resources management	918	883	35	1.00
生态保护和环境治理业	Environmental management	882	855	27	0.83
公共设施管理业	Public Facilities Management	3774	3667	107	9.12
居民服务、修理和其他服务业	Services to Households and Other Services	15312	14978	334	18.83
居民服务业	Residents service	6072	5905	167	8.73
机动车、电子产品和日用产品修理业	Repair Services of Vehicle,Electronic Products and Daily Necessities	5670	5552	118	5.06
其他服务业	Others	3570	3521	49	5.03
教育	Education	18066	16928	1138	59.92
教育	Education	18066	16928	1138	59.92
卫生和社会工作	Health, Social Security	8546	8191	355	18.98
卫生	Health	6937	6607	330	17.66
社会工作	Social Security	1609	1584	25	1.32
文化、体育和娱乐业	Culture, Sports and Entertainment	16348	16142	206	17.20
新闻和出版业	News Publish	366	356	10	0.84
广播、电视、电影和影视录音制作业	Radio,Television,Film,Phonotape and Videotape	1508	1469	39	2.34
文化艺术业	Culture art Industry	7133	7077	56	5.76
体育	Sports	2050	1994	56	2.11
娱乐业	Entertainment	5291	5246	45	6.16
公共管理、社会保障和社会组织	Public Management and Social Organizations	62502	50131	12371	92.55
中国共产党机关	The Communist Party of China	1304	1173	131	1.87
国家机构	National Organization	17149	14548	2601	40.42
人民政协、民主党派	People's Political Consultative and Democratic Party	294	280	14	0.44
社会保障	Social Security	613	611	2	0.65
群众团体、社会团体和其他成员组织	Mass Organizations,Social Organizations and Religious Organizations	25275	24935	340	28.91
基层群众自治组织	Grassroots Autonomous Organization of The People	17867	8584	9283	20.27

1-7 各设区市按机构类型分的法人单位数(2017年)

Number of Legal Entities by Type of Institutions and Region(2017)

单位：个 (unit)

地区	Region	法人单位数 Number of Legal Entities	企业法人 Business Entity	事业法人 Institution Entity	机关法人 Government Entity	社团法人 Social Organization	其他法人 Others
福建省	Fujian	870050	748141	28939	9183	18185	65602
福州市	Fuzhou	171664	153076	4724	1534	2944	9386
厦门市	Xiamen	167110	160593	1318	481	1870	2848
莆田市	Putian	38177	31626	1684	575	925	3367
三明市	Sanming	48965	34616	3192	1198	1860	8099
泉州市	Quanzhou	194707	177189	4312	1224	3089	8893
漳州市	Zhangzhou	84720	70247	4008	1224	1684	7557
南平市	Nanping	60992	44640	4270	1103	2147	8832
龙岩市	Longyan	41894	31252	2465	790	2102	5285
宁德市	Ningde	61821	44902	2966	1054	1564	11335

1-8 各设区市按营业状态分的企业法人单位数(2017年)

Number of Business Entities by Region and Operation Status(2017)

单位：个 (unit)

地区	Region	企业法人单位数 Number of Business Entities	营业 In Business or Operating	停业(歇业) Closed	筹建 In Preparation	当年关闭 Closed in the Year	当年破产 Bankrupted in the Year	当年注销 Cancelled in the year	注册未经营 Registered	其他 Others
福建省	Fujian	748141	559999	25829	138147	11344	640	255	5188	6739
福州市	Fuzhou	153076	117331	3812	27739	2100	70	26	886	1112
厦门市	Xiamen	160593	118578	4353	34955	697	59	63	960	928
莆田市	Putian	31626	20420	1157	9252	637	29	10	16	105
三明市	Sanming	34616	28368	1200	3126	1445	73	2	33	369
泉州市	Quanzhou	177189	143976	7105	19688	2036	139	118	1193	2934
漳州市	Zhangzhou	70247	38813	3248	25600	1473	66	10	542	495
南平市	Nanping	44640	33385	2449	7224	821	111	4	357	289
龙岩市	Longyan	31252	25491	784	2547	1004	35	18	1177	196
宁德市	Ningde	44902	33637	1721	8016	1131	58	4	24	311

1-9 各设区市按行业门类分的法人单位数(2017年)

Number of Legal Entities by Region and Sector(2017)

单位：个 (unit)

项目 Item	福建省 Fujian	福州市 Fuzhou	厦门市 Xiamen	莆田市 Putian	三明市 Sanming	泉州市 Quan zhou	漳州市 Zhang zhou	南平市 Nanping	龙岩市 Longyan	宁德市 Ningde
农、林、牧、渔业 Farming, Forestry, Animal Husbandy and Fishery	55999	6798	2370	2004	7131	6880	8182	8210	4368	10056
采矿业 Mining	3024	234	22	49	731	448	315	323	702	200
制造业 Manufacturing	152699	17627	23587	6934	5909	56875	17136	8350	5086	11195
电力、热力、燃气及水生产和供应业 Production and Supply of Electric Power and Hot Power	7465	727	145	202	1400	997	896	1063	1205	830
建筑业 Construction	36498	9087	7241	1509	1618	7136	3770	2525	1672	1940
批发和零售业 Wholesale and Retail Trade	274120	56126	64739	13928	11858	64677	22627	14890	11008	14267
交通运输、仓储和邮政业 Transport,Storage and Post	19128	3914	4760	616	1039	3502	2225	1294	742	1036
住宿和餐饮业 Lodgings and Catering Services	13252	3054	3332	442	534	2658	1137	688	681	726
信息传输、软件和信息技术服务业 Information Transmission,Software,Information Technology Services	31233	8606	9945	1023	1166	5074	1993	1553	841	1032
金融业 Financial Intermediation	5360	990	1531	172	256	906	323	418	236	528
房地产业 Real Estate	19921	4243	4406	797	1057	3513	2241	1386	1070	1208
租赁和商务服务业 Leasing and Business Services	90980	26965	23308	2766	3669	14467	7073	5636	3172	3924
科学研究和技术服务业 Scientific Research, Technical Service	34023	9769	7537	812	1549	6003	3186	2144	1499	1524
水利、环境和公共设施管理业 Management of Water Conservancy,Environment and Public Facilities	5574	863	704	249	609	745	805	632	440	527
居民服务、修理和其他服务业 Services to Households and Other Services	15312	3733	3672	463	623	2956	1525	980	590	770
教育 Education	18066	3704	2446	940	977	3838	2403	1449	1197	1112
卫生和社会工作 Health, Social Security	8546	2020	664	283	806	1018	530	676	403	2146
文化、体育和娱乐业 Culture, Sports and Entertainment	16348	3408	3066	606	980	3448	1702	1274	896	968
公共管理、社会保障和社会组织 Public Management and Social Organizations	62502	9796	3635	4382	7053	9566	6651	7501	6086	7832
国际组织 International Organizations										

1-10 各设区市按登记注册类型分的企业法人单位数(2017年)

Number of Business Entities by Region and Status of Registration(2017)

单位：个 (unit)

地区	Region	企业法人单位数 Number of Business Entities	内资企业 Domestic Funded Enterprises	#国有企业 State-owned Enterprises	#集体企业 Collective-owned Enterprises	#股份合作企业 Cooperative Enterprises	#联营企业 Joint Ownership
福建省	Fujian	748141	731742	5852	6061	2353	760
福州市	Fuzhou	153076	149693	1360	1873	490	217
厦门市	Xiamen	160593	155493	708	372	383	87
莆田市	Putian	31626	31078	242	288	117	46
三明市	Sanming	34616	34348	481	531	108	47
泉州市	Quanzhou	177189	172834	734	772	476	142
漳州市	Zhangzhou	70247	68309	821	826	277	58
南平市	Nanping	44640	44357	669	710	249	64
龙岩市	Longyan	31252	30872	436	350	173	56
宁德市	Ningde	44902	44758	401	339	80	43

1-10 续表

Continued

单位：个 (unit)

地区	Region	#有限责任公司 Limited-Liability Corporations	#股份有限公司 Share Holding Corporations Ltd.	#私营企业 Private Enterprises	港澳台商投资企业 Funds from HongKong, Macao,TaiWan	外商投资企业 Foreign Funded Enterprises
福建省	Fujian	157146	7947	519053	10948	5451
福州市	Fuzhou	28556	1909	110070	2098	1285
厦门市	Xiamen	40248	1434	109282	3152	1948
莆田市	Putian	19297	367	9222	369	179
三明市	Sanming	2221	321	29166	191	77
泉州市	Quanzhou	29016	1612	132231	3183	1172
漳州市	Zhangzhou	12485	664	49506	1409	529
南平市	Nanping	9164	669	29608	184	99
龙岩市	Longyan	5845	666	21072	281	99
宁德市	Ningde	10314	305	28896	81	63

主要统计指标解释

行政区划　指国家对行政区域的划分.根据宪法规定,我国的行政区域划分如下:(1)全国分为省、自治区、直辖市;(2)省、自治区分为自治州、县、自治县、市;(3)自治州分为县、自治县、市;(4)县、自治县分为乡、民族乡、镇;(5)直辖市和较大的市分为区、县;(6)国家在必要时设立的特别行政区。

平均增长速度　我国计算平均增长速度有两种方法:一种是习惯上经常使用的“水平法”,又称几何平均法,是以间隔期最后一年的水平同基期水平对比来计算平均每年增长(或下降)速度;另一种是“累计法”,又称代数平均法或方程法,是以间隔期内各年水平的总和同基期水平对比来计算平均每年增长(或下降)速度。在一般正常情况下,两种方法计算的平均每年增长速度比较接近;但在经济发展不平衡、出现大起大落时,两种方法计算的结果差别较大。

本《年鉴》所列的平均增长速度,均用“水平法”计算。从某年到某年平均增长速度的年份,均不包括基期年在内。如建国四十三年的平均增长速度是以1949年为基期计算的,则写为1950-1992年平均增长速度,其余类推。

国民经济行业分类　自2003年定期报表开始使用新的《国民经济行业分类》(GB/T4754-2002),该分类是由国家统计局组织修订,经国家质量监督检验检疫总局批准,于2002年5月10日发布实施。这次修订是在1994年分类标准的基础上,参照联合国《全部经济活动的国际标准产业分类》(ISIC/Rev.3)进行的。修订后的《国民经济行业分类》(GB/T4754-2002)共有门类20个,大类95个,中类396个,小类913个。新增门类4个,大类增加3个,中类增加28个,小类增加67个。2011年,国家统计局发布了新修订的国家标准《国民经济行业分类》(GB/T4754-2011)。

企业(单位)登记注册类型　是以在工商行政管理机关登记注册的各类企业为划分对象,以工商行政管理部门对企业登记注册的类型为依据,将企业登记注册类型分为内资企业、港澳台商投资企业和外商投资企业三大类。内资企业包括国有企业、集体企业、股份合作企业、联营企业、有限责任公司、股份有限公司、私营公司和其他企业;港澳台商投资企业和外商投资企业分别包括合资经营企业、合作经营企业、独资经营企业和股份有限公司。对不在工商行政管理部门进行登记注册的行政机关、事业单位和社会团体,主要按其经费来源和管理方式进行划分。

国有企业　指企业全部资产归国家所有,并按《中华人民共和国企业法人登记管理条例》规定登记注册的非公司制的经济组织。不包括有限责任公司中的国有独资公司。

集体企业　指企业资产归集体所有,并按《中华人民共和国企业法人登记管理条例》规定登记注册的经济组织。

股份合作企业　指以合作制为基础,由企业职工共同出资入股,吸收一定比例的社会资产投资组建,实行自主经营,自负盈亏,共同劳动,民主管理,按劳分配与按股分红相结合的一种集体经济组织。

联营企业　指两个及两个以上相同或不同所有制性质的企业法人或事业单位法人,按自愿、平等、互利的原则,共同投资组成的经济组织。联营企业包括国有联营企业、集体联营企业、国有与集体联营企业和其他联营企业。

有限责任公司　指根据《中华人民共和国公司登记管理条例》规定登记注册,由两个以上、五十个以下的股东共同出资,每个股东以其所认缴的出资额对公司承担有限责任,公司以其全部资产对其债务承担责任的经济组织。有限责任公司包括国有独资公司以及其他有限责任公司。

股份有限公司　指根据《中华人民共和国公司登记管理条例》规定登记注册,其全部注册资本由等额股份构成并通过发行股票筹集资本,股东以其认购的股份对公司承担有限责任,公司以其全部资产对其债务承担责任的经济组织。

私营企业　指由自然人投资设立或由自然人控股,以雇佣劳动为基础的营利性经济组织。包括按照《公司法》、《合伙企业法》、《私营企业暂行条例》规定登记注册的私营有限责任公司、私营股份有限公司、私营合伙企业和私营独资企业。

其他内资企业　指上述企业之外的其他内资经济组织。

与港澳台商合资经营企业 指港澳台地区投资者与内地企业依照《中华人民共和国中外合资经营企业法》及有关法律的规定，按合同规定的比例投资设立、分享利润和分担风险的企业。

与港澳台商合作经营企业 指港澳台地区投资者与内地企业依照《中华人民共和国中外合作经营企业法》及有关法律的规定，依照合作合同的约定进行投资或提供条件设立、分配利润和分担风险的企业。

港澳台商独资经营企业 指依照《中华人民共和国外资企业法》及有关法律的规定，在内地由港澳台地区投资者全额投资设立的企业。

港澳台商投资股份有限公司 指根据国家有关规定，经外经贸部依法批准设立，其中港、澳、台商的股本占公司注册资本的比例达25% 以上的股份有限公司。凡其中港、澳、台商的股本占公司注册资本的比例小于 25%的，属于内资企业中的股份有限公司。

中外合资经营企业 指外国企业或外国人与中国内地企业依照《中华人民共和国中外合资经营企业法》及有关法律的规定，按合同规定的比例投资设立、分享利润和分担风险的企业。

中外合作经营企业 指外国企业或外国人与中国内地企业依照《中华人民共和国中外合作经营企业法》及有关法律的规定，依照合作合同的约定进行投资或提供条件设立、分配利润和分担风险的企业。

外资企业 指依照《中华人民共和国外资企业法》及有关法律的规定，在中国内地由外国投资者全额投资设立的企业。

外商投资股份有限公司 指根据国家有关规定，经外经贸部依法批准设立，其中外资的股本占公司注册资本的比例达25% 以上的股份有限公司。凡其中外资股本占公司注册资本的比例小于25%的，属于内资企业中的股份有限公司。

行政机关、事业单位和社会团体 参照企业登记注册类型，主要按其经费来源和管理方式划分。具体规定如下：

⑴行政机关：包括国家机关和政党机关，原则上均列为“国有”。但有特殊规定的，如供销社等，则列为“集体”。

⑵事业单位：包括经国家机构编制部门和有关业务主管部门批准成立的各类事业单位，不包括实行企业化管理的事业单位。事业单位的划分办法如下：

①由国家财政预算拨款或列入财政预算外资金管理以及经费主要来源于国有主管部门或国有上级单位的事业单位，列为“国有”。

②经费主要来源于集体单位的事业单位，列为“集体”。

③公民个人(或个人合伙)开办的事业单位，列为“私营”。

④上述以外的其他事业单位，如果其经费来源不明确，按管理方式进行归类。

⑶社会团体：包括经民政部门批准成立以及未纳入社会团体管理条例范围的工会、妇联等各类社会团体。社会团体的划分办法如下：

①未纳入民政部社会团体管理条例范围的工会、妇联、共青团、青联、工商联、科协、侨联等社会团体，国家拨款设立的基金会或基金管理组织以及经费主要来源于国有业务主管部门或国有上级单位的社会团体，列为“国有”。

②经费主要来源于集体单位的社会团体，列为“集体”。

③公民个人(或个人合伙)开办的社会团体，划为“私营”。

④上述以外的其他社会团体，如果其经费来源不明确，改按管理方式进行归类。

Explanatory Notes on Main Statistical Indicators

Administrative Division refers to the division of administrative areas by the state. The Constitution of the People's Republic of China stipulates that the administrative areas in China are divided as:1) The whole Country is divided into provinces, autonomous regions and municipalities directly under the central government; 2) Provinces and autonomous regions are divided into autonomous prefectures, counties, autonomous counties and cities; 3) Autonomous prefectures are divided into counties, autonomous counties and cities; 4) Counties and autonomous counties are divided into townships, nationality townships and towns; 5) Municipalities and large cities are divided into districts and counties, 6) The state shall, when necessary, establish special administrative regions.

Average Annual Growth Rate Two methods for calculating average annual growth rate are applied in China,one is often called level approachor the method of calculating geometric average,which is derived by comparing the level of the last year of the interval with that of the beginning year;the other is calledaccumulative approach or algebraic average or equation method,which is derived by the summation of the actual figure of each year in the interval divided by the figure in the base year.Usually the results calculated by the two methods are fairly close, but they differed sharply when uneven economic development occurred with striking fluctuations in growth.

The average annual growth rates listed in this statistical yearbook are calculated by level approach except for the growth rate of investment in fixed assets. The base years are not listed when the years are listed for average annual growth rates. For instance,the average annual growth rate of 43 years since 1949 is listed as average annual growth rate of 1950-1992 without listing the base year 1949.And the analogy of this is also the same for the rest of the years.

Industrial Classification of the National Economy The new *Industrial Classification of the National Economy* (GB/T 4754-2002) is introduced starting from the compilation of 2003 annual statistics. The new revision was based on the 1994 classification and organized by the National Bureau of Statistics taking into consideration of the *International Standards of the Industrial Classification of All Economic Activities* (ISIC/Rev.3) of the United Nations, and the new Classification was promulgated by the National Administration of Quality Supervision, Inspection and Quarantine on May 10, 2002. The revised version of the *Industrial Classification of the National Economy* (GB/T 4754-2002) is composed of 20 major divisions, 95 divisions, 396 major groups and 913 groups, including 4 new major divisions, 3 new divisions, 28 major groups and 67 groups.In 2011, the National Bureau of Statistics inspected *Industrial Classification of the National Economy* (GB/T 4754-2011).

Registration Status of Enterprises Enterprises are classified into 3 categories, namely domestic-funded enterprises, enterprises with investment from Hong Kong, Macau and Taiwan, and enterprises with foreign investment, in the light of the registration status of an enterprise in industrial and commercial administration agencies. Domestic-funded enterprises include state-owned enterprises, collective-owned enterprises, cooperative enterprises, joint ownership enterprises, limited liability corporations, share-holding corporations Ltd., private enterprises and other enterprises. Included in the enterprises with investment from Hong Kong, Macau and Taiwan and enterprises with foreign investment are joint-venture enterprises, cooperative enterprises, sole investment enterprises and share-holding corporations Ltd. For government agencies, institutions and social organizations which are not requested to be registered in industrial and commercial administration agencies, they are classified mainly by their sources of funds and way of management.

State-owned Enterprises refer to

registered in accordance with the *Regulation of the Peoples Republic of China on the Management of Registration of Corporate Enterprises*. Excluded from this category are sole state-funded corporations in the limited liability corporations.

Collective-owned Enterprises refer to economic units where the assets are owned collectively and which have registered in accordance with the *Regulation of the Peoples Republic of China on the Management of Registration of Corporate Enterprises*.

Cooperative Enterprises refer to a form of collective economic units (enterprises) where capitals come mainly from employees as their shares, with certain proportion of capital from the outside, where production is organized on the basis of independent operation, independent accounting for profits and losses, joint work, democratic management, and a distribution system that integrates remuneration according to work with dividend according to capital share.

Joint Ownership Enterprises refer to economic units established by two or more corporate enterprises or corporate institutions of the same or different ownership, through joint investment on the basis of equality, voluntary participation and mutual benefits. They include state joint ownership enterprises, collective joint ownership enterprises, joint state-collective enterprises, other joint ownership enterprises.

Limited Liability Corporations refer to economic units established with investment from 2-50 investors and registered in accordance with the *Regulation of the Peoples Republic of China on the Management of Registration of Corporations*, each investor bearing limited liability to the corporation depending on its share of investment, and the corporation bearing liability to its debt to the maximum of its total assets. Limited liability corporations include exclusive state-funded limited liability corporations and other limited liability corporations.

Share-holding Corporations Ltd. refer to economic units registered in accordance with the *Regulation of the Peoples Republic of China on the Management of Registration of Corporations*, with total registered capitals divided into equal shares and raised through issuing stocks. Each investor bears limited liability to the corporation depending on the holding of shares, and the corporation bears liability to its debt to the maximum of its total assets.

Private Enterprises refer to profit-making economic units invested and established by natural persons, or controlled by natural persons using employed labour. Included in this category are private limited liability corporations, private share-holding corporations Ltd., private partnership enterprises and private-funded enterprises registered in accordance with the *Corporation Law, Partnership Enterprises Law and Interim Regulations on Private Enterprises*.

Other Domestic-funded Enterprises refer to domestic-funded economic units other than those mentioned above.

Joint-venture Enterprises with Funds from Hong Kong, Macau and Taiwan refer to enterprises jointly established by investors from Hong Kong, Macau and Taiwan with enterprises in the mainland of China in accordance with the *Law of the Peoples Republic of China on Sino-foreign Joint Venture Enterprises* and other relevant laws, where the share of investment, profits and risks is stipulated in the contract.

Cooperative Enterprises with Funds from Hong Kong Macau and Taiwan established by investors from Hong Kong, Macau and Taiwan with enterprises in the mainland of China in accordance with the *Law of the Peoples Republic of China on Sino-foreign Cooperative Enterprises* and other relevant laws, where the investment or provision of facilities, and the share of profits and risks is stipulated in the cooperative contract.

Enterprises with Sole (exclusive) Investment from Hong Kong, Macau and Taiwan refer to enterprises established in the mainland of China with exclusive investment from investors from Hong Kong, Macau and Taiwan in accordance with the *Law of the Peoples Republic of China on Foreign-Funded Enterprises* and other relevant laws.

Share-holding Corporations Ltd. with Investment from Hong Kong, Macau and Taiwan refer to share-holding corporations Ltd. established with the approval from the Ministry of Foreign Trades and Economic Relations in line with relevant state regulations, where the share of investment from Hong Kong, Macau or Taiwan businessmen exceeds 25% of the total registered capital of the corporation. In case the share of investment from Hong Kong, Macau or Taiwan is less than 25% of the total registered capital, the enterprise is to be classified as domestic-funded share-holding corporation Ltd.

Joint-venture Enterprises with Foreign Investment refer to enterprises jointly established by foreign enterprises or foreigners with enterprises in the mainland of China in accordance with the *Law of the Peoples Republic of China on Sino-foreign Joint Venture Enterprises* and other relevant laws, where the share of investment, profits and risks is stipulated in the contract.

Cooperation Enterprises with Foreign Investment refer to enterprises jointly established by foreign enterprises or foreigners with enterprises in the mainland of China in accordance with the *Law of the Peoples Republic of China on Sino-foreign Cooperative Enterprises* and other relevant laws,where the investment or provision of facilities, and the share of profits and risks is stipulated in the cooperative contract.

Enterprises with Sole (exclusive) Foreign Investment refer to enterprises established in the mainland of China with exclusive investment from foreign investors in accordance with the *Law of the Peoples Republic of China on Foreign-Funded Enterprises* and other relevant laws.

Share-holding Corporations Ltd. with Foreign Investment refer to share-holding corporations Ltd. established with the approval from the Ministry of Foreign Trades and Economic Relations in line with relevant state regulations, where the share of investment from foreign investors exceeds 25% of the total registered capital of the corporation. In case the share of foreign investment is less than 25% of the total registered capital, the enterprise is to be classified as domestic-funded share-holding corporation Ltd.

Government Agencies, Institutions and Social Organizations are classified into following categories by source of funds and way of management taking reference of the registration status of enterprises:

(1) Government Agencies: include state and party agencies, classified in principle as "state-owned". There are exceptions, such as supply and marketing cooperatives which are classified as "collective".

(2) Institutions: include institutions of various types established with the approval by organization and staffing departments of the government, but exclude institutions where enterprise management system is introduced. Institutions are further classified as follows:

(a) Institutions whose main budget is listed in the government budget appropriations or extra-budget funds, or allocated from the budget of their competent government agencies. Such institutions are classified as "state-owned".

(b) Institutions whose budget mainly comes from collective units. Such institutions are classified as "collective".

(c) Institutions other than those mentioned above whose source of budget is not clear. Such institutions are classified by way of management.

(3) Social Organizations: include social organizations established with the approval from the Ministry of Civil Affairs, and organizations that are not covered by social organization management regulations such as Trades unions, women's federations etc.. Social organizations are further classified as follows:

(a) Social organizations that are not covered by social organization management regulations of the Ministry of Civil Affairs such as Trades unions, women's federations, communist youth leagues, youth associations, industrial and commerce associations, scientists associations, overseas

Chinese associations, etc., foundations and fund management organizations established with funds from the state, and social organizations whose funds mainly come from the budget of their competent government agencies. Such institutions are classified as “state-owned”.

(b) Social organizations whose budget mainly comes from collective units. Such institutions are classified as “collective”.

(c) Social organizations established by individual or a group of citizens, which are classified as “private”.

(d) Social organizations other than those mentioned above whose source of budget is not clear. Such organizations are classified by manner of management.

第二篇　国民经济核算
Chapter 2　National Economy Accounting

资料整理：张凌远 邓文颖
Database Editor: Zhanglingyuan Dengwenying

简 要 说 明

本篇资料的主要内容及来源

国民经济核算篇主要包括福建省地区生产总值及其增长、结构、三次产业对经济增长的贡献等方面的资料。

1993 年以后福建省地区生产总值的数据已按照国家统计局制定的统一方案，根据 2004 年经济普查资料采用国际上通用的“总趋势离差法”进行了调整。2017 年福建省地区生产总值数据包含研发支出新增部分。

本篇资料中 2017 年数据为国民经济核算统计报表上报国家统计局国民经济核算司的数据。

Brief Introduction

Main Content and Source of Data

Data in the chapter reflect the overall situation and development of economy on the macro level, including growth rate and components of GDP, share of the three industries to the increase of GDP.

Historical data of GDP were recompiled in accordance with the uniform plan of NBS and revised by trend approach. In 2017,the GDP of Fujian province included R&D expenditure.

Data of 2017 in this chapter are prepared according to the data of national accounts and compiled by the Division of National Accounts of Fujian Provincial Bureau of Statistics.

2-1 主要社会经济效益指标

Main Indicators on Economic Efficiency

项目 Item	2000	2005	2010	2016	2017
社会劳动生产率（元/人） **Overall Labor Productivity(yuan/person)**	**22878**	**35599**	**66828**	**102487**	**115272**
总产出中间投入率（%） **Ratio of Input to Total Output(%)**	**61.9**	**61.4**	**62.1**	**66.2**	**65.8**
第一产业 Primary Industry	38.2	39.7	40.9	41.1	41.8
第二产业 Secondary Industry	73.5	72.1	71.7	75.9	75.6
第三产业 Tertiary Industy	44.2	34.2	41.4	46.2	46.9
按主要行业分 By Sector					
工业 Industry	73.9	72.2	72.4	76.6	76.2
建筑业 Construction	70.9	71.4	67.5	72.6	72.5
交通运输、仓储和邮政业 Transport,Storage and Post Services	47.2	46.6	55.7	58.8	59.3
批发和零售业 Wholesale,Retail Trade	44.0	22.9	28.6	33.5	36.7
增加值率（%） **Value-added Rate(%)**	**38.1**	**38.6**	**37.9**	**33.8**	**34.2**
第一产业 Primary Industry	61.8	60.3	59.1	58.9	58.2
第二产业 Secondary Industry	26.5	27.9	28.3	24.1	24.4
第三产业 Tertiary Industy	55.8	65.8	58.6	53.8	53.1
按主要行业分 By Sector	26.5	27.9	28.3	24.1	27.6
工业 Industry	26.1	27.8	27.6	23.4	23.8
建筑业 Construction	29.1	28.6	32.5	27.4	27.5
交通运输、仓储和邮政业 Transport,Storage and Post Services	52.8	53.4	44.3	41.2	40.7
批发和零售业 Wholesale and Retail Trade	56.0	77.1	71.4	66.5	63.3

注：1.本表均按当年价格计算。

Note:a)Data in this table are caculated at current prices.

2-2 主要年份总产出

Total Output in Selected Years

(100 million yuan)

年份 Year	总产出（亿元） Output (100 million yuan)	第一产业 Primary Industy	第二产业 Secondary Industy	第三产业 Tertiary Industy	总产出指数 Indices 以1952为100 (year of 1952=100)	以上年为100 (preceding year=100)
1952	18.43	11.07	4.70	2.66	100.0	124.5
1957	35.64	17.05	10.59	8.00	192.6	105.5
1962	42.16	14.81	13.84	13.51	206.5	98.4
1965	54.35	18.80	21.45	14.10	287.7	113.4
1970	67.81	21.12	29.79	16.90	365.1	118.0
1975	96.03	27.06	51.33	17.64	506.0	104.8
1978	138.83	36.33	73.71	28.79	710.6	121.7
1979	155.69	43.11	83.80	28.78	764.6	107.6
1980	169.83	45.49	95.85	28.49	831.7	108.8
1981	204.17	56.11	103.73	44.33	960.5	115.5
1982	229.65	63.73	116.27	49.65	1057.9	110.1
1983	253.07	68.08	126.43	58.56	1140.8	107.8
1984	306.08	80.66	159.41	66.01	1344.9	117.9
1985	399.54	99.05	210.91	89.58	1645.3	122.3
1986	466.22	107.07	249.31	109.84	1802.0	109.5
1987	603.52	132.97	316.59	153.96	2156.0	119.6
1988	838.36	182.00	451.80	204.56	2565.6	119.0
1989	1040.95	209.92	554.54	276.49	2898.2	113.0
1990	1175.79	227.12	600.94	347.73	3244.1	111.9
1991	1428.36	253.51	747.33	427.52	3811.4	117.5
1992	1910.42	295.54	1053.44	561.44	4895.9	128.5
1993	2993.36	386.34	1743.08	863.94	6564.2	134.1
1994	4229.26	574.05	2422.96	1232.25	8562.5	130.4
1995	5483.28	738.63	3244.08	1500.57	10041.8	117.3
1996	6419.24	850.67	3776.66	1791.91	11642.0	115.9
1997	7436.80	925.56	4462.70	2048.54	13690.5	117.6
1998	8220.00	973.37	4978.46	2268.17	15280.3	111.6
1999	8877.25	1010.82	5410.96	2455.47	16989.2	111.2
2000	9870.58	1037.27	6154.43	2678.88	18759.6	110.4
2001	10506.33	1061.61	6591.76	2852.96	20560.0	109.6
2002	11324.01	1088.70	7252.42	2982.89	23028.4	112.0
2003	12866.74	1135.20	8462.96	3268.58	26154.9	113.6
2004	14912.98	1301.21	10008.78	3602.99	29629.1	113.3
2005	16995.93	1373.03	11385.95	4236.95	33523.8	113.2
2006	19833.74	1445.08	13329.91	5058.74	37533.4	112.0
2007	24160.16	1692.16	16197.54	6270.47	43725.7	116.5
2008	28960.02	1965.02	19557.35	7437.65	50656.1	115.8
2009	32436.81	2001.24	22110.23	8325.34	58001.2	114.5
2010	38915.25	2307.05	26616.53	9991.67	66974.0	115.5
2011	47739.92	2730.93	33045.93	11963.06	77555.9	115.8
2012	55107.00	3007.40	38491.18	13608.42	90895.5	117.2
2013	61780.20	3170.16	42949.47	15660.57	105620.6	116.2
2014	70742.78	3400.90	49719.02	17622.86	116710.7	110.5
2015	76180.53	3586.46	52230.65	20363.42	126164.3	108.1
2016	84434.25	4014.31	57525.97	22893.97	139159.2	110.3
2017	94461.34	3807.28	62912.35	27741.71	150152.8	107.9

2-3 总产出

Total Output

单位：亿元 (100 million yuan)

项目 Item	2000	2005	2010	2016	2017
总产出(亿元) Total Output(100 million yuan)	**9870.58**	**16995.93**	**38915.25**	**84434.25**	**94461.34**
第一产业 Primary Industry	1037.27	1373.03	2307.05	4014.31	3807.28
第二产业 Secondary Industry	6154.43	11385.95	26616.53	57525.97	62912.35
第三产业 Tertiary industy	2678.88	4236.95	9991.67	22893.97	27741.71
按主要行业分 By Sector					
工业 Industry	5447.13	10065.44	23152.34	48842.0	53232.05
建筑业 Construction	707.30	1320.52	3464.19	8837.0	9846.61
交通运输、仓储和邮政业 Transport,Storage,Post and Telecommunication Services	777.53	844.23	1965.92	4085.9	4644.33
批发和零售业 Wholesale,Retail Trade	713.07	741.74	1835.11	3315.4	3956.91
总产出指数(上年=100) Indices of Total Output(preceding year=100)	**110.40**	**113.20**	**115.47**	**110.3**	**107.9**
第一产业 Primary Industry	103.10	102.90	103.52	103.7	103.7
第二产业 Secondary Industry	112.20	113.50	117.54	111.0	104.0
第三产业 Tertiary industy	107.50	116.00	112.16	109.8	118.6
按主要行业分 By Sector					
工业 Industry	113.10	114.40	119.50	110.3	104.1
建筑业 Construction	101.20	105.70	103.30	114.7	114.3
交通运输、仓储和邮政业 Transport,Storage,Post and Telecommunication Services	108.90	107.50	112.06	105.6	106.4
批发和零售业 Wholesale,Retail Trade	105.60	110.00	114.06	109.6	116.0
总产出构成(%) Composition of Total Output(%)	**100.00**	**100.00**	**100.00**	**100.0**	**100.0**
第一产业 Primary Industry	10.50	8.10	5.90	4.8	4.0
第二产业 Secondary Industry	62.40	67.00	68.40	68.1	66.6
第三产业 Tertiary industy	27.10	24.90	25.70	27.1	29.4
按主要行业分 By Sector					
工业 Industry	55.20	59.20	59.50	57.8	56.4
建筑业 Construction	7.20	7.80	8.90	10.5	10.4
交通运输、仓储和邮政业 Transport,Storage,Post and Telecommunication Services	7.90	5.00	5.10	4.8	4.9
批发和零售业 Wholesale,Retail Trade	7.20	4.40	4.70	3.9	4.2

2-4 主要年份地区生产总值

Gross Domestic Product in Selected Years

单位：亿元 (100 million yuan)

年份 Year	地区生产总值 Gross Domestic Product	第一产业 Primary Industry	第二产业 Secondary Industry	第三产业 Tertiary Industy	工业 Industry	建筑业 Construction	人均GDP（元） Per Capita GDP (yuan)
1952	12.73	8.39	2.42	1.92	2.17	0.25	102
1957	22.03	12.31	5.20	4.52	4.23	0.97	154
1962	22.12	10.26	5.12	6.74	4.00	1.12	137
1965	28.81	13.48	8.31	7.02	6.55	1.76	166
1970	34.70	15.34	10.64	8.72	8.56	2.08	173
1975	46.48	19.43	17.81	9.24	14.29	3.52	203
1978	66.37	23.93	28.19	14.25	23.85	4.34	273
1979	74.11	27.97	31.37	14.77	26.20	5.17	300
1980	87.06	31.95	35.68	19.43	29.55	6.13	348
1981	105.62	39.30	39.75	26.57	33.16	6.59	416
1982	117.81	44.24	42.92	30.65	35.25	7.67	457
1983	127.76	47.27	46.05	34.44	37.76	8.29	487
1984	157.06	55.72	56.39	44.95	44.47	11.92	591
1985	200.48	68.13	72.56	59.79	62.09	10.47	737
1986	222.54	72.24	82.19	68.11	67.06	15.13	809
1987	279.24	89.24	101.28	88.72	82.69	18.59	999
1988	383.21	118.16	141.82	123.23	120.45	21.37	1349
1989	458.40	135.77	163.82	158.81	142.45	21.37	1589
1990	522.28	147.01	174.47	200.80	150.55	23.92	1763
1991	619.87	168.64	217.74	233.49	188.29	29.45	2041
1992	784.68	194.87	291.60	298.21	241.78	49.82	2557
1993	1114.20	254.36	455.79	404.05	381.95	73.84	3556
1994	1644.39	362.90	720.97	560.52	618.06	102.91	5193
1995	2094.90	464.82	882.34	747.74	748.92	133.42	6526
1996	2484.25	537.38	1026.64	920.23	875.50	151.14	7646
1997	2870.90	576.63	1214.81	1079.46	1039.62	175.19	8775
1998	3159.91	610.04	1335.05	1214.82	1132.79	202.26	9603
1999	3414.19	628.86	1434.30	1351.03	1230.22	204.08	10323
2000	3764.54	640.57	1628.45	1495.52	1422.34	206.11	11194
2001	4072.85	651.11	1803.50	1618.24	1586.48	217.02	11691
2002	4467.55	664.78	2036.97	1765.80	1808.95	228.02	12739
2003	4983.67	692.94	2340.82	1949.91	2061.31	279.51	14125
2004	5763.35	786.84	2770.49	2206.02	2438.62	331.87	16235
2005	6554.69	827.36	3175.92	2551.41	2801.88	374.05	18353
2006	7583.85	865.98	3695.04	3022.83	3230.49	464.56	21105
2007	9248.53	1002.11	4476.42	3770.00	3896.76	579.66	25582
2008	10823.01	1158.17	5318.44	4346.40	4593.24	725.20	29755
2009	12236.53	1182.74	6005.30	5048.49	5106.38	898.92	33437
2010	14737.12	1363.67	7522.83	5850.62	6397.71	1125.12	40025
2011	17560.18	1612.24	9069.20	6878.74	7675.09	1394.11	47377
2012	19701.78	1776.71	10187.94	7737.13	8541.94	1646.00	52763
2013	21868.49	1874.23	11329.60	8664.66	9455.32	1895.48	58145
2014	24055.76	2014.80	12515.36	9525.60	10426.71	2112.03	63472
2015	25979.82	2118.10	13064.82	10796.90	10820.22	2268.86	67966
2016	28519.15	2363.22	13844.96	12310.97	11449.29	2421.34	73951
2017	32292.09	2215.13	15354.29	14722.67	12674.89	2707.82	82960

注：2017年第一产业增加值数据为全省第三次农普后修订数，下同。

Note:In 2017,The data of Primary Industry is revised after the third agricultural census,the same below.

2-5 主要年份地区生产总值构成

Composition of Gross Domestic Product in Selected Years

单位：% (%)

年份 Year	地区生产总值 Gross Domestic Product	第一产业 Primary Industry	第二产业 Secondary Industry	第三产业 Tertiary Industy	工业 Industry	建筑业 Construction
1952	100.0	65.9	19.0	15.1	17.0	2.0
1957	100.0	55.9	23.6	20.5	19.2	4.4
1962	100.0	46.4	23.1	30.5	18.1	5.1
1965	100.0	46.8	28.8	24.4	22.8	6.1
1970	100.0	44.2	30.7	25.1	24.7	6.0
1975	100.0	41.8	38.3	19.9	30.7	7.6
1978	100.0	36.0	42.5	21.5	35.9	6.5
1979	100.0	37.8	42.3	19.9	35.4	7.0
1980	100.0	36.7	41.0	22.3	33.9	7.0
1981	100.0	37.2	37.6	25.2	31.4	6.2
1982	100.0	37.6	36.4	26.0	29.9	6.5
1983	100.0	37.0	36.0	27.0	29.6	6.5
1984	100.0	35.5	35.9	28.6	28.3	7.6
1985	100.0	34.0	36.2	29.8	31.0	5.2
1986	100.0	32.5	36.9	30.6	30.1	6.8
1987	100.0	31.9	36.3	31.8	29.6	6.7
1988	100.0	30.8	37.0	32.2	31.4	5.6
1989	100.0	29.6	35.7	34.7	31.1	4.7
1990	100.0	28.1	33.4	38.4	28.8	4.6
1991	100.0	27.2	35.1	37.7	30.4	4.8
1992	100.0	24.8	37.2	38.0	30.8	6.3
1993	100.0	22.8	40.9	36.3	34.3	6.6
1994	100.0	22.1	43.8	34.1	37.6	6.3
1995	100.0	22.2	42.1	35.7	35.7	6.4
1996	100.0	21.6	41.3	37.1	35.2	6.1
1997	100.0	20.1	42.3	37.6	36.2	6.1
1998	100.0	19.3	42.3	38.4	35.8	6.5
1999	100.0	18.4	42.0	39.6	36.0	6.0
2000	100.0	17.0	43.3	39.7	37.8	5.5
2001	100.0	16.0	44.3	39.7	39.0	5.3
2002	100.0	14.9	45.6	39.5	40.5	5.1
2003	100.0	13.9	47.0	39.1	41.4	5.6
2004	100.0	13.7	48.1	38.3	42.3	5.8
2005	100.0	12.6	48.5	38.9	43.3	5.4
2006	100.0	11.4	48.7	39.9	43.7	5.7
2007	100.0	10.8	48.4	40.8	43.4	5.7
2008	100.0	10.7	49.1	40.2	42.4	6.7
2009	100.0	9.7	49.1	41.2	41.7	7.4
2010	100.0	9.3	51.0	39.7	43.4	7.6
2011	100.0	9.2	51.6	39.2	43.7	7.9
2012	100.0	9.0	51.7	39.3	43.4	8.3
2013	100.0	8.6	51.8	39.6	43.2	8.7
2014	100.0	8.4	52.0	39.6	43.3	8.8
2015	100.0	8.2	50.3	41.5	41.6	8.7
2016	100.0	8.3	48.5	43.2	40.1	8.5
2017	100.0	6.9	47.5	45.6	39.3	8.4

注：2004年以前年份和2014年及以后第一产业增加值不含农林牧渔服务业。

Note:The value-added of primary industry before 2004 and beyond 2014 exclude services of Farming,Forestry,Animal,Husbandry and Fishery.

2-6 分行业地区生产总值

Gross Domestic Product by Sector

单位：亿元 (100 million yuan)

项目 Item	2000	2005	2010	2016	2017
地区生产总值 Gross Domestic Product	**3764.54**	**6554.69**	**14737.12**	**28519.15**	**32292.09**
第一产业 Primary Industry	640.57	827.36	1363.67	2363.22	2215.13
第二产业 Secondary Industry	1628.45	3175.92	7522.83	13844.96	15354.29
第三产业 Tertiary Industy	1495.52	2551.41	5850.62	12310.97	14722.67
按主要行业分 By Sector					
农、林、牧、渔业 Agriculture , Forestry , Animal Husbandry and Fishery		827.36	1363.67	2444.81	2294.43
农业 Agriculture		356.10	616.32	1119.57	953.36
林业 Forestry		65.23	122.08	201.92	207.69
畜牧业 Animal Husbandry		143.36	198.53	355.17	386.77
渔业 Fishery		227.84	376.37	686.56	667.31
农、林、牧、渔服务业 Services of Agriculture , Forestry , Animal Husbandry and Fishery		34.83	50.37	81.59	79.3
工业 Industry	1422.34	2801.88	6397.71	11449.29	12674.89
采矿业 Mining and Quarrying		83.25	313.39	249.12	272.44
制造业 Manufacturing		2496.73	5731.47	10559.03	11802.49
电力、热力、燃气及水生产和供应业 Supply of Electric Power, Gas,Water		221.90	352.85	641.14	599.96
建筑业 Construction	206.11	374.05	1125.12	2421.34	2707.82
交通运输、仓储和邮政业 Transport, Storage and Post Services	410.66	447.20	871.16	1685.18	1889.69
信息传输、软件和信息技术服务业 Information Transmission, Software and Information Technology Services		184.93	344.19	688.81	785.24
批发和零售业 Wholesale and Retail Trade	399.11	571.30	1310.94	2204.6	2502.78
住宿和餐饮业 Lodgings and Catering Services		120.84	266.47	421.51	465.07
金融业 Finance	118.85	186.12	767.58	1866.17	2055.53
房地产业 Real Estate	147.60	331.80	679.03	1269.67	1768.48
租赁和商务服务业 Rent and Business Services		82.03	237.04	1078.53	1380.11
科学研究和技术服务业 Scientific Reseach, Ploytechnic Services		36.83	103.13	261.58	341.91
水利、环境和公共设施管理业 Water Conservancy, Environment and Public Facilities Management		18.28	51.18	90.62	96.58
居民服务、修理和其他服务业 Resident Services,Repairing and Others		113.65	265.81	615.48	871.28
教育 Education		169.62	269.91	616.68	683.8
卫生和社会工作 Health Care, Social Ensure		75.49	206.54	444.63	534.17
公共管理、社会保障和社会组织 Public Management and Social Organizations		167.40	352.77	592.65	706.63
文化、体育和娱乐业 Culture, Sports and Entertainment		45.94	124.87	367.6	533.68
国际组织 National Organizations					

2-7 主要年份地区生产总值指数(上年=100)

Indices of Gross Domestic Product in Selected Years(preceding year=100)

单位：以上年为100 (preceding year=100)

年份 Year	地区生产总值 Gross Domestic Product	第一产业 Primary Industry	第二产业 Secondary Industry	第三产业 Tertiary Industy	工业 Industry	建筑业 Construction	人均GDP Per Capita GDP
1952	123.3	112.1	131.5	119.3	145.7	138.9	121.1
1957	106.7	109.5	95.3	117.3	124.2	50.4	103.0
1962	98.6	107.6	94.2	94.6	79.4	155.7	96.4
1965	110.9	111.5	120.3	100.4	126.2	101.2	107.5
1970	109.9	105.0	123.2	101.0	112.9	101.9	105.7
1975	102.9	100.5	106.6	101.1	108.7	98.2	100.5
1978	117.8	101.5	132.4	121.5	138.7	90.4	115.6
1979	105.5	104.9	109.7	99.0	107.0	137.4	103.9
1980	118.4	113.9	118.1	125.7	113.5	155.1	117.2
1981	115.5	108.5	110.3	136.3	113.8	91.0	114.0
1982	109.3	106.8	108.2	114.2	104.5	134.9	107.5
1983	106.2	104.7	107.3	106.5	107.4	106.7	104.4
1984	117.9	110.1	120.3	124.3	124.9	93.7	116.3
1985	117.6	105.3	123.3	123.5	124.2	115.8	114.9
1986	105.7	102.1	113.0	99.4	105.2	177.0	104.5
1987	113.6	110.5	110.0	121.9	117.1	75.4	111.8
1988	114.3	102.6	125.1	109.7	132.7	67.6	112.6
1989	107.8	109.7	104.9	110.7	108.5	51.2	106.1
1990	107.5	101.7	108.1	111.4	109.3	63.6	104.7
1991	114.2	109.1	122.0	111.5	123.7	111.2	111.4
1992	120.3	110.5	128.5	120.0	126.8	140.6	119.0
1993	122.6	109.4	135.9	118.3	139.5	112.8	120.1
1994	120.3	109.3	132.6	113.0	133.9	122.0	119.0
1995	114.6	109.5	117.3	114.2	116.4	125.2	113.0
1996	113.3	108.8	114.3	114.6	115.2	107.6	112.0
1997	114.0	108.0	116.1	114.5	116.5	113.4	113.2
1998	110.8	106.7	112.4	110.8	112.5	111.6	110.2
1999	109.9	105.7	111.5	109.9	112.5	101.9	109.3
2000	109.3	102.6	111.2	110.0	112.2	100.4	107.5
2001	108.7	103.5	110.2	109.2	110.8	105.6	104.9
2002	110.2	102.7	113.8	109.2	115.1	104.2	109.1
2003	111.5	103.3	115.6	109.7	115.4	117.7	110.8
2004	111.8	104.4	114.9	110.8	115.3	111.3	111.2
2005	111.6	102.7	112.3	113.7	112.3	111.7	110.9
2006	114.8	100.8	116.6	117.1	116.0	121.5	114.1
2007	115.2	103.9	118.2	114.6	118.5	116.4	114.5
2008	113.0	105.0	115.1	112.3	115.0	115.6	112.3
2009	112.3	104.7	113.7	112.3	113.0	118.8	111.6
2010	113.9	103.3	118.1	110.6	118.0	119.3	113.2
2011	112.3	104.4	116.2	109.1	116.7	113.3	111.6
2012	111.4	104.2	114.3	109.1	113.8	117.4	110.5
2013	111.0	104.3	113.2	109.4	112.8	115.2	110.2
2014	109.9	104.4	111.9	108.1	112.1	111.0	109.1
2015	109.0	103.7	107.4	112.3	107.0	110.1	108.0
2016	108.4	103.6	106.8	111.3	106.8	106.9	107.5
2017	108.1	103.7	106.8	110.2	107.4	103.9	107.1

2-8 主要年份地区生产总值指数(1952年=100)

Indices of Gross Domestic Product in Selected Years(year of 1952=100)

单位：以1952年为100 (year of 1952=100)

年份 Year	地区生产总值 Gross Domestic Product	第一产业 Primary Industry	第二产业 Secondary Industry	第三产业 Tertiary Industy	工业 Industry	建筑业 Construction	人均GDP Per Capita GDP
1952	100.0	100.0	100.0	100.0	100.0	100.0	100.0
1957	172.0	137.1	226.0	233.3	200.7	452.0	150.0
1962	159.8	86.4	259.5	317.5	193.1	885.4	122.3
1965	215.1	132.1	363.8	348.9	319.7	759.5	153.2
1970	255.9	146.5	480.3	400.0	425.5	969.2	157.4
1975	331.5	171.0	810.3	423.9	723.4	1495.8	179.7
1978	451.2	188.5	1207.1	698.2	1197.8	1095.1	229.5
1979	476.1	197.7	1324.7	690.9	1282.1	1505.1	238.3
1980	563.9	225.3	1564.4	868.4	1455.1	2334.6	279.3
1981	651.1	244.4	1725.4	1183.8	1655.8	2124.0	318.2
1982	711.6	261.1	1866.4	1351.6	1731.0	2865.6	342.1
1983	755.3	273.2	2002.4	1439.1	1858.8	3057.8	357.2
1984	890.7	300.8	2408.9	1788.3	2321.9	2865.6	415.3
1985	1047.5	316.7	2968.2	2207.8	2884.7	3318.8	477.4
1986	1107.3	323.4	3354.0	2194.6	3033.9	5873.0	498.8
1987	1257.9	357.5	3689.9	2674.7	3554.0	4426.5	557.7
1988	1437.6	366.7	4616.0	2933.4	4716.4	2993.7	627.7
1989	1549.3	402.3	4842.1	3246.6	5118.2	1533.5	665.9
1990	1665.8	409.0	5233.3	3615.6	5595.3	975.0	696.9
1991	1902.8	446.1	6384.1	4030.9	6919.7	1084.3	776.4
1992	2288.8	492.8	8205.4	4835.4	8776.3	1524.9	924.1
1993	2806.2	539.0	11153.4	5720.9	12245.5	1719.7	1109.8
1994	3375.7	589.0	14790.3	6461.8	16402.4	2097.4	1320.9
1995	3869.0	644.9	17347.3	7376.8	19090.2	2625.3	1493.2
1996	4384.0	701.5	19836.0	8455.2	21987.4	2824.9	1671.7
1997	4998.3	757.7	23037.7	9679.2	25605.2	3204.0	1893.1
1998	5538.0	808.3	25890.5	10720.4	28798.0	3576.2	2085.4
1999	6086.9	854.3	28860.0	11777.1	32407.2	3644.2	2279.9
2000	6653.7	876.2	32080.0	12954.3	36372.6	3660.4	2451.1
2001	7229.8	906.9	35339.6	14150.5	40308.3	3865.7	2570.9
2002	7964.4	931.4	40210.4	15453.7	46395.4	4029.4	2805.6
2003	8877.3	962.2	46501.5	16958.1	53537.1	4741.1	3108.2
2004	9927.7	1004.9	53417.5	18784.7	61744.0	5276.4	3455.0
2005	11079.3	1031.5	59968.7	21357.2	69361.6	5892.1	3831.0
2006	12719.0	1039.4	69938.6	25010.5	80438.8	7160.7	4371.8
2007	14652.3	1079.5	82670.5	28655.6	95284.9	8335.3	5004.6
2008	16557.1	1133.2	95139.3	32174.5	109593.1	9632.7	5619.0
2009	18595.9	1186.5	108138.7	36143.2	123788.4	11444.8	6272.6
2010	21180.7	1225.7	127711.8	39974.4	146008.6	13655.5	7101.4
2011	23785.9	1279.6	148401.1	43612.1	170392.0	15471.7	7925.2
2012	26497.5	1333.3	169622.5	47580.8	193906.1	18163.8	8757.3
2013	29412.2	1390.6	192012.7	52053.4	218726.1	20924.7	9650.5
2014	32324.0	1451.8	214862.2	56269.7	245191.9	23226.4	10529.0
2015	35233.2	1505.5	230762.0	63190.9	262355.3	25572.3	11371.3
2016	38192.8	1559.7	246453.8	70331.5	280195.5	27336.8	12224.1
2017	41286.4	1617.4	263212.7	77505.3	300930.0	28402.9	13092.0

2-9 三次产业对经济增长的贡献及拉动(1980-2017年)

Contribution Share and Contribution of the Three Components of GDP to the Growth of GDP(1980-2017)

单位：% (%)

年份 Year	贡献率 Contribution Share 第一产业 Primary Industry	第二产业 Secondary Industry	第三产业 Tertiary Industry	工业 Industry	地区生产总值增长率 Gross Domestic Product Growth Rate	拉动（百分点） Contribution(percentage point) 第一产业 Primary Industry	第二产业 Secondary Industry	第三产业 Tertiary Industry	工业 Industry
1980	25.1	43.2	31.7	28.6	18.4	4.6	8.0	5.8	5.3
1981	20.6	26.6	52.8	29.9	15.5	3.2	4.1	8.2	4.6
1982	26.0	33.5	40.5	16.3	9.3	2.4	3.1	3.8	1.5
1983	26.1	44.7	29.2	38.6	6.2	1.6	2.8	1.8	2.4
1984	19.2	43.1	37.7	45.1	17.9	3.4	7.7	6.8	8.1
1985	9.5	51.4	39.1	47.3	17.6	1.7	9.0	6.9	8.3
1986	10.4	92.8	-3.2	32.9	5.7	0.6	5.3	-0.2	1.9
1987	21.3	32.1	46.6	45.6	13.6	2.9	4.4	6.3	6.2
1988	4.9	74.1	21.0	85.3	14.3	0.7	10.6	3.0	12.2
1989	29.9	29.1	41.0	47.4	7.8	2.3	2.3	3.2	3.7
1990	5.4	48.3	46.3	55.0	7.7	0.4	3.6	3.5	4.1
1991	19.0	50.9	30.1	47.4	14.4	2.7	7.2	4.3	6.7
1992	14.7	49.5	35.8	40.8	20.3	3.0	10.0	7.3	8.3
1993	10.8	59.8	29.4	56.9	22.6	2.4	13.5	6.7	12.9
1994	10.6	67.0	22.4	62.0	20.3	2.2	13.6	4.5	12.6
1995	13.7	54.4	31.9	46.2	14.6	2.0	7.9	4.7	6.8
1996	13.3	50.7	36.0	47.7	13.3	1.8	6.7	4.8	6.4
1997	11.0	54.7	34.3	50.0	14.0	1.5	7.7	4.8	7.0
1998	11.4	55.4	33.2	50.2	10.8	1.2	6.0	3.6	5.4
1999	10.1	56.8	33.1	55.8	9.9	1.0	5.6	3.3	5.5
2000	4.7	59.6	35.7	59.4	9.3	0.4	5.6	3.3	5.5
2001	6.9	50.7	42.4	47.2	8.7	0.6	4.4	3.7	4.1
2002	4.3	59.5	36.2	57.3	10.2	0.4	6.1	3.7	5.8
2003	4.3	62.0	33.7	54.2	11.5	0.5	7.1	3.9	6.2
2004	5.2	59.2	35.6	54.2	11.8	0.6	7.0	4.2	6.4
2005	3.0	51.3	45.7	46.0	11.6	0.3	6.0	5.3	5.3
2006	0.7	54.4	45.0	46.1	14.8	0.1	8.0	6.7	6.8
2007	2.8	59.1	38.1	52.5	15.2	0.4	9.0	5.8	8.0
2008	3.8	58.8	37.4	51.4	13.0	0.5	7.6	4.9	6.7
2009	3.6	57.1	39.3	47.6	12.3	0.5	7.0	4.8	5.9
2010	2.1	67.9	30.0	58.7	13.9	0.3	9.4	4.2	8.2
2011	3.3	67.2	29.5	59.0	12.3	0.4	8.3	3.6	7.3
2012	3.2	66.1	30.7	54.4	11.4	0.4	7.5	3.5	6.2
2013	3.0	64.6	32.4	53.6	11.0	0.3	7.1	3.6	5.9
2014	3.2	66.0	30.8	56.8	9.9	0.3	6.5	3.1	5.6
2015	2.9	46.6	50.5	37.2	9.0	0.3	4.2	4.5	3.3
2016	3.5	40.5	56.0	33.4	8.4	0.3	3.4	4.7	2.8
2017	3.2	42.8	54.0	38.6	8.1	0.3	3.4	4.4	3.1

2-10 主要年份按收入法计算的地区生产总值

Gross Domestic Product by Income Approach in Selected Years

单位：亿元　　(100 million yuan)

年份 Year	地区生产总值 Gross Domestic Product	劳动者报酬 Compensation of Employees	生产税净额 Net Taxes on Production	固定资产折旧 Depreciation of Fixed Assets	营业盈余 Operating Surplus	占地区生产总值比重（%）Ratio(%) 劳动者报酬 Compensation of Employees	生产税净额 Net Taxes on Production	固定资产折旧 Depreciation of Fixed Assets	营业盈余 Operating Surplus
1978	66.37	42.16	7.07	5.85	11.29	63.5	10.7	8.8	17.0
1979	74.11	47.78	7.75	6.48	12.10	64.5	10.5	8.7	16.3
1980	87.06	55.96	8.97	7.55	14.58	64.3	10.3	8.7	16.7
1981	105.62	68.13	10.45	9.22	17.82	64.5	9.9	8.7	16.9
1982	117.81	76.46	11.34	10.21	19.80	64.9	9.6	8.7	16.8
1983	127.76	82.74	12.24	11.12	21.66	64.8	9.6	8.7	17.0
1984	157.06	101.47	14.80	13.84	26.95	64.6	9.4	8.8	17.2
1985	200.48	126.06	19.89	18.38	36.15	62.9	9.9	9.2	18.0
1986	222.54	139.73	21.78	20.54	40.49	62.8	9.8	9.2	18.2
1987	279.24	175.22	27.25	25.84	50.93	62.7	9.8	9.3	18.2
1988	383.21	241.25	39.27	35.49	67.20	63.0	10.2	9.3	17.5
1989	458.40	281.50	46.73	43.13	87.04	61.4	10.2	9.4	19.0
1990	522.28	322.04	50.90	51.24	98.10	61.7	9.7	9.8	18.8
1991	619.87	376.87	62.25	63.31	117.44	60.8	10.0	10.2	18.9
1992	784.68	472.85	80.58	79.79	151.46	60.3	10.3	10.2	19.3
1993	1114.20	623.02	125.34	114.12	251.72	55.9	11.2	10.2	22.6
1994	1644.39	832.09	184.89	155.70	471.71	50.6	11.2	9.5	28.7
1995	2094.90	1101.69	210.71	231.67	550.82	52.6	10.1	11.1	26.3
1996	2484.25	1291.05	247.08	284.74	661.38	52.0	9.9	11.5	26.6
1997	2870.90	1498.69	275.15	345.43	751.62	52.2	9.6	12.0	26.2
1998	3159.91	1650.26	316.66	388.04	804.95	52.2	10.0	12.3	25.5
1999	3414.19	1769.60	345.36	431.13	868.11	51.8	10.1	12.6	25.4
2000	3764.54	1824.79	371.62	491.48	1076.64	48.5	9.9	13.1	28.6
2001	4072.85	1960.79	392.29	555.29	1164.49	48.1	9.6	13.6	28.6
2002	4467.55	2172.30	434.87	630.30	1230.08	48.6	9.7	14.1	27.5
2003	4983.67	2412.18	522.41	735.98	1313.10	48.4	10.5	14.8	26.3
2004	5763.35	2539.45	780.60	704.03	1739.27	44.1	13.5	12.2	30.2
2005	6554.69	2890.79	868.51	914.15	1881.24	44.1	13.3	13.9	28.7
2006	7583.85	3334.30	1019.66	989.48	2240.42	44.0	13.4	13.0	29.5
2007	9248.53	3997.16	1314.35	1070.74	2866.27	43.2	14.2	11.6	31.0
2008	10823.01	5728.03	1334.19	1317.13	2443.65	52.9	12.3	12.2	22.6
2009	12236.53	6510.05	1553.20	1412.19	2761.08	53.2	12.7	11.5	22.6
2010	14737.12	7400.03	1867.67	1562.99	3906.43	50.2	12.7	10.6	26.5
2011	17560.18	8741.77	2287.51	1834.11	4696.79	49.8	13.0	10.4	26.7
2012	19701.78	9979.11	2809.74	2114.83	4798.10	50.7	14.3	10.7	24.4
2013	21868.49	11277.57	3093.63	2239.74	5257.54	51.6	14.1	10.2	24.0
2014	24055.76	12504.55	3653.71	2491.08	5406.42	52.0	15.2	10.4	22.5
2015	25979.82	13845.37	3884.42	2895.55	5354.48	53.3	15.0	11.1	20.6
2016	28519.15	15349.29	3867.56	2974.29	6328.01	53.8	13.6	10.4	22.2
2017	32292.09	16904.74	4009.45	3558.78	7819.12	52.4	12.4	11.0	24.2

2-11 主要年份第三产业增加值

Value-added of the Tertiary Industry in Selected Years

单位：亿元 (100 million yuan)

年份 Year	第三产业 Tertiary Industy	#批发和零售业 Wholesale and Retail Trade	#交通运输、仓储和邮政业 Transport, Storage and Post Services	#金融业 Finance	#房地产业 Real Estate
1952	1.92	1.00	0.27		
1957	4.52	2.21	0.64		
1962	6.74	2.29	0.88		
1965	7.02	1.57	1.10		
1970	8.72	2.23	1.47		
1975	9.24	1.15	1.85		
1978	14.25	3.47	3.35	3.01	0.69
1979	14.77	3.29	3.32	3.08	0.81
1980	19.43	5.08	4.40	4.03	0.92
1981	26.57	7.01	6.01	5.49	1.26
1982	30.65	8.12	6.85	6.34	1.46
1983	34.44	9.38	7.29	7.19	1.65
1984	44.95	11.82	9.69	9.48	2.18
1985	59.79	15.17	12.35	13.00	2.98
1986	68.11	16.53	14.54	14.98	3.43
1987	88.72	23.14	19.37	18.71	4.29
1988	123.23	40.58	32.50	17.40	4.40
1989	158.81	41.31	42.60	29.06	5.23
1990	200.80	49.53	48.56	34.40	8.31
1991	233.49	60.46	55.05	40.52	12.50
1992	298.21	79.64	70.51	48.34	18.89
1993	404.05	115.99	99.48	53.76	33.66
1994	560.52	146.90	134.95	90.76	52.70
1995	747.74	203.09	189.55	93.76	71.37
1996	920.23	257.03	235.07	105.58	83.47
1997	1079.46	306.22	283.44	109.07	93.27
1998	1214.82	341.19	326.63	114.01	105.50
1999	1351.03	364.97	366.27	113.40	126.22
2000	1495.52	399.11	410.66	118.85	147.60
2001	1618.24	429.56	428.87	124.84	165.31
2002	1765.80	465.91	445.06	138.28	188.09
2003	1949.91	520.56	478.84	150.09	215.84
2004	2206.02	595.35	537.41	171.00	248.44
2005	2551.41	571.30	447.20	186.12	331.80
2006	3022.83	641.13	521.16	243.90	435.22
2007	3770.00	769.15	626.32	385.84	511.50
2008	4346.40	897.32	703.72	497.65	506.98
2009	5048.49	1043.42	751.42	612.20	656.61
2010	5850.62	1310.94	871.16	767.58	679.03
2011	6878.74	1511.29	963.85	862.41	911.16
2012	7737.13	1670.26	1090.07	1015.37	1039.71
2013	8664.66	1789.88	1176.19	1264.72	1095.08
2014	9525.60	1961.18	1320.35	1449.82	1090.22
2015	10796.90	2046.29	1547.30	1681.33	1077.88
2016	12310.97	2204.60	1685.18	1866.17	1269.67
2017	14722.67	2502.78	1889.69	2055.53	1768.48

2-12 第三产业增加值构成（1978-2017年）

Composition of Value-added of the Tertiary Industry(1978-2017)

单位：% (%)

年份 Year	第三产业 Tertiary Industy	#交通运输、仓储和邮政业 Transport,Storage and Post	#批发和零售业 Wholesale and Retail Trade	#金融业 Finance	#房地产业 Real Estate
1978	100.0	23.5	24.4	21.1	4.8
1979	100.0	22.5	22.3	20.9	5.5
1980	100.0	22.6	26.1	20.7	4.7
1981	100.0	22.6	26.4	20.7	4.7
1982	100.0	22.3	26.5	20.7	4.8
1983	100.0	21.2	27.2	20.9	4.8
1984	100.0	21.6	26.3	21.1	4.8
1985	100.0	20.7	25.4	21.7	5.0
1986	100.0	21.3	24.3	22.0	5.0
1987	100.0	21.8	26.1	21.1	4.8
1988	100.0	26.4	32.9	14.1	3.6
1989	100.0	26.8	26.0	18.3	3.3
1990	100.0	24.2	24.7	17.1	4.1
1991	100.0	23.6	25.9	17.4	5.4
1992	100.0	23.6	26.7	16.2	6.3
1993	100.0	24.6	28.7	13.3	8.3
1994	100.0	24.1	26.2	16.2	9.4
1995	100.0	25.3	27.2	12.5	9.5
1996	100.0	25.5	27.9	11.5	9.1
1997	100.0	26.3	28.4	10.1	8.6
1998	100.0	26.9	28.1	9.4	8.7
1999	100.0	27.1	27.0	8.4	9.3
2000	100.0	27.5	26.7	7.9	9.9
2001	100.0	26.5	26.5	7.7	10.2
2002	100.0	25.2	26.4	7.8	10.7
2003	100.0	24.6	26.7	7.7	11.1
2004	100.0	24.4	27.0	7.8	11.3
2005	100.0	17.5	22.4	7.3	13.0
2006	100.0	17.2	21.2	8.1	14.4
2007	100.0	16.6	20.4	10.2	13.6
2008	100.0	16.2	20.6	11.4	11.7
2009	100.0	14.9	20.7	12.1	13.0
2010	100.0	14.9	22.4	13.1	11.6
2011	100.0	14.0	22.0	12.5	13.2
2012	100.0	14.1	21.6	13.1	13.4
2013	100.0	13.6	20.7	14.6	12.6
2014	100.0	13.9	20.6	15.2	11.4
2015	100.0	14.3	19.0	15.6	10.0
2016	100.0	13.7	17.9	15.2	10.3
2017	100.0	12.8	17.0	14.0	12.0

2-13 第三产业增加值指数(上年=100)

Indices of Value-added of the Tertiary Industry(preceding year=100)

单位：以上年为100　　(preceding year=100)

年份 Year	第三产业 Tertiary Industy	#交通运输、仓储和邮政业 Transport,Storage and Post	#批发和零售业 Wholesale and Retail Trade	#金融业 Finance	#房地产业 Real Estate
1979	99.0	93.8	86.8	100.0	114.3
1980	125.7	132.5	143.7	124.5	108.0
1981	136.3	136.4	136.4	136.2	136.8
1982	114.2	114.2	114.1	114.1	114.6
1983	106.5	106.4	106.4	106.5	106.0
1984	124.3	124.3	124.2	124.3	124.7
1985	123.5	123.5	123.5	123.4	123.4
1986	99.4	100.5	96.7	100.1	100.0
1987	121.9	120.4	125.2	121.0	121.0
1988	109.7	135.7	129.5	76.1	84.0
1989	110.7	110.2	90.8	140.2	99.6
1990	111.4	98.2	110.4	103.1	138.2
1991	111.5	107.2	116.7	113.8	145.4
1992	120.0	120.1	127.1	113.5	139.2
1993	118.3	116.8	121.7	99.1	164.5
1994	113.0	118.9	108.4	122.8	115.3
1995	114.2	117.3	120.8	99.9	117.2
1996	114.6	116.1	118.6	104.5	108.7
1997	114.5	116.0	117.9	104.6	109.1
1998	110.8	109.6	114.8	102.4	103.7
1999	109.9	110.5	111.1	97.8	116.4
2000	110.0	109.1	110.5	106.0	116.8
2001	109.2	107.2	109.8	106.5	113.1
2002	109.2	104.7	109.3	110.8	112.4
2003	109.7	108.3	111.5	107.8	112.5
2004	110.8	111.3	111.4	109.8	108.7
2005	113.7	106.8	108.6	107.4	130.3
2006	117.1	112.6	111.9	129.5	126.2
2007	114.6	110.0	112.6	121.7	110.2
2008	112.3	108.3	110.7	117.8	93.4
2009	112.3	101.9	115.8	125.4	115.7
2010	110.6	112.1	115.2	114.9	101.2
2011	109.1	108.5	109.5	106.6	108.6
2012	109.1	107.5	107.9	115.1	110.1
2013	109.4	107.6	107.8	116.4	105.7
2014	108.1	111.4	108.3	116.0	96.5
2015	112.3	116.1	105.9	113.7	105.0
2016	111.3	107.3	107.0	110.1	108.5
2017	110.2	108.3	107.4	106.5	107.6

2-14 第三产业增加值指数(1978年=100)

Indices of Value-added of the Tertiary Industry(year of 1978=100)

单位：以1978年为100　　(year of 1978=100)

年份 Year	第三产业 Tertiary Industy	#交通运输、仓储和邮政业 Transport,Storage and Post	#批发和零售业 Wholesale and Retail Trade	#金融业 Finance	#房地产业 Real Estate
1979	99.0	93.8	86.8	100.0	114.3
1980	124.4	124.3	124.7	124.5	123.4
1981	169.6	169.5	170.1	169.6	168.9
1982	193.7	193.6	194.1	193.5	193.5
1983	206.3	206.0	206.5	206.1	205.1
1984	256.4	256.0	256.5	256.1	255.8
1985	316.7	316.2	316.8	316.1	315.7
1986	314.8	317.8	306.4	316.4	315.7
1987	383.7	382.6	383.6	382.8	382.0
1988	420.9	519.2	496.7	291.3	320.8
1989	466.0	572.2	451.0	408.4	319.6
1990	519.1	562.0	498.1	421.1	441.6
1991	578.8	602.4	581.4	479.4	642.0
1992	694.6	723.4	738.9	543.9	893.9
1993	821.8	845.1	899.4	538.9	1470.7
1994	928.2	1005.0	975.2	661.6	1696.0
1995	1059.6	1179.2	1178.4	661.1	1986.9
1996	1214.5	1368.8	1397.2	691.0	2159.1
1997	1390.3	1588.1	1647.0	722.9	2356.6
1998	1539.9	1740.9	1890.5	740.2	2444.3
1999	1691.7	1924.6	2100.4	723.8	2845.8
2000	1860.8	2099.4	2320.4	767.0	3323.9
2001	2032.6	2251.2	2548.4	817.1	3760.5
2002	2219.8	2357.6	2786.0	905.8	4227.4
2003	2435.9	2553.6	3107.4	976.4	4755.9
2004	2698.2	2842.6	3461.4	1072.5	5170.8
2005	3067.7	3034.5	3760.7	1151.6	6738.3
2006	3592.5	3417.7	4207.8	1491.8	8501.2
2007	4116.1	3758.2	4739.5	1815.1	9364.8
2008	4621.5	4068.9	5244.9	2138.7	8750.4
2009	5191.6	4144.2	6073.8	2681.5	10128.4
2010	5741.9	4644.2	6997.0	3081.0	10249.9
2011	6246.4	5039.0	7661.7	3284.3	11131.4
2012	6814.8	5416.9	8267.0	3780.2	12255.7
2013	7455.4	5828.6	8911.8	4400.2	12954.3
2014	8059.3	6493.0	9651.5	5104.2	12500.9
2015	9076.8	7538.4	10220.9	5803.5	13125.9
2016	10102.5	8088.7	10936.4	6389.7	14241.6
2017	11133.0	8760.1	11745.7	6805.0	15324.0

2-15 主要年份地区生产总值收入法构成项目

Income Approach Components of GDP in Selcted Years

单位：亿元　　　　　　　　　　　　　　　　　　　　　　　　　　　　　(100 million yuan)

项目 Item	2000	2005	2010	2016	2017
劳动者报酬 Compensation of Employees	**1824.79**	**2890.79**	**7400.03**	**15349.29**	**16904.74**
第一产业 Primary Industry	550.52	785.71	1352.56	2350.44	2203.77
第二产业 Secondary Industry	635.86	1209.53	3372.40	6554.72	7394.12
第三产业 Tertiary industy	638.41	895.55	2675.07	6444.13	7306.85
按主要行业分 By Sector					
工业 Industry	511.27	996.77	2554.42	4664.02	5280.96
交通运输、仓储和邮政业 Transport,Storage,Post and Telecommunication Services	154.70	130.44	429.09	817.28	936.88
批发和零售业 Wholesale and Retail Trade	173.17	102.01	558.19	997.21	1181.78
生产税净额 Net Taxes on Production	**371.62**	**868.51**	**1867.67**	**3867.56**	**4009.45**
第一产业 Primary Industry	20.10	13.56	3.29	5.15	4.39
第二产业 Secondary Industry	213.86	539.43	1091.51	2295.15	2480.17
第三产业 Tertiary industy	137.67	315.52	772.87	1567.26	1524.89
按主要行业分 By Sector					
工业 Industry	185.40	524.46	960.61	2055.70	2211.30
交通运输、仓储和邮政业 Transport,Storage,Post and Telecommunication Services	35.24	58.46	58.73	115.30	131.42
批发和零售业 Wholesale and Retail Trade	63.09	127.88	393.63	533.97	604.67
固定资产折旧 Depreciation of Fixed Assets	**491.48**	**914.15**	**1562.99**	**2974.29**	**3558.78**
第一产业 Primary Industry	18.07	28.09	7.82	7.63	6.97
第二产业 Secondary Industry	204.18	435.75	701.16	1370.28	1495.85
第三产业 Tertiary Industy	269.23	450.31	854.01	1596.38	2055.96
按主要行业分 By Sector					
工业 Industry	185.07	388.25	665.46	1334.51	1455.90
交通运输、仓储和邮政业 Transport,Storage,Post and Telecommunication Services	85.46	65.80	156.66	352.70	406.04
批发和零售业 Wholesale and Retail Trade	30.80	22.95	65.32	110.84	116.72
营业盈余 Operating Surplus	**1076.64**	**1881.24**	**3906.43**	**6328.01**	**7819.12**
第一产业 Primary Industry	51.88				
第二产业 Secondary Industry	574.56	991.21	2357.76	3624.81	3984.15
第三产业 Tertiary Industy	450.21	890.03	1548.67	2703.20	3834.97
按主要行业分 By Sector					
工业 Industry	540.60	892.39	2217.22	3395.06	3726.73
交通运输、仓储和邮政业 Transport,Storage,Post and Telecommunication Services	135.27	192.50	226.68	399.90	415.35
批发和零售业 Wholesale and Retail Trade	132.04	318.45	293.80	562.58	599.61

注：2014年行业分类为按新国民经济行业分类(GB/T 4754-2011)划分。

Note:The classified standards of national ecomonic sector in 2014 are adopted GB/T 4754-2011.

2-16 分行业地区生产总值收入法构成项目(2017年)

Income Approach Components of GDP by Sector(2017)

单位：亿元　　(100 million yuan)

项目 Item	增加值 Value-added	劳动者报酬 Compensation of Employees	生产税净额 Net Taxes on Production	固定资产折旧 Depreciation of Fixed Assets	营业盈余 Operating Surplus
地区生产总值 **Gross Pomestic Product**	**32292.09**	**16904.74**	**4009.45**	**3558.78**	**7819.12**
第一产业 Primary Industry	2215.13	2203.77	4.39	6.97	0
第二产业 Secondary Industry	15354.29	7394.12	2480.17	1495.85	3984.15
第三产业 Tertiary Industry	14722.67	7306.85	1524.89	2055.96	3834.97
按主要行业分 By Sector					
工业 Industry	12674.89	5280.96	2211.30	1455.90	3726.73
建筑业 Construction	2707.82	2127.47	271.36	44.51	264.48
交通运输、仓储和邮政业 Transport, Storage and Post Services	1889.69	936.88	131.42	406.04	415.35
信息传输、软件和信息技术服务业 Information Transmission, Software and Information Technology Services	785.24	229.18	61.19	227.62	267.25
批发和零售业 Wholesale and Retail Trade	2502.78	1181.78	604.67	116.72	599.61
住宿和餐饮业 Lodgings and Catering Services	465.07	388.53	17.99	33.86	24.69
金融业 Finance	2055.53	769.77	199.21	49.50	1037.05
房地产业 Real Estate	1768.48	140.73	271.78	846.48	509.49
租赁和商务服务业 Rent and Business Services	1380.11	486.93	104.68	138.79	649.71
科学研究和技术服务业 Scientific Reseach, Ploytechnic Services	341.91	174.62	30.22	29.60	107.47
水利、环境和公共设施管理业 Water Conservancy, Environment and Public Facilities Management	96.58	69.73	4.06	7.16	15.63
居民服务、修理和其他服务业 Resident Services,Repairing and Others	871.28	739.73	38.03	49.87	43.65
教育 Education	683.80	619.79	3.21	51.46	9.34
卫生和社会工作 Health Care, Social Ensure	534.17	430.62	3.14	6.49	93.92
文化、体育和娱乐业 Culture, Sports and Entertainment	533.68	376.11	47.08	62.49	48.00
公共管理、社会保障和社会组织 Public Management and Social Organizations	706.63	669.93	5.72	24.23	6.75

主要统计指标解释

国内生产总值(GDP) 指按市场价格计算的一个国家(或地区)所有常住单位在一定时期内生产活动的最终成果。国内生产总值有三种表现形态，即价值形态、收入形态和产品形态。从价值形态看，它是所有常住单位在一定时期内生产的全部货物和服务价值超过同期投入的全部非固定资产货物和服务价值的差额，即所有常住单位的增加值之和；从收入形态看，它是所有常住单位在一定时期内创造并分配给常住单位和非常住单位的初次收入之和；从产品形态看，它是所有常住单位在一定时期内最终使用的货物和服务价值减去货物和服务进口价值。在实际核算中，国内生产总值有三种计算方法，即生产法、收入法和支出法。三种方法分别从不同的方面反映国内生产总值及其构成。

对于一个地区来说，称为地区生产总值或地区GDP。

三次产业 三次产业的划分是世界上较为常用的产业结构分类，但各国的划分不尽一致。我国的三次产业划分是：

第一产业是指农、林、牧、渔业。

第二产业是指采矿业，制造业，电力、煤气及水的生产和供应业，建筑业。

第三产业是指除第一、二产业以外的其他行业。

劳动者报酬 指劳动者因从事生产活动所获得的全部报酬。包括劳动者获得的各种形式的工资、奖金和津贴，既包括货币形式的，也包括实物形式的，还包括劳动者所享受的公费医疗和医药卫生费、上下班交通补贴、单位支付的社会保险费、住房公积金等。对于个体经济来说，其所有者所获得的劳动报酬和经营利润不易区分，这两部分统一作为劳动者报酬处理。

生产税净额 指生产税减生产补贴后的余额。生产税指政府对生产单位从事生产、销售和经营活动以及因从事生产活动使用某些生产要素(如固定资产、土地、劳动力)所征收的各种税、附加费和规费。生产补贴与生产税相反，指政府对生产单位的单方面转移支出，因此视为负生产税，包括政策亏损补贴、价格补贴等。

固定资产折旧 指一定时期内为弥补固定资产损耗按照规定的固定资产折旧率提取的固定资产折旧，或按国民经济核算统一规定的折旧率虚拟计算的固定资产折旧。它反映了固定资产在当期生产中的转移价值。各类企业和企业化管理的事业单位的固定资产折旧是指实际计提的折旧费；不计提折旧的政府机关、非企业化管理的事业单位和居民住房的固定资产折旧是按照统一规定的折旧率和固定资产原值计算的虚拟折旧。原则上，固定资产折旧应按固定资产当期的重置价值计算，但是目前我国尚不具备对全社会固定资产进行重估价的基础，所以暂时只能采用上述办法。

营业盈余 指常住单位创造的增加值扣除劳动者报酬、生产税净额和固定资产折旧后的余额。它相当于企业的营业利润加上生产补贴，但要扣除从利润中开支的工资和福利等。

支出法国内生产总值 是从最终使用的角度反映一个国家(或地区)一定时期内生产活动最终成果的一种方法，包括最终消费、资本形成总额及货物和服务净出口三部分。计算公式为：

支出法国内生产总值=最终消费+资本形成总额+货物和服务净出口

最终消费 指常住单位为满足物质、文化和精神生活的需要，从本国经济领土和国外购买的货物和服务的支出。它不包括非常住单位在本国经济领土内的消费支出。最终消费分为居民消费和政府消费。

居民消费 指常住住户在一定时期内对于货物和服务的全部最终消费支出。居民消费除了直接以货币形式购买的货物和服务的消费支出外，还包括以其他方式获得的货物和服务的消费支出，即所谓的虚拟消费支出。居民虚拟消费支出包括如下几种类型：单位以实物报酬及实物转移的形式提供给劳动者的货物和服务；住户生产并由本住户消费了的货物和服务，其中的服务仅指住户的自有住房服务和付酬的家庭雇员提供的家庭和个人服务；金融机构提供的金融媒介服务；保险公司提供的保险服务。

政府消费 指政府部门为全社会提供的公共服务的消费支出和免费或以较低的价格向居民住户提供的货物和服务的净支出，前者等于政府服务的产出价值减去政府单位所获得的经营收入的价值，后者等于政府部门免费或以较低价格向居民住户提供的货物和服务的市场价值减去向住户收取的价值。

资本形成总额　指常住单位在一定时期内获得减去处置的固定资产和存货的净额，包括固定资本形成总额和存货增加两部分。

固定资本形成总额　指生产者在一定时期内获得的固定资产减处置的固定资产的价值总额。固定资产是通过生产活动生产出来的，且其使用年限在一年以上、单位价值在规定标准以上的资产，不包括自然资产。可分为有形固定资本形成总额和无形固定资本形成总额。有形固定资本形成总额包括一定时期内完成的建筑工程、安装工程和设备工器具购置(减处置)价值，以及土地改良、新增役、种、奶、毛、娱乐用牲畜和新增经济林木价值。无形固定资本形成总额包括矿藏的勘探、计算机软件等获得减处置。

存货增加　指常住单位在一定时期内存货实物量变动的市场价值，即期末价值减期初价值的差额，再扣除当期由于价格变动而产生的持有收益。存货增加可以是正值，也可以是负值，正值表示存货上升，负值表示存货下降。存货包括生产单位购进的原材料、燃料和储备物资等存货，以及生产单位生产的产成品、在制品和半成品等存货。

货物和服务净出口　指货物和服务出口减货物和服务进口的差额。出口包括常住单位向非常住单位出售或无偿转让的各种货物和服务的价值；进口包括常住单位从非常住单位购买或无偿得到的各种货物和服务的价值。由于服务活动的提供与使用同时发生，一般把常住单位从非常住单位得到的服务作为进口，非常住单位从常住单位得到的服务作为出口。货物的出口和进口都按离岸价格计算。

Explanatory Notes on Main Statistical Indicators

Gross Domestic Product (GDP) refers to the final products at market prices produced by all resident units in a country (or a region) during a certain period of time. Gross domestic product is expressed in three different forms, i.e. value, income, and products respectively. GDP in its value form refers to the total value of all goods and services produced by all resident units during a certain period of time, minus the total value of input of goods and services of the nature of non-fixed assets; in other term, it is the sum of the value-added of all resident units. GDP in the form of income includes the income created by all resident units and distributed to resident and non-resident units. GDP in the form of products refers to the value of all goods and services for final consumption by all resident units minus the imports of goods and services during a given period of time. In the practice of national accounting, gross domestic product is calculated with three approaches, i.e. production approach, income approach and expenditure approach, which reflect gross domestic product and its composition from different aspects.

For a Region, Gross Domestic Product. is called Region GDP.

Three Industries Classification of economic activities into three branches of industries is a common practice in the world, although the grouping varies to some extent form country to country. In China economic activities are categorized into following industries:

Primary industry: refers to agriculture, forestry, animal husbandry and fishery.

Secondary industry: refers to mining and quarrying, manufacturing, production and supply of electricity, water and gas, and construction.

Tertiary industry: refers to all other economic activities not included in primary or secondary industry.

Labourers Remuneration refers to the whole payment of various forms earned by the labourers from the productive activities they are engaged in. It includes wages, bonuses and allowances the labourers earned in monetary form and in kind. It also includes the free medical services provided to the labourers and the medicine expenses, traffic subsidies and social insurance, housing fund paid by the employers. As the individual economy is concerned, since the labourers remuneration is not easily distinguished from the operating profit, both are treated as labourers remuneration.

Net Taxes on Production refers to the difference of the taxes on production minus the subsidies on production. The taxes on production refers to the various taxes, extra charges and fees levied on the production units on their production, sale and business activities as well as on the use of some factors of production, such as fixed assets, land and labour in the production activities they are engaged in. In contrast to the taxes on production, the subsidies on production refer to the unilateral government transfer to the production units and are therefore regarded as negative taxes on production. They include subsidies on the loss due to implementation of government policies, price subsidies, etc.

Depreciation of Fixed Assets refers to the depreciation of fixed assets of a given period, drawn in accordance with the stipulated depreciation rate for the purpose of compensating the wear loss of the fixed assets or the depreciation of fixed assets calculated in a fictitious way in accordance with the stipulated unified depreciation rate in the national economic accounting system. It reflects the value of transfer of the fixed assets in the production of the current period. The depreciation of fixed assets in various enterprises and institutions managed as enterprises refers to the depreciation expenses actually drawn. In government agencies and institutions not managed as enterprises which do not draw the depreciation expenses, as well as for the houses of residents, the depreciation of fixed assets is the imputed depreciation, which is calculated in accordance with the stipulated unified depreciation rate. In principle, the depreciation of fixed assets should be calculated on the basis of the re-purchased value of the fixed assets. However, there is no actual condition to re-evaluate all the fixed assets in China. Therefore, the above-mentioned methods are temporarily adopted at present.

Operating Surplus refers to the balance of the value added created by the resident units after deducting the labourers remuneration, net taxes on production and the depreciation of fixed assets. It is equivalent to the business profit of the enterprises plus subsidies on production, but the wages and welfare expenses paid from the profits should be deducted.

GDP by Expenditure Approach refers to the method of measuring the final results of production activities of a country (region) during a given period from the perspective of final use. It includes final consumption, gross capital formation and net export of goods and services, i.e.:

GDP by expenditure approach = final consumption + gross capital formation + net export of goods and services

Final Consumption refers to the total expenditure of resident units for purchases of goods and services from domestic economic territory and abroad to meet the requirements of material, cultural and spiritual life. It excludes the expenditure of non-resident units on consumption in the economic territory of the country. The final consumption is broken down into household consumption and government consumption.

Households Consumption refers to the total expenditure of resident households on the final consumption of goods and services. In addition to the consumption of goods and services bought by the households directly with money, the households consumption also includes expenditure on goods and services obtained by the households in other ways, i.e. the so-called imputed consumption expenditure, which includes the following: (a) the goods and services provided to the households by the employer in the form of payment in kind and transfer in kind; (b) goods and services produced and consumed by the households themselves, in which the services refer only to the owner-occupied housing and domestic and individual services provided by the paid household workers; (c) financial intermediate services provided by financial institutions; (d) insurance services provided by insurance companies.

Government Consumption refers to the expenditure on the consumption of the public services provided by the government to the whole society and the net expenditure on the goods and services provided by the government to the households free of charge or at low prices. The former equals to the output value of the government services minus the value of operating income obtained by the government departments. The latter equals to the market value of the goods and services provided by the government free of charge or at low prices to the households minus the value received by the government from the households.

Gross Capital Formation refers to the fixed assets acquired minus those disposed of and the net value of inventory, including the gross fixed capital formation and the increase in inventory.

Gross Fixed Capital Formation refers to the value of fixed assets acquired minus those disposals of during a given period. Fixed assets are the assets produced through production activities with specified unit value which could be used for over one year, excluding natural assets. Gross fixed capital formation can be categorized into total tangible capital formation and total intangible capital formation. The total tangible capital formation include the value of the construction projects, installation projects completed and the equipment, apparatus and instruments purchased as well as the value of land improved, the value of draught animals, breeding stock, animals for milk, for wool and for recreational purpose, and the newly increased forest with economic value during a given period. The total intangible capital formation includes the prospecting of minerals, the acquisition of computer software minus the disposal of them.

Increase in Inventory refers to the market value of the change in inventory of resident units during a given period, i.e. the difference of value minus the current gains due to the change in prices. The increase in inventory can be positive or negative. A positive value indicates the increase in inventory while a negative value indicates the decrease in inventory. The inventory includes the raw materials, fuels and reserve materials purchased by the production units as well as the inventory of finished products, semi-finished products, work-in-progress, etc.

Net Export of Goods and Services refers to the difference of the exports of goods and services minus the imports of goods and services. The imports include the value of various goods and services sold or gratuitously transferred by the resident units to the non-resident units. The imports include the value of various goods and services purchased or gratuitously acquired by the resident units from the non-resident units. Because the provision of services and the use of them happen simultaneously, the acquisition of services by the resident units from abroad is usually treated as import while the acquisition of services by non-resident units in this country is usually treated as export. The export and import of goods are calculated at FOB.

第三篇　人口、就业和职工工资

Chapter 3　Population,Employment and wages

资料整理：李丽精 林增武
Database Editor:Lilijing linzengwu

简 要 说 明

本篇资料的主要内容及来源

本篇主要包括人口、计划生育、就业、工资等资料。人口资料还包括了建国以来进行的六次人口普查主要数据。

户籍人口数由省公安厅提供；城镇私营和个体劳动者资料由省工商局提供；失业统计资料由省人力资源和社会保障厅提供；常住人口数由省统计局根据人口抽样调查推算，人口普查主要数据、就业和工资资料由省统计局提供。

Brief Introduction

Main Content and Source of Data

Data in this chapter show the basic condition of population, employment ,wage of staff and works ,family planning. Data of population include the six national population censuses.

The data on household registered population are provided by Fujian Provincial Department of Public Security. Data on Private Enterprise and Self-employed Individuals come from Fujian Provincial Commerce Ministry. Total region population are estimated by Fujian Provincial Bureau of Statistics in according with the annual national sample survey on population changes. The data of population census, employment and wages are provided by Fujian Provincial Bureau of Statistics.

3-1 主要年份年末常住人口及人口变动

Total Population and Changes at the Year-end

年份 Year	常住总人口（万人） Total Population (10000 persons)	按性别分类 By Sex 男 Male	 女 Female	按城乡分 By Rural 城镇 Urban	 农村 Rural	人口出生率（‰） Birth Rate (‰)	人口死亡率（‰） Death Rate (‰)	人口自然增长率（‰） Natural Growth Rate (‰)	人口密度(人/平方公里) Population of Per Sq.km(Person/Sq.km)
1952	1270					37.92	13.32	24.60	102
1957	1461					37.56	9.80	27.76	118
1962	1602					41.14	11.65	29.49	129
1965	1759					41.19	7.92	33.27	142
1970	2020					34.23	6.98	27.25	163
1975	2297					29.19	6.58	22.61	185
1978	2446					25.35	6.31	19.04	197
1979	2487					22.91	6.28	16.63	201
1980	2519					18.68	6.27	12.41	203
1981	2563					23.40	6.25	17.15	207
1982	2620					27.91	6.35	21.56	211
1983	2668					24.53	6.31	18.22	215
1984	2720					25.68	6.25	19.43	219
1985	2769					23.88	6.18	17.70	223
1986	2820					24.02	5.85	18.17	227
1987	2875					24.91	5.79	19.21	232
1988	2929					24.34	5.81	18.53	236
1989	2984					24.67	6.10	18.57	241
1990	3037					24.44	6.71	17.73	245
1991	3079					20.03	6.26	13.77	248
1992	3116					18.18	6.02	12.16	251
1993	3150					16.72	5.62	11.10	254
1994	3183					16.24	5.95	10.29	257
1995	3227					15.20	5.90	9.30	261
1996	3261					13.22	5.94	7.28	263
1997	3282					12.41	6.09	6.32	265
1998	3299					11.53	6.20	5.33	266
1999	3316					11.06	5.85	5.21	267
2000	3410	1757	1653	1432	1978	11.60	5.85	5.75	275
2001	3445	1775	1670	1473	1972	11.56	5.52	6.04	278
2002	3476	1790	1686	1587	1889	11.35	5.57	5.78	280
2003	3502	1805	1697	1624	1878	11.43	5.58	5.85	282
2004	3529	1818	1711	1681	1848	11.58	5.62	5.96	285
2005	3557	1793	1764	1758	1799	11.60	5.62	5.98	287
2006	3585	1810	1775	1807	1778	12.00	5.75	6.25	289
2007	3612	1824	1788	1856	1756	12.00	5.90	6.10	291
2008	3639	1830	1809	1929	1710	12.20	5.90	6.30	293
2009	3666	1848	1818	2019	1647	12.20	6.00	6.20	296
2010	3693	1900	1793	2109	1584	11.27	5.16	6.11	298
2011	3720	1912	1808	2161	1559	11.41	5.20	6.21	300
2012	3748	1927	1821	2234	1514	12.74	5.73	7.01	302
2013	3774	1938	1836	2293	1481	12.20	6.01	6.19	304
2014	3806	1936	1870	2352	1454	13.70	6.20	7.50	307
2015	3839	1949	1890	2403	1436	13.90	6.10	7.80	310
2016	3874	1970	1904	2464	1410	14.50	6.20	8.30	313
2017	3911	1997	1914	2534	1377	15.00	6.20	8.80	316

3-2 人口年龄构成

Population by Age

单位：%　　(%)

年龄组 Age Group	1990			2000			2010			2016			2017		
	合计 Total	男 Male	女 Female	合计 Total	男 Male	女 Female	合计 Total	男 Male	女 Female	合计 Total	男 Male	女 Female	合计 Total	男 Male	女 Female
总　计 Total	**100.00**	**51.36**	**48.64**	**100.00**	**51.53**	**48.47**	**100.00**	**51.45**	**48.55**	**100.00**	**50.85**	**49.15**	**100.00**	**51.06**	**48.94**
0—4岁 Aged 0-4	11.28	5.91	5.37	4.76	2.63	2.13	5.77	3.20	2.57	6.37	3.28	3.09	6.51	3.39	3.12
5—9岁 Aged 5-9	10.35	5.35	5.00	7.44	4.07	3.37	5.03	2.73	2.30	5.25	2.86	2.39	5.16	2.79	2.37
10—14岁 Aged 10-14	9.84	5.07	4.77	10.80	5.59	5.21	4.67	2.55	2.12	4.78	2.58	2.20	4.83	2.63	2.21
15—19岁 Aged 15-19	11.00	5.63	5.37	9.77	4.91	4.86	7.63	4.03	3.60	4.51	2.44	2.07	4.41	2.39	2.02
20—24岁 Aged 20-24	10.78	5.43	5.35	8.95	4.51	4.44	10.62	5.32	5.30	6.60	3.49	3.11	5.95	3.19	2.76
25—29岁 Aged 25-29	8.91	4.51	4.40	10.60	5.43	5.17	8.94	4.50	4.44	10.29	5.13	5.16	9.87	4.98	4.89
30—34岁 Aged 30-34	7.57	3.93	3.64	10.11	5.18	4.93	8.26	4.23	4.03	9.00	4.48	4.52	9.09	4.54	4.55
35—39岁 Aged 35-39	6.89	3.56	3.33	8.34	4.28	4.06	9.77	5.01	4.76	7.70	3.89	3.81	7.95	4.02	3.93
40—44岁 Aged 40-44	4.73	2.55	2.18	6.49	3.38	3.11	9.29	4.75	4.54	9.29	4.72	4.57	9.03	4.60	4.42
45—49岁 Aged 45-49	3.61	1.98	1.63	6.04	3.11	2.93	7.54	3.85	3.69	9.21	4.64	4.57	9.53	4.83	4.71
50—54岁 Aged 50-54	3.67	1.99	1.68	4.13	2.21	1.92	5.76	2.98	2.78	8.18	4.12	4.06	8.33	4.21	4.12
55—59岁 Aged 55-59	3.35	1.77	1.58	3.02	1.63	1.39	5.30	2.68	2.62	5.09	2.57	2.52	5.16	2.60	2.55
60—64岁 Aged 60-64	2.95	1.52	1.43	2.87	1.52	1.35	3.52	1.83	1.69	5.13	2.53	2.60	5.38	2.68	2.70
65—69岁 Aged 65-69	2.10	1.01	1.09	2.49	1.26	1.23	2.47	1.29	1.18	3.22	1.61	1.61	3.50	1.74	1.76
70—74岁 Aged 70-74	1.44	0.63	0.81	1.99	0.96	1.03	2.16	1.09	1.07	2.11	1.05	1.06	2.11	1.05	1.06
75—79岁 Aged 75-79	0.90	0.34	0.56	1.23	0.53	0.70	1.64	0.77	0.87	1.60	0.76	0.84	1.52	0.73	0.79
80岁及以上 80 and over	0.63	0.18	0.45	0.97	0.33	0.64	1.63	0.65	0.98	1.67	0.69	0.98	1.67	0.69	0.97

注：1990年、2000年及2010年为人口普查数，2016年和2017年为人口抽样调查样本数。

Note:Data in 1990, 2000 and 2010 are census data.Data in 2016 and 2017 are from Sample Survey Population.

3-3 各年龄组人口占总人口的比重

Percentage of Population Group by Age to Total

单位：% (%)

年龄组 Age Group	1982	1990	1995	2000	2010	2016	2017
总计 Total	**100.0**	**100.0**	**100.0**	**100.0**	**100.0**	**100.0**	**100.0**
#育龄妇女(15-49岁) Childbearing Age Woman(15-49)	23.5	25.9	26.7	29.5	30.4	27.8	27.3
不满周岁婴儿(0岁) Not-Full-One-Year (0)	2.4	2.3	1.3	1.0	1.1	1.4	1.5
学龄前儿童(1-6岁) Preschool Age(1-6)	13.3	13.3	11.2	6.4	6.8	6.9	7.1
小学学龄组(7-12岁) Primary(7-12)	15.6	11.6	13.4	11.6	5.6	6.3	6.1
初中学龄组(13-15岁) Junior Middle School(13-15)	7.5	6.3	5.5	5.9	3.2	2.7	2.7
劳动年龄组 Laborous							
男(16-59岁) Male (16-59)	28.4	30.3	29.8	33.7	36.7	35.0	34.9
女(16-54岁) Female (16-54)	24.3	26.6	27.6	30.5	32.6	31.4	31.0
超过劳动年龄组 Over-Laborous							
男（60岁及以上） Male（60 and Over）	3.0	3.7	4.5	4.6	5.6	6.6	6.9
女（55岁及以上） Female（55 and Over）	5.5	5.9	6.7	6.3	8.4	9.6	9.8

注：1982年、1990年、2000年及2010年为人口普查数，1995年、2016年和2017年为人口抽样调查样本数。
Note:Data in 1982,1990,2000 and 2010 are Census data,Data in 1995,2016 and 2017 are from Sample Survey Population.

3-4 出生孩次构成

Composition of Women Population by Number of Living Children Born

单位：% (%)

项目 Item	1981	1989	1995	2000	2010	2016	2017
一孩 1st Birth	40.9	46.2	64.6	74.5	68.2	46.3	34.4
二孩 2nd Birth	29.8	32.2	28.6	23.3	28.7	49.0	58.6
三孩及以上 3rd Birth and Over	29.3	21.6	6.8	2.2	3.1	4.7	7.0

注：1981年、1989年、2000年及2010年为人口普查数,1995年、2016年和2017年为人口抽样调查样本数。
Note:Data in 1981, 1989，2000 and 2010 are Census data, Data in 1995,2016 and 2017 are from Sample Survey Population.

3-5 各种受教育程度人口占总人口的比重

Percentage of Population by Educational Attainment

单位：% (%)

项目 Item	1982	1990	1995	2000	2010	2016	2017
大专以上 College and Higher Lever	0.6	1.2	1.4	3.0	8.4	10.4	10.9
高中(含中专) Senior Secondary School (Specialized Secondary School)	5.7	7.0	6.7	10.6	13.9	15.3	15.5
初中 Junior Secondary School	12.6	16.9	20.4	33.5	37.9	38.7	38.9
小学 Primary School	36.3	43.2	43.8	37.8	29.8	26.7	26.2

注：1982年、1990年、2000年及2010年为人口普查数,1995年、2016年和2017年为人口抽样调查样本数。

Note:Data in 1982, 1990，2000 and 2010 are Census data, Data in 1995,2016 and 2017 are from Sample Survey Population.

3-6 家庭户类型构成

Composition of Family Household

单位：% (%)

项目 Item	1982	1990	2000	2010
一人户 One Person	7.7	5.8	9.1	12.1
二人户 Two Persons	8.2	8.6	15.5	17.2
三人户 Three Persons	12.2	16.8	25.4	24.3
四人户 Four Persons	17.1	23.6	24.7	21.7
五人户 Five Persons	18.4	21.4	15.8	13.7
六人户 Six Persons	14.7	11.8	5.9	6.4
七人户 Seven Persons	10.1	5.9	2.2	2.6
八人户 Eight Persons	11.6	2.9	0.8	1.1
九人户 Nine Persons		1.4	0.3	0.5
十人及以上户 Ten Persons and Over		1.8	0.3	0.4

3-7 劳动年龄人口负担系数

Number of Persons Raised per Capita at Working Age

单位：% (%)

项目 Item	1982	1990	1995	2000	2010	2016	2017
总负担系数 Total Dependency Ratio	**69.2**	**57.6**	**57.5**	**42.2**	**30.5**	**33.3**	**33.9**
负担少年系数 The Juvenile and Children Dependency Ratio	61.8	49.6	47.3	32.7	20.2	21.8	22.1
负担老年系数 The Aged Dependency Ratio	7.4	8.0	10.2	9.5	10.3	11.5	11.8

注：1982年、1990年、2000年及2010年为人口普查数,1995年、2016年和2017年为人口抽样调查样本数。

Note:Data in 1982，1990，2000 andu 2010 are Census data, Data in 1995,2016 and 2017 are from Sample Survey Population.

3-8 15岁以上人口婚姻状况构成

Composition of Marital Status above Fifteen Age

单位：% (%)

项目	Item	1982	1990	1995	2000	2010
未婚	Single	28.4	25.1	22.5	24.1	22.9
男	Male	33.9	29.7	26.5	27.7	26.1
女	Female	22.6	20.4	18.5	20.4	19.8
有配偶	Married	63.4	67.8	70.3	69.6	70.6
男	Male	61.4	66.1	69.0	68.4	70.0
女	Female	65.5	69.5	71.6	70.7	71.2
离婚	Divorce	0.6	0.6	0.6	0.7	1.1
男	Male	1.0	0.9	1.0	1.0	1.2
女	Female	0.2	0.2	0.3	0.5	0.9
丧偶	Wid owed	7.6	6.5	6.6	5.6	5.4
男	Male	3.7	3.3	3.5	2.9	2.7
女	Female	11.7	9.9	9.6	8.4	8.1

3-9 六次全国人口普查人口基本情况

Basic Statistics on National Population Census in 1953,1964,1982,1990,2000 and 2010

项目 Item	1953	1964	1982	1990	2000	2010
一、总户数和总人口 Total Population and Family Household						
家庭户（万户） Family Household(10000 household)	320	360	514	658	874	1121
总人口（万人） Total Population (10000 persons)	1285	1676	2587	3005	3410	3689
男 Male	662	869	1331	1543	1757	1898
女 Female	623	807	1256	1462	1653	1791
性别比（女性=100） Sex Ratio (female=100)	106.4	107.8	105.9	105.6	106.3	106.0
平均每户人数（人／户） Population by Age Group(person/household)	4.0	4.7	4.9	4.4	3.6	3.0
二、城乡人口（万人） Population by Residence (10000 persons)						
城镇人口 Urban Population		223	548	642	1432	2106
乡村人口 Rural Population		1453	2039	2363	1978	1583
城镇化率（%） Proportion of Urban Population in Total Population(%)		13.3	21.2	21.4	42.0	57.1
三、民族人口（万人） Population by Ethnicity(10000 persons)						
汉族人口 Han			2562	2958	3351	3610
占总人口比重(%) Percentage to Total Population(%)			99.0	98.4	98.3	97.8
少数民族人口 Ethnic Minorities			25	47	59	80
占总人口比重(%) Percentage to Total Population(%)			1.0	1.6	1.7	2.2
四、人口年龄构成 Population by Age Group						
0-14岁人口(万人) Aged 0-14(10000 persons)	460	709	945	946	760	571
占总人口比重(%) Percentage to Total Population(%)	35.8	42.3	36.5	31.5	22.3	15.5
15－64岁人口(万人) Aged 15-64(10000 persons)	782	914	1530	1907	2422	2828

3-9 续表1

Continued

项目 Item	1953	1964	1982	1990	2000	2010
占总人口比重(%) Percentage to Total Population(%)	60.9	54.5	59.1	63.5	71.0	76.7
65岁及65岁以上人口(万人) Aged 65 and Ovre(10000 persons)	43	53	113	152	228	291
占总人口比重(%) Percentage to Total Population(%)	3.3	3.2	4.4	5.0	6.7	7.9
百岁老年人口(人) Population of 100 and over (persons)	16	14	45	143	373	1058
男 Male	3	2	7	16	46	221
女 Female	13	12	38	127	327	837
总抚养比（%）Total Dependency Ratio(%)	**64.2**	**83.3**	**69.2**	**57.6**	**42.2**	**30.5**
少儿抚养比 The Juvenile and Children Dependency Ratio	58.8	77.6	61.8	49.6	32.7	20.2
老年抚养比 The Aged Dependency Ratio	5.4	5.8	7.4	8.0	9.5	10.3
老少比（%）Population in Juvenile and Children to Aged(%)	9.2	7.4	12.0	16.1	30.1	51.0
平均预期寿命(岁) Life Expectancy(year old)			**68.50**	**70.50**	**72.55**	**75.76**
男 Male			66.20	68.40	70.30	73.27
女 Female			70.70	72.60	75.07	78.64
五、受教育人口 Population with Various Education Attainments						
每十万人拥有小学及以上文化程度人口(人) Population with Various Education Attainments Per 100 000 Persons (person)						
小学 Primary School		26716	36334	43213	40200	29801
初中 Junior Secondary School		5070	12601	16891	35700	37886
高中及中专 Senior Secondary School andTechnical Secondary School		1826	5716	6991	11300	13876
大专以上 Junior College and Above		439	608	1228	3200	8361
文盲人口 Illiterate Population			651	477	327	90
文盲率（%）Illiterate Rate(%)		58.8	25.2	15.9	9.6	2.4

3-9 续表2

Continued

项目 Item	1953	1964	1982	1990	2000	2010
六、劳动力和就业状况 **Labor and Employment**						
劳动适龄人口(万人) Population in suit of Employment	701	816	1364	1710	2188	2556
男(16-59岁) Male (aged 16-59)	367	444	736	911	1148	1353
女(16-54岁) Female(aged 16-54)	335	372	628	799	1040	1203
占总人口比重(%) Percentage to Total Population(%)	54.6	48.7	52.7	56.9	64.2	69.3
七、各种婚姻人口占15岁及以上人口比重(%) **Population Aged 15 and Over(%)**			**100**	**100**	**100**	**100**
未婚 Never Married			28.4	25.1	24.1	22.9
有配偶 Married			63.4	67.8	69.6	70.6
离婚 Divorced			0.6	0.6	0.7	1.1
丧偶 Widowed			7.6	6.5	5.6	5.4
八、婚姻状况 **Basic status of Marital**						
育龄妇女人数（万人） Childbearing Women(10000 person)	319	354	608	778	1006	1121
生育旺盛期组(女20－29岁) High Ratio of Childbearing Women	106	109	212	293	328	359
生育率（‰） Fertility Rate (‰)			94.4	90.8	32.9	
总和生育率 Total Fertility Rate			2.7	2.4	1.0	
九、人口自然变动 **Natural Growth**						
出生率（‰） Birth Rate(‰)	36.67	38.59	27.91	24.44	11.60	11.27
死亡率（‰） Death Rate(‰)	12.55	8.68	6.35	6.71	5.85	5.16
自然增长率（‰） Natural Growth Rate(‰)	24.12	29.91	21.56	17.73	5.75	6.11

3-10 就业基本情况
Basic Statistics of Employment

项目 Item	2000	2005	2010	2016	2017
就业人员合计（万人） Number of Employed Persons(10000 persons)	**1660.19**	**1868.50**	**2241.59**	**2797.03**	**2805.74**
第一产业 Primary Industry	776.43	702.49	636.54	615.52	609.21
第二产业 Secondary Industry	407.05	582.31	820.89	1006.12	996.97
第三产业 Tertiary Industry	476.71	583.69	784.16	1175.39	1199.56
就业人员构成（%） Composition in Percentage(%)					
第一产业 Primary Industry	46.8	37.6	28.4	22.0	21.7
第二产业 Secondary Industry	24.5	31.2	36.6	36.0	35.5
第三产业 Tertiary Industry	28.7	31.2	35.0	42.0	42.8
按城乡分就业人数（万人） Employment in Urban and Rural Areas(10000 persons)					
城镇单位就业人员 Urban	**325.88**	**400.07**	**507.14**	**668.83**	**672.48**
#国有单位 State-Owned Units	170.82	150.88	155.51	158.39	160.71
集体单位 Collective-Owned Units	34.18	19.10	16.58	10.66	10.33
股份合作单位 Cooperative Units	3.64	5.80	8.14	4.97	4.48
联营单位 Ownership Units	3.35	2.67	1.95	0.88	0.74
有限责任公司 Limited Liability Corporations	12.07	35.88	87.40	279.28	290.97
股份有限公司 Share-Holding Corporations Ltd.	9.32	16.19	31.28	45.65	46.27
港澳台商投资单位 Units With Funds From Hong Kong, Macao and Taiwan	51.51	99.45	110.25	99.47	94.68
外商投资单位 Foreign Funded Units	40.26	64.05	81.88	62.23	58.13
城镇私营和个体从业人员 Private Enterprise and Self-employed Individuals	**90.19**	**155.42**	**338.64**	**691.73**	**697.53**
乡村就业人员 Rural	**1244.12**	**1313.01**	**1395.81**	**1436.48**	**1435.72**
城镇单位在岗职工人数（万人） Staff and Workers in Urban Units(10000 persons)	**318.00**	**386.99**	**485.94**	**569.57**	**566.62**
国有单位 State-Owned Units	166.78	144.51	145.74	133.88	133.44
城镇集体单位 Collective-Owned Units	33.15	18.19	15.38	8.11	7.62
其他单位 Others	118.07	224.29	324.83	427.57	425.56
私营单位从业人员数（万人） Private Enterprise and Self-employed Individuals (10000 persons)			**362.67**	**518.00**	**527.75**
城镇登记失业人数（万人） Number of Urban Registered Unemployment(10000 persons)	**9.10**	**14.86**	**14.49**	**16.25**	**17.15**
城镇登记失业率（%） Rate of Urban Registered Unemployment(%)	**2.60**	**4.00**	**3.77**	**3.86**	**3.87**

3-11 主要年份全社会就业情况(年底数)

Total Employment in Selected Years(End of Year)

年份	从业人员数（万人） Total(10000 persons)									城镇登记失业人数（万人）	城镇登记失业率（%）
	合计	城镇单位在岗职工	国有单位	城镇集体单位	其他单位	城镇个私劳动者	乡村劳动者	劳务派遣人员	其他从业人员		
Year	Total	Staff and Workers	State-Owned Units	Urban Collective Owned Units	Others	Self-Employed Individuals and Private Enterprise	Employed Persons in Rural Areas	Labor Dispatching Personnel	Others	Number of Urban Registered Unemployment (10000 persons)	Rate of Urban Registered Unemployment (%)
1952	473.66	19.43	19.02	0.41		32.83	421.40				
1957	531.68	63.05	51.40	11.65		5.54	463.09				
1962	582.96	103.49	77.34	26.15		4.75	474.72				
1965	633.15	118.08	83.83	34.25		4.48	510.59				
1970	759.43	133.12	93.36	39.75		3.91	622.40				
1975	854.32	160.88	111.42	49.47		3.24	690.20				
1978	924.41	205.66	148.49	57.17		1.88	716.87			20.82	9.10
1979	953.72	217.99	156.70	61.29		1.72	734.00			23.35	9.60
1980	963.72	231.12	167.45	63.66		2.77	729.83			16.76	6.70
1981	1001.75	242.45	176.35	66.09		3.22	756.08			14.48	5.60
1982	1027.96	249.80	183.03	66.77		4.25	773.91			12.39	4.70
1983	1056.72	254.02	187.30	66.72		7.65	795.05			9.10	3.40
1984	1101.82	262.78	182.82	79.24	0.72	9.15	829.89				
1985	1152.09	274.11	191.37	80.93	1.81	13.78	864.20			16.50	5.40
1986	1188.93	283.86	198.50	81.79	3.57	15.26	889.81			17.45	2.50
1987	1237.74	293.34	205.34	82.26	5.75	19.33	925.07			5.65	1.80
1988	1281.07	301.71	211.00	81.93	8.78	22.59	956.77			7.90	2.40
1989	1301.81	302.50	211.16	78.49	12.85	25.15	974.16			9.50	2.90
1990	1348.38	310.86	214.65	78.12	18.09	25.28	1012.24			9.00	2.60
1991	1436.50	322.28	219.43	77.43	25.41	37.82	1076.40			7.93	2.20
1992	1489.61	338.80	222.04	78.67	38.09	31.46	1119.35			7.08	1.90
1993	1531.42	344.79	220.48	71.32	52.99	46.61	1131.33		8.69	7.65	1.90
1994	1553.57	352.60	218.77	66.25	67.59	59.82	1134.16		7.00	7.60	1.90
1995	1567.09	344.11	217.06	60.30	66.75	66.04	1148.47		8.48	7.20	1.90
1996	1594.37	351.30	217.97	57.47	75.86	68.58	1166.89		7.59	8.08	1.90
1997	1613.41	357.71	215.60	54.80	87.31	66.49	1181.39		7.82	7.80	1.90
1998	1621.87	334.53	187.80	41.36	105.37	78.57	1200.32		8.46	7.98	2.10
1999	1630.85	320.38	175.04	35.71	109.63	88.07	1213.90		8.49	7.93	2.30
2000	1660.19	318.00	166.78	33.15	118.07	90.19	1244.12		7.87	9.10	2.60
2001	1677.79	314.27	158.27	28.91	127.09	98.90	1255.15		9.47	13.23	3.80
2002	1711.32	315.32	149.10	26.54	139.67	111.35	1274.53		10.12	14.96	4.20
2003	1756.71	334.08	147.07	23.13	163.89	128.40	1283.68		10.55	14.60	4.10
2004	1814.03	365.56	145.42	20.96	199.18	128.32	1311.52		8.63	14.51	4.00
2005	1868.50	386.99	144.51	18.19	224.29	155.42	1313.01		13.07	14.86	4.00
2006	1949.58	412.21	144.06	17.23	250.92	182.15	1340.00		15.22	15.13	3.93
2007	2015.33	429.30	142.73	17.24	269.33	222.77	1342.07		21.19	14.85	3.90
2008	2079.78	441.58	144.23	16.70	280.65	263.33	1357.76		17.11	14.95	3.86
2009	2168.86	452.76	142.73	14.41	295.63	319.57	1375.33		21.20	15.19	3.90
2010	2241.59	485.94	145.74	15.38	324.83	338.64	1395.81		21.20	14.49	3.77
2011	2459.99	538.32	142.25	13.60	382.47	445.99	1417.67	33.01	25.00	14.64	3.69
2012	2568.93	561.29	143.75	13.17	404.36	507.48	1423.59	42.88	33.69	14.55	3.63
2013	2555.86	555.66	133.88	10.69	411.09	485.78	1426.04	47.85	40.51	14.70	3.55
2014	2648.51	559.95	135.75	10.32	413.88	562.90	1430.97	49.78	44.90	14.35	3.47
2015	2768.41	567.50	132.70	8.94	425.85	666.49	1438.83	50.25	45.33	15.41	3.66
2016	2797.03	569.57	133.88	8.11	427.57	691.73	1436.48	49.62	49.63	16.25	3.86
2017	2805.74	566.62	133.44	7.62	425.56	697.53	1435.72	51.35	54.51	17.15	3.87

注：1.1998年起职工的统计口径为“在岗职工”。1998年以前国有单位统计口径为国有经济单位，集体单位统计口径为集体经济单位，其他单位统计口径为其他各种经济类型单位。2.2006年起乡村劳动者人数为推算数。

Note:a)The statistic scope of staff and workersfrom 1998 refers to staff and workers on the job. Before 1998, the statistic scope of state-owned units refers to state-owned economic units, collective-owned units refers to collective economic units, others refer to the various other economic types.b)Since 2016,Number of Employed Persons in Rural Areas is Computative.

3-12 主要年份按三次产业分全社会从业人员及构成

Employment and Compoition by Three Strata of Industry in Selected Years

年份 Year	从业人员数(万人) Number of Employed Persons (10000 Persons)				构成(%) Composition in Percentage (%)		
	合计 Total	第一产业 Primary Industry	第二产业 Secondary Industry	第三产业 Tertiary Industry	第一产业 Primary Industry	第二产业 Secondary Industry	第三产业 Tertiary Industry
1952	473.66	388.16	24.79	60.71	81.9	5.2	12.8
1978	924.41	694.37	124.23	105.81	75.1	13.4	11.4
1980	963.72	702.81	130.58	130.33	72.9	13.6	13.5
1985	1152.09	709.10	223.80	219.19	61.5	19.4	19.0
1986	1188.93	723.44	236.75	228.74	60.8	19.9	19.2
1987	1237.74	741.67	253.70	242.37	59.9	20.5	19.6
1988	1281.07	756.38	269.08	255.61	59.0	21.0	20.0
1989	1301.81	764.93	275.45	261.43	58.8	21.2	20.1
1990	1348.38	786.95	277.09	284.34	58.4	20.6	21.1
1991	1436.50	829.55	300.81	306.14	57.7	20.9	21.3
1992	1489.61	837.82	326.87	324.92	56.2	21.9	21.8
1993	1531.42	819.53	355.25	356.64	53.5	23.2	23.3
1994	1553.57	795.03	371.87	386.67	51.2	23.9	24.9
1995	1567.09	788.09	371.03	407.98	50.3	23.7	26.0
1996	1594.37	786.86	383.50	424.00	49.4	24.1	26.6
1997	1613.41	781.38	398.69	433.34	48.4	24.7	26.9
1998	1621.87	785.77	390.54	445.56	48.4	24.1	27.5
1999	1630.85	788.14	390.49	452.22	48.3	23.9	27.7
2000	1660.19	776.43	407.05	476.71	46.8	24.5	28.7
2001	1677.79	766.93	420.92	489.94	45.7	25.1	29.2
2002	1711.32	765.79	445.95	499.58	44.7	26.1	29.2
2003	1756.71	744.79	488.32	523.60	42.4	27.8	29.8
2004	1814.03	728.89	533.59	551.55	40.2	29.4	30.4
2005	1868.50	702.49	582.31	583.69	37.6	31.2	31.2
2006	1949.58	686.28	646.87	616.43	35.2	33.2	31.6
2007	2015.33	658.08	707.46	649.79	32.7	35.1	32.2
2008	2079.78	647.84	739.70	692.24	31.1	35.6	33.3
2009	2168.86	638.63	775.68	754.55	29.5	35.8	34.8
2010	2241.59	636.54	820.89	784.16	28.4	36.6	35.0
2011	2459.99	647.53	928.81	883.66	26.3	37.8	35.9
2012	2568.93	642.23	996.75	929.95	25.0	38.8	36.2
2013	2555.86	615.96	999.34	940.56	24.1	39.1	36.8
2014	2648.51	615.77	1011.70	1021.04	23.2	38.2	38.6
2015	2768.41	617.87	1025.70	1124.84	22.3	37.1	40.6
2016	2797.03	615.52	1006.12	1175.39	22.0	36.0	42.0
2017	2805.74	609.21	996.97	1199.56	21.7	35.5	42.8

3-13 按产业和登记注册类型分城镇单位从业人员数(2017年)

Number of Employed in Urban Units by Registration Status ,Region and Industry(2017)

单位：万人 (10000 persons)

行业 Sector	从业人员 Employment	国有单位 State- Owned Units	城镇集体单位 Urban Collective-Owned Units	其他单位 Others
总计 **Total**	**672.48**	**160.71**	**10.33**	**501.44**
第一产业 Primary Industry	4.24	3.85	0.02	0.36
第二产业 Secondary Industry	400.55	8.31	3.24	389.00
第三产业 Tertiary Industry	267.70	148.55	7.06	112.09
按主要行业分 By Sector				
农、林、牧、渔业 Farming, Forestry, Animal Husbandy and Fishery	4.24	3.85	0.02	0.36
采矿业 Mining and Quarrying	1.99	0.35	0.25	1.38
制造业 Manufacturing	213.12	0.92	0.85	211.35
电力、热力、燃气及水生产和供应业 Production and Supply of Electricity Gas and Water	8.72	1.13	0.18	7.42
建筑业 Construction	176.72	5.90	1.97	168.85
批发和零售业 Wholesale and Retail Trade	28.73	2.69	0.66	25.37
交通运输、仓储和邮政业 Transport, Storage and Post Services	23.92	8.71	0.21	14.99
住宿和餐饮业 Lodgings and Catering Services	9.97	0.89	0.07	9.01
信息传输、软件和信息技术服务业 Information Transmission, Software and Information Technology Services	10.85	0.87	0.01	9.96
金融业 Finance	20.82	8.19	0.86	11.76
房地产业 Real Estate	15.64	1.14	0.32	14.18
租赁和商务服务业 Rent and Business Services	16.28	4.16	0.40	11.71
科学研究和技术服务业 Scientific Reseach and Ploytechnic Services	7.80	4.35	0.11	3.34
水利、环境和公共设施管理业 Water Conservancy, Environment and Public Facilities Management	5.84	4.02	0.18	1.64
居民服务、修理和其他服务业 Resident Services and Others	3.79	1.11	0.03	2.65
教育 Education	53.07	48.26	0.42	4.39
卫生和社会工作 Health Care and Social Work	23.98	18.63	3.75	1.59
文化、体育和娱乐业 Culture, Sports and Entertainment	4.34	2.89	0.02	1.43
公共管理、社会保障和社会组织 Public Management, Social Ensure and Social Organizations	42.68	42.63		0.05

注：本表国民经济行业分类标准采用GB/T 4754-2011。

Note: The classified Standards of national ecomonic sector are adopted GB/T 4754-2011.

3-14 按产业分城镇单位在岗职工人数(年底数)

Number of Staff and Workers in Urban Units by Sector(End of Years)

单位：万人 (10000 persons)

行业 Sector	2003	2005	2010	2016	2017
总计 Total	**334.08**	**386.99**	**485.94**	**569.57**	**566.62**
第一产业 Primary Industry	7.32	7.04	4.47	2.42	2.31
第二产业 Secondary Industry	187.93	237.95	309.03	346.24	335.54
第三产业 Tertiary Industry	138.84	142.00	172.44	220.91	228.77
按主要行业分 By Sector					
农、林、牧、渔业 Farming, Forestry, Animal Husbandy and Fishery	7.32	7.04	4.47	2.42	2.31
采矿业 Mining and Quarrying	3.49	4.14	4.69	1.89	1.82
制造业 Manufacturing	152.14	197.82	238.99	220.08	204.95
电力、热力、燃气及水生产和供应业 Production and Supply of Electricity Heat Gas and Water	7.81	7.79	9.02	8.51	8.24
建筑业 Construction	24.49	28.20	56.33	115.77	120.53
交通运输、仓储和邮政业 Transport, Storage and Post Services	13.56	13.73	15.55	19.74	20.15
信息传输、软件和信息技术服务业 Information Transmission,Software and Information Technology Services	2.97	2.92	4.18	8.32	10.01
批发和零售业 Wholesale and Retail Trade	11.72	10.54	13.47	25.43	26.32
住宿和餐饮业 Lodgings and Catering Services	4.00	4.69	7.45	9.47	9.67
金融业 Finance	8.14	8.33	10.01	12.68	12.91
房地产业 Real Estate	3.31	4.78	8.60	14.45	14.59
租赁和商务服务业 Rent and Business Services	3.41	4.66	12.07	11.09	13.57
科学研究和技术服务业 Scientific Reseach and Ploytechnic Services	3.53	3.70	5.16	7.94	7.00
水利、环境和公共设施管理业 Water Conservancy, Environment and Public Facilities Management	3.11	3.53	4.06	4.42	4.56
居民服务、修理和其他服务业 Resident Services, Repair and Others	1.26	1.16	1.38	2.48	3.42
教育 Education	41.69	41.44	43.24	47.53	47.47
卫生和社会工作 Health Care and Social Work	10.89	11.53	14.56	20.27	21.24
文化、体育和娱乐业 Culture, Sports and Entertainment	3.03	3.04	3.45	3.59	3.65
公共管理、社会保障和社会组织 Public Management, Social Ensure and Social Organizations	28.23	27.95	29.26	33.49	34.20

注：本表国民经济行业分类标准采用GB/T 4754-2002。

Note: The classified Standards of national ecomonic sector are adopted GB/T 4754-2002.

3-15 按登记注册类型和产业分城镇单位在岗职工人数(2017年)

Number of Staff and Workers in Urban Units by Status of Registration and Industry(2017)

单位：万人 (10000 persons)

行业 Sector	在岗职工 Staff and Workers of Urban Units on the Job	国有单位 State-Owned Units	城镇集体单位 Urban Collective Owned Units	其他单位 Others
总计 Total	**566.62**	**133.44**	**7.62**	**425.56**
第一产业 Primary Industry	2.31	1.94	0.02	0.35
第二产业 Secondary Industry	335.54	6.39	1.74	327.40
第三产业 Tertiary Industry	228.77	125.11	5.86	97.80
按主要行业分 By Sector				
农、林、牧、渔业 Farming, Forestry, Animal Husbandy and Fishery	2.31	1.94	0.02	0.35
采矿业 Mining	1.82	0.35	0.25	1.22
制造业 Manufacturing	204.95	0.84	0.81	203.29
电力、热力、燃气及水生产和供应业 Production and Supply of Electric Power and Hot Power	8.24	1.05	0.17	7.01
建筑业 Construction	120.53	4.15	0.50	115.88
批发和零售业 Wholesale and Retail Trade	26.32	2.51	0.62	23.19
交通运输、仓储和邮政业 Transport, Storage and Post Services	20.15	7.23	0.17	12.75
住宿和餐饮业 Lodgings and Catering Services	9.67	0.86	0.07	8.75
信息传输、软件和信息技术服务业 Information Transmission, Software and Information Technology Services	10.01	0.69	0.01	9.31
金融业 Finance	12.91	5.55	0.73	6.64
房地产业 Real Estate	14.59	0.97	0.17	13.45
租赁和商务服务业 Rent and Business Services	13.57	3.47	0.35	9.76
科学研究和技术服务业 Scientific Reseach and Ploytechnic Services	7.00	3.80	0.10	3.10
水利、环境和公共设施管理业 Water Conservancy, Environment and Public Facilities Management	4.56	2.94	0.13	1.49
居民服务、修理和其他服务业 Resident Services and Others	3.42	1.05	0.03	2.35
教育 Education	47.47	42.95	0.38	4.14
卫生和社会工作 Health Care and Social Work	21.24	16.62	3.09	1.53
文化、体育和娱乐业 Culture, Sports and Entertainment	3.65	2.34	0.01	1.30
公共管理、社会保障和社会组织 Public Management,Social Ensure and Social Organizations	34.20	34.16		0.04

注：本表国民经济行业分类标准采用GB/T 4754-2011。

Note: The classified Standards of national ecomonic sector are adopted GB/T 4754-2011.

3-16 按产业分城镇单位女性从业人员数(年底数)

Number of Employed Women in the Urban Units by Sector(End of Years)

单位：万人 (10000 persons)

行业 Sector	2003	2005	2010	2016	2017
总计 Total	**151.30**	**180.04**	**216.84**	**247.92**	**252.61**
第一产业 Primary Industry	2.87	2.66	2.33	1.39	1.40
第二产业 Secondary Industry	92.68	119.19	138.74	132.77	129.09
第三产业 Tertiary Industry	55.76	58.20	75.77	113.77	122.12
按主要行业分 By Sector					
农、林、牧、渔业 Farming, Forestry, Animal Husbandy and Fishery	2.87	2.66	2.33	1.39	1.40
采矿业 Mining and Quarrying	0.95	0.88	0.77	0.39	0.37
制造业 Manufacturing	85.42	111.28	125.70	107.14	101.49
电力、热力、燃气及水生产和供应业 Production and Supply of Electricity Heat Gas and Water	2.43	2.46	2.71	2.56	2.54
建筑业 Construction	3.87	4.58	9.56	22.68	24.68
交通运输、仓储和邮政业 Transport, Storage and Post Services	4.06	4.08	4.32	6.10	6.15
信息传输、软件和信息技术服务业 Information Transmission,Software and Information Technology Services	1.26	1.27	1.71	3.34	4.16
批发和零售业 Wholesale and Retail Trade	4.96	4.46	6.21	13.51	14.45
住宿和餐饮业 Lodgings and Catering Services	2.49	2.84	4.30	5.24	5.56
金融业 Finance	4.39	4.61	6.63	10.71	11.72
房地产业 Real Estate	1.08	1.46	2.88	5.83	6.01
租赁和商务服务业 Rent and Business Services	1.19	1.68	4.87	4.39	5.25
科学研究和技术服务业 Scientific Reseach and Ploytechnic Services	1.06	1.09	1.80	2.61	2.15
水利、环境和公共设施管理业 Water Conservancy, Environment and Public Facilities Management	1.30	1.44	1.70	2.19	2.23
居民服务、修理和其他服务业 Resident Services, Repair and Others	0.57	0.46	0.44	1.53	2.30
教育 Education	19.34	19.75	22.42	29.52	30.90
卫生和社会工作 Health Care and Social Work	6.45	7.07	9.60	15.14	16.18
文化、体育和娱乐业 Culture, Sports and Entertainment	1.24	1.28	1.50	1.87	2.01
公共管理、社会保障和社会组织 Public Management, Social Ensure and Social Organizations	6.38	6.72	7.40	11.80	13.05

注：本表国民经济行业分类标准采用GB/T 4754-2002。

Note: The classified Standards of national ecomonic sector are adopted GB/T 4754-2002.

3-17 城镇私营及个体劳动者人数(年底数)

Number of Employed Persons in Private Enterprises and Self-employed Individuals in Urban Areas(End of Years)

单位：万人 (10000 persons)

行业 Sector	2005	2010	2015	2016	2017
合 计 Total	**155.42**	**338.64**	**666.49**	**691.73**	**697.53**
第一产业 Primary Industry	2.81	6.13	14.08	12.49	12.54
第二产业 Secondary Industry	42.68	81.91	143.44	127.80	126.95
第三产业 Tertiary Industry	109.93	250.60	508.98	551.44	558.04
按主要行业分 By Sector					
农、林、牧、渔业 Farming, Forestry, Animal Husbandy and Fishery	2.81	6.13	14.08	12.49	12.54
采矿业 Mining and Quarrying	0.69	0.86	1.10	0.89	0.86
制造业 Manufacturing	36.12	70.43	111.13	95.64	92.65
电力、燃气及水的生产和供应业 Production and Supply of Electricity Gas and Water	1.73	2.00	2.23	1.83	1.84
建筑业 Construction	4.15	8.62	28.98	29.45	31.59
交通运输、仓储和邮政业 Transport, Storage and Post Services	2.52	5.06	13.11	11.70	12.17
信息传输、计算机服务和软件业 Information Transmission, Computer Software and Services	3.62	6.20	19.78	20.60	22.78
批发和零售业 Wholesale and Retail Trade	66.62	162.39	287.13	318.70	298.17
住宿和餐饮业 Lodgings and Catering Services	8.68	17.06	41.69	50.17	60.74
金融业 Finance		1.11	2.64	2.36	2.31
房地产业 Real Estate	3.23	6.22	11.65	10.77	11.58
租赁和商务服务业 Rent and Business Services	8.72	22.74	64.24	61.93	64.34
科学研究、技术服务和地质勘查业 Scientific Reseach, Ploytechnic Services and Geological Prospecting		4.67	24.04	25.82	30.22
水利、环境和公共设施管理业 Water Conservancy, Environment and Public Facilities Management		0.79	1.81	1.68	1.88
居民服务和其他服务业 Resident Services and Others	15.03	20.58	32.48	35.96	39.72
教育 Education		0.33	0.80	0.89	1.20
卫生、社会保障和社会福利业 Health Care, Social Ensure and Walfare	0.40	0.79	1.33	1.56	1.86
文化、体育和娱乐业 Culture, Sports and Entertainment	1.12	2.61	8.26	9.31	11.08
公共管理和社会组织 Public Management and Social Organizations		0.04	0.02	0.01	0.01

注：本表国民经济行业分类标准采用GB/T 4754-2002。

Note:The classified Standards of national ecomonic sector are adopted GB/T 4754-2002.

3-18 城镇单位企业 事业 机关年末在岗职工人数(1990-2017年)

Number of Staff and Workers in Enterprises, Institutions and Agencies in Ubran Units(1990-2017)

单位：万人 (10000 persons)

年份 Year	总计 Total	企业 Enterprise	事业 Institution	机关 Agencies Organizations
1990	310.86	231.35	56.08	23.43
1991	322.28	238.78	58.89	24.60
1992	338.80	251.24	62.27	25.29
1993	344.79	259.72	58.90	26.18
1994	352.60	263.95	61.56	27.09
1995	344.11	252.76	64.44	26.91
1996	351.30	255.42	68.51	27.38
1997	357.71	260.51	69.76	27.44
1998	334.53	236.48	71.29	26.76
1999	320.38	223.23	70.58	26.57
2000	318.00	221.41	69.62	26.97
2001	314.27	216.69	69.81	27.78
2002	315.32	220.38	67.52	27.42
2003	334.08	238.72	67.09	28.27
2004	365.56	269.41	67.68	28.47
2005	386.99	291.09	67.40	28.51
2006	412.21	315.43	68.14	28.63
2007	429.30	331.12	69.42	28.76
2008	441.58	341.83	70.48	29.27
2009	452.76	361.24	62.52	28.84
2010	485.94	385.88	70.50	29.27
2011	538.32	436.91	72.20	28.12
2012	561.29	457.33	72.60	29.70
2013	555.66	450.40	72.70	31.00
2014	559.95	452.39	74.10	31.50
2015	567.50	459.86	73.78	31.87
2016	569.57	459.61	75.77	32.00
2017	566.62	455.58	76.43	32.19

注：1.1998年起“职工人数”统计口径为“在岗职工人数”。2.2009年起按机构类型分组有变化，企业、事业、机关合计比总计小。
Note:Statistic scope of staff and workers from 1998 refers to staff and workers on the job.

3-19 按登记注册类型分城镇单位职工平均工资

Average Wage of Staff and Workers in Urban Units by Status of Registration

单位：元 (yuan)

年份	平均货币工资（元） Average Earning (yuan)				指数(上年=100) Indices (preceding year=100)			
Year	总计 Total	国有单位 State-owned Units	集体单位 Collective-owned Units	其他单位 Others	合计 Total	国有单位 State-owned Units	集体单位 Collective-owned Units	其他单位 Others
1978	567	594	520					
1979	610	642	530		107.6	108.1	101.9	
1980	703	737	613		115.2	114.8	115.7	
1981	715	746	637		101.7	101.2	103.9	
1982	765	792	691		107.0	106.2	108.5	
1983	827	861	730		108.1	108.7	105.6	
1984	921	966	813	1742	111.4	112.2	111.4	
1985	1059	1115	912	1855	115.0	115.4	112.2	106.5
1986	1243	1328	1027	1498	117.4	119.1	112.6	80.8
1987	1319	1402	1097	1571	106.1	105.6	106.8	104.9
1988	1644	1742	1342	2100	124.6	124.3	122.3	133.7
1989	1895	2009	1499	2532	115.3	115.3	111.7	120.6
1990	2162	2288	1704	2674	114.1	113.9	113.7	105.6
1991	2420	2502	1936	3217	111.9	109.4	113.6	120.3
1992	2780	2846	2192	3649	114.9	113.7	113.2	113.4
1993	3480	3506	2735	4420	125.2	123.2	124.8	121.1
1994	4890	5001	3644	5763	140.5	142.6	133.2	130.4
1995	5857	5790	4481	7305	119.8	115.8	123.0	126.8
1996	6683	6608	5078	8076	114.1	114.1	113.3	110.6
1997	7559	7621	5582	8636	113.1	115.3	109.9	106.9
1998	8531	8682	6662	8999	112.9	113.9	119.3	104.2
1999	9490	9867	7320	9587	111.2	113.6	109.9	106.5
2000	10584	11170	8140	10422	111.5	113.2	111.2	108.9
2001	12013	13313	9098	11028	113.5	119.2	111.8	105.6
2002	13306	15026	10119	11987	110.8	112.9	111.2	108.7
2003	14310	16460	11386	12719	107.5	109.5	112.5	106.1
2004	15603	18529	12307	13745	109.0	112.6	108.1	108.1
2005	17146	20897	13811	14947	109.9	112.8	112.2	108.7
2006	19318	23926	15695	16880	112.7	114.5	113.6	112.9
2007	22283	28011	18856	19443	115.3	117.1	120.1	115.2
2008	25702	33097	22108	22205	115.3	118.2	117.2	114.2
2009	28666	37345	25588	24556	111.5	112.8	115.7	110.6
2010	32647	41689	27234	28802	113.9	111.6	106.4	117.3
2011	38989	48587	34527	35550	119.4	116.5	126.8	123.4
2012	44979	55957	39774	41231	115.4	115.2	115.2	116.0
2013	49328	60317	43145	45960	109.7	107.8	108.5	111.5
2014	54235	65170	50570	50796	109.9	108.0	117.2	110.5
2015	58719	73714	54201	54138	108.3	113.1	107.2	106.6
2016	63138	80833	59466	57629	107.5	109.7	109.7	106.4
2017	69029	91651	65427	61790	109.3	113.4	110.0	107.2

注：本表1998年起"职工平均工资"统计口径为"在岗职工平均工资"。1998年以前"国有单位"统计口径为"国有经济单位"，"集体单位"统计口径为"集体经济单位"，"其他单位"统计口径为"其他各种经济类型单位"，不含私营企业。

Note:The statistic scope from 1998 in this table refers to average wages of staff and workers on the job.Before 1998, the statistic scope of state-owned units refers to state-owned economic units, collective-owned units refers to collective economic units, others refer to the various other economic types.This table is not including Private Enterprises.

3-20 城镇单位企业 事业 机关在岗职工平均工资

Average Wage of Staff and Workers in Urban Enterprises, Institution and Government Agencies

单位：元 (yuan)

年份 Year	平均货币工资（元） Average Wage(yuan) 总计 Total	企业 Enterprises	事业 Institutions	机关 Agencies & Organizations	指数(上年=100) Indices (preceding year=100) 合计 Total	企业 Enterprises	事业 Institutions	机关 Agencies & Organizations
1978	567	565	526	657				
1979	610	609	587	672	107.6	107.8	111.6	102.3
1980	703	691	725	828	115.2	113.5	123.5	123.2
1981	715	710	729	777	101.7	102.8	100.6	93.8
1982	765	752	826	805	107.0	105.9	113.3	103.6
1983	827	807	887	949	108.1	107.3	107.4	117.9
1984	921	866	955	995	111.4	107.3	107.7	104.8
1985	1059	1035	1167	1119	115.0	119.5	122.2	112.5
1986	1243	1217	1343	1334	117.4	117.6	115.1	119.2
1987	1319	1261	1585	1412	106.1	103.6	118.0	105.8
1988	1644	1576	1997	1649	124.6	125.0	126.0	116.8
1989	1895	1834	2408	1960	115.3	116.4	120.6	118.9
1990	2162	2048	2698	2235	114.1	111.7	112.0	114.0
1991	2420	2310	3003	2376	111.9	112.8	111.3	106.3
1992	2780	2656	3439	2723	114.9	115.0	114.5	114.6
1993	3480	3403	4049	3222	125.2	128.1	117.7	118.3
1994	4890	4626	5979	5435	140.5	135.9	147.7	168.7
1995	5857	5983	5470	5605	119.8	129.3	91.5	103.1
1996	6683	6809	6304	6476	114.1	113.8	115.2	115.5
1997	7559	7562	7470	7752	113.1	111.1	118.5	119.7
1998	8531	8555	8302	8922	112.9	113.1	111.1	115.1
1999	9490	9298	9671	10604	111.2	108.7	116.5	118.9
2000	10584	10306	10990	11812	111.5	110.8	113.6	111.4
2001	12013	11468	13000	13794	113.5	111.3	118.3	116.8
2002	13306	12641	14614	15251	110.8	110.2	112.4	110.6
2003	14310	13766	15221	16627	107.5	108.9	104.2	109.0
2004	15603	14900	17151	18416	109.0	108.2	112.7	110.8
2005	17146	16157	19520	21357	109.9	108.4	113.8	116.0
2006	19318	18208	22232	24413	112.7	112.7	113.9	114.3
2007	22283	20822	26501	28809	115.3	114.4	119.2	118.0
2008	25702	23804	31422	34587	115.3	114.3	118.6	120.1
2009	28666	26491	35557	40448	111.5	111.3	113.2	116.9
2010	32647	30488	39905	43063	113.9	115.1	112.2	106.5
2011	38989	37102	47060	48038	119.4	121.7	117.9	111.6
2012	44979	43011	53371	55692	115.4	115.9	113.4	115.9
2013	49328	47338	58392	58983	109.7	110.1	109.4	105.9
2014	54235	52219	63753	62516	109.9	110.3	109.2	106.0
2015	58719	55562	73414	71808	108.3	106.4	115.1	114.9
2016	63138	59167	80308	80540	107.5	106.5	109.4	112.2
2017	69029	63578	90614	93891	109.3	107.5	112.8	116.6

注：本表1998年起“职工平均工资”统计口径为“在岗职工平均工资”。

Note:The statistic scope from 1998 in this table refers to average wages of staff and workers on the job.

3-21 按行业分城镇单位在岗职工平均工资

Average Wage of Staff and Workers in Urban Units by Sector

单位：元 (yuan)

行业 Sector	2003	2005	2010	2014	2015	2016	2017
合　计 Total	**14310**	**17146**	**32647**	**54235**	**58719**	**63138**	**69029**
按企事业机关分 Grouped by Enterprises, Institutions and Agencies							
企业 Enterprises	13766	16157	30488	52219	55562	59167	63578
事业 Institutions	15221	19520	39905	63753	73414	80308	90614
机关 Agencies & Organizations	16627	21357	43063	62516	71808	80540	93891
按国民经济行业分 By Sector							
农、林、牧、渔业 Farming, Forestry, Animal Husbandy and Fishery	7975	10017	22923	35107	45764	51121	58068
采矿业 Mining and Quarrying	10860	16664	29399	44623	44558	44354	49690
制造业 Manufacturing	12217	14229	26383	46727	50514	54281	59015
电力、热力、燃气及水生产和供应业 Production and Supply of Electricity Heat Gas and Water	20562	26695	51335	77942	81889	89651	94194
建筑业 Construction	13779	16161	30344	50362	51191	53248	55685
交通运输、仓储和邮政业 Transport, Storage and Post Services	18181	22623	41046	62445	66657	72547	79143
信息传输、软件和信息技术服务业 Information Transmission,Software and Information Technology Services	33158	40326	61552	79832	85318	95112	99928
批发和零售业 Wholesale and Retail Trade	13373	16491	33155	52480	56162	59421	62996
住宿和餐饮业 Lodgings and Catering Services	10333	12570	22175	36331	39738	39494	41577
金融业 Finance	26245	34993	84307	125165	130422	136220	144584
房地产业 Real Estate	16582	18944	36990	58801	63167	66361	70538
租赁和商务服务业 Rent and Business Services	14538	16986	24595	50241	52281	57441	63361
科学研究和技术服务业 Scientific Reseach and Ploytechnic Services	19913	24346	42553	65853	78987	81470	94477
水利、环境和公共设施管理业 Water Conservancy, Environment and Public Facilities Management	12948	16433	28073	45282	48662	53722	63164
居民服务、修理和其他服务业 Resident Services, Repair and Others	15009	15707	34346	44896	46997	48784	49694
教育 Education	15029	19111	41333	61545	71615	78602	88435
卫生和社会工作 Health Care and Social Work	16589	21733	42629	74615	82945	90693	99249
文化、体育和娱乐业 Culture, Sports and Entertainment	16919	21018	36812	60735	64064	70176	77528
公共管理、社会保障和社会组织 Public Management, Social Ensure and Social Organizations	16567	21616	43077	62486	71704	80118	93216
按三次产业分 By Three Strata of Industry							
第一产业 Primary Industry	7839	10017	22923	35107	45764	51121	58068
第二产业 Secondary Industry	12711	14914	27828	48651	51447	54678	58517
第三产业 Tertiary Industry	16710	21131	41457	63885	70779	76717	84573

3-22 城镇单位从业人员平均劳动报酬(2017年)

Per Capita Payment in Urban Units(2017)

单位：元 (yuan)

项目 Item	单位从业人员 Persons Employed in Units	在岗职工 Staff and Workers on the Job	其他从业人员 Other Employed Persons
合　计 **Total**	**67420**	**69029**	**48662**
按企事业机关分 **Grouped by Enterprises, Institutions and Agencies**			
企业 Enterprises	62649	63578	52196
事业 Institutions	86544	90614	31665
机关 Agencies & Organizations	89565	93891	29752
按国民经济行业分 **By Sector**			
农、林、牧、渔业 Farming, Forestry, Animal Husbandy and Fishery	40543	58068	15580
采矿业 Mining	48460	49690	24076
制造业 Manufacturing	59131	59015	66044
电力、热力、燃气及水生产和供应业 Production and Supply of Electric Power and Hot Power	93073	94194	46586
建筑业 Construction	56160	55685	58673
批发和零售业 Wholesale and Retail Trade	61504	62996	30985
交通运输、仓储和邮政业 Transport, Storage and Post Services	77536	79143	42300
住宿和餐饮业 Lodgings and Catering Services	41429	41577	36277
信息传输、软件和信息技术服务业 Information Transmission, Software and Information Technology Services	98427	99928	53149
金融业 Finance	109757	144584	36123
房地产业 Real Estate	69166	70538	39823
租赁和商务服务业 Rent and Business Services	62848	63361	46126
科学研究和技术服务业 Scientific Reseach and Ploytechnic Services	91712	94477	46523
水利、环境和公共设施管理业 Water Conservancy, Environment and Public Facilities Management	59204	63164	29735
居民服务、修理和其他服务业 Resident Services and Others	49646	49694	48953
教育 Education	84471	88435	30963
卫生和社会工作 Health Care and Social Work	96333	99249	45504
文化、体育和娱乐业 Culture, Sports and Entertainment	73532	77528	29642
公共管理、社会保障和社会组织 Public Management,Social Ensure and Social Organizations	89047	93216	29002
按三次产业分 **By Three Strata of Industry**			
第一产业 Primary Industry	40543	58068	15580
第二产业 Secondary Industry	58581	58517	59339
第三产业 Tertiary Industry	80853	84573	35497

3-23 按行业分城镇单位在岗职工平均工资(2017年)

Average Wage of Staff and Workers on the Job in Urban Units by Sector(2017)

单位：元 (yuan)

行业 Sector	在岗职工平均工资 Average Wage	国有单位 Stated-owned units	集体单位 Collective-owned units	其他单位 Others
合　计 Total	**69029**	**91651**	**65427**	**61790**
按企事业机关分 Grouped by Enterprises, Institutions Agencies				
企业 Enterprises	63578	88494	62527	61779
事业 Institutions	90614	91944	68824	75092
机关 Agencies & Organizations	93891	93931	55802	54831
按国民经济行业分 By Sector				
农、林、牧、渔业 Farming, Forestry, Animal Husbandy and Fishery	58068	60998	44844	41105
采矿业 Mining	49690	38042	43345	53980
制造业 Manufacturing	59015	66823	45349	59034
电力、热力、燃气及水生产和供应业 Production and Supply of Electric Power and Hot Power	94194	84173	64515	96366
建筑业 Construction	55685	69421	54132	55149
批发和零售业 Wholesale and Retail Trade	62996	96091	32776	60164
交通运输、仓储和邮政业 Transport, Storage and Post Services	79143	88974	46186	73731
住宿和餐饮业 Lodgings and Catering Services	41577	49417	45708	40788
信息传输、软件和信息技术服务业 Information Transmission, Software and Information Technology Services	99928	86995	91983	101018
金融业 Finance	144584	132900	122703	156822
房地产业 Real Estate	70538	70798	60992	70667
租赁和商务服务业 Rent and Business Services	63361	58803	39700	65821
科学研究和技术服务业 Scientific Reseach and Ploytechnic Services	94477	102486	104583	83649
水利、环境和公共设施管理业 Water Conservancy, Environment and Public Facilities Management	63164	65283	57691	58905
居民服务、修理和其他服务业 Resident Services and Others	49694	54611	44033	47504
教育 Education	88435	90724	68496	65315
卫生和社会工作 Health Care and Social Work	99249	107179	68752	74368
文化、体育和娱乐业 Culture, Sports and Entertainment	77528	85871	136385	60624
公共管理、社会保障和社会组织 Public Management,Social Ensure and Social Organizations	93216	93234	90243	76478
按三次产业分 By Three Strata of Industry				
第一产业 Primary Industry	58068	60998	44844	41105
第二产业 Secondary Industry	58517	69781	49592	58317
第三产业 Tertiary Industry	84573	93346	69770	73776

注：本表不含私营企业。

Note:This table is not including Private Enterprises.

3-24 私营单位从业人员平均劳动报酬

Per Capita Payment in Urban Units

单位：元 (yuan)

项目 Item	2010	2016	2017	2017年比上年增长(%)
合　计 Total	**21039**	**46326**	**48830**	**5.4**
按国民经济行业分 By Sector				
农、林、牧、渔业 Farming, Forestry, Animal Husbandy and Fishery	18670	34227	39158	14.4
采矿业 Mining and Quarrying	20428	40513	43443	7.2
制造业 Manufacturing	20082	44424	47228	6.3
电力、燃气及水的生产和供应业 Production and Supply of Electricity Gas and Water	21435	32495	35919	10.5
建筑业 Construction	23914	51249	52565	2.6
交通运输、仓储和邮政业 Transport, Storage and Post Services	21681	42380	48501	14.4
信息传输、计算机服务和软件业 Information Transmission, Computer Software and Services	27749	68506	71818	4.8
批发和零售业 Wholesale and Retail Trade	21512	41282	44275	7.3
住宿和餐饮业 Lodgings and Catering Services	16881	33896	35981	6.2
金融业 Finance	32156	55266	56615	2.4
房地产业 Real Estate	24411	45101	50564	12.1
租赁和商务服务业 Rent and Business Services	20618	46148	47734	3.4
科学研究、技术服务和地质勘查业 Scientific Reseach, Ploytechnic Services and Geological Prospecting	23329	49606	52929	6.7
水利、环境和公共设施管理业 Water Conservancy, Environment and Public Facilities Management	18073	37599	37121	-1.3
居民服务和其他服务业 Resident Services and Others	19168	33109	36684	10.8
教育 Education	24306	35511	37534	5.7
卫生、社会保障和社会福利业 Health Care, Social Ensure and Walfare	23527	48533	48847	0.6
文化、体育和娱乐业 Culture, Sports and Entertainment	19582	34641	34232	-1.2
公共管理和社会组织 Public Management and Social Organizations	17113	30523	32866	7.7
按三次产业分 By Three Strata of Industry				
第一产业 Primary Industry	18670	34227	39158	14.4
第二产业 Secondary Industry	20940	47327	49629	4.9
第三产业 Tertiary Industry	21502	42678	46164	8.2

主要统计指标解释

人口数　指一定时点、一定地区范围内的有生命的个人的总和。年度统计的年末人口数指每年12月31日24时的人口数。

市、镇、县人口　其定义有两种口径：

第一种口径(按行政建制)

市人口：市管辖区域内的全部人口(含市辖镇，不含市辖区县)；

镇人口：县辖镇的全部人口(不含市辖镇)；

县人口：县辖乡人口。

第二种口径(按常住人口划分)

市人口：设区的市的区人口和不设区的市所辖的街道人口；

镇人口：不设区的市所辖镇的居民委员会人口和县辖镇的居民委员会人口；

县人口：除上述两种人口以外的全部人口。

出生率(又称粗出生率)　指在一定时期内(通常为一年)平均每千人所出生的人数的比率，一般用千分率表示。计算公式为：

出生率＝(年出生人数 / 年平均人数)×1000‰

式中：出生人数指活产婴儿，即胎儿脱离母体时(不管怀孕月数)，有过呼吸或其他生命现象。年平均人数指年初、年底人口数的平均数，也可用年中人口数代替。

死亡率(又称粗死亡率)　指在一定时期内(通常为一年)一定地区的死亡人数与同期平均人数(或期中人数)之比，一般用千分率表示。计算公式为：

死亡率＝(年死亡人数 / 年平均人数)×1000‰

人口自然增长率　指在一定时期内(通常为一年)人口自然增加数(出生人数减死亡人数)与该时期内平均人数(或期中人数)之比，一般用千分率表示。计算公式为：

人口自然增长率＝[(本年出生人数－本年死亡人数) / 年平均人数]×1000‰＝人口出生率－人口死亡率

在业人口(又称就业人口)　指十五周岁及十五周岁以上人口中从事一定的社会劳动并取得劳动报酬或经营收入的人口。

不在业人口　指十五周岁及十五周岁以上人口中未从事社会劳动的人口，包括在校学生、料理家务、待升学、市镇待业、离退休、退职、丧失劳动能力等非在业人口。

经济活动人口　指在16岁以上，有劳动能力，参加或要求参加社会经济活动的人口；包括就业人员和失业人员。

各单位的就业人员　指在各级国家机关、政党机关、社会团体及企业、事业单位中工作，取得工资或其他形式的劳动报酬的全部人员。包括在岗职工、再就业的离退休人员、民办教师以及在各单位中工作的外方人员和港澳台方人员、兼职人员、借用的外单位人员和第二职业者。不包括离开本单位仍保留劳动关系的职工。各单位的从业人员反映了各单位实际参加生产或工作的全部劳动力。

城镇私营和个体就业人员　指在工商管理部门注册登记，其经营地址设在县城关镇(含城关镇)以上的私营企业从业人员；包括私营企业投资者和雇工。城镇个体就业人员指在工商管理部门注册登记，并持有城镇户口或在城镇长期居住，经批准从事个体工商经营的从业人员；包括个体经营者和在个体工商户劳动的家庭帮工和雇工。

城镇登记失业人员　指有非农业户口，在一定的劳动年龄内，有劳动能力，无业而要求就业，并在当地就业服务机构进行求职登记的人员。

城镇登记失业率　指城镇登记失业人数同城镇从业人数与城镇登记失业人数之和的比。计算公式为：

城镇登记失业率=城镇登记失业人数 / (城镇从业人数+城镇登记失业人数)×100%

职工　指在国有经济、城镇集体经济、联营经济、股份制经济、外商和港、澳、台投资经济、其他经济单位及其附属机构工作，并由其支付工资的各类人员，不包括返聘的离退休人员、民办教师、在国有经济单位工作的外方人员和港、澳、台人员(1998年以后的数据均为在岗职工数据，其他相关指标如职工工资总额，职工平均工资等指标也从1998年按此口径进行了相应调整)。

国有单位职工　指在国有经济单位及其附属机构工作，并由其支付工资的各类人员。

城镇集体单位职工　指在城镇集体经济单位及其管理部门工作，并由其支付工资的各类人员。

其他单位职工　指在联营经济、股份制经济、外商投资经济、港、澳、台投资经济单位工作，并由其支付工资的各类人员。

在岗职工　指在本单位工作并由单位支付工资的人员，以及有工作岗位，但由于学习、病伤产假等原因暂未工作，仍由单位支付工资的人员。

工资总额　指各单位在一定时期内直接支付给本单位全部职工的劳动报酬总额。工资总额的计算原则应以直接支付给职工的全部劳动报酬为根据。各单位支付给职工的劳动报酬以及其他根据有关规定支付的工资，不论是计入成本的还是不计入成本的，不论是按国家规定列入计征奖金税项目的，还是未列入计征奖金税项目的，不论是以货币形式支付的还是以实物形式支付的，均包括在工资总额内。

奖金　指支付给职工的超额劳动报酬和增收节支的劳动报酬。

津贴和补贴　指为了补偿职工特殊或额外的劳动消耗和因其他特殊原因支付给职工的津贴，以及

为了保证职工工资水平不受物价影响支付给职工的物价补贴。

平均工资　指企业、事业、机关单位的职工在一定时期内平均每人所得的货币工资额。它表明一定时期职工工资收入的高低程度，是反映职工工资水平的主要指标。计算公式为：

职工平均工资＝报告期实际支付的全部职工工资总额／报告期全部职工平均人数

平均工资指数　指报告期职工平均工资与基期职工平均工资的比率，是反映不同时期职工货币工资水平变动情况的相对数。计算公式为：

职工平均工资指数＝报告期职工平均工资／基期职工平均工资

平均实际工资指数　指扣除物价变动因素后的职工平均工资。职工平均实际工资指数是反映实际工资变动情况的相对数，表明职工实际工资水平提高或降低的程度。计算公式为：

职工平均实际工资指数＝(报告期职工平均工资指数／报告期城镇居民消费价格指数)×100%

Explanatory Notes on Main Statistical Indicators

Total Population refers to the total number of people alive at a certain point of time within a given area.The annual statistics on total population is taken at midnight,the 3lst of December.

To City，Town and County Population,there are two definitions.The first definition (according to the administrative organizational system):

City Population: Total population under the jurisdiction of City (including population of the town under the jurisdiction of City. excluding the population of counties under the jurisdiction of City).

Town Population: Total population of town under the jurisdiction of County (excluding the population of town under the jurisdiction of City).

County Population: Total population of country under the jurisdiction of County).

The second definition (classified by the permanent population):

City Population: Total population of districts under the jurisdiction of City with district establishment and the population of street under the jurisdiction of City without district establishment.

Town Population: Total resident-committees population of towns under the jurisdiction of City without district establishment and the resident-committees population of towns under the jurisdiction of County.

County Population: Total population except City population and town population.

Birth Rate(or Crude Birth Rate) refers to the ratio of the number of births to the average population during a certain period of time(usually a year) which is often expressed in ‰. The following formula is used:

Brith Rate= (Number of Births/Annual Average Number of Population）×1000‰

Number of births refers to live births i.e. the births when babies had showed any vital phenomena regardless of the length of pregnancy.

Annual average number of population is the average of the number of population at the beginning of the year and that at the end of the year. Sometimes it is substituted for with the mid year population.

Death Rate(or Crude Death Rate) refers to the ratio of the number of deaths to the average population (or mid year population) during a certain period of time (usually a year) which is often expressed in‰. The following formula is used:

Death Rate =(Number of Deaths/ Annual Average Number of Population)×1000‰

Natural Growth Rate of Population refers to the ratio of natural increase in population(number of births minus number of deaths)in a certain period of time(usually a year)to the average population(or mid year population)of the same period which is often expressed in‰. The following formula is applied:

Natural Growth Rate of Population= [(Number of Births-Number of Deaths)/ Average Number of Population]×1000‰

Natural Growth Rate of Population=Birth Rate-Death Rate

Employed Population refers to population aged 15 or over engaging in social labour which generates income.

Unemployed Population refers to population aged 15 or over not engaging in any social labour which generates income, including students enrolled in schools, house wives,students waiting for entering schools with higher level, urban job seekers, retirees, job quitters, disabled, etc.

Economically Active Population refers to the population aged 16 and over who are capable to work, are participating in or willing to participate in economic activities, including employed persons and unemployed persons.

Persons Employed in Various Units refer to all the persons working in government agencies of various levels, political and party organizations, social organizations, enterprises and institutions, and receiving wages or other forms of payment. They include fully-employed staff and workers, re-employed retirees, teachers in schools run by the local people, foreigners and Chinese compatriots from Hong Kong, Macao, and Taiwan working in various units, part-time employees, employees of other units working temporarily at current posts, and employees holding the second job, but exclude staff and workers who have left their working units while keeping their labour contract (employment relation) unchanged. This indicator reflects the total number of laborers actually engaged in production or other operations in various units.

Persons Employed in Private Enterprises and Self-Employed Individuals in Urban Areas Persons employed in private enterprises refer to the persons employed in the private enterprises which have been registered at the departments of industrial and commercial administration and are situated at a County town (i.e. a town where the County government is located) for business operation or at urban areas with the level higher than a County town. The self-employed individuals in urban areas refer to persons who hold the certificates of residence in urban areas or have resided in the urban areas for a long time and have been registered at the departments of industrial and commercial administration and approved to be engaged in individual industrial or commercial business, including self-employed persons as well as helpers and hired labourers who work in the individual households engaged in industrial or commercial business.

Registered Urban Unemployed Persons The registered unemployed persons in urban areas refer to the persons who are registered as permanent residents in the urban areas engaged in non-agricultural activities, aged within the range of working age, capable to labour, unemployed but desirous to be employed and have been registered at the local employment service agencies to apply for a job.

Registered Urban Unemployment Rate Registered unemployment rate in urban areas refers to the ratio of the number of the registered unemployed persons to the sum of the number of employed persons and the registered unemployed persons. The formula is as follows:

Registered urban unemployment rate = [number of registered urban unemployed persons/(number of urban employed persons + number of registered urban unemployed persons)]×100%

Staff and Workers refer to the persons who work in(and receive payment therefrom)enterprises and institutions of state ownership, collective ownership, joint ownership, share holding, foreign ownership, and ownership by entrepreneurs from Hong Kong, Macao, and Taiwan, and other types of ownership and their affiliated units, excluding the retired persons invited to work in the units again, teachers in the schools run by the local people and foreigners and persons coming from Hong Kong, Macao and Taiwan and working in the state-owned economic units. (Number of staff and workers in this yearbook include only fully employed staff and workers, excluding those who have left their working units while keeping their labour contract/employment relation unchanged).

Staff and Workers in State-owned Economic Units refer to the persons who work in the state-owned economic units or their attached units and are listed in their payrolls.

Staff and Workers of Collective Owned Units in Urban Areas refer to the persons who work in collective owned units in urban areas and their administration departments and receive payment therefrom.

Staff and Workers in Units of Other Types of Ownership refer to those who work in(and receive payment therefrom)enterprises and institutions of joint ownership, share holding, foreign ownership, and ownership by entrepreneurs from Hong Kong, Macao, and Taiwan.

Fully Employed Staff and Workers refer to persons who work in, and receive wages from their working units, as well as persons who have their work posts, but are temporarily absent from work for reasons of study or on sick, injury or maternal leave and still receive wages from their working units.

Total Wages refer to the total remuneration payment to staff and workers in various units during a certain period of time. The calculation of total wages is based on the total remuneration payment to the staff and workers. Therefore, all the wages and salaries and other payments to staff and workers are included in the total wages regardless of their sources, category, and forms (in kind or cash). (Total wages of staff and workers in this yearbook include only total wages of fully employed staff and workers, excluding the living allowances distributed to those who have left their working units while keeping their labour contract/employment relation unchanged).

Bonus refers to remuneration payment to workers for extra work and for increasing earnings and practicing economy.

Subsidies and Allowances refer to subsidies paid to staff and workers for compensating special or extra labour and allowances paid to staff and workers to offset the impact of inflation on real wages.

Average Wage refers to the average wage in money terms per person during a certain period of time for staff and workers in enterprises, institutions, and government agencies, which reflects the general level of wage income during a certain period of time and is calculated as follows:

Average Wage of Staff and Workers =Total Wages of Staff and Workers in Reference Period/Average Number of Staff and Workers in Reference Period

Index of Average Wage refers to the ratio of average wage of staff and workers at the report time to that at the reference time. It reflects the relative changing degree of average wage in money terms at the various of time, which is calculated as following:

Index of Average Wage of Staff and Worker = average wage of staff and workers at the report time/average wage of staff and workers at the reference time

Index of Average Real Wage refers to the average wage which has removed the factor of price change. Index of average real wage of staff and worker reflects the relative changing degree of average real wage, and indicates the degree of the rising or declining degree of real wage of staff and worker, which is calculated as following:

Index of Average Real Wage of Staff and Worker = (Index of Average Wage of Staff and Worker at the Report Time/Urban Consumer Prices Index at the Report Time) ×100%.

第四篇　固定资产投资

Chapter 4　Investment in Fixed Assets

资料整理：张丹峰 郑懿 范李功 王洵

Database Editor:Zhangdanfeng Zhengyi Fanligong Wangxun

简 要 说 明

本篇资料的主要内容及来源

本篇资料反映全省固定资产投资和房地产开发企业的基本情况，包括固定资产投资的规模、结构、资金来源和投资的效果等资料。

固定资产投资统计资料由省统计局固定资产投资统计处提供。

本篇的统计调查方法为全面统计报表。

Brief Introduction

Main Content and Source of Data

Data in this chapter show the basic conditions of investment in fixed assets and the basic conditions of enterprises for real estate development of Fujian Province etc. mainly including the total investment in fixed assets, the structure of investment, the resources of investment and the results of investment;

Data on the individual investment in fixed assets in rural areas are provided by the Division of Investment in Fixed Assets, Fujian Statistical Bureau.

Method of data collection: All Data on the investment in fixed assets are collected by the statistical reporting scheme with the coverage of complete enumeration.

4-1 主要年份固定资产投资

Total Investment in Fixed Assets in the Whole Country in Selected Years

单位：亿元 (100 million)

年份 Year	固定资产投资 Investment in Fixed Assets	项目投资 Project Investment	房地产开发投资 Real Estate	固定资产投资比上年增长(%) Ratio(%)	房地产开发投资比上年增长(%) Ratio(%)
1952	0.39			39.4	
1957	1.87			-56.1	
1962	2.15			-28.2	
1965	3.39			10.8	
1970	4.86			101.3	
1975	6.78			2.9	
1978	9.45			44.5	
1979	11.27			19.3	
1980	13.58			20.5	
1981	16.19			19.2	
1982	19.56			20.8	
1983	22.42			14.6	
1984	29.48			31.5	
1985	48.77			65.4	
1986	52.81	49.24	3.57	8.3	
1987	66.69	63.45	3.25	26.3	-9.1
1988	79.46	72.33	7.13	19.1	19.7
1989	80.20	69.20	11.01	0.9	54.3
1990	90.51	77.04	13.47	12.9	22.4
1991	117.28	96.21	21.07	29.6	56.4
1992	193.21	152.18	41.03	64.7	94.8
1993	320.45	259.52	60.93	65.9	48.5
1994	472.49	370.51	101.98	47.4	67.4
1995	594.45	443.08	151.37	25.8	48.4
1996	696.91	545.22	151.69	17.2	0.2
1997	794.33	646.00	148.33	14.0	-2.2
1998	941.25	775.62	165.63	18.5	11.7
1999	952.22	773.61	178.62	1.2	7.8
2000	995.38	788.01	207.37	4.5	16.1
2001	1053.84	828.35	225.49	5.9	8.7
2002	1148.76	899.78	248.99	9.0	10.4
2003	1411.45	1049.38	362.07	22.9	45.4
2004	1798.38	1320.59	477.79	27.4	32.0
2005	2241.70	1701.31	540.39	24.7	13.1
2006	2998.45	2211.09	787.36	33.8	45.7
2007	4186.67	3054.18	1132.49	39.6	43.8
2008	5148.31	4019.21	1129.09	23.0	-0.3
2009	6180.94	5044.59	1136.35	20.1	0.6
2010	8067.33	6248.48	1818.86	30.5	60.1
2011	9885.67	7483.06	2402.61	22.5	32.1
2012	12452.24	9628.12	2824.12	25.9	17.4
2013	15245.24	11542.26	3702.97	22.4	31.1
2014	18141.37	13573.97	4567.40	19.0	23.3
2015	21300.91	16831.30	4469.61	17.4	-2.1
2016	23107.49	18518.66	4588.83	8.5	2.7
2017	26226.60	21432.37	4794.23	13.5	4.5

注：1950-1980年固定资产投资为城镇以上集体投资；1981年后为正式定义口径。

Note:1950-1980,Investment in Fixed Assets is the Investment of Urban Areas,Since 1981,Scope was Defined.

4-2 按各类型分固定资产投资

Investment in Fixed Assets By Types

单位：亿元 (100 million)

项目 Item	2010	2013	2014	2015	2016	2017
总计 Total	**8067.33**	**15245.24**	**18141.37**	**21300.91**	**23107.49**	**26226.60**
按登记注册类型分 Grouped by Status of Registration						
国有企业 Stated-owned Enterprises	2653.66	4229.22	4724.01	5800.34	4396.40	4925.80
集体企业 Collective-owned Enterprises	226.40	437.26	580.28	958.30	950.70	912.09
股份合作 Share Holding Cooperative Enterprises	38.64	14.70	34.70	33.39	10.45	10.38
联　营 Cooperative Enterprises	57.13	55.16	62.58	40.84	43.00	47.87
有限责任公司 Limited Liability Corporations Enterprises	1598.36	4056.88	5194.72	5856.74	8513.36	8778.44
股份有限公司 Share Holding Enterprises	250.47	466.74	478.55	519.99	550.08	610.46
私营企业 Private Enterprises	1978.45	4116.86	5114.33	5795.04	6407.15	8009.00
港澳台商投资企业 Enterprises with Funds from HongKong, Macao,TaiWan	637.21	825.52	806.17	863.01	865.77	770.33
外商投资企业 Foreign Funded Enterprises	434.41	526.08	504.90	496.40	344.05	462.46
其他 Other Enterprises	192.59	516.83	641.13	936.86	1026.53	1699.79
按隶属关系分 By Ownership						
中央 Central	757.85	703.09	739.30	659.06	895.78	767.19
地方 Local	7309.49	14542.15	17402.07	20641.85	22211.72	25459.42
#省 Province	912.52	1179.58	1088.68	988.63	1243.74	996.80
按建设性质分 By Kind of Construction						
#新建 New Construction	3482.51	6267.25	7025.51	8443.50	10411.10	12410.01
扩建 Expansion	1612.66	2952.33	3577.67	4612.64	4602.02	5164.46
改建和技术改造 Reconstruction	777.82	1720.91	2228.11	2856.93	2843.06	3145.07

4-3 按行业分固定资产投资

Investment in Fixed Assets by Sector

单位：亿元 (100 million)

行业 Sector	2010	2013	2014	2015	2016	2017
总计 Total	8067.33	15245.24	18141.37	21300.91	23107.49	26226.60
第一产业 Primary Industry	130.02	294.41	382.79	515.09	720.62	980.25
第二产业 Secondary Industry	2889.42	5731.13	6467.11	7506.63	7877.19	8846.49
第三产业 Tertiary Industry	5047.90	9219.69	11291.48	13279.19	14509.69	16399.87
按主要行业分 By Sector						
农、林、牧、渔业 Farming, Forestry, Animal Husbandy and Fishery	130.02	294.41	442.21	617.11	818.28	1079.62
采矿业 Mining and Quarrying	112.63	239.95	246.92	277.90	219.46	172.51
制造业 Manufacturing	2250.21	4645.75	5105.82	6102.88	6454.57	7565.69
电力、热力、燃气及水生产和供应业 Production and Supply of Electricity Gas and Water	505.00	764.73	917.91	908.44	1143.93	1062.49
建筑业 Construction	21.56	80.70	206.45	225.31	80.57	64.06
批发和零售业 Wholesale and Retail Trade	153.20	289.28	382.21	511.63	413.80	706.32
交通运输、仓储和邮政业 Transport, Storage and Post Services	1343.45	1669.09	1979.45	2491.85	2678.05	2921.78
住宿和餐饮业 Lodgings and Catering Services	99.57	218.92	226.45	263.39	191.48	213.11
信息传输、软件和信息技术服务业 Information Transmission, Software and Information Technology Services	139.73	204.28	207.93	319.05	311.14	364.51
金融业 Finance	23.17	55.08	46.59	57.10	50.57	17.60
房地产业 Real Estate	2080.86	4433.22	5358.41	5366.17	5462.43	5577.94
租赁和商务服务业 Rent and Business Services	95.58	178.67	232.24	268.96	335.97	333.61
科学研究和技术服务业 Scientific Reseach and Ploytechnic Services	17.23	36.99	52.69	82.97	115.96	115.58
水利、环境和公共设施管理业 Water Conservancy, Environment and Public Facilities Management	706.80	1355.52	1787.28	2669.14	3588.53	4486.65
居民服务、修理和其他服务业 Resident Services and Others	16.67	38.05	53.07	69.55	50.39	97.70
教育 Education	112.76	185.91	214.45	273.38	328.17	369.64
卫生和社会工作 Health Care and Social Work	55.14	109.25	118.63	171.94	198.67	265.32
文化、体育和娱乐业 Culture, Sports and Entertainment	77.89	206.64	257.45	265.71	323.98	432.40
公共管理、社会保障和社会组织 Public Management, Social Ensure and Social Organizations	125.84	238.81	305.21	358.43	341.54	380.08
国际组织 Intenational Organzition						

注：本表国民经济行业分类标准采用GB/T 4754-2011。

Note: The classified Standards of national ecomonic sector are adopted GB/T 4754-2011.

4-4 按行业、构成、性质分固定资产投资（2017年）

单位：亿元

项目	Item	合计 Total	按投资构成分 By Composition of Funds 建筑工程 Construction
本年完成投资	**Total**	**26226.60**	**17078.24**
农、林、牧、渔业	**Agriculture,Forestry,Animal Husbandry and Fishery**	**1079.62**	**781.36**
农业	Agriculture	500.75	385.53
林业	Forestry	78.28	60.70
畜牧业	Animal Husbandry	178.66	126.23
渔业	Fishery	222.56	133.27
农、林、牧、渔服务业	Services of Agriculture,Forestry,Animal Husbandry and Fishery	99.38	75.62
采矿业	**Mining and Quarrying**	**172.51**	**116.11**
煤炭开采和洗选业	Coal Mining and Dressing	18.29	14.15
石油和天然气开采业	Petroleum and Natural Gas Mining		
黑色金属矿采选业	Ferrous Metals Mining and Dressing	33.09	26.56
有色金属矿采选业	Nonferrous Metals Mining and Dressing	21.44	14.45
非金属矿采选业	Nonmetal Minerals Mining and Dressing	95.65	57.74
开采辅助活动	Subsidiary Action	2.00	1.79
其他采矿业	Others Mining and Quarrying	2.05	1.43
制造业	**Manufacturing**	**7565.69**	**4199.80**
农副食品加工业	Agricultural and Sideline Products Processing	622.74	409.17
食品制造业	Food Manufacturing	263.32	263.32
酒、饮料和精制茶制造业	Wine，Drink and Tea Manufacturing	320.89	211.74
烟草制品业	Tobacco Processing	5.87	3.11
纺织业	Textile Industry	422.91	188.99
纺织服装、服饰业	Textile Garments Products	338.91	172.42
皮革、毛皮、羽毛及其制品和制鞋业	Leather,Furs,Down and Relate Products	266.71	171.21
木材加工和木、竹、藤、棕、草制品业	Timber Processing,Bamboo,Cane,Palm Fiber and Straw Products	470.62	292.45
家具制造业	Furniture Manufacturing	181.44	118.07
造纸和纸制品业	Papermaking and Paper Products	161.48	88.27
印刷和记录媒介复制业	Printing and Record Medium Reproduction	64.79	31.12
文教、工美、体育和娱乐用品制造业	Cultural , Educational and Sports Goods	168.04	108.74
石油加工、炼焦和核燃料加工业	Petroleum Processing , Coking and Nuclear Fuel Processing	118.18	45.56
化学原料和化学制品制造业	Raw Chemical Materials and Chemical Products	350.20	207.42
医药制造业	Medical and Pharmaceutical Products	92.39	66.80
化学纤维制造业	Chemical Fiber	202.23	125.46
橡胶和塑料制品业	Rubber and Plastic Products	236.77	117.95
非金属矿物制品业	Nonmetal Minerals Products	623.05	376.50
黑色金属冶炼和压延加工业	Smelting and Pressing of Ferrous Metals	138.52	71.07
有色金属冶炼和压延加工业	Smelting and Pressing of Nonferrous Metals	120.60	50.26
金属制品业	Metal Products	343.25	197.30
通用设备制造业	General Equipment	252.38	146.40
专用设备制造业	Special Purpose Equipment	285.27	170.59
汽车制造业	Car Manufacturing	123.77	59.37

Investment in Fixed Assets by Sector,Composition of Funds and Properties(2017)

(100 million)

			按建设性质分 By Properties		
安装工程 Installation	设备工器具购置 Purchase of Equipment and Instruments	其他 Others	#新建 New Construction	#扩建 Expansion	#改建和技术改造 Reconstruction and Technical Renovation
1485.83	**3769.29**	**3893.24**	**12410.01**	**5164.46**	**3145.07**
56.32	**175.06**	**66.89**	**730.44**	**254.86**	**53.37**
28.23	55.08	31.90	362.47	118.09	18.99
3.18	8.70	5.70	46.58	27.70	4.00
11.89	31.55	8.99	113.39	52.73	11.62
7.59	68.06	13.64	133.13	38.58	13.76
5.42	11.67	6.67	74.88	17.77	4.99
6.75	**40.88**	**8.77**	**27.77**	**53.81**	**90.87**
0.78	2.33	1.02	3.21	9.90	5.18
0.46	5.68	0.39	0.83	3.95	28.30
0.36	5.05	1.57	2.47	3.90	15.07
5.01	27.27	5.63	19.75	35.04	40.80
0.02	0.17	0.03	0.89	0.39	0.71
0.12	0.38	0.13	0.62	0.63	0.80
412.86	**2454.60**	**498.43**	**2616.54**	**2824.72**	**1789.91**
30.46	138.78	44.33	230.91	209.22	158.68
263.32	263.32	263.32	90.38	88.95	69.47
20.52	67.76	20.88	114.64	118.44	68.66
0.08	2.65	0.03	1.01	1.43	2.30
29.59	184.81	19.52	108.61	180.56	113.36
23.60	131.67	11.22	121.78	123.88	69.91
9.57	69.68	16.25	103.92	83.99	60.41
22.44	127.88	27.85	105.04	229.22	132.43
9.63	41.06	12.67	66.51	75.70	32.08
6.11	57.70	9.40	30.83	71.58	51.23
4.33	26.52	2.82	25.13	20.39	16.52
8.52	41.77	9.00	61.60	55.84	41.94
1.09	32.58	38.95	6.79	75.50	35.39
21.92	98.77	22.08	103.73	127.20	105.60
4.36	18.30	2.92	32.71	39.93	17.31
26.05	43.55	7.17	66.95	63.89	69.79
14.17	90.79	13.87	60.08	91.93	67.79
40.80	171.38	34.37	181.01	224.21	198.76
8.84	55.16	3.45	34.74	50.85	39.29
7.79	56.52	6.03	43.42	39.87	32.97
21.14	108.75	16.07	111.98	131.68	75.51
12.36	76.31	17.32	73.27	102.85	62.60
18.54	73.29	22.85	108.39	106.60	61.26
9.24	45.55	9.60	44.56	43.82	27.06

4-4 续表1

单位：亿元

项目	Item	合计 Total	按投资构成分 By Composition of Funds 建筑工程 Construction
铁路、船舶、航空航天和其他运输设备制造业	Railway,Watercraft,Aviation and others transportation Manufacturing	84.89	28.30
电气机械和器材制造业	Electric Equipment and Machinery	352.05	185.58
计算机、通信和其他电子设备制造业	Computer,Communication and other Electronic Equipment	718.40	221.83
仪器仪表制造业	Instruments and Meters Machinery	46.50	32.67
其他制造业	Others Manufacturing	122.83	89.12
废弃资源综合利用业	Waste Resources and Materials Recovering	50.42	33.87
金属制品、机械和设备修理业	Metals,Machinery and Equipment maintenance	16.26	11.65
电力、热力、燃气及水生产和供应业	**Production and Supply of Electric Power, Gas,Water**	**1062.49**	**467.32**
电力、热力生产和供应业	Production and Supply of Electric Power and Hot Power	772.22	271.58
燃气生产和供应业	Production and Supply of Gas	40.20	22.45
水的生产和供应业	Production and Supply of Water	250.08	173.30
建筑业	**Construction**	**64.06**	**39.03**
房屋建筑业	Building Engineering	18.95	10.08
土木工程建筑业	Civil Engineering	30.58	20.38
建筑安装业	Installation	4.73	1.75
建筑装饰和其他建筑业	Building Decontion and Others	9.81	6.81
批发和零售业	**Wholesale and Retail Trade**	**706.32**	**516.04**
批发业	Wholesale	457.09	328.47
零售业	Retail Trade	249.24	187.57
交通运输、仓储和邮政业	**Transport, Storage and Post Services**	**2921.78**	**2170.47**
铁路运输业	Railways	130.57	87.20
道路运输业	Highways	2123.58	1644.62
水上运输业	Waterways	188.72	129.39
航空运输业	Civil Aviation	159.96	84.07
管道运输业	Pipeline	3.53	3.38
装卸搬运和运输代理业	Loading,Unloading and Other Transport Services	30.66	21.46
仓储业	Warehousing	277.41	194.50
邮政业	Posts	7.36	5.85
住宿和餐饮业	**Lodgings and Catering Services**	**213.11**	**165.42**
住宿业	Lodgings	161.71	127.10
餐饮业	Catering Services	51.39	38.31
信息传输、软件和信息技术服务业	**Information Transmission, Computer Software and Services**	**364.51**	**156.54**
电信、广播电视和卫星传输服务	Telecom,Radio and Television,Satellite Transmission Service	234.72	51.85
互联网和相关服务	Internet and Related Services	30.66	22.05
软件和信息技术服务业	Software and Information Technology Services	99.13	82.64
金融业	**Finance**	**17.60**	**13.53**
货币金融服务	Money Services	12.22	8.79

Continued

(100 million)

			按建设性质分 By Properties		
安装工程 Installation	设备工器具购置 Purchase of Equipment and Instruments	其他 Others	#新建 New Construction	#扩建 Expansion	#改建和技术改造 Reconstruction and Technical Renovation
8.76	39.04	8.81	60.39	9.10	11.27
13.72	132.53	20.22	89.58	171.20	68.79
17.78	415.15	63.64	430.12	192.71	71.66
1.22	9.42	3.18	17.75	19.78	8.55
4.60	10.39	18.71	61.81	48.09	10.26
2.26	12.43	1.86	25.49	16.60	7.50
0.28	3.17	1.16	3.43	9.71	1.55
165.22	**275.64**	**154.30**	**483.24**	**317.33**	**249.22**
129.98	239.63	131.03	333.51	230.18	199.37
5.11	6.62	6.02	24.12	11.70	2.90
30.13	29.39	17.25	125.61	75.44	46.95
4.28	**11.38**	**9.37**	**44.57**	**7.83**	**2.29**
0.48	6.37	2.02	10.16	2.89	
3.64	2.79	3.77	22.36	3.98	2.29
0.16	0.51	2.30	4.21		
...	1.70	1.29	7.83	0.95	
38.08	**112.82**	**39.38**	**434.52**	**211.90**	**41.99**
22.93	81.01	24.67	281.42	140.56	23.08
15.15	31.81	14.70	153.10	71.34	18.91
51.75	**225.61**	**473.95**	**2108.73**	**522.56**	**174.80**
1.02	0.01	42.33	130.34	0.22	
32.31	71.25	375.41	1553.31	394.09	155.28
2.81	33.47	23.05	120.62	42.81	7.38
0.51	71.35	4.02	82.07	3.91	1.46
0.12	0.02	0.01	2.88	0.15	0.50
1.99	5.98	1.23	27.02	1.56	0.35
12.65	42.49	27.76	187.44	77.57	9.76
0.32	1.05	0.14	5.05	2.25	0.06
13.02	**17.18**	**17.49**	**169.90**	**34.31**	**8.08**
10.58	9.72	14.31	135.82	21.29	4.29
2.44	7.46	3.18	34.09	13.02	3.79
84.66	**117.44**	**5.87**	**120.39**	**67.36**	**174.46**
78.03	102.64	2.20	49.38	18.62	166.40
2.62	5.60	0.39	22.47	6.18	1.42
4.00	9.20	3.28	48.55	42.56	6.65
2.49	**0.71**	**0.87**	**15.92**	**1.50**	**0.01**
2.26	0.43	0.73	11.58	0.46	0.01

4-4 续表2

单位：亿元

项目	Item	合计 Total	按投资构成分 By Composition of Funds 建筑工程 Construction
资本市场服务	Capital Market Services	5.20	4.56
保险业	Insurance	0.07	0.06
其他金融业	Other Financial Sectors	0.11	0.11
房地产业	**Real Estate**	**5577.94**	**3364.44**
租赁和商务服务业	**Rent and Business Services**	**333.61**	**248.18**
租赁业	Rent	22.70	6.76
商务服务业	Business Services	310.91	241.42
科学研究和技术服务业	**Scientific Reseach and Ploytechnic Services**	**115.58**	**82.03**
研究和试验发展	Research and Experimental Development	22.68	14.54
专业技术服务业	Services of Professional and Technology	62.32	44.61
科技推广和应用服务业	Popularization and Application of Science and Technology	30.58	22.88
水利、环境和公共设施管理业	**Water Conservancy, Environment and Public Facilities Management**	**4486.65**	**3498.36**
水利管理业	Water Conservancy Management	530.62	450.23
生态保护和环境治理业	Ecological Protection and Environmental Governance	140.72	100.91
公共设施管理业	Public Facility Management	3815.31	2947.22
居民服务、修理和其他服务业	**Resident Services and Others**	**97.70**	**75.93**
居民服务业	Resident Services	61.11	51.10
机动车、电子产品和日用产品修理业	Repair of Motor Vehicles,Electronic Products,Daily Necessities.	21.22	15.38
其他服务业	Other Services	15.37	9.45
教育	**Education**	**369.64**	**303.01**
卫生和社会工作	**Health Care and Social Work**	**265.32**	**199.67**
卫生	Health Care	182.62	127.87
社会工作	Social Work	82.70	71.80
文化、体育和娱乐业	**Culture, Sports and Entertainment**	**432.40**	**358.26**
新闻和出版业	News and Publication	0.30	0.29
广播、电视、电影和影视录音制作业	Radio,Television,Film and TV Recordings	8.68	5.71
文化艺术业	Cuiture Arts	254.27	216.79
体育	Sports	86.74	74.77
娱乐业	Entertainment	82.40	60.70
公共管理、社会保障和社会组织	**Public Management and Social Organizations**	**380.08**	**322.76**
中国共产党机关	the Communist Party of China	0.15	0.15
国家机构	National Institutions	161.86	139.02
人民政协、民主党派	Chinese People's Political Consultative Conferences, the Democratic Parties		
社会保障	the Social Security	1.50	1.20
群众团体、社会团体和其他成员组织	Mass Organizations,Social Groups and others	45.87	38.07
基层群众自治组织	the Grassroots Autonomous Organizations	170.69	144.32
国际组织	**National Organizations**		

Continued

(100 million)

			按建设性质分 By Properties		
安装工程 Installation	设备工器具购置 Purchase of Equipment and Instruments	其他 Others	#新建 New Construction	#扩建 Expansion	#改建和技术改造 Reconstruction and Technical Renovation
0.23	0.28	0.14	4.16	1.04	
	…	…	0.07		
			0.11		
411.64	**49.18**	**1752.68**	**700.32**	**32.33**	**42.41**
17.31	**43.57**	**24.54**	**240.96**	**58.36**	**18.09**
0.46	14.94	0.54	7.39	1.40	
16.86	28.63	24.01	233.58	56.96	18.09
6.42	**17.04**	**10.09**	**76.07**	**27.76**	**8.19**
1.72	5.30	1.12	10.78	7.80	3.07
2.86	7.43	7.42	44.49	11.83	4.19
1.84	4.31	1.55	20.80	8.13	0.92
140.04	**116.60**	**731.66**	**3543.58**	**481.47**	**393.91**
22.83	10.51	47.06	413.45	49.02	64.77
3.34	8.31	28.16	107.33	18.43	13.78
113.87	97.79	656.44	3022.79	414.02	315.36
5.59	**8.74**	**7.45**	**66.32**	**23.87**	**4.66**
1.92	4.03	4.05	44.71	11.07	3.69
1.96	2.72	1.17	8.97	10.57	0.96
1.71	1.98	2.23	12.64	2.23	
13.96	**19.29**	**33.38**	**250.64**	**80.71**	**19.44**
15.05	**34.95**	**15.65**	**175.73**	**50.48**	**8.57**
12.15	33.19	9.41	117.78	31.16	3.48
2.90	1.76	6.23	57.95	19.32	5.09
23.25	**24.24**	**26.65**	**358.88**	**47.01**	**21.28**
…	0.01			0.30	
1.24	1.57	0.16	5.82	1.64	0.47
12.70	10.23	14.55	212.01	24.78	13.70
3.62	3.25	5.10	67.60	13.39	5.69
5.69	9.18	6.83	73.45	6.90	1.43
17.13	**24.37**	**15.83**	**245.49**	**66.30**	**43.54**
			0.15		
6.39	9.67	6.78	107.86	24.22	22.87
0.23		0.07	1.15	0.35	
1.81	3.61	2.38	37.69	7.22	0.50
8.69	11.09	6.60	98.65	34.51	20.18

4-5 按各类型分新增固定资产

Newly Increased Total Investment in Fixed Assets By Types

单位：亿元 (100 million)

项目 Item	2010	2013	2014	2015	2016	2017
合计 Total	**3046.74**	**8380.29**	**11150.96**	**15565.46**	**13243.29**	**18078.28**
按登记注册类型分 Grouped by Status of Registration						
国有企业 Stated-owned Enterprises	716.76	1946.45	2778.42	4004.94	2648.90	3642.70
集体企业 Collective-owned Enterprises	139.69	373.56	453.10	871.14	826.15	876.00
股份合作 Share Holding Cooperative Enterprises	63.41	6.41	22.46	11.98	15.53	8.20
联　营 Cooperative Enterprises	32.93	22.41	15.49	29.87	19.11	26.69
有限责任公司 Limited Liability Corporations Enterprises	518.73	2060.90	2602.15	3180.91	3676.99	5070.76
股份有限公司 Share Holding Enterprises	102.49	294.38	273.16	564.92	334.34	451.65
私营企业 Private Enterprises	985.37	2566.44	3441.32	5060.80	4318.18	5846.83
港澳台商投资企业 Enterprises with Funds from HongKong, Macao, TaiWan and Foreign	207.48	470.71	587.64	573.84	426.35	433.00
外商投资企业 Foreign Funded Enterprises	191.43	312.13	470.04	412.91	158.28	289.66
其他 Other Enterprises	88.46	326.89	507.19	854.14	819.46	1432.79
按隶属关系分 By Ownership						
中央 Central	217.81	319.68	267.37	447.32	417.71	572.55
地方 Local	2828.93	8060.61	10883.59	15118.14	12825.58	17505.73
# 省 Province	175.13	425.88	469.30	586.72	564.41	887.81
按建设性质分 By Kind of Construction						
# 新建 New Construction	1059.67	3333.73	4589.77	6735.85	5965.79	8835.77
扩建 Expansion	778.51	2161.58	2738.37	4015.73	3090.54	4247.30
改建和技术改造 Reconstruction	446.36	1284.75	1832.69	2627.60	2223.49	2679.82

4-6 按行业分新增固定资产

Newly Increased Total Investment in Fixed Assets by Sector

单位：亿元 (100 million)

行业 Sector	2010	2013	2014	2015	2016	2017
合计 Total	**3046.74**	**8380.29**	**11150.96**	**15565.46**	**13243.29**	**18078.28**
第一产业 Primary Industry	**89.11**	**241.52**	**328.24**	**504.94**	**599.31**	**859.76**
第二产业 Secondary Industry	**1423.49**	**4237.31**	**5274.91**	**6767.31**	**5512.20**	**7118.09**
第三产业 Tertiary Industry	**1534.14**	**3901.46**	**5547.81**	**8293.21**	**7131.78**	**10100.44**
按主要行业分 By Sector						
农、林、牧、渔业 Farming, Forestry, Animal Husbandy and Fishery	89.11	241.52	381.86	601.58	682.66	952.30
采矿业 Mining and Quarrying	82.46	206.53	213.28	274.88	183.38	162.69
制造业 Manufacturing	1137.28	3404.08	4345.28	5687.94	4535.41	6039.06
电力、热力、燃气及水生产和供应业 Production and Supply of Electricity Gas and Water	197.89	573.93	581.16	656.23	751.65	872.67
建筑业 Construction	5.87	52.77	143.28	158.11	48.68	51.13
批发和零售业 Wholesale and Retail Trade	74.36	180.40	283.43	511.13	325.13	556.99
交通运输、仓储和邮政业 Transport, Storage and Post Services	365.22	646.72	885.38	1393.69	1213.16	1802.41
住宿和餐饮业 Lodgings and Catering Services	32.63	128.23	189.11	208.68	106.12	186.16
信息传输、软件和信息技术服务业 Information Transmission, Software and Information Technology Services	97.19	156.50	159.66	291.13	216.67	291.36
金融业 Finance	15.05	34.69	22.52	59.80	39.56	10.73
房地产业 Real Estate	553.15	1396.29	1819.34	2125.99	1814.76	2324.68
租赁和商务服务业 Rent and Business Services	25.33	59.06	113.48	261.47	212.37	248.56
科学研究和技术服务业 Scientific Reseach and Ploytechnic Services	4.97	21.57	39.06	63.94	66.68	96.11
水利、环境和公共设施管理业 Water Conservancy, Environment and Public Facilities Management	209.79	807.15	1253.21	2188.87	2222.25	3171.13
居民服务、修理和其他服务业 Resident Services and Others	6.68	25.01	47.76	76.44	44.06	80.14
教育 Education	38.07	101.79	139.59	247.25	209.91	306.83
卫生和社会工作 Health Care and Social Work	21.87	52.18	80.33	143.94	116.81	172.54
文化、体育和娱乐业 Culture, Sports and Entertainment	28.35	136.67	184.46	223.87	180.95	414.30
公共管理、社会保障和社会组织 Public Management, Social Ensure and Social Organizations	61.47	155.19	268.76	390.50	273.06	338.50
国际组织 Intenational Organzition						

注：本表国民经济行业分类标准采用GB/T 4754-2011。

Note: The classified Standards of national ecomonic sector are adopted GB/T 4754-2011.

4-7 投资项目数及计划总投资(1993-2017年)

Number of Investment Projects and Value of Investment(1993-2017)

年份 Year	施工项目（个） Number of Projects Under Construction (unit)	全部建成投产项目（个） Number of Projects Completed and Put Into Use (unit)	计划总投资（亿元） Total Investment of Planned (100 million yuan)	年份 Year	施工项目（个） Number of Projects Under Construction (unit)	全部建成投产项目（个） Number of Projects Completed and Put Into Use (unit)	计划总投资（亿元） Total Investment of Planned (100 million yuan)
1993	6256	3018	767.30	2006	15635	6461	8623.00
1994	5495	2810	1083.79	2007	17559	8036	10928.56
1995	5310	2819	1317.22	2008	19209	9562	13812.67
1996	6123	3458	1532.51	2009	19903	10396	16540.21
1997	5616	3057	1771.04	2010	19183	10165	21281.86
1998	6491	3546	2117.06	2011	17659	9033	21912.59
1999	7488	4149	2218.53	2012	20650	12210	25974.02
2000	6231	3579	2121.71	2013	23836	13718	28976.03
2001	5763	3153	2230.89	2014	26590	17018	33562.57
2002	6066	3269	2281.43	2015	28507	21074	36571.15
2003	5571	2438	3222.88	2016	33189	22032	39824.49
2004	8857	2594	4308.45	2017	45802	29466	49107.30
2005	7543	2891	5870.27				

注：本表不含房地产开发；2005年及以前年份投资项目指城镇投资项目，2006年及以后年份为城镇及非农户投资项目。

Note:Data in this table exclude the investment of the real estate development.It including Urban Investment before 2005.Since 2006,it including Urban Investment and Non-Individuals.

4-8 按三次产业分新增固定资产

Newly Increased Total Investment in Fixed Assets by Sector

单位：亿元　　(100 million)

行业 Sector	新增固定资产投资 Newly Increased Fixed Assets	第一产业 Primary Industry	第二产业 Secondary Industry	第三产业 Tertiary Industry
1995	313.84	2.65	96.16	215.03
1996	417.19	2.96	137.26	276.97
1997	621.39	3.43	208.08	409.88
1998	602.99	5.37	263.49	334.13
1999	654.29	10.46	237.83	406.00
2000	674.96	3.56	286.36	385.04
2001	662.25	5.44	235.31	421.50
2002	758.12	7.39	281.31	469.42
2003	691.41	4.31	235.63	451.47
2004	790.86	5.08	298.85	486.93
2005	924.64	7.02	349.00	568.62
2006	1142.01	20.66	588.19	533.15
2007	1477.47	28.93	701.38	747.16
2008	2100.91	59.36	901.13	1140.42
2009	2810.08	70.34	1339.91	1399.82
2010	3046.74	89.11	1423.49	1534.14
2011	4696.18	116.22	2450.95	2129.01
2012	6352.27	179.72	3228.75	2943.80
2013	8380.29	241.52	4237.31	3901.46
2014	11150.96	328.24	5274.91	5547.81
2015	15565.46	504.94	6767.31	8293.21
2016	13243.29	599.31	5512.20	7131.78
2017	18078.28	859.76	7118.09	10100.44

注：本表国民经济行业分类标准采用GB/T 4754-2011,2005年及以前年份为城镇新增固定资产投资。

Note: The classified Standards of national ecomonic sector are adopted GB/T 4754-2011.It including Urban Investment before 2005.

4-9 房地产开发企业（单位）主要指标

Main Indicators of Enterprises for Real Estate Development

项目 Item	2000	2005	2010	2016	2017
企业个数（个） Number of Enterprises(unit)	**1922**	**2596**	**3634**	**3177**	**3240**
内资企业 Domestically funded enterprises	1151	1866	2926	2817	2899
#国有 Stated-owned	356	225	216	72	63
集体 Collective-owned	170	91	52	16	12
港澳台商投资企业 EnterPries with Funds from HongKong,Macao and TaiWan	543	470	529	267	254
外商投资企业 Foreign Funded Enterprises	228	260	179	93	87
土地开发及购置(万平方米) Development and Purchase of Land (10000 sq.m)					
土地购置面积 Purchased Land Space	901.07	1822.55	1540.42	969.81	916.44
本年完成投资（亿元） Investment of Completed (100 million yuan)	**207.37**	**540.39**	**1818.86**	**4588.83**	**4794.23**
#住宅 Residential Building	125.07	363.72	975.13	2999.29	3236.51
本年资金来源(亿元) Source of Funds this Year	276.86	803.93	2631.31	6067.78	6426.29
#国内贷款 Domestic Loans	44.78	156.85	432.46	808.76	780.62
利用外资 Foreign Investment	24.94	14.81	18.17	1.57	18.28
自筹资金 Fundraising	54.21	217.15	1099.64	2263.99	2321.35
房屋建筑面积（万平方米） Floor Space of Buildings Completed (10000 sq.m)					
施工面积 Floor Space Under Construction	3422.88	6107.75	14189.73	31064.14	31939.55
本年竣工面积 Floor Space Completed this Year	1009.36	1576.16	2242.47	3665.25	4266.69
本年新开工面积 Newiy Started This Year	1102.85	2196.57	4679.56	4875.06	5528.75
#住宅 Residential Buildings	891.87	1727.38	3399.53	3168.77	3826.31
商品房销售面积（万平方米） Real Floor Spale Building Sold (10000 sq.m)	**810.65**	**1913.84**	**2575.62**	**4915.35**	**5854.05**
#住宅 Residential Buildings	675.73	1720.56	2139.26	4134.46	4526.13

4-10 房地产开发企业（单位）主要指标(1986-2017年)

Main Indicators of Enterprises for Real Estate Development(1986-2017)

年份 Year	本年完成投资（亿元） Investment of Completed (100 million yuan)	#住宅 Residential Buildings	商品房销售额（亿元） Real Value of House Sold (100 million yuan)	#住宅 Residential Buildings	商品房销售面积（万平方米） Real Floor Space Sold (10000 sq.m)	#住宅 Residential Buildings
1986	3.57				73.14	
1987	3.25				51.33	
1988	7.13				92.88	
1989	11.01				102.55	
1990	13.47				107.79	
1991	21.07		9.16		111.44	
1992	41.03		16.77		134.99	
1993	60.93		26.61		248.91	
1994	101.98	69.96	39.37	26.03	241.31	188.96
1995	151.37	88.51	66.16	46.14	368.65	309.44
1996	151.69	75.29	48.59	37.61	273.51	234.28
1997	148.33	72.49	83.50	62.04	426.88	346.14
1998	165.63	85.44	105.10	78.71	515.20	441.67
1999	178.62	105.08	123.75	92.54	599.68	511.64
2000	207.37	125.07	168.96	119.39	810.65	675.73
2001	225.49	145.22	199.08	150.75	987.81	843.00
2002	248.99	160.78	225.28	153.95	1047.05	882.92
2003	362.07	237.67	287.16	222.46	1250.10	1083.79
2004	477.79	308.45	354.47	281.26	1384.83	1224.61
2005	540.39	363.72	605.09	481.90	1913.84	1720.56
2006	787.36	511.68	807.46	637.34	2021.69	1743.39
2007	1132.49	778.39	1134.53	938.33	2421.97	2096.39
2008	1129.09	735.93	712.61	562.26	1625.67	1250.00
2009	1136.35	743.27	1477.83	1299.09	2723.23	2420.83
2010	1818.86	975.13	1611.32	1300.13	2575.62	2139.26
2011	2402.61	1591.56	2101.58	1649.34	2706.72	2213.30
2012	2824.12	1751.98	2817.70	2293.90	3258.94	2741.96
2013	3702.97	2402.08	4232.08	3410.57	4676.16	3957.46
2014	4567.40	2917.17	3763.52	2939.58	4119.48	3324.10
2015	4469.61	2864.95	3585.81	2839.76	4037.76	3315.69
2016	4588.83	2999.29	4530.79	3793.41	4915.35	4134.46
2017	4794.23	3236.51	5705.19	4202.00	5854.05	4526.13

4-11 房地产开发投资完成情况(1986-2017)
Main Indicators of Enterprises for Real Estate Development(1986-2017)

年份 Year	企业个数（个） Number of Enterprises (unit)	本年完成投资（亿元） Investment of Completed (100 million yuan)	施工面积（万平方米） Floor Space Under Construction (10000 sq.m)	竣工面积（万平方米） Floor Space Completed (10000 sq.m)	商品房销售面积（万平方米） Real Floor Spale Building Sold (10000 sq.m)	商品房销售额（亿元） Real Value of House Sold (100 million yuan)
1986	102	3.57	220.84	133.25	73.14	
1987	118	3.25	216.38	98.74	51.33	
1988	174	7.13	368.04	154.12	92.88	
1989	168	11.01	413.56	183.73	102.55	
1990	190	13.47	427.57	193.92	107.79	
1991	241	21.07	561.56	215.98	111.44	9.16
1992	391	41.03	842.30	258.48	134.99	16.77
1993	856	60.93	1258.69	307.55	248.91	26.61
1994	1279	101.98	1889.94	470.78	241.31	39.37
1995	1256	151.37	2506.77	732.63	368.65	66.16
1996	1407	151.69	2283.80	526.28	273.51	48.59
1997	1465	148.33	2401.24	662.77	426.88	83.50
1998	1783	165.63	2748.79	578.74	515.20	105.10
1999	1909	178.62	3166.96	788.82	599.68	123.75
2000	1922	207.37	3422.88	1009.36	810.65	168.96
2001	1941	225.49	3717.31	1280.79	987.81	199.08
2002	1869	248.99	4114.64	1323.49	1047.05	225.28
2003	1900	362.07	4891.04	1362.95	1250.10	287.16
2004	2433	477.79	5795.69	1523.91	1384.83	354.47
2005	2596	540.39	6107.75	1576.16	1913.84	605.09
2006	2755	787.36	6992.74	1408.32	2021.69	807.46
2007	2693	1132.49	9651.58	1711.33	2421.97	1134.53
2008	3268	1129.09	11459.72	1906.15	1625.67	712.61
2009	3316	1136.35	11668.17	2240.26	2723.23	1477.83
2010	3634	1818.86	14189.73	2242.47	2575.62	1611.32
2011	3576	2402.61	18937.98	2651.71	2706.72	2101.58
2012	3140	2824.12	21121.50	2232.78	3258.94	2817.70
2013	3187	3702.97	26287.28	3369.76	4676.16	4232.08
2014	3280	4567.40	30051.77	3583.57	4119.48	3763.52
2015	3151	4469.61	30891.14	3436.56	4037.76	3585.81
2016	3177	4588.83	31064.14	3665.25	4915.35	4530.79
2017	3240	4794.23	31939.55	4266.69	5854.05	5705.19

4-12 按各类分组房地产开发投资

Investment of Real Estate Development by Groups

单位：亿元 (100 million)

项目 Item	2000	2005	2010	2016	2017
完成投资额 Investment of Completed	**207.37**	**540.39**	**1818.86**	**4588.83**	**4794.23**
按登记注册类型分 Grouped by Status of Registration					
国有 Stated-owned	45.28	57.28	128.22	159.74	179.32
集体 Collective-owned	9.53	18.93	27.66	10.33	2.48
股份合作 Share Holding Cooperative	4.17	2.39	2.86		
联营 Cooperative	4.10	8.93	0.55		
有限责任公司 Limited Liability Corporations	21.49	107.28	705.67	2820.62	2604.00
股份有限公司 Share Holding Enterprises	10.38	7.45	58.05	48.52	82.57
私营企业 Private Enterprises	26.42	178.55	586.39	1135.73	1530.22
港澳台商投资企业 Enterprises with Funds from HongKong, Macao and TaiWan	54.48	106.11	227.76	328.01	279.56
外商投资企业 Foreign Funded Enterprises	30.42	51.47	70.15	84.22	115.88
其他企业 Other Enterprises	1.10	2.00	11.55	1.65	0.20
按构成分 By Type of Construction					
建筑工程 Construction	140.20	334.31	877.89	2913.04	2738.96
安装工程 Installation	7.78	22.60	53.72	362.68	387.30
设备工器具购置 Purchase of Equitment and Instruments	3.95	3.97	9.39	33.81	39.52
其他费用 Others	55.44	179.51	877.85	1279.30	1628.45
按工程用途分 By Use of Project					
商业营业用房 House for Busines Use	29.91	47.82	162.33	590.95	555.87
住宅 Residential Building	125.07	363.72	975.13	2999.29	3236.51
办公楼 Office Buildings	15.20	10.76	49.67	339.01	282.37
其他 Others	37.19	118.09	631.72	659.58	719.48
按隶属关系分 By Ownership					
中央 Central	0.72	0.19	9.23	25.93	40.69
地方 Local Project	206.65	540.20	1809.62	4562.90	4753.54
#省 Province	17.86	9.45	24.14	78.62	44.13

4-13 商品房竣工面积(1986-2017)

Main Indicators of Enterprises for Real Estate Development(1986-2017)

单位：万平方米 (10000 sq.m)

年份 Year	竣工房屋面积 Floor Space Completed	住宅 Residential Buildings	#别墅、高档公寓 High-grade Apartment	办公楼 Office Buildings	商业营业用房 House for Business Used	其他 Others
1986	133.25	112.40				
1987	98.74	72.21				
1988	154.12	114.75				
1989	183.73	145.78				
1990	193.92	139.42				
1991	215.98	147.03		2.50	19.63	46.82
1992	258.48	181.24		2.90	26.91	47.43
1993	307.55	238.46		4.13	28.31	36.65
1994	470.78	359.14	31.86	30.97	51.67	29.00
1995	732.63	585.82	54.07	34.93	80.46	31.42
1996	526.28	419.56	47.28	28.33	61.86	16.53
1997	662.77	500.07	69.60	55.37	80.41	26.92
1998	578.74	450.90	43.15	34.50	70.05	23.29
1999	788.82	604.21	45.05	64.75	82.33	37.53
2000	1009.36	771.81	44.24	71.48	114.68	51.39
2001	1280.79	1020.46	70.99	50.39	153.42	56.52
2002	1323.49	1011.33	32.95	46.53	207.54	58.09
2003	1362.95	1074.29	45.06	45.98	142.37	100.32
2004	1523.91	1260.55	54.46	29.93	154.43	78.99
2005	1576.16	1304.85	39.53	22.22	156.54	92.55
2006	1408.32	1128.59	43.93	44.35	145.36	90.03
2007	1711.33	1344.42	89.66	55.49	163.30	148.12
2008	1906.15	1422.84	83.05	97.64	174.98	210.70
2009	2240.26	1690.85	82.18	47.44	209.32	292.65
2010	2242.47	1715.87	58.22	35.20	165.39	326.01
2011	2651.71	2007.34	78.00	54.75	286.07	303.55
2012	2232.78	1564.62	59.57	119.20	238.83	310.13
2013	3369.76	2338.06	85.70	98.33	404.85	528.52
2014	3583.57	2568.02	65.95	145.51	308.55	561.48
2015	3436.56	2398.99	30.24	142.78	341.16	553.64
2016	3665.25	2420.45	127.02	182.15	457.34	605.31
2017	4266.69	2891.33	49.48	144.64	390.35	840.38

4-14 按工程用途分房地产开发投资(1986-2017)

Main Indicators of Enterprises for Real Estate Development(1986-2017)

单位：亿元　　(100 million yuan)

年份 Year	本年完成投资 Investment of Completed	住宅 Residential Buildings	#别墅、高档公寓 High-grade Apartment	办公楼 Office Buildings	商业营业用房 House for Business Used	其他 Others
1986	3.57					
1987	3.25					
1988	7.13					
1989	11.01					
1990	13.47					
1991	21.07					
1992	41.03					
1993	60.93					
1994	101.98	46.23				
1995	151.37	88.51	18.89	18.80	19.06	25.01
1996	151.69	75.29	12.63	16.80	23.57	36.03
1997	148.33	72.49	11.83	20.31	23.63	31.90
1998	165.63	85.44	10.79	19.61	22.69	37.90
1999	178.62	105.08	10.47	16.08	22.78	34.68
2000	207.37	125.07	14.00	15.20	29.91	37.19
2001	225.49	145.22	13.47	12.20	30.63	37.45
2002	248.99	160.78	11.27	9.99	29.85	48.37
2003	362.07	237.67	11.86	10.64	38.27	75.49
2004	477.79	308.45	24.82	9.15	43.93	116.27
2005	540.39	363.72	17.79	10.76	47.82	118.09
2006	787.36	511.68	32.34	24.25	56.29	195.15
2007	1132.49	778.39	52.75	20.91	76.35	256.84
2008	1129.09	735.93	46.18	24.74	80.87	287.55
2009	1136.35	743.27	43.64	37.84	87.30	267.93
2010	1818.86	975.13	55.26	49.67	162.33	631.72
2011	2402.61	1591.56	94.07	100.19	264.51	446.34
2012	2824.12	1751.98	102.13	189.22	370.38	512.54
2013	3702.97	2402.08	137.86	270.28	491.43	539.18
2014	4567.40	2917.17	220.01	358.58	654.88	636.77
2015	4469.61	2864.95	121.27	327.76	670.97	605.92
2016	4588.83	2999.29	120.56	339.01	590.95	659.58
2017	4794.23	3236.51	151.31	282.37	555.87	719.48

4-15 商品房销售面积(1986-2017)

Main Indicators of Enterprises for Real Estate Development(1986-2017)

单位：万平方米 (10000 sq.m)

年份 Year	商品房销售面积 Real Floor Spale Building Sold	住宅 Residential Buildings	#别墅、高档公寓 High-grade Apartment	办公楼 Office Buildings	商业营业用房 House for Business Used	其他 Others
1986	73.14	73.14				
1987	51.33	42.87				
1988	92.88	72.65				
1989	102.55	92.58				
1990	107.79	88.36				
1991	111.44	93.98				
1992	134.99	113.70				
1993	248.91	209.60				
1994	241.31	188.96				
1995	368.65	309.44		21.36	26.67	11.18
1996	273.51	234.28	29.79	10.96	23.96	4.32
1997	426.88	346.14	26.30	27.89	41.55	11.30
1998	515.20	441.67	36.87	24.70	40.39	8.45
1999	599.68	511.64	40.87	21.41	54.30	12.34
2000	810.65	675.73	45.57	41.74	77.89	15.30
2001	987.81	843.00	42.54	33.31	89.66	21.84
2002	1047.05	882.92	29.91	31.19	114.41	18.54
2003	1250.10	1083.79	66.37	34.64	104.86	26.81
2004	1384.83	1224.61	32.24	21.88	100.39	37.95
2005	1913.84	1720.56	37.18	21.05	120.76	51.47
2006	2021.69	1743.39	113.13	41.03	141.95	95.33
2007	2421.97	2096.39	149.21	80.19	155.38	90.00
2008	1625.67	1250.00	62.18	66.52	94.32	214.83
2009	2723.23	2420.83	116.99	32.94	121.26	148.20
2010	2575.62	2139.26	83.01	82.20	176.35	177.81
2011	2706.72	2213.30	78.46	109.17	183.86	200.40
2012	3258.94	2741.96	84.58	150.83	209.88	156.27
2013	4676.16	3957.46	98.75	211.42	242.53	264.75
2014	4119.48	3324.10	92.55	181.01	286.94	327.44
2015	4037.76	3315.69	91.51	155.42	296.25	270.40
2016	4915.35	4134.46	104.45	181.16	305.47	294.26
2017	5854.05	4526.13	146.14	354.25	412.26	561.41

4-16 房地产开发施工、竣工和销售情况(2017年)

Condition of Real Estate Under Construction,Completed and Sale(2017)

项目 Item	合计 Total	住宅 Residen-tial Buildings	#90平方米以下 Floor Space Under 90 sq.m	#90-144平方米 Floor Space between 99 and 144 sq.m	#144平方米以上 Floor Space Over 144 sq.m	#别墅、高档公寓 High-grade Apart -ment	办公楼 Office Buildings	商业营业用房 House for Business Used	其他 Others
房屋施工面积（万平方米） Floor Space Under Construction (10000 sq.m)	**31939.55**	**20378.76**	**5660.91**	**11694.59**	**3023.25**	**731.45**	**2203.83**	**3534.90**	**5822.06**
#新开工面积 New Building	5528.75	3826.31	952.35	2452.02	421.94	106.41	241.34	432.02	1029.08
房屋竣工面积（万平方米） Floor Space of Completed(10000 sq.m)	**4266.69**	**2891.33**	**764.62**	**1688.00**	**438.71**	**49.48**	**144.64**	**390.35**	**840.38**
商品住宅竣工套数（万套） Set of Completed Buildings(10000 sets)		**27.25**	**10.10**	**14.86**	**2.29**	**0.31**			
竣工房屋价值（亿元） Value of Completed Buildings (100 million yuan)	**1305.56**	**840.38**	**226.01**	**483.27**	**131.10**	**17.82**	**84.81**	**131.87**	**248.50**
出租房屋面积（万平方米） Floor Space of Houses Leased (10000 sq.m)	**91.28**	**5.38**	**5.38**				**2.57**	**67.71**	**15.61**
商品房销售面积（万平方米） Floor Space Sold(10000 sq.m)	**5854.05**	**4526.13**	**891.88**	**3063.12**	**571.13**	**146.14**	**354.25**	**412.26**	**561.41**
#现房销售面积 Buildings Now Availabal	993.41	656.32	128.79	366.28	161.25	34.01	66.80	137.03	133.26
期房销售面积 Forward Buildings	4860.63	3869.81	763.09	2696.85	409.88	112.12	287.45	275.22	428.15
商品房销售额（亿元） Value of House Sold(100 million yuan)	**5705.19**	**4202.00**	**809.26**	**2705.59**	**687.14**	**227.35**	**622.06**	**506.23**	**374.91**
#现房销售额 Buildings Now Availabal	785.32	454.60	74.75	189.82	190.02	54.71	114.62	127.58	88.52
期房销售额 Forward Buildings	4919.87	3747.40	734.51	2515.77	497.12	172.64	507.43	378.64	286.39
商品住宅销售套数（万套） Set of Commercial Residential Buildings Sold(10000 sets)		**41.72**	**12.26**	**26.58**	**2.88**	**0.87**			
年末待售面积（万平方米） Floor Space of Buildings no Sold (10000 sq.m)	**2079.59**	**643.78**	**136.03**	**297.81**	**209.95**	**59.44**	**148.18**	**567.82**	**719.82**
#待售1-3年 One-three Years	1115.13	319.27	62.25	146.32	110.70	30.41	85.95	311.02	398.89
待售3年以上 Over Three Years	157.35	44.67	8.28	15.54	20.85	13.05	10.75	50.51	51.42

主要统计指标解释

固定资产投资 指城镇和农村各种登记注册类型的企业、事业、行政单位及城镇个体户进行的计划总投资500万元及500万元以上的建设项目投资和房地产开发投资，该口径自2011年起开始使用。

房地产开发投资 指各种登记注册类型的房地产开发公司、商品房建设公司及其他房地产开发法人单位和附属于其他法人单位实际从事房地产开发或经营活动的单位统一开发的包括统代建、拆迁还建的住宅、厂房、仓库、饭店、宾馆、度假村、写字楼、办公楼等房屋建筑物和配套的服务设施，土地开发工程(如道路、给水、排水、供电、供热、通讯、平整场地等基础设施工程)的投资;不包括单纯的土地交易活动。

固定资产投资的资金来源 根据固定资产投资的资金来源不同，分为国家预算内资金、国内贷款、债券、利用外资、自筹资金和其他资金来源。(1)国家预算内资金:分为财政拨款和财政安排的贷款两部分。包括中央财政的基本建设基金(分经营性基金和非经营性基金两部分)、专项支出(如煤代油专项等)、收回再贷、贴息资金，财政安排的挖潜改造和新产品试制支出、城建支出、商业部门简易建筑支出、不发达地区发展基金等资金中用于固定资产投资的资金;地方财政中由国家统筹安排的资金等。(2)国内贷款:指报告期固定资产投资单位向银行及非银行金融机构借入的用于固定资产投资的各种国内借款，包括银行利用自有资金及吸收的存款发放的贷款、上级主管部门拨入的国内贷款、国家专项贷款(包括煤代油贷款、劳改煤矿专项贷款等)、地方财政专项资金安排的贷款、国内储备贷款、周转贷款等。(3)债券: 指企业(公司)或金融机构通过发行各种债券，筹集用于固定资产投资的资金。包括由银行代理国家专业投资公司发行的重点企业债券和基本建设债券。(4)利用外资:指报告期收到的用于固定资产建造和购置的国外资金(包括设备、材料、技术在内)。计算利用外资时，需要折算成人民币，折算中所使用的外汇汇率按现汇计算，即按使用外汇时的汇率计算。包括外商直接投资、对外借款(外国政府贷款、国际金融组织贷款、出口信贷、外国银行商业贷款、对外发行债券和股票)及外商其他投资(包括补偿贸易和加工装配由外商提供的设备价款、国际租赁)。不包括我国自有外汇资金(包括国家外汇、地方外汇、留成外汇、调济外汇和中国银行自有资金发行的外汇贷款等)。(5)自筹资金:指固定资产投资单位报告期收到的，由各地区、各部门及企、事业单位筹集用于固定资产投资的预算外资金，包括中央各部门、各级地方和企、事业单位的自筹资金。(6)其他资金来源:指在报告期收到的除以上各种资金之外其他用于固定资产投资的资金，包括社会集资、个人资金、无偿捐赠的资金及其他单位拨入的资金等。

固定资产投资按国民经济行业分 国民经济行业类别是按企业、事业、行政单位所从事的生产或其他社会经济活动性质的同一性进行的分类。如果项目投产后仍属于原投资单位，则该项目行业类别参照现有单位行业类别；如果项目投产后成为新的独立核算法人单位，则按投产后新法人单位主要产品种类或主要用途及社会经济活动种类来划分行业；审核、核准、备案项目按批文描述划分行业。

固定资产投资按建设性质分 建设项目的性质一般分为新建、扩建、改建和技术改造、单纯建造生活设施、迁建、恢复。单纯购置房地产开发单位、农村投资不划分建设性质。(1)新建:一般指从无到有“平地起家”开始建设的企业、事业和行政单位或独立的工程。现有企业、事业、行政单位一般不属于新建。但如有的单位原有基础很小，经过建设后新增的固定资产价值超过该企、事业、行政单位原有固定资产价值(原值)三倍以上的也应作为新建。(2)扩建:指在厂内或其他地点，为扩大原有产品的生产能力(或效益)或增加新的产品生产能力，而增建主要的生产车间(或主要工程)、分厂、独立的生产线.行政、事业单位在原单位增建业务用房(如学校增建教学用房、医院增建门诊部、病房等)也作为扩建。现有企、事业单位为扩大原有主要产品生产能力或增加新的产品生产能力，增建一个或几个主要生产车间(或主要工程)、分厂，同时进行一些更新改造工程的，也应作为扩建。(3)改建和技术改造:指对原有设施进行技术改造或更新(包括相应配套的辅助性生产、生活福利设施)，没有增建主要生产车间、分厂等。现有企、事业单位为适应市场变化的需要，而改变企业的主要产品种类(如军工企业转产民品等)，或原有产品生产作业线由于各工序(车间)之间能力不平衡，为填平补齐充分发挥原有生产能力而增建不增加本企业主要产品设计能力的车间，也应作为改建。

固定资产投资按构成分 固定资产投资活动按其工作内容和实现方式分为建筑工程、安装工程、设备工具器具购置、其他费用四个部分。(1）建筑工程：是指各种房屋、建筑物的建造工程，又称建筑工作量。这部分投资额必须兴工动料，通过施工活动才能实现，是固定资产投资额的重要组成部分。

（2）安装工程：是指各种设备、装置的安装工程，又称安装工作量。在安装工程中，不包括被安装设备本身价值。（3）设备工具器具购置：是指建设单位或企、事业单位购置或自制的，达到固定资产标准的设备工具器具的价值。新建单位及扩建单位的新建车间，按照设计或计划要求购置或自制的全部设备工具器具，不论是否达到固定资产标准均计入“设备工具器具购置”中。（4）其他费用：指在固定资产建造和购置过程中发生的，除上述几项内容以外的各种应分摊计入固定资产的费用。

施工项目　指报告期内进行过建筑或安装施工活动的项目。凡是报告期内施过工的建设项目，不论施工时间长短，均作为施工项目统计。施工项目个数可以反映一定时期固定资产投资的实际规模，与同期建成投产的建设项目个数相比，可以从建设速度的角度反映固定资产投资的效果。根据建设项目施工活动的不同性质，施工项目又分为:本年正式施工项目、本年收尾项目和以前年度全部停缓建项目。

房屋建筑面积　指房屋建筑物勒脚以上外墙外围的水平截面面积，包括房屋建筑物的有效面积和结构面积。该指标是从实物形态上反映建设规模和建设成果的重要指标之一，也是检查工程形象进度、计算工程造价、分析投资效果、研究施工任务和建筑材料之间平衡情况的重要依据。

住宅建筑面积　指施工和竣工房屋建筑面积中供居住用的房屋建筑面积。

施工面积　指报告期内施工的全部房屋建筑面积。包括本期新开工的面积和上期开工跨入本期继续施工的房屋面积，以及上期已停建在本期恢复施工的房屋面积。本期竣工和本期施工后又停缓建的房屋，其建筑面积仍计入本期房屋施工面积中。

竣工面积　指在报告期内房屋建筑按照设计要求已经全部完工，达到住人和使用条件，经验收鉴定合格(或达到竣工验收标准)，正式移交使用单位的各栋房屋建筑面积的总和。

新增固定资产　指报告期内已经完成建造和购置过程，并已交付生产或使用单位的固定资产价值。该指标是表示固定资产投资成果的价值指标，也是反映建设进度，计算固定资产投资效果的重要指标。

竣工房屋住宅套数　指报告期内按照设计要求全部完工，经验收合格，达到居住和使用条件并正式交付使用的成套住宅数量。包括独立厨房、独立卫生间、若干卧室、室内走廊等设施在内的供一户居住和使用的房屋。该指标可以反映住宅建设的产业化程度和城市化进程以及人民居住水平提高的情况。

别墅、高档公寓　指建筑造价和销售价格明显高于一般商品住宅的商品住宅。别墅一般指地处郊区，独立成栋的商品住宅;高档公寓一般指地处市内高尚社区，高层或多层的商品住宅。别墅、高档公寓的确定标准:一是经有房地产投资计划审批权的主管部门审批建设的别墅、高档公寓开发项目;二是销售价格高于当地同等地段商品住宅平均销售价格一倍以上的别墅、公寓开发项目。该指标可以分析房地产投资结构，反映高收入家庭商品住宅的供求平衡情况。

Explanatory Notes on Main Statistical Indicators

Investment in fixed assets refers to the construction project investment and real estate development investment of enterprises, the registration of towns, soho, administrative units which the total investment is more than 5 million yuan(including 5 million yuan) , the diameter started to use since 2011.

Investment in Real Estate Development refers to the investment by the real estate development companies, commercial buildings construction companies and other real estate development units of various types of ownership in the construction of house buildings, such as residential buildings, factory buildings, warehouses, hotels, guesthouses, holiday villages, office buildings, and the complementary service facilities and land development projects, such as roads, water supply, water drainage, power supply, heating, telecommunications, land leveling and other projects of infrastructure. It excludes the activities in pure land transactions.

Sources of Funds for Investment in Fixed Assets include fund from state budget, domestic loans, foreign investment, self-raised funds, and others depending on the source of investment. (1) Fund from state budget consists of budgetary appropriation and loans from state budget. More specifically, it includes, from the budget of the central government, capital construction fund (operation fund and non-operational fund), special expenses (e.g. expenses on substituting petroleum with coal), loans from repayment, discount fund, expenses on innovation and trial production of new products, expenses on urban construction, expenses on temporary construction by Trades departments, development fund for less developed areas, as well as local budgetary fund transferred from the central budget. (2) Domestic loans refer to loans of various forms borrowed by investing units from banks and non-bank financial institutions during the reference period for the purpose of investment in fixed assets, including loans issued by banks from their self-owned funds and deposit, loans appropriated by higher responsible authorities, special loans by government (including loan for substituting petroleum with coal, special loan for reform-through-labour coal mines), loans arranged by local government from special funds, domestic reserve loan, and working loan, etc. (3)Bonds, refers to the enterprise (company) or financial institutions through the issuance of bonds, raise funds for investment in fixed assets,including bank acting national professional investment by the key enterprise bond issue company bonds and basic construction.(4) Foreign investment refers to foreign funds received during the reference period for the construction and purchase of investment in fixed assets (covering equipment, materials and technology), including foreign borrowings (loans from foreign governments and international financial institutions, export credit, commercial loans from foreign banks, issue of bonds and stocks overseas), foreign direct investment and other foreign investment. Excluded in this category are capitals in foreign exchanges owned by China (foreign exchanges owned by the central and local governments, foreign exchanges retained by enterprises, foreign exchanges by enterprises through regulating mechanism, loans in foreign exchanges issued by the Bank of China with its own fund, etc.). In calculating the utilization of foreign capitals, foreign currencies are converted into Chinese Renminbi applying the current exchange rate when the foreign capitals are actually used. (5) Self-raised funds refer to extra-budgetary funds for investment in fixed assets received by investing units from central government ministries, local governments, enterprises and institutions, including their self-raised funds. (6) Others refer to funds for investment in fixed assets received from the sources other than those listed above, including capitals raised through issuing bonds by enterprises or financial institutions, funds raised from individuals and through donations, and funds transferred from other units.

Investment in Fixed Assets by Sector The classification of construction projects by sector is determined by the major products or the purpose of the projects when they are put into production or use, and by the nature of their social economic activities. In general, one project or one enterprise or institution can only be classified into one sector.

Investment in Fixed Assets by Type of Construction The construction projects in general can be classified, by the type of construction, into new construction, expansion, reconstruction and technical transformation, moving and restoration. However, investment by type of construction is not applied to investment by real-estate development units, investment in rural areas and investment in housing by urban individuals. (1) New construction in general refers to newly constructed enterprises, institutions, administrative agencies or independent projects from scratch. Construction in the existing enterprises, institutions or agencies is not considered as new construction. In case the assets of the existing unit is quite small, and the value of newly added fixed assets exceeds the original value of assets by three times, the expansion will be considered as new construction.(2) Expansion refers to construction of new major production workshop, branch factory or independent production line within a factory or in other locations, for the purpose of increasing the productioncapacity (or improving efficiency) of the original products. Newly constructed houses for the operation of institutions and administrative organizations (such as the newly constructed buildings for teaching in schools, buildings for clinics or wards in hospitals, etc.) are also classified as expansion.Also included in the expansion are investments by existing enterprises or institutions in building major production line(s) or branch factory(ies) along with some work on innovation, for the purpose of expending the productioncapacity of original products or producing new products. (3) Reconstruction refers to construction projects by existing enterprises or institutions in innovation or technical transformation of the old facilities (including auxiliary production equipment and welfare facilities). Also considered as reconstruction is the construction of new workshops by the existing enterprises or institutions to change the variety of products to meet the market demand (such as the production of civil products by defence industries), or to bring the designed productioncapacity into full play through a more balanced production process on production lines. Technical transformation refers to replacement of old technology or equipment by new technology or equipment, in order to expand the reproduction through improvement of technology contents in production, to improve product quality, to promote new products, to save energy and reduce consumption and to improve overall social-economic efficiency. Contents of technical transformation include: updating of machinery, equipment and tools; reforming production process by using energy or materials saving technology; construction of factory workshops and transformation of public facilities; improvement of working conditions and environment, etc.

Investment in Fixed Assets by Structure By their contents, investment activities are classified into 4 categories, i.e. construction and installation, purchase of equipment and instrument, and other expenses.(1) Construction refers to the construction of various houses and buildings and installation of various kinds of equipment and instruments.They include construction of various houses; equipment foundations, industrial kilns and stoves, and metal structure work; preparation works for project construction, and clearing up works post project construction; pavement of railways and roads, drilling of mines and putting up of oil pipes; construction of projects of water conservancy; construction of underground air-raid shelters and construction of other special projects; value of equipment for heating, sanitation, ventilation, lighting, gas, painting, etc. that are covered by the budget of housing projects; laying out of various pipelines (for steam, compressed air, petroleum, tap water and sewage) and lines for electric power and for communications; installation of various machinery equipment, testing operation for pre-testing the quality of installation projects, and land and other development work conducted by real estate developers for commercial housing. The value of equipment installed is not included in the value of installation projects. (2) installation: refers to various equipment, equipment installation, also called the installation work. In the installation of equipment is installed, not including itself value.(3) Purchase of equipment and instruments refers to the total value of equipment, tools, and instruments purchased or self-produced which come up to standards for fixed assets by the construction units or investing enterprises or institutions. Equipment, tools and instruments purchased or self-produced for new workshops by newly established or expanded units are categorized as "purchase of equipment and instruments" no matter whether they come up to the standards for fixed assets.(4) Other expenses refer to expenses occurring during the construction or purchase of fixed assets other than those mentioned above.

Projects under Construction refer to projects with construction and installation activities undertaken in the reference period. All projects that have construction activities undertaken during the reference period are reported as projects under construction irrespective of the length of construction work. The number of projects under construction can reflect the actual size of investment in fixed assets during a given period, and when compared with the number of projects completed and put into use during the same period, it demonstrates the results of investment in fixed assets. Depending on the nature of const ruction activities, projects under construction can also be classified into projects under construct ion in current y ear, winding-up projects in current year and stopped or suspended projects in previous years (with preservation work in current year).

Projects Completed and Put into Use Industrial projects refer to the major projects and accessory facilities completed which result in forming productioncapacity and have been checked and accepted while the living and welfare facilities have been completed and can ensure normal production and formally put into production. Non-industrial projects refer to the major project s and accessory facilities completed which possess the designedcapacity and have been checked, accepted and formally put into production.

Floor Space of Buildings under Construction refers to total floor space of the horizontal section of outer walls above the plinth of the building, including the effective area and the area occupied by the structure. This indicator is one of the important indicators in physical terms to reflect the scale and accomplishment of the construction industry, and important basis for monitoring the pr ogress, calculating the cost, analyzing the efficiency and studying the supply of building materials in relation with the construction projects.

Floor Space of Residential Buildings refers to the floor space of the residential buildings among the total space of buildings under construction or completed.

Floor Space under Construction refers to total floor space of all buildings under construct ion during the reference period, including floor space of newly start ed buildings during the reference period, floor space of construction extended from the previous period to the current period, and floor space of construction suspended during the previous period and resumed in the current period. Floor space of const ruction completed in the current period, and floor space of const ruction started and then suspended in the current period are also included in the floor space under const ruction of the current year.

Floor Space of Buildings Completed refers to the floor space of all buildings completed in the reference period, which have been appraised and accepted (or come up to the designed standards) and have been transferred to the owners for use.

Newly Increased Fixed Assets refer to the newly increased value of fixed assets, constructed or purchased, that have been transfer red to the investors. This is an indicator that demonstrates the results of investment in fixed assets in monetary terms, and an important indicator to reflect the speed of construct ion and to calculate the efficiency of investment.

Number of Flats in Completed Residential Buildings refers to total number of flats completed during the reference period, appraised and accepted as meeting the standards for living, and transfer red for use. A flat includes separate kitchen and bathroom, several bedrooms and corridor, suitable for one household. This indicator reflects the degree of industrialization of the residential building construction, the process of urbanization and the improvement of the living standard of people.

Villas, High-Grade Apartments refers to commercial houses whose construction costs and marketing prices are significantly higher than ordinary housing. Villas are independent structures generally located in the suburbs; high-grade apartments are multi-story buildings located in elegant urban neighborhoods. Criteria for villas and high-grade apartments include: 1) projects for the construction of villas or high-grade apartments have to be approved by competent departments in charge of real estate development and investment plans, and 2) prices for projects on villas or high- grade apartments are higher by over 100% compared with the average prices of ordinary commercial housing projects in similar location. This indicator helps to analyze the investment structure of the real estate industry and the demand and supply of housing for high-income households.

第五篇　对外经济

Chapter 5　Foreign Trade

资料整理：戴斌 叶玲

Database Editor: Daibin Yeling

简 要 说 明

本篇资料的主要内容及来源

本篇资料反映了全省外经外贸，主要包括进出口、利用外资、对外承包工程和劳务合作、人民币外汇牌价基本情况等方面的内容。

进、出口数据来源于海关统计，利用外资、对外承包工程和劳务合作等资料来源于省商务厅,外商投资企业工商注册数、资本金、投资总额数据来源于省工商局。历年人民币对主要外币的年平均汇价资料来源于国家外汇管理局，是根据当年国家外汇管理局提供的每日汇价进行加权平均计算而得出的当年年平均汇价。

本篇资料由省统计局贸易外经统计处整理提供。

Brief Introduction

Main Content and Source of Data

Data in this chapter show the basic conditions of foreign trade and tourism , mainly including imports and exports, utilization of foreign capitals, contracted projects and labor services cooperation, exchange rate of RMB to other currencies etc.

Data on foreign trade are based on the statements made by the Administration of Customs. Data on utilization of foreign capitals, contracted projects and labor services cooperation are provided by Fujian Department Foreign Trade and Economic Cooperation. Data on Registered Foreign Funded Enterprises are provided by Fujian Industrial and Commercial Bureau. Average exchange rates of RMB yuan to other currencies over the years come from the State Administration of Exchange Control. The annual average exchange rate is calculated as the weighted mean of the daily exchange rates provided by the State Administration of Exchange Control.

Data in this chapter are collected and compiled by the Division of Trade and External Economic Relations Statistics of Fujian Provincial Bureau of Statistics.

5-1 对外经济基本情况

Basic Statisics on Foreign Trade

项目 Item	2000	2005	2010	2016	2017
海关货物进出口总额（人民币万元）	**17568664**	**44572105**	**73638807**	**103449561**	**115909803**
Total Value of Imports and Exports in Customs (RMB 10000 yuan)					
出口总额 Exports	10685474	28541480	48397273	68336561	71139158
进口总额 Imports	6883190	16030625	25241534	35113001	44770645
进出口差额 Balance	3802284	12510855	23155739	33223560	26368513
海关货物进出口总额（万美元）	**2122332**	**5441130**	**10878027**	**15681939**	**17103482**
Total Value of Imports and Exports in Customs(USD 10000)					
出口总额 Exports	1290828	3484195	7149313	10367250	10493177
初级产品 Primary Goods		215205	529791	959831	959318
工业制品 Industry Goods		3268990	6619522	9407419	9533859
进口总额 Imports	831504	1956935	3728715	5314689	6610305
初级产品 Primary Goods		333239	1024135	2254735	3069591
工业制品 Industry Goods		1623696	2704521	3059954	3540680
进出口差额 Balance	459324	1527260	3420598	5052560	3882872
外商直接投资 Foreign Investment Utilized					
新签合同数（个） Number of Projects for Contracted Foreign Direct Investment(unit)		1988	1139	2355	2041
合同投资金额（万美元） Total Amount of Contracted Foreign Investment(USD 10000)		595715	737557	1566337	1487858
实际利用外资（万美元） Foreign Investment Actually Utilized(USD 10000)		260775	580279	819465	857672
外商投资企业工商注册情况 Registration Status of Foreign Funded Enterprises					
年末注册数（个） Number of Enterprises(unit)	16013	17854	17886	28351	28264
投资总额（万美元） Total Investment(USD 10000)	4708446	7533131	12483059	22631550	26072064
注册资本（万美元） Registered Capital(USD 10000)	2758492	4307474	6935845	13212653	15026839
对外承包工程（万美元） Contracted Projects(USD 10000)					
合同金额 Contracted Value	12486	24713	8607	58143	131113
完成营业额 Value of Turnover Fulfilled	10373	19537	23531	95014	113202
对外劳务合作（万美元） Labor Services(USD 10000)					
劳务人员合同工资总额 Contracted Pay	29562	32539	20580	85110	63631
劳务人员实际收入总额 Value of Real Income	34479	31014	23209	70457	88989

注：1.劳务人员合同工资总额、劳务人员实际收入总额，2012年以前分别为对外劳务合作合同金额、对外劳务合作完成营业额。2.外商投资企业年末注册数、投资总额、注册资本2013年以前不含其他外商投资企业和外商投资企业分支机构。

Note:a) Before 2012,the Contract Pay is Contracted Value,the Real Income is Value of Turnover Fulfilled. b) Before 2013,Number of Foreign Funded Enterprise Registrations,Total Amount of Investment and Registered Capital Exclude other Foreign Funded Enterprises and Branches.

5-2 进出口总额(1981-2017年)

Gross Value of Imports and Exports(1981-2017)

单位：万美元

年份 Year	进出口总额(万美元) Total Imports and Exports(USD 10000)	出口 Exports	进口 Imports	进出口总额(万元人民币) Total Imports and Exports (RMB 10000 yuan)	出口 Exports	进口 Imports
1981	60827	40127	20700	108272	71426	36846
1982	55067	37023	18044	106279	71454	34825
1983	56366	36995	19371	110477	72510	37967
1984	66472	39167	27305	185457	109276	76181
1985	90084	55718	34366	263946	163254	100692
1986	134771	68647	66124	501348	255367	245981
1987	184500	90400	94100	686340	336288	350052
1988	284300	141600	142700	1057596	526752	530844
1989	342200	182800	159400	1611762	860988	750774
1990	433908	244906	189002	2265000	1278409	986591
1991	574776	314746	260030	3115286	1709071	1406215
1992	805873	438666	367207	4633770	2522330	2111440
1993	1004181	515874	488307	5814208	2986911	2827297
1994	1218953	643020	575933	10397669	5484961	4912708
1995	1444569	790806	653763	12105488	6626954	5478534
1996	1551972	838239	713733	12881368	6957384	5923984
1997	1795280	1025560	769720	14861328	8489586	6371742
1998	1716065	996387	719678	14205586	8248092	5957494
1999	1761956	1035193	726763	14585472	8569328	6016144
2000	2122332	1290828	831504	17568664	10685474	6883190
2001	2262601	1392232	870369	18729811	11524896	7204915
2002	2839882	1737086	1102796	23508543	14379598	9128945
2003	3532551	2113173	1419378	29242457	17492846	11749611
2004	4752704	2939476	1813228	39338131	24330043	15008088
2005	5441130	3484195	1956935	44572105	28541480	16030625
2006	6265921	4126174	2139747	49375457	32514251	16861206
2007	7445081	4994039	2451042	56612396	37974673	18637723
2008	8482094	5699184	2782910	58908991	39581403	19327588
2009	7964937	5331902	2633034	54408483	36422225	17986258
2010	10878027	7149313	3728715	73638807	48397273	25241534
2011	14352244	9283779	5068465	92698273	59962074	32736199
2012	15593796	9783259	5810536	98435836	61756825	36679010
2013	16932174	10647442	6284731	104864338	65941740	38922598
2014	17740784	11345229	6395555	108973325	69689226	39284099
2015	16884593	11268011	5616582	104783887	69917645	34866242
2016	15681939	10367250	5314689	103449561	68336561	35113001
2017	17103482	10493177	6610305	115909803	71139158	44770645

5-3 按主要贸易方式分进出口商品贸易额

Value of Imports and Exports by Main Trade Mode

单位：万美元 (USD 10000)

项目 Item	2000	2005	2010	2016	2017
出口总额 Total Exports	**1290828**	**3484195**	**7149313**	**10367250**	**10493177**
#一般贸易 General Trade	609737	1674278	4384049	7631933	7573260
来料加工贸易 Processing and Assembling with Custorner's Materials	114888	185823	380759	275437	285243
进料加工贸易 Processing and Assembling with Import Materials	519328	1434781	1979050	1959513	2113954
保税监管场所进出境货物 Import and Export Goods in Bonded Area				245468	233570
海关特殊监管区域物流货物 Goods in Customs Special Area				246067	275300
进口总额 Total Imports	**831504**	**1956935**	**3728715**	**5314689**	**6610305**
#一般贸易 General Trade	271095	755531	1924371	3663891	4787320
来料加工装配贸易 Processing And Assembling With Custormer's Materials	59377	149781	528723	254026	226794
进料加工贸易 Processing And Assembling With Imports Materials	358368	697131	911150	882872	922324
来料加工装配进口的设备 Processing Equipments	246	1345	2492	168	37
外商投资企业作为投资进口的设备、物品 Foreign Funded Equipments	80631	86086	71502	13727	18402
保税监管场所进出境货物 Import and Export Goods in Bonded Area				291972	321973
海关特殊监管区域物流货物 Goods in Customs Special Area				174008	292784
海关特殊监管区域进口设备 Import Equipment in Customs Special Area				1627	367

5-4 按企业性质分进出口商品贸易额

Value of of Imports and Exports by Ownership of Enterprises

单位：万美元 (USD 10000)

项目	Item	2000	2005	2010	2016	2017
进出口总额	**Total Imports and Exports**	**2122332**	**5441130**	**10878027**	**15681939**	**17103482**
出口总额	**Exports**	**1290828**	**3484195**	**7149313**	**10367250**	**10493177**
#国有企业	State Owned Enterprises	473050	552753	753742	760055	735792
集体企业	Collective Owned Enterprises	21980	64248	101156	83791	61755
私营企业	Privited Enterprises	36109	691823	2798921	5890929	5862068
外商投资企业	Foreign Funded Enterprises	759661	2175297	3495247	3632354	3833265
进口总额	**Imports**	**831504**	**1956935**	**3728715**	**5314689**	**6610305**
#国有企业	State Owned Enterprises	174169	362330	673896	1392803	1963416
集体企业	Collective Owned Enterprises	3963	33200	25754	19368	23339
私营企业	Privited Enterprises	7195	160348	684201	1637885	2005622
外商投资企业	Foreign Funded Enterprises	646028	1400940	2338407	2264385	2616620

5-5 进出口主要分类情况

Value of of Imports and Exports by Major Classification

单位：万美元 (USD 10000)

项目	Item	2000	2005	2010	2015	2016	2017
进出口总额	**Imports and Exports**	**2122332**	**5441130**	**10878027**	**16884593**	**15681939**	**17103482**
出口商品总额	**Exports**	**1290828**	**3484195**	**7149313**	**11268011**	**10367250**	**10493177**
初级产品	Primary Goods	136769	215205	529791	912125	959831	959318
工业制品	Manufactured Goods	1154106	3268990	6619522	10355886	9407419	9533859
进口商品总额	**Imports**	**831504**	**1956935**	**3728715**	**5616582**	**5314689**	**6610305**
初级产品	Primary Goods	102179	333239	1024135	2280514	2254735	3069591
工业制品	Manufactured Goods	729315	1623696	2704521	3335955	3059954	3540680
机电产品进出口	**Total of mechanical and electronic products**		**2602702**	**4703884**	**5814949**	**5439031**	**5881698**
出口总额	Exports		1572365	2939330	4003707	3612239	3819344
进口总额	Imports		1030337	1764554	1811242	1826791	2062354
高新技术产品进出口	**High-tech products**		**1279609**	**2560582**	**2820459**	**2620599**	**3043215**
出口总额	Exports		782175	1317431	1463361	1248467	1476678
进口总额	Imports		497434	1243151	1357098	1372133	1566537
外商投资企业进出口	**Foreign-Funded Enterprises**	**1405689**	**3576237**	**5833654**	**6651711**	**5896739**	**6449885**
出口总额	Exports	759661	2175297	3495247	3995657	3632354	3833265
进口总额	Imports	646028	1400940	2338407	2656054	2264385	2616620
一般贸易进出口	**General Trade**	**880832**	**2429809**	**6308421**	**11950254**	**11295824**	**12360580**
出口总额	Exports	609737	1674278	4384049	8233216	7631933	7573260
进口总额	Imports	271095	755531	1924371	3717038	3663891	4787320
加工贸易进出口	**Processing and Assembling**	**1051961**	**2467516**	**3799681**	**3923568**	**3371847**	**3548316**
出口总额	Exports	634216	1620604	2359808	2556662	2234950	2399198
进口总额	Imports	417745	846912	1439872	1366906	1136897	1149118

5-6 按主要国别(地区)分出口商品贸易额

Value of Exports by Country (Region)

单位：万美元 (USD 10000)

国别(地区)	Country (Region)	2000	2005	2010	2016	2017
总计	**Total**	**1290828**	**3484195**	**7149313**	**10367250**	**10493177**
亚洲	**Asia**	**598838**	**1451213**	**2902323**	**4934230**	**4768667**
#中国香港	Hong Kong China	150910	287749	455702	833375	702173
中国澳门	Macao China	1712	1049	2998	3186	2760
中国台湾	TaiWan China		7863	221178	384706	436075
日本	Japan	235623	575271	540847	563267	572375
菲律宾	Philippines	13669	42498	167682	614258	662437
泰国	Tailand	9247	26149	93315	254731	240671
马来西亚	Malaysia	17160	47458	194220	227810	212647
新加坡	Singapore	33553	64781	112406	138211	128388
阿拉伯联合酋长国	United Arab Emirates	13850	54608	121220	221248	159196
欧洲	**Europe**	**243597**	**782456**	**1640547**	**2010758**	**2072853**
#德国	Germany	50336	129290	338727	342026	348094
法国	France	17232	51731	110858	122624	131222
意大利	Italy	20560	59350	125495	130527	136540
芬兰	Finland	2243	11766	20697	12293	12335
英国	United Kingdom	32751	86154	187950	340960	314562
丹麦	Denmark	3295	11986	29589	28275	30267
瑞典	Sweden	4921	14360	24651	36038	37123
瑞士	Switzerland	2219	30875	14742	9745	10224
西班牙	Spain	16783	50610	112045	129298	131746
北美洲	**North America**	**342526**	**934389**	**1605509**	**2137666**	**2270719**
#加拿大	Canada	23586	70914	118966	128563	144590
美国	United States	318940	863366	1486505	2009020	2126054
大洋洲	**Oceania**	**22229**	**58104**	**133950**	**217778**	**220003**
#澳大利亚	Australia	19539	49842	114185	169559	180826
拉丁美洲及非洲	**South America and Africa**	**83638**	**258032**	**864546**	**1066818**	**1160873**

5-7 按主要国别(地区)分进口商品贸易额

Value of Imports by Country (Region)

单位：万美元　　　　(USD 10000)

国别(地区)	Country (Region)	2000	2005	2010	2016	2017
总计	**Total**	**831504**	**1956935**	**3728715**	**5314689**	**6610305**
亚洲	**Asia**	**625345**	**1397806**	**2466713**	**2825611**	**3495297**
#中国香港	Hong Kong China	28314	20269	16226	10255	6443
中国澳门	Macao China	220	8	33	6	
中国台湾	TaiWan China		40911	817830	606764	706587
日本	Japan	131488	248474	363345	355430	409673
菲律宾	Philippines	3934	27452	38813	77038	86823
泰国	Tailand	14143	34576	122670	110226	154660
马来西亚	Malaysia	28086	77553	121207	148219	203749
新加坡	Singapore	13641	50249	51225	85524	77531
阿拉伯联合酋长国	United Arab Emirates	3788	4144	2258	17366	28824
欧洲	**Europe**	**88734**	**205506**	**436401**	**663619**	**776323**
#德国	Germany	17143	61429	121344	111468	133261
法国	France	4959	10947	26250	48201	45276
意大利	Italy	9633	21073	40692	33345	41148
芬兰	Finland	2277	6635	10893	17123	22639
英国	United Kingdom	15857	29740	37122	54507	63331
丹麦	Denmark	1632	3251	4216	5770	8728
瑞典	Sweden	2963	5114	9386	9378	13594
瑞士	Switzerland	6064	14145	8924	117797	112102
西班牙	Spain	3157	6017	31233	25138	35063
北美洲	**North America**	**86030**	**209506**	**420234**	**663846**	**848658**
#加拿大	Canada	6106	16665	46738	116860	142625
美国	United States	79910	192836	373471	546930	706009
大洋洲	**Oceania**	**12342**	**27841**	**108206**	**428187**	**655405**
#澳大利亚	Australia	9636	22275	86550	367180	536483
拉丁美洲及非洲	**South America and Africa**	**19053**	**116276**	**296951**	**733426**	**834295**

5-8 按类分进出口总额(2010-2017年)

Value of of Imports and Exports by Category(2010-2017)

单位：万美元　　(USD 10000)

项目 Item	2010 出口 Exports	2010 进口 Imports	2016 出口 Exports	2016 进口 Imports	2017 出口 Exports	2017 进口 Imports
一、初级产品 Primary Goods	**529791**	**1024135**	**959831**	**2254735**	**959318**	**3069591**
食品及活动物 Food and Live Animals	481404	109572	878342	284956	857230	369193
活动物 Live Animals	5	113	.	84	.	116
肉及肉制品 Meat and Meat Products	6648	1774	9635	15093	9889	7342
乳品及蛋品 Dairy Products and Eggs	1007	5045	1388	30584	1315	80039
鱼、甲壳及软体类动物及其制品 Fish, Shellfish, Mollusks and Other Aquatic Invertebrates	264914	8278	584054	36045	573546	33225
谷物及其制品 Cereals and Products	3482	10945	2897	81411	3128	99840
蔬菜及水果 Vegetable and Fruits	165117	10981	208338	24688	196320	30000
糖、糖制品及蜂蜜 Sugar ,Sugar Products and Honey	10683	1049	19076	3568	19991	5471
咖啡、茶、可可、调味料及其制品 Coffee, Tea, Coca, Spices and Their Products	12197	2037	29642	3155	31006	3847
饲料 Forage	4879	66477	4250	77691	3185	93850
杂项食品 Others	12388	2382	19041	11134	18850	15464
饮料及烟类 Beverages and Tobacco	3267	7023	6119	39378	7391	48585
饮料 Beverages	1122	6960	5297	39241	6281	48444
烟草及其制品 Tobacco and Tobacco Products	2145	64	822	138	1110	141
非食用原料 Non-edible Raw Materials	24373	674926	62019	1330145	64570	1752182
生皮及生毛皮 Raw Hides and Furs		12142	51	33566	50	35873
油籽及含油果实 Oil Seeds and Kernels	18	150830	323	226576	498	267702
生橡胶 Raw Rubber	1133	56506	437	41399	586	64451
软木及木材 Cork and Wood	2280	60281	8649	138991	6665	163440
纸浆及废纸 Paper Pulp and Waster Paper	230	75143	451	127243	396	173378
纺织纤维(羊毛条除外)及其废料 Textile Fiber and Related Scrap (Excluding Fleece)	2112	8342	20074	5817	22199	8589
天然肥料及矿物(煤、石油及宝石除外) Natural Fertilizers and Mineral (Excluding Coal, Petroleum and Germ)	8714	152323	13597	183461	13875	216657
金属矿砂及金属废料 Metals Ore and Scrap	677	153940	680	564647	1858	811202
其他动、植物原料 Other Animal And Vegetable Raw Materials	9210	5417	17758	8445	18444	10890
矿物燃料、润滑油及有关原料 Mineral Fuels, Lubrication Oil and Related Materials	20321	201031	9626	585592	26871	884180

5-8 续表1

Continued

单位：万美元　　　　(USD 10000)

项目 Item	2010 出口 Exports	2010 进口 Imports	2016 出口 Exports	2016 进口 Imports	2017 出口 Exports	2017 进口 Imports
煤、焦炭及煤砖 Coal, Coke and Briquette	10	91023	8828	180646	26231	271939
石油、石油产品及有关原料 Petroleum, Petroleum Products and Related Materials	20312	56052	790	310577	639	497644
天然气及人造气 Natural Gas and Man-made Gas		53957	8	94369	1	114597
动植物油、脂及蜡 Animal and Vegetable Oil ,Fats and Wax	426	31583	3725	14664	3256	15452
动物油、脂 Animal Oil and Fats	190	2356	2686	1186	1879	3276
植物油、脂 Vegetable Oils and Fats	199	28278	343	12253	222	10811
已加工的动植物油、脂及动植物蜡 Processed Animal and Vegetable Oils,Fats and Wax	37	949	696	1226	1155	1365
二、工业制品 Industry Goods	**6619522**	**2704521**	**9407419**	**3059954**	**9533859**	**3540680**
化学成品及有关产品 Chemicals and Related Products	224427	515450	288426	481966	341712	574645
有机化学品 Organic Chemicals	32115	152647	42134	162687	49498	205037
无机化学品 Inorganic Chemicals	69541	3766	69557	9593	88981	18892
染料、鞣料及着色料 Dyestuff , Tanning Extracts and Dye Materials	3949	14920	8582	10668	6636	11640
医药品 Medicines	25959	2564	22237	667	22415	455
精油、香料及盥洗、光洁制品 Essential Oils, Perfumed Materials and Cosmetics	22884	4227	30755	5127	31179	6873
肥料 Fertilizer	15300		21799		26274	…
初级形状的塑料 Plastics of Primary Pattern	18904	255793	28921	216204	33201	250704
非初级形状的塑料 Plastics of non Primary Pattern	16281	49303	37427	37450	46559	34683
其他化学原料及产品 Other Chemical Raw and Products	19495	32229	27014	39569	36801	46307
按原料分类的制成品 Products by Raw material	1190460	387399	2093249	397316	2094466	574242
皮革、皮革制品及已鞣毛皮 Leather, Leather Products and Tanned Hides	6037	29037	10645	31340	12962	30763
橡胶制品 Rubber Products	67670	26524	58907	14087	62950	15842
软木及木制品(家具除外) Cork and Wooden Products	65278	590	109442	2171	124587	2355
纸及纸板；纸浆、纸及纸板制品 Paper and Paperboard, Articles of Paper Pulp or Paper and Paperboard Products	47806	20045	91457	12043	94720	18883
纺纱、织物、制成品及有关产品 Spin Textile Products and Related Products	282851	71234	649097	80085	688481	113364
非金属矿物制品 Non Metal Minerals products	401494	36492	678417	33638	538737	41706

5-8 续表2

Continued

单位：万美元 (USD 10000)

项目 Item	2010 出口 Exports	2010 进口 Imports	2016 出口 Exports	2016 进口 Imports	2017 出口 Exports	2017 进口 Imports
钢铁 Steel	60745	78804	135938	90233	155408	194316
有色金属 Non-ferrous Metal	75223	95225	84474	103604	128852	123970
金属制品 Metal Products	183357	29448	274872	30115	287769	33041
机械及运输设备 Machinery and Transport Equipments	2119813	1104787	2400703	1316829	2622141	1572909
动力机械及设备 Power Machinery and Equipments	110109	63665	192630	110947	182972	113718
特种工业专用机械 Special Industry Equipment	57327	146878	124755	280536	145696	324781
金工机械 Metal working Machinery	7441	27949	12256	16506	12893	21054
通用工业机械设备及零件 Ordinary Industry Machinery and Parts	210267	119513	321873	86225	351393	99804
办公用机械及自动数据处理设备 Clerical Machinery and Automatic Data Processing Equipments	208199	151123	193730	118122	216142	174024
电信及声音的录制及重放装置设备 Telecommunications and Sound Record and Replay Equipment	744159	81723	717560	82251	760148	84666
电力机械、器具及其电气零件 Power Machinery and Parts	467608	400344	550299	460673	679688	513329
陆路车辆(包括气垫式) Land Vehicles	147999	38517	191103	89822	208844	101509
其他运输设备 Other Transportation Equipment	166705	75074	96496	71747	64365	140023
杂项制品 Miscellaneous Manufactured Articles	3081697	690622	4624448	559861	4473914	538577
活动房屋、卫生、水道、供热及照明装置 Movable Room, Sanitary Equipment, Supply of Hotand Lighting Apparatus	59979	1629	260712	1440	156224	1280
家具及其零件、褥垫及类似填充制品 Furniture and Related Parts	268221	2903	341026	6779	389631	11101
旅行用品、手提包及类似品 Tour Goods, Handbags and Related Products	192981	266	230411	351	217203	458
服装及衣着附件 Garments and Related Parts	869783	1732	1435872	6494	1293827	4298
鞋靴 Footwears	724771	5599	1059377	7908	1022894	8161
专业、科学及控制用仪器和装置 Special, Scientific and Controlled Instruments and Equipment	338551	575275	361404	430968	413267	405638
摄影器材、光学物品及钟表 Photographic, Optical Instruments and Clocks	102640	72822	131410	72948	133324	73686
未列名杂项制品 Other Miscellaneous Manufactured Articles	524770	30396	804237	32973	847543	33954
未分类的商品及交易品 Unclassified Goods	3125	6263	593	303761	1624	280307

5-9 人民币汇率(年平均价)

Refercene Exchange Rate of RMB （Period Average）

单位：元 (yuan)

年份 Year	100美元 100 US Dollars	100日元 100 Japanese Yen	100港元 100 Hong Kong Dollars	100欧元 100 Euros
1985	293.66	1.25	37.57	
1986	345.28	2.07	44.22	
1987	372.21	2.58	47.74	
1988	372.21	2.91	47.70	
1989	376.51	2.74	48.28	
1990	478.32	3.32	61.39	
1991	532.33	3.96	68.45	
1992	551.46	4.36	71.24	
1993	576.20	5.20	74.41	
1994	861.87	8.44	111.53	
1995	835.10	8.92	107.96	
1996	831.42	7.64	107.51	
1997	828.98	6.86	107.09	
1998	827.91	6.35	106.88	
1999	827.83	7.29	106.66	
2000	827.84	7.69	106.18	
2001	827.70	6.81	106.08	
2002	827.70	6.62	106.07	800.58
2003	827.70	7.15	106.24	936.13
2004	827.68	7.66	106.23	1029.00
2005	819.17	7.45	105.30	1019.53
2006	797.18	6.86	102.62	1001.90
2007	760.40	6.46	97.46	1041.75
2008	694.51	6.74	89.19	1022.27
2009	683.10	7.30	88.12	952.70
2010	676.95	7.73	89.13	897.25
2011	645.88	8.11	82.97	900.11
2012	631.25	7.90	81.38	810.67
2013	619.32	6.33	79.85	822.19
2014	614.28	5.82	79.22	816.51
2015	622.84	5.15	80.34	691.41
2016	664.23	6.12	85.58	734.26
2017	675.18	6.02	86.64	763.03

注：欧元自2002年开始进入市场流通。

Note:Since 2002,the Euros circulates in market.

5-10 外商直接投资合同数和合同金额(1979-2017年)

Number and Value of Signed Contracts for Direct Foreign Investment(1979-2017)

年份 Year	合同数(项) Numbers (unit)	合资企业 Joint Ventures	合作企业 Cooperative Operation	独资企业 Sole-Foreign Enterprises	合同外资金额(万美元) Value (USD 10000)	合资企业 Joint Ventures	合作企业 Cooperative Operation	独资企业 Sole-Foreign Enterprises
1979	5	2	3		105	19	86	
1980	15	6	9		464	378	86	
1981	16	1	15		1906	56	1850	
1982	14	4	9	1	1612	1034	128	450
1983	18	8	10		2120	1930	190	
1984	236	113	116	7	20097	12187	6473	1437
1985	395	206	182	7	37681	24276	12906	499
1986	109	70	34	5	6456	5355	941	160
1987	215	140	60	15	11753	7771	1950	2032
1988	813	496	188	129	46260	24545	7524	14191
1989	872	436	123	313	90258	27039	5618	57601
1990	1043	432	94	517	116183	28488	7259	80436
1991	1219	575	80	564	144871	36082	23457	85332
1992	3113	1375	191	1547	635101	157962	91108	386031
1993	4714	1775	264	2675	1136617	239879	146164	750574
1994	3026	1017	179	1830	717946	211903	87943	418100
1995	2728	829	119	1780	890647	175384	101147	614116
1996	1987	505	67	1415	653572	97635	32303	523634
1997	2298	408	41	1849	453751	89035	25428	338988
1998	2006	420	45	1541	500150	105163	36999	357988
1999	1439	281	41	1117	489996	103378	37356	349262
2000	1463	281	27	1155	431373	51242	9971	370160
2001	1670	260	14	1395	500717	100566	9592	388661
2002	1825	233	66	1526				
2003	2274	330	18	1922				
2004	2277	318	16	1942				
2005	1988	301	24	1663				
2006	2164	385	10	1766				
2007	1722	298	3	1418				
2008	1101	185	9	906				
2009	939	153	5	779				
2010	1139	242	4	890				

注：1997年起外商直接投资含股份制。

Note:The data of foreign direct investment from 1997 include share holding enterprises.

5-10 续表
Continued

年份	Year	合同数(项) Numbers (unit)	合资企业 Joint Ventures	合作企业 Cooperative Operation	独资企业 Sole-Foreign Enterprises	合同外资金额(万美元) Value (USD 10000)	合资企业 Joint Ventures	合作企业 Cooperative Operation	独资企业 Sole-Foreign Enterprises
2011		1039	230	6	803				
2012		916	222	3	684				
2013		840	225	3	608				
2014		1044	256	2	784				
2015		1689	440		1242				
2016		2355	587	3	1759				
2017		2041	628	1	1405				
报表口径	**New Scope**								
2002						390089	45016	21686	317205
2003						477321	63373	6168	403697
历史可比口径	**Old Scope**								
2002						694419	71616	28398	588223
2003						725117			
2004						754307			
2005						855655			
2006						1080190			
2007						1233624			
2008						1141475			
2009						907597			
2010						1211979			
2011						1357766			
2012						1525389			
全口径	**Full Scope**								
2004						537299	48124	3247	477771
2005						595715	77223	20319	496142
2006						862069	87666	15165	745280
2007						867422	190832	4093	649397
2008						715201	62787	11403	633626
2009						536095	61881	7592	463511
2010						737557	101453	2472	599438
2011						921880	167519	10836	743631
2012						929083	136383	757	667066
2013						833644	164356	-294	671119
2014						849079	208541	12182	609880
2015						1446277	269111	2000	976580
2016						1566337	512379	1140	1015696
2017						1487858	461952	2660	1006257

5-11 按行业分外商直接投资合同数(1979-2017年)

Number of Signed Contracts for Direct Foreign Investment by Sector(1979-2017)

单位：个 (unit)

年份 Year	总计 Total	农业 Agriculture	工业 Industry	建筑业 Construction	交通运输仓储及邮电通信业 Transport, Storage,Post and Telecommunica-tions	批发和零售贸易餐饮业 Wholesale & Retail Trade and Catering Services	其他服务业 Other Services
1979	5	2	1				2
1980	15	1	5	1	3		5
1981	16		5	1	4		6
1982	14		10		1	1	2
1983	18	1	6		2	1	8
1984	236	13	113	15	11	22	62
1985	395	21	266	24	13	63	8
1990	1043	42	930	1	5	10	55
1991	1219	57	1077		6	11	68
1992	3113	134	2520	21	11	22	405
1993	4714	161	3536	67	21	124	805
1994	3026	133	2068	41	22	176	586
1995	2728	166	1973	29	15	130	415
1996	1987	114	1431	14	10	184	234
1997	2298	140	1755	28	6	179	190
1998	2006	168	1482	12	21	98	225
1999	1439	132	1052	11	9	40	195
2000	1463	117	1129	5	4	55	153
2001	1670	102	1304	5	15	34	210
2002	1825	97	1382	14	14	50	268
2003	2274	110	1839	14	25	60	226
2004	2277	93	1837	11	26	100	210
2005	1988	81	1570	4	25	92	216
2006	2164	85	1633	12	34	207	193
2007	1722	69	1204	3	21	234	191
2008	1101	67	627	10	15	229	153
2009	939	73	431	4	39	258	134
2010	1139	79	504	5	23	320	208
2011	1039	69	374	7	22	345	222
2012	916	77	270	7	12	320	230
2013	840	45	200	8	17	353	217
2014	1044	53	190	11	8	475	307
2015	1689	95	199	20	19	790	566
2016	2355	80	229	27	17	934	1068
2017	2041	57	212	33	21	631	1087

5-12 按行业分外商直接投资合同金额(1979-2017年)

Value of Signed Contracts for Direct Foreign Investment by Sector(1979-2017)

单位：万美元 (USD 10000)

年份	Year	总计 Total	农业 Agriculture	工业 Industry	建筑业 Construction	交通运输仓储及邮电通信业 Transport, Storage, Post and Telecommunications	批发和零售贸易餐饮业 Wholesale & Retail Trade and Catering Services	其他服务业 Other Services
1979		105	78	10				17
1980		464	33	247	5	12		167
1981		1906		99	72	206		1529
1982		1612		1542		50	13	7
1983		2120	10	900		62	25	1123
1984		20097	245	7080	918	779	1110	9965
1985		37681	1228	15977	1254	586	12085	6551
1990		116183	3462	90126	91	331	488	21685
1991		144871	5256	98215		978	737	39685
1992		635101	8128	338783	1088	2817	27068	257217
1993		1136617	17482	574966	6931	2692	23151	511395
1994		717946	11607	394043	4132	7683	11583	288898
1995		890647	20790	660166	3187	17270	27927	161307
1996		653572	12678	469257	15031	8825	21286	126495
1997		453751	15932	323558	21977	17486	28839	45959
1998		500150	31810	336922	21773	8597	7308	93740
1999		489996	28748	359611	4806	2161	8877	85793
2000		431373	18083	318217	1666	2038	7481	83888
2001		500717	17589	371725	1464	7915	2420	99604
报表口径	New Scope							
2002		390089	12453	310522	6224	7404	3866	49620
2003		477321	14166	398730	7144	7288	4076	45917
历史可比口径	Old Scope							
2002		694419	19599	581954	11153	8799	4812	68102
全口径	Full Scope							
2004		537299	12674	426684	321	15651	13838	68131
2005		595715	22415	467697	754	21674	15222	67953
2006		862069	17158	659295	6121	26289	38025	115181
2007		867422	16497	648414	-197	12301	36543	153864
2008		715201	27219	444674	3221	36966	56566	146555
2009		536095	23235	316771	1455	31770	38370	124494
2010		737557	24439	452840	813	16826	93832	148807
2011		921880	41513	542046	2571	16260	86200	233290
2012		929083	67531	364064	17019	35616	154028	290825
2013		833644	22851	415880	12501	28152	125156	229104
2014		849079	34766	367882	10625	19551	133299	282956
2015		1446277	71592	411956	653	24364	322761	614951
2016		1566337	60688	377264	53100	167	283161	791957
2017		1487858	25612	397418	99249	18704	102566	844309

5-13 分国别(地区)外商直接投资合同数和合同金额

Number and Value of Contracts for Signed Direct Foreign Investment by Country(Region)

国别(地区)	Country(Region)	2000	2005	2010	2014	2015	2016	2017
合同数（个）	**Number(unit)**	**1463**	**1988**	**1139**	**1044**	**1689**	**2355**	**2041**
#中国香港	Hong Kong China	602	921	446	382	468	531	530
中国澳门	Macao China	28	66	16	13	19	23	25
中国台湾	Taiwan China			408	447	890	1408	1074
日本	Japan	72	64	22	7	21	8	15
菲律宾	Philippines	60	96	11	9	7	6	6
泰国	Tailand	5	2			2	6	5
马来西亚	Malaysia	14	25	18	7	14	13	42
新加坡	Singapore	58	41	27	28	37	38	51
印度尼西亚	Indonesia	9	13	5	1	10	5	4
德国	Germany	8	8	6	5	11	8	9
法国	France	3	7	2		2	2	3
英国	United Kingdom	20	9	2	3	13	14	13
加拿大	Canada	15	31	11	14	10	16	19
美国	United States	79	98	33	31	52	51	49
澳大利亚	Australia	18	28	18	8	27	25	22
合同金额（万美元）	**Volume（10000 USD)**	**431373**	**595715**	**737557**	**849079**	**1446277**	**1566337**	**1487858**
#中国香港	Hong Kong China	212533	286810	559446	561081	765753	994003	803295
中国澳门	Macao China	4958	15623	8243	5772	8158	15848	2034
中国台湾	Taiwan China			76162	110092	282112	292840	307108
日本	Japan	16943	10575	4135	11143	4676	10995	4994
菲律宾	Philippines	17611	19213	-6765	1909	-421	125	1002
泰国	Thailand	270	292	-85	-320	53	1971	643
马来西亚	Malaysia	4643	7559	5728	1750	6675	2018	11943
新加坡	Singapore	10246	12343	21747	21212	27949	27411	39126
印度尼西亚	Indonesia	1026	1892	730	-539	462	-699	2172
德国	Germany	3107	251	261	1201	1428	1360	5464
法国	France	102	881	429	-120	31	4	28
英国	United Kingdom	15504	-4364	260	750	3246	641	11320
加拿大	Canada	2495	3510	6948	1512	2292	3427	11805
美国	United States	21012	25534	1288	2096	28221	2971	14148
澳大利亚	Austrialia	985	5138	4493	82	73995	10737	2552

注：当期外商投资企业减资或外商股权转让金额超过当期新批合同外资或外商投资企业增资金额，差额部分用负数表示。

Note:When the data of reduction of Signed Value or the transfer stock value surpass the data of Signed Value or the supplementary value of direct foreign investment, the discrepancy is expressed by negative number.

5-14 实际利用外商直接投资金额(1979-2017年)

Direct Foreign Capital Actually Used(1979-2017)

单位：万美元 (USD 10000)

年份 Year	合计 Total	合资企业 Joint Ventures	合作企业 Cooperative Operation	独资企业 Sole-Foreign Enterprises
1979	83	15	68	
1980	363	288	75	
1981	150	40	110	
1982	121	5	16	100
1983	1438	1026	158	254
1984	4828	3526	1179	123
1985	11782	8566	2950	266
1986	6149	4121	1913	115
1987	5139	3097	1479	563
1988	13017	9273	2369	1375
1989	32880	13814	6384	12682
1990	29002	12617	2780	13605
1991	64449	22682	14775	26992
1992	141633	48528	26132	66973
1993	286745	98484	33498	154763
1994	371200	145518	34469	191213
1995	403881	124872	54073	224936
1996	407876	129778	50497	227601
1997	419666	112293	60175	247198
1998	421211	90295	50778	280138
1999	402403	99542	42121	260180
2000	380386	74548	13263	291365
2001	391804	74092	7248	309068
历史可比口径 (Old Scope)				
2002	424995	84669	11587	316240
2003	499329			
2004	531802			
2005	622984			
2006	718489			
2007	813093			
2008	1002556			
2009	1006481			
2010	1031552			
2011	1104447			
2012	1218541			
全口径 (Full Scope)				
2004	222120	41952	4324	163490
2005	260775	31021	670	222422
2006	322047	49684	2327	268789
2007	406058	68686	4670	332015
2008	567171	137758	2284	416441
2009	573747	104761	1372	458815
2010	580279	97974	2126	475199
2011	620111	94469	774	479782
2012	633774	130747	1325	399721
2013	667896	93411	3349	554906
2014	711499	136702	1200	558117
2015	768339	176361	2010	504258
2016	819465	191096	307	515657
2017	857672	265543	1306	471358

5-15 分国别(地区)实际利用外商直接投资金额

Direct Foreign Capital Actually Used by Country(Region)

单位：万美元 (USD 10000)

国别(地区)	Country (Region)	2000	2005	2010	2016	2017
总计	**Total**	**380386**	**260775**	**580279**	**819465**	**857672**
亚洲	Asia					
#中国香港	Hong Kong China	151678	121783	354634	489206	432060
中国澳门	Macao China	2689	6162	5156	5486	2897
中国台湾	Taiwan China			23805	78296	65886
印度尼西亚	Indonesia	1760	593	1883	36	512
日本	Japan	7655	7445	6287	8617	30154
新加坡	Singapore	12282	7727	25545	15114	42479
韩国	Korea	410	1069	3254	444	5202
泰国	Tailand	979	662	153	478	60
欧洲	Europe					
#英国	United Kingdom	16179	1352	1007	4261	779
德国	Germany	4553	48	1443	600	280
法国	France	74	708	278		5
俄罗斯	Russian		109		56	2
拉丁美洲	Latin America					
#巴哈马	Bahamas	431		1769		
开曼群岛	Cayman Islands	20552	9242	12662	2900	52874
墨西哥	Mexico			957		2
英属维尔京群岛	British Virgin Islands	21766	35134	42153	53217	37266
北美洲	North America					
#加拿大	Canada	1851	424	1099	122	4148
美国	United States	64652	17015	5096	2736	2865
大洋洲	Oceania					
#澳大利亚	Australia	2212	988	1823	1001	1543
新西兰	New Zealand		467	336		38

注：2005年及以后年份为全口径。

Note:Since 2005,Scope by Fund Examination.

5-16 外商投资企业工商注册数

Number of Registered Foreign Funded Enterprises

单位：个 (unit)

项目 Item	2005	2010	2013	2014	2015	2016	2017
总计 Total	**17854**	**17886**	**23546**	**24322**	**25895**	**28351**	**28264**
按企业登记注册类型分 Grouped by Status of Registration							
#中外合资 Joint Venture	3844	3674	3701	3815	4142	4537	4739
中外合作 Cooperative Operation	396	230	204	198	193	190	140
外商独资 Venture Exclusively with Foreign Investment	13598	13924	13814	13978	14933	16456	16474
按行业分 Grouped by Sector							
农、林、牧、渔业 Agriculture, Forestry, Animal Husbandryand Fishery	646	596	611	628	695	736	745
采矿业 Mining	61	46	36	34	35	35	34
制造业 Manufacturing	13762	13103	12296	11953	11854	11696	10689
电力、燃气及水的生产和供应业 Production and Supply of Electric Power, Gas and Water	169	146	197	173	196	203	213
建筑业 Construction	152	137	203	211	235	268	265
交通运输、仓储和邮政业 Transport,Storage and Post	265	205	575	587	618	638	637
信息传输、计算机服务和软件业 Information Transmission, Computer Software and Services	209	330	768	830	958	1173	1243
批发和零售业 Wholesale and Retail Trade	234	1153	4423	5036	5721	6655	6650
住宿和餐饮业 Lodgings and Catering Services	307	300	878	1001	1146	1268	1325
金融业 Financial Intermediation	6	24	264	304	337	385	429
房地产业 Real Estate	1283	1057	1107	1098	1105	1117	1075
租赁和商务服务业 Leasing and Business Services	212	415	1372	1506	1780	2376	2547
科学研究、技术服务和地质勘查业 Scientific Research, Technical Service and Geologic Prospecting	117	160	338	467	681	1121	1566

注：2013年以前不含其他外商投资企业和外商投资企业分支机构。
Note:Before 2013, Exclude other Foreign Funded Enterprises and Branches.

5-16 续表

Continued

单位：个 (unit)

项目 Item	2005	2010	2013	2014	2015	2016	2017
水利、环境和公共设施管理业 Management of Water Conservancy,Environment and Public Facilities	54	56	74	79	82	96	109
居民服务和其他服务业 Services to Households and Other Services	119	125	226	224	230	246	230
教育 Education	11	2	6	6	12	20	32
卫生、社会保障和社会福利业 Health, Social Security and Social Welfare	9	3	9	8	11	13	25
文化、体育和娱乐业 Culture, Sports and Entertainment	204	28	160	174	196	302	448
其他行业 Others	34		3	3	3	3	2
按国别（地区）分 By Country							
#中国香港 Hong Kong China	8586	8443	8365	8463	8769	9095	8976
中国澳门 Macao China	400	387	373	383	403	424	445
中国台湾 TaiWan China	3879	3796	3907	4117	4906	6238	6815
日本 Japan	610	558	529	506	495	484	433
英国 United Kingdom	90	87	73	71	83	93	103
德国 Germany	51	74	75	73	81	88	82
加拿大 Canada	148	185	178	194	193	202	190
美国 United States	706	730	674	660	680	704	646
澳大利亚 Australia	150	198	190	184	210	227	208

5-17 外商投资企业工商注册资本金

Registered Capitals of Foreign Funded Enterprises

单位：万美元 (USD 10000)

项目 Item	2005	2010	2013	2014	2015	2016	2017
总计 Total	**4307474**	**6935845**	**8537482**	**9448456**	**11090110**	**13212653**	**15026839**
按企业登记注册类型分 Grouped by Status of Registration							
#中外合资 Joint Venture	1143952	1776709	2422716	2844702	3478528	4516309	5499040
中外合作 Cooperative Operation	158309	103869	108091	108675	105447	108456	95412
外商独资 Venture Exclusively with Foreign Investment	2920326	4697783	5549691	5957338	6803156	7717032	8430865
按行业分 Grouped by Sector							
农、林、牧、渔业 Agriculture,Forestry,Animal Husbandry and Fishery	103957	120696	171303	188822	238271	261609	290674
采矿业 Mining	7155	11496	11293	11906	22900	26532	26936
制造业 Manufacturing	2917604	4681053	5263352	5522739	5907219	6289411	6516630
电力、燃气及水的生产和供应业 Production and Supply of Electric Power,Gas and Water	140493	201131	205287	213214	244888	253731	256481
建筑业 Construction	57264	66442	78726	89855	103441	149856	224018
交通运输、仓储和邮政业 Transport,Storage and Post	115210	205581	326240	345288	374779	381020	406839
信息传输、计算机服务和软件业 Information Transmission, Computer Software and Services	27189	132824	77745	99601	221456	233797	264928
批发和零售业 Wholesale and Retail Trade	23880	196146	458198	602470	861339	1042545	1249412
住宿和餐饮业 Lodgings and Catering Services	87187	116264	135085	146806	149615	156378	152260
金融业 Financial Intermediation	16391	94131	202255	292729	352692	443446	499104
房地产业 Real Estate	662639	793120	1009915	1163710	1204345	1212906	1209355
租赁和商务服务业 Leasing and Business Services	28410	153048	311467	425101	806390	1721568	2516375

注：2013年以前不含其他外商投资企业和外商投资企业分支机构。

5-17 续表

Continued

单位：万美元 (USD 10000)

项目 Item	2005	2010	2013	2014	2015	2016	2017
科学研究、技术服务和地质勘查业 Scientific Research, Technical Service and Geologic Prospecting	18376	42605	96847	140651	214465	600401	785832
水利、环境和公共设施管理业 Management of Water Conservancy,Environment and Public Facilities	13758	52069	64009	71245	72330	92572	144210
居民服务和其他服务业 Services to Households and Other Services	11442	40136	49493	52862	64785	68365	164527
教育 Education	1240	125	568	544	617	2871	21833
卫生、社会保障和社会福利业 Health, Social Security and Social Welfare	6603	5189	7851	7709	11527	15762	23737
文化、体育和娱乐业 Culture, Sports and Entertainment	55245	23788	60728	66086	231930	252761	273567
其他行业 Others	13431		7119	7119	7119	7119	119
按国别（地区）分 By County							
#中国香港 Hong Kong China	2185021	3720362	4927410	5521531	6428139	7916418	8906249
中国澳门 Macao China	72789	100150	106152	113002	127430	148265	147890
中国台湾 TaiWan China	574517	527170	574975	642939	949004	1304298	1623114
日本 Japan	104534	146104	131731	139987	141422	148279	150116
英国 United Kingdom	59149	52014	38286	32866	137182	134462	161644
德国 Germany	24018	31011	31585	31520	32791	34898	53301
加拿大 Canada	28771	44392	33802	41186	41104	42805	54497
美国 United States	220843	195581	170990	167837	224771	247131	227542
澳大利亚 Australia	25066	37420	73729	105641	109590	117812	117799

5-18 外商投资企业工商注册投资总额

Total Registered Investment Value of Foreign-Funded Enterprises

单位：万美元　　　　(USD 10000)

项目　Item	2005	2010	2013	2014	2015	2016	2017
总计 Total	**7533131**	**12483059**	**15651558**	**17324503**	**19671281**	**22631550**	**26072064**
按企业登记注册类型分 Grouped by Status of Registration							
#中外合资 Joint Venture	1987294	3455996	4835558	5634095	6547303	8164446	10537604
中外合作 Cooperative Operation	303047	190773	197429	197406	189572	195591	177411
外商独资 Venture Exclusively with Foreign Investment	5151428	8456761	10216813	11032077	12320789	13506981	14478945
按行业分 Grouped by Sector							
农、林、牧、渔业 Agriculture,Forestry,Animal Husbandry and Fishery	170682	208623	302959	338674	402367	440930	477715
采矿业 Mining	10786	22242	16970	18277	48768	54287	54668
制造业 Manufacturing	4727634	8350872	9864473	10550653	11277703	12181801	12684424
电力、燃气及水的生产和供应业 Production and Supply of Electric Power, Gas and Water	444184	617253	630190	654108	751810	768670	774777
建筑业 Construction	89864	133944	159139	184110	203600	277580	405910
交通运输、仓储和邮政业 Transport,Storage and Post	198500	356884	671636	720512	758250	748525	787524
信息传输、计算机服务和软件业 Information Transmission, Computer Software and Services	58572	167493	141396	173964	426674	471271	500139
批发和零售业 Wholesale and Retail Trade	35960	330624	693993	920742	1197492	1409078	1926947
住宿和餐饮业 Lodgings and Catering Services	157919	212732	242751	258508	258433	266247	257139
金融业 Financial Intermediation	16393	98633	164164	212406	242006	322523	373712
房地产业 Real Estate	1366522	1430093	1766002	2008410	2063174	2144679	2140853
租赁和商务服务业 Leasing and Business Services	42397	247703	441466	604471	1042150	2005251	3469202

注：2013年以前不含其他外商投资企业和外商投资企业分支机构。

5-18 续表

Continued

单位：万美元 (USD 10000)

项目 Item	2005	2010	2013	2014	2015	2016	2017
科学研究、技术服务和地质勘查业 Scientific Research, Technical Service and Geologic Prospecting	33317	72538	174381	252492	366765	810823	1105920
水利、环境和公共设施管理业 Management of Water Conservancy,Environment and Public Facilities	24334	85376	132750	153109	143795	193401	331193
居民服务和其他服务业 Services to Households and Other Services	16226	92034	112623	123958	152374	159996	320382
教育 Education	2061	161	912	888	961	3220	59080
卫生、社会保障和社会福利业 Health, Social Security and Social Welfare	17165	14907	20811	20527	30486	43258	53643
文化、体育和娱乐业 Culture, Sports and Entertainment	95283	40948	105772	119523	295306	320842	348669
其他行业 Others	25332		9169	9169	9169	9169	169
按国别（地区）分 By County							
#中国香港 Hong Kong, China	3517597	6484905	8831523	9976273	11285092	13459444	15244547
中国澳门 Macao ,China	110177	158195	166669	172165	197072	237611	232051
中国台湾 TaiWan China	996935	860503	956547	1043173	1462385	1885124	2333658
日本 Japan	184722	253939	249738	278067	283398	308508	320140
英国 United Kingdom	131979	110470	79702	65092	169509	158731	230974
德国 Germany	52451	65886	64153	63923	64286	68607	123668
加拿大 Canada	47181	73944	51989	65584	64188	67248	81051
美国 United States	547389	321559	311025	300768	387364	431077	388355
澳大利亚 Austrial	40684	62774	103890	132573	137682	143400	141330

5-19 涉外税收主要指标(1980-2017年)

Basic Statistics of Taxes on Enterprises with Foreign Capital(1980-2017)

单位：万元　　(10000 yuan)

年份 Year	合计 Total	工商统一税 Industrial and Commercial Tax	外商投资企业和外国企业所得税 Income Tax of Foreign Capital Enterprises	个人所得税 Individual Income Tax	城市房地产税 Tax on Urban Real Estate	车船使用牌照税 Tax on License of Vehicle Use	其他各税 Others
1980	3	2		1			
1981	15	7	2	4	1		1
1982	100	71	21	5	2	1	
1983	466	406	51	6	2	1	
1984	1595	1322	256	11	3	3	
1985	3294	2833	388	48	9	16	
1986	5019	3511	1288	119	76	25	
1987	7539	6432	570	305	200	32	
1988	15201	12928	1552	396	290	35	
1989	31979	28087	3557	86	216	33	
1990	64361	43075	4310	403	759	74	15740
1991	69004	57651	6008	686	1296	88	3275
1992	96684	80544	10440	796	1928	108	2868
1993	165151	141073	18734	1171	3142	135	896
1994	241239	196943	33886	2945		195	7270
1995	314491	253985	40346	6433	8221	223	5283
1996	321385	259037	36909	10512	10290	222	4415
1997	399596	270700	49891	16566	10712	143	51584
1998	427978	323294	61466	23612	15188	153	4265
1999	615278	480920	80203	31404	17197	160	5394
2000	805058	606864	128522	41010	20717	137	7808
2001	1185431	943648	149662	58104	24468	324	9225
2002	1752684	1388974	259337	59850	31262	295	12966
2003	2083532	1647965	310246	73144	35981	233	15963
2004	2750440	2205541	396195	93732	37712	129	17131
2005	3297179	2647888	451434	117050	47531	149	33127
2006	3762352	2970472	550005	126135	54669	158	60913
2007	4432889	3431652	662730	164291	63786	146	110284
2008	5583964	4148765	915063	199179	70376	677	249904
2009	6352558	4831800	1032001	186644	76143	931	225039
2010	7621798	5551535	1450124	236470	89401	845	293423
2011	8837795	5962118	1890808	279397	115425	920	589127
2012	10367041	7679230	1973281	222036	81930	1113	409451
2013	10888732	7930345	2051444	242027	197124	3058	464734
2014	11387280	8181647	2194065	279574	156912	4100	570982
2015	10951399	7798575	2219127	302050	158093	4532	469022
2016	10233969	6896807	2146357	391378	152080	4634	642713
2017	11452717	7585350	2390552	427001	190182	4928	854704

注：1.1988年后含海关代征税；2.工商统一税含增值税、营业税、消费税。

Note:a)Tax from 1998 Includes Commissioned Customs Tax .b)The Industrial and Commercial Tax has contained Value-added Tax, Operation Tax and Consumption Tax.

5-20 对外承包工程和劳务合作主要指标(1980-2017年)

Contracted Projects and Labor Service Cooperation with Foreign Countries(1980-2017)

年份 Year	对外承包工程合同金额（万美元） Contracted Projects(USD 10000)	劳务人员合同工资总额（万美元） Labor Services Cooperation(USD 10000)	年末在外人数（人） Number of Persons Abroad at the Year-end (person)	承包工程 Contracted Projects	劳务合作 Labor Services Cooperation
1980		113	34		34
1981	4	93	213	4	209
1982	7	145	341	6	335
1983	139	632	447	8	439
1984	716	2894	2157	20	2137
1985	3175	1093	2432	72	2360
1986	8232	2331	4134	85	4049
1987	6620	2398	6206	103	6103
1988	9816	6612	8109	189	7920
1989	12884	5753	9144	143	9001
1990	11098	6499	9686	125	9561
1991	16378	15281	16262	66	16196
1992	33190	16627	21439	93	21346
1993	43596	24426	29791	82	29709
1994	48461	22464	34289	85	34204
1995	35641	27544	43859	148	43711
1996	24890	23419	48337	38	48299
1997	14068	28680	55358	137	55221
1998	19436	24356	54618	119	54497
1999	6227	29805	56757	117	56638
2000	12486	29562	53847	162	53685
2001	16262	36934	59688	126	59561
2002	23765	17141	50513	329	50184
2003	27047	39024	52586	239	52347
2004	25013	31770	50478	216	50262
2005	24713	32539	50528	236	50292
2006	26108	31844	50964	335	50629
2007	26395	32003	51371	350	51021
2008	41862	26348	27842	560	27282
2009	14476	27884	28063	223	27840
2010	8607	20580	24240	367	23873
2011	49016	63444	27601	571	27030
2012	49828	52926	35162	1787	33375
2013	31044	58675	41787	2795	38992
2014	35842	113856	56199	4074	52125
2015	57701	67482	59213	3714	55499
2016	58143	85110	60359	3967	56392
2017	131113	63631	75944	4518	71426

注：劳务人员合同工资总额，2012年以前为对外劳务合作合同金额。

Note:Before 2012,Value of Labor Services Cooperation is Labour Services

5-21 各设区市进出口商品总额(2000-2017年)

Total Exports by City(2000-2017)

单位：万美元　　　　(USD 10000)

年份 Year	福州市 Fuzhou	厦门市 Xiamen	莆田市 Putian	三明市 Sanming	泉州市 Quanzhou	漳州市 Zhangzhou	南平市 Nanping	龙岩市 Longyan	宁德市 Ningde
2000	509255	1004873	98834	14830	178896	98946	15837	5341	7972
2001	532465	1107475	106044	14853	180320	100768	18336	4825	11002
2002	639492	1518320	108328	16712	215214	122499	20807	5333	15399
2003	848874	1870494	114437	21119	272468	207130	24380	10360	21131
2004	1397840	2408334	141408	32109	368739	324330	30648	22468	26829
2005	1458299	2856534	157815	53674	454785	370639	38091	17696	33597
2006	1664715	3278961	170934	60488	548956	426352	52071	19685	43758
2007	1864051	3977772	214891	87122	685054	464780	62570	27110	61732
2008	2032079	4537749	232095	79506	850291	531874	76195	53941	88362
2009	1784900	4330731	234660	88111	817939	479873	82778	68134	77812
2010	2458595	5703059	342180	127982	1125573	739920	108292	151288	121139
2011	3464525	7015759	464670	177518	1706361	971308	147271	240136	164696
2012	3105087	7449656	442147	318738	2508724	983086	191484	349870	245004
2013	3179300	8408356	477181	166815	2912461	973898	166980	321558	325624
2014	3488517	8348881	524195	204307	3084998	1132438	159576	396297	401576
2015	3322657	8320211	479405	211060	2699212	933380	123345	370665	424660
2016	3209168	7713936	453458	216668	2326522	879036	125970	371981	385200
2017	3442944	8581412	541593	228438	2316145	936952	144451	381573	453016

5-22 各设区市出口商品总额(2000-2017年)

Total Exports by City(2000-2017)

单位：万美元　　　　(USD 10000)

年份 Year	福州市 Fuzhou	厦门市 Xiamen	莆田市 Putian	三明市 Sanming	泉州市 Quanzhou	漳州市 Zhangzhou	南平市 Nanping	龙岩市 Longyan	宁德市 Ningde
2000	271664	587923	68355	10732	118118	57527	11340	4922	7402
2001	295034	650355	74509	11047	126086	62263	11597	4260	10496
2002	353357	879270	76809	11783	153466	77823	14320	4832	14732
2003	481722	1055105	82102	14449	191588	121759	16780	9713	20543
2004	875230	1394036	100712	24861	259737	215546	22444	21097	25814
2005	941996	1726576	111541	46025	320660	259766	28654	16439	32538
2006	1091458	2050723	127998	53759	403559	298106	42889	15609	42073
2007	1230907	2555392	154842	80942	498036	341715	50266	24432	57508
2008	1358662	2939860	171604	70192	579465	387622	63386	45913	82479
2009	1201088	2765804	167386	76232	589098	338669	64456	59226	69944
2010	1630771	3532398	219007	112725	827935	506838	90868	131333	97437
2011	2411420	4264534	278077	154573	1078254	649076	119086	185168	143590
2012	2112982	4539982	294791	300604	1237473	699034	168601	210837	218954
2013	1952293	5234264	316949	137464	1646988	710774	153164	211724	283821
2014	2133264	5316103	331182	177830	1817799	813160	146514	241464	367913
2015	2087807	5347405	316449	189548	1819003	746529	112320	256807	392142
2016	2153300	4692479	302325	200286	1618464	725486	119689	231735	323484
2017	2183894	4801038	306208	214294	1545306	756853	136648	233167	299579

5-23 各设区市进口商品总额(2000-2017年)

Total Imports by City(2000-2017)

单位：万美元 (USD 10000)

年份 Year	福州市 Fuzhou	厦门市 Xiamen	莆田市 Putian	三明市 Sanming	泉州市 Quanzhou	漳州市 Zhangzhou	南平市 Nanping	龙岩市 Longyan	宁德市 Ningde
2000	237591	416950	30479	4098	60778	41419	4497	419	570
2001	237431	457120	31535	3806	54234	38505	6739	565	506
2002	286135	639050	31519	4929	61748	44676	6487	501	667
2003	367152	815389	32335	6670	80880	85371	7600	647	588
2004	522610	1014298	40696	7248	109002	108784	8204	1371	1015
2005	516303	1129958	46274	7649	134125	110873	9437	1257	1059
2006	573257	1228238	42936	6729	145397	128246	9182	4076	1685
2007	633144	1422380	60049	6180	187018	123065	12304	2678	4224
2008	673417	1597889	60491	9314	270826	144252	12809	8028	5883
2009	583812	1564927	67274	11879	228841	141204	18322	8908	7868
2010	827824	2170661	123173	15256	297638	233082	17424	19954	23702
2011	1053105	2751225	186593	22945	628107	322232	28185	54968	21105
2012	992104	2909673	147356	18133	1271251	284053	22883	139033	26049
2013	1203664	3174092	160232	29351	1265472	263124	13817	109834	41803
2014	1355253	3032778	193013	26477	1267198	319278	13062	154832	33663
2015	1234850	2972806	162955	21513	880208	186851	11025	113858	32517
2016	1055868	3021456	151133	16382	708058	153549	6281	140246	61715
2017	1259050	3780374	235385	14144	770839	180099	7803	148406	153437

5-24 各设区市外商直接投资合同数(2000-2017年)

Number of Signed Contracts for Direct Foreign Investment by City(2000-2017)

单位：项 (Unit)

年份 Year	福州市 Fuzhou	厦门市 Xiamen	莆田市 Putian	三明市 Sanming	泉州市 Quanzhou	漳州市 Zhangzhou	南平市 Nanping	龙岩市 Longyan	宁德市 Ningde
2000	295	259	56	36	416	257	84	29	31
2001	319	343	64	35	513	261	81	30	24
2002	385	380	65	52	578	217	92	24	32
2003	360	374	52	66	904	268	178	40	32
2004	414	435	66	87	776	269	134	58	38
2005	326	364	71	107	561	344	136	47	32
2006	327	569	81	83	524	342	110	88	40
2007	234	472	43	71	394	346	80	64	18
2008	155	355	36	53	140	191	68	84	19
2009	144	325	25	46	103	154	61	64	17
2010	186	398	25	65	156	186	46	58	19
2011	170	368	35	32	170	149	44	28	20
2012	148	331	25	42	106	129	43	16	18
2013	135	331	14	37	111	84	30	17	20
2014	126	416	11	40	126	94	26	18	20
2015	339	726	24	27	102	125	19	25	18
2016	483	1278	26	26	124	115	14	32	10
2017	362	1145	23	27	196	121	10	33	20

5-25 各设区市外商直接投资合同金额

Value of Signed Contracts for Direct Foreign Investment by City

单位：万美元 (USD 10000)

年份 Year	福州市 Fuzhou	厦门市 Xiamen	莆田市 Putian	三明市 Sanming	泉州市 Quanzhou	漳州市 Zhangzhou	南平市 Nanping	龙岩市 Longyan	宁德市 Ningde
2000	95479	100400	20744	6596	87014	94420	18586	2601	5533
2005	116672	129492	22852	14594	170025	69657	44437	15978	12008
2008	148883	190847	14216	21470	186888	77214	39325	22556	13802
2009	122969	139531	15034	20401	95910	78500	39067	17567	7116
2010	167297	166157	36294	24499	161089	102339	43001	28321	8560
2011	176966	225037	39283	24513	198154	126049	51542	43336	26963
2012	205643	225010	35891	31682	120592	141580	56251	25335	28747
2013	205700	190805	26725	35644	132803	130555	35294	18653	31653
2014	146368	285337	3666	26113	154609	98080	42784	34039	37301
2015	317473	416303	26662	24286	99498	131223	53806	56501	45068
2016	163075	756798	64730	15610	135553	162953	14532	67468	8624
2017	586287	481683	2002	16026	68777	101942	22974	30317	7944

5-26 各设区市实际利用外商直接投资金额

Direct Foreign Capital Actually Used by City

单位：万美元 (USD 10000)

年份 Year	福州市 Fuzhou	厦门市 Xiamen	莆田市 Putian	三明市 Sanming	泉州市 Quanzhou	漳州市 Zhangzhou	南平市 Nanping	龙岩市 Longyan	宁德市 Ningde
2003	68751	42200	13235	4855	74406	40585	12948	2841	1497
2005	64017	70740	7152	4632	70974	31017	5356	5161	1726
2008	100150	204244	13038	6600	169991	50051	5857	13426	3814
2009	103227	168674	18302	7460	172002	55018	6167	15225	5672
2010	118524	169651	22952	8635	149342	70076	6787	16506	7098
2011	127745	172583	25264	9201	161511	88739	7794	17762	9512
2012	133877	177453	25559	10300	131960	89025	8733	19908	12007
2013	143063	187204	30164	12500	139112	94552	10501	21598	14433
2014	154651	197101	34092	14033	148950	101207	12000	24082	17463
2015	167852	209373	37750	15636	158036	108500	14532	26853	21007
2016	181372	222401	40020	17090	162780	116366	16249	29540	23120
2017	198525	237830	45413	18441	159194	121662	23446	32788	6708

主要统计指标解释

进出口总额 指实际进出我国国境的货物总金额。包括对外贸易实际进出口货物，来料加工装配进出口货物，国家间、联合国及国际组织无偿援助物资和赠送品，华侨、港澳台同胞和外籍华人捐赠品，租赁期满归承租人所有的租赁货物，进料加工进出口货物，边境地方贸易及边境地区小额贸易进出口货物(边民互市贸易除外)，中外合资企业、中外合作经营企业、外商独资经营企业进出口货物和公用物品，到、离岸价格在规定限额以上的进出口货样和广告品(无商业价值、无使用价值和免费提供出口的除外)，从保税仓库提取在中国境内销售的进口货物，以及其他进出口货物。进出口总额用以观察一个国家在对外贸易方面的总规模。我国规定出口货物按离岸价格统计，进口货物按到岸价格统计。

外商直接投资 指外国企业和经济组织或个人(包括华侨、港澳台胞以及我国在境外注册的企业)按我国有关政策、法规，用现汇、实物、技术等在我国境内开办外商独资企业、与我国境内的企业或经济组织共同举办中外合资经营企业、合作经营企业或合作开发资源的投资(包括外商投资收益的再投资)，以及经政府有关部门批准的项目投资总额内企业从境外借入的资金。

对外承包工程 指各对外承包公司以招标议标承包方式承揽的下列业务：(1)承包国外工程建设项目，(2)承包我国对外经援项目，(3)承包我国驻外机构的工程建设项目，(4)承包我国境内利用外资进行建设的工程项目，(5)与外国承包公司合营或联合承包工程项目时我国公司分包部分，(6)对外承包兼营的房屋开发业务。对外承包工程的营业额是以货币表现的本期内完成的对外承包工程的工作量，包括以前年度签订的合同和本年度新签订的合同在报告期内完成的工作量。

对外劳务合作 指以收取工资的形式向业主或承包商提供技术和劳动服务的活动。我国对外承包公司在境外开办的合营企业，中国公司同时又提供劳务的，其劳务部分也纳入劳务合作统计。劳务合作营业额按报告期内向雇主提交的结算数(包括工资、加班费和奖金等)统计。

Explanatory Notes on Main Statistical Indicators

Total Imports and Exports at Customs refer to the value of commodities imported into and exported from the boundary of China. They include the actual imports and exports through foreign Trades, imported and exported goods under the processing and assembling Trades and materials, supplies and gifts as aid given gratis between governments and by the United Nations and other international organizations, and contributions donated by overseas Chinese, compatriots in Hong Kong and Macao and Chinese with foreign citizenship, leasing commodities owned by tenant at the expiration of leasing period, the imported and exported commodities processed with imported materials, commodities trading in border areas(excluding mutual exchange goods), the imported and exported commodities and articles for public use of the Sino-foreign joint ventures, cooperative enterprises and ventures exclusively with foreign own investment .Also included are import or export of samples and advertising goods for whose CIF or FOB value are beyond the permitted ceiling (excluding goods of no trading or use value and free commodities for export),imported goods sold in China from bonded warehouses and other imported or exported goods.The indicator of the total imports and exports at customs can be used to observe the total size of external Trades in a country.In accordance with the stipulation of the Chinese government,imports are calculated at CIF, while exports are calculated at FOB

Foreign Direct Investment refers to the investments inside China by foreign enterprises and economic organizations or individuals(including overseas Chinese,compatriots from Hong Kong and Macao,and Chinese enterprises registered abroad), following the relevant policies and laws of China, for the establishment of ventures exclusively with foreign own investment, Sino-foreign joint ventures and cooperative enterprises or for co-operative exploration of resources with enterprises or economic organizations in China. It includes the re investment of the foreign entrepreneurs with the profits gained from the investment and the funds that enterprises borrow from abroad in the total investment of projects which are approved by the relevant department of the government.

Contracted Projects with Foreign Countries refer to projects undertaken by Chinese contractors (project contracting companies)through bidding process.They include: (1)overseas civil engineering construction projects financed by foreign investors; (2)overseas projects financed by the Chinese government through its foreign aid programs; (3)construction projects of Chinese diplomatic missions,Trades offices and other institutions stationed abroad; (4)construction projects in China financed by foreign investment; (5)sub-contracted projects to be taken by Chinese contractors through a joint umbrella project with foreign contractor(s); (6)housing development projects.The business income from international contracted projects is the work volume of contracted projects completed during the reference period, expressed in monetary terms, including completed work on projects signed in previous years.

Foreign Exchange Earnings from International Tourism refer to the total expenditures of foreigners, overseas Chinese, Chinese compatriots from Hong Kong, Macao and Taiwan during their stay in the mainland of China, which are earnings of foreign exchange from international tourism from the point of view from China.

第六篇　能源

Chapter 6　Energy

资料整理：林红　陈浩明
Database Editor:Linhong Chenhaoming

简 要 说 明

本篇资料的主要内容及来源

本篇资料主要包括能源生产、消费及品种构成，能源和电力消费弹性系数，生活用能源消费量及综合能源平衡表，全省及各设区市主要发展约束性指标，以及规模以上工业分行业能耗情况。

行业分类采用现行统一的国民经济行业分类国家标准。综合能源平衡表中的库存量、进口量、出口量和消费量，根据有关部门和企业提供的数据综合评估得出。本篇出现的“煤炭”，包括原煤、洗精煤、其它洗煤和煤制品（即型煤），不包括焦炭。

本篇资料 2005-2013 年数据，根据全国第三次经济普查资料进行相应调整，相关数据以本年鉴公布数据为准。

本篇资料由省统计局能源统计处依据能源年报整理提供。

Brief Introduction

Main Content and Source of Data

Data in this chapter show the mainly energy production and consumption and their composition of Fujian Province, the elasticity ratio of energy consumption, the consumption of energy for residential use, main binding indicators on development of administrative areas of Fujian, and the energy consumption of industrial enterprises grouped by sector over designated size.

Data by industries in this chapter are based on the new National Industrial Classification of All Economic Activities；In the energy balance, data on stock, imports, exports and consumption are based on data provide by relevant departments and enterprises；Coal includes crude coal, washing coal, other washing coal and coal products and excludes coke.

According to the National Econimic Sensus Ⅲ,the data had been adjusted from 2005 to 2013.

Data on this chapter are provided and processed in accordance with the statistical reporting scheme on energy by the Division of Energy of the Fujian Provincial Bureau of Statistics.

6-1 一次能源生产总量及构成(1978-2017年)

Total Production of Primary Energy and Its Composition(1978-2017)

单位：万吨标准煤 (10000 tons of SCE)

年份 Year	能源生产总量 Total Energy Production	占能源生产总量的比重(%) Percentage of Total Energy Production(%)				
		原煤 Coal	一次电力及其他能源 Primary Power and Others	#水电 Hydro-power	风电 Wind Power	核电 Nuclear Power
1978	461.00	65.5	34.5	34.5		
1979	491.00	69.9	30.1	30.1		
1980	492.00	67.3	32.7	32.7		
1981	493.00	60.2	39.8	39.8		
1982	522.00	60.5	39.5	39.5		
1983	609.00	61.4	38.6	38.6		
1984	641.00	64.3	35.7	35.7		
1985	690.00	62.7	37.3	37.3		
1986	724.00	67.0	33.0	33.0		
1987	806.00	69.7	30.3	30.3		
1988	918.00	67.2	32.8	32.8		
1989	950.00	71.0	29.0	29.0		
1990	966.52	68.4	31.6	31.6		
1991	854.43	71.7	28.3	28.3		
1992	1013.39	64.1	35.9	35.9		
1993	1051.43	66.7	33.3	33.3		
1994	1169.96	59.7	40.3	40.3		
1995	1396.24	58.0	42.0	42.0		
1996	1406.04	59.3	40.7	40.7		
1997	1256.30	44.1	55.9	55.9		
1998	1177.00	44.1	55.9	55.9		
1999	1634.16	59.9	40.1	40.1		
2000	1654.17	60.3	39.7	39.7		
2001	1850.44	49.9	50.1	50.1		
2002	1923.40	61.3	38.7	38.7		
2003	1816.80	68.4	31.6	31.6		
2004	1805.75	72.6	27.4	27.4		
2005	2488.47	61.5	38.5	38.5		
2006	2668.15	57.8	42.2	42.2		
2007	2625.28	61.5	38.5	38.1	0.4	
2008	2989.93	60.1	39.9	39.3	0.6	
2009	2939.48	61.2	38.8	37.9	0.9	
2010	3260.42	56.1	43.9	42.8	1.1	
2011	2802.72	66.8	33.2	30.8	2.4	
2012	2989.65	49.0	51.0	48.2	2.8	
2013	2739.76	43.8	56.2	44.0	4.0	8.2
2014	2924.01	38.9	61.1	42.6	3.9	14.6
2015	3566.60	32.1	67.9	39.5	3.7	24.6
2016	4490.80	22.0	78.0	44.2	3.4	27.3
2017	4227.77	19.1	80.9	32.2	4.6	39.6

注：2016年一次能源生产量包括生物质燃料等其他能源，与往年口径不一致，若不含其他能源，2016年一次能源生产量为4357.85万吨标准煤。

Note:In 2016, Total Production of Primary Energy including biomass fuel and other energy sources, was not the same as in previous years. If there were no other energy sources, otal Production of Primary Energy in 2016 was 4357.85 10thousand tons of SCE.

6-2 能源消费总量及构成(1978-2017年)

Total Consumption of Energy and Its Composition(1978-2017)

单位：万吨标准煤 (10000 tons of SCE)

年份 Year	能源消费总量 Total Energy Consumption	占能源消费总量的比重(%) As Percentage of Total Energy Production(%)					
		原煤 Coal	石油 Crude Oil	天然气 Natural Gas	一次电力及其他能源 Primary Power and Others	#水电 Hydro-power	核电 Nuclear Power
1978	688.00	63.7	12.9		23.4	23.4	
1979	731.00	66.9	13.1		20.0	20.0	
1980	710.00	64.0	13.9		22.1	22.1	
1981	729.00	59.1	13.6		27.3	27.3	
1982	780.00	60.6	12.8		26.6	26.6	
1983	861.00	61.5	11.8		26.7	26.7	
1984	930.00	63.0	12.7		24.3	24.3	
1985	1043.00	64.0	11.2		24.8	24.8	
1986	1114.00	66.3	12.2		21.5	21.5	
1987	1215.00	67.0	12.9		20.1	20.1	
1988	1363.30	65.9	12.0		22.1	22.1	
1989	1404.00	68.3	12.1		19.6	19.6	
1990	1458.30	67.0	12.1		20.9	20.9	
1991	1530.56	70.9	13.3		15.8	15.8	
1992	1624.05	64.1	13.5		22.4	22.4	
1993	1848.00	61.9	19.2		18.9	18.9	
1994	1953.54	59.9	18.7		21.4	21.4	
1995	2279.91	54.8	19.5		25.7	25.7	
1996	2452.18	55.4	21.3		23.3	23.3	
1997	2499.11	50.8	21.1		28.1	28.1	
1998	2578.62	51.9	22.2		25.9	25.9	
1999	2771.64	53.9	22.7		23.4	23.4	
2000	2942.60	54.4	23.3		22.3	22.3	
2001	3163.09	51.4	22.0		26.6	26.6	
2002	3615.33	55.6	23.8		20.6	20.6	
2003	4062.55	61.4	24.5		14.1	14.1	
2004	4527.80	63.8	25.1	0.2	10.9	10.9	
2005	5753.99	59.4	23.8	0.1	16.7	16.7	
2006	6396.85	59.8	22.5	0.1	17.6	17.6	
2007	7109.26	62.9	22.8	0.1	14.2	14.1	
2008	7734.20	62.6	20.1	0.3	17.0	16.8	
2009	8353.67	65.5	19.5	1.4	13.6	13.3	
2010	9189.42	55.4	24.8	4.2	15.6	15.2	
2011	9980.23	62.0	24.0	4.6	9.4	8.7	
2012	10479.44	57.1	23.5	4.8	14.6	13.7	
2013	11189.91	56.9	23.4	5.9	13.8	10.8	2.0
2014	12109.72	53.0	26.8	5.5	14.7	10.3	3.5
2015	12179.97	50.5	24.6	5.0	19.9	11.6	7.2
2016	12357.75	43.6	23.7	5.2	27.5	15.3	9.9
2017	12889.97	45.9	24.1	5.2	24.8	10.5	13.0

6-3 综合能源平衡表

Overall Energy Balance Sheet

单位：万吨标准煤 (10000 tons of SCE)

项目 Item	2000	2005	2010	2016	2017
可供消费的能源总量 Total Energy Available for Comsumption	**2962.28**	**5752.29**	**9189.40**	**12357.17**	**12889.96**
一次能源生产量 Primary Energy Output	1654.17	2488.47	3260.42	4490.80	4227.77
省外调入量 Take-in Quantity from Outside of the Province	1531.68	3638.98	6726.75	8881.21	9616.08
本省调出量(-) Take-out Quantity from Native Province(-)	246.59	323.32	786.26	1199.54	1059.02
年末年初库存差额 Stock Changes in The Year	23.04	-51.84	-11.51	184.70	105.13
能源消费总量 Total Energy Consumption	**2942.60**	**5753.99**	**9189.42**	**12357.75**	**12889.97**
在总量中: Consumption by Sector					
1.农、林、牧、渔、水利业 Farming,Forestry,Animal Husbandry,Fishery And water Conservancy	99.36	107.14	179.41	225.53	232.44
2.工业 Industry	1923.19	4030.36	6487.70	8539.22	8805.42
3.建筑业 Construction	30.07	72.48	190.23	258.58	270.54
4.交通运输、仓储和邮政业 Transport,Storage,Post And Telecommunication Services	223.94	469.40	753.38	1111.56	1204.37
5.批发、零售业和住宿、餐饮业 Wholesale and Retail Trades,Hotels and Catering Services	63.80	148.85	228.58	305.33	333.68
6.其他行业 Others Sectors	214.72	286.71	334.50	475.23	518.45
7.生活消费 Residential Consumption	387.52	639.05	1015.62	1442.30	1525.07
在总量中: Consumption by Sector					
（一）终端消费 Final Consumption	2833.43	5545.55	9064.35	12221.85	12741.99
#工业 Industy	1814.00	3821.92	6417.98	8450.04	8657.44
（二）加工转换损失量 Losses in Processing And Transformation	7.97	-20.17	126.87	121.87	116.60
#炼焦 Coking	0.08	-2.45	-14.61	-5.11	-8.05
炼油 Petroleum Refining	7.55	-16.88	-64.12	-57.66	-78.27
回收能 Recovery of Energy		202.62	236.55	292.10	303.05
（三）损失量 Other Losses	101.20	188.27	251.94	257.77	264.59
平衡差额 Balance	**19.67**	**-1.70**	**-0.02**	**-0.59**	**-0.01**

注： 1.电力、热力按等价热值折算。2.省外调入量包括进口量，本省调出量包括出口量。

Note:a)Electric Power and Heat are calculated by Caloric Value of Equal Price. b)Take-in quantity from outside of the province includes imports; Take-out quantity from native province includes exports.

6-4 电力平衡表

Electricity Balance Sheet

单位：亿千瓦小时 (100 million kmh)

项目 Item	2000	2005	2010	2016	2017
可供量 Total Available Energy	**403.02**	**756.59**	**1315.08**	**1968.58**	**2112.73**
生产量 Output	405.21	778.25	1356.32	2004.61	2185.58
火电 Thermal Power	208.45	486.88	890.61	915.32	1139.16
水电、风电、核电、其它发电 Hydro-power, Wind-Power, Nuclear-Power and Others	196.76	291.37	465.71	1089.29	1046.42
本省调出量(-) Take-out Quantity from Native Province(-)	2.20	26.64	42.95	42.36	75.34
省外调入量 Take-in Quantity from Outside of the Province		4.98	1.71	6.33	2.49
消费量 Consumption	**403.02**	**756.59**	**1315.08**	**1968.58**	**2112.73**
在总量中: Consumption by Sector					
1.农、林、牧、渔业、水利业 1.Agriculture,Forestry,Animal Husbandry, and Fishery	15.91	8.78	13.35	27.59	29.65
2.工业 2.Industry	273.77	537.90	892.81	1273.84	1357.83
3.建筑业 3.Construction	6.06	6.59	20.73	24.58	26.54
4.交通运输.仓储和邮政业 4.Transport, Storage and Post	8.78	11.44	17.43	29.10	33.92
5.批发、零售业和住宿、餐饮业 5.Wholesale and Retail Trades, Hotels and Catering Services	11.83	23.20	48.29	90.84	100.39
6.其他行业 6.Others	21.46	46.71	83.59	141.51	156.16
7.生活消费 7.Household Consumption	65.21	121.97	238.88	381.12	408.24
在总量中: Consumption by Use					
1.终端消费 1.End-use Consumption	372.67	699.43	1233.09	1883.05	2024.24
#工业 Industry	243.42	480.74	810.82	1188.31	1269.35
2.输配电损失量 2.Losses in Transmission	30.35	57.16	81.99	85.53	88.49
平衡差额 Balance	**-0.01**	**-0.35**			

6-5 能源消费弹性系数(1990-2017年)

Elasticity Ratio of Energy(1990-2017)

年份 Year	能源消费比上年增长(%) Growth Rate of Energy Consumption over Preceding Year (%)	电力消费比上年增长(%) Growth Rate of Electricity Consumption over Preceding Year (%)	能源消费弹性系数 Elasticity Ratio of Energy Consumption	电力消费弹性系数 Elasticity Ratio of Electricity Consumption
1990	3.87	5.48	0.52	0.73
1991	4.96	11.03	0.35	0.78
1992	6.11	16.32	0.30	0.80
1993	13.79	10.63	0.61	0.47
1994	5.71	17.24	0.28	0.85
1995	16.71	14.13	1.14	0.97
1996	7.56	9.03	0.67	0.80
1997	1.91	8.88	0.14	0.63
1998	3.18	3.78	0.29	0.35
1999	7.49	10.36	0.76	1.05
2000	6.17	13.44	0.66	1.45
2001	7.49	9.17	0.86	1.05
2002	14.30	21.74	1.40	2.13
2003	12.37	17.73	1.08	1.54
2004	11.45	5.35	0.97	0.45
2005	13.00	13.88	1.12	1.20
2006	11.17	14.57	0.75	0.98
2007	11.14	15.40	0.73	1.01
2008	8.79	7.32	0.68	0.56
2009	8.01	5.72	0.65	0.47
2010	10.00	15.87	0.72	1.14
2011	8.61	15.27	0.70	1.24
2012	5.00	4.20	0.44	0.37
2013	6.78	7.68	0.62	0.70
2014	8.22	9.12	0.83	0.92
2015	0.58	-0.21	0.06	
2016	1.46	6.30	0.17	0.75
2017	4.31	7.32	0.53	0.91

注：2015年电力消费负增长，无法计算电力消费弹性系数。

Note:Due to the negative Growth Rate of Electricity Consumption,Elasticity Ratio of Electricity Consumption in 2015 can't be calculated.

6-6 能源加工转换效率(1985-2017年)

Efficiency of Energy Conversion(1985-2017)

单位：% (%)

年份 Year	总效率 Total Efficiency	发电及电站供热 Power Generation and Heating by Power Station	炼焦 Coking	炼油 Petroleum Refining
1985	36.87	25.50	86.40	
1986	34.20	25.98	87.01	
1987	33.32	26.60	88.94	
1988	33.91	27.43	88.19	
1989	35.93	30.50	88.43	
1990	36.74	31.43	87.00	
1991	37.37	31.84	88.25	
1992	38.78	32.01	87.08	
1993	58.38	32.26	87.35	98.00
1994	57.74	32.26	87.70	97.97
1995	61.94	32.43	90.61	94.96
1996	60.54	32.51	91.10	95.41
1997	66.72	33.95	89.31	96.92
1998	59.35	33.95	97.36	96.95
1999	62.08	34.62	95.28	97.69
2000	63.63	36.04	98.01	95.38
2001	62.55	35.94	97.13	93.47
2002	57.24	36.25	97.95	94.74
2003	54.42	37.02	97.90	92.91
2004	54.81	39.65	95.39	96.44
2005	55.00	39.77	97.88	96.61
2006	55.23	39.84	98.32	99.46
2007	53.14	40.52	94.74	99.45
2008	52.21	41.16	96.84	99.15
2009	58.63	42.48	93.88	97.97
2010	63.50	42.72	92.08	96.06
2011	57.39	42.48	94.62	94.12
2012	61.30	43.24	95.83	96.21
2013	57.53	42.87	96.20	94.18
2014	64.40	44.05	93.28	95.19
2015	68.65	44.24	95.98	96.06
2016	71.43	44.69	96.88	96.43
2017	68.83	44.39	95.99	96.29

6-7 平均每天能源消费量

Average Daily Energy Consumption by Type of Energy

单位：万吨标准煤

年份 Year	合计（万吨标准煤） Total (10000 tons of SCE)	煤炭（万吨） Coal (10000 tons)	焦炭（万吨） Coke (10000 tons)	原油（万吨） Crude Oil (10000 tons)	燃料油（万吨） Fuel Oil (10000 tons)	汽油（万吨） Gasoline (10000 tons)	柴油（万吨） Diesel Oil (10000 tons)	液化石油气（万吨） Liquefied Gas (10000 tons)	天然气（万立方米） Natural Gas (10000 m3)	电力（亿千瓦小时） Electricity (100 million kwh)
1990	4.00	3.57	0.15		0.04	0.11	0.17			0.37
1995	6.25	4.59	0.22	0.62	0.09	0.19	0.43	0.05		0.72
2000	8.06	5.92	0.27	0.98	0.15	0.29	0.58	0.11		1.10
2003	11.13	8.96	0.36	0.99	0.26	0.38	0.73	0.22		1.60
2004	12.40	10.43	0.56	1.07	0.22	0.53	0.89	0.24		1.77
2005	15.76	11.63	0.77	0.95	0.44	0.55	1.01	0.27		2.07
2006	17.53	13.06	0.82	1.03	0.48	0.57	1.07	0.26		2.37
2007	19.48	15.31	0.98	0.97	0.34	0.72	1.30	0.29		2.74
2008	21.19	16.42	1.01	0.85	0.39	0.69	1.19	0.28	41.92	2.94
2009	22.89	17.57	1.79	1.93	0.45	0.72	1.13	0.25	232.60	3.11
2010	25.18	17.76	1.88	3.13	0.50	0.91	1.40	0.23	797.26	3.60
2011	27.34	21.89	2.00	2.64	0.52	1.02	1.46	0.23	1038.08	4.15
2012	28.71	21.01	1.78	3.03	0.51	1.09	1.41	0.22	1027.12	4.33
2013	30.66	22.13	1.80	2.76	0.50	1.12	1.43	0.22	1353.15	4.66
2014	33.18	22.46	1.85	5.60	0.52	1.21	1.41	0.22	1376.99	5.09
2015	33.37	20.99	1.71	5.93	0.48	1.27	1.22	0.17	1243.29	5.07
2016	33.86	18.70	1.67	5.72	0.49	1.36	1.18	0.19	1330.14	5.39
2017	35.31	20.67	1.81	5.71	0.40	1.46	1.19	0.19	1374.25	5.89

6-8 生活能源消费量

Average Annual Energy Consumption for Households

单位：万吨标准煤

年份 Year	合计（万吨标准煤） Total (10000 tons of SCE)	煤炭（万吨） Coal (10000 tons)	汽油（万吨） Gasoline (10000 tons)	柴油（万吨） Kerosene (10000 tons)	天然气（亿立方米） Natural Gas (100 million tons)	液化石油气（万吨） Liquefied Gas (10000 tons)	电力（亿千瓦小时） Electricity (100 million kwh)
1990	219.38	196.00				1.57	18.48
1995	290.95	181.17				14.22	34.68
2000	387.52	155.00				30.96	65.21
2003	504.29	138.70	6.72			53.80	98.11
2004	558.71	135.98	12.63			58.17	110.12
2005	639.05	145.26	13.65	3.58		53.68	121.97
2006	701.06	139.00	16.95	4.91		57.57	141.12
2007	766.85	124.50	18.07	6.58		61.37	163.08
2008	845.62	112.78	22.33	6.12	0.05	64.14	188.78
2009	912.85	107.79	47.13	6.41	0.25	57.94	209.65
2010	1015.62	106.90	67.52	9.93	0.77	45.24	238.88
2011	1088.21	89.00	68.60	10.50	0.94	50.78	266.09
2012	1157.69	83.00	70.00	10.77	0.96	50.38	289.86
2013	1224.10	54.95	84.50	10.89	1.18	50.37	311.19
2014	1306.86	31.30	89.77	11.20	1.25	45.30	345.03
2015	1318.99	30.10	93.80	13.30	1.43	45.00	344.96
2016	1442.30	26.86	99.80	14.29	1.55	49.62	381.12
2017	1525.07	24.00	104.30	15.40	1.90	49.50	408.24

6-9 年人均生活能源消费量(1990-2017年)

Annual per Capita Energy Consumption of Households(1990-2017)

年份 Year	合计（千克标准煤） Total (kg of SCE)	煤炭(千克) Coal(kg)	汽油(千克) Gasoline(kg)	液化石油气(千克) Liquefied Petroleum Gas(kg)	天然气(立方米) Natural Gas(cu.m)	电力(千瓦小时) Electricity(Kwh)
1990	72.87	65.11		0.52		61.39
1991	74.70	62.86		0.59		71.09
1992	84.79	63.92		0.66		95.69
1993	59.66	57.95		2.86		102.23
1994	63.32	57.79		4.19		106.77
1995	90.78	56.53		4.44		108.21
1996	101.97	50.40		8.35		130.02
1997	106.12	50.44		7.46		150.42
1998	114.26	48.97		8.86		171.74
1999	120.30	48.37		8.88		191.56
2000	115.23	46.09		9.21		193.90
2001	127.20	44.93		9.62		209.69
2002	136.03	42.32	1.19	13.49		244.41
2003	144.82	39.83	1.93	15.45		281.75
2004	159.19	38.74	3.60	16.57		313.75
2005	180.37	41.00	3.85	15.15		344.26
2006	196.32	38.92	4.75	16.12		395.18
2007	213.10	34.60	5.02	17.05		453.19
2008	233.24	31.11	6.16	17.69	0.14	520.70
2009	249.92	29.51	12.90	15.86	0.68	573.99
2010	276.02	29.05	18.35	12.30	2.09	649.22
2011	293.60	24.01	18.51	13.70	2.54	717.90
2012	310.04	22.23	18.75	13.49	2.57	776.27
2013	325.47	14.61	22.47	13.39	3.14	827.41
2014	344.82	8.26	23.69	11.95	3.30	910.37
2015	345.06	7.87	24.54	11.77	3.74	902.45
2016	373.99	6.96	25.88	12.87	4.02	988.25
2017	391.80	6.17	26.80	12.72	4.88	1048.79

6-10 规模以上工业企业能源购进、消费及库存(2017年)

Purchases, Consumption and Inventory of Energy in Industrial Enterprises above Designated Size(2017)

项目 Item	购进量 Purchases	消费量 Consumption	工业生产消费 Industry Consumption	非工业生产消费 Non-Industry Consumption	年末库存 Inventory at the Year-end
原煤(吨) Coal(tons)	68362886	68253616	68117986	135629	3585653
洗精煤(吨) Concentratc Coal Washing(tons)	1980372	1995019	1995019		91246
其他洗煤(吨) Other Coal Washing(tons)	37915	38345	38345		1298
煤制品（吨） Coal Products	332879	326561	326502	59	12593
焦炭(吨) Coke(tons)	5768727	6601022	6601010	12	154778
其他焦化产品(吨) Other Coke Ratio Products(tons)	25492	22949	22949		2929
焦炉煤气(万立方米) Coking Gas(10000 cu.m)	19454	48574	48574		
高炉煤气(万立方米) Furnace Gas(10000 cu.m)	96631	1456210	1456210		
其他煤气(万立方米) Other Gas(10000 cu.m)	25878	135602	135602		
天然气(万立方米) Natural Gas(10000 cu.m)	397956	398086	395051	3034	511
液化天然气(吨) Liquefied Natural Gas(tons)	3213971	147668	146597	1071	198307
原油(吨) Crude Oil(tons)	20647626	20882885	20882877	8	935255
汽油(吨) Gasoline(tons)	89988	89277	51897	37380	517
煤油(吨) Kerosene(tons)	6863	6596	6517	79	1561
柴油(吨) Diesel Oil(tons)	314407	390487	358958	31528	10305
燃料油(吨) Fuel Oil(tons)	622011	836396	835369	1026	128900
液化石油气(吨) Liquefied Petroleum Gas(tons)	29319	70861	69366	1496	179
炼厂干气(吨) Dry Gas from Refinery(tons)		1699669	1699669		
其他石油制品(吨) Other(tons)	1108768	1817001	1816964	37	28149
热力(百万千焦) Heat(million kilo joule)	35074733	61512961	61490293	22668	
电力(万千瓦小时) Electricity(10000 kmh)	10345694	12072369	11942252	130117	
其他燃料(吨标准煤) Other(ton of SCE)	1141588	1252567	1252474	93	12121

注：本表“规模以上”指“年主营业务收入2000万元及以上工业法人企业”。

Note:Industrial enterprises above designated size are those with annual revenue from principal business over 20 million yuan.

6-11 按行业分规模以上工业企业主要能源产品消费量(2017年)

Consumption of Major Energy in Industrial Enterprises above Designated Size by Industrial sector(2017)

单位：吨 (ton)

行业 Sector	原煤 Coal	焦炭 Coke	汽油 Gasoline	煤油 Kerosene	柴油 Diesel Oil	燃料油 Fuel Oil	电力(万千瓦小时) Electricity (10000 kwh)
合 计 **Total**	**68253616**	**6601022**	**89277**	**6596**	**390487**	**836396**	**12072369**
煤炭开采和洗选业 Coal Mining and Dressing	601039		674		929		28862
石油和天然气开采业 Petroleum and Natural Gas Mining							
黑色金属矿采选业 Ferrous Metals Mining and Dressing	25369	36014	1129		8252		41775
有色金属矿采选业 Nonferrous Metals Mining and Dressing			130		2370	17	22389
非金属矿采选业 Nonmetal Minerals Mining and Dressing	88703		1066		9082	172	28511
开采辅助活动 Subsidiary Action							
其他采矿业 Others Mining and Quarrying							
农副食品加工业 Agricultural and Sideline Products Processing	461342	658	4343	711	15342	1920	288575
食品制造业 Food Manufacturing	337173		1407		4267	4119	175901
酒、饮料和精制茶制造业 Wine，Drink and Tea Manufacturing	134737		1209		1588	746	86223
烟草制品业 Tobacco Processing	4733		125		3634	1257	11843
纺织业 Textile Industry	881807		3150	4	2268	21705	849859
纺织服装、服饰业 Textile Garments Products	50799		4807		3814	207	173968
皮革、毛皮、羽毛及其制品和制鞋业 Leather , Furs , Down and Relate Products	55051		9304		4631	856	335712
木材加工和木、竹、藤、棕、草制品业 Timber Processing , Bamboo , Cane , Palm Fiber and Straw Products	94297		1362		2883	48	103090
家具制造业 Furniture Manufacturing	534		1568	2	671		52519
造纸和纸制品业 Papermaking and Paper Products	1696971		3058		7558	1829	451875
印刷和记录媒介复制业 Printing and Record Medium Reproduction	10916		2102	8	1941		47482
文教、工美、体育和娱乐用品制造业 Cultural , Educational and Sports Goods	11485		3255	6	4727	59	138902
石油加工、炼焦和核燃料加工业 Petroleum Processing , Coking and Nuclear Fuel Processing	77301		237		80393	500580	328399

6-11 续表

Continued

单位：吨 (ton)

行业 Sector	原煤 Coal	焦炭 Coke	汽油 Gasoline	煤油 Kerosene	柴油 Diesel Oil	燃料油 Fuel Oil	电力 (万千瓦小时) Electricity (10000 kwh)
化学原料和化学制品制造业 Raw Chemical Materials and Chemical Products	4307104		5653	1712	8941	6698	895324
医药制造业 Medical and Pharmaceutical Products	146071		999	1	2348	1018	55825
化学纤维制造业 Chemical Fiber	752274		352	291	798	4922	524197
橡胶和塑料制品业 Rubber and Plastic Products	625294		5483	1	5986	2566	439318
非金属矿物制品业 Nonmetal Minerals Products	8349814	3061	6039	132	153646	272299	1366267
黑色金属冶炼和压延加工业 Smelting and Pressing of Ferrous Metals	3367740	5772260	727	31	6072		1172539
有色金属冶炼和压延加工业 Smelting and Pressing of Nonferrous Metals	1059606	784818	1487	2163	13716	2617	926429
金属制品业 Metal Products	8801	923	2510	32	4905	2734	200144
通用设备制造业 General Equipment	3033	984	3613	652	5939	277	163171
专用设备制造业 Special Purpose Equipment	3059		2136	175	4087	52	80306
汽车制造业 Automobile manufacturing industry	1711	1917	3533	51	6798	23	154952
铁路、船舶、航空航天和其他运输设备制造业 Railway,Watercraft,Aviation and others transportation Manufacturing	673		1121	271	8001	557	35703
电气机械和器材制造业 Electric Equipment and Machinery	23080	377	3650	88	2442		273492
计算机、通信和其他电子设备制造业 Computer,Communication and other Electronic Equipment	9938		2626		1034	1515	515289
仪器仪表制造业 Instruments and Meters Machinery		12	1325	11	154	27	32119
其他制造业 Others Manufacturing	312747		1340	13	1176		42820
废弃资源综合利用业 Waste Resources and Materials Recovering	40428		392	30	418		18343
金属制品、机械和设备修理业 Metals,Machinery and Equipment maintenance			36	209	1441	1526	10264
电力、热力生产和供应业 Production and Supply of Electric Power and Hot Power	44681117		6564	1	7712	6047	1913422
燃气生产和供应业 Production and Supply of Gas	28869		327		346		7896
水的生产和供应业 Production and Supply of Water			435		176		78664

6-12 按行业分规模以上工业综合能源消费量(2017年)

Consumption of Energy in Industrial Enterprises above Designated Size by Sector(2017)

单位：吨标准煤 (ton of SCE)

项目	Item	综合能耗 Consumption of Energy	比上年增长(%) Ratio(%)
合计	**Total**	**70852762**	**8.1**
采矿业	Mining and Quarrying	304339	-5.0
煤炭开采和洗选业	Coal Mining and Dressing	37063	-25.7
石油和天然气开采业	Petroleum and Natural Gas Mining		
黑色金属矿采选业	Ferrous Metals Mining and Dressing	117808	1.3
有色金属矿采选业	Nonferrous Metals Mining and Dressing	31042	1.5
非金属矿采选业	Nonmetal Minerals Mining and Dressing	118425	-4.2
开采辅助活动	Subsidiary Action		
其他采矿业	Others Mining and Quarrying		
制造业	Manufacturing	50799087	2.7
农副食品加工业	Agricultural and Sideline Products Processing	835615	0.2
食品制造业	Food Manufacturing	666712	-6.3
酒、饮料和精制茶制造业	Wine，Drink and Tea Manufacturing	279583	-2.8
烟草制品业	Tobacco Processing	34777	-6.3
纺织业	Textile Industry	2055945	-4.2
纺织服装、服饰业	Textile Garments Products	270931	-8.8
皮革、毛皮、羽毛及其制品和制鞋业	Leather , Furs , Down and Relate Products	492246	-5.3
木材加工和木、竹、藤、棕、草制品业	Timber Processing , Bamboo , Cane , Palm Fiber and Straw Products	559437	-1.8
家具制造业	Furniture Manufacturing	76473	2.6
造纸和纸制品业	Papermaking and Paper Products	1694438	-4.9
印刷和记录媒介复制业	Printing and Record Medium Reproduction	94635	-3.7
文教、工美、体育和娱乐用品制造业	Cultural , Educational and Sports Goods	297416	-9.7
石油加工、炼焦和核燃料加工业	Petroleum Processing , Coking and Nuclear Fuel Processing	9935309	9.2
化学原料和化学制品制造业	Raw Chemical Materials and Chemical Products	4531985	-5.5
医药制造业	Medical and Pharmaceutical Products	304128	1.3
化学纤维制造业	Chemical Fiber	1254680	-0.2
橡胶和塑料制品业	Rubber and Plastic Products	1294067	1.6
非金属矿物制品业	Nonmetal Minerals Products	11067901	-0.2
黑色金属冶炼和压延加工业	Smelting and Pressing of Ferrous Metals	9986955	6.0
有色金属冶炼和压延加工业	Smelting and Pressing of Nonferrous Metals	2838265	13.5
金属制品业	Metal Products	331510	-12.7
通用设备制造业	General Equipment	218287	0.4
专用设备制造业	Special Purpose Equipment	117679	-4.3
汽车制造业	Automobile manufacturing industry	247402	8.3
铁路、船舶、航空航天和其他运输设备制造业	Railway,Watercraft,Aviation and others transportation Manufacturing	70084	5.6
电气机械和器材制造业	Electric Equipment and Machinery	364012	6.9
计算机、通信和其他电子设备制造业	Computer,Communication and other Electronic Equipment	673443	32.4
仪器仪表制造业	Instruments and Meters Machinery	41260	1.2
其他制造业	Others Manufacturing	91094	4.1
废弃资源综合利用业	Waste Resources and Materials Recovering	56167	-2.9
金属制品、机械和设备修理业	Metals,Machinery and Equipment maintenance	16651	12.6
电力、热力、燃气及水生产和供应业	Production and Supply of Electric Power,Hot Power and Water	19749336	25.3
电力、热力生产和供应业	Production and Supply of Electric Power and Hot Power	19625150	25.5
燃气生产和供应业	Production and Supply of Gas	27146	-12.6
水的生产和供应业	Production and Supply of Water	97041	2.3

注：1.规模以上工业电力折算标准煤的系数用当量系数1.229。2.本表“比上年增长”以当量值计算。

Note:a)The coefficient for conversion of electric power into SCE is 1.229.b)The ratio of energy is calculated on the basis of the data on average consumption in the same year.

6-13 各设区市万元地区生产总值能耗升降情况

Indicators of Energy Consumption per 10000 yuan of GDP by City

单位：% (%)

地区	Area	2010	2011	2012	2013	2014	2015	2016	2017
全　省	**Total**	**-3.42**	**-3.29**	**-5.70**	**-3.76**	**-1.53**	**-7.70**	**-6.42**	**-3.50**
福州市	Fuzhou	-2.78	-3.56	-4.03	-2.70	-3.76	-7.00	-3.55	-0.11
厦门市	Xiamen	-1.76	-3.11	-2.72	-1.90	-1.47	-8.33	-1.82	-1.50
莆田市	Putian	-2.14	-3.63	-3.57	-4.08	0.16	-5.94	-0.96	-0.14
三明市	Sanming	-3.65	-4.01	-5.90	-4.82	-5.23	-12.17	-7.58	-3.02
泉州市	Quanzhou	-2.40	-4.58	-3.68	-4.75	2.54	-4.78	-6.93	-3.62
漳州市	Zhangzhou	-2.21	-2.82	-4.51	2.56	21.30	-27.30	-14.06	-4.34
南平市	Nanping	-3.62	-4.14	-4.43	-5.95	-6.89	-6.85	-6.20	-4.11
龙岩市	Longyan	-3.19	-3.31	-6.30	-5.73	-3.88	-6.07	-6.07	-2.15
宁德市	Ningde	-0.48		-2.25	1.69	13.74	-1.64	1.37	-6.90

6-14 各设区市万元地区生产总值电耗升降情况

Indicators of Electricity Consumption per 10000 yuan of GDP by City

单位：% (%)

地区	Area	2008	2009	2010	2011	2012	2013	2014	2015	2016	2017
全　省	**Total**	**-4.98**	**-5.87**	**1.73**	**2.73**	**-6.42**	**-2.96**	**-0.27**	**-8.42**	**-1.96**	**-0.69**
福州市	Fuzhou	-4.65	-4.03	0.09	0.32	-8.82	-1.23	-3.21	-8.23	-0.93	2.51
厦门市	Xiamen	-5.19	-5.16	1.32	-2.14	-4.09	-2.37	-2.31	-6.32	0.46	0.73
莆田市	Putian	-6.94	-2.64	5.69	-0.52	-5.41	-0.13	-0.11	5.67	5.75	1.69
三明市	Sanming	-6.51	-15.58		0.76	-7.79	-5.97	-4.34	-11.02	-7.08	
泉州市	Quanzhou	-5.93	-1.10	0.86	-2.60	-7.91	-6.53	-2.11	-8.58	-4.05	-1.03
漳州市	Zhangzhou	-1.00	-5.45	-1.83	2.47	-4.12	0.97	5.77	-12.21	-3.94	-1.51
南平市	Nanping	-8.71	12.57	7.56	11.21	-11.51	-8.63	-9.90	-13.43	-3.76	0.98
龙岩市	Longyan	-0.27	-18.40	3.43	3.00	-6.18	-3.67	-5.97	-11.20	-6.52	-1.74
宁德市	Ningde	-3.28	-6.85	7.11	17.86	-8.99	8.90	10.19	0.08	8.15	-12.17

6-15 各设区市规模以上工业万元增加值能耗升降情况

Indicators of Energy Consumption per 10000 yuan of Value-added of Industrial Enterprises above Designated Size by City

单位：%

地区	Area	2008	2009	2010	2011	2012	2013	2014	2015	2016	2017
全　省	**Total**	**-10.05**	**-2.70**	**-6.08**	**-1.13**	**-14.11**	**-4.83**	**-1.01**	**-16.43**	**-13.83**	**0.05**
福州市	Fuzhou	-4.78	0.89	-11.97	9.50	-18.58	-5.07	-10.75	-18.97	-15.24	9.15
厦门市	Xiamen	-10.71	-3.43	-6.42	-6.11	-18.30	-6.92	-10.22	-16.81	-11.89	-1.54
莆田市	Putian	-22.72	4.83	-6.19	-3.16	-15.94	-5.55	-10.41	-16.92	-10.53	14.86
三明市	Sanming	-14.73	-18.69	-12.81	-6.84	-8.03	-9.35	-11.87	-18.19	-9.75	-4.80
泉州市	Quanzhou	-11.44	7.15	13.49	-11.06	-8.89	-9.49	2.96	-2.87	-10.39	-3.83
漳州市	Zhangzhou	-13.82	-5.61	-7.65	1.53	-25.16	12.77	22.43	-40.34	-28.91	0.63
南平市	Nanping	-15.14	-13.43	-5.83	-8.52	-12.51	-10.91	-12.56	-9.97	-13.03	-9.69
龙岩市	Longyan	-18.57	-16.97	-4.36	-3.72	-15.20	-5.89	-11.13	-16.52	-11.95	-1.23
宁德市	Ningde	-13.01	14.81	-7.19	10.47	-25.15	-6.70	11.01	-10.50	-13.53	9.53

注：本表以当量值计算。

Note:The data of the table is Equivalent Value calculation.

主要统计指标解释

能源生产总量　指一定时期内一次能源生产量的总和。一次能源生产量指本地区原煤、原油、天然气、水电、风电、核电和其他非燃料能源发电（地热电、太阳能电）的生产量。

能源消费总量　指一定地域（行政或地理区域）内，国民经济各行业和居民家庭在一定时期消费的各种能源的总和。能源消费总量在消费环节上包括终端能源消费量、能源加工转换损失量、能源运输和管理过程的损失量；在能源类别上包括全部化石能源，以及作为能源使用、作为商品流通并使用的可再生能源和新能源。

(1)终端能源消费量：指一定时期内生产和生活消费的各种能源在扣除了用于加工转换二次能源消费量和损失量以后的数量。

(2)能源加工转换损失量：指一定时期内投入加工转换的各种能源数量之和与产出各种能源产品之和的差额，是观察能源在加工转换过程中损失量变化的指标。

(3)能源损失量：指一定时期内能源在输送、分配、储存过程中发生的损失和由客观原因造成的各种损失量，不包括各种气体能源放空、放散量。

能源生产弹性系数　指研究能源生产增长速度与国民经济增长速度之间关系的指标。计算公式为：

能源生产弹性系数＝能源生产总量年增长速度／国民经济年增长速度

国民经济年增长速度，可根据不同的目的或需要，用国民生产总值、国内生产总值等指标来计算，本年鉴是采用国内生产总值指标计算的。

电力生产弹性系数　指研究电力生产增长速度与国民经济增长速度之间关系的指标。计算公式为：

电力生产弹性系数＝电力生产量年增长速度／国民经济年增长速度

能源消费弹性系数　指反映能源消费增长速度与国民经济增长速度之间比例关系的指标。计算公式为：

能源消费弹性系数＝能源消费量年增长速度／国民经济年增长速度

电力消费弹性系数　指反映电力消费增长速度与国民经济增长速度之间比例关系的指标。计算公式为：

电力消费弹性系数＝电力消费量年增长速度／国民经济年增长速度

能源加工转换效率　指一定时期内能源经过加工、转换后，产出的各种能源产品的数量与同期内投入加工转换的各种能源数量的比率。它是观察能源加工转换装置和生产工艺先进与落后、管理水平高低等的重要指标。计算公式为：

能源加工转换效率＝(能源加工、转换产出量／能源加工、转换投入量)×100%

单位地区生产总值能耗　指一定时期内，一个国家或地区每生产一个单位的地区生产总值所消耗的能源。计算公式为：

单位地区生产总值能耗=能源消费总量/地区生产总值

单位工业增加值能耗　指一定时期内，一个国家或地区每生产一个单位的工业增加值所消耗的能源。计算公式为：

单位工业增加值能耗=工业能源消费量/工业增加值

单位地区生产总值电耗　指一定时期内，一个国家或地区每生产一个单位的地区生产总值所消耗的电力。计算公式为：

单位地区生产总值电耗=全社会用电量/地区生产总值

Explanatory Notes on Main Statistical Indicators

Total Energy Production refers to the total production of primary energy by all energy producing enterprises in the region in a given period of time. It is a comprehensive indicator to show the capacity, scale, composition and development of energy production of the region. The production of primary energy includes that of coal, crude oil, natural gas, hydropower and electricity generated by nuclear energy and other means such as wind power and geothermal power. However, it excludes the production of fuels of low calorific value, bio-energy, solar energy and the secondary energy converted from the primary energy.

Total Domestic Energy Consumption refers to the total consumption of energy of various kinds by material production sectors, non material production sectors and households in the region in a given period of time. It is a comprehensive indicator to show the scale, composition and development of energy consumption. The total energy consumption includes that of coal, crude oil and their products, natural gas and electricity. However it excludes the consumption of fuel of low calorific value, bio-energy and solar energy. Total domestic energy consumption can be divided into three parts:

(1) Final Energy Consumption: It refers to the total energy consumption by material production sectors, non material production sectors and households in the region (region) in a given period of time, but excludes the consumption in conversion of the primary energy into the secondary energy and the loss in the process of energy conversion.

(2) Loss During the Process of Energy Conversion: It refers to the total input of various kinds of energy for conversion, minus the total output of various kinds of energy in the region in a given period of time. It is an indicator to show the loss that occurs during the process of energy conversion.

(3) Energy Loss: It refers to the total of the loss of energy during the course of energy transport, distribution and storage and the loss caused by any objective reason in a given period of time. The loss of various kinds of gas due to gas discharges and stocktaking is excluded.

Elasticity Ratio of Energy Production is an indicator to show the relationship between the growth rate of energy production and the growth rate of the national economy. The formula is:

Elasticity Ratio of Energy Production= Annual Growth Rate of Energy Production/ Annual Growth Rate of National Economy

The annual growthrate of the national economy can be shown by the gross national product, gross domestic product and other indicators, depending upon the purposes or needs. The gross domestic product is used in calculation of the ratio in this chapter.

Elasticity Ratio of Electricity Production is an indicator to show the relationship between the growth rate of electricity production and the growth rate of the national economy. Generally speaking, the growth rate of electricity production should be higher than that of the national economy.The formula is:

Elasticity Ratio of Electricity Production= Annual Growth Rate of Electricity Production/ Annual Growth Rate of National Economy

Elasticity Ratio of Energy Consumption is an indicator to show the relationship between the growth rate of energy consumption and the growth rate of the national economy. The formula is:

Elasticity Ratio of Energy Consumption= Annual Growth Rate of Energy Consumption/ Annual Growth Rate of National Economy

Elasticity Ratio of Electricity Consumption is an indicator to show the relationship between the growth rate of electricity consumption and the growth rate of the national economy. The formula is:

Elasticity Ratio of Electricity Consumption= Annual Growth Rate of Electricity/ Annual Growth Rate of National Economy

Efficiency of Energy Processing and Conversion refers to the ratio of the total output of energy products of various kinds after processing and conversion and the total input of energy of various kinds for processing and conversion in the same reference period. It is an important indicator to show the current conditions of energy processing and conversion equipment, production technique and management. The formula is:

Efficiency of Energy Processing & Conversion=(Output of Energy After Processing & Conversion/Input of Energy for Processing & Conversion)×100%

Energy Consumption per Unit of GDP refers to the energy consumption per unit of gross domestic production in a country or the gross region production in the same reference period. The formula is:

Energy Consumption per Unit of GDP=Total Energy Consumption/Gross Domestic Production

Electricity Consumption per Unit of Industrial Value-added refers to the energy consumption per unit of industrial value-added in a country or region in the same reference period. The formula is:

Energy Consumption per Unit of Industrial Value-added=Total Energy Consumption/Industrial Value-added

Electricity Consumption per Unit of GDP refers to the electricity consumption per unit of gross domestic production in a country or the gross region production in the same reference period. The formula is:

Electricity Consumption per Unit of GDP=Total Electricity Consumption/Gross Domestic Production

第七篇　人民生活

Chapter 7　People's Living Conditions

资料整理：张凤园 李君 陈思

Database Editor: Zhangfengyuan Lijun Chensi

简 要 说 明

本篇资料的主要内容及来源

本篇资料反映了全省城乡人民生活状况，分为城镇居民生活和农村居民生活两个部分，主要包括居民家庭基本情况，家庭收入、支出情况，主要商品购买数量及支出金额，居住状况和耐用消费品的拥有量等。

城镇居民家庭相关资料来源于城乡住户一体化调查年报，农村居民家庭相关资料来源于城乡住户一体化调查年报，均由国家统计局福建调查总队居民收支调查处整理提供。

Brief Introduction

Main Content and Source of Data

Data in this chapter show the basic conditions of the people's livelihood in Fujian Province , consisting of two parts on the life of urban and rural households respectively ,including mainly basic condition of people's household , income and expenditure of the household, the quantity and the expenditure on major commodities purchased, the housing condition and the possession of the durable consumer goods, etc.

Data on the livelihood of urban resident and Data on the livelihood of rural residents are prepared and provided by the Division of Residents Payments Survey of Survey Office of the National Bureau of Statistics in Fujian.

7-1 城乡居民家庭人均收入（1978-2017年）

Per Capita Annual Income of Urban and Rural Households(1978-2017)

单位：元 (yuan)

年份 Year	居民人均可支配收入 Annual Per Capita Disposable Income of Households			城镇居民人均可支配收入 Annual Per Capita Disposable Income of Urban Households			农村居民人均可支配（纯）收入 Annual Per CapitaNet Income of Rural Households		
	数值 Vaule	比上年增长（%） Ratio(%) 名义 Ration	比上年增长（%） Ratio(%) 实际 Actual	数值 Vaule	比上年增长（%） Ratio(%) 名义 Ration	比上年增长（%） Ratio(%) 实际 Actual	数值 Vaule	比上年增长（%） Ratio(%) 名义 Ration	比上年增长（%） Ratio(%) 实际 Actual
1978				371			138		
1979							142	3.4	0.4
1980				450			172	20.8	15.5
1981				452	0.4	-3.4	232	34.9	32.4
1982				520	15.0	11.6	268	15.8	11.7
1983				573	10.2	8.0	302	12.6	11.6
1984				582	1.6	-1.2	345	14.3	13.0
1985				733	25.9	10.5	396	14.9	6.9
1986				929	26.7	18.6	419	5.6	0.2
1987				1021	9.9	-0.6	485	15.9	7.4
1988				1236	21.1	-4.7	613	26.5	0.4
1989				1555	25.8	5.9	697	13.7	-4.4
1990				1749	12.5	12.4	764	9.6	11.2
1991				1953	11.7	6.8	850	11.2	8.6
1992				2351	20.4	11.5	984	15.8	11.2
1993				2923	24.3	6.4	1211	23.0	7.7
1994				3935	34.6	7.6	1578	30.3	3.9
1995				4853	23.3	6.0	2049	29.8	13.5
1996				5574	14.9	7.4	2492	21.7	15.4
1997				6144	10.2	7.5	2786	11.8	10.3
1998				6486	5.6	5.6	2946	5.8	6.3
1999				6860	5.8	7.2	3091	4.9	5.8
2000				7432	8.3	5.0	3230	4.5	3.2
2001				8313	11.9	13.8	3381	4.7	5.4
2002				9189	10.5	11.4	3539	4.7	4.9
2003				10000	8.8	8.1	3734	5.5	4.5
2004				11175	11.8	7.7	4089	9.5	5.0
2005				12321	10.3	8.2	4450	8.8	5.9
2006				13753	11.6	10.4	4835	8.6	8.3
2007				15505	15.7	10.1	5467	13.1	7.3
2008				17961	15.8	10.8	6196	13.3	8.3
2009				19577	9.0	10.9	6680	7.8	10.1
2010				21781	11.3	8.0	7427	11.2	7.5
2011				24907	14.4	8.7	8779	18.2	12.3
2012				28055	12.6	10.0	9967	13.5	10.8
2013	21218			28174	9.8	7.0	11405	12.2	9.7
2014	23331	10.0	7.8	30722	9.0	6.8	12650	10.9	8.8
2015	25404	8.9	7.1	33275	8.3	6.5	13793	9.0	7.2
2016	27608	8.7	6.9	36014	8.2	6.3	14999	8.7	7.1
2017	30048	8.8	7.5	39001	8.3	6.9	16335	8.9	8.0

注：1978-2012年为老口径数据。

Note:Data from 1978 to 2012 are adopted Old Scope.

7-2 主要年份城镇居民家庭基本情况

Basic Conditions of Urban Households in Selected Years

年份 Year	平均每户家庭人口(人) Number of Average per Household Persons(person)	平均每户就业人数(人) Average Number of Employed Persons Per Household (person)	平均每户就业面(%) Percentage of Employment Per Household(%)	平均每一就业者负担人数(人) Number of Persons Supported By Each Employee(person)	平均每人全年可支配收入(元) Per Capita Annual Disposable Income(yuan)	平均每人消费性支出(元) Per Capita Living Ex- penditures for Consumption (yuan)	平均每人住房建筑面积(平方米) Per Capita Floor Space of Residential Buildings(sq.m)
1952					106	96	
1957					165	131	
1959	4.72	1.40	29.7	3.37	206	190	
1962	5.46	1.72	31.5	3.17	203	186	
1963	5.40	1.50	27.8	3.60	207	189	
1964	5.33	1.53	28.8	3.48	211	194	
1965	5.13	1.65	32.2	3.12	217	201	
1966	5.00	1.40	28.0	3.40	223	186	
1975	4.97	2.05	41.3	2.42	333	297	
1978	3.87	2.40	62.0	1.61	371	285	
1980	4.53	2.32	51.2	1.95	450	392	11.3
1981	4.51	2.40	53.2	1.88	452	405	11.7
1982	4.44	2.48	55.9	1.79	520	466	12.1
1983	4.36	2.41	55.3	1.80	573	504	13.2
1984	4.27	2.37	55.5	1.80	582	494	14.3
1985	4.06	2.25	55.4	1.81	733	675	15.3
1986	4.00	2.23	55.8	1.79	929	790	15.7
1987	3.97	2.25	56.6	1.77	1021	893	16.5
1988	3.77	2.10	55.7	1.79	1236	1077	17.2
1989	3.70	2.09	56.5	1.77	1555	1340	17.6
1990	3.64	2.09	57.4	1.74	1749	1431	18.1
1991	3.43	2.00	58.3	1.72	1953	1659	19.5
1992	3.39	2.03	59.9	1.67	2351	1942	20.9
1993	3.35	2.01	60.0	1.67	2923	2418	21.5
1994	3.29	1.92	58.4	1.71	3935	3351	24.1
1995	3.27	1.93	59.0	1.69	4853	4132	24.3
1996	3.25	1.94	59.7	1.68	5574	4568	24.5
1997	3.28	1.96	59.8	1.67	6144	4936	25.6
1998	3.23	1.90	58.8	1.70	6486	5181	26.8
1999	3.22	1.90	59.0	1.69	6860	5267	27.2
2000	3.23	1.80	55.7	1.79	7432	5639	28.0
2001	3.20	1.80	55.3	1.78	8313	6015	28.2
2002	3.13	1.73	55.3	1.81	9189	6632	28.4
2003	3.08	1.72	55.8	1.79	10000	7356	29.8
2004	3.05	1.58	51.8	1.93	11175	8161	31.1
2005	3.04	1.60	52.6	1.90	12321	8794	31.4
2006	3.04	1.64	53.9	1.86	13753	9808	32.1
2007	3.01	1.60	53.2	1.90	15505	11055	33.5
2008	3.14	1.69	53.8	1.86	17961	12501	37.5
2009	3.12	1.72	55.1	1.81	19577	13451	37.5
2010	3.08	1.71	55.5	1.80	21781	14750	38.5
2011	3.12	1.68	53.8	1.86	24907	16661	37.9
2012	3.10	1.68	54.2	1.85	28055	18593	38.2
2013	2.97	1.58	53.2	1.88	28174	20565	38.7
2014	2.99	1.61	53.8	1.86	30722	22204	40.7
2015	3.08	1.59	51.7	1.93	33275	23520	42.5
2016	3.13	1.62	51.8	1.93	36014	25006	42.7
2017	3.14	1.62	51.6	1.94	39001	25980	43.4

注：2012年及以前为老口径数据。

Note:Data before 2012 are adopted Old Scope.

7-3 城镇居民人均可支配收入及构成（2013-2017年）

Per Capita Income of Urban Households(2013－2017)

单位：元 (yuan)

项目	Item	2013	2014	2015	2016	2017
可支配收入	**Disposable Income**	**28173.90**	**30722.39**	**33275.34**	**36014.26**	**39001.36**
工资性收入	Wages and Salaries	17813.38	19197.23	20714.28	22213.41	23886.01
经营净收入	Net Income from Business	3736.11	4246.81	4571.46	4919.35	5158.96
财产净收入	Property Income	3388.06	3648.56	3822.24	4199.43	4579.48
转移净收入	Transfer Net Income	3236.35	3629.79	4167.37	4682.07	5376.90
可支配收入构成(%)	**Composition(%)**	**100.00**	**100.00**	**100.00**	**100.00**	**100.00**
工资性收入	Wages and Salaries	63.23	62.49	62.25	61.68	61.24
经营净收入	Net Income from Business	13.26	13.82	13.74	13.66	13.23
财产净收入	Property Income	12.03	11.88	11.49	11.66	11.74
转移净收入	Transfer Net Income	11.49	11.82	12.52	13.00	13.79

7-4 城镇居民按收入五等分分组的人均可支配收入

Per Capita Income of Urban Households of Five Groups Divided Equally by Income Lever

单位：元 (yuan)

项目	Item	2013	2014	2015	2016	2017
低收入户	Low Income	11073.38	12883.32	14231.34	15831.44	16508.31
中等偏下户	Lower Middle Income	19159.97	21513.33	23307.42	25304.04	27089.69
中等收入户	Middle Income	25513.81	28397.54	31234.26	34091.43	36652.81
中等偏上户	Upper Middle Income	34358.10	37797.69	41306.30	45198.52	49165.58
高收入户	High Income	59699.49	64936.59	69131.21	73392.01	80839.04

7-5 城镇居民人均生活消费支出（2013－2017年）

Per Capita Expenditure of Urban Households(2013－2017)

单位：元　(yuan)

项目	Item	2013	2014	2015	2016	2017
生活消费支出	Total Consumption Expenditures	20564.70	22204.06	23520.19	25005.52	25980.45
食品烟酒	Food,Cigarettes and Drinks	6718.41	7368.71	7759.14	8299.57	8551.59
衣着	Clothing	1390.42	1460.99	1489.82	1443.55	1438.00
居住	Residence	5018.43	5434.70	5811.38	6530.52	6829.11
生活用品及服务	Supplies and Services	1273.91	1301.97	1336.95	1393.43	1478.07
交通通信	Transport and Communication	2572.19	2737.80	3021.53	3205.69	3353.04
教育文化娱乐	Education,Culture and Recreation	2019.87	2170.03	2314.00	2461.45	2483.46
医疗保健	Health Care and Medical Services	924.84	1058.97	1165.30	1178.47	1235.07
其他用品及服务	Other Appliances and Services	646.63	670.90	622.07	492.83	612.13

7-6 城镇居民人均生活消费支出构成（2013－2017年）

Composition of Per Capita Expenditure of Urban Households(2013－2017)

单位：%　(%)

项目	Item	2013	2014	2015	2016	2017
生活消费支出	Composition	100.00	100.00	100.00	100.00	100.00
食品烟酒	Food,Cigarettes and Drinks	32.67	33.19	32.99	33.19	32.92
衣着	Clothing	6.76	6.58	6.33	5.77	5.53
居住	Residence	24.40	24.48	24.71	26.12	26.29
生活用品及服务	Supplies and Services	6.19	5.86	5.68	5.57	5.69
交通通信	Transport and Communication	12.51	12.33	12.85	12.82	12.91
教育文化娱乐	Education,Culture and Recreation	9.82	9.77	9.84	9.84	9.56
医疗保健	Health Care and Medical Services	4.50	4.77	4.95	4.71	4.75
其他用品及服务	Other Appliances and Services	3.14	3.02	2.64	1.97	2.36

7-7 城镇居民消费主要食品数量（2013－2017年）

Per Capita Purchases of Daily Consumer Goods of Urban Residents(2013－2017)

单位：千克 (kg)

项目	Item	2013	2014	2015	2016	2017
粮食类	Grain	113.65	107.00	105.77	104.32	99.69
油脂类	Oil	9.34	9.33	9.19	9.61	8.86
蔬菜及菜制品	Vegetables and Vegetable Products	84.23	86.20	89.51	91.51	88.78
肉类	Meat	30.54	30.79	32.24	32.52	32.35
禽类	Poultry	8.69	9.13	9.50	11.26	10.70
水产品类	Aquatic Products	28.67	28.82	29.97	29.63	28.80
蛋类及蛋制品	Eggs	7.44	7.82	8.77	9.38	9.22
奶和奶制品(千克)	Milk	14.49	13.68	13.49	13.53	13.21
干鲜瓜果类	Fresh and Dried Fruits	40.86	41.85	43.18	45.43	46.87

7-8 城镇居民家庭每百户耐用消费品拥有量（2013－2017年）

Number of Major Durable Consumer Goods Owned Per 100 Urban Households(2013－2017)

项目	Item	2013	2014	2015	2016	2017
家用汽车(辆)	Automobile(unit)	19.91	23.25	28.30	33.18	36.29
摩托车(辆)	Motorcycle(set)	42.33	46.33	46.00	45.34	44.63
电冰箱(台)	Refrigerator(set)	93.03	92.47	94.34	97.43	98.58
洗衣机(台)	Washing Machine(set)	85.75	84.47	84.51	87.57	89.66
热水器(台)	Shower(unit)	96.40	94.22	97.53	100.17	102.55
太阳能热水器(台)	Solar Water Heater(unit)	4.54	5.04	5.13	6.39	6.54
空调机(台)	Air Conditioner(unit)	151.86	146.20	157.21	165.54	171.06
彩色电视机(台)	Color TV Set(set)	134.27	136.88	138.74	140.82	142.46
摄像机(台)	Pick up Camera(set)	6.15	7.02	5.96	5.55	
照相机(台)	Camera(set)	30.54	33.35	29.78	23.01	23.11
计算机(台)	Computer(set)	91.80	91.27	88.67	89.23	89.17
接入互联网的计算机(台)	Computer Access to the Internet(set)	76.13	82.51	74.96	77.33	77.25
中高档乐器(件)	Medium and Grade Musical Instrument(unit)	5.29	5.73	5.12	5.45	6.27
固定电话(部)	Telephone(unit)	51.65	62.52	54.44	44.48	44.79
移动电话(部)	Mobile Telephone(unit)	225.00	232.78	240.09	249.07	251.99
接入互联网的移动电话(部)	Mobile Telephone Access to the Internet(unit)	100.62	122.00	129.42	159.54	170.23

7-9 主要年份农村居民家庭基本情况

Basic Conditions of Rural Household in Selected Years

项目 Item	调查户数（户）(household)	平均每户常住人口（人）Average Number of Permanent Residents Per Household (person)	平均每户整半劳动力（人）Average Number of Able-bodied and Semi-able-bodied Laborers Per Household (person)	平均每个劳动力负担人口（人）Average Number of Persons Supported by a Laborer (person)	农村居民人均住房使用面积（平方米）Per Capita Use Living Space (sq.m)	农村居民人均住房建筑面积（平方米）Per Capita Construction Space (sq.m)	农村居民人均可支配（纯）收入（元）Per Capita Net Income (yuan)	农村居民人均生活消费支出（元）Per Capita Living Expenditures (yuan)
1952				2.20			69.97	67.52
1957				2.39			112.13	101.60
1962				2.38			154.57	131.36
1965				2.87			128.74	114.15
1970				2.71			120.70	107.87
1978		6.50	2.22	2.92			137.54	112.73
1979		6.38	2.16	2.88			142.20	132.57
1980		6.25	2.06	3.03			171.74	157.67
1981		6.23	2.10	2.97	8.30		231.65	199.25
1982		6.27	2.27	2.76	7.67		268.16	231.14
1983		6.29	2.60	2.42	10.44		301.84	261.86
1984	1820	6.19	2.66	2.32	11.73		344.94	287.87
1985	1820	5.74	2.95	1.94	14.47		396.45	350.57
1986	1820	5.69	2.99	1.90	15.10		418.51	394.10
1987	1820	5.51	3.08	1.82	15.86		484.88	442.83
1988	1820	5.56	3.09	1.80	16.18		613.41	570.73
1989	1820	5.54	3.09	1.79	16.65		697.34	652.58
1990	1820	5.50	3.03	1.81	18.47		764.41	707.97
1991	1820	5.37	3.03	1.77	19.14		850.05	746.99
1992	1820	5.31	3.05	1.74	19.64		984.11	820.74
1993	1820	5.24	3.10	1.69	22.38		1210.51	1069.79
1994	1820	5.17	3.13	1.65	24.62		1577.74	1439.53
1995	1820	4.91	3.02	1.62	22.88		2048.59	1793.68
1996	1820	4.87	2.98	1.63	23.37		2492.49	2033.54
1997	1820	4.77	2.96	1.61	23.74		2785.67	2119.56
1998	1820	4.70	3.00	1.57	24.87		2946.37	2192.35
1999	1820	4.62	2.95	1.56	26.40		3091.39	2252.09
2000	1820	4.24	2.70	1.57	32.14		3230.49	2409.69
2001	1820	4.17	2.68	1.56	33.82		3380.72	2503.07
2002	1820	4.07	2.57	1.58	35.68		3538.74	2583.16
2003	1820	4.08	2.83	1.44	35.96		3733.93	2717.92
2004	1820	4.02	2.71	1.48	38.18		4089.38	3015.22
2005	1820	4.05	2.77	1.47	40.15		4450.36	3292.63
2006	1820	4.03	2.77	1.45	42.35		4834.75	3591.40
2007	1820	4.00	2.77	1.44	44.50		5467.08	4053.47
2008	1820	3.98	2.78	1.43	46.13		6196.07	4661.94
2009	1820	3.98	2.78	1.43	46.76		6680.18	5015.72
2010	1820	3.94	2.77	1.43	47.54		7426.86	5498.33
2011	1820	3.84	2.73	1.40	49.82		8778.55	6540.85
2012	1820	3.84	2.71	1.41	50.80		9967.17	7401.92
2013	1859	3.29	2.22	1.48		63.71	11404.85	9986.15
2014	1848	3.25	2.21	1.47		60.83	12650.19	11055.93
2015	1883	3.20	2.20	1.45		63.48	13792.70	11960.79
2016	1917	3.21	2.24	1.43		66.47	14999.19	12910.84
2017	1940	3.17	2.21	1.43		68.00	16334.79	14003.40

注：2012年及以前为老口径数据。

Note:Data before 2012 are adopted Old Scope.

7-10 农村居民人均可支配收入及构成（2013-2017年）

Per Capita Income of Rural Households(2013－2017)

单位：元 (yuan)

项目	Item	2013	2014	2015	2016	2017
人均可支配收入	**Annual Per Capita Disposable Income**	**11404.85**	**12650.19**	**13792.70**	**14999.19**	**16334.79**
工资性收入	Wages and Salaries	5054.25	5655.21	6187.00	6785.20	7415.90
经营净收入	Net Income from Business	4684.58	5093.61	5455.57	5821.46	6275.84
财产净收入	Property Income	160.05	201.28	232.46	255.68	290.02
转移净收入	Transfer Net Income	1505.97	1700.09	1917.68	2136.85	2353.03
可支配收入构成(%)	**Composition(%)**	**100.00**	**100.00**	**100.00**	**100.00**	**100.00**
工资性收入	Wages and Salaries	44.32	44.70	44.86	45.24	45.40
经营净收入	Net Income from Business	41.08	40.27	39.55	38.81	38.42
财产净收入	Property Income	1.40	1.59	1.69	1.70	1.78
转移净收入	Transfer Net Income	13.21	13.44	13.90	14.25	14.40

7-11 农村居民按收入五等分分组的人均可支配收入

Per Capita Income of Rural Households of Five Groups Divided Equally by Income Lever

单位：元 (yuan)

项目	Item	2013	2014	2015	2016	2017
低收入户	Low Income	4360.76	4691.41	5099.66	5587.86	6069.11
中等偏下户	Lower Middle Income	7741.66	8576.55	9700.01	10168.39	11228.13
中等收入户	Middle Income	10869.80	11955.23	12867.71	13796.67	15102.75
中等偏上户	Upper Middle Income	14312.49	15607.56	17129.45	18491.94	20038.63
高收入户	High Income	21905.18	25534.43	27535.95	31015.04	33443.99

7-12 农村居民人均生活消费支出（2013－2017年）

Per Capita Expenditure of Rural Households(2013－2017)

单位：元　　(yuan)

项目	Item	2013	2014	2015	2016	2017
生活消费支出	Total Consumption Expenditures	9986.15	11055.93	11960.79	12910.84	14003.40
食品烟酒	Food,Cigarettes and Drinks	3884.94	4222.53	4493.83	4818.30	5162.17
衣着	Clothing	528.00	572.36	610.58	567.48	630.79
居住	Residence	2331.04	2607.83	2907.57	3203.95	3547.94
生活用品及服务	Supplies and Services	596.37	642.69	620.57	687.94	721.00
交通通信	Transport and Communication	917.50	1097.70	1248.58	1452.10	1554.97
教育文化娱乐	Education,Culture and Recreation	937.31	940.72	1003.87	1071.34	1174.58
医疗保健	Health Care and Medical Services	562.91	735.94	826.94	866.95	906.50
其他用品及服务	Other Appliances and Services	228.08	236.16	248.87	242.78	305.44

7-13 农村居民人均生活消费支出构成（2013－2017年）

Composition of Per Capita Expenditure of Rural Households(2013－2017)

单位：%　　(%)

项目	Item	2013	2014	2015	2016	2017
生活消费支出	Total Consumption Expenditures	100.00	100.00	100.00	100.00	100.00
食品烟酒	Food,Cigarettes and Drinks	38.90	38.19	37.57	37.32	36.86
衣着	Clothing	5.29	5.18	5.10	4.40	4.50
居住	Residence	23.34	23.59	24.31	24.82	25.34
生活用品及服务	Supplies and Services	5.97	5.81	5.19	5.33	5.15
交通通信	Transport and Communication	9.19	9.93	10.44	11.25	11.10
教育文化娱乐	Education,Culture and Recreation	9.39	8.51	8.39	8.30	8.39
医疗保健	Health Care and Medical Services	5.64	6.66	6.91	6.71	6.47
其他用品及服务	Other Appliances and Services	2.28	2.14	2.08	1.88	2.18

7-14 农村居民消费主要食品数量（2013－2017年）

Per Capita Purchases of Daily Consumer Goods of Rural Residents(2013－2017)

单位：千克 (kg)

项目	Item	2013	2014	2015	2016	2017
粮食类	Grain	186.21	172.54	157.52	164.45	156.24
油脂类	Oil	11.70	9.99	9.44	10.14	9.53
蔬菜及菜制品	Vegetables and Vegetable Products	94.16	89.24	87.43	92.09	90.62
肉类	Meat	38.64	28.04	29.86	30.54	30.91
禽类	Poultry	9.58	10.92	12.23	13.55	13.60
水产品类	Aquatic Products	19.26	19.47	20.14	21.95	21.29
蛋类及蛋制品	Eggs	5.76	6.49	7.30	8.05	7.96
奶和奶制品(千克)	Milk	6.90	7.08	6.88	7.30	7.06
干鲜瓜果类	Fresh and Dried Fruits	24.55	26.53	28.78	32.17	32.58

7-15 农村居民家庭每百户耐用消费品拥有量（2013－2017年）

Number of Major Durable Consumer Goods owned per 100 Rural Households(2013－2017)

项目	Item	2013	2014	2015	2016	2017
家用汽车(辆)	Automoile(unit)	8.08	10.08	12.90	16.22	17.83
摩托车(辆)	Motorcycle(unit)	84.94	90.08	91.50	91.78	90.35
电冰箱(台)	Refrigerator(unit)	92.29	91.96	93.80	100.12	100.64
洗衣机(台)	Washing Machine(unit)	69.78	68.46	73.20	79.32	82.10
热水器(台)	Shower(unit)	78.43	79.76	81.60	88.88	90.40
太阳能热水器(台)	Solar Water Heater	7.40	7.65	8.80	8.79	9.01
空调机(台)	Air Conditioner(unit)	47.30	47.55	54.30	62.33	65.31
彩色电视机(台)	Color TV(unit)	136.78	139.92	139.30	141.09	140.08
摄像机(台)	Pickup Camera(unit)	1.02	1.04	0.90	0.95	
照相机(台)	Camera(unit)	7.31	8.92	6.30	4.91	4.33
计算机(台)	Computer(set)	33.24	34.67	34.90	34.55	33.99
接入互联网的计算机(台)	Computer Access to the Internet(unit)	25.14	26.08	25.60	28.35	26.50
中高档乐器(件)	Medium and High Grade Musical Instrument(unit)	0.65	0.88	0.60	0.83	1.15
固定电话(部)	Telephone(unit)	52.11	57.06	48.90	39.36	38.46
移动电话(部)	Mobile Telephone(unit)	230.37	238.89	246.40	250.09	252.55
接入互联网的移动电话(部)	Mobile Telephone Access to the Internet(unit)	78.16	85.25	107.90	122.72	130.88

7-16 设区市城镇居民人均可支配收入（2017年）

Per Capita Income of Urban Households by City(2017)

单位：元 (yuan)

项目	Item	人均可支配收入 Per Capita Annual Disposable Income	工资性收入 Wages and Salaries	经营净收入 Net Income from Business	财产净收入 Property Income	转移净收入 Transfer Net Income
福建省	**Fujian**	**39001**	**23886**	**5159**	**4579**	**5377**
福州市	Fuzhou	40973	25356	3653	5468	6495
厦门市	Xiamen	50019	35426	4278	5819	4495
莆田市	Putian	34490	18369	5984	5019	5118
三明市	Sanming	32261	20795	4521	2496	4450
泉州市	Quanzhou	42696	24734	9638	4929	3395
漳州市	Zhangzhou	33359	19961	5664	2552	5182
南平市	Nanping	30070	18082	3875	3026	5087
龙岩市	Longyan	33022	22766	4123	3486	2647
宁德市	Ningde	30502	14122	8901	3084	4395

7-17 设区市城镇居民人均生活消费支出（2017年）

Per Capita Expenditure of Urban Households by City(2017)

单位：元 (yuan)

项目	Item	生活消费支出 Total Consumption Expenditures	食品烟酒 Food,Cigarettes and Drinks	衣着 Clothing	居住 Residence	生活用品及服务 Supplies and Services	交通通信 Transport and Communication	教育文化娱乐 Education, Culture and Recreation	医疗保健 Health Care and Medical Services	其他用品及服务 Other Appliances and Services
福建省	**Fujian**	**25980**	**8552**	**1438**	**6829**	**1478**	**3353**	**2483**	**1235**	**612**
福州市	Fuzhou	27427	9017	1430	8031	1333	3264	2806	962	584
厦门市	Xiamen	32009	9869	1767	8451	1697	4955	3323	1151	796
莆田市	Putian	22454	8394	1207	5495	1338	2481	2023	1000	515
三明市	Sanming	22097	7789	1393	4732	1423	2767	2537	1014	441
泉州市	Quanzhou	26044	8706	1739	6331	1642	3345	2365	1124	792
漳州市	Zhangzhou	22359	8048	1640	4787	1241	2947	2082	1055	558
南平市	Nanping	19188	6662	1193	4553	1188	2412	1799	1040	340
龙岩市	Longyan	21656	7489	1420	4787	1088	2788	2539	1161	384
宁德市	Ningde	20762	7341	1523	4907	1294	1813	2001	1400	482

7-18 设区市农村居民人均可支配收入（2017年）

Per Capita Income of Rural Households by City(2017)

单位：元 (yuan)

项目	Item	人均可支配收入 Annual Per Capita Disposable Income	工资性收入 Wages and Salaries	经营净收入 Net Income from Business	财产净收入 Property Income	转移净收入 Transfer Net Income
福建省	**Fujian**	**16335**	**7416**	**6276**	**290**	**2353**
福州市	Fuzhou	17865	9555	4656	855	2799
厦门市	Xiamen	20460	13507	4900	879	1174
莆田市	Putian	16492	7908	4102	358	4124
三明市	Sanming	15212	5763	7777	315	1358
泉州市	Quanzhou	18606	9923	6717	306	1661
漳州市	Zhangzhou	16676	7784	7106	196	1591
南平市	Nanping	14558	4849	8422	172	1115
龙岩市	Longyan	15698	6164	7632	188	1714
宁德市	Ningde	14722	4470	8688	165	1398

7-19 设区市农村居民人均生活消费支出（2017年）

Per Capita Expenditure of Rural Households by City(2017)

单位：元 (yuan)

项目	Item	生活消费支出 Total Consumption Expenditures	食品烟酒 Food,Cigarettes and Drinks	衣着 Clothing	居住 Residence	生活用品及服务 Supplies and Services	交通通信 Transport and Communication	教育文化娱乐 Education, Culture and Recreation	医疗保健 Health Care and Medical Services	其他用品及服务 Other Appliances and Services
福建省	**Fujian**	**14003**	**5162**	**631**	**3548**	**721**	**1555**	**1175**	**907**	**305**
福州市	Fuzhou	15283	5755	951	3764	1022	1345	1118	814	515
厦门市	Xiamen	17593	6342	752	4642	873	3018	1019	555	392
莆田市	Putian	14047	5783	642	3501	838	1063	1253	525	442
三明市	Sanming	11542	4366	537	2672	623	1330	1172	614	229
泉州市	Quanzhou	14545	5998	695	3763	688	1714	905	507	276
漳州市	Zhangzhou	11946	4432	405	2881	830	1198	1002	930	269
南平市	Nanping	10978	4152	610	2362	442	1575	977	685	176
龙岩市	Longyan	11651	4539	482	2788	594	1321	993	672	262
宁德市	Ningde	11546	4573	607	2757	514	1050	924	913	209

主要统计指标解释

常住人口：指家庭住户成员中，经常在家居住、或者调查期内居住时间超过一半的人员，以及本住户供养的学生。

常住人口是住户收支的调查对象。

可支配收入：指调查户在调查期内获得的、可用于最终消费支出和储蓄的总和，即调查户可以用来自由支配的收入。可支配收入既包括现金，也包括实物收入。按照收入的来源，可支配收入包含四项，分别为：工资性收入、经营净收入、财产净收入和转移净收入。

工资性收入：指就业人员通过各种途径得到的全部劳动报酬和各种福利，包括受雇于单位或个人、从事各种自由职业、兼职和零星劳动得到的全部劳动报酬和福利。

经营净收入：指住户或住户成员从事生产经营活动所获得的净收入，是全部经营收入中扣除经营费用、生产性固定资产折旧和生产税之后得到的净收入。

财产净收入：指住户或住户成员将其所拥有的金融资产、住房等非金融资产和自然资源交由其他机构单位、住户或个人支配而获得的回报并扣除相关的费用之后得到的净收入。

转移净收入：计算公式为：转移净收入=转移性收入-转移性支出

转移性收入：指国家、单位、社会团体对住户的各种经常性转移支付和住户之间的经常性收入转移。

转移性支出：指调查户对国家、单位、住户或个人的经常性或义务性转移支付。包括缴纳的税款、各项社会保障支出、赡养支出、经常性捐赠和赔偿支出以及其他经常转移支出等。

消费支出：指住户用于满足家庭日常生活消费需要的全部支出，包括用于消费品的支出和用于服务性消费的支出。根据用途不同，消费支出可划分为食品烟酒、衣着、居住、生活用品及服务、交通通信、教育文化娱乐、医疗保健、其他用品及服务八大类。根据来源不同，消费支出可划分为现金消费支出、实物消费支出（含自产自用、来自单位、来自政府和其他社会组织）。

恩格尔系数：指食物支出占生活消费总支出的比重。计算公式为：恩格尔系数=食物支出/生活消费总支出×100%。恩格尔系数越大，表示生活越贫困；反之，表示生活越富裕。根据国际经验，恩格尔系数 60%以上为贫困，50%-60%为温饱，40%-50%为小康，30%-40%为富裕，30%以下为最富裕。

Explanatory Notes on Main Statistical Indicators

Number of Dependents per Urban Employee refers to the ratio between number of persons in an urban household and the number of employed persons.

Total Income of Urban Households refers to the sum of wage and salary, net business income, income from properties, and income from transfers of members of the households, excluding income from selling of properties and income from borrowings.

Disposable Income of Urban Households refers to the actual income at the disposal of members of the households which can be used for final consumption, other non-compulsory expenditure and savings. This equals to total income minus income tax, personal contribution to social security and sample household subsidy for keeping diaries. Following formula is used:

Disposable income = total household income - income tax - personal contribution to social security - sample household subsidy for keeping diaries

Consumption Expenditure of Urban Households refers to total expenditure of the sample households for consumption in daily life, including expenditure on eight categories such as food, clothing, household appliances and services, health care and medical services, transport and communications, recreation, education and cultural services, housing, miscellaneous goods and services.

Expenditure of Urban Households on Consumption of Services refers to expenditure of households on services of various kinds provided by the society.

Urban Households by Income Group All households in the sample are grouped, by per capita disposable income of the household, into groups of low income, lower middle income, middle income, upper middle income and high income, each group consisting of 20%, 20%, 20%, 20% and 20% of all households respectively.

Income from Rural Household Operations refers to income by the rural households as units of production and operations. Operations by rural households are classified by economic activities as agriculture, forestry, animal husbandry, fishery, manufacturing, construction, transportation, post and telecommunications, wholesale, retail and catering, social service, culture, education, health, and other household operations.

Income from Properties refers to the income received as returns by owners of financial assets or tangible non-productive assets by providing capitals or tangible non-productive assets to other institutional units.

Income from Transfers refers to the receipt by rural households and their members of goods, services, capital or rights of assets without giving or repaying accordingly, excluding capital provided to them for the formation of fixed assets. In general, it refers to all income received by rural households through redistribution.

Cash Income refers to income received by rural households and their members in the form of cash during the reference period. It is classified, by source of income, into income from wages and salaries, cash income from household operations, income from properties and income from transfers.

Net Income from Rural household refers to the total income of rural households from all sources minus all corresponding expenses. The formula for calculation is as follows:

Net income = total income – taxes and fees paid - household operation expenses – taxes and fees – depreciation of fixed assets for production – subsidy for participating in household survey – gifts to non-rural relatives

Net income is mainly used as input for reproduction and as consumption expenditure of the year, and also used for savings and non-compulsory expenses of various forms.Per capita net income of farmers is the level of net income averaged by population which reflects the average income level of rural households in a given area.

Engel Coefficient refers to the percentage of expenditure on food in the total consumption expenditure,using the following formula:

Engel Coefficient=(expenditure on food/total consumption expenditure)×100%

第八篇　价格指数

Chapter 8　Price Indices

资料整理：滕国达 刘挺云 陈汇 王娟 郭晓洁 郑明坤

Database Editor: Tengguoda Liutingyun Chenhui Wangjuan Guoxiaojie Zhengmingkun

简 要 说 明

本篇资料的主要内容及来源

本篇资料反映了全省生产、投资、流通、消费等环节价格变动状况，主要包括居民消费、商品零售、生产资料、工业生产者出厂与购进、固定资产投资、房地产、农产品生产者等价格指数。

居民消费、商品零售和农业生产资料价格指数来源于流通和消费价格统计调查年报，由国家统计局福建调查总队消费价格调查处整理提供。

工业生产者出厂与购进、固定资产投资、房地产等价格指数来源于工业生产者、固定资产投资、房地产价格统计调查，由国家统计局福建调查总队生产投资价格调查处整理提供。

农产品生产者价格统计调查，由国家统计局福建调查总队投资建筑业调查处整理提供。

Brief Introduction

Main Content and Source of Data

Data on the price indices in this chapter show the changing trend in production, investment, circulation and consumption, including mainly consumer price indices of residents, retail price indices, price indices of means of production, production price indices of industrial producers, purchasing price indices of raw materials, fuels and power, price indices of investment in fixed assets and real estate price indices.

Data on consumer price indices of residents, retail price indices and price indices of agricultural means of production are based on yearly report on consumer price and are provided by the Division of Consumer Price Survey of Survey Office of the National Bureau of Statistics in Fujian。

Data on production price indices of industrial products, purchasing price indices of raw materials, fuels and power, price indices of investment in fixed assets and real estate price indices are based on yearly report on production price and are provided by the Division of Production Price Survey of Survey Office of the National Bureau of Statistics in Fujian.

Data on Producer Prices Indices for Farm Products are based on yearly report on production price and are provided by the Division of Investment Survey of Survey Office of the National Bureau of Statistics in Fujian.

8-1 主要年份各种价格指数

Price Indices in Seletcted Year

单位：以上年为100 (preceding year=100)

年份 Year	居民消费价格指数 Consumer Price Index	城市 Urban	农村 Rural	商品零售价格指数 Retail Price Index	农业生产资料价格指数 Price Index of Agricultural Means of Production	工业生产者出厂价格指数 Ex-Factory Price Indices of Industrial Producers	工业生产者购进价格指数 Purchasing Price Indices of Industrial Producers	固定资产投资价格总指数 Price Index for Investment in Fixed Assets
1951	106.6	107.8	105.8	107.3	102.9			
1952	98.0	97.6	99.2	97.9	99.8			
1957	100.5	100.8	100.3	100.5	98.8			
1962	101.8	100.5	102.6	101.6	117.8			
1965	95.2	94.4	95.7	95.0	93.4			
1970	98.9	99.0	98.9	99.0	100.3			
1975	100.1	100.1	100.1	100.2	100.2			
1978	100.2	100.4	100.1	100.3	100.1			
1979	102.8	102.7	102.9	103.0	100.4			
1980	105.3	106.3	104.6	105.6	101.0			
1981	102.7	104.0	101.9	103.6	103.3			
1982	103.4	103.1	103.6	103.6	104.4			
1983	101.3	102.0	100.9	101.3	103.0			
1984	102.1	102.8	101.1	101.6	103.8			
1985	111.3	114.0	107.5	111.4	105.6			
1986	106.5	106.9	105.4	106.3	102.5			
1987	109.4	110.6	107.9	109.7	106.8			
1988	126.5	127.0	126.0	127.4	121.5			
1989	118.9	118.8	118.9	118.6	119.5			
1990	99.3	100.1	98.6	98.6	100.3			
1991	103.5	104.6	102.4	103.3	105.1			108.6
1992	105.9	108.0	104.1	105.5	102.2	102.7	109.3	114.9
1993	115.4	116.8	114.2	113.8	111.4	117.1	129.6	134.1
1994	125.3	125.1	125.5	123.0	117.8	116.9	115.2	107.3
1995	115.2	116.4	114.4	114.4	120.2	115.7	119.6	104.8
1996	105.9	106.9	105.4	104.5	106.2	101.8	104.3	104.7
1997	101.7	102.5	101.3	99.8	99.5	100.3	98.6	101.1
1998	99.7	100.0	99.5	98.5	94.6	95.7	92.5	98.0
1999	99.1	98.7	99.2	96.5	96.1	96.6	97.9	98.5
2000	102.1	103.2	101.3	98.9	97.4	100.5	112.4	100.2
2001	98.7	98.3	99.3	98.0	98.7	98.1	96.7	99.5
2002	99.5	99.2	99.8	98.3	99.9	97.6	97.6	99.7
2003	100.8	100.7	101.0	99.1	101.8	100.7	106.3	101.4
2004	104.0	103.8	104.3	102.7	112.5	102.6	113.3	103.4
2005	102.2	101.9	102.8	100.6	108.1	100.2	108.1	100.7
2006	100.8	101.1	100.3	100.5	100.9	99.2	103.9	102.0
2007	105.2	105.1	105.4	104.3	110.3	100.8	104.3	105.9
2008	104.6	104.5	104.6	105.7	123.6	102.7	110.2	105.9
2009	98.2	98.3	97.9	97.9	93.3	95.5	93.2	98.0
2010	103.2	103.1	103.4	103.4	102.4	103.2	107.7	103.3
2011	105.3	105.2	105.3	104.8	111.8	103.9	108.0	106.2
2012	102.4	102.4	102.4	101.8	103.3	98.7	97.7	100.3
2013	102.5	102.6	102.3	101.1	99.5	98.4	98.4	100.1
2014	102.0	102.1	101.9	101.1	99.5	98.6	98.3	100.4
2015	101.7	101.7	101.7	99.9	101.4	97.0	96.1	98.3
2016	101.7	101.8	101.5	100.7	100.2	99.1	98.0	100.0
2017	101.2	101.3	100.8	100.6	100.0	104.1	105.3	105.6

注：“工业生产者出厂价格指数”，2010年及以前称“工业品出厂价格指数”。“工业生产者购进价格指数”，2010年及以前称“工业企业原材料、燃料、动力购进价格指数”。

Note:Before 2010,"Ex-Factory Price Indices of Industrial Producers" is called "Ex-Factory Price Indices of Industrial Products"."Purchasing Price Indices of Industrial Producers" is called "Purchasing Price Index for Raw Material,Fuel and Power".

8-2 各种价格总指数(1979-2017年)

Price Indices(1979-2017)

单位：以1978年为100　　(year of 1978=100)

年份 Year	居民消费价格指数 Consumer Price Index	城市 Urban	农村 Rural	商品零售价格指数 Retail Price Index	农业生产资料价格指数 Price Index of Agricultural Means of Production
1979	102.8	102.7	102.9	103.0	100.4
1980	108.2	109.2	107.6	108.8	101.4
1981	111.2	113.5	109.7	112.7	104.8
1982	115.0	117.1	113.6	116.7	109.4
1983	116.4	119.4	114.6	118.3	112.6
1984	118.9	122.7	115.9	120.2	116.9
1985	132.3	139.9	124.6	133.8	123.5
1986	140.9	149.6	131.3	142.3	126.6
1987	154.2	165.4	141.7	156.1	135.2
1988	195.0	210.1	178.6	198.8	164.2
1989	231.9	249.8	212.3	235.8	196.2
1990	230.3	250.1	209.3	232.5	196.8
1991	238.3	261.6	214.3	240.2	206.9
1992	252.4	282.5	223.1	253.4	211.4
1993	291.3	329.9	254.8	288.4	235.5
1994	364.9	412.8	319.8	354.7	277.4
1995	420.4	480.5	365.9	405.8	333.5
1996	445.2	513.6	385.6	424.1	354.2
1997	452.8	526.4	390.6	423.2	352.4
1998	451.4	526.4	388.7	416.9	333.4
1999	447.4	519.6	385.6	402.3	320.4
2000	456.8	536.2	390.6	397.8	312.1
2001	450.9	527.1	387.8	389.9	308.0
2002	448.6	522.9	387.1	383.3	307.7
2003	452.2	526.6	390.9	379.8	313.2
2004	470.3	546.6	407.7	390.1	352.4
2005	480.6	557.0	419.1	392.4	380.9
2006	484.4	563.1	420.4	394.4	384.3
2007	509.6	591.8	443.1	411.4	423.9
2008	533.0	618.4	463.5	434.8	523.9
2009	523.3	607.9	453.9	425.5	488.9
2010	540.2	627.0	469.5	439.8	500.4
2011	568.6	659.9	494.5	461.1	559.6
2012	582.4	675.9	506.6	469.6	578.1
2013	596.8	693.1	518.0	474.9	575.3
2014	608.8	707.5	527.7	480.1	572.6
2015	619.3	719.7	536.8	479.8	580.7
2016	629.8	732.4	544.6	483.2	581.6
2017	637.2	741.8	549.0	486.3	581.3

8-3 分行业工业生产者出厂价格指数

Ex-Factory Price Indices of Industrial Producers by Sector

单位：以上年为100 (preceding year=100)

行业	Sector	2016	2017
煤炭开采和洗选业	Coal Mining and Dressing	97.6	129.1
黑色金属矿采选业	Ferrous Metals Mining and Dressing	96.9	104.4
有色金属矿采选业	Nonferrous Metals Mining and Dressing	99.8	124.1
非金属矿采选业	Nonmetal Minerals Mining and Dressing	95.7	106.0
农副食品加工业	Agricultural and Sideline Products Processing	101.7	101.5
食品制造业	Food Manufacturing	99.7	101.3
酒、饮料和精制茶制造业	Wine，Drink and Tea Manufacturing	100.1	99.6
烟草制品业	Tobacco Processing	100.3	99.9
纺织业	Textile Industry	98.7	102.2
纺织服装、服饰业	Textile Garments Products	99.8	101.0
皮革、毛皮、羽毛及其制品和制鞋业	Leather , Furs , Down and Relate Products	102.6	102.9
木材加工和木、竹、藤、棕、草制品业	Timber Processing,Bamboo,Cane,Palm Fiber and Straw Products	100.4	100.9
家具制造业	Furniture Manufacturing	100.8	101.6
造纸和纸制品业	Papermaking and Paper Products	99.6	105.3
印刷和记录媒介复制业	Printing and Record Medium Reproduction	98.3	103.8
文教、工美、体育和娱乐用品制造业	Cultural , Educational and Sports Goods	102.3	101.2
石油加工、炼焦和核燃料加工业	Petroleum Processing , Coking and Nuclear Fuel Processing	91.8	114.2
化学原料和化学制品制造业	Raw Chemical Materials and Chemical Products	96.9	109.8
医药制造业	Medical and Pharmaceutical Products	102.7	100.5
化学纤维制造业	Chemical Fiber	90.2	104.3
橡胶和塑料制品业	Rubber and Plastic Products	98.3	102.0
非金属矿物制品业	Nonmetal Minerals Products	98.8	103.4
黑色金属冶炼和压延加工业	Smelting and Pressing of Ferrous Metals	101.4	128.9
有色金属冶炼和压延加工业	Smelting and Pressing of Nonferrous Metals	95.8	110.1
金属制品业	Metal Products	99.0	103.7
通用设备制造业	General Equipment	100.3	100.5
专用设备制造业	Special Purpose Equipment	100.1	101.1
汽车制造业	Car Manufacturing	98.5	99.9
铁路、船舶、航空航天和其他运输设备制造业	Railway,Watercraft,Aviation and others transportation Manufacturing	99.8	99.9
电气机械和器材制造业	Electric Equipment and Machinery	99.9	101.6
计算机、通信和其他电子设备制造业	Computer,Communication and other Electronic Equipment	98.1	101.6
仪器仪表制造业	Instruments and Meters Machinery	101.8	100.8
其他制造业	Others Manufacturing	101.8	104.0
废弃资源综合利用业	Waste Resources and Materials Recovering	98.1	113.4
金属制品、机械和设备修理业	Metals,Machinery and Equipment maintenance	103.1	101.7
电力、热力生产和供应业	Production and Supply of Electric Power and Hot Power	98.1	99.3
燃气生产和供应业	Production and Supply of Gas	85.5	93.9
水的生产和供应业	Production and Supply of Water	101.1	103.4

注：本表行业分类依据2011年新颁布的《国民经济行业分类》（GB/T 4754—2011）标准。

Note:The classified Standards of national ecomonic sector are adopted GB/T 4754-2011.

8-4 工业生产者出厂价格指数

Ex-Factory Price Indices of Industrial Producers

单位：以上年为100 (preceding year=100)

项目	Item	2000	2005	2010	2016	2017
工业生产者出厂价格总指数	**Ex-Factory Price Indices of Industrial Producers**	**100.5**	**100.2**	**103.2**	**99.1**	**104.1**
按轻重分	**By Light and Heavy Industry**					
轻工业	Light Industry	99.9	98.4	101.5	100.3	102.2
以农产品为原料	Using Farm Products as Raw Materials	100.9	100.5	102.5	100.7	102.0
以非农产品为原料	Using Non-farm Products as Raw Materials	97.7	97.4	100.6	99.2	102.8
重工业	Heavy Industry	101.2	104.7	106.9	98.1	105.8
采掘工业	Mining and Quarrying	107.5	123.4	121.1	97.0	113.4
原料工业	Raw Materials Industry	103.4	107.8	107.9	96.8	107.1
加工工业	Manufacturing Industry	97.6	100.9	104.1	98.7	104.9
按两大部类分	**By Two Parts**					
生产资料	Means of Production	101.6	100.9	104.1	97.9	105.5
采掘工业	Mining and Quarrying	107.5	123.4	121.1	97.0	113.4
原料工业	Raw Materials Industry	104.3	107.5	108.9	95.8	106.7
加工工业	Manufacturing Industry	97.4	98.4	101.7	98.7	104.8
生活资料	Consumer Goods	98.7	99.1	101.7	101.2	101.7
食品	Food	98.5	98.4	104.7	101.0	101.1
衣着	Clothing	101.8	101.7	100.9	101.8	102.1
一般日用品	Articles for Daily Use	94.9	101.3	100.9	101.1	101.4
耐用消费品	Durable Consumer Goods	94.2	93.0	98.7	100.3	102.7
按工业部门分	**By Departments**					
冶金工业	Metallurgical Industry	100.8	104.3	113.0	99.4	119.3
电力工业	Power Industry	95.3	103.5	100.3	98.1	99.3
煤炭及炼焦工业	Coal and Coking Industry	114.1	137.3	108.4	99.0	128.9
石油工业	Petroleum Industry	138.4	123.5	124.4	90.4	110.4
化学工业	Chemical Industry	100.3	104.6	107.1	96.7	104.8
机械工业	Machine Building Industry	94.9	95.1	98.5	99.0	101.3
建筑材料工业	Building Materials Industry	95.8	98.5	103.0	98.7	103.7
森林工业	Timber Industry	104.2	103.0	102.7	100.6	100.9
食品工业	Food Industry	98.2	98.4	104.4	100.8	101.1
纺织工业	Textile Industry	108.4	100.9	102.9	98.1	102.5
缝纫工业	Tailoring Industry	103.4	101.0	100.9	100.3	101.0
皮革工业	Leather Industry	98.0	102.7	100.9	103.6	103.1
造纸工业	Paper Industry	105.7	101.4	104.1	99.6	105.3
文教艺术用品工业	Cultural,Educational & Handicrafts Articles	96.6	100.1	99.6	101.0	102.0
其它工业	Others	94.8	101.7	102.7	101.2	101.9

8-5 工业生产者购进价格指数

Purchasing Price Indices of Industrial Producers

单位：以上年为100 (preceding year=100)

项目 Item	2000	2005	2010	2016	2017
工业生产者购进价格总指数 Purchasing Price Indices of Industrial Producers	**112.4**	**108.1**	**107.7**	**98.0**	**105.3**
1.燃料、动力类 Fuel and Power	137.2	125.6	108.1	93.0	107.2
2.黑色金属材料类 Ferrous Metals Material	102.4	103.5	113.5	96.5	115.8
#钢材 Steel	103.6	106.4	109.6	95.5	115.8
3.有色金属材料和电线类 Nonferrous Metals Material and Wire	109.9	111.3	116.6	94.3	111.9
4.化工原料类 Raw Chemical Materials	112.2	106.1	110.8	97.5	105.6
5.木材及纸浆类 Timber and Paper Pulp	97.5	100.7	99.4	101.2	107.9
6.建筑材料及非金属矿类 Building Materials and Nonmetal Minerals	97.0	105.9	102.8	98.9	103.6
7.其他工业原材料及半成品类 Other Industrial Raw and Semi-products	105.6	104.8	101.9	99.4	102.0
8.农副产品类 Agricultural Products	96.2	94.0	117.8	100.3	99.8
9.纺织原料类 Textile Materials	107.8	102.9	106.9	100.6	102.5

8-6 居民消费价格指数(2017年)

Consumer Price Indices(2017)

单位：以上年为100 (preceding year=100)

项目 Item	全省 Province	城市 Urban	农村 Rural
居民消费价格指数 Consumer Price Index	**101.2**	**101.3**	**100.8**
一、按商品和非商品分 By Good			
消费品价格指数 Consumption Price Index	100.3	100.4	100.2
服务项目价格指数 Services Price Index	102.6	102.8	101.9
二、按类别分 By Category			
食品烟酒 Food and Tobacco	99.0	99.2	98.5
衣着 Clothing	100.6	100.4	101.2
居住 Residence	102.4	102.7	101.3
生活用品及服务 Articles and Services	101.2	101.2	101.1
交通和通信 Transport and Communication Services	100.9	100.8	101.4
教育文化和娱乐 Education,Cultural Services and Recreation	102.3	102.4	101.8
医疗保健 Medicine and Medical Services	103.0	103.1	102.7
其他用品和服务 Others	107.4	107.1	108.6

8-7 居民消费价格分类指数

Consumer Price Indices by Category

单位：以上年为100 (preceding year=100)

项目	Item	2000	2005	2010	2014	2015
居民消费价格指数	**Consumer Price Index**	**102.1**	**102.2**	**103.2**	**102.0**	**101.7**
1.食品	**Food**	**98.4**	**103.7**	**107.8**	**103.3**	**102.3**
#粮食	Grain	88.8	99.8	117.0	101.9	101.7
淀粉及制品	Oil or Fat	99.1	104.4	113.3	103.4	102.9
干豆类及豆制品	Starches and Tubers	101.1	102.7	111.8	106.3	102.7
油脂	Bean and Its Products	95.5	96.5	101.6	93.7	95.2
肉禽及其制品	Meal,Poultry and Their Products	97.0	103.7	102.3	100.4	105.9
蛋	Eggs	83.6	103.6	108.3	107.5	94.6
水产品	Aquatic Products	101.5	106.0	108.6	105.7	101.0
菜	Vegetables	109.8	111.0	121.2	101.9	107.9
调味品	Flavoring	98.6	100.3	104.3	104.5	101.7
糖	Sugar	112.0	103.5	107.9	99.9	99.4
茶及饮料	Tea and Drink	98.5	99.8	98.7	100.5	100.7
干鲜瓜果	Dride and Fresh Melons and Fruits	102.7	104.8	115.5	116.6	96.8
糕点饼干	Cake	100.4	99.5	101.5	101.7	101.4
液体乳及乳制品	Milk and Daily Products	99.5	98.1	100.4	106.0	100.2
在外用膳食品	Dining out	99.5	102.5	103.2	101.3	101.7
其他食品	Others	98.1	99.7	101.3	103.3	101.9
2.烟酒及用品	**Tobacco and Artides**	**100.8**	**99.8**	**101.4**	**99.2**	**102.3**
3.衣着	**Clothing**	**98.5**	**97.1**	**95.7**	**102.6**	**102.9**
#服装	Garments	98.1	96.4	96.0	102.7	103.1
衣着材料	Clothing material	99.3	100.5	103.4	99.7	101.2
鞋袜帽	Footgear and Hats	99.1	98.2	93.6	102.5	102.0
衣着加工服务费	Tailoring and Laundering Service Fees	100.4	102.1	102.4	105.6	106.4
4.家庭设备用品及维修服务费	**Household Facilities, Articles and Services**	**98.7**	**99.6**	**99.2**	**100.4**	**100.8**
#耐用消费品	Durable Consumer Goods	96.6	98.3	98.1	99.4	99.4
室内装饰品	Room Decorate	99.2	99.2	99.0	99.5	99.3
床上用品	Bed Using	99.2	98.4	97.5	98.0	99.5
家庭日用杂品	Daily Use Household Articles	98.3	100.2	100.2	100.9	100.8
5.医疗保健和个人用品	**Health Cares**	**107.9**	**98.8**	**103.1**	**100.7**	**104.5**
6.交通和通信	**Transportation and Communication**	**96.4**	**97.7**	**99.5**	**100.2**	**98.3**
#交通	Transportation	98.5	100.8	101.7	100.2	96.9
通信	Communication	94.5	95.4	97.9	100.2	99.9
7.娱乐教育文化用品及服务	**Recreation,Education and Culture Articles**	**120.6**	**104.7**	**100.2**	**101.7**	**101.2**
#文娱用耐用消费品及服务	Durable Consumer Goods for Recreation Use	92.3	94.7	95.3	95.5	97.9
教育	Education	170.7	109.6	100.6	102.3	102.3
文化娱乐类	Cultural and Entertainment	99.5	101.4	100.6	100.8	101.3
8.居住	**Residence**	**106.7**	**106.8**	**105.4**	**102.3**	**101.3**
#建房及装修材料	Building Materials	98.9	101.7	104.8	100.9	99.7
水、电、燃料	Water,Electricity ,Fuels	110.1	112.0	106.4	101.5	98.1

8-8 城市居民消费价格分类指数

Consumer Price Indices of Urban Households by Category

单位：以上年为100 (preceding year=100)

项目	Item	2000	2005	2010	2014	2015
居民消费价格指数	**Consumer Price Index**	**103.2**	**101.9**	**103.1**	**102.1**	**101.7**
1.食品	**Food**	**98.7**	**103.7**	**107.9**	**103.2**	**102.2**
#粮食	Grain	90.0	99.9	117.0	101.9	101.8
淀粉	Oil or Fat	98.8	105.3	114.0	103.3	103.2
干豆类及豆制品	Starches and Tubers	99.9	102.5	112.2	107.0	102.5
油脂	Bean and Its Products	94.8	96.8	101.9	92.8	94.8
肉禽及其制品	Meal,Poultry and Their Products	96.2	102.3	102.4	100.2	106.2
蛋	Eggs	83.5	103.5	109.2	108.0	94.0
水产品	Aquatic Products	103.3	106.4	108.5	105.1	100.5
菜	Vegetables	107.8	110.9	120.4	102.2	108.0
调味品	Flavoring	97.6	100.5	104.8	104.6	102.2
糖	Sugar	106.9	103.2	106.8	100.4	99.7
茶及饮料	Tea and Drink	98.0	99.5	98.2	100.0	100.4
干鲜瓜果	Dride and Fresh Melons and Fruits	101.8	105.3	115.6	116.0	96.0
糕点饼干	Cake	101.8	99.5	101.3	101.7	101.7
液体乳及乳制品	Milk and Daily Products	99.9	97.8	100.8	105.7	100.0
在外用膳食品	Dining out	97.4	102.9	103.8	101.4	102.0
其他食品	Others	100.8	101.1	102.1	102.8	102.3
2.烟酒及用品	**Tobacco and Articles**	**98.6**	**99.6**	**101.6**	**99.0**	**102.4**
3.衣着	**Clothing**	**97.8**	**96.3**	**95.6**	**102.9**	**102.8**
#服装	Garments	97.4	95.8	96.2	102.8	103.0
衣着材料	Clothing material	99.2	99.9	102.9	99.2	101.1
鞋袜帽	Footgear and Hats	98.7	97.2	93.0	103.5	102.0
衣着加工服务费	Tailoring and Laundering Service Fees	100.5	101.3	101.6	105.5	106.8
4.家庭设备用品及维修服务费	**Household Facilities, Articles and Services**	**100.0**	**99.2**	**99.0**	**100.5**	**101.1**
#耐用消费品	Durable Consumer Goods	98.7	97.7	97.8	99.3	99.3
室内装饰品	Room Decorate	99.9	98.9	98.5	99.5	99.0
床上用品	Bed Using	98.2	97.4	97.5	97.9	99.5
家庭日用杂品	Daily Use Household Articles	98.1	100.4	100.0	101.2	101.0
5.医疗保健和个人用品	**Health Cares**	**112.8**	**98.6**	**103.2**	**100.7**	**103.9**
6.交通和通信	**Transportation and Communication**	**96.9**	**96.9**	**99.2**	**100.3**	**98.4**
#交通	Transportation	99.5	101.1	101.3	100.3	97.1
通信	Communication	96.2	94.8	97.9	100.2	100.0
7.娱乐教育文化用品及服务	**Recreation,Education and Culture Articles**	**115.1**	**103.8**	**100.2**	**101.7**	**101.3**
#文娱用耐用消费品及服务	Durable Consumer Goods for Recreation Use	92.7	94.0	95.2	94.7	97.6
教育	Education	187.4	110.1	100.6	102.6	102.3
文化娱乐类	Cultural and Entertainment	100.9	101.9	100.7	100.9	101.4
8.居住	**Residence**	**107.5**	**106.2**	**104.9**	**102.5**	**101.6**
#建房及装修材料	Building Materials	99.0	101.9	104.5	101.3	99.8
水、电、燃料	Water,Electricity ,Fuels	108.3	108.7	105.5	101.7	98.3

8-9 农村居民消费价格指数

Consumer Price Indices Rural Households by Category

单位：以上年为100 (preceding year=100)

项目	Item	2000	2005	2010	2014	2015
居民消费价格指数	**Consumer Price Index**	**101.3**	**102.8**	**103.4**	**101.9**	**101.7**
1.食品	**Food**	**98.1**	**103.7**	**107.5**	**103.5**	**102.6**
#粮食	Grain	88.3	99.6	117.1	102.1	101.6
淀粉	Bean and Its Products	99.0	103.2	110.9	103.6	101.8
干豆类及豆制品	Starches and Tubers	101.5	102.9	110.6	104.5	103.4
油脂	Oil or Fat	95.9	96.2	101.0	95.4	96.0
肉禽及其制品	Meal,Poultry and Their Products	97.5	105.3	102.1	100.9	105.4
蛋	Eggs	83.7	103.8	106.0	106.3	95.9
水产品	Aquatic Products	100.2	105.1	109.2	107.7	102.6
菜	Vegetables	111.1	111.5	123.6	101.1	107.5
调味品	Flavoring	99.1	100.2	103.1	104.3	100.7
糖	Sugar	114.0	103.8	110.4	98.9	98.9
茶及饮料	Tea and Drink	98.9	100.9	100.6	102.0	101.4
干鲜瓜果	Dride and Fresh Melons and Fruits	103.3	103.4	115.5	118.5	99.2
糕点饼干	Cake	98.8	99.6	102.0	101.9	100.7
液体乳及乳制品	Milk and Daily Products	99.3	99.4	98.6	107.0	101.0
在外用膳食品	Dining Out	101.8	101.9	101.6	100.9	100.6
其他食品	Others	97.0	98.9	99.8	104.2	101.2
2.烟酒及用品	**Tobacco and Articles**	**101.5**	**100.1**	**101.0**	**99.6**	**102.1**
3.衣着	**Clothing**	**98.8**	**98.2**	**95.7**	**101.7**	**103.1**
#服装	Garments	98.5	97.5	95.5	102.3	103.5
衣着材料	Clothing material	99.4	101.0	104.6	100.4	101.2
鞋袜帽	Footgear and Hats	99.3	99.3	95.4	99.4	101.8
衣着加工服务费	Tailoring and Laundering Service Fees	100.2	103.5	104.4	105.7	105.3
4.家庭设备用品及维修服务费	**Household Facilities, Articles and Services**	**98.2**	**100.3**	**99.9**	**100.0**	**100.0**
#耐用消费品	Durable Consumer Goods	95.4	99.1	99.1	99.6	99.6
室内装饰品	Room Decorate	98.6	100.0	100.4	99.5	99.9
床上用品	Bed Using	99.7	100.0	97.4	98.3	99.5
家庭日用杂品	Daily Use Household Articles	98.4	100.0	100.8	100.3	100.2
5.医疗保健和个人用品	**Health Cares and Individual Articles**	**107.8**	**99.0**	**103.0**	**100.7**	**106.3**
6.交通和通信	**Transportation and Communication**	**95.4**	**98.7**	**100.3**	**100.2**	**97.8**
#交通	Transportation	98.1	100.5	102.5	100.2	96.1
通信	Communication	92.7	96.8	97.8	100.2	99.8
7.娱乐教育文化用品及服务	**Recreation,Education and Culture Articles**	**121.8**	**105.9**	**100.4**	**101.7**	**100.9**
#文娱用耐用消费品及服务	Durable Consumer Goods for Recreation Use	92.0	96.0	95.7	98.3	98.6
教育	Education	157.3	109.2	100.7	101.5	102.4
文化娱乐类	Cultural and Entertainment	98.7	100.1	100.2	100.4	100.9
8.居住	**Residence**	**106.0**	**107.5**	**106.9**	**101.7**	**100.6**
#建房及装修材料	Building Materials	98.8	101.5	105.4	99.9	99.3
水、电、燃料	Water,Electricity ,Fuels	111.3	118.9	110.2	100.9	97.4

8-10 居民消费价格分类指数（2017年）

Consumer Price Indices by Category(2017)

单位：以上年为100 (preceding year=100)

项目	Item	总计 Total	城市 Urban	农村 Rural
居民消费价格总指数	Consumer Price Index	101.2	101.3	100.8
食品烟酒	Food,Tobacco and Liquor	99.0	99.2	98.5
食品	Food	97.9	98.1	97.5
粮食	Grain	100.8	100.7	100.9
薯类	Tubers	90.4	89.7	93.2
豆类	Peas and Beans	100.8	101.1	100.1
食用油	Edible Oil	99.6	99.3	100.2
菜	Vegetables	85.7	85.5	86.7
畜肉类	Livestock Meat	95.8	96.2	94.5
禽肉类	Poultry	100.3	100.7	99.2
水产品	Aquatic Products	104.9	105.3	103.4
蛋类	Eggs	96.8	97.4	95.4
奶类	Dairy	100.4	100.5	99.8
干鲜瓜果类	Dride and Fresh Melons and Fruits	101.6	101.7	101.0
糖果糕点类	Sweets and Cakes	101.4	101.3	101.8
调味品	Flavoring	101.4	101.4	101.5
其他食品类	Other Foods	101.6	102.3	99.7
茶及饮料	Tea and Beverages	102.1	102.4	101.1
烟酒	Tobacco and Liquor	100.4	100.6	100.1
烟草	Tobacco	99.7	99.9	99.3
酒类	Liquor	101.6	101.6	101.7
在外餐饮	Outside Catering	101.6	101.6	101.4
衣着	Clothing	100.6	100.4	101.2
服装	Garments	100.4	100.2	101.1
服装材料	Clothing material	100.2	100.2	100.2
其他衣着及配件	Others	99.5	99.1	100.8
衣着加工服务费	Clothing Manufacturing Services	101.2	100.8	102.5
鞋类	Shoes	101.4	101.4	101.7
居住	Residence	102.4	102.7	101.3
租赁房房租	Rental Housing Rent	102.0	102.2	100.2
住房保养维修及管理	Housing Maintenance	102.3	102.3	102.4
水电燃料	Water,Electricity ,Fuels	102.8	103.0	102.3
自有住房	Private Housing	102.3	102.8	100.5
生活用品及服务	Daily Necessities and Services	101.2	101.2	101.1
家具及室内装饰品	Furniture and Ornament	103.1	103.0	103.5
家用器具	Household Facilities	100.2	100.3	100.2
家用纺织品	Household Textiles	100.3	100.4	100.3
家庭日用杂品	Daily Use Household Articles	100.1	99.8	100.8
个人护理用品	Personal Care Articles	101.8	101.9	101.1
家庭服务	Domestic Services	103.9	104.1	102.7
交通和通信	Transportation and Communication	100.9	100.8	101.4
交通	Transportation	101.8	101.7	102.4
通信	Communication	99.5	99.5	99.6
教育文化和娱乐	Education Culture and Recreation	102.3	102.4	101.8
教育	Education	102.7	103.0	102.1
文化娱乐	Culture and Recreation	101.6	101.7	100.9
医疗保健	Health Care	103.0	103.1	102.7
药品及医疗器具	Medicine and Medical Instrument	104.5	104.2	105.9
医疗服务	Health Services	102.3	102.6	101.7
其他用品和服务	Others Articles and Services	107.4	107.1	108.6
其他用品类	Other Articles	100.8	100.9	100.7
其他服务类	Other Services	113.3	112.4	116.7

注：本表按国家统计局2015年10月制定的《流通和消费价格统计报表制度》进行分类。

8-11 农业生产资料价格指数

Price Indices of Means Agriculture Production

单位：以上年为100　　(preceding year=100)

项目	Item	2000	2005	2010	2015	2016	2017
总指数	**General Index**	**97.4**	**108.1**	**102.4**	**101.4**	**100.2**	**100.0**
1.农用手工工具	Small Farm Tools	102.0	107.2	101.5	101.8	100.3	99.7
2.饲料	Forage	94.3	102.8	105.5	100.2	96.9	99.8
3.仔畜幼禽及产品畜	Young Livestock & Fowls	112.3	102.5	107.8	109.8	120.7	90.6
4.半机械化农具	Semi-Mechanized Farm Tools	98.9	100.0	101.0	100.7	99.8	99.2
5.机械化农具	Mechanized Farm Machinery	98.4	103.0	101.5	100.1	100.3	100.0
6.化学肥料	Chemical Fertilizer	92.1	114.1	97.4	100.4	98.7	102.9
7.农药及农药器械	Pesticide & Its Appliances	95.1	108.5	100.3	99.4	99.1	98.6
8.农机用油	Oil for Farm Machinery	126.2	110.2	109.3	89.7	98.0	107.9
9.其他农业生产资料	Others	98.0	105.3	106.2	100.7	99.8	100.2
10.农业生产服务	Agricultural Production Service			105.0	104.1	101.5	99.4

注：2016年之前，“仔畜幼禽及产品畜”称为“幼禽家畜”，“农药及农药器械”称为“农药及农药械”，“农机用油”称为“农用机油”。

8-12 固定资产投资价格指数

Price Indices for Investment in Fixed Assets

单位：以上年为100　　(preceding year=100)

项目	Item	2000	2005	2010	2015	2016	2017
固定资产投资价格总指数	**General Index**	**100.2**	**100.7**	**103.3**	**98.3**	**100.0**	**105.6**
一、建筑安装工程投资	**Construction and Installation**	**102.4**	**101.1**	**104.9**	**97.6**	**99.8**	**107.6**
人工费	Labors	108.5	104.9	107.0	103.8	102.4	103.1
材料费	Materials	102.0	99.8	104.7	94.4	98.5	111.3
#钢材	Steel Products	103.1	98.8	105.6	87.7	98.0	127.1
水泥	Cement	99.5	96.7	104.3	96.5	96.5	104.5
机械费	Instruments	100.2	100.1	102.2	101.0	100.2	100.7
二、设备、工器具投资	**Purchase of Equipment,Tools And Instruments**	**94.9**	**97.6**	**99.8**	**99.5**	**100.0**	**100.9**
三、其他费用投资	**Others**	**98.8**	**102.8**	**102.4**	**100.1**	**100.7**	**101.1**

8-13 农产品生产者价格指数

Producer Price Indices for Farm Products

单位：以上年为100 (preceding year=100)

项目	Item	2005	2010	2013	2014	2015	2016	2017
总指数	**Total Price Index**	**103.9**	**111.5**	**103.0**	**100.3**	**101.2**	**108.3**	**98.9**
一、农业产品	**Agricultural Products**	**105.1**	**115.3**	**104.7**	**105.9**	**100.8**	**108.8**	**95.9**
谷物	Rice	97.6	107.6	102.0	106.7	106.3	98.8	102.1
早籼稻	Early Rice	95.3	103.3	102.9	105.1	103.4	101.0	102.2
晚籼稻	Late Rice	96.7	111.2	104.1	106.6	102.8	101.1	107.5
薯类	Potato	106.9	121.9	109.6	102.7	103.0	106.8	86.1
豆类	Bean	97.0	125.1	105.1	106.6			
大豆	Soybean	93.4	127.9	105.1	106.6			
油料	Oil-bearing Crops	106.3	115.8	107.6	103.9	101.5	100.5	101.4
蔬菜	Vegetables			112.7	105.9	105.3	111.7	86.5
烤烟叶	Flue-cured Tobacco	101.7	98.5	104.0	99.4	103.0	103.6	94.6
食用菌（干鲜混合）	Edible Bacterium	103.0	115.7	104.1	103.7	96.9	99.6	105.3
水果	Fruit	108.8	115.2	104.6	109.4	94.8	127.8	95.5
茶叶	Tea	101.3	111.5	104.5	101.9	96.8	97.6	106.9
二、林业产品	**Forest Products**	**104.0**	**107.6**	**106.4**	**101.7**	**93.3**	**95.7**	**100.1**
原木	Log	104.7	104.3	101.2	101.0	98.6	96.6	98.3
竹材	Bamboo	104.1	108.0	98.8	97.9	87.8	96.4	93.2
三、饲养动物及其产品	**Breeding Animals and Products**	**100.9**	**101.2**	**101.2**	**97.4**	**108.0**	**115.7**	**94.7**
活猪（毛重）	Pigs	97.4	97.9	99.4	93.9	111.2	123.5	91.8
家禽（毛重）	Poultry	104.2	107.0	103.9	109.5	103.3	102.0	99.5
四、渔业产品	**Fishery Products**	**103.7**	**113.7**	**102.1**	**96.9**	**100.5**	**107.3**	**105.5**
#海水养殖产品	Seawater Culturing			102.6	95.8	100.0	110.1	107.9
海水捕捞产品	Seawater Catching			102.7	102.2	100.9	107.8	99.9
淡水养殖产品	Freshwater Culturing			100.3	96.7	97.4	97.1	102.1

8-14 主要城市房地产价格指数
Price Indices for Real Estate in Selected Cities

单位：以上年为100　　(preceding year=100)

项目 Item	2016 福州市 Fuzhou	2016 厦门市 Xiamen	2016 泉州市 Quanzhou	2017 福州市 Fuzhou	2017 厦门市 Xiamen	2017 泉州市 Quanzhou
新建住宅销售价格指数 New Residential Buildings	116.7	131.5	103.3	111.1	115.9	106.9
新建商品住宅 Residential Buildings	116.9	131.8	103.4	111.2	116.0	107.1
90平方米及以下 under 90 sq.m.	118.7	131.6	103.2	109.9	116.6	107.7
90-144平方米 90-144 sq.m.	116.7	132.9	103.1	112.2	116.0	107.7
144平方米以上 Over 144 sq.m.	116.2	130.1	104.0	110.4	115.8	105.8
二手住宅销售价格指数 Secondhand Buildings	110.1	125.8	100.8	113.1	115.2	109.4
90平方米及以下 under 90 sq.m.	109.8	127.2	101.3	113.0	117.2	108.7
90-144平方米 90-144 sq.m.	109.8	125.5	100.2	113.1	114.7	110.5
144平方米以上 Over 144 sq.m.	111.3	124.7	101.4	113.4	113.4	108.7

8-15 各设区市居民消费价格指数
Consumer Price Indices by City

单位：以上年为100　　(preceding year=100)

地区	Area	2010	2014	2015	2016	2017
福州市	Fuzhou	103.2	101.8	101.7	102.3	101.1
厦门市	Xiamen	103.0	102.2	101.7	101.7	102.0
莆田市	Putian	103.2	102.0	101.5	101.3	100.9
三明市	Sanming	103.4	102.0	101.4	101.1	100.7
泉州市	Quanzhou	103.4	102.0	101.8	101.7	101.1
漳州市	Zhangzhou	103.4	102.0	101.6	101.5	101.1
南平市	Nanping	104.2	102.0	101.6	101.3	100.6
龙岩市	Longyan	103.9	101.9	101.6	101.5	101.0
宁德市	Ningde	103.8	101.9	101.5	101.4	100.7

居民消费价格指数 是反映一定时期内城乡居民所购买的生活消费品和服务项目价格变动趋势和程度的相对数，是对城市居民消费价格指数和农村居民消费价格指数进行综合汇总计算的结果。通过该指数可以观察和分析消费品的零售价格和服务项目价格变动对城乡居民实际生活费支出的影响程度。

城市居民消费价格指数 是反映一定时期内城市居民家庭所购买的生活消费品价格和服务项目价格变动趋势和程度的相对数。通过该指数可以观察和分析消费品的零售价格和服务项目价格变动对城镇居民收入和消费支出的影响。

农村居民消费价格指数 是反映一定时期内农村居民家庭所购买的生活消费品价格和服务项目价格变动趋势和程度的相对数。该指数可以观察农村消费品的零售价格和服务项目价格变动对农村居民收入和生活消费支出的影响。

商品零售价格指数 是反映一定时期内城乡商品零售价格变动趋势和程度的相对数。商品零售价格的变动与国家的财政收入、市场供需的平衡、消费与积累的比例关系有关。因此，该指数可以从一个侧面对上述经济活动进行观察和分析。

工业生产者出厂价格指数 是反映一定时期内全部工业产品出厂价格总水平的变动趋势和程度的相对数，包括工业企业售给本企业以外所有单位的各种产品和直接售给居民用于生活消费的产品。该指数可以观察出厂价格变动对工业总产值及增加值的影响。

工业生产者购进价格指数 是反映工业企业作为生产投入，而从物资交易市场和能源、原材料生产企业购买原材料、燃料和动力产品时，所支付的价格水平变动趋势和程度的统计指标，是扣除工业企业物质消耗成本中的价格变动影响的重要依据。目前，我国编制的工业生产者购进价格指数所调查的产品包括燃料动力、黑色金属、有色金属、化工、建材等九大类。

农业生产资料价格指数 指反映一定时期内农业生产资料价格变动趋势和程度的相对数。其编制目的是了解农业生产中投入物质资料价格的变动状况，服务于国民经济核算。1994 年以前，农业生产资料价格指数仅仅是商品零售价格指数的一个类别，此后，从商品零售价格指数中分离出来，单独编制。

农产品生产者价格指数 是反映一定时期内，农产品生产者出售农产品价格水平变动趋势及幅度的相对数。该指数可以客观反映全国农产品生产价格水平和结构变动情况，满足农业与国民经济核算需要。其中某代表品生产价格指数是通过对全部有出售该产品行为的调查单位的个体指数进行几何平均求得的，类价格指数是通过对其所属的类（或代表品）的价格指数进行加权平均求得的。季度累计价格指数的计算方法与分季指数的计算方法相同。

固定资产投资价格指数 是反映一定时期内固定资产投资品及取费项目的价格变动趋势和程度的相对数。固定资产投资额是由建筑安装工程投资完成额、设备工器具购置投资完成额和其他费用投资完成额三部分组成的。编制固定资产投资价格指数应首先分别编制上述三部分投资的价格指数，然后采用加权算术平均法求出固定资产投资价格总指数。

房地产价格指数 是反映一定时期内房地产价格变动趋势和程度的相对数，包括住宅销售价格指数、住宅租赁价格指数、土地交易价格指数和物业服务价格指数。通过它们可以观察土地交易、住宅销售、住宅租赁、物业服务等方面价格的变动趋势和变动幅度，消除按现价计算的房地产投资中的价格变动因素，反映房地产投资的真实规模、速度和结构。

Explanatory Notes on Main Statistical Indicators

Consumer Price Indices reflect the trend and degree of changes in prices of consumer goods and services purchased by urban households during a given period,and is a composite index derived from the urban consumer price index and the rural consumer price index. Consumer price index can be used to analyze the impact of consumer price change on actual expenditure for living cost of urban and rural residents.

Urban Consumer Price Indices reflect the trend and degree of changes in prices of consumer goods and services purchased by urban households. It can be used to observe and analyze the impact of price changes in consumer goods and services on money wages of staff and workers, and provide basis for policymaking concerning the living cost and wages of staff and workers.

Rural Consumer Price Indices reflect the trend and degree of changes in prices of consumer goods and services purchased by rural households. It can be used to observe the impact of change in retail prices of consumer goods and service prices in rural areas on living expenditure of rural households, and to show the changes in the living standard of peasants. It provides basis for analysis and research on condition of life in rural areas.

Retail Price Indices reflect the trend and degree of change in retail prices of commodities during a given period. The change in retail prices of commodities directly affect the living expenses of urban and rural residents, government revenue, purchasing power of residents and the equilibrium of market supply and demand, and the ratio of consumption to accumulation. Therefore, the retail price indices are useful from an oblique perspective for observing and analyzing the changes of the above economic activities.

Ex-factory Price Indices of Industrial Products reflect the trend and degree of changes in general ex-factory prices of all industrial products during a given period,including sales of industrial products by an industrial enterprise to all units outside the enterprise,as well as sales of consumer goods to residents.It can be used to analyze the impact of ex-factory prices on gross output value and value-added of the industrial sector.

Price Indices for Means of Agricultural Production reflect the trend and degree of changes in the prices of the means of agricultural production during a given period. Compilation of these indices helps to understand the price changes of material input in agricultural production and facilitate the compilation of national accounts. Before 1994, price indices for means of agricultural production were a sub-category in the retail price indices for commodities, and it has been compiled separately since 1994.

Indices of Producers' Prices for Farm Products reflect the trend and degree of changes in producers' prices received by farmers when they sell farm products during a given period. These indices depict the change in the level and structure of producers' prices of farm products of the country and meet the needs of agriculture statistics and national account statistics. The producers' price index of a given product is calculated through geometrical mean of individual indices of all surveyed units who sell such product, and the indices of a product category is obtained through weighted mean of price indices of all products in the category. Method for calculating accumulative quarterly indices is the same as for calculating the distinctive quarterly indices.

Producer Prices Indices for Farm Products reflect the trend and degree of changes in producers' prices received by farmers when they sell farm products during a given period. These indices depict the change in the level and structure of producer prices for farm products of the country and meet the needs of agricultural statistics and national accounts statistics. The producer price index for a given product is calculated as the geometrical mean of individual indices for all surveyed units which sell such product, and the indices for a product category is obtained as the weighted mean of price indices for all products in the category. Method for calculating accumulative quarterly indices is the same as for calculating the individual quarterly indices.

Price Indices of Investment in Fixed Assets reflects the trend and degree of changes in prices of investment in fixed assets. The investment in fixed assets consists of three components, namely the investment in construction and installation, the investment in purchases of equipment and instrument,and the investment in other items. Price index of investment in fixed assets is calculated as the weighted arithmetic mean of the price indices of the three components of investment in fixed assets.

Removing the factor of price change in the aggregates of investment at current prices, this indicator shows the changes in the prices of commodities and fees involved in the investment of fixed assets, and can be used to observe the actual size, growth, structure,and efficiency of investment in fixed assets and provides reliable and scientific data for government planning, management, decision making, and further improving the current national accounting system.

Price Indices for Real Estate reflect the trend and degree of changes in prices of real estate during a given period, including sale price indices for houses, price indices for renting houses, price indices for land transactions and price indices for management of properties. The methods for the compilation of these four sets of indices are similar in that they all use the super-collecting approach.

第九篇　财政金融保险

Chapter 9　Finance,Financial Intermediation and Insurance

资料整理：饶晓燕 廖捷

Database Editor:Raoxiaoyan Liaojie

简 要 说 明

本篇资料的主要内容及来源

本篇资料反映了全省财政收支、金融和保险方面的情况，主要包括财政收入、财政支出、金融机构存贷款、现金收支、保险机构、保险业务开展等方面的资料。

财政部分的资料来源于省财政厅；金融方面的资料来源于中国人民银行福州分行;保险方面的资料来源于中国保监会福建监管局、省人力资源和社会保障厅、省医疗保障管理委员会办公室。

本篇资料由省统计局综合统计处、社会和科技统计处根据以上资料整理。

Brief Introduction

Main Content and Source of Data

Data in this chapter show the conditions of local government budgetary finance, banking and insurance, including government revenue and expenditure, credit funds, cash income and expenses, statistics on insurance companies.

Data on local government finance are provided by Fujian Provincial Department of Finance; Data on banking are provided by Fuzhou Branch of the People's Bank of China; Data on insurance are provide by China Insurance Regulatory Commission of Fujian Bureau, Provincial Human Resource and Social Guarantee Bureau Provincial Medical Insurance Management Committee Office.

Data in this chapter are collected and compiled by the Division of Comprehensive Statistics and the Division of Social, Science and Technology Statistics of Fujian Provincial Bureau of Statistics on the basic of data from the relative departments.

9-1 主要年份一般公共预算收支总额及增长速度

Budgetary Revenue and Expenditure in Selected Years

单位：亿元 (100 million yuan)

年份 Year	一般公共预算总收入 Total Revenue 数值 Value	比上年增长(%) Ratio(%)	地方一般公共预算收入 Expenditure of Local Government 数值 Value	比上年增长(%) Ratio(%)	一般公共预算支出 Total Expenditure 数值 Value	比上年增长(%) Ratio(%)
1952	2.20				1.25	
1957	3.22				2.47	
1962	5.07				3.60	
1965	6.60				4.99	
1970	6.45				8.34	
1975	9.59				9.86	
1978	15.13				15.14	
1979	12.72	-15.9			16.03	5.9
1980	15.33	20.5			15.05	-6.1
1981	14.52	-5.3			14.27	-5.2
1982	13.67	-5.9			16.42	15.1
1983	12.37	-9.5			17.55	6.9
1984	16.78	35.7			20.52	16.9
1985	25.08	49.5			30.64	49.3
1986	29.14	16.2			37.62	22.8
1987	33.16	13.8			39.99	6.3
1988	40.16	21.1			49.29	23.3
1989	53.01	32.0			60.48	22.7
1990	57.06	7.6			68.45	13.2
1991	69.70	22.2			78.13	14.1
1992	75.35	8.1			84.50	8.2
1993	110.58	46.8			113.88	34.8
1994	149.66	35.3			137.73	20.9
1995	184.58	23.3	117.37		171.58	24.6
1996	215.11	16.5	142.12	21.1	200.31	16.7
1997	251.30	16.8	162.91	14.6	224.36	12.0
1998	281.42	12.0	187.92	15.4	254.87	13.6
1999	312.57	11.1	208.92	11.2	279.24	9.6
2000	369.67	18.3	234.11	12.1	324.18	16.1
2001	428.33	15.9	274.28	17.2	373.19	15.1
2002	476.20	11.2	272.89	-0.5	397.56	6.5
2003	551.00	15.7	304.71	10.6	452.30	13.8
2004	622.57	13.0	333.52	10.5	516.68	14.2
2005	788.11	26.6	432.60	29.7	593.07	14.8
2006	1012.77	28.5	541.17	25.1	728.70	22.9
2007	1282.84	26.7	699.46	29.2	910.64	25.0
2008	1516.51	18.2	833.40	19.1	1137.72	24.9
2009	1694.63	11.7	932.43	11.9	1411.82	24.1
2010	2056.01	21.3	1151.49	23.5	1695.09	20.1
2011	2597.01	26.3	1501.51	30.4	2198.18	29.7
2012	3008.88	15.9	1776.17	18.3	2607.50	18.6
2013	3430.35	14.0	2119.45	19.3	3068.80	17.7
2014	3828.40	11.6	2362.21	11.5	3306.70	7.8
2015	4144.03	8.2	2544.24	7.7	4001.58	21.0
2016	4295.36	3.7	2654.83	4.3	4275.40	6.8
2017	4604.69	6.9	2809.03	8.7	4684.15	9.1

注：本部分所采用的财政数字均为当年决算定案数。2002年起口径有调整。

Note:Financial figures in this chapter are all final accounts of current year.Since 2002,The Statistic scope had adjusted.

9-2 地方一般公共预算收入

General Budgetary Revenue of Local Government

单位：万元 (10000 yuan)

项目 Item	2000	2005	2010	2016	2017
收入合计 Total Revenue	**2341061**	**4326003**	**11514923**	**26548324**	**28090332**
1.增值税 Value-added Tax	353461	731267	1411033	5456801	7518247
2.营业税 Operation Tax	582053	1246076	3197000	2982682	25616
3.企业所得税 Enterprises' Income Tax	321959	542646	1569118	3500153	3818226
4.个人所得税 Individual Income Tax	247517	274137	563374	1234985	1505525
5.资源税 Resources Tax	7007	21436	64550	92544	98863
6.城市维护建设税 Tax on Town Maintenance and Construction	97646	185544	431149	1120416	1122772
7.房产税 Tax on Real Estates	95496	169576	317362	637394	790149
8.印花税 Stamp Tax	18309	55267	171193	313218	361797
9.城镇土地使用税 Tax on the Use of Urban Land	15746	29400	263343	361271	444121
10.土地增值税 Land Value Added Tax	4326	40785	628057	2158728	2742467
11.车船税 Tax on the Use of Vehicles and Ships	6055	12662	59863	175927	193766
12.烟叶税 Tobacco Leaf Tax			32896	65560	69528
13.耕地占用税 Tax on The Occupancy of Cultivated Land	13474	32003	181050	164345	159598
14.契税 Contract Tax	55799	209093	770908	1363181	1675678
15.国有资本经营收入 State-downed Assets Profit			219530	537896	491163
16.国有资源(资产)有偿使用收入 Income from use of State-downed resources			414662	2098405	2437360
17.行政性收费收入 Income from Adiministr-ative Fees	74946	290876	481761	971389	1017189
18.罚没收入 Penalty and Confiscatory Income	101764	213993	292226	558375	640673
19.专项收入 Expert Project Income	64036	120693	352274	2146263	2491669
20.其他收入 Other Income	127716	48254	93574	608791	485925

9-3 一般公共预算支出

General Budgetary Expenditure of Local Government

单位：万元 (10000 yuan)

项目 Item	2010	2013	2014	2015	2016	2017
支出合计 Total Expenditure	**16950906**	**30688006**	**33066986**	**40015778**	**42754043**	**46841517**
1.一般公共服务 Expenditure for General Public Service	2119124	3270569	2934031	3080207	3382106	3808446
2.外交 Expenditure for Foreign Affairs				10646	3000	
3.国防 Expenditure for National Defense	32680	76108	65557	68544	63361	51409
4.公共安全 Expenditure for Public Safety	1206017	1894405	1916303	2252409	2573245	3300205
5.教育 Expenditure for Operating Expense of Education	3277681	5749113	6345984	7575096	7891067	8422065
6.科学技术 Expenditure for Operating Expense of Department of Science	323057	606228	673956	766007	802823	994414
7.文化体育与传媒 Expenditure for Operating Expense of Culture , Sport Broadcasting	271014	578796	641780	848159	812542	873406
8.社会保障和就业 Expenditure for Operating Expense of Social Welfare and Employment	1482366	2406553	2587105	3417705	3489923	3945581
9.医疗卫生 Expenditure for Public Health	1175835	2242313	2921356	3511905	3775786	4204356
10.环境保护 Expenditure for Enviromental Protection	397865	586029	617958	955694	1303491	1206481
11.城乡社区事务 Expenditure for Neithbourhood Service Centre of Urbam and Rural	1076788	2597774	2697434	3786992	5722395	7280802
12.农林水事务 Expenditure for Agriculture , Foresty and Water Conservancy	1603355	3122226	3203234	4418607	4105751	4477013
13.交通运输 Expenditure for Transportation	1252071	2793122	3109307	3461952	2876640	2636805
14.工业商业金融等事务 Expenditure for Industry Trade and Finance	1044916	2316137	2459730	4080809	4768708	4895770
15.其他支出 Other Expenditure	1688137	2448633	2893251	1781046	1183205	744764

9-4 金融机构人民币各项存款和贷款余额（1990-2017年）

RMB Deposits and Loans of Financial Institutions(1990-2017)

单位：亿元 (100 million yuan)

年份 Year	各项存款 Total Deposits	#城乡居民储蓄存款 Savings Deposit in Urban and Rural Household	财政存款 Fiscal Deposits	各项贷款 Total Loans	#短期贷款 Short-term Loans	中长期贷款 Medium-term &Long-term Loans
1990	359.45	183.26		381.93		
1991	477.45	245.60		453.10		
1992	667.01	327.00		589.74		
1993	824.37	394.06		774.65	554.06	153.33
1994	1101.81	558.97		954.73	698.86	180.89
1995	1451.68	795.43		1176.63	860.09	221.09
1996	1901.71	1106.33		1467.79	1060.12	294.42
1997	2192.74	1324.37	15.40	1750.38	1279.40	329.60
1998	2557.30	1565.18	28.11	1942.78	1423.39	368.87
1999	2924.61	1739.01	41.24	2255.50	1612.59	476.85
2000	3114.32	1767.59	39.59	2438.82	1728.01	510.32
2001	3614.26	2030.94	45.94	2864.76	1656.70	902.35
2002	4253.07	2430.46	55.21	3110.05	1809.88	1065.11
2003	5178.29	2924.65	51.74	3837.51	2039.25	1422.42
2004	5984.32	3322.26	92.63	4367.05	2213.05	1799.83
2005	7248.40	3903.05	128.33	5068.68	2366.93	2350.80
2006	8836.26	4478.26	219.38	6447.72	2956.98	3203.04
2007	10040.15	4711.23	328.32	8065.67	3555.92	4318.81
2008	11804.40	5861.17	457.26	9585.92	3895.16	5146.37
2009	14702.34	7078.81	549.46	12360.32	5215.58	6625.53
2010	18309.45	8101.02	678.08	15231.36	6594.50	8372.64
2011	21055.49	9068.62	834.38	18165.19	7836.03	9906.51
2012	24283.68	10507.39	741.75	21209.82	9451.96	11133.74
2013	28043.82	11847.25	905.62	24487.53	10752.70	13137.82
2014	30747.61	12578.95	1450.40	28417.70	11785.72	15861.63
2015	35576.06	13243.35	1169.62	32132.96	12209.64	18530.82
2016	39275.82	14366.68	1230.32	36356.06	12620.98	21631.79
2017	42794.79	15213.62	1361.81	40484.93	14040.45	25317.11

注：1.2004年起含外资银行。

Note:Since 2004,the data include foreign banks.

9-5 金融机构年末人民币分项存贷款余额（2017年）

RMB Deposits and Loans Balance of Financial Institutions by Item(2017)

单位：亿元 (100 million yuan)

项目 Item	数值 Value	比上年增长（%） Ratio(%)
金融机构各项存款余额	42794.79	9.0
境内存款	42309.80	9.0
住户存款	16583.08	9.7
储蓄存款	15213.62	5.9
保证金存款	38.36	32.4
结构性存款	951.16	100.8
非金融企业存款	14068.86	4.9
企业活期存款	5425.72	8.1
企业定期存款	1676.57	-18.5
企业保证金存款	1101.16	-29.4
企业结构性存款	2567.90	49.2
政府存款	8457.83	11.4
财政性存款	1361.81	10.7
非银行业金融机构存款	3200.03	20.0
境外存款	484.99	2.1
金融机构各项贷款余额	40484.93	11.4
境内贷款	40340.84	11.3
住户贷款	18577.29	22.0
短期贷款	5530.61	27.1
个人消费贷款	3618.24	52.0
个人经营性贷款	1912.36	-3.0
中长期贷款	13046.68	20.0
个人消费贷款	10625.45	18.3
个人经营性贷款	2421.23	27.7
非金融企业及机关团体贷款	21723.88	3.4
短期贷款	8509.85	2.9
单位经营贷款	7748.15	2.7
单位固定资产贷款	70.04	-3.2
单位并购贷款	2.95	490.0
贸易融资	674.37	4.8
中长期贷款	12270.43	14.1
单位经营贷款	1961.70	32.1
单位固定资产贷款	9869.20	8.6
单位并购贷款	332.90	291.7
贸易融资	106.63	8.6
融资租赁	34.77	110.9
票据融资	849.11	-54.4
各项垫款	59.71	-39.6
非银行业金融机构贷款	39.67	11174.4
境外贷款	144.10	14.9

9-6 金融机构人民币存贷款基准利率

Benchmark Intetests rate of RMB Deposit and Loan for Financial Institutions

单位：年利率 %

调整时间 **Adjust Time**	金融机构存款基准利率 Deposit	金融机构贷款基准利率 Loan	中央银行对金融机构贷款基准利率 Loan
1978	3.24	5.04	
1980	3.96-5.76	5.04	
1985	5.40-7.20	3.60-7.92	
1990.01.01	11.34	11.34	
1990.04.15	10.08	10.08	
1990.08.21	8.64	9.36	
1991.04.21	7.56	8.64	
1993.05.15	9.18	9.36	
1993.07.11	10.98	10.98	
1995.07.01	10.98	12.06	
1996.05.01	9.18	10.98	10.98
1996.08.23	7.47	10.08	10.98
1997.10.23	5.67	8.64	9.36
1998.03.25	5.22	7.92	7.92
1998.07.01	4.77	6.93	5.67
1998.12.07	3.78	6.39	5.13
1999.06.10	2.25	5.85	3.78
2002.02.21	1.98	5.31	3.24
2004.03.25	1.98	5.31	3.87
2004.10.29	2.25	5.58	3.87
2006.04.28	2.25	5.85	3.87
2006.08.19	2.52	6.12	3.87
2007.03.18	2.79	6.39	3.87
2007.05.19	3.06	6.57	3.87
2007.07.21	3.33	6.84	3.87
2007.08.22	3.60	7.02	3.87
2007.09.15	3.87	7.29	3.87
2007.12.21	4.14	7.47	3.87
2008.09.16	4.14	7.20	4.68
2008.10.09	3.87	6.93	4.68
2008.10.30	3.60	6.66	4.68
2008.11.27	2.52	5.58	3.60
2008.12.23	2.25	5.31	3.33
2010.10.20	2.50	5.56	3.33
2010.12.26	2.75	5.81	3.85
2011.02.09	3.00	6.06	3.85
2011.04.06	3.25	6.31	3.85
2011.07.07	3.50	6.56	3.85
2012.06.08	3.25	6.31	3.85
2012.07.06	3.00	6.00	3.85
2014.11.22	2.75	5.60	3.85
2015.03.01	2.50	5.35	3.85
2015.05.11	2.25	5.10	3.85
2015.06.28	2.00	4.85	3.85
2015.08.26	1.75	4.60	3.85
2015.10.24	1.50	4.35	3.85
2015.11.05	1.50	4.35	3.50

注：本表数据由中国人民银行提供。

Note: Date in this table are provided by People's Bank of China.

9-7 主要年份保险业务情况

Basic Statistics of Insurance in Selected Years

单位：万元 (10000 yuan)

项目	Item	2005	2010	2014	2015	2016	2017
保险费收入	**Premium Income**	**1490886**	**4236124**	**6858173**	**7775781**	**9175913**	**10320749**
财产保险	Property Insurance	413723	1327403	2517089	2745518	2929528	3255619
#机动车辆险	Motor Vehicle Insurance	273882	981696	1845415	2070193	2237359	2356181
企业财产险	Enterprise Property Insurance	45813	84930	127441	124024	118529	130419
家庭财产险	Family Property Insurance	2109	8965	11515	14044	14918	23616
人身保险	Life Insurance	1077163	2908721	4341084	5030263	6246386	7065130
人寿保险	Life Insurance	927841	2616312	3639254	4081091	4871931	5452601
健康保险	Health Insurance	121248	228322	562520	784114	1190898	1402636
意外伤害	Accident Insurance	28074	64086	139310	165058	183557	209893
有效保单赔款及给付金额	**Claim and Payment**	**405525**	**1028986**	**2149899**	**2450773**	**3175600**	**3256595**
财产保险	Property Insurance	272304	654417	1301425	1472506	1798965	1753421
#机动车辆险	Motor Vehicle Insurance	173923	460282	962719	1068129	1198341	1188163
企业财产险	Enterprise Property Insurance	56455	75590	67858	92346	174422	155430
家庭财产险	Family Property Insurance	743	9198	4004	9729	24049	10431
人身保险	Life Insurance	133221	374569	848474	978267	1376635	1503175
人寿保险	Life Insurance	89362	271750	663594	729538	1087134	1133735
健康保险	Health Insurance	33285	82822	155290	210014	248242	321632
意外伤害	Accident Insurance	10575	19997	29589	38716	41259	47807

9-8 保险系统机构和人员数(2017年)

Number of Institutions and Members in Insurances System(2017)

项目 Item	财产保险公司 Property Insurance Companies			人寿保险公司 Life Insurance Companies		
	机构数（个） Institutions (unit)	职工人数（人） Staff and Workers (person)	代理制销售人员数（人） Agent Salesmen (person)	机构数（个） Institutions (unit)	职工人数（人） Staff and Workers (person)	代理制销售人员数（人） Agent Salesmen (person)
保险公司 Total	**1051**	**19865**	**49544**	**1394**	**15130**	**202010**
#省级分公司 Provincial Branches	45	3712	1441	44	4827	3409
中心支公司 Central Branches	145	7241	8234	125	5931	17031
支公司 Branches	379	6284	25046	275	2756	57821
营业部 Business Departments	6	191	5288	3	62	774
营销服务部 Business Services	474	1899	9432	946	1319	122883

9-9 各设区市保险业务情况(2017年)

Statistics of Insurance Business by City(2017)

单位：万元 (10000 yuan)

地区	Area	保险费收入 Premium Income	财产保险 Property Insurance	#机动车辆险 Motor Vehicle Insurance	#企业财产险 Enterprise Property Insurance	#家庭财产险 Family Property Insurance	人身保险 Life Insurance	人寿保险 Life Insurance	健康保险 Health Insurance	意外伤害 Accident Insurance
福建省	**Fujian**	**10320749**	**3255619**	**2356181**	**130419**	**23616**	**7065130**	**5452601**	**1402636**	**209893**
福州市	Fuzhou	3136113	823642	548890	42895	3503	2312471	1626864	620961	64646
厦门市	Xiamen	2003285	771231	542088	33977	2758	1232054	966593	221247	44214
莆田市	Putian	534078	162641	128238	5499	1512	371437	301586	60006	9845
三明市	Sanming	493265	131457	98922	5392	1366	361808	314087	39948	7773
泉州市	Quanzhou	1972226	625972	507204	22682	6298	1346254	1081696	224988	39570
漳州市	Zhangzhou	731080	273523	198315	7140	1927	457557	366991	74482	16084
南平市	Nanping	494085	142874	97702	4827	1345	351211	300418	44143	6650
龙岩市	Longyan	527727	207814	148640	5330	2823	319913	255316	53497	11099
宁德市	Ningde	428891	116465	86182	2677	2085	312427	239050	63364	10013

9-9 续表

Continued

单位：万元 (10000 yuan)

地区	Area	有效保单赔款及给付金额 Claim and Payment	财产保险 Property Insurance	#机动车辆险 Motor Vehicle Insurance	#企业财产险 Enterprise Property Insurance	#家庭财产险 Family Property Insurance	人身保险 Life Insurance	人寿保险 Life Insurance	健康保险 Health Insurance	意外伤害 Accident Insurance
福建省	**Fujian**	**3256595**	**1753421**	**1188163**	**155430**	**10431**	**1503175**	**1133735**	**321632**	**47807**
福州市	Fuzhou	877589	438607	309253	22234	1880	438982	282130	145282	11570
厦门市	Xiamen	716866	470289	274102	86907	522	246577	183516	52682	10379
莆田市	Putian	181727	84504	61308	2982	546	97222	74487	20902	1833
三明市	Sanming	152975	65062	46680	3796	792	87913	77821	7499	2593
泉州市	Quanzhou	599319	315179	236929	26414	1801	284140	234804	40160	9177
漳州市	Zhangzhou	239747	137529	93944	4454	521	102219	84413	13365	4440
南平市	Nanping	171744	78035	49699	2892	1098	93709	83816	7520	2373
龙岩市	Longyan	180198	98435	68581	3158	1086	81763	68910	9646	3207
宁德市	Ningde	136431	65781	47666	2592	2185	70650	43838	24576	2235

9-10 保险公司业务经济技术指标(2017年)

Economic and Technical Indicators of Insurance Companies(2017)

单位：亿元 (100 million)

项目 Item	保险金额 Amount Insured	保费收入 Premium	赔款及给付 Claim and Payment
财产保险公司 Property Insurance Companies	**305902.30**	**325.56**	**175.34**
# 企业财产险 Enterprise Property Insurance	25670.65	13.04	15.54
家庭财产险 Family Property Insurance	5460.39	2.36	1.04
机动车辆险 Motor Vehicle Insurance	64435.83	235.62	118.82
船舶险 Ship Insurance	1390.39	2.46	1.61
货物运输险 Freight Transport Insurance	12563.91	3.29	2.11
特殊风险保险 Special Risk Insurance	1032.72	2.01	1.61
建筑、安装工程 Construction and Installation Projects	2870.20	5.76	3.91
责任险 Liability Insurance	35933.47	12.90	5.59
信用险 Credit Insurance	2023.27	6.56	4.74
保证保险 Guarantee Insurance	575.72	11.68	2.35
农业险 Agriculture Insurance	819.50	4.94	3.61
人寿保险公司 Life Insurance Companies	**138553.06**	**706.51**	**150.32**
人身保险 Personal Insurance	**19427.90**	**545.26**	**113.37**
个人业务 Ondividual	17875.53	544.16	103.71
团体业务 Team	1552.37	1.10	9.66
健康险 Health Insurance	**54122.50**	**140.26**	**32.16**
人身意外伤害险 Unforeseen Human Insurance	**65002.66**	**20.99**	**4.78**

9-11 各设区市主要社会保险参保人数(2017年)

Basic Statistics on Social Insurance by City(2017)

单位：万人　　(10000 persons)

地区	Area	参加城镇基本养老保险人数 Basic Pension Insurance in Urban	参加城乡居民社会养老保险人数 Social Endowment Insurance in Urban and Rural	参加基本医疗保险人数 Basic Medical Insurance	参加失业保险人数 Unemployment Insurance	参加工伤保险人数 Work Injury Insurance	参加生育保险人数 Maternity Insurance
全　省	**Total**	**1022.07**	**1493.74**	**3768.61**	**612.33**	**798.72**	**634.49**
省　直	Province	51.53		37.31		24.05	26.57
福州市	Fuzhou	198.14	232.33	657.40	123.22	158.36	106.17
#平潭	Pingtan	4.34	18.42	39.42	1.96	3.33	2.33
厦门市	Xiamen	250.00	23.79	381.81	211.09	211.34	200.30
莆田市	Putian	41.98	154.99	327.94	32.85	49.72	33.90
三明市	Sanming	58.67	120.85	261.42	33.08	40.45	25.88
泉州市	Quanzhou	158.34	364.62	721.64	68.41	113.38	97.94
漳州市	Zhangzhou	91.83	208.50	479.13	41.19	64.48	43.27
南平市	Nanping	64.53	128.91	294.13	37.15	53.51	27.51
龙岩市	Longyan	55.91	132.34	290.88	39.34	46.00	43.74
宁德市	Ningde	51.15	127.41	316.94	26.00	37.42	29.21

注：1.参加城镇基本养老保险人数包含城镇职工参保人数和领取基本养老保险金离退休人数。2.基本医疗保险参保人数含新农合。

Note:a)Number of People Participated in Urban Employees Basic Pension Insurance includes Urban Employees and Retirees Beneficiary of Pension Insurance.b)Basic Medical Insurance contains New Rural Cooperative medical System.

9-12 各设区市城镇基本养老保险人数(2017年)

Basic Statistics on the Coverage of Basic Insurance in Urban area by City(2017)

单位：万人　　(10000 persons)

地区	Area	参加城镇基本养老保险职工人数 Population Vovered Pension Insurance in Urban	参加城镇企业基本养老保险人数 Coverd Enterprises Pension Insurance in Urban	参加城镇机关事业养老保险人数 Covered Institutions and state organs Insurance	期末领取基本养老保险金离退休人数 Retirees Beneficiary of Pension Insurance at the Year-end	企业单位领取人数 Enterprises	机关事业单位领取人数 Institutions and State Organs
全　省	**Total**	**840.05**	**747.44**	**92.61**	**182.02**	**135.91**	**46.11**
省　直	Province	35.17	23.18	12.00	16.35	9.02	7.33
福州市	Fuzhou	159.97	146.41	13.55	38.18	30.39	7.79
#平潭	Pingtan	3.01	2.23	0.78	1.33	0.86	0.47
厦门市	Xiamen	221.07	214.39	6.67	28.94	26.54	2.40
莆田市	Putian	34.45	27.73	6.73	7.52	4.74	2.78
三明市	Sanming	41.86	33.96	7.90	16.81	12.93	3.88
泉州市	Quanzhou	142.99	129.48	13.51	15.35	10.08	5.27
漳州市	Zhangzhou	73.19	64.09	9.10	18.64	14.17	4.47
南平市	Nanping	45.33	38.10	7.23	19.20	14.66	4.54
龙岩市	Longyan	44.90	37.00	7.91	11.00	7.05	3.95
宁德市	Ningde	41.12	33.10	8.01	10.04	6.34	3.70

9-13 主要年份社会保险情况

Basic Statistics on Social Insurance in Selected Years

项目	Item	2010	2016	2017
养老保险	**Pension Insurance**			
城镇企业职工养老保险	**Pension Insurance for Staff and Workers of Urban Enterprises**			
期末参加基本养老保险职工人数（万人）	Number of Employment Covered at the Year-end(10000 persons)	466.88	709.62	747.44
期末领取基本养老保险离退休人数（万人）	Retiress as Covered at the Year-end(10000 persons)	93.33	129.23	135.91
基本养老保险基金收入（亿元）	Revenue(100 million yuan)	149.55	442.63	456.04
基本养老保险基金支出（亿元）	Expenses(100 million yuan)	135.85	370.80	405.59
基本养老保险基金累计结余（亿元）	Balance(100 million yuan)	104.63	573.57	667.51
机关事业单位养老保险	**Pension Insurance for Government Agencies and Institutions**			
期末参加基本养老保险职工人数（万人）	Number of Staff Covered at the Year-end(10000 persons)	54.93	85.84	92.61
期末领取基本养老保险离退休人数（万人）	Number of Retirees at the Year-end(10000 persons)	20.13	43.15	46.11
基本养老保险基金收入（亿元）	Revenue(100 million yuan)	55.32	202.94	209.26
基本养老保险基金支出（亿元）	Expenses(100 million yuan)	52.65	214.10	260.88
基本养老保险基金累计结余（亿元）	Balance(100 million yuan)	36.60	127.56	152.49
城乡居民社会养老保险	**Social Endowment Insurance in Urban and Rural**			
期末参加基本养老保险人数（万人）	Number of Staff Covered at the Year-end(10000 persons)		1489.10	1493.74
基本养老保险基金收入（亿元）	Revenue(100 million yuan)		78.98	85.78
基本养老保险基金支出（亿元）	Expenses(100 million yuan)		57.86	65.81
基本养老保险基金累计结余（亿元）	Balance(100 million yuan)		123.93	143.90
医疗保险	**Insurance for Medical Care**			
期末参加基本医疗保险人数（万人）	Number of Staff Covered at the Year-end(10000 persons)	1226.25	1297.90	3768.61
城镇职工	Urban Workers	554.67	792.12	819.34
城镇居民	Urban Non-Retirees employment	671.58	505.78	2949.27
基本医疗保险基金收入（亿元）	Revenue(100 million yuan)	113.72	331.72	480.02
城镇职工	Urban Workers	106.22	259.97	292.07
城镇居民	Urban Non-Retirees employment	7.50	71.75	187.95

注：2017年城镇居民参加基本医疗保险数据包含新农合数据在内。
Note:Basic Medical Insurance contains New Rural Cooperative medical System.

9-13 续表

Continued

项目	Item	2010	2016	2017
基本医疗保险基金支出（亿元）	Expenses(100 million yuan)	96.01	274.68	383.84
城镇职工	Urban Workers	88.96	207.77	221.52
城镇居民	Urban Non-Retirees employment	7.05	66.91	162.32
基本医疗保险基金累计结余（亿元）	Balance(100 million yuan)	174.86	497.27	630.99
城镇职工	Urban Workers	169.99	464.13	534.68
城镇居民	Urban Non-Retirees employment	4.87	33.84	96.31
基本医疗保险基金收缴率（%）	Insurance Paid Rate(%)	99.29	99.40	99.46
失业保险	**Unemployment Insurance**			
期末参加失业保险人数（万人）	Number of Population Covered at the Year-end(10000 persons)	374.18	575.52	612.33
期末领取失业保险金人数（万人）	Number of Beneficiaries Unemployment Insurance at the Year-end(10000 persons)	3.17	5.17	4.93
失业保险基金收入（亿元）	Revenue(100 million yuan)	11.63	29.23	24.27
失业保险基金支出（亿元）	Expenses(100 million yuan)	5.60	16.82	16.57
失业保险基金累计结余（亿元）	Balance(100 million yuan)	52.25	163.90	171.59
工伤、生育保险	**Insurance for Work Injury and Maternity**			
期末参加工伤保险的城镇企业职工人数（万人）	Contributors of Work Injury Insurance at the Year-end (10000 persons)	417.74	733.77	798.72
工伤保险基金收入（亿元）	Revenue of Work Injury Insurance(100 million yuan)	5.90	17.78	20.02
工伤保险基金支出（亿元）	Expenses of Work Injury Insurance(100 million yuan)	2.86	13.54	15.86
工伤保险基金累计结余（亿元）	Balance of Work Injury Insurance(100 million yuan)	22.37	58.13	62.29
期末参加生育保险的职工人数（万人）	Beneficiaries of Maternity at the Year-end(10000 persons)	374.41	625.50	634.49
生育保险基金收入（亿元）	Revenue of Maternity Insurance(100 million yuan)	4.32	12.46	14.16
生育保险基金支出（亿元）	Expenses of Maternity Insurance(100 million yuan)	2.95	14.99	20.14
生育保险基金累计结余（亿元）	Balance of Maternity Insurance(100 million yuan)	8.18	20.94	14.96

地方一般公共预算收入 属于地方财政的收入包括营业税，地方企业所得税，个人所得税，城镇土地使用税，固定资产投资方向调节税，城镇维护建设税，房产税，车船使用税，印花税，屠宰税，牧业税，耕地占用税，契税，增值税 25%部分，证券交易税(印花税)50%部分和除海洋石油资源税以外的其他资源税。

一般公共预算支出 包括地方行政管理和各项事业费，地方统筹的基本建设、技术改造支出，支援农村生产支出，城市维护和建设经费，价格补贴支出等。

信贷资金 指金融机构以信用方式积聚和分配的货币资金。金融机构信贷资金的来源有各项存款、对国际金融机构负债、流通中货币、银行自有资金及当年结益等；信贷资金的运用有各项贷款、黄金占款、外汇占款、财政借款及在国际金融机构中的资产等。

存款 指企业、机关、团体或居民根据资金必须收回的原则，把货币资金存入银行或其他信用机构保管并取得一定利息的一种信用活动形式。根据存款对象的不同可划分为企业存款、财政存款、机关团体存款、基本建设存款、城镇储蓄存款、农村存款等科目。它是银行信贷资金的主要来源。

贷款 指银行或其他信用机构根据资金必须归还的原则，按一定利率，为企业、个人等提供资金的一种信用活动形式。我国银行贷款分为流动资金贷款、固定资产贷款、城乡个体工商户贷款以及农业贷款等科目。

保险金额 指保险人承担赔偿或者给付保险金责任的最高限额。

保费 指投保人为取得保险人在约定范围内所承担赔偿责任而支付给保险人的费用。

赔款 指保险人根据保险合同的规定，向被保险人支付的赔偿保险责任损失的金额。

给付 包括死伤医疗给付和满期给付。死伤医疗给付是指保险人根据人寿保险及长期健康保险合同的规定，因被保险人在保险期内发生保险责任范围内的保险事故支付给被保险人(或受益人)的金额。满期给付是指被保险人生存期满，保险人按人寿保险合同规定支付给被保险人的满期保险金额。

基本养老保险

参加基本养老保险人数：指报告期末按照国家法律、法规和有关政策规定参加基本养老保险的职工人数。包括不能正常缴费、已中断缴费但未终止保险关系的职工人数。

基本医疗保险

参加基本医疗保险人数：指报告期末按国家有关规定参加基本医疗保险的人数。包括参加保险的职工人数和退休人员人数。

失业保险

参加失业保险人数：指报告期末按照国家法律、法规和有关政策规定参加了失业保险的城镇企业事业单位的职工及地方政府规定参加失业保险的其他人员的人数。

Explanatory Notes on Main Statistical Indicators

Revenue of the Local Governments The revenue of the local governments includes business tax, income tax of the enterprises subordinate to the local government, personal income tax, tax on the use of urban land, tax on the adjustment of the investment in fixed assets, tax on town maintenance and construction, tax on real estates, tax on the use of vehicles and ships, stamp tax, slaughter tax, tax on animal husbandry, tax on the occupancy of cultivated land, contract tax, 25% of the value added tax, 50% of the tax on stock dealing (stamp tax) and tax on resources other than the ocean petroleum resources.

Expenditure of the Local Governments The expenditure of the local governments includes mainly the administrative expenses and various operating expenses at the vel of local governments, the expenditure for capital construction and technological innovation with the funds raised by the local government, expenditure for supporting rural production, expenditure for city maintenance and construction and expenditure for price subsidies, etc.

Credit Funds refer to the funds issued as loans by banking institutions. The sources of credit funds of the banking institutions included deposits, liabilities to international financial institutions, currency in circulation, self-owned funds and current retained profits, etc. The credit funds can be used in forms of loans, gold, foreign exchange, government debt and assets in the international financial institutions.

Deposit is a form of credit by which enterprises, institutions, organizations or households can put money into banks and other credit institutions for safekeeping and interest earning under the principle of free withdrawal. According to different depositors, deposits are divided into enterprise deposits,treasury deposits, deposits of government agencies and organizations,capital construction deposits, urban savings deposits, rural deposits and other deposits. Deposits are major sources of the credit funds of banks.

Loan is a form of credit by which banks and other credit institutions provide funds at certain interest rate to enterprises and individuals in the light of the principle of unconditional repayment. Loans from Chinese banks include circulating capital loans, fixed assets loans, loans to urban and rural individuals engaged in industrial and commercial business and agricultural loans.

Amount Insured refers to the maximum that the insurant will get for the claim of the case insured.

Premium is the fee paid by the insurant to the insurer to obtain the obligation of compensation from the insurance within the agreed terms.

Settled Claim is the compensation paid by the insurer to the insurant in accordance with the insurance contract.

Payment includes payment for death, injury or medical treatment and mature payment. Payment for death, injury or medical treatment refers to the money paid to the insurant (or the beneficiary) in accordance with the life or health insurance contract when the insurant encounters accidents within the insured period covered in the contract. Mature payment refers to the mature payment to the insurant in accordance with the life insurance contract at the end of the insured period.

Basic Endowment Insurance

Number of people participating in the insurance program: by the end of reference period, number of staff and workers participating in the insurance program in line with national laws, regulations and related policies, including those who can not make regular payment or interrupt payment but not terminate the insurance program.

Basic Medical Care Insurance:

Number of people participated in the insurance program: refer to number of people participated in the basic medical care insurance program according to related regulation by the end of reference period, including: number of staff and workers and retired persons participated in this insurance program.

Unemployment Insurance

Number of people participated in unemployment insurance program: number of staff and workers in urban enterprises or institutions and other people according to local government regulations participated in unemployment insurance program in line with national law, regulations and related policies by the end of the reference period.

第十篇　农业

Chapter 10　Agriculture

资料整理：吴新榕 林卿 周万春

Database Editor: Wuxinrong Linqing Zhouwanchun

简 要 说 明

本篇资料的主要内容及来源

本篇资料反映了全省农业生产和农村经济的基本情况，主要包括农林牧渔业总产值、增加值，农村劳动力，主要农产品产量，农业机械年末拥有量，农村电气化以及农田水利建设等方面的统计资料。

本篇资料的统计范围包括省内所属的各种经济类型、各个系统的全部农林牧渔业生产单位以及各非农行业附属的农林牧渔业生产活动单位。军委系统的农业生产（除军马外）也包括在内，但不包括农业科学试验机构进行的农业生产。

本篇资料中 2003 年及以后年份的农林牧渔业总产值、增加值按新口径计算。即取消农业中种植业和其他农业的分类，将原属于其他农业的农民家庭兼营商品性工业剔除，作为附记指标统计；林业中竹木采运统计范围由村及村以下改为全社会；增加农林牧渔服务业统计;2010 年起执行 2010《统计用品分类目录》，坚果类划归农业，采集野生植物划归林业。2007-2017 年主要农产品的生产情况以及农林牧渔业产值等数据，以全省第三次农业普查数据为基础，进行了核定和修订。2007-2015 面积，畜禽存、出栏，农产品产量，产值等指标数据，为农普后修订上报国家统计局农村司数据。

本篇资料来源于农村综合统计年报，由省统计局农村统计处整理提供。

Brief Introduction

Main Content and Source of Data

Data in this chapter show the basic conditions of agricultural production and rural economy, mainly including agricultural output, value added, rural labor force, output of main agricultural produces, cultivated land, agricultural machinery and basic construction on irrigation and drainage.

The coverage of the comprehensive statistical reporting includes all productive units of farming, forestry, animal husbandry and fishery and those related non agricultural affiliated units with various ownership and the activities of horse raising for military purpose and those undertaken by agricultural research institutions are excluded.

Since 2003, data on the gross output value and value added have been calculated under the new classification of economic activities. Crop plantation and other agricultural activities have been excluded according to the classification. Value of industrial output by rural households is not included in agriculture and used only as supplementary indicators. Since 2010, we carry out the product of category statistics,nut fruits belongs to farming and collection of wild plants belongs to forestry. Transport of bamboo and timber cover all the units related. Services to farming, forestry, animal husbandry are included in farming In order to be comparable; data on Farming, Forestry, Animal Husbandry and Fishery in from 2007 to 2017 have been adjusted according to the data obtained from the Third National Agricultural Census.The data of 2007-2015 was reported to the rural bureau of the National Bureau of Statistics after the agricultural census.

Data in this chapter are based on the statistical reporting summary tables and are prepared and compiled by the Division of Countryside Statistics of Fujian Provincial Bureau of Statistics.

10-1 农村基层组织和劳动力情况

Basic Rural Units and Resource of Rural Labour

项目 Item	2000	2005	2010	2016	2017
农村基层组织情况 Basic Rural Units					
乡(镇)政府（个） Township and Town Governments(unit)	942	934	929	927	927
乡政府 Township Governments	365	341	334	287	283
镇政府 Town Governments	577	593	595	640	644
村民委员会（个） Villagers' Committees(unit)	14988	14630	14434	14377	14398
自来水受益村数（个） Number of Villages which have Running Water(unit)	8341	9589	12592	13581	13666
通有线电视村数（个） Number of Villages Where TV can used(unit)				13660	13775
通宽带村数（个） Number of Villages Where Network can used(unit)				14141	14177
农村劳动力资源情况 Resource of Rural Labour					
乡村劳动力资源总数（万人） Amount Resource of Rural Labour (10000 persons)	**1367.65**	**1490.55**	**1579.32**	**1658.62**	**1661.29**
乡村从业人员（万人） Actural Employment in Rural (10000 persons)	**1253.46**	**1320.51**	**1395.81**	**1436.48**	**1435.72**
按性别分 By Male					
男 Male	674.32	712.20	752.57	771.53	772.20
女 Female	579.15	608.31	643.23	664.95	663.53
# 农林牧渔业从业人员 Employment of Farming, Forestry, Animal Husbandy and Fishery	778.07	699.67	623.73	598.70	592.43

10-2 农业机械化情况

Statistics on Agriculture Machinery

项目　Item	2000	2005	2010	2016	2017
农业机械动力（万千瓦）Total Agricultural Machinery(10000kw)	**873.28**	**999.99**	**1206.16**	**1269.09**	**1232.42**
柴油发动机 Diesel Engines	700.59	810.27	891.66	833.86	795.33
汽油发动机 Petrol Engines	38.46	37.47	64.01	136.49	146.91
电动机 Electric Engines	133.85	152.25	250.47	298.65	290.17
其它机械 Other	0.38		0.03	0.09	0.01
农业机械化拥有量情况 Major Agricultural Machinery and Equipment					
大中型拖拉机（台）Large and Medium Tractors(set)	1897	1409	2603	4834	4757
大中型拖拉机动力（万千瓦）Capacity(10000kw)	6.50	5.10	10.46	20.54	20.89
小型拖拉机（台）Mini-tractors(set)	153250	98806	107739	97727	91644
小型拖拉机动力（万千瓦）Capacity(10000kw)	158.70	94.01	107.02	103.74	97.04
大中型拖拉机配套农具（台）Number of Large and Medium Tractor Towing Farm Machinery(set)	435	406	2674	5901	6399
小型拖拉机配套农具（台）Number of Mini-Tractor Towing Farm Machinery(set)	58986	69970	115384	136918	138592
农用排灌电动机（台）Agricultural Electromotors(set)	31845	60351	55714	72399	71566
农用排灌电动机动力（万千瓦）Capacity(10000kw)	27.80	41.96	36.42	39.78	39.17
农用排灌柴油机（台）Agricultural Diesel Engines(set)	59150	81036	94944	101049	100628
农用排灌柴油机动力（万千瓦）Capacity(10000kw)	41.40	49.45	59.18	66.75	66.25
联合收割机（台）Combine Harvesters(set)	577	1253	4411	9090	9460
联合收割机动力（万千瓦）Capacity(10000kw)	0.80	3.02	15.48	35.82	38.45
自走式机动割晒机（台）Motorized Autormatic Cutter-rowers(set)		33	566	626	581
自走式机动割晒机动力（万千瓦）Capacity(10000kw)		0.02	0.09	0.11	0.10
机动脱粒机（台）Motorized Threshing Machines(set)	46512	59932	93484	100445	96905
养殖渔船（艘）Breeding Fishing Boats(set)				23079	22824
捕捞渔船（艘）Fishing Boats(set)				32159	29286
机电井（眼）Electrical Wells(set)	14781	15794	17866	316008	315825

10-3 主要年份农业生产条件

Agricultural Production Basic Conditions in Selected Years

年份 Year	农业机械动力（万千瓦） Total Power of Agricultural Machinery (10000 kw)	有效灌溉面积（千公顷） Irrigated Area (1000 hectare)	化肥施用量（吨） Consumption of Chemical Fertilizers (ton)	农药使用量（吨） Consumption of Chemical Pesticides (ton)	农村用电量（万千瓦小时） Electricity Consumed in Rural Area(10000 kwh)	农用塑料薄膜使用量（吨） Plastic Film Use for Agriculture (ton)
1952	0.25	643.33	7000			
1957	1.97	774.00	20300			
1962	6.83	950.00	24300			
1965	15.07	1066.67	80800		3900	
1970	34.64	852.00	105800		9800	
1975	87.83	904.21	118600		32239	
1978	167.72	862.55	212800		48946	
1979	204.60	878.63	295075		57597	
1980	240.19	933.07	369918		64315	
1981	271.27	836.05	389908		71252	
1982	310.76	812.62	455196		79882	
1983	323.99	822.90	475615		80056	
1984	344.42	804.22	502265		89244	
1985	374.85	925.00	491010		112380	
1986	455.77	917.62	572200		146500	
1987	508.10	921.66	624300		140600	
1988	546.94	924.00	670606		165286	
1989	574.17	910.61	749095		200384	
1990	587.09	933.63	763900	30400	203900	7200
1991	614.44	939.67	807194	34082	233902	10996
1992	645.62	943.87	930581	34769	269194	10510
1993	693.50	945.20	922399	37305	291718	13371
1994	729.70	937.57	1014537	42236	360372	17229
1995	757.25	936.52	1049699	48000	456814	18423
1996	786.49	935.18	1109907	55161	500352	25467
1997	792.42	933.66	1164151	52281	578096	21455
1998	818.42	931.88	1180778	50298	609966	19246
1999	838.71	932.23	1243322	56387	650923	19589
2000	873.28	940.18	1233311	51777	724290	21152
2001	889.59	942.35	1173704	52841	868090	22697
2002	915.84	938.80	1199068	55313	1065019	25553
2003	951.91	939.95	1202870	55266	1184550	26491
2004	980.99	941.45	1216646	53503	1375738	29538
2005	999.99	949.71	1220157	56044	1605843	36023
2006	1027.83	950.48	1209000	56498	1720000	48452
2007	1063.08	952.91	1196930	56951	1834388	60881
2008	1112.47	955.45	1186741	57500	2096791	61800
2009	1175.01	960.12	1206801	57844	2300894	58350
2010	1206.16	964.77	1210372	58238	2574895	57053
2011	1250.81	967.48	1209317	58276	2705792	57814
2012	1286.80	1120.98	1208660	57846	3128548	58692
2013	1336.76	1122.42	1205733	57804	3466813	59154
2014	1368.41	1118.78	1226138	56391	3676659	60932
2015	1384.13	1061.65	1238017	55770	3810646	62067
2016	1269.09	1055.37	1238417	55387	3844476	62424
2017	1232.42	1064.84	1163227	52167	3883797	62415

10-4 农业基础设施
Agricultural Fundamental Facilities

项目　Item	2000	2005	2010	2016	2017
1.农业机械使用 Use of Motorized Cultivation					
机耕地面积（千公顷） Cultivated Areas by Tractors(1000 hectare)	405.49	421.85	908.68	1130.60	1072.39
机械播种面积（千公顷） Sown Area by Machinery(1000 hectare)	1.95	0.75	25.77	147.78	159.69
机械收获面积（千公顷） Cut Area by Machinery(1000 hectare)	18.48	64.25	222.74	440.27	500.05
2.化肥施用量（万吨） Consumption of Chemical Fertilizer(10000 tons)					
按折纯量计算 By Pure	123.33	122.02	121.04	123.84	116.32
氮肥 Nitrogenous Fertilizer	55.66	51.29	47.74	47.53	44.35
磷肥 Phosphate Fertilizer	16.83	16.48	17.06	17.70	16.47
钾肥 Potash Fertilizer	23.78	24.41	24.67	24.83	23.05
复合肥 Compound Fertilizer	27.07	29.84	31.56	33.79	32.45
3.农用塑料薄膜使用量（万吨） Consumption of Agricultural Plastic Film(10000 tons)	**2.12**	**3.60**	**5.71**	**6.24**	**6.24**
#地膜使用量 Consumption of Agricultural Plastic Film	0.98	1.65	2.66	3.15	3.19
4.农用柴油使用量（万吨） Consumption of Agricultural Diesel(10000 tons)	**47.95**	**74.19**	**83.17**	**86.30**	**83.61**

10-5 主要年份农作物播种面积

Total Sown Areas of Farm Crops in Selected Years

单位：千公顷 (1000 hectares)

年份 Year	合计 Total	粮食作物 Grain Crops	#谷物 Cereal	#稻谷 Rice	非粮作物 Non-grain Crops	#油料作物 Oil-Bearing Crops
1952	2109.80	1938.87	1537.27	1431.07	170.93	93.81
1957	2377.67	2148.73	1646.67	1474.49	228.94	106.71
1962	2061.27	1897.60	1448.87	1303.49	163.67	74.26
1965	1976.27	1726.13	1425.40	1316.40	250.14	79.60
1970	2350.53	2000.47	1611.61	1477.67	350.06	
1975	2756.40	2290.87	1892.23	1715.40	465.53	106.08
1978	2701.05	2213.13	1879.52	1689.13	487.92	108.39
1979	2662.27	2149.54	1843.79	1670.13	512.73	126.43
1980	2573.93	2175.55	1800.39	1673.87	398.38	130.30
1981	2526.59	2137.51	1782.74	1650.77	389.08	135.65
1982	2469.47	2083.54	1729.99	1613.19	385.93	135.24
1983	2428.38	2008.99	1738.06	1617.99	419.39	108.36
1984	2386.71	2017.04	1686.64	1587.18	369.67	102.50
1985	2335.71	1888.49	1568.08	1477.22	447.22	105.71
1986	2401.03	1897.72	1602.25	1484.61	503.31	107.76
1987	2543.93	1961.53	1653.20	1493.69	582.40	119.54
1988	2588.62	1961.95	1606.84	1483.25	626.67	113.09
1989	2656.64	2045.34	1647.45	1509.22	611.30	109.20
1990	2745.92	2080.57	1657.72	1512.30	665.35	111.69
1991	2826.85	2087.23	1641.69	1492.51	739.62	115.11
1992	2881.05	2085.05	1628.47	1476.97	796.00	116.76
1993	2786.95	1967.21	1502.76	1383.12	819.74	114.22
1994	2800.97	2002.25	1512.07	1402.60	798.72	114.36
1995	2835.09	2017.35	1510.46	1406.25	817.74	118.19
1996	2900.75	2031.85	1507.09	1405.19	868.90	121.62
1997	2943.63	2041.29	1501.25	1401.53	902.34	119.56
1998	2918.81	2028.64	1484.80	1387.95	890.17	119.81
1999	2915.41	2009.52	1466.49	1373.21	905.89	121.62
2000	2793.25	1828.51	1303.21	1222.31	964.74	125.04
2001	2713.07	1725.72	1227.13	1156.57	987.35	123.65
2002	2661.37	1630.28	1146.67	1082.98	1031.09	121.87
2003	2486.90	1424.40	1016.87	957.88	1062.50	123.48
2004	2457.12	1389.77	1036.27	975.54	1067.36	125.10
2005	2392.92	1308.41	1003.53	937.78	1084.52	122.40
2006	2236.35	1226.94	932.99	890.25	1009.41	105.88
2007	2106.95	1160.24	891.50	851.62	946.71	96.67
2008	2053.15	1129.43	906.86	827.71	923.73	97.31
2009	2007.47	1109.75	907.86	814.63	897.72	95.29
2010	1941.20	1073.17	908.86	789.59	868.04	91.74
2011	1878.36	1032.07	909.86	765.49	846.29	88.03
2012	1801.75	976.15	910.86	734.70	825.60	84.58
2013	1758.29	943.71	911.86	711.48	814.59	81.68
2014	1703.13	908.38	912.86	686.40	794.75	79.05
2015	1658.18	874.20	913.86	659.92	783.98	76.48
2016	1589.33	832.83	914.86	630.90	756.50	73.46
2017	1592.10	833.22	915.86	628.59	758.88	72.46

10-6 粮食作物播种面积

Sown Areas of Grain Crops

单位：千公顷 (1000 hectares)

项目	Item	2000	2005	2010	2016	2017
总　计	**Total**	**1828.51**	**1308.41**	**1073.17**	**832.83**	**833.22**
按收获季节分	By Harvest Season					
春收粮食	Spring Harvest	163.24	101.51	65.73	47.94	47.95
夏收粮食	Summer Harvest	509.57	322.23	238.83	174.31	154.27
秋收粮食	Autumn Harvest	1155.70	884.67	768.83	610.61	631.03
按品种分	By Crop					
稻谷	Rice					
早稻	Early Rice	414.30	267.94	192.14	139.05	118.56
中稻	Middle Rice	393.59	295.91	286.37	247.41	256.70
晚稻	Late Rice	414.41	373.92	299.48	299.48	299.48
大小麦	Barley and Wheat	51.13	6.78	1.85	0.25	0.24
#小麦	Wheat	38.68	5.34	1.46	0.21	0.20
甘薯	Sweet Potato	280.73	215.68	136.45	89.85	91.44
马铃薯	Potato	88.56	79.01	57.58	45.32	45.56
杂粮	Food Grains other than Wheat and Rice	47.03	40.41	3.51	4.65	4.59
大豆	Soybean	105.38	77.85	42.99	28.70	28.98
杂豆	Sundry Soybean	33.37	24.86	11.11	6.99	7.05

10-7 非粮作物播种面积

Sown Areas of Non-grain Crops

单位：千公顷 (1000 hectares)

项目	Item	2000	2005	2010	2016	2017
总计	**Total**	**964.74**	**1084.52**	**871.35**	**756.50**	**758.88**
#油料	Oil-bearing Crops	125.04	122.40	91.74	73.46	72.46
#花生	Peanuts	106.05	107.16	83.06	68.06	67.08
油菜籽	Rape Seeds	17.40	13.76	7.63	4.91	4.90
芝麻	Sesame	1.41	1.25	0.70	0.30	0.29
甘蔗	Sugercane and Fruitcane	14.40	14.93	8.91	4.94	4.94
麻类	Fiber Crops	0.33	0.14			
烟叶	Tobacco	55.30	66.78	59.86	52.74	52.74
#烤烟	Flue-cured Tobacco	53.72	65.85	59.49	52.62	52.62
莲籽	Lotus Seed	6.70	5.40	5.55	7.01	7.18
蔬菜	Vegetables	538.12	632.05	578.89	530.31	533.44
西瓜	Watermelon	25.41	29.46	23.43	18.10	13.54
绿肥	Green Manure	71.82	43.53	17.06	5.06	5.12
青饲料	Greenfeed	58.24	62.18	17.74	3.18	3.17

10-8 水产品养殖面积

Culture Areas of Aquatic Products

单位：千公顷 (1000 hectares)

项目	Item	2000	2005	2010	2016	2017
总　计	**Total**	**221.46**	**205.62**	**231.47**	**238.60**	**241.92**
海水养殖	Seawter Culturing	130.28	124.01	137.64	153.00	155.74
#滩涂养殖	Beach Culturing	57.64	54.09	55.21	47.36	49.71
淡水养殖	Freshwater Culturing	91.18	81.61	93.83	85.60	86.18
#池塘养殖	Pond Culturing	35.53	32.15	34.36	35.34	36.00
湖泊养殖	Lakes Culturing	0.73	0.97	0.80	0.63	0.60
河沟养殖	Stream Culturing	6.20	5.16	4.91	4.13	4.18
水库养殖	Reservoir Culturing	44.91	40.29	51.63	44.00	43.89

10-9 年末各类园林水果实有面积

Actually Areas of Fruit and Subtropical Plant at the Year-end

单位：公顷 (hectare)

项目	Item	2000	2005	2010	2016	2017
园林水果合计	**Fruits**	**563700**	**550669**	**425824**	**304517**	**207114**
#柑　桔	Citrus	137888	170327	77007	47341	47567
龙　眼	Longan	90809	81605	53284	30985	30757
荔　枝	Lychee	40210	39010	27390	16141	15733
香　蕉	Banana	33017	29792	19583	10373	10359
枇　杷	Loquat	19091	32728	26365	19095	19477
菠　萝	Pineapple	3609	4031	2123	748	789
橄　榄	Chinese Olive	13027	9966	8436	5804	5862
柿	Persimmon	29326	27091	16009	8276	8254
桃	Peach	25037	25735	18071	10001	9925
李	Plum	35066	33593	27079	22197	22434
梨	Pear	20921	22956	18141	13630	13674
苹　果	Apple	234	31			
葡　萄	Grape	2615	4993	5659	8388	8845
杨　梅	Red Bayberry	13808	15149	13799	10167	10442

10-10 主要年份农林牧渔业总产值和指数

Gross Output Value and Indices of Farming,Forest,Animal Husbandry and Fishery in Selected Years

年份	农林牧渔业总产值（亿元） Gross Output Value(100 million yuan)					农林牧渔业总产值指数（1952年=100） Indices of Gross Output(Year of 1952=100)				
	总产值	#农业	#林业	#牧业	#渔业	总指数	#农业	#林业	#牧业	#渔业
Year	Total	Agriculture	Forestry	Animal Husbandry	Fishery	Total	Agriculture	Forestry	Animal Husbandry	Fishing
1952	11.07	8.44	0.65	1.42	0.56	100.0	100.0	100.0	100.0	100.0
1957	17.05	11.32	2.16	2.35	1.22	143.8	126.6	283.6	165.0	189.6
1962	14.81	11.23	0.63	1.75	1.20	93.6	94.5	91.7	69.8	142.2
1965	18.80	13.50	1.23	2.84	1.23	140.4	130.7	188.5	162.6	175.8
1970	21.12	15.49	1.49	2.66	1.48	153.6	147.4	186.8	152.3	213.3
1975	27.06	20.45	1.86	3.24	1.51	181.6	166.0	249.8	209.6	237.0
1978	36.33	28.22	2.31	3.82	1.98	217.3	204.2	280.3	216.8	282.8
1979	43.11	29.29	3.27	7.00	3.55	232.0	214.5	301.1	257.0	304.1
1980	45.49	31.13	3.41	7.38	3.57	244.0	227.8	313.6	260.3	305.7
1981	56.11	37.93	4.62	8.75	4.81	258.2	239.4	366.3	276.5	312.2
1982	63.73	42.74	4.90	10.38	5.71	277.8	257.5	382.4	300.2	343.6
1983	68.08	44.11	5.57	11.48	6.92	292.0	259.8	447.7	339.8	403.8
1984	80.66	50.81	7.07	14.39	8.39	332.6	286.6	593.6	410.9	447.4
1985	99.05	59.34	9.13	19.62	10.96	360.6	302.9	644.5	478.7	515.5
1986	107.07	60.76	10.29	22.02	14.00	368.7	300.3	642.8	529.3	581.8
1987	132.97	72.08	13.57	27.75	19.57	402.1	324.6	703.0	553.0	722.2
1988	182.00	94.08	17.50	39.65	30.77	433.1	341.2	789.5	609.7	826.0
1989	209.92	108.10	18.41	51.95	31.46	461.4	360.9	834.4	646.9	926.3
1990	227.12	118.31	21.54	51.93	35.34	478.9	368.4	911.6	675.4	991.7
1991	253.51	133.34	25.40	54.36	40.40	517.7	398.6	974.0	722.0	1089.9
1992	295.24	150.64	29.21	61.75	53.63	560.7	424.1	1076.1	784.1	1212.8
1993	386.34	190.28	36.39	74.86	84.82	621.8	453.6	1220.0	838.2	1482.3
1994	574.05	260.69	46.95	113.35	153.06	710.1	493.1	1370.9	950.5	1882.9
1995	738.63	340.48	59.24	144.45	194.47	806.7	547.3	1510.7	1062.7	2288.2
1996	850.67	383.18	66.94	165.50	235.05	893.0	599.8	1654.2	1122.2	2613.1
1997	925.56	391.30	75.80	193.66	264.80	1002.8	645.4	1819.6	1268.1	3138.3
1998	973.37	410.96	78.35	200.18	283.78	1064.0	667.3	1874.2	1373.4	3439.6
1999	1010.82	425.19	80.16	201.99	303.48	1132.1	726.7	1932.3	1421.5	3642.5
2000	1037.27	420.98	82.29	208.18	325.82	1167.6	714.3	2046.2	1499.1	3907.6
2001	1061.61	433.25	82.34	215.50	330.52	1213.7	752.0	2021.9	1556.7	4073.3
2002	1125.29	450.75	78.49	213.08	332.92	1256.2	775.3	2064.4	1623.6	4236.2
2003	1170.54	461.72	79.25	234.54	341.40	1284.4	786.8	2095.5	1691.1	4307.6
2004	1315.10	514.53	86.18	284.86	374.26	1326.3	807.9	2217.0	1773.1	4438.7
2005	1373.01	552.74	96.92	266.81	396.78	1368.8	820.7	2383.3	1874.9	4539.3
2006	1449.78	602.00	105.78	266.75	410.75	1389.6	833.0	2500.1	1891.7	4554.2
2007	1672.67	670.95	120.81	342.47	468.06	1435.6	860.9	2696.7	1878.0	4754.9
2008	1931.36	731.60	150.00	439.87	534.94	1496.3	883.7	2927.6	1990.4	4965.7
2009	1957.62	776.16	162.59	398.00	543.86	1556.9	907.6	3127.5	2098.4	5159.9
2010	2226.41	899.39	190.13	414.49	640.19	1603.7	914.5	3350.6	2210.6	5325.6
2011	2614.57	1025.03	239.00	527.12	733.83	1653.8	938.9	3589.4	2290.9	5443.2
2012	2843.47	1119.42	258.06	533.56	836.57	1713.8	960.0	3703.6	2442.9	5630.8
2013	3057.36	1196.59	296.02	558.67	902.18	1777.1	982.5	3911.8	2573.9	5832.3
2014	3247.11	1307.63	326.31	574.60	926.08	1843.4	1017.5	4136.9	2636.9	6054.3
2015	3399.30	1358.58	317.70	633.83	967.02	1905.9	1051.9	4315.3	2649.0	6324.7
2016	3784.24	1474.49	318.28	768.11	1091.29	1965.6	1068.5	4484.7	2782.5	6540.0
2017	3947.16	1527.00	327.73	750.49	1202.05	2039.3	1110.3	4667.9	2841.9	6827.0

注：1.2003年起采用国民经济行业分类GB/T 4754-2002，其他年份均采用GB/T 4754-94。2.2007-2017年数据根据2016年农普结果进行了调整。

Note: a)The data from 2003 are adopted the national economic classified standard of GB/T 4754-2002, others are adopted GB/T 4754-94. b) The data from 2007 to 2017 are adjusted according to the result of Agriculture census in 2016.

10-11 农林牧渔业分类产值和增速

Gross Output Value of and Ratio Farming,Forestry,Animal Husbandry and Fishery by Item

单位：万元 (10000 yuan)

项目	Item	数值（万元） Value(10000 yuan)		比上年增长(%) Ratio(%)	
		2016	2017	2016	2017
农林牧渔业总产值	**Total**	**37842440**	**39471590**	**3.1**	**3.7**
农业产值	**Agriculture**	**14744881**	**15270010**	**1.6**	**3.9**
谷物及其他作物	Cereal and Others	2296179	2363344		3.5
谷物	Cereal	1287979	1309443		
薯类	Sweet Potato	300652	329889		
油料	Oil-bearing Crops	188638	199438		
豆类	Bean	65607	72016		
棉花	Cotton	77	77		
麻类	Fiber Crops	10	10		
糖料	Sugar	34872	35816		
烟草	Tobacco	258749	251155		
其他农作物	Other Crops	159596	165499		
蔬菜、食用菌及花卉盆景园艺作物	Vegetable、Edible Fungus and Gardening Crops	7356559	7506179		1.5
#蔬菜	Vegetable	4303072	4441871		
食用菌	Edible Fungus	1948043	1965954		
花卉	Flower	785499	815551		
水果、坚果、茶、饮料和香料作物	Fruit、Tea、Drink and Perfume Crops	4497708	4780731		7.0
#水果	Fruit	2276719	2455612		
园林水果	Gardening Fruit	2168846	2364615.92		
果用瓜	Fruited Melon	108859	90996		
茶叶	Tea	2135587	2262536		
香料作物	Perfume Crops	2565	2388		
中草药材	Traditional Chinese Medicine Materials	594434	619756		-2.3
林业产值	**Forestry**	**3182819**	**3277342**	**3.9**	**4.1**
林木的培育和种植	Breeding and Planting of Forest	323476	353689		9.1
木竹采运	Cutting and Transport of Bamboo and Trees	1419697	1420313		3.2
#村及村以下	Rural and under Rural	1100179	1094246		
林产品	Forest Products	1439646	1503340		3.8
牧业产值	**Animal Husbandry**	**7681097**	**7504921**	**5.0**	**2.1**
牲畜饲养	Livestock Raising	437632	478242		5.0
牛	Cow	141019	160247		
羊	Sheep	178112	185335		
奶类	Dairy	118501	132660		
#牛奶	Milk	110114	123862		
猪的饲养	Hogs Raising	3584128	2947299		-10.0
家禽饲养	Poultry Raising	3475366	3877267		9.9
肉禽	Meat Poultry	2962001	3276845		
禽蛋	Poultry Eggs	513365	600422		
捕猎野兽、野禽	Hunting Animals	39784	39826		-5.0
其他畜牧业	Other Poultry Products	144186	162287		8.5
渔业产值	**Fishery**	**10912947**	**12020530**	**3.4**	**4.4**
海水产品	Seawater Products	9397176	10384879		4.5
淡水产品	Freshwate Products	1515771	1635651		3.5
农林牧渔服务业产值	**Services of Agriculture , Forestry ,Animal Husbandry and Fishery**	**1320697**	**1398787**	**6.3**	**5.3**

10-12 主要年份主要农业产品产量

Output of Major Farm Products in Selected Years

单位：万吨 (10000 tons)

年份 Year	粮食 Grain	油料 Oil- bearing Crops	蔬菜 Vegetable	园林水果 Fruits
1952	372.00	9.89		6.01
1957	444.00	9.42		11.77
1962	358.50	6.46		4.64
1965	455.50	8.03		8.26
1970	566.50	11.14		11.04
1975	640.50	13.56		9.01
1978	744.90	13.80		10.10
1980	801.90	13.48		12.66
1986	751.49	17.18		34.72
1987	839.26	17.48		45.68
1988	837.43	14.89		53.54
1989	884.57	16.20		69.90
1990	879.64	17.66		75.78
1991	889.65	15.64		110.53
1992	897.08	19.90		117.18
1993	869.00	20.66		153.75
1994	887.40	21.60		198.13
1995	919.93	23.28		239.33
1996	952.20	22.99		283.81
1997	961.78	24.36		334.34
1998	958.11	24.62		343.04
1999	942.17	25.81		394.10
2000	854.68	25.79	1161.11	356.44
2001	817.28	26.08	1099.96	401.19
2002	763.23	25.86	1233.77	424.93
2003	695.04	26.03	1289.23	441.68
2004	699.50	27.82	1317.83	468.90
2005	662.04	27.42	1346.66	479.36
2006	632.90	23.63	1358.16	495.40
2007	615.66	22.23	1325.10	500.59
2008	612.97	23.12	1306.64	518.21
2009	607.61	22.82	1294.07	511.19
2010	584.65	22.08	1278.82	495.03
2011	576.13	21.72	1276.20	514.22
2012	547.33	21.18	1264.56	540.83
2013	534.68	20.75	1254.22	557.68
2014	520.43	20.49	1254.65	481.35
2015	500.05	20.10	1274.50	554.30
2016	477.28	19.41	1256.78	548.51
2017	487.15	19.55	1292.18	601.14

10-13 主要年份粮食总产量及单产

Gross Output and Output Per Mu of Grain in Selected Years

年份 Year	粮食总产量（万吨） Total Output of Grain(10000 tons)		粮食单产（公斤/亩） Output of Grain Rice per Mu(kg/mu)	
	产量 Value	#稻谷 Rice	产量 Value	#稻谷 Rice
1952	372.00	281.00	128	131
1957	444.00	328.50	138	149
1962	358.50	268.50	126	138
1965	455.50	355.00	176	180
1970	566.50	452.50	189	204
1975	640.50	511.00	186	199
1978	744.90	618.69	219	240
1980	801.90	669.25	246	267
1986	751.49	654.95	264	294
1987	839.26	715.80	285	319
1988	837.43	687.74	278	322
1989	884.57	744.36	288	338
1990	879.64	731.24	282	322
1991	889.65	725.66	284	324
1992	897.08	732.96	287	331
1993	869.00	694.47	295	335
1994	887.40	699.17	296	332
1995	919.93	724.92	304	344
1996	952.20	743.34	312	353
1997	961.78	739.24	314	352
1998	958.11	728.81	315	350
1999	942.17	712.28	313	346
2000	854.68	632.75	312	345
2001	817.28	606.80	316	350
2002	763.23	557.52	312	367
2003	695.04	520.89	322	363
2004	699.50	540.32	328	369
2005	662.04	518.91	326	372
2006	632.90	499.00	344	374
2007	615.66	491.15	354	384
2008	612.97	489.01	362	394
2009	607.61	485.55	365	397
2010	584.65	469.18	363	396
2011	576.13	465.58	372	405
2012	547.33	447.22	374	406
2013	534.68	436.91	378	409
2014	520.43	424.10	382	412
2015	500.05	405.69	381	410
2016	477.28	386.61	382	409
2017	487.15	393.19	390	417

注：1988年起粮食总产量及单产中稻谷部分为抽样调查数据。

Note:Total Output of grain and Output of grain Per Mu since 1988 are from the sample survey ,similarly in following tables.

10-14 主要年份非粮作物总产量及单位播种面积产量

Gross Output and Output per Mu of Non-grain Crops in Selected Years

年份	总产量（万吨） Total Output(10000 tons)				单产（公斤/亩） Output of per(kg/mu)			
Year	油料 Oil-bearing Grops	花生 Peanuts	甘蔗 Sugarcane and Fruit Cane	烤烟 Flue-cured Tobacco	油料 Oil-bearing Grops	花生 Peanuts	甘蔗 Sugarcane and Fruit Cane	烤烟 Flue-cured Tobacco
1952	9.89	9.15	71.26	0.10	70	84	2620	40
1957	9.42	8.64	123.57	0.14	59	78	3325	60
1962	6.46	6.05	41.55	0.12	58	72	1721	43
1965	8.03	7.51	130.35	0.27	67	80	3656	97
1970	11.14	10.60	125.48	0.45	91	106	3244	78
1975	13.56	12.56	120.83	0.85	85	111	2868	66
1978	13.80	12.68	288.03	1.23	85	110	4500	74
1980	13.48	11.17	351.21	1.30	69	92	4985	79
1985	17.39	16.34	536.67	3.40	110	126	4882	82
1986	17.18	16.20	472.90	2.38	106	121	4593	79
1987	17.48	16.32	413.46	2.61	97	119	4735	80
1988	14.89	13.53	387.37	3.59	88	101	4586	73
1989	16.20	14.83	338.67	3.59	99	113	4570	76
1990	17.66	16.05	344.28	4.26	105	121	4595	82
1991	15.64	13.64	385.43	5.48	91	101	4813	87
1992	19.90	17.91	364.85	8.59	114	132	4803	93
1993	20.66	19.03	279.34	12.43	121	135	4625	89
1994	21.60	20.08	276.77	6.06	126	139	4602	87
1995	23.28	21.35	248.60	5.72	131	146	4416	94
1996	22.99	20.91	253.94	7.56	126	140	4467	102
1997	24.36	22.25	249.90	12.32	136	150	4568	110
1998	24.62	22.64	219.33	7.18	137	151	4461	106
1999	25.81	23.69	138.76	8.57	142	155	4153	112
2000	25.79	23.82	82.71	9.14	138	150	3830	113
2001	26.08	24.17	95.54	9.87	141	152	4116	115
2002	25.86	24.05	117.91	10.72	141	151	4258	112
2003	26.03	24.25	118.12	10.13	141	149	4316	115
2004	27.82	25.88	101.57	11.31	148	157	4260	122
2005	27.42	25.47	93.33	11.51	149	158	4169	117
2006	23.63	25.01	58.10	12.20	148	157	4127	124
2007	22.23	20.97	54.96	12.17	153	161	4122	132
2008	23.12	21.94	67.45	13.32	158	166	4416	138
2009	22.82	21.57	61.09	13.64	160	167	4282	141
2010	22.08	20.99	55.69	11.52	160	168	4166	129
2011	21.72	20.62	49.39	12.90	164	172	4060	141
2012	21.18	20.14	48.60	13.09	167	174	4044	141
2013	20.75	19.75	49.21	14.08	169	176	4077	143
2014	20.49	19.55	43.49	13.16	173	180	4126	143
2015	20.10	19.24	34.79	12.04	175	182	3873	142
2016	19.41	18.60	28.83	11.80	176	182	3636	141
2017	19.55	18.73	26.37	11.62	180	186	3559	147

10-15 各类粮食产量

Output of Grain by Sort

单位：万吨 (10000 tons)

项目	Item	2000	2005	2010	2015	2016	2017
合　计	**Total**	**854.68**	**662.04**	**584.65**	**500.05**	**477.28**	**487.15**
按收获季节分	**By Harvest Season**						
春收粮食	Spring Harvest	51.24	35.46	24.02	20.38	19.38	19.70
夏收粮食	Summer Harvest	229.86	158.45	127.51	109.08	101.22	85.45
秋收粮食	Autumn Harvest	573.58	468.12	433.12	370.59	356.68	382.00
按品种分	**By Crop**						
稻谷	Rice	632.75	518.91	469.18	405.69	386.61	393.19
早稻	Early Rice	206.63	146.33	111.11	91.28	83.80	72.75
中稻	Middle Rice	221.96	173.12	178.15	159.26	154.29	163.29
晚稻	Late Rice	204.16	199.46	179.92	155.15	148.51	157.15
大小麦	Barley and Wheat	14.29	2.40	0.53	0.10	0.07	0.07
#小麦	Wheat	11.01	1.95	0.41	0.08	0.06	0.06
甘薯	Sweet Potato	136.81	88.20	69.79	52.37	49.85	52.08
马铃薯	Potato	29.04	25.55	19.75	18.34	18.45	18.83
杂粮	Food Grains other than Wheat and Rice	14.22	10.22	0.96	1.68	1.64	1.66
豆类	Bean						
大豆	Soybean	20.48	12.38	10.16	8.11	7.65	7.82
杂豆	Sundry Soybean	7.09	4.38	2.85	2.20	2.07	2.12

注：2004年之前中稻含一季晚稻，晚稻为双季晚稻。
Note:The data of middle rice before 2004 include one crop late rice,that of late rice include two crops.

10-16 非粮作物产量

Output of Non-grain Crops

单位：吨 (ton)

项目	Item	2000	2005	2010	2016	2017
蔬菜	Vegetables	11611096	13466611	12788217	12567830	12921847
油菜籽	Rape Seeds	18404	18007	9859	7396	7550
芝麻	Sesame	1120	1242	829	398	391
黄(红)麻	Jute and Ambary Hemp	462	251	267	310	306
苎麻	Ramie	300	109	83	63	63
烟叶	Tobacco	93996	116643	115955	118463	116437
莲籽	Lotus Seed	4678	5638	6397	10420	12205
西瓜	Watermelon	533486	658063	490390	384683	389498

10-17 主要年份茶叶园林水果实有面积及产量

Actual Areas and Output of Tea and Fruits in Selected Years

年份 Year	茶叶 Tea		园林水果 Fruit	
	面积（千公顷）Areas(1000 hectare)	产量（万吨）Output(10000 tons)	面积（千公顷）Areas(1000 hectare)	产量（万吨）Output(10000 tons)
1952	23.16	0.49	12.10	6.01
1957	35.37	0.69	25.20	11.77
1962	31.04	0.43	31.57	4.64
1965	36.40	0.56	40.98	8.26
1970	51.93	1.05	40.33	11.04
1975	70.49	1.67	57.52	9.01
1978	94.15	2.03	70.84	10.10
1980	109.87	2.58	83.07	12.66
1986	119.85	4.42	183.43	34.72
1987	122.52	4.99	227.89	45.68
1988	120.33	5.54	250.65	53.54
1989	118.55	5.52	278.33	69.90
1990	116.74	5.82	298.40	75.78
1991	119.44	6.53	355.24	110.53
1992	125.22	7.05	415.79	117.18
1993	130.74	7.70	459.18	153.75
1994	133.53	8.24	504.76	198.13
1995	132.04	9.45	532.37	239.33
1996	130.41	10.18	556.55	283.81
1997	126.62	10.99	576.28	334.34
1998	124.23	11.89	568.60	343.04
1999	128.91	12.35	567.08	394.10
2000	129.21	12.60	563.70	356.44
2001	130.65	13.39	558.19	401.19
2002	133.35	14.33	553.81	424.93
2003	138.58	15.02	554.43	441.68
2004	145.06	16.44	547.65	468.90
2005	155.23	18.48	550.67	479.36
2006	159.82	20.01	542.08	495.40
2007	169.76	22.09	506.41	504.52
2008	181.42	24.07	482.52	526.38
2009	183.14	25.51	452.66	523.32
2010	185.24	25.83	425.82	510.75
2011	190.61	27.67	398.26	534.72
2012	195.65	29.60	381.64	566.80
2013	201.03	31.57	362.10	589.04
2014	205.94	33.40	337.41	512.41
2015	207.70	35.63	324.94	594.70
2016	204.43	37.29	304.52	593.10
2017	207.11	39.49	310.45	601.14

10-18 各类茶叶 园林水果 食用菌产量

Output of Tea, Fruits and Edible Fungus by Sort

单位：吨 (ton)

项目	Item	2000	2005	2010	2016	2017
茶叶	**Tea**	**126000**	**184800**	**258289**	**372945**	**394941**
#红茶	Black Tea	1615	1652	12765	43641	47398
绿茶	Green Tea	72431	88923	97054	113554	117537
青茶	Wulong Tea	50685	85924	140022	199438	209387
园林水果	**Fruit**	**3564400**	**4793600**	**4950288**	**5485095**	**6011447**
#柑桔	Critrus	1306027	2153154	1038022	815791	850207
龙眼	Longyan	104068	216452	200967	193845	203645
荔枝	Lychee	79580	160289	127584	126846	128747
香蕉	Banana	746454	855398	605545	377162	387087
枇杷	Loquat	54268	112596	247500	308483	357841
菠萝	Pineapple	30267	37731	25113	13888	14472
橄榄	Chinese Olive	24009	33714	61166	120098	127304
柿	Persimmon	99896	160475	97226	92658	97694
桃	Peach	143377	199653	157890	124699	128023
李	Plum	179121	243224	205776	260158	272958
梨	Pear	96394	147755	157860	161304	166632
苹果	Apple	380	198	309	12	12
葡萄	Grape	38702	59066	100444	178998	196137
杨梅	Red Bayberry	42734	63235	110240	170438	180665
食用菌	**Edible Fungus**	**462484**	**559993**	**762663**	**1181884**	**1231553**
#蘑菇	Mushroom	272106	283828	341758	432938	409043
香菇	Xianggu Mushroom	88292	77680	92345	120320	125554
白木耳	Tremella	12401	16508	30589	44704	44601
黑木耳	Black Tremella	29105	28009	35491	58893	61051

10-19 主要年份林业牧业水产品产量

Output of Forestry,Animal Husbandry and Fishery in Selected Years

年份 Year	造林面积（千公顷） Afforested Areas (1000 hectare)	肉类总产量(万吨) Output of Pork Beef and Mutton (10000 tons)	猪出栏数（万头） Number of Slaughtered Fattened Hogs(10000 heads)	奶类产量（万吨） Milk (10000 tons)	水产品产量（万吨） Output of Aquatic Products (10000 tons)
1952	34.31				15.93
1957	127.60				28.34
1962	55.89				23.82
1965	172.65				32.55
1970	173.49		219.18		38.75
1975	192.75		336.66	0.61	39.61
1978	194.71		321.86	0.93	54.44
1980	175.13		401.48	1.47	59.80
1985	282.83	49.70	578.09	4.21	100.26
1986	209.67	54.23	617.29	4.60	105.23
1987	166.12	59.32	665.12	5.05	126.22
1988	192.39	65.07	713.40	5.08	132.66
1989	242.94	69.44	750.40	4.82	137.97
1990	303.91	71.83	766.46	4.87	145.59
1991	306.02	75.07	780.72	5.12	166.23
1992	223.03	78.93	820.61	5.72	200.57
1993	63.77	84.10	863.20	5.94	237.04
1994	45.56	92.23	908.78	6.06	278.78
1995	41.74	102.66	1000.84	6.32	317.56
1996	34.45	107.49	1047.48	6.49	358.23
1997	29.99	125.02	1231.98	6.07	429.31
1998	25.12	135.24	1365.13	6.71	475.92
1999	23.93	138.84	1453.38	7.95	502.32
2000	24.50	145.92	1560.81	9.91	527.89
2001	21.01	153.91	1665.55	11.39	542.49
2002	17.49	162.09	1770.33	14.16	558.71
2003	16.72	161.96	1803.61	19.28	553.13
2004	16.31	163.92	1850.65	20.67	551.36
2005	24.22	164.85	1881.92	19.10	542.37
2006	23.18	161.81	1866.14	16.65	523.59
2007	35.45	153.23	1669.94	13.98	532.00
2008	32.81	175.28	1894.20	12.16	554.20
2009	33.26	184.23	2008.31	13.09	569.67
2010	29.87	192.61	2080.38	13.24	587.42
2011	212.72	199.06	2096.87	13.29	603.78
2012	63.06	223.10	2256.85	12.95	628.61
2013	100.18	238.62	2315.21	12.88	658.76
2014	44.34	247.56	2234.93	12.94	695.98
2015	87.11	258.94	1945.47	12.95	733.89
2016	10.30	279.97	1988.59	13.36	711.33
2017	8.09	264.91	1606.10	13.49	744.57

10-20 造林面积

Areas of Afforestation

项目	Item	2000	2005	2010	2015	2016	2017
当年造林面积（千公顷）	**Afforested Area in Current Year(1000 hectare)**	**24.50**	**24.22**	**29.87**	**87.11**	**10.30**	**8.09**
#用材林	Commercial Forest	8.07	15.20	15.34	45.81	4.71	3.87
经济林	Economic Forest	6.47	3.14	3.35	32.47	3.80	0.97
防护林	Shelter Forest	8.04	5.66	11.15	7.25	1.54	2.55
薪炭林	Fuel Forest	1.90	0.19	0.03		0.07	0.20
迹地更新面积（千公顷）	**Areas of Slash Reforestation (1000 hectare)**	**54.91**	**80.59**	**103.83**	**53.58**	**56.90**	**61.13**
零星植树(万株)	**Fragmentary Forest (10000 plants)**	**3559.00**	**1745.14**	**1806.89**	**2845.61**	**3903.96**	**4412.69**
封山育林面积（千公顷）	**Areas of Afforestation in Hill (1000 hectare)**	**1060.37**	**412.41**	**419.34**	**522.03**	**543.59**	**662.81**
育苗面积(千公顷)	**Areas of Grown Seedings (1000 hectare)**	**0.32**	**0.54**	**1.40**	**8.40**	**8.65**	**9.02**
幼林抚育作业面积(千公顷)	**Areas of Tending Young Forest(1000 hectare)**	**232.00**	**223.00**	**340.22**	**471.45**	**473.38**	**482.07**
成林抚育作业面积(千公顷)	**Areas of Tending Grown Forest(1000 hectare)**	**188.05**	**150.56**	**101.93**	**418.11**	**371.57**	**519.96**

10-21 主要林产品产量

Output of Major Forest Products

项目	Item	2000	2005	2010	2016	2017
木材产量（万立方米）	Output of cut wood（10000 cu.m)	334.90	1446.40	1455.38	1493.50	1455.22
毛竹采伐量（万根）	Mao Bamboo(10000 unit)	15872	15504	26602	48651	55413
篙竹采伐量（万根）	Lofty Bamoo(10000 unit)	6631	10061	14787	40258	29470
油桐籽（吨）	Tung-oil Seeds(ton)	18121	20928	23244	28052	28013
油茶籽（吨）	Tea-oil Seeds(ton)	62983	72597	94815	169008	184041
乌桕籽（吨）	Chinese Tallow Tree Seeds(ton)	121	1145	532	427	440
棕片（吨）	Piece of Palm(ton)	10891	12162	14847	17239	17112
松脂（吨）	Rosin(ton)	72949	72299	87758	106814	111804
笋干（吨）	Dried Bamboo Shoots(ton)	120970	153497	215123	343723	370246
山苍籽（吨）	Litsea Cueba(ton)	7845	9552	12174	15372	15898
板栗（吨）	Chinese Chestnut(ton)	19439	49134	80793	46871	49034

10-22 主要畜禽产品产量

Output of Main Livestock Products

项目 Item	2000	2005	2010	2016	2017
肉类产量（万吨） Output of Meat(10000 tons)	**145.92**	**164.85**	**192.61**	**279.97**	**264.91**
#猪肉 Pork	114.79	134.69	155.36	157.19	128.37
牛肉 Beaf	2.12	2.17	1.69	1.57	1.72
羊肉 Mutton	1.33	1.45	1.62	1.88	1.94
禽肉 Meat of Poultry	26.21	24.57	31.44	117.47	130.82
兔肉 Rabbit Meat	1.47	1.97	1.85	1.27	1.27
牛奶产量（万吨） Output of Cow Milk(10000 tons)	**9.60**	**18.77**	**12.91**	**12.94**	**13.11**
羊奶产量（万吨） Output of Ewe Milk(10000 tons)	**0.31**	**0.34**	**0.33**	**0.42**	**0.38**
蜂蜜产量（万吨） Output of Honey(10000 tons)	**0.54**	**0.85**	**0.86**	**1.41**	**1.45**
禽蛋产量（万吨） Output of Poultry Eggs(10000 tons)	**40.69**	**37.91**	**30.54**	**40.65**	**46.50**
猪出栏数（万头） Number of Slaughtered Hogs (10000 heads)	**1560.81**	**1881.92**	**2080.38**	**1988.59**	**1606.10**
出栏率(%) Rate of Slaughter(%)	148.7	152.3	151.4	163.7	141.3
羊出栏数（万头） Number of Slaughtered Sheep(10000 heads)	**97.80**	**107.00**	**118.47**	**133.75**	**138.29**
出栏率(%) Rate of Slaughter(%)	104.3	96.2	125.2	136.5	145.1
牛出栏数（万头） Number of Slaughtered Cows(10000 heads)	**21.31**	**21.60**	**16.80**	**14.79**	**15.97**
家禽出栏数（万只） Number of Slaughtered Poultry(10000 heads)	**20633.89**	**19140.51**	**23662.83**	**83289.20**	**91460.58**
家兔出栏数（万只） Number of Slaughtered Domestic Rabbit(10000 heads)	**1178.96**	**1559.27**	**1321.13**	**859.02**	**849.98**

10-23 畜禽存栏数

Number of Livestock and Poultry on Hand

单位：万头

项目	Item	2000	2005	2010	2016	2017
牛存栏数（万头）	**Bull(10000 heads)**	**111.44**	**75.63**	**49.70**	**28.13**	**32.65**
#乳牛	Cow	3.59	4.99	4.01	3.40	3.88
猪存栏数（万头）	**Number of Hogs on Hand(10000 heads)**	**1087.66**	**1249.83**	**1348.45**	**1136.37**	**921.80**
#能繁殖母猪	Number of Female Hogs with Fertility	76.27	97.97	133.05	118.46	89.45
羊存栏数（万头）	**Number of sheep on Hand(10000 heads)**	**96.22**	**93.56**	**94.43**	**95.32**	**89.03**
蜜蜂年末箱数（万箱）	**Number of Beehive at the Year-end(10000 cases)**	**23.09**	**35.32**	**36.26**	**46.01**	**50.72**
家兔年末数（万只）	**Number of Domestic Rabbit at the Year-end(10000 heads)**	**714.40**	**822.67**	**658.06**	**421.35**	**410.28**
家禽年末数（万只）	**Number of Poultry at the Year-end(10000 heads)**	**10930.19**	**9937.04**	**9369.41**	**15823.58**	**18559.28**

10-24 淡水产品产量

Output of Freshwater Products

单位：万吨 (10000 tons)

项目	Item	2000	2005	2010	2015	2016	2017
淡水产品产量	**Output of Freshwater Aquatic Products**	**57.39**	**63.47**	**74.16**	**97.58**	**77.89**	**82.12**
#养殖产量	Output of Freshwater Culturing	49.73	55.81	65.97	88.81	71.18	75.22
按类别分	By Kind						
#淡水鱼类	Freshwater-fish	50.11	54.05	62.68	81.18	64.41	67.83
虾蟹类	Shrimps,Prawns and Crabs	1.14	3.34	5.10	8.36	7.29	7.96
贝类	Shell-fish	4.46	4.43	4.84	5.89	4.54	4.65
主要品种产量	**By Product**						
淡水鳗	Freshwater Eel	6.99	8.29	8.75	9.15	7.22	8.15
草鱼	Grass Carp	10.97	12.24	13.84	19.44	15.19	15.98
鲢鱼	Silver Carp	8.27	6.06	6.21	8.26	6.52	6.91
鲤鱼	Carp	4.36	5.48	5.08	6.58	5.25	5.40
罗非鱼	Ribber Carp	10.56	9.50	11.08	13.68	11.73	12.07

10-25 海水产品产量

Output of Seawater Aquatic Products

单位：吨 (ton)

项目	Item	2000	2005	2010	2016	2017
海水产品产量	**Output of Seawater Aquatic Products**	**4705066**	**4788957**	**5132598**	**6334386**	**6624580**
#鱼类	Fish	1668816	1678551	1787085	1974395	1994793
虾蟹类	Shrimps,Prawns and Crabs	357794	319406	388610	513502	512861
贝类	Shell-fish	2318397	2226300	2221429	2725452	2876563
藻类	Algac	317830	420709	599357	935789	1025595
#海水养殖产量	**Output of Seawater Culturing**	**2627057**	**2782535**	**3038990**	**4159870**	**4453172**
#鱼类	Fish	102040	133450	170308	337876	362950
虾蟹类	Shrimps,Prawns and Crabs	42875	64973	95816	180090	196405
贝类	Shell-fish	2161334	2163472	2171544	2676501	2835432
藻类	Algac	317106	417929	598225	933902	1023955
主要品种产量	**Output of Main Seawater Culturing**					
大黄鱼	Big Yellow Croaker	48146	59398	75660	148340	157709
带鱼	Hairtail	173578	198905	240362	166542	158682
鲳鱼	Butterfish	52443	66244	62817	64482	62195
鳓鱼	Chinese Herring	11477	18640	15425	13672	12769
马鲛鱼	Spanish Mackerel	59519	40739	54226	52242	44863
鲷鱼	Porgy	10052	36078	76902	94544	93154
鲐鱼	Chub mackerel	52789	57966	62656	285402	314987
鳗鱼	Eel	50705	68734	70186	69821	64985
墨鱼	Inkfish	57263	27379	30085	34180	32176
海蜇皮	Jellyfish	13260	6944	11819	14371	14953
对虾	Prawn	28490	48767	72282	135084	147140
毛虾	Shrimp	65262	49057	56383	57854	55045
梭子蟹	Swimming Crab	58705	70032	89261	123152	117948
蛏	Razor Clam	168095	177891	193708	249117	261819
蛤	Clam	214264	260168	288793	375740	385371
蚶	Blood Clam	24203	40687	37469	51791	52937
牡蛎	Oyster	1558984	1539167	1456106	1691608	1799061
海带	Kelp	276867	337892	452096	659132	712486
紫菜	Laver	26828	34258	51313	62947	62151

主要统计指标解释

农林牧渔业总产值 指以货币形式表现的农、林、牧、渔业全部产品的总量和对农、林、牧、渔业生产活动进行的各种支持性服务活动的价值，它反映一定时期内农业生产总规模和总成果。农林牧渔业总产值的核算采用“产品法”进行计算，即用产品产量乘以价格求得各种产品的产值，然后把它们加总求得各业的产值，最后相加求得农林牧渔业总产值。1957 年以前的农林牧渔业总产值中包括了厩肥和农民自给性手工业(如农民自制衣服、鞋、袜，自己从事粮食初步加工等)。1958 年及以后，林业中增加了村及村以下竹木采伐产值; 牧业中取消了厩肥产值; 副业中取消了农民自给性手工业产值，增加了村及村以下办的工业产值;渔业中增加了海洋捕捞水产品产值。1980 年及以后，在副业中增加了农民家庭兼营工业商品部分的产值。从 1984 年起村及村以下工业产值划归工业。从 1993 年起取消副业，将野生动物的捕猎划入牧业、野生植物采集和农民家庭兼营商品性工业划归农业。1996 年第一次农业普查以后，由于畜牧业产品年报数据与普查数据之间存在一定的差距，国家统计局对畜牧业年报数据与普查数据进行衔接，相应的畜牧业产值进行调整。2007-2017 年农林牧渔业产值，以全省第三次农业普查数据为基础，对农业、林业、牧业、渔业和服务业进行了调整和衔接。

粮食产量 指稻谷、小麦、玉米、高粱等谷物及薯类和豆类的全社会产量。包括国有经济经营的、集体统一经营的和农民家庭经营的粮食产量，还包括工矿企业办的农场和其他生产单位的产量。其产量计算方法，豆类按去豆荚后的干豆计算; 薯类(包括甘薯和马铃薯，不包括芋头和木薯)1963 年以前按每 4 公斤鲜薯折 1 公斤粮食计算，从 1964 年开始改为按 5 公斤鲜薯折 1 公斤粮食计算。城市郊区作为蔬菜的薯类(如马铃薯等)按鲜品计算，并且不作粮食统计。其他粮食一律按脱粒后的原粮计算。1989 年以前全国粮食产量数据的取得主要是靠全面报表取得，1989 年以后开始使用抽样调查数据。

棉花产量 指春播棉和夏播棉的全社会产量。产量按皮棉计算。3 公斤籽棉折 1 公斤皮棉，不包括木棉。

油料产量 指全部油料作物的生产量。包括花生、油菜籽、芝麻、向日葵籽、胡麻籽(亚麻籽)和其他油料。不包括大豆、木本油料和野生油料。花生以带壳干花生计算。

水产品产量 指人工养殖的水产品和天然生长的水产品的捕捞量。包括全部海水和淡水鱼类、虾蟹类、贝类、藻类和其他渔业产品的产品的最终产量。1995 年及以前，贝类中牡蛎按鲜肉计算; 蚶、蛤、蛙按 5 斤鲜品折 1 斤计算。1996 年以后则统一按鲜品计算。

猪、牛、羊肉产量 指当年出栏并已屠宰、除去头、蹄、下水后带骨肉(即胴体重) 的重量。其统计范围为全社会。1996 年前为各级逐级上报数据。1996 年第一次农业普查以后，由于畜牧业产品年报数据与普查数据之间存在一定的差距，国家统计局对畜牧业年报数据与普查数据进行了衔接。1999 年以后，国家统计局开展了猪、牛、羊、禽等主要畜禽品种的抽样调查，并用抽样数据作为国家定案数据使用。未开展抽样调查的品种，仍使用各级统计部门逐级上报数据。

期初(末)畜禽存栏头(只)数 指报告期初(末)农村各种合作经济组织和国营农场、农民个人、机关、团体、学校、工矿企业、部队等单位以及城镇居民饲养的大牲畜、猪、羊、家禽等畜禽的存栏数。数据上报方式及数据调整情况同猪、牛、羊肉产量。

农作物播种面积 指实际播种或移植有农作物的面积。凡是实际种植农作物的面积，不论种植在耕地上还是种植在非耕地上，均包括在农作物播种面积中。在播种季节基本结束后，因遭灾而重新改种和补种的农作物面积，也包括在内。该指标可以反映我国耕地面积的利用情况。目前，农作物播种面积主要包括粮食、棉花、油料、糖料、麻类、烟叶、蔬菜和瓜类、药材和其它农作物九大类。

有效灌溉面积 指具有一定的水源，地块比较平整，灌溉工程或设备已经配套，在一般年景下当年能够进行正常灌溉的耕地面积。在一般情况下，有效灌溉面积应等于灌溉工程或设备已经配备，能够进行正常灌溉的水田和水浇地面积之和。该指标可以反映我国耕地的抗旱能力。

农用化肥施用量 指本年内实际用于农业生产的化肥数量，包括氮肥、磷肥、钾肥和复合肥。化肥施用量要求按折纯量计算数量。折纯量是指把氮肥、磷肥、钾肥分别按含氮、含五氧化二磷、含氧化钾的百分之百成份进行折算后的数量。复合肥按其所含主要成分折算。

公式:折纯量= 实物量×某种化肥有效成份含量的百分比

农业机械总动力　指主要用于农、林、牧、渔业的各种动力机械的动力总和。包括耕作机械、排灌机械、收获机械、农用运输机械、植物保护机械、牧业机械、林业机械、渔业机械和其他农业机械(内燃机按引擎马力折成瓦(特)计算、电动机按功率折成瓦(特)计算)。不包括专门用于乡、镇、村、组办工业、基本建设、非农业运输、科学试验和教学等非农业生产方面用的动力机械与作业机械。这个指标的统计数据主要来源于农机部门。

乡村从业人员　指乡村人口中劳动年龄在 16 周岁以上实际参加生产经营活动并取得实物或货币收入的人员，包括劳动年龄内经常参加劳动的人员，也包括超过劳动年龄但经常参加劳动的人员，但不包括户口在家的在外学生、现役军人和丧失劳动能力的人，也不包括待业人员和家务劳动者。从业人员按从事主业时间最长(时间相同按收入)分为农业从业人员、工业从业人员、建筑业从业人员、交运仓储及邮电业从业人员、批零贸易及住宿餐饮业从业人员、其它行业从业人员。

Explanatory Notes on Main Statistical Indicators

Gross Output Value of Farming, Forestry, Animal Husbandry and Fishery refers to the total value of products of farming, forestry, animal husbandry and fishery, which reflects the total scale and result of agricultural production during a given period. Gross output value of agriculture is obtained by first multiplying the output of each product or by product by its price, resulting in t he output value of each s ingle item. For a small number of products, annual output of which is not available or difficult to get due to the long production growing process involved, t he output value is estimated through an indirect approach. The sum of out put value of all products of farming, forestry, animal husbandry, and fishery is then equal to the gross output value of agriculture. Prior to 1957, Chinas gross agricultural output value included barnyard manure and handicraft products for self-consumption (clothes, shoes, stockings, and initial grain processing undertaken by peasants). Since 1958, cutting and felling of bamboo and trees by villages and other cooperative organizations under villages have been included in forestry; value of barnyard manure has been excluded from animal husbandry; self consumed handicraft s has been excluded from sideline occupations, while the output value of industries run by villages and cooperative organizations under village had been included inside line occupations and the out put value of fish catches by motor fishing boats has been added to fishery. Since 1980, the value of handicraft products made for sale by individuals in households had been added to sideline occupations. Since 1984, industries run by villages and under villages have been included in the sector of industry. Since 1993, the subdivision of sideline occupations has been canceled, and the hunting of wild animals has been classified into animal husbandry, and the gathering of wild plants and commodity industry run by rural household have been included in farming. The Firs t Agriculture Census of China in 1996 revealed some discrepancy between the production of animal products from the annual reports and that from the census. Efforts were made by NBS to adjust the output value of animal husbandry to make the figures from the annual reports consistent with the census data. data on Farming, Forestry, Animal Husbandry and Fishery in from 2007 to 2017 have been adjusted according to the data obtained from the Third National Agricultural Census.

Grain Output refers to the total output of rice, wheat, corn, sorghum, millet and other miscellaneous grains as well as tubers and bean in the whole region including grains produced by state farms, collective units, industrial enterprises and mines. Output of beans refers to dry beans without pods. The output of tubers (sweet potatoes and potatoes, not including taros and cassava) was converted into that of grain at the ratio 4:1, i.e. 4 kilograms of fresh tubers was equivalent to 1 kilogram of grain up to 1963. Since 1964 the ratio for conversion has been 5:1.Tubers supplied as vegetables (such as potatoes) in cities and suburbs are calculated as fresh vegetables and their output is not included in the output of grain. Output of all other grains refers to husked grain. Data on grain production before 1989 were obtained through Comprehensive Statistical Reporting System, since then, sample survey data are used.

Cotton Output refers to the cotton production in the whole Region including cotton sown in spring and in autumn. Output is measured as the weight of ginned cotton. Three kilograms of seed-cotton are equivalent to 1 kilogram of ginned cotton, excluding ceiba.

Output of Oil-bearing Crops refers to the total production of oil-bearing crops of various kinds, including peanuts, (dry, in shell) rapeseeds, sesame, sunflower seeds, flax seeds, and other oil-bearing crops. Soybeans, oil-bearing woody plants, and wild oil-bearing crops are not included.

Output of Aquatic Products refers to catches of both artificially cultured and naturally grown aquatic products, including fish, shrimps, crabs and shellfish in sea and inland water as well as seaweed. Freshwater plants are not included. Data on output of aquatic products are reported by aquatic product and statistical agencies level by level. Before 1995, among the shellfish, the oyster was counted as fresh meat; 5 kilograms of ark shell, clams and frogs are equivalent to 1 kilogram of fresh aquatic products; they are all counted as fresh aquatic products since1996.

Output of Pork, Beef, and Mutton refers to the meat of slaughtered hogs, cattle, sheep and goats wit h head, feet, and offal taken away. The statistical scope is of the whole society. The first agriculture census of China in 1996 revealed some discrepancy between the production of animal products from the annual reports and that from the census. Efforts were made by NBS to adjust the output value of animal husbandry to make the figures from the annual rep orts consistent with the census data. Since 1999, NBS conducted sample survey for t he major animal husbandry products, such as hogs, cattle, sheep and goats and fowls, and the data from sample surveys are used as national finalized data. Those products, which are not covered by the sample survey, are still reported by statistical agencies level by level.

Number of Livestock or Poultry in Stock at Beginning (or End) of period refers to the total number of large animals, pigs, sheep, fowls, etc. raised by rural cooperative organizations, state farms, rural individuals, government agencies, schools, industrial and mining enterprises, army, and urban residents at the beginning (or end) of the reference period. Data reporting system and data adjustment are the same as that in the output of pork, beef and mutton.

Sown Area of Crops refers to area of land sown or transplanted with crops regardless of being in cultivated area or no cultivated area. Area of land re-sown due to natural disasters is also included. The indicator can reflect the utilization condition of the cultivated land in China. At p resent, t he sown area of crops mainly include the following 9 categories of crops: grain, cotton, oil-bearing crops, sugar crops, fiber crops, Tobacco, Vegetables and melons, medicinal materials and other farm crops.

Irrigated Area refers to areas that are effectively irrigated, i.e. level land, which has water source and complete sets of irrigation facilities to lift and move adequate water for irrigation purpose under normal conditions. Under normal conditions, irrigated area is the sum of watered fields and irrigated fields where irrigation systems or equipment have been installed for regular irrigation purpose. This indicator can reflect drought resistance capacity of the cultivated land in China.

Consumption of Chemical Fertilizers in Agriculture refers to the quantity of chemical fertilizers applied in agriculture in the year, including nitrogenous fertilizer, phosphate fertilizer, potash fertilizer, and compound fertilizer. The consumption of chemical fertilizers is required in calculation to convert the gross weight into weight containing 100% effective component (e.g. 100% nitrogen content in nitrogenous fertilizer, 100%phosphorous pent oxide contents in phosphate fertilizer, 100%potassium oxide contents in potash fertilizer). Compound fertilizer is converted with its major component. The formula is:

Volume of effective component = physical quantity×effective component of certain chemical fertilizer (%)

Total Power of Farm Machinery refers to total mechanical power of machinery used in farming, forestry, animal husbandry, and fishery, including ploughing, irrigation and drainage, harvesting, transport, plant protection, stock breeding, forestry and fishery. The power of internal combust ion engines is required to convert horsepower into watts and the power of electric motors is required to be converted into watts. Machinery employed for non-agricultural purposes, such as the machines used in township run and village-run industry, construction, nonagricultural transport, scientific experiments and teaching, is excluded. Data are mainly from agricultural machinery agencies.

Rural Employed Persons refer to rural labor forces aged over 16 years old who are engaged in real production and management activities and receive payment in kind or wages, including those covered within the age frame and regularly participating in production activities, and those who are out of the range of age frame and also participating in production activities regularly. Excluding students studying in other places with their permanent residence registered in local areas, servicemen and persons incapable of working; also excluding those who are waiting for jobs and those engaged in household work. Persons employed are classified as rural employed persons; industrial employed persons; construction industry employed persons; transport, storage and telecommunications industries employed persons; whole sales and retail sales Trades and catering industry employed persons and others according to the longest period of persons engaged in major activities (or using income indicator when periods are the same).

第十一篇　工业

Chapter 11　Industry

资料整理：林武兴 陈玲 王施

Database Editor: Linwuxing Chenling Wangshi

简 要 说 明

本篇资料的主要内容及来源

本篇资料反映了全省工业生产和基本效益情况，主要包括历年工业总产值及指数、规模以上工业、国有控股工业、国有工业、集体工业、外商投资和港澳台投资工业、大中型工业企业的主要经济指标、相关的财务分析指标和主要工业产品产量等方面的内容。

本篇资料由省统计局工业交通统计处根据工业统计年报中有关资料整理。

Brief Introduction

Main Content and Source of Data

Data in this chapter show the basic condition of industry in Fujian, the output of major industrial products and major economic and relevant financial indicators of industrial enterprises , mainly including the gross industrial output value and indices.Industrial enterprises include enterprises above designated size, state share holding enterprises, state owned enterprises, collective owned enterprises, foreign funded enterprises, enterprises with funds from Hong Kong, Macao and Taiwan, large and medium sized enterprises.

Data in this chapter are based on the annual report of industrial statistics and are prepared and provide by the Division of Industry and Transport Statistics of Fujian Provincial Bureau of Statistics.

11-1 主要年份工业总产值

Gross Industrial Output Value in Selected Years

单位：亿元 (100 million yuan)

年份 Year	总计 Total	#国有企业 State-owned	#集体企业 Collective owned	#轻工业 Light Industry	#重工业 Heavy Industry
1952	4.20	0.51	0.02	3.74	0.46
1957	8.57	5.93	1.64	7.11	1.46
1962	11.23	8.72	2.44	8.17	3.06
1965	17.24	14.27	2.97	11.89	5.35
1970	24.41	20.78	3.63	15.72	8.69
1975	43.37	33.08	10.29	25.17	18.20
1978	63.14	46.85	16.29	36.91	26.23
1979	72.01	52.53	19.30	42.48	29.53
1980	81.45	57.65	23.77	49.48	31.97
1981	87.76	60.50	26.11	55.52	32.24
1982	95.77	65.97	28.29	60.04	35.73
1983	103.97	70.66	30.85	65.50	38.47
1984	131.11	82.74	40.53	82.60	48.51
1985	173.13	101.71	57.84	103.68	69.45
1986	205.10	114.28	72.75	122.61	82.49
1987	265.87	139.55	92.48	157.85	108.02
1988	388.85	192.69	132.41	237.87	150.98
1989	488.96	242.17	156.98	296.52	192.44
1990	531.49	239.82	166.91	329.72	201.77
1991	658.86	268.28	209.81	413.28	245.58
1992	915.51	314.17	323.69	587.20	328.31
1993	1522.37	391.55	566.47	908.20	614.17
1994	2128.61	422.58	785.29	1281.72	846.89
1995	2638.52	448.93	940.41	1600.51	1038.01
1996	2840.51	450.37	1060.49	1789.69	1050.82
1997	3066.76	433.55	946.14	1910.15	1156.61
1998	3218.51	368.30	219.60	1993.88	1224.63
1999	3479.84	376.66	202.71	2161.94	1317.90
2000	3994.86	395.67	211.49	2317.02	1677.84
2001	4398.08	360.54	192.92	2374.96	2023.12
2002	5260.20	329.12	216.11	2690.10	2570.10
2003	6616.61	358.20	236.63	3109.81	3506.80
2004	8544.50	598.92	171.41	3809.41	4735.09
2005	9995.89	403.26	185.99	4484.89	5511.00
2006	11855.68	753.56	228.55	5363.49	6492.19
2007	14425.06	720.16	271.92	6515.95	7909.11
2008	17141.44	750.36	221.12	7931.00	9210.44
2009	18681.48	917.66	228.10	8800.55	9880.93
2010	23805.32	1102.75	262.58	10935.92	12869.40
2011	30330.59	1410.10	310.90	13860.64	16469.95
2012	32379.94	1541.29	217.10	15267.35	17112.59
2013	36724.66	404.01	176.56	17611.81	19112.55
2014	41579.84	276.82	180.19	19914.45	21665.39
2015	43888.84	312.77	173.55	21682.76	22206.08
2016	47275.84	121.90	130.19	23713.86	23561.88
2017	50061.66	135.58	128.00	25111.30	24950.36

注：1.国有企业、集体企业1997年及以前年份的是按经济类型划分，1998年及以后年份是按登记注册类型划分。2.2013年，按登记注册分国有企业类型有调整。

Note:1.The Stated-owned Enterprises and Collective-owned Enterprises were grouped by ownership before 1997,grouped by status of registration after 1998. 2.In 2013, The Division of the Stated-owned Enterprises grouped by status of Registration has been adjusted.

11-2 主要年份工业总产值指数

Realated Indices of Industrial Enterprises in Selected Years

年份	工业总产值指数（1952=100） Indices of Gross Industrial Output Value(1952=100)					工业总产值本年比上年增长(%) Growth Rates(%)				
Year	总计 Total	#国有企业 State-owned	#集体企业 Collective owned	#轻工业 Light Industry	#重工业 Heavy Industry	总计 Total	#国有企业 State-owned	#集体企业 Collective owned	#轻工业 Light Industry	#重工业 Heavy Industry
1952	100.0	100.0	100.0	100.0	100.0	31.3	121.7		25.5	109.1
1957	209.8	1190.2	8550.0	195.5	326.1	17.2	25.2	14.0	13.5	38.9
1962	279.5	1780.3	12929.3	228.4	694.6	-18.2	-22.9	2.1	-10.5	-33.5
1965	434.2	2946.4	15953.0	336.2	1230.6	24.2	28.0	11.3	22.7	27.8
1970	626.1	4371.4	19811.0	452.8	2034.7	16.9	21.4	-3.6	10.3	31.1
1975	1132.5	7182.3	53688.6	750.4	4219.4	9.4	8.9	11.2	5.2	15.9
1978	1635.5	10089.1	84353.2	1091.7	6031.6	19.7	19.9	19.2	17.1	23.6
1979	1830.5	11129.4	98310.2	1233.6	6664.9	11.9	10.3	16.5	13.0	10.5
1980	2068.8	12173.9	120672.0	1435.1	7208.0	13.0	9.4	22.7	16.4	8.2
1981	2260.4	12955.7	134425.3	1632.9	7370.9	9.3	6.4	11.4	13.8	2.3
1982	2425.8	13814.7	142670.7	1739.7	8008.3	7.3	6.6	6.1	6.5	8.6
1983	2640.1	14657.1	155963.3	1851.7	9038.7	8.8	6.1	9.3	6.4	12.9
1984	3308.2	16952.0	203636.8	2311.0	11397.2	25.3	15.7	30.6	24.8	26.1
1985	4149.1	19473.0	289888.8	2944.3	13940.1	25.4	44.9	42.4	27.4	22.3
1986	4786.3	21157.8	350355.2	3404.5	16018.8	15.4	8.7	20.9	15.6	14.9
1987	5894.3	23774.3	430360.7	4213.8	19563.2	23.1	12.4	22.8	23.8	22.1
1988	7854.0	27911.6	580627.2	5825.5	24437.9	33.2	17.4	34.9	38.2	24.9
1989	9044.6	29955.4	662981.4	6661.8	28504.2	15.2	7.3	14.2	12.0	15.2
1990	10205.0	30086.1	719949.7	7689.2	30824.9	12.8	0.4	8.6	15.4	8.1
1991	12489.5	32848.3	897745.8	9498.9	37105.3	22.4	9.2	24.7	23.5	20.4
1992	17149.9	37953.2	1360582.9	13312.9	49059.4	37.3	15.5	51.6	40.2	32.2
1993	25624.1	38810.8	2193320.1	19145.7	78531.6	49.4	2.3	61.2	43.8	60.1
1994	34914.6	39505.1	3062020.4	25873.0	108508.9	36.3	1.8	39.6	35.1	38.2
1995	41709.8	38550.9	3254811.9	30200.8	134592.3	23.3	0.9	10.2	20.8	27.4
1996	50427.1	39444.8	4293096.9	38385.2	149397.5	20.9	2.3	31.9	27.1	11.0
1997	60916.0	36994.0	4288803.8	45678.4	185252.9	20.8	-6.2	-0.1	19.0	24.0
1998	70175.2	33664.5	3628328.0	53854.8	204519.2	15.2	-9.0	-15.4	17.9	10.4
1999	80210.3	34708.1	3726292.9	59725.0	246650.2	14.3	3.1	2.7	10.9	20.6
2000	91519.9	35228.7	3934965.3	66653.1	290553.9	14.1	1.5	5.6	11.6	17.8
2001	103234.5	31987.7	3635907.9	71918.7	347212.0	12.8	-9.2	-7.6	7.9	19.5
2002	121403.8	25750.1	3857698.3	82994.2	419432.0	17.6	-19.5	6.1	15.4	20.8
2003	143256.5	29303.6	4328337.5	95443.3	507512.8	18.0	13.8	12.2	15.0	21.0
2004	168183.1	32849.3	4233114.1	112432.2	593789.9	17.4	12.1	-2.2	17.8	17.0
2005	196269.7	35280.2	4643726.2	135480.8	673951.6	16.7	7.4	9.7	20.5	13.5
2006	234738.6	40783.9	5307779.0	160680.2	810089.8	19.6	15.6	14.3	18.6	20.2
2007	287789.5	45351.7	6167639.2	193780.4	997220.5	22.6	11.2	16.2	20.6	23.1
2008	337000.9	45623.8	6846079.5	226529.3	1168742.5	17.1	0.6	11.0	16.9	17.2
2009	386877.0	50003.7	8105758.1	266851.5	1311329.1	14.8	9.6	18.4	17.8	12.2
2010	483983.1	59654.4	9272987.3	327960.5	1665388.0	25.1	19.3	14.4	22.9	27.0
2011	563840.3	67827.1	10775211.2	380434.2	1948504.0	16.5	13.7	16.2	16.0	17.0
2012	650107.9	70947.1	11906608.4	441303.7	2232985.6	15.3	4.6	10.5	16.0	14.6
2013	742423.2	79602.6	11763729.1	503968.7	2550069.4	14.2	12.2	-1.2	14.2	14.2
2014	832998.8	88040.5	12610717.6	559405.3	2886678.6	12.2	10.6	7.2	11.0	13.2
2015	912966.7	89889.4	13581742.9	615905.2	3158026.4	9.6	2.1	7.7	10.1	9.4
2016	991075.9	94811.7	13348615.9	668016.4	3434720.2	8.6	5.5	-1.7	8.5	8.8
2017	1068291.8	136333.2	13792967.3	728773.7	3589425.1	7.8	43.8	3.3	9.1	4.5

注：1.国有企业、集体企业1997年及以前年份的是按经济类型划分，1998年及以后年份是按登记注册类型划分。2.2013年度数据是根据企业上报的当年数和上年数计算的。

Note:1.The Stated-owned Enterprises and Collective-owned Enterprises were grouped by ownership before 1997,grouped by status of registration after 1998. 2.The data of 2013 is calculated according to the data reported by Enterprises in this year and previous year.

11-3 规模以上工业企业主要指标(1998-2017年)

Main Indicators of Industrial Enterprises above Designated Size(1998-2017)

单位：亿元 (100 million yuan)

年份 Year	企业单位数(个) Number of Enterprises (unit)	工业总产值 Gross Industrial Output Value	工业增加值 Value- added of Industry	资产总计 Total Assets	流动资产合计 Circulating Funds	主营业务收入 Revenue from Principal Business	利润总额 Total Profits	税金总额 Total Tax
1998	6106	2037.52	601.54	2626.33	1101.12	1860.76	55.76	103.85
1999	5549	2210.28	665.02	2890.62	1209.61	2060.31	87.38	113.67
2000	6011	2616.12	797.12	3368.64	1401.27	2468.69	110.80	135.80
2001	6583	2945.02	875.39	3632.22	1514.43	2789.09	118.22	146.16
2002	7462	3676.37	1177.59	4059.60	1781.70	3522.47	204.30	164.91
2003	9208	4953.74	1448.50	4902.48	2306.49	4822.24	314.40	204.22
2004	11918	6783.42	1917.65	6034.04	2994.25	6581.07	382.00	253.11
2005	12396	8135.98	2291.26	6841.37	3393.30	7848.24	407.55	285.73
2006	13755	10005.08	2847.81	8168.75	4111.21	9661.48	586.52	377.21
2007	15178	12517.91	3598.69	10157.20	5056.06	12227.31	894.51	481.21
2008	17212	15212.81	4057.51	11694.91	5700.78	14816.17	896.11	560.87
2009	18154	16762.82	4675.31	13344.47	6564.47	16338.61	1104.05	649.12
2010	19227	21901.23	6111.44	16058.70	8420.83	21479.37	1754.18	824.27
2011	14116	27443.90	7378.62	18582.15	9797.20	26850.95	2114.54	992.88
2012	15333	29704.66	7810.89	21385.98	11419.24	29206.84	2023.27	1253.05
2013	16115	33853.36	8940.01	24959.37	12904.53	33111.10	2225.00	1396.21
2014	16744	38405.32	10051.67	27978.35	14189.64	37097.44	2344.27	1516.42
2015	17240	41251.49	10165.28	29647.54	14767.63	39591.28	2359.82	1614.97
2016	17262	44544.09	10644.79	32081.30	16286.10	42537.24	2889.26	1453.86
2017	17348	47235.51	11585.73	34591.63	17494.17	45658.46	3221.82	1493.86

注：从2011年起，规模以上工业划分标准由年主营业务收入（销售收入）500万元及以上调整为2000万元及以上。(下同)

Note:Since 2011,Revenue from Principal Business of Industrial Enterprises above Designated Size become 20 million yuan frome 5 million yuan. The same applies to the tables following.

11-4 规模以上工业企业主要经济效益指标(1998-2017年)

Main Indicators on Economic Benefit of Industrial Enterprises above Designated Size(1998-2017)

单位：% (%)

年份 Year	总资产贡献率 Ratio of Assets to Industrial Output Value	资产负债率 Assets- Liability Ratio	流动资产周转次数（次/年） Number of Times of Turnover of Circulating Funds(times/year)	工业成本费用利润率 Ratio of Profits to Industrial Cost	全员劳动生产率(元/人) Overall Labor Productivity(yuan/person)	产品销售率 Proportion of Products Sold
1998	7.95	56.10	1.76	3.13	38250	95.52
1999	8.95	57.35	1.78	4.50	44967	96.39
2000	9.26	57.52	1.89	4.76	51244	96.95
2001	8.84	56.76	1.91	4.47	53016	96.99
2002	10.91	55.82	2.10	6.22	65802	97.50
2003	12.74	54.34	2.30	7.07	65168	97.59
2004	12.74	52.96	2.39	6.21	70420	97.13
2005	11.89	52.71	2.41	5.52	78898	97.33
2006	14.08	53.81	2.51	6.58	87655	96.96
2007	16.27	55.53	2.58	8.05	100197	97.71
2008	14.86	53.72	2.67	6.44	116619	97.54
2009	15.27	53.44	2.66	7.28	123205	97.34
2010	18.80	52.74	2.87	8.83	148426	97.76
2011	18.04	52.20	2.77	8.42	182719	97.50
2012	16.70	53.39	2.58	7.40	188811	97.83
2013	15.79	54.43	2.59	7.16	210899	97.45
2014	15.02	54.37	2.64	6.74	239802	97.31
2015	14.65	53.56	2.71	6.38	244913	96.71
2016	14.63	52.30	2.64	7.29	261519	96.36
2017	14.61	51.95	2.64	7.55	273389	97.13

11-5 主要年份规模以上工业企业主要经济指标

单位：亿元

年份	固定资产原价 Original Value of Fixed Assets				固定资产合计 Total Value of Fixed Assets			
Year	合计 Total	国有 State-owned	集体 Collective-owned	其他 Others	合计 Total	国有 State-owned	集体 Collective-owned	其他 Others
1978	44.84	40.62	4.22			29.52		
1980	56.78	49.65	7.13		41.11	35.83	5.28	
1985	103.41	83.83	17.26	2.32	74.01	59.40	12.57	2.04
1990	244.56	173.52	38.76	32.28	180.75	127.49	26.37	26.89
1995	991.98	482.24	93.97	415.77	783.88	368.76	69.46	345.66
1996	1197.03	551.93	107.01	538.09	923.98	411.57	77.81	434.60
1997	1444.47	585.53	128.06	730.88	1106.79	434.63	95.68	576.48
1998	1539.99	613.18	84.78	842.03	1150.38	450.25	62.28	637.85
1999	1768.61	681.74	82.28	1004.59	1307.18	493.17	59.01	755.00
2000	2032.18	679.99	85.13	1267.06	1479.53	477.71	60.21	941.61
2001	2351.09	711.63	76.29	1563.17	1690.78	492.17	53.55	1145.06
2002	2596.43	591.72	59.92	1944.79	1812.38	410.75	41.84	1359.79
2003	2979.24	624.78	58.20	2296.26	2020.47	416.94	40.99	1562.54
2004	3435.92	640.44	35.79	2759.69	2343.14	427.74	22.86	1892.53
2005	3838.40	330.01	36.72	3471.67	2565.23	204.17	24.82	2336.23
2006	4499.35	710.81	40.54	3747.99	2970.84	450.69	25.57	2494.57
2007	5227.60	712.79	45.22	4469.59	3504.89	472.30	28.72	3003.87
2008	5994.98	785.89	45.36	5163.73	4043.82	507.56	28.52	3507.74
2009	7039.82	1110.16	44.94	5884.71	4740.79	741.70	28.74	3970.35
2010	7967.50	1146.31	54.30	6766.88	5324.49	742.54	33.50	4548.45
2011	8855.37	1383.56	44.60	7427.21	5826.21	890.04	27.30	4908.86
2012	10220.10	1598.14	33.20	8588.76	6502.59	1011.83	19.47	5471.30
2013	11806.75	240.16	26.32	11540.27	7325.46	141.44	13.77	7170.25
2014	13572.81	128.40	22.56	13421.85	9246.62	79.22	13.04	9154.36
2015	14677.62	386.54	23.88	14267.20	9657.01	253.93	12.91	9390.17
2016	16342.12	129.55	15.17	16197.40	9931.69	87.03	9.86	9834.80
2017	17685.00	234.81	14.25	17435.94	10530.68	123.90	6.93	10399.85

注：1.表内1998年起统计口径为规模以上工业企业,以前为乡及乡以上独立核算工业企业；2.2013年，按登记注册类型分国有企业类型有调整。

Note:a)Statistics scope from 1998 covers industrial enterprises above designated size. b)In 2013, The Division of the Stated-owned Enterprises grouped by status of Registration has been adjusted.

Main Financial Indicators of Industrial Enterprises above Designated Size in Selected Years

(100 million yuan)

主营业务收入 Sale Revenue				利税总额 Total Profit and Tax			
合计 Total	国有 State-owned	集体 Collective-owned	其他 Others	合计 Total	国有 State-owned	集体 Collective- owned	其他 Others
				12.21	10.25	1.96	
67.25	52.86	14.38	0.01	14.44	12.13	2.31	
136.58	99.06	30.79	6.73	25.74	21.10	3.98	0.66
352.56	213.01	68.65	70.90	44.97	33.14	5.98	5.85
1469.28	442.04	225.29	801.95	130.54	58.91	18.30	53.33
1617.13	438.70	242.70	935.73	145.20	72.80	18.73	53.67
1858.56	417.02	269.98	1171.56	170.38	75.02	21.96	73.40
1860.76	387.59	183.71	1289.46	159.61	69.24	12.57	77.80
2060.31	424.73	170.05	1465.53	201.05	74.54	12.80	113.71
2468.69	445.30	176.52	1846.87	246.60	81.60	14.16	150.84
2789.09	431.74	169.13	2188.22	264.38	86.09	14.98	163.31
3522.47	344.91	146.80	3030.76	369.21	73.79	12.49	282.93
4822.24	390.11	163.67	4268.46	518.62	85.46	16.65	416.51
6581.07	590.08	101.07	5889.92	635.11	91.22	8.95	534.94
7848.24	398.85	106.91	7342.48	693.28	85.47	9.41	598.40
9661.48	738.51	137.89	8785.08	963.72	113.02	16.01	834.69
12227.31	709.38	168.53	11349.40	1375.71	122.57	22.34	1230.81
14816.17	727.08	176.15	13912.93	1456.97	101.75	20.00	1335.22
16338.61	898.97	192.06	15247.58	1753.17	97.57	22.26	1633.34
21479.37	1080.59	222.89	20175.89	2578.45	157.13	27.55	2393.77
26850.95	1373.72	249.65	25227.58	3107.42	240.36	31.85	2835.21
29206.84	1508.80	171.44	27526.60	3276.32	299.84	19.86	2956.62
33111.10	377.08	129.97	32604.05	3621.20	129.88	15.21	3476.11
37097.44	239.58	129.37	36728.49	3860.69	117.12	12.78	3730.79
39591.28	302.30	128.98	39160.00	3974.80	28.22	12.45	3934.12
42537.24	102.16	114.65	42320.42	4343.12	6.26	8.50	4328.36
45658.46	117.19	105.07	45436.20	4715.68	4.38	7.16	4704.14

11-5 续表

单位：亿元

年份 Year	利润总额 Total Profit				工业增加值 Value Added of Industry	
	合计 Total	国有 State-owned	集体 Collective- owned	其他 Others	合计 Total	国有 State-owned
1978	6.75	5.53	1.22			
1980	8.26	6.82	1.44			
1985	13.55	11.07	2.15	0.33		
1990	16.09	11.91	1.79	2.39		
1995	48.16	15.17	5.35	27.64	410.29	145.42
1996	55.12	25.28	5.31	24.53	488.04	144.34
1997	68.62	30.24	6.40	31.98	581.40	137.84
1998	55.76	18.47	3.40	33.89	601.54	158.49
1999	87.38	22.22	4.38	60.78	665.02	167.73
2000	110.80	24.21	5.29	81.30	797.12	172.80
2001	118.22	26.37	6.21	85.64	875.39	183.37
2002	204.30	20.11	5.73	178.46	1177.59	153.43
2003	314.40	24.82	7.97	281.60	1448.50	157.92
2004	382.00	21.92	3.73	356.35	1917.65	179.53
2005	407.55	19.84	3.47	384.25	2291.26	148.85
2006	586.52	26.61	8.04	551.87	2847.81	209.66
2007	894.51	44.99	12.39	837.13	3598.69	205.47
2008	896.11	25.45	9.68	860.98	4057.51	211.48
2009	1104.05	18.37	10.18	1075.50	4675.31	243.05
2010	1754.18	53.91	15.54	1684.73	6111.44	306.11
2011	2114.54	61.54	18.12	2034.88	7378.62	412.95
2012	2023.27	74.82	9.57	1938.88	7810.89	481.79
2013	2225.00	28.90	7.25	2188.84	8940.01	176.16
2014	2344.27	17.10	5.44	2321.73	10051.67	160.24
2015	2359.82	7.61	5.81	2346.41	10165.28	69.03
2016	2889.26	1.55	4.48	2883.23	10644.79	29.01
2017	3221.82	0.18	3.82	3217.82	11585.73	23.95

Continued

(100 million yuan)

集体 Collective- owned	其他 Others	工业总产值 Gross Industrial Output Value 合计 Total	国有 State-owned	集体 Collective- owned	其他 Others
		55.46	43.69	11.77	
		71.86	55.47	16.38	0.01
		141.40	98.35	34.00	9.05
		393.65	225.17	78.77	89.71
60.78	204.09	1558.04	433.67	240.51	883.86
78.45	265.25	1770.54	436.10	282.04	1052.40
92.35	351.21	2028.43	417.00	307.45	1303.98
57.99	385.06	2037.52	389.20	205.99	1442.33
51.10	446.19	2210.28	406.11	184.70	1619.47
52.37	571.95	2616.12	447.09	189.96	1979.07
49.19	642.83	2945.02	421.07	180.11	2343.84
45.06	979.10	3676.37	329.12	154.34	3192.91
52.23	1238.35	4953.74	358.20	171.78	4423.76
31.43	1706.69	6783.42	598.92	103.58	6080.91
38.24	2104.16	8135.98	403.27	111.97	7620.74
48.85	2589.30	10005.08	753.56	139.52	9112.00
55.56	3337.66	12517.91	717.16	168.56	11632.19
60.91	3785.12	15212.81	740.26	174.96	14297.59
64.82	4367.43	16762.82	908.68	190.23	15663.91
79.68	5725.65	21901.23	1092.57	219.84	20588.81
87.09	6878.58	27443.90	1394.67	246.11	25803.12
62.09	7267.01	29704.66	1526.17	174.09	28004.41
46.21	8717.64	33853.36	388.10	131.30	33333.96
47.73	9843.70	38405.32	259.20	130.07	38016.05
42.06	10054.19	41251.49	298.05	131.65	40821.80
36.48	10579.30	44544.09	109.12	115.66	44319.32
39.65	11522.13	47235.51	118.99	113.01	47003.51

11-6 规模以上工业企业单位数

Number of Industrial Enterprises above Designated Size

单位：个 (unit)

项目 Item	2000	2005	2010	2016	2017
合　计 Total	**6011**	**12396**	**19227**	**17262**	**17348**
按轻重分 Grouped by Light &Heavy Industry					
轻工业 Light Industry	3656	7131	10654	9825	10137
重工业 Heavy Industry	2355	5265	8573	7437	7211
按注册类型分 Grouped by Status of Registration					
内资企业 Pomestic Funded Enterprises	3320	7453	13524	13531	13807
港澳台商投资企业 Enterprises With Funds from HongKong,Macao and TaiWan	2076	3165	3705	2477	2377
外商投资企业 Foreign Funded Enterprises	615	1778	1998	1254	1164
按经济类型分 Grouped by Ownership					
国有 Stated-owned	1046	481	273	170	183
集体 Collective-owned	1077	800	584	137	113
其他 Others	3888	11115	18370	16955	17052
#外商及港澳台商投资 Funds from HongKong,Macao,Taiwan and Foreign Area	2691	4943	5703	3731	3541
按经济组织分 Grouped by Organization					
独资 Sole Funded	3572	4871	5631	3110	2890
合作、合伙 Cooperated and Partnership	494	715	681	224	236
股份有限公司 Share Holding Enterprises	189	381	444	670	722
有限责任公司 Limited Liability Corporations	1756	6429	12471	13258	13500
按规模分 Grouped by Size					
大型 Large Scale	92	60	124	437	437
中型 Medium Scale	209	1142	2116	2851	2810
小型 Small Scale	5710	11194	16987	13340	13316
微型 Micro-Scale				634	785

11-7 规模以上工业企业增加值

Value-added of Industrial Enterprises above Designated Size

单位：亿元 (100 million yuan)

项目 Item	2000	2005	2010	2016	2017
合 计 Total	**797.12**	**2291.26**	**6111.44**	**10644.79**	**11585.73**
#国有及国有控股企业 State-owned and State-holding Industrial Enterprises	292.66	442.61	821.77	1199.81	1403.63
按轻重分 Grouped by Light &Heavy Industry					
轻工业 Light Industry	415.58	1121.49	2940.72	5601.97	6196.99
重工业 Heavy Industry	381.54	1169.76	3170.73	5042.82	5388.74
按经济类型分 Grouped by Ownership					
国有 Stated-owned	172.80	244.22	439.69	468.73	458.64
集体 Collective-owned	52.37	69.14	194.40	59.81	59.01
股份制 Share Holding	70.05	314.51	820.73	2921.18	3386.31
联营 Cooperation	1.87	3.91	5.85	16.92	11.94
私营 Private	36.55	395.39	1758.94	3404.85	3692.21
外商及港澳台商投资 Funds from HongKong,Macao, TaiWan and Foreign	462.12	1262.75	2881.16	3764.28	3970.69
其他 Others	1.36	1.34	10.69	9.02	6.93
按登记注册分 Grouped by Status of Registration					
国有 State-owned Enterprises	150.80	148.85	306.11	29.01	23.95
集体 Collective-owned Enterprises	52.37	38.24	79.68	36.48	39.65

注：1.工业增长速度按月报同口径计算，表内绝对数为年报数，因年度间调查单位数不同，不可直接对比。2.2003年起大中型企业划分标准改变，故大中型企业数与往年不可比。3.2011年起增加微型企业规模分类，故小型企业数与往年不可比。

Note:a)Increase rate of Industrial enterprises is according to monthly statistics.b)Changed by the standard of enterprise , number of enterprises by Large and Medium size from 2003 is not comparable with the previous years.c)Since 2011,including Micro-enterprises,Ssize from 2003 is not comparable with the previous years.

11-7 续表

Continued

单位：亿元 (100 million yuan)

项目 Item	2000	2005	2010	2016	2017
股份合作 Cooperative Enterprises	7.16	29.40	113.31	20.22	18.92
联 营 Joint Ownership Enterprises	19.65	28.40	41.01	20.10	12.38
有限责任公司 Limited-Liability Corporations	29.72	291.38	709.24	2856.54	3303.16
股份有限公司 Share Holding Corporations Ltd.	46.39	95.50	211.30	504.29	517.85
私营企业 Private Enterprises	36.55	395.39	1758.94	3404.85	3692.21
港澳台商投资企业 Funds from HongKong, Macao,TaiWan	333.05	670.47	1583.93	2277.72	2458.60
外商投资企业 Foreign Funded Enterprises	129.07	592.28	1297.22	1486.56	1512.10
其他企业 Other Enterprises	1.36	1.34	10.69	9.02	6.93
按经济组织分 Grouped by Organization					
独资 Sole Funded	480.16	987.98	2390.18	2531.49	2645.46
合作、合伙 Cooperated and Partnership	44.36	96.10	231.23	132.43	141.80
股份有限公司 Share Holding Enterprises	49.57	170.39	388.26	767.10	816.65
有限责任公司 Limited Liability Corporations	223.03	1036.78	3101.77	7213.76	7981.82
按规模分 Grouped by Size					
大型 Large Scale	164.11	416.15	1230.26	3389.29	3756.53
中型 Medium Scale	115.19	926.30	2400.64	3223.90	3449.20
小型 Small Scale	517.81	948.80	2480.54	3919.54	4176.03
微型 Micro-Scale				112.05	203.96

11-8 按行业分规模以上工业企业增加值

Value-added of Industry Enterprises above Designated Size by Industrial Sector

单位：亿元 (100 million yuan)

项目 Item	2016	2017
合计 Total	**10644.79**	**11585.73**
采矿业 Mining	**182.33**	**198.85**
煤炭开采和洗选业 Coal Mining and Dressing	51.52	53.66
石油和天然气开采业 Petroleum and Natural Gas Mining		
黑色金属矿采选业 Ferrous Metals Mining and Dressing	28.22	35.06
有色金属矿采选业 Nonferrous Metals Mining and Dressing	25.09	26.76
非金属矿采选业 Nonmetal Minerals Mining and Dressing	77.50	83.37
开采辅助活动 Subsidiary Action		
其他采矿业 Others Mining and Quarrying		
制造业 Manufacturing	**9883.33**	**10830.70**
农副食品加工业 Agricultural and Sideline Products Processing	587.94	588.15
食品制造业 Food Manufacturing	358.72	392.48
酒、饮料和精制茶制造业 Wine，Drink and Tea Manufacturing	267.76	285.73
烟草制品业 Tobacco Processing	194.92	197.63
纺织业 Textile Industry	563.29	640.37
纺织服装、服饰业 Textile Garments Products	524.06	606.08
皮革、毛皮、羽毛及其制品和制鞋业 Leather , Furs , Down and Relate Products	972.52	1093.01
木材加工和木、竹、藤、棕、草制品业 Timber Processing,Bamboo,Cane,Palm Fiber and Straw Products	253.98	276.54
家具制造业 Furniture Manufacturing	116.87	134.64
造纸和纸制品业 Papermaking and Paper Products	227.53	284.09
印刷和记录媒介复制业 Printing and Record Medium Reproduction	76.63	90.85
文教、工美、体育和娱乐用品制造业 Cultural , Educational and Sports Goods	422.49	432.51
石油加工、炼焦和核燃料加工业 Petroleum Processing , Coking and Nuclear Fuel Processing	354.63	362.03
化学原料和化学制品制造业 Raw Chemical Materials and Chemical Products	321.58	391.27

11-8 续表

Continued

单位：亿元 (100 million yuan)

项目 Item	2016	2017
医药制造业 Medical and Pharmaceutical Products	104.42	114.16
化学纤维制造业 Chemical Fiber	219.65	241.89
橡胶和塑料制品业 Rubber and Plastic Products	377.92	359.37
非金属矿物制品业 Nonmetal Minerals Products	758.81	829.23
黑色金属冶炼和压延加工业 Smelting and Pressing of Ferrous Metals	334.11	371.14
有色金属冶炼和压延加工业 Smelting and Pressing of Nonferrous Metals	259.62	320.14
金属制品业 Metal Products	275.32	337.96
通用设备制造业 General Equipment	252.93	287.97
专用设备制造业 Special Purpose Equipment	193.43	221.30
汽车制造业 Car Manufacturing	272.90	292.06
铁路、船舶、航空航天和其他运输设备制造业 Railway,Watercraft,Aviation and others transportation Manufacturing	83.93	67.48
电气机械和器材制造业 Electric Equipment and Machinery	520.18	567.37
计算机、通信和其他电子设备制造业 Computer,Communication and other Electronic Equipment	805.92	870.14
仪器仪表制造业 Instruments and Meters Machinery	68.18	66.50
其他制造业 Others Manufacturing	67.39	61.94
废弃资源综合利用业 Waste Resources and Materials Recovering	12.20	9.73
金属制品、机械和设备修理业 Metals,Machinery and Equipment maintenance	33.49	36.91
电力、热力、燃气及水生产和供应业 **Production and Supply of Electric Power and Hot Power**	**579.12**	**556.19**
电力、热力生产和供应业 Production and Supply of Electric Power and Hot Power	522.39	493.74
燃气生产和供应业 Production and Supply of Gas	33.74	35.23
水的生产和供应业 Production and Supply of Water	22.99	27.22

11-9 主要年份规模以上工业企业主要工业产品产量

Industry Enterprises above Designated Size Output of Major Industrial Products in Selected Years

年份 Year	化学纤维(万吨) Chemical Fiber (10000 tons)	原煤(万吨) Coal (10000 tons)	发电量(亿千瓦小时) Electricity (100 million kwh)	粗钢(万吨) Crude Steel (10000 tons)	水泥(万吨) Cement (10000 tons)	化学肥料(万吨) Chemical Fertilizer (10000 tons)	汽车(辆) Motor Vehicles (unit)	移动通信手持机(万部) Mobile Telephone (10000 unit)	微型计算机设备(万部) Micro-computer (10000 sets)
1952		0.30	0.12						
1957		8.25	0.57		5.26				
1962		55.77	4.99	0.12	6.05	0.31			
1965	0.03	60.19	7.41	0.66	20.37	4.46			
1970	0.10	110.03	13.12	3.62	32.85	5.22	317		
1975	0.28	280.67	26.83	9.84	89.13	9.54	765		
1978	1.19	423.05	40.69	16.16	120.45	16.40	907		
1979	1.13	479.04	44.40	20.93	139.84	19.51	1110		
1980	1.35	462.99	49.47	24.16	155.30	24.32	1029		
1981	1.50	416.55	52.46	21.90	161.62	24.88	60		
1982	1.35	440.23	57.18	24.90	163.71	27.21	40		
1983	1.04	524.26	61.55	23.79	206.66	28.14	257		
1984	1.03	575.94	67.53	28.71	234.03	32.37	641		
1985	1.65	606.53	77.20	31.75	290.69	32.88	652		
1986	2.06	678.52	86.21	34.42	321.76	32.89	870		
1987	2.50	787.19	98.54	39.23	379.50	39.93	1201		
1988	2.62	864.36	114.14	40.39	452.97	40.62	3225		
1989	2.55	944.83	129.56	43.23	499.63	42.28	1607		
1990	3.13	925.37	136.65	51.66	540.04	43.64	676		
1991	3.40	857.19	151.76	56.47	646.87	44.09	1796		
1992	3.56	909.68	176.55	61.87	747.62	47.31	3407		
1993	3.60	982.52	195.27	61.72	902.39	44.39	3949		
1994	4.95	977.38	228.93	56.24	1104.20	47.34	3299		
1995	12.96	1134.18	261.55	55.49	1511.17	51.04	3636		
1996	24.12	1167.97	284.10	80.49	1504.52	56.66	3223		
1997	26.91	776.04	310.18	89.34	1522.42	54.74	6083		
1998	31.59	727.18	322.70	113.32	1594.46	63.51	6276		
1999	37.17	577.14	356.00	128.98	1825.81	61.15	9279		
2000	41.22	375.03	403.73	124.94	1513.64	61.38	29606		88.77
2001	47.95	512.33	446.32	155.27	1525.53	55.84	32498		88.79
2002	65.97	644.51	533.08	211.98	1698.69	60.69	48356		174.25
2003	59.39	778.22	610.70	256.04	2116.27	56.69	86679		241.74
2004	71.47	1076.05	659.64	319.20	2245.34	60.27	65811		295.02
2005	79.12	1331.74	778.25	382.33	2713.62	60.27	70260	1165.96	371.44
2006	106.32	1759.18	904.25	465.48	3343.93	64.76	73215	1358.78	445.73
2007	137.69	1991.74	1038.28	588.43	4449.69	62.95	86514	1097.48	513.23
2008	169.78	2306.07	1085.38	727.28	4593.36	69.60	95098	716.56	647.32
2009	183.66	2466.13	1170.71	765.04	5446.50	59.67	135044	671.50	607.20
2010	206.15	2442.73	1356.32	1086.88	5921.20	57.87	194963	1064.25	738.27
2011	223.98	2480.86	1578.90	1166.89	6570.86	52.14	190835	1658.82	898.56
2012	272.09	1947.55	1622.62	1318.55	7197.60	48.15	186465	2968.01	929.04
2013	376.65	1614.81	1643.16	1997.16	7890.37	46.69	205764	3841.85	1284.76
2014	454.94	1504.45	1746.15	1820.79	7732.33	48.71	180947	1277.99	985.40
2015	576.20	1531.77	1764.90	1586.48	7746.18	52.06	193875	2133.56	818.78
2016	685.21	1346.68	1812.95	1516.80	8091.20	51.83	220171	2568.63	847.36
2017	674.38	1107.00	2062.63	1882.85	8444.19	24.01	281198	578.25	998.42

11-10 规模以上工业企业主要工业产品产量

Output of Major Industrial Products of Industrial Enterprise above Designated size

项目　Item	2000	2005	2010	2016	2017
原煤(吨) Coal(ton)	3750300	13317400	24427250	13466812	11070044
铁矿石原矿量(吨) Primary Iron ore(ton)	1690400	4838600	23272585	17766853	19898351
硫铁矿(折硫35%)(吨) Sulphur Iron(ton)	35000	16600	99177	185325	396791
原盐(吨) Salt(ton)	283700	344900	333929	125024	226053
配混合饲料(吨) Mixed Feed(ton)	974900	2185200	4830171	10694252	10959282
食用植物油(吨) Eatened Vegetable(ton)	62400	434800	1684343	2110391	2297033
罐头(吨) Tin(ton)	267800	785700	2032091	3031765	3289296
啤酒(千升) Beer(1000 L)	1104000	1573300	1887767	1609413	1624186
软饮料(吨) Soft Drink(ton)	398200	1112800	3869623	5686441	5931404
精制茶(吨) Highly Finished Tea(ton)	17000	39500	103310	228174	264711
卷烟(万箱) Cigarette(10000 cases)	98.62	121.00	168.75	166.43	166.40
纱(吨) Yarn(ton)	143641	680042	1847365	4846680	5226354
布(万米) Cloth(10000 m)	55867	201266	312003	816014	908827
棉布(万米) Cottoned Cloth(10000 m)	2938	13020	39708	73422	87089
棉混纺交织布(米) Blending Cloth(m)	11022	35790	110002	385692	444522
纯化纤布(米) Pure Chemical Fibre Cloth(m)	41907	152456	162292	356900	377216
印染布(万米) Printing and Dyeing Cloth(10000 m)	38744	162653	391229	476695	493620
毛线(吨) Kitting Wool(ton)	7523	9997	5020	1984	1903
服装(万件) Clothes(10000 piece)	39877	81539	292273	409647	434515

11-10 续表1

Continued

项目 Item	2000	2005	2010	2016	2017
轻革(平方米) Light Leather(10000 sq.m)	3591200	33335800	43511617	31379216	29349253
皮革鞋靴(万双) Leather Shoes(10000 pairs)	20931	50426	114358	178872	189157
人造板(立方米) Man-made Wood(cu.m)	677000	2664900	9979320	14412266	14516439
胶合板 Plywood	224800	1082700	4248677	9534027	8866656
纤维板 Fiberboond	294900	1145500	1936396	1981172	2260214
刨花板 Honghed Wood	145000	193600	2075427	883189	1002000
机制纸及纸板(吨) Machine-made Paper and Paperboard(ton)	850700	1871100	4320636	7269975	7799045
焦炭(吨) Coke(ton)	448900	909400	1430462	1273060	1576820
硫酸(折100%)(吨) Sulfuric Acid(ton)	338700	410600	597822	1874574	1878257
盐酸(含量31%以上)(吨) Hydrochloric(ton)	124500	140200	70749	152185	181815
烧碱(折100%)(吨) Caustic Soda(ton)	156400	255100	201120	366451	379476
纯碱(吨) Soda Ash(ton)	94500	192300	177867	162381	255686
电石(吨) Calcium Carbide(ton)	154900	142600	69599	29307	28026
合成氨(吨) Synthetic Ammonia(ton)	800900	941500	1021305	817974	852316
农用化肥(吨) Chemical Fertilizer(ton)	613800	602700	578746	518326	240096
#氮肥(吨) Nitrogerous Fertilizer(ton)	509600	557000	553717	312649	126681
#尿素(吨) Carbamine(ton)	278600	313400	329370	100793	31732
磷肥(吨) Phosphate Fertilizer(ton)	79600	45600	25028	155177	113415
油漆(吨) Paint(ton)	19096	44851	319064	794285	889749
塑料(吨) Plastics(ton)	143470	337876	1524961	2007031	2356009

11-10 续表2

Continued

项目 Item	2000	2005	2010	2016	2017
合成洗涤剂(吨) Synthetic Detergents(ton)	68	7004	39705	174416	173108
化学原料药(吨) Chemical Medicine(ton)	1205	2779	7266	22074	20974
中成药(吨) Mid-product chineses Medicine(ton)	3781	3904	6534	17142	20339
化学纤维(吨) Chemical Fiber(ton)	412198	791167	2061509	6852108	6743826
轮胎外胎(条) Tires(pcs)	9839600	17809700	27876136	36947439	40513456
塑料制品(吨) Plastics(ton)	557000	863000	1663088	3940489	4307298
水泥(吨) Cement(ton)	15136400	27136200	59212000	80912006	84441930
砖(万块) Bricks(10000 pcs)	23400	20700	303443	1855781	2085761
花岗石板材(平方米) Granite board(sq.m)	11266800	68322600	145464187	348882614	102460366
平板玻璃(重量箱) Plate glass(case)	4798700	6415100	27653500	54035867	47392680
生铁(吨) Pig Iron(ton)	1493700	3939600	5588053	9804419	9379205
粗钢(吨) Crude Steel(ton)	1249400	3823300	10868830	15168004	18828508
钢材(吨) Steel Products(ton)	2837900	7359000	13405616	28595760	27257399
铁合金(吨) Iron Alloy(ton)	39700	59000	240768	279336	207905
十种有色金属(吨) Ten Nonferrous Metals Total(ton)	34474	60362	138774	455850	462125
金属切削机床(台) Metal-cutting Machine Tools(set)	584	1815	3146	7163	7961
起重机械(吨) Crane Machine(ton)	1988	4105	4655	9408	10610
叉车(台) Fork Truck(set)	3301	6720	11081	18113	20832
泵(台) Pump(set)	1676900	4907200	8358576	5782071	4444911
气体压缩机(台) Gas Compressor(set)	28506	42836	50472	78482	65965

11-10 续表3

Continued

项目 Item	2000	2005	2010	2016	2017
轴承(万套) Bearing(10000 units)	1767	4690	11108	13920	14317
小型拖拉机(台) Small Tractors Motor(set)	17400	24700	6338	4959	3619
汽车(辆) Vehicles(unit)	29606	70260	194963	220171	281198
#载货汽车 Cargo Vehicles	10244	4158	8005	25188	29526
改装汽车(辆) Refitted Vehicles(unit)	7107	26555	16222	11360	11361
民用钢质船舶(载重吨) Civil Steelen Boats(tons)	44457	146816	727031	934704	1029943
交流电动机(千瓦) Alternating Current Electromotor(kw)	1799600	2484300	5827571	7851025	5750733
变压器(千伏安) Power Transformer(kva)	2549000	3489300	5728012	6172747	6400144
电力电缆(千米) Electric Cable(km)	14629	18381	105487	264174	265592
电话单机(台) Telephone Set(set)	6646300	9728900	8452845	1753554	1981941
微型电子计算机(台) Personal Computers(set)	887678	3714387	7382707	8473638	9984245
集成电路(万块) Semiconductor Integrated Circuit(10000 units)	6888.00	13996.22	1158.40	16331.00	22441.00
彩色电视机(台) Color TV Sets(set)	2041900	3739000	9031009	10155745	9532977
照相机(台) Cameras(set)	3221684	1101899	4510909	1238529	1535793
钟(台) Clocks(set)	27474800	92983300	85595769	98461456	100913900
发电量(万千瓦小时) Electricity(10000 kwh)	4037300	7782500	13563200	18129532	20626329
#水电 Hydropower	1952200	2910000	4536900	4502817	3246676

11-11 规模以上工业企业主要指标(2017年)

单位：万元

项目 Item	工业总产值 Gross Industrial Output Value	工业增加值 Value added of Industry	资产总计 Total Assets	固定资产原价 Original Value of Fixed Assets
合　计 **Total**	**472355145**	**115857323**	**345916265**	**176849963**
#国有控股企业 State-holding Enterprises	55211936	14036319	87983436	66023405
#农村工业 Industy in Country				
#亏损企业 Deficitted Enterprises	22189957	4514814	33915595	17617889
按轻重分 **Group by Light & Heary Industry**				
轻工业 Light Industry	240826682	61969936	137827516	58298792
重工业 Heavy Industry	231528463	53887387	208088749	118551171
按经济类型分 **Grouped by Ownership**				
国有 Stated-owned	17031834	4586428	25459721	23352949
集体 Collective-owned	1879243	590107	633763	228328
股份 Share Holding	141029356	33863134	135133119	66890266
联营 Cooperation	521841	119386	102916	100064
私营 Private	155665472	36922062	74516804	33343336
外商及港澳台商投资 Funds from HongKong,Macao,TaiWan and Foreign Area	155953364	39706934	109996345	52902011
其他 Others	274036	69272	73598	33009
按登记注册分 **Grouped by Status of Registration**				
内资企业 Sole Funded	316401781	76150389	235919919	123947952
港、澳、台商投资 Enterprises with Funds from HongKong, Macao and TaiWan	98603861	24585968	65130835	30782388
外商投资企业 Foreign Funded Enterprises	57349503	15120966	44865511	22119623
按经济组织分 **Grouped by Organization**				
独资企业 Sole Funded	103783014	26454643	68495509	32915234
合作、合伙 Cooperated and Partnership	6194278	1417990	3536134	1999923
股份有限公司 Share Holding Enterprises	32082997	8166511	47676650	15481977
有限责任公司 Limited Liability Corporations	330294856	79818178	226207972	126452829

Main Indicators of Industrial Enterprises above Designated Size(2017)

(10000 yuan)

固定资产合计 Total Value of Fixed Assets	流动资产合计 Circulating Finds	主营业务收入 Sale Revenue	利润总额 Total Profit	利税总额 Total Profits and Tax	所得税费用 Income Tax	应交增值税 Value Added Tax Payable
105306834	**174941672**	**456584592**	**32218203**	**47156824**	**3478799**	**10239078**
43098262	27053356	53827350	3627746	7616707	636236	2164278
9308760	14446858	20713189	-1324548	-956435	-46540	263727
33495011	81125449	231113749	17014333	24448792	1592565	4844775
71811823	93816223	225470843	15203870	22708031	1886234	5394303
13819449	6716709	17118161	382566	2541191	72768	700748
240457	300026	1788577	90284	141085	7984	34262
45344213	60713385	135976538	10644231	14817949	1228990	3373151
52427	30066	512844	37586	38554	95	917
19955955	42253066	152647791	9483063	13105856	649953	2833337
25868905	64898602	148277657	11564955	16491565	1518528	3292871
25429	29818	263025	15519	20625	481	3792
79437929	110043070	308306935	20653248	30665259	1960271	6946207
15817240	39146207	92470529	7386651	9779249	913029	1933755
10051665	25752394	55807128	4178304	6712316	605498	1359116
16146288	41821237	99120948	7780900	10181629	963282	1899657
1432255	1805708	5737093	332828	430666	30011	72969
9335486	23393972	30778625	2955885	3907206	286333	739181
78392805	107920756	320947926	21148591	32637323	2199173	7527271

11-11 续表1

单位：万元

项目 Item	工业总产值 Gross Industrial Output Value	工业增加值 Value added of Industry	资产总计 Total Assets	固定资产原价 Original Value of Fixed Assets
按规模分 **Grouped by Size of Enterprises**				
大型企业 Large Scale	141691183	37565340	129311531	70012639
中型企业 Medium Scale	140196525	34492050	104992228	56028792
小型企业 Small Scale	181418394	41760325	104682958	49028673
微型企业 Micro-Scale	9049043	2039607	6929548	1779858
按行业分 Grouped by Sector				
煤炭开采和洗选业 Coal Mining and Dressing	996074	536579	1290051	589978
石油和天然气开采业 Petroleum and Natural Gas Mining				
黑色金属矿采选业 Ferrous Metals Mining and Dressing	1768626	350613	978468	631503
有色金属矿采选业 Nonferrous Metals Mining and Dressing	667343	267559	380795	324133
非金属矿采选业 Nonmetal Minerals Mining and Quarrying	2580603	833740	1005789	823411
其他采矿业 Others Mining and Quarrying				
农副食品加工业 Agricultural and Sideline Products Processing	29136312	5881479	14803392	5448359
食品制造业 Food Manufacturing	15326695	3924796	8716169	2903194
酒、饮料和精制茶制造业 Wine，Drink and Tea Manufacturing	9319026	2857301	5733824	3067483
烟草制品业 Tobacco Processing	2433041	1976312	2655250	1394006
纺织业 Textile Industry	28889867	6403700	16163258	8435345
纺织服装、服饰业 Textile Garments Products	22548918	6060835	12156216	4237312
皮革、毛皮、羽毛及其制品和制鞋业 Leather , Furs , Down and Relate Products	36682713	10930073	15871706	5428105
木材加工和木、竹、藤、棕、草制品业 Timber Processing,Bamboo,Cane,Palm Fiber and Straw Products	11336267	2765449	3816766	1811067
家具制造业 Furniture Manufacturing	5166359	1346434	2511711	809990
造纸和纸制品业 Papermaking and Paper Products	11790652	2840867	7899342	4545236
印刷和记录媒介复制业 Printing and Record Medium Reproduction	3777046	908533	2058405	932480

Continued

(10000 yuan)

固定资产合计 Total Value of Fixed Assets	流动资产合计 Circulating Finds	主营业务收入 Sale Revenue	利润总额 Total Profit	利税总额 Total Profits and Tax	所得税费用 Income Tax	应交增值税 Value Added Tax Payable
43422615	61579582	134560028	11348790	18130004	1480664	3811045
30889805	52785690	135537183	10029101	13936153	997020	3145820
29930238	56965855	177710557	10389295	14471033	986684	3157286
1064176	3610545	8776824	451017	619633	14431	124926
415735	554056	1015903	110804	195500	9233	68380
450335	272876	1644907	44811	90261	6376	31125
180032	105238	558277	49727	88033	9056	26234
408042	345233	2524807	163342	272109	14450	65126
3504724	8903778	28477868	1485074	2132397	94993	556218
1839669	4901763	14955896	1592548	2030786	125171	373765
2046160	2885730	9230940	819056	1155450	53542	219439
581623	1819973	2422005	96699	1764709	27358	285764
4670044	8818927	27753387	1547206	2047356	104639	390028
2075659	7619636	21263526	1560715	2181904	146214	512382
2881269	10231924	35470972	2924729	4009670	286224	841593
1117273	2015640	11043458	540050	797759	32319	198612
483498	1595975	5065824	341211	484895	28908	117247
2637440	4080406	10320953	919194	1277121	67076	302464
518809	1082714	3659703	232934	336427	17932	84836

11-11 续表2

单位：万元

项目 Item	工业总产值 Gross Industrial Output Value	工业增加值 Value added of Industry	资产总计 Total Assets	固定资产原价 Original Value of Fixed Assets
文教、工美、体育和娱乐用品制造业 Cultural , Educational and Sports Goods	17598900	4325118	7451676	2722107
石油、煤炭及其他燃料加工业 Petroleum Processing , Coking and Nuclear Fuel Processing	12170419	3620322	8228402	6508792
化学原料和化学制品制造业 Raw Chemical Materials and Chemical Products	18047835	3912707	13826500	6620241
医药制造业 Medical and Pharmaceutical Products	3135261	1141637	3452448	1520247
化学纤维制造业 Chemical Fiber	12088911	2418860	8738884	6406213
橡胶和塑料制品业 Rubber and Plastic Products	16869342	3593717	10580614	5560633
非金属矿物制品业 Nonmetal Minerals Products	32826882	8292296	27833153	11093992
黑色金属冶炼和压延加工业 Smelting and Pressing of Ferrous Metals	16457113	3711407	8693227	5746158
有色金属冶炼和压延加工业 Smelting and Pressing of Nonferrous Metals	18209771	3201435	15276255	4354813
金属制品业 Metal Products	14849686	3379581	8424523	3608393
通用设备制造业 General Equipment	12049644	2879750	7935986	3165885
专用设备制造业 Special Purpose Equipment	9281748	2213045	7777351	2507206
汽车制造业 Car Manufacturing	12929332	2920587	9630384	3852640
铁路、船舶、航空航天和其他运输设备制造业 Railway,Watercraft,Aviation and others transportation Manufacturing	3108098	674809	3632296	1114465
电气机械和器材制造业 Electric Equipment and Machinery	20452725	5673667	19691954	5399238
计算机、通信和其他电子设备制造业 Computer,Communication and other Electronic Equipment	37864700	8701423	31995099	13953563
仪器仪表制造业 Instruments and Meters Machinery	2368553	665025	1722256	458644
其他制造业 Others Manufacturing	2659018	619373	1679081	443498
废弃资源综合利用业 Waste Resources and Materials Recovering	965223	97299	303092	147927
金属制品、机械和设备修理业 Metals,Machinery and Equipment maintenance	2039600	369126	1025266	756358
电力、热力生产和供应业 Production and Supply of Electric Power and Hot Power	20627698	4937409	46287784	45850329
燃气生产和供应业 Production and Supply of Gas	2739984	352283	2376500	1427141
水的生产和供应业 Production and Supply of Water	595163	272181	3312393	2249880

Continued

(10000 yuan)

固定资产合计 Total Value of Fixed Assets	流动资产合计 Circulating Finds	主营业务收入 Sale Revenue	利润总额 Total Profit	利税总额 Total Profits and Tax	所得税费用 Income Tax	应交增值税 Value Added Tax Payable
1864462	4541945	17140320	1164710	1560592	78530	298473
4019834	3458378	10342406	1169255	2884985	246855	820925
4371493	6387235	17587972	1151185	1621298	84302	395641
713488	2067068	2877699	407541	537684	51854	104557
3219432	4057703	11145924	659180	794155	47366	105609
2951087	5918897	16195325	947436	1323671	197635	291392
7515193	14267592	34362742	2679418	3687110	185427	769445
3443663	4289389	15936263	1475806	2017894	251672	475819
2833433	7269664	17868524	741833	1123344	69473	311921
1992433	4903048	14369662	857988	1197561	90456	263978
1604000	4986127	11664461	896430	1183884	80209	218471
1261607	5307658	9066378	734210	970751	85475	182952
1860876	6369883	12547132	907360	1347251	123343	301389
745306	2460172	2974263	110867	198909	14092	63347
3447944	13164083	19336883	2036781	2398593	289411	259150
7846026	18508573	36183961	2036072	2510278	301107	354758
250777	1079491	2215181	154836	209552	13109	44800
267722	968498	2574434	171259	233379	16948	51309
93393	170996	927513	32470	52447	1870	15420
467368	428376	2026951	160239	193146	15994	23385
28528253	7576262	20561810	1017693	1911767	160330	768804
522933	688338	2681271	214641	246502	40662	25501
1675801	838429	589094	62892	87694	9192	18821

11-12 规模以上工业企业主要经济效益指标(2017年)

Main Indicators of Economic Benefit of Industrial Enterprises above Designated Size(2017)

单位：%　　(%)

项目 Item	总资产贡献率 Ratio of Total Assets to Industrial Output Value	资产负债率 Ratio of Assets to Liability	流动资产周转次数(次/年) Number of Times of Turnover Circulating Funds(times/year)	工业成本费用利润率 Ratio of Profits to Industrial Cost	产品销售率 Proportion of Products Sold
合计 **Total**	**14.61**	**51.95**	**2.64**	**7.55**	**97.13**
#国有控股企业 State-holding Enterprises	9.78	60.69	2.04	7.22	95.68
按轻重分 **Group by Light & Heary Industry**					
轻工业 Light Industry	18.73	46.66	2.87	7.95	97.33
重工业 Heavy Industry	11.88	55.46	2.44	7.15	96.92
按经济类型分 **Grouped by Ownership**					
国有 Stated-owned	11.06	57.21	2.58	2.44	99.64
集体 Collective-owned	22.77	39.30	6.30	5.06	99.24
股份 Share Holding	11.98	54.94	2.28	8.36	96.42
联营 Cooperation	47.68	43.16	17.06	7.92	98.29
私营 Private	18.66	46.70	3.62	6.64	98.03
外商及港澳台商投资 Funds from HongKong, Macao,TaiWan and Foreign Area	15.84	50.72	2.32	8.35	96.56
其他 Others	28.57	31.38	8.82	6.35	98.45
按登记注册分 **Grouped by Status of Registration**					
内资企业 Sole Funded	14.04	52.53	2.83	7.16	97.41
港、澳、台商投资企业 Enterprises with Funds from HongKong, Macao and TaiWan	15.84	48.96	2.39	8.53	96.18
外商投资企业 Foreign Funded Enterprises	15.84	53.27	2.22	8.06	97.23

11-12 续表1

Continued

单位：%　　　　(%)

项目 Item	总资产贡献率 Ratio of Total Assets to Industrial Output Value	资产负债率 Ratio of Assets to Liability	流动资产周转次数(次/年) Number of Times of Turnover Circulating Funds(times/year)	工业成本费用利润率 Ratio of Profits to Industrial Cost	产品销售率 Proportion of Products Sold
按经济组织分 **Grouped by Organization**					
独资企业 Sole Funded	15.56	46.10	2.41	8.37	97.14
合作、合伙 Cooperated and Partnership	13.96	54.91	3.20	6.13	96.27
股份有限公司 Share Holding Enterprises	8.99	47.51	1.35	10.05	96.39
有限责任公司 Limited Liability Corporations	15.52	54.62	3.00	7.07	97.21
按规模分 **Grouped by Size of Enterprises**					
大型企业 Large Scale	14.99	56.69	2.22	9.21	96.00
中型企业 Medium Scale	14.29	49.57	2.62	7.85	97.59
小型企业 Small Scale	14.79	48.84	3.13	6.21	97.56
微型企业 Micro-Scale	9.69	46.89	2.44	5.44	99.10
按行业分 Grouped by Sector					
煤炭开采和洗选业 Coal Mining and Dressing	15.32	40.16	1.87	11.62	100.83
石油和天然气开采业 Petroleum and Natural Gas Mining					
黑色金属矿采选业 Ferrous Metals Mining and Dressing	10.09	50.20	6.04	2.82	98.03
有色金属矿采选业 Nonferrous Metals Mining and Dressing	24.48	46.29	5.34	10.06	96.88
非金属矿采选业 Nonmetal Minerals Mining and Quarrying	27.82	28.28	7.32	7.03	99.39
其他采矿业 Others Mining and Quarrying					
农副食品加工业 Agricultural and Sideline Products Processing	15.52	51.94	3.22	5.49	98.41

11-12 续表2

Continued

单位：%　　(%)

项目 Item	总资产贡献率 Ratio of Total Assets to Industrial Output Value	资产负债率 Ratio of Assets to Liability	流动资产周转次数(次/年) Number of Times of Turnover Circulating Funds(times/year)	工业成本费用利润率 Ratio of Profits to Industrial Cost	产品销售率 Proportion of Products Sold
食品制造业 Food Manufacturing	24.51	34.24	3.06	11.69	98.31
酒、饮料和精制茶制造业 Wine，Drink and Tea Manufacturing	20.95	40.79	3.22	9.80	97.74
烟草制品业 Tobacco Processing	66.97	33.87	1.37	9.46	100.66
纺织业 Textile Industry	14.16	48.47	3.18	5.86	97.28
纺织服装、服饰业 Textile Garments Products	18.44	36.77	2.81	7.91	95.81
皮革、毛皮、羽毛及其制品和制鞋业 Leather , Furs , Down and Relate Products	26.34	47.29	3.47	9.02	97.38
木材加工和木、竹、藤、棕、草制品业 Timber Processing,Bamboo,Cane,Palm Fiber and Straw Products	22.55	41.39	5.49	5.16	98.11
家具制造业 Furniture Manufacturing	20.01	48.58	3.18	7.23	98.12
造纸和纸制品业 Papermaking and Paper Products	17.48	58.54	2.56	9.63	94.71
印刷和记录媒介复制业 Printing and Record Medium Reproduction	17.29	43.94	3.40	6.77	98.60
文教、工美、体育和娱乐用品制造业 Cultural , Educational and Sports Goods	21.93	46.37	3.78	7.32	98.14
石油、煤炭及其他燃料加工业 Petroleum Processing , Coking and Nuclear Fuel Processing	35.44	56.23	3.03	13.87	85.87
化学原料和化学制品制造业 Raw Chemical Materials and Chemical Products	13.13	52.42	2.78	6.96	97.30
医药制造业 Medical and Pharmaceutical Products	15.98	30.50	1.41	16.36	95.19
化学纤维制造业 Chemical Fiber	10.72	65.33	2.82	6.12	95.90
橡胶和塑料制品业 Rubber and Plastic Products	13.49	48.96	2.77	6.13	97.93
非金属矿物制品业 Nonmetal Minerals Products	13.96	46.70	2.43	8.35	97.61
黑色金属冶炼和压延加工业 Smelting and Pressing of Ferrous Metals	24.35	60.52	3.80	10.02	97.68

11-12 续表3

Continued

单位：%

(%)

项目 Item	总资产贡献率 Ratio of Total Assets to Industrial Output Value	资产负债率 Ratio of Assets to Liability	流动资产周转次数(次/年) Number of Times of Turnover Circulating Funds(times/year)	工业成本费用利润率 Ratio of Profits to Industrial Cost	产品销售率 Proportion of Products Sold
有色金属冶炼和压延加工业 Smelting and Pressing of Nonferrous Metals	8.20	62.06	2.50	4.37	98.78
金属制品业 Metal Products	15.07	45.04	2.96	6.30	97.31
通用设备制造业 General Equipment	15.81	44.07	2.35	8.26	96.73
专用设备制造业 Special Purpose Equipment	13.31	53.10	1.72	8.73	96.44
汽车制造业 Car Manufacturing	14.57	57.74	2.01	7.72	97.94
铁路、船舶、航空航天和其他运输设备制造业 Railway,Watercraft,Aviation and others transportation Manufacturing	6.78	67.75	1.23	3.90	98.17
电气机械和器材制造业 Electric Equipment and Machinery	12.61	48.79	1.51	11.32	96.61
计算机、通信和其他电子设备制造业 Computer,Communication and other Electronic Equipment	8.37	53.86	2.01	5.75	95.85
仪器仪表制造业 Instruments and Meters Machinery	12.69	41.92	2.07	7.42	96.97
其他制造业 Others Manufacturing	14.56	34.40	2.66	7.13	98.03
废弃资源综合利用业 Waste Resources and Materials Recovering	18.41	47.96	5.44	3.64	99.69
金属制品、机械和设备修理业 Metals,Machinery and Equipment maintenance	19.45	37.60	4.75	8.56	99.91
电力、热力生产和供应业 Production and Supply of Electric Power and Hot Power	5.74	64.56	2.74	5.12	99.36
燃气生产和供应业 Production and Supply of Gas	11.14	57.96	3.98	8.33	99.91
水的生产和供应业 Production and Supply of Water	3.07	54.74	0.75	10.69	98.93

11-13 大中型工业企业主要经济指标(2017年)

单位：万元

项目 Item	企业单位数(个) Number of Enterprises (unit)	工业总产值 Gross Industrial Output Value	工业增加值 Value added Of Industry	资产总计 Total Assets
合　计 **Total**	**3247**	**281887708**	**72057390**	**234303759**
煤炭开采和洗选业 Coal Mining and Dressing	16	319996	230619	871462
石油和天然气开采业 Petroleum and Natural Gas Mining				
黑色金属矿采选业 Ferrous Metals Mining and Dressing	6	397706	83148	581590
有色金属矿采选业 Nonferrous Metals Mining and Dressing	3	112519	58691	88597
非金属矿采选业 Nonmetal Minerals Mining and Quarrying	12	553958	221866	378566
其他采矿业 Others Mining and Quarrying				
农副食品加工业 Agricultural and Sideline Products Processing	153	11948395	2515397	7911994
食品制造业 Food Manufacturing	133	8606990	2237815	5277649
酒、饮料和精制茶制造业 Wine，Drink and Tea Manufacturing	93	4528353	1478200	3355926
烟草制品业 Tobacco Processing	6	2417412	1963443	2646301
纺织业 Textile Industry	212	17867400	4032573	9442944
纺织服装、服饰业 Textile Garments Products	304	13649882	3827432	7686502
皮革、毛皮、羽毛及其制品和制鞋业 Leather , Furs , Down and Relate Products	516	27763492	8511024	12560490
木材加工和木、竹、藤、棕、草制品业 Timber Processing,Bamboo,Cane,Palm Fiber and Straw Products	57	2612261	676035	1295134
家具制造业 Furniture Manufacturing	64	2617908	696181	1318966
造纸和纸制品业 Papermaking and Paper Products	71	7266233	1817239	5136735
印刷和记录媒介复制业 Printing and Record Medium Reproduction	31	1428827	353980	881366
文教、工美、体育和娱乐用品制造业 Cultural , Educational and Sports Goods	172	6836401	1741023	2955647
石油、煤炭及其他燃料加工业 Petroleum Processing , Coking and Nuclear Fuel Processing	6	11421480	3482497	7737820
化学原料和化学制品制造业 Raw Chemical Materials and Chemical Products	74	6075643	1466605	8036966

Main Financial Indicators of Large and Medium Industrial Enterprises(2017)

(10000 yuan)

固定资产原价 Original Value of Fixed Assets	固定资产合计 Total Value of Fixed Assets	流动资产合计 Circulating Funds	主营业务收入 Sale Revenue	利润总额 Total Profit	利税总额 Total Profits and Tax	所得税费用 Income Tax	应交增值税 Value Added Tax Payable
126041431	**74312420**	**114365272**	**270097211**	**21377891**	**32066158**	**2477684**	**6956865**
330248	187470	448578	334257	62131	110006	6737	37041
375623	328594	84294	352735	14958	29167	3686	9454
140380	59391	11823	110112	10588	22603	3674	6542
239704	166695	64396	544601	62265	101725	2309	23708
3014189	1984332	4641725	11706137	711660	1051154	41988	303931
1716533	1039194	2945811	8467112	1075321	1363950	85982	251528
1869762	1207740	1725042	4773312	519947	747436	27743	147870
1301213	581256	1816011	2405555	96280	1764283	27358	285764
5576505	2886116	5143488	17311153	1058064	1415705	79203	285593
2754465	1278496	4679439	12500693	1006769	1412836	106066	343221
4337408	2218224	8237430	26716286	2337404	3213747	246112	676276
568805	387311	669176	2533062	168549	253575	9966	65464
413024	239707	884505	2550612	195793	279830	19685	71078
3525773	2016848	2544489	5998523	694490	940559	48425	212496
320407	194022	418281	1380829	88826	132552	5493	36639
1301460	751808	1794456	6640622	476345	640662	26668	130655
6370246	3922560	3162650	9579489	1160202	2856087	245209	804301
4073129	2820703	3091684	5989374	410811	612096	34710	175331

11-13 续表

单位：万元

项目 Item	企业单位数(个) Number of Enterprises (unit)	工业总产值 Gross Industrial Output Value	工业增加值 Value added Of Industry	资产总计 Total Assets
医药制造业 Medical and Pharmaceutical Products	31	1571122	648097	2113828
化学纤维制造业 Chemical Fiber	34	10235484	2069002	7542477
橡胶和塑料制品业 Rubber and Plastic Products	136	8393300	1849080	5840752
非金属矿物制品业 Nonmetal Minerals Products	265	13446126	3592211	12661034
黑色金属冶炼和压延加工业 Smelting and Pressing of Ferrous Metals	26	14154354	3227105	7556774
有色金属冶炼和压延加工业 Smelting and Pressing of Nonferrous Metals	31	14372654	2838329	14368276
金属制品业 Metal Products	91	6338386	1510716	4503453
通用设备制造业 General Equipment	76	5684013	1514666	4438534
专用设备制造业 Special Purpose Equipment	63	3328900	849804	4087747
汽车制造业 Car Manufacturing	80	9193381	2021378	7068327
铁路、船舶、航空航天和其他运输设备制造业 Railway,Watercraft,Aviation and others transportation Manufacturing	29	1475469	342878	2516929
电气机械和器材制造业 Electric Equipment and Machinery	136	13776151	4105955	14475552
计算机、通信和其他电子设备制造业 Computer,Communication and other Electronic Equipment	177	31320106	7110185	26893235
仪器仪表制造业 Instruments and Meters Machinery	21	805876	252415	571865
其他制造业 Others Manufacturing	39	1559974	391800	968738
废弃资源综合利用业 Waste Resources and Materials Recovering				
金属制品、机械和设备修理业 Metals,Machinery and Equipment maintenance	5	1266930	210178	732221
电力、热力生产和供应业 Production and Supply of Electric Power and Hot Power	62	16705123	3788150	36113231
燃气生产和供应业 Production and Supply of Gas	6	1523425	201477	1824679
水的生产和供应业 Production and Supply of Water	10	312078	140198	1861455

Continued

(10000 yuan)

固定资产原价 Original Value of Fixed Assets	固定资产合计 Total Value of Fixed Assets	流动资产合计 Circulating Funds	主营业务收入 Sale Revenue	利润总额 Total Profit	利税总额 Total Profits and Tax	所得税费用 Income Tax	应交增值税 Value Added Tax Payable
762373	328564	1294378	1436458	297451	385437	44457	71237
5921010	2907527	3292141	9397482	587964	707019	38945	94870
3659539	1930034	2897200	7938511	508508	702941	64215	149738
5519135	3126007	6448039	13167047	1338454	1811811	87690	370391
4993980	3100223	3709039	13750849	1417987	1915407	241182	439602
3949902	2636585	6675668	14044224	669867	1022377	60995	291586
1719448	963563	2605448	6041754	432716	594872	56689	132141
1859715	921442	2843779	5561227	566194	714464	52114	117512
821582	422360	3121290	3392540	324515	430991	45193	87072
2559063	1263999	4764980	8956977	673883	1023858	94395	230189
668898	474730	1868172	1441295	13397	61301	6180	32301
4217882	2766844	9467908	13042685	1739331	1948038	248784	138596
12197198	6832769	15356114	30006916	1684727	2064537	264552	284405
247128	133258	325151	773529	66500	83176	6202	13353
204044	101071	585089	1511219	111105	150291	13571	33811
589301	360274	263041	1255124	72705	97037	12130	17330
35446360	22415771	5644237	16665607	568581	1217037	91249	559836
1133895	296242	480751	1514581	140499	159684	24429	15059
1342106	1060693	359570	304724	13108	27908	3702	10947

11-14 国有控股工业企业主要经济指标(2017年)

单位：万元

项目 Item	企业单位数(个) Number of Enterprises (unit)	工业总产值 Gross Industrial Output Value	工业增加值 Value added of Industry	资产总计 Total Assets
合计 Total	**529**	**55211936**	**14036319**	**87983436**
按隶属关系分 Grouped by Subordination				
中央企业 Central Enterprises	82	21076820	5525260	35934842
地方企业 Local Enterprises	447	34135115	8511060	52048594
按轻重分 Grouped by Light &Heavy Industry				
轻工业 Light Industry	86	4821749	2582222	5682102
重工业 Heavy Industry	443	50390187	11454097	82301334
按规模分 Grouped by Size of Enterprises				
大型企业 Large Scale	46	32851013	9104024	50921357
中型企业 Medium Scale	135	13862841	3282474	24328141
小型企业 Small Scale	316	8015818	1537892	11404322
微型企业 Micro-Scale	32	482263	111929	1329616
按行业分 Grouped by Sector				
#**煤炭开采和洗选业** Coal Mining and Dressing	12	195790	158014	836461
黑色金属矿采选业 Ferrous Metals Mining and Dressing	5	236150	49196	609845

Main Financial Indicators of State-holding Industrial Enterprise(2017)

(10000 yuan)

固定资产原价 Original Value of Fixed Assets	固定资产合计 Total Value of Fixed Assets	流动资产合计 Circulating Funds	主营业务收入 Sale Revenue	利润总额 Total Profit	利税总额 Total Profits and Tax	所得税费用 Income Tax	应交增值税 Value Added Tax Payable
66023405	**43098262**	**27053356**	**53827350**	**3627746**	**7616707**	**636236**	**2164278**
35152704	24112183	6741894	19254581	883812	2859581	163678	1024558
30870702	18986079	20311461	34572770	2743934	4757126	472558	1139720
2971317	1396457	3249446	4648263	233673	2001922	70587	360970
63052089	41701805	23803910	49179087	3394073	5614785	565649	1803308
35462022	25345875	15736536	30814033	2445589	5608077	442217	1489002
19359039	11035404	7683652	14583160	724046	1240262	101916	421295
10066122	6103580	3298708	7970650	418840	707104	85756	236754
1136223	613404	334460	459507	39272	61265	6348	17227
324845	182823	407315	220473	54381	93355	6890	31383
390059	336122	97791	220736	11717	25278	3686	9659

11-14 续表1

单位：万元

项目 Item	企业单位数(个) Number of Enterprises (unit)	工业总产值 Gross Industrial Output Value	工业增加值 Value added of Industry	资产总计 Total Assets
有色金属矿采选业 Nonferrous Metals Mining and Dressing	9	238648	117096	186188
非金属矿采选业 Nonmetal Minerals Mining and Quarrying	12	98849	47766	386049
农副食品加工业 Agricultural and Sideline Products Processing	14	489565	57461	162242
食品制造业 Food Manufacturing	11	138989	42461	457565
酒、饮料和精制茶制造业 Wine，Drink and Tea Manufacturing	10	85928	33081	108895
烟草制品业 Tobacco Processing	6	2417412	1963443	2646301
纺织服装、服饰业 Textile Garments Products	4	26101	7100	34555
木材加工和木、竹、藤、棕、草制品业 Timber Processing,Bamboo,Cane,Palm Fiber and Straw Products	4	285406	59666	565445
造纸和纸制品业 Papermaking and Paper Products	4	210565	49973	601366
印刷和记录媒介复制业 Printing and Record Medium Reproduction	11	134363	41163	124789
文教、工美、体育和娱乐用品制造业 Cultural , Educational and Sports Goods				
石油、煤炭及其他燃料加工业 Petroleum Processing , Coking and Nuclear Fuel Processing	3	4755419	959813	3819005
化学原料和化学制品制造业 Raw Chemical Materials and Chemical Products	25	1619121	389177	2405415
医药制造业 Medical and Pharmaceutical Products	7	359652	220267	718686
化学纤维制造业 Chemical Fiber	4	244928	28843	151433

Continued

(10000 yuan)

固定资产原价 Original Value of Fixed Assets	固定资产合计 Total Value of Fixed Assets	流动资产合计 Circulating Funds	主营业务收入 Sale Revenue	利润总额 Total Profit	利税总额 Total Profits and Tax	所得税费用 Income Tax	应交增值税 Value Added Tax Payable
183403	100826	38154	239645	43070	70084	9824	20739
181983	149333	77585	92974	17643	28214	2999	7784
34254	27816	92818	477023	-9340	-7651	673	720
113413	72068	103860	130904	6392	13046	1170	5213
111711	67885	35619	83908	2176	11318	528	2679
1301213	581256	1816011	2405555	96280	1764283	27358	285764
17172	6929	25187	24801	1969	6265		3834
153605	138395	260735	265188	14410	21986	2867	4607
725683	276096	263550	213617	-10581	5316	362	12643
92833	38892	76171	113642	17678	24525	3731	5791
2645230	2084102	1372517	3073028	289579	760413	72374	410584
1628276	1224881	752993	1545264	133550	191535	7759	50720
125930	69199	485354	352995	141813	182493	25934	35036
155249	73918	53085	261263	1636	7376	4379	2963

11-14 续表2

单位：万元

项目 Item	企业单位数(个) Number of Enterprises (unit)	工业总产值 Gross Industrial Output Value	工业增加值 Value added of Industry	资产总计 Total Assets
非金属矿物制品业 Nonmetal Minerals Products	47	844794	208277	1091270
黑色金属冶炼和压延加工业 Smelting and Pressing of Ferrous Metals	8	5453802	1632046	4067217
有色金属冶炼和压延加工业 Smelting and Pressing of Nonferrous Metals	15	6980969	968923	9869460
金属制品业 Metal Products	5	103241	14825	80994
通用设备制造业 General Equipment	11	256008	78870	591880
专用设备制造业 Special Purpose Equipment	11	483227	115012	1006967
汽车制造业 Car Manufacturing	11	3369303	627759	2595412
铁路、船舶、航空航天和其他运输设备制造业 Railway,Watercraft,Aviation and others transportation Manufacturing	10	703101	112698	2362660
电气机械和器材制造业 Electric Equipment and Machinery	12	400696	41352	521782
计算机、通信和其他电子设备制造业 Computer,Communication and other Electronic Equipment	26	3599684	1020302	8445325
废弃资源综合利用业 Waste Resources and Materials Recovering	3	53266	7944	16897
金属制品、机械和设备修理业 Metals,Machinery and Equipment maintenance	4	40240	4328	36225
电力、热力生产和供应业 Production and Supply of Electric Power and Hot Power	172	19322582	4500762	38875346
燃气生产和供应业 Production and Supply of Gas	9	1195119	163230	1636192
水的生产和供应业 Production and Supply of Water	38	401338	196387	2803108

Continued

(10000 yuan)

固定资产原价 Original Value of Fixed Assets	固定资产合计 Total Value of Fixed Assets	流动资产合计 Circulating Funds	主营业务收入 Sale Revenue	利润总额 Total Profit	利税总额 Total Profits and Tax	所得税费用 Income Tax	应交增值税 Value Added Tax Payable
744026	435737	467613	846084	30364	65169	6353	28218
3070366	1758994	1831763	5524263	843989	1120942	217467	239835
2244474	1469126	3737496	6866624	453521	643451	15559	151594
32700	17774	55595	175946	1148	1845	284	282
208821	115379	282861	236431	23376	30786	3780	5278
238314	116620	767558	623830	61579	77166	13833	12088
884418	320804	1978616	3218619	110051	281861	24627	75606
597393	467123	1644807	675391	-35965	-28257	-252	5464
159566	91748	374960	347965	-30796	-26099	853	2523
4521207	3935142	3532607	4276061	284117	319304	23480	17935
17043	8968	5831	52075	1991	3110		1016
8618	4472	26841	40232	5367	6200	1461	646
42193294	27197555	5170161	19254871	907787	1730530	124975	708526
1033338	219565	426445	1196495	98611	110937	21804	9173
1804631	1479448	712051	397234	35336	51044	5647	11694

11-15 规模以上外商及港澳台投资工业企业主要经济指标(2017年)

单位: 万元

项目 Item	企业单位数(个) Number of Enterprises (unit)	工业总产值 Gross Industrial Output Value	工业增加值 Value added of Industry	资产总计 Total Assets
合计 Total	**3541**	**155953364**	**39706934**	**109996345**
按登记注册类型分 Grouped by Status of Registration				
港、澳、台商投资企业 Enterprises with Funds from HongKong, Macao and TaiWan	**2377**	**98603861**	**24585968**	**65130835**
合资经营企业 Joint Ventures Enterprises	512	25993777	6243645	15974769
合作经营企业 Cooperative Operation Enterprises	18	509640	98225	142505
独资企业 Sole Investment	1758	65743268	16768268	43428551
股份有限公司 Share-holding Corporations Ltd with Investment	89	6357176	1475831	5585009
外商投资企业 Foreign Funded Enterprises	**1164**	**57349503**	**15120966**	**44865511**
中外合资经营企业 Joint Ventures Enterprises	326	22011565	6223588	21628104
中外合作经营企业 Cooperative Operation Enterprises	9	523179	138522	386253
外资企业 Sole Foreign Investment Enterprises	775	32842090	8310984	21057442
外商投资股份有限公司 Foreign Investment share Enterprises	54	1972669	447872	1793712
按轻重分 Grouped by Light &Heavy Industry				
轻工业 Light Industry	2415	84743871	22595486	53495853
重工业 Heavy Industry	1126	71209493	17111448	56500492
按规模分 Grouped by Size of Enterprises				
大型企业 Large Scale	211	69854877	18821474	46068182
中型企业 Medium Scale	1017	50450556	12552177	39308209
小型企业 Small Scale	2202	33748971	7891524	22889837

Main Finanical Indicators of Industrial Enterprises with Foreign Capital above Designated Size(2017)

(10000 yuan)

固定资产原价 Original Value of Fixed Assets	固定资产合计 Total Value of Fixed Assets	流动资产合计 Circulating Funds	主营业务收入 Sale Revenue	利润总额 Total Profit	利税总额 Total Profits and Tax	所得税费用 Income Tax	应交增值税 Value Added Tax Payable
52902011	**25868905**	**64898602**	**148277657**	**11564955**	**16491565**	**1518528**	**3292871**
30782388	**15817240**	**39146207**	**92470529**	**7386651**	**9779249**	**913029**	**1933755**
7303983	3727586	10202619	24221400	1833375	2543075	182372	575274
55549	28031	73587	501172	55778	62829	1298	4613
20433893	10159931	26342864	62116871	5181505	6733792	684013	1257233
2988964	1901691	2527138	5631086	315993	439554	45346	96635
22119623	**10051665**	**25752394**	**55807128**	**4178304**	**6712316**	**605498**	**1359116**
11697562	5196835	10460393	21424665	1639685	3395350	309495	761810
232225	101158	262811	593457	59229	67229	8689	5583
9610755	4409407	13871239	31951974	2331304	3047340	264450	546851
579080	344265	1157952	1837032	148086	202396	22864	44872
22861914	11951691	33109248	80299927	6889866	9069723	768102	1725665
30040097	13917214	31789354	67977730	4675089	7421842	750425	1567205
23030511	10790544	27595357	66095205	5660540	8514217	760149	1654122
18425151	9062428	22458057	47670259	3685950	4958653	434760	1005008
10627097	5658595	13936039	32646953	2120807	2883282	322309	603401

11-15 续表1

单位：万元

项目 Item	企业单位数(个) Number of Enterprises (unit)	工业总产值 Gross Industrial Output Value	工业增加值 Value added of Industry	资产总计 Total Assets
微型企业 Micro-Scale	111	1898960	441759	1730117
按行业分 Grouped by Sector				
有色金属矿采选业 Nonferrous Metals Mining and Dressing	3	4243	1813	8457
非金属矿采选业 Nonmetal Minerals Mining and Quarrying	5	135116	52631	29281
其他采矿业 Others Mining and Quarrying				
农副食品加工业 Agricultural and Sideline Products Processing	153	5993009	1177572	3592697
食品制造业 Food Manufacturing	104	4880913	1239508	3015110
酒、饮料和精制茶制造业 Wine，Drink and Tea Manufacturing	56	2353646	826219	2530207
烟草制品业 Tobacco Processing				
纺织业 Textile Industry	243	7900136	1766293	5302095
纺织服装、服饰业 Textile Garments Products	484	11548356	3188886	6497850
皮革、毛皮、羽毛及其制品和制鞋业 Leather , Furs , Down and Relate Products	398	19054993	6026069	9190891
木材加工和木、竹、藤、棕、草制品业 Timber Processing,Bamboo,Cane,Palm Fiber and Straw Products	38	993031	299345	490685
家具制造业 Furniture Manufacturing	65	1437605	398763	842717
造纸和纸制品业 Papermaking and Paper Products	96	4956327	1157074	3840531
印刷和记录媒介复制业 Printing and Record Medium Reproduction	28	417313	121464	362483
文教、工美、体育和娱乐用品制造业 Cultural , Educational and Sports Goods	243	5339482	1374623	2309498
石油、煤炭及其他燃料加工业 Petroleum Processing , Coking and Nuclear Fuel Processing	6	6314011	2466417	3816805
化学原料和化学制品制造业 Raw Chemical Materials and Chemical Products	110	3014658	678726	2597067

Continued

(10000 yuan)

固定资产原价 Original Value of Fixed Assets	固定资产合计 Total Value of Fixed Assets	流动资产合计 Circulating Funds	主营业务收入 Sale Revenue	利润总额 Total Profit	利税总额 Total Profits and Tax	所得税费用 Income Tax	应交增值税 Value Added Tax Payable
819252	357339	909149	1865240	97657	135413	1310	30340
1536	617	4756	4202	98	186		49
10572	8119	14511	134719	8530	23661	205	8227
1300039	599470	2609918	5913378	356191	456709	18372	87091
850019	512884	1921331	4797063	733872	890273	48434	135755
1397563	874752	1302877	2603265	241101	383381	10353	87518
2489001	1094642	3276534	7535393	532441	680561	43493	110520
2478385	1159995	4132990	10664424	826167	1145830	82466	266204
3034767	1458805	6138710	18284429	1704257	2274842	174084	450432
229412	159929	285136	933712	70493	97633	4299	22899
295866	146875	613862	1411350	103024	139239	10281	30874
1888227	1114226	2126523	3610210	352756	488444	35981	119752
223790	94349	149688	410384	32988	49195	5334	13563
1068112	612898	1328950	5201829	369010	494176	22060	98058
3665175	1801420	1723931	6212266	837806	2068769	169921	400427
1524310	865242	1354671	2975093	200372	290964	24782	77402

11-15 续表2

单位：万元

项目 Item	企业单位数(个) Number of Enterprises (unit)	工业总产值 Gross Industrial Output Value	工业增加值 Value added of Industry	资产总计 Total Assets
医药制造业 Medical and Pharmaceutical Products	25	791192	287637	965558
化学纤维制造业 Chemical Fiber	32	4451837	840579	3087641
橡胶和塑料制品业 Rubber and Plastic Products	197	6353419	1425683	5867593
非金属矿物制品业 Nonmetal Minerals Products	174	4526186	1208976	4567300
黑色金属冶炼和压延加工业 Smelting and Pressing of Ferrous Metals	20	4842565	1087920	2441890
有色金属冶炼和压延加工业 Smelting and Pressing of Nonferrous Metals	24	1609141	339808	1593630
金属制品业 Metal Products	132	3869210	936060	3478967
通用设备制造业 General Equipment	109	4418135	1120002	3195173
专用设备制造业 Special Purpose Equipment	124	2175745	588860	1927347
汽车制造业 Car Manufacturing	143	8642776	1965709	6383165
铁路、船舶、航空航天和其他运输设备制造业 Railway,Watercraft,Aviation and others transportation Manufacturing	23	421845	121424	336281
电气机械和器材制造业 Electric Equipment and Machinery	148	9165432	2693168	6848991
计算机、通信和其他电子设备制造业 Computer,Communication and other Electronic Equipment	177	24228814	4887257	14556283
仪器仪表制造业 Instruments and Meters Machinery	43	1021778	278965	504586
其他制造业 Others Manufacturing	80	1828970	448268	1259501
金属制品、机械和设备修理业 Metals,Machinery and Equipment maintenance	9	1472811	247684	847757
电力、热力生产和供应业 Production and Supply of Electric Power and Hot Power	24	925977	293465	6635286
燃气生产和供应业 Production and Supply of Gas	11	708166	108710	728155
水的生产和供应业 Production and Supply of Water	10	124010	39039	291322

Continued

(10000 yuan)

固定资产原价 Original Value of Fixed Assets	固定资产合计 Total Value of Fixed Assets	流动资产合计 Circulating Funds	主营业务收入 Sale Revenue	利润总额 Total Profit	利税总额 Total Profits and Tax	所得税费用 Income Tax	应交增值税 Value Added Tax Payable
367572	293657	574311	717776	107275	136192	12087	23647
2458282	1220073	1164709	4117808	215717	296372	33509	63480
3616786	1786708	3167117	6171953	394431	548132	141521	113989
2282832	1514692	2190549	4212143	401293	530629	30887	98454
1711655	1041431	1230679	4604066	357422	545213	15458	168430
1143082	683141	770295	1467636	117336	132685	17115	8317
1433097	714431	2273811	3767765	256440	352714	39245	77916
1510919	663928	2251291	4336596	357718	476626	48536	94199
647571	310968	1359260	2156902	205544	272939	24876	54549
2571430	1099339	4580112	8472520	709469	1060402	99188	231871
131915	47455	264687	411977	22671	29634	3890	4804
2503550	1336163	4804161	8496124	1002942	1170526	178187	121598
6600318	2265573	9297499	22597747	690687	947942	160904	199584
232549	99717	311093	989416	47946	65286	4036	14356
300937	158887	736548	1778399	123196	165610	12466	35720
647931	373762	354172	1463031	77692	98384	11576	14304
3470334	1306246	2190508	966037	31243	80652	25332	42625
434681	281639	289885	704509	69396	81895	8190	9824
350373	149179	79341	119436	1286	7245	1462	4561

主要统计指标解释

工业 指从事自然资源的开采，对采掘品和农产品进行加工和再加工的物质生产部门。具体包括：(1)对自然资源的开采，如采矿、晒盐等(但不包括禽兽捕猎和水产捕捞)；(2)对农副产品的加工、再加工，如粮油加工、食品加工、缫丝、纺织、制革等；(3)对采掘品的加工、再加工，如炼铁、炼钢、化工生产、石油加工、机器制造、木材加工等，以及电力、自来水、煤气的生产和供应等；(4)对工业品的修理、翻新，如机器设备的修理、交通运输工具(包括小卧车)的修理等。

1984 年以前农村的村及村以下办工业归属农业，1984 年以后划归工业。

工业统计调查单位为独立核算法人工业企业。

独立核算法人工业企业指从事工业生产经营活动的单位。独立核算法人工业企业应同时具备以下条件：①依法成立，有自己的名称、组织机构和场所，能够承担民事责任；②独立拥有和使用资产，承担负债，有权与其他单位签订合同；③独立核算盈亏，并能够编制资产负债表。

轻工业

指主要提供生活消费品和制作手工工具的工业。按其所使用的原料不同，可分为两大类：(1)以农产品为原料的轻工业，是指直接或间接以农产品为基本原料的轻工业。主要包括食品制造、饮料制造、烟草加工、纺织、缝纫、皮革和毛皮制作、造纸以及印刷等工业；(2)以非农产品为原料的轻工业，是指以工业品为原料的轻工业。主要包括文教体育用品、化学药品制造、合成纤维制造、日用化学制品、日用玻璃制品、日用金属制品、手工工具制造、医疗器械制造、文化和办公用机械制造等工业。

重工业

指为国民经济各部门提供物质技术基础的主要生产资料的工业。按其生产性质和产品用途，可以分为下列三类：(1)采掘(伐)工业，是指对自然资源的开采，包括石油开采、煤炭开采、金属矿开采、非金属矿开采等工业；(2)原材料工业，指向国民经济各部门提供基本材料、动力和燃料的工业。包括金属冶炼及加工、炼焦及焦炭、化学、化工原料、水泥、人造板以及电力、石油和煤炭加工等工业；(3)加工工业，是指对工业原材料进行再加工制造的工业。包括装备国民经济各部门的机械设备制造工业、金属结构、水泥制品等工业，以及为农业提供的生产资料如化肥、农药等工业。

根据上述划分原则，修理业中以重工业产品为修理作业对象的划为重工业，反之划为轻工业。

工业总产值

(1)定义：工业总产值是以货币形式表现的，工业企业在一定时期内生产的工业最终产品或提供工业性劳务活动的总价值量。它反映一定时间内工业生产的总规模和总水平。

(2)计算原则：

工业生产的原则，即凡是企业在报告期生产的经检验合格的产品，不管是否在报告期销售，均包括在内。

最终产品的原则，即凡是计入工业总产值的产品，必须是本企业生产的经检验合格的，不需要再进行任何加工的最终产品。如果企业有中间产品(半成品)对外销售，则对外销售的中间产品应视为企业的最终产品。

工厂法原则，即工业总产值是以工业企业作为基本计算(核算)单位，即按企业的最终产品计算工业总产值。按这种方法计算的工业总产值，不允许同一产品价值在企业内部重复计算，不能把企业内部各个车间(分厂)生产的成果相加，但允许企业间的重复计算。

(3)内容及计算方法：1995 年全国工业普查对工业总产值(原规定)的内容及计算原则和方法做了某些修订，修订后的工业总产值(新规定)包括三项内容：即本期生产成品价值、对外加工费收入、在制品半成品期末期初差额价值三部分。

本期生产成品价值：指企业本期生产，并在报告期内不再进行加工，经检验、包装入库的全部工业成品(半产品)价值合计，包括企业生产的自制设备及提供给本企业在建工程、其他非工业部门和福利部门等单位使用的成品价值。本期生产成品价值为按自备原材料生产的产品的数量乘以本期不含增值税(销项税额)的产品实际销售平均单价计算；会计核算中按成本价格转帐的自制设备和自产自用的成品，按成本价格计算生产成品价值。生产成品价值中不包括用定货者来料加工的成品(半产品)价值。

对外加工费收入：指企业在报告期内完成的对外承接的工业品加工(包括用定货者来料加工产品)的加工费收入和对外工业修理作业所取得的加工费收入。对外加工费收入按不含增值税(销项税额)的价格计算，可根据会计“主营业务收入”科目的有关资料取得。

对于本企业对内非工业部门提供的加工修理、设备安装的劳务收入，如果企业会计核算基础较好，能取得这部分资料，而且这部分价值所占比重较大，应包括在对外加工费收入中。

自制半成品在制品期末期初差额价值：指企业报告期在制品期末减期初的差额价值，本指标一般可以从会计核算资料中取得。如果会计产品成本核算中不计算半成品、在制品的成本，则总产值中也不包括这部分价值，反之则包括。

(4)工业总产值统计范围变化和计算方法修订情况：

1984 年以前工业总产值不包括村办工业，村办工业总产值划归农业。1984 年以后工业总产值包括村办工业。

1995 年工业普查对工业总产值计算方法做了修订，即从 1995 年始按新修订(新规定)方法计算工业总产值。新规定与原规定的区别如下：

全价与加工费的计算原则不同：新规定为凡自备原材料，不论其生产繁简程度如何，一律按全价计算工业总产值；凡来料加工，允许按加工费计算工业总产值。原规定则视生产加工的繁简程度不同，规定哪些行业按全价，哪些行业按加工费计算工业总产值。

自制半成品、在产品期末期初差额价值的计算原则不同：新规定要求，凡会计产品成本核算时计算了成本的差额价值，总产值中就应包括，否则可不包括；原规定则按生产周期六个月的界限区分，凡生产周期六个月以上的企业，总产值计算中应包括这部分差额价值，否则可不包括。

计算价格不同：新规定按不含增值税(销项税额)的价格计算；原规定则按含增值税(销项税额)的价格计算。

工业增加值

指工业企业在报告期内以货币表现的工业生产活动的最终成果。

工业增加值有两种计算方法：一是生产法，即工业总产出减去工业中间投入加上应交增值税；二是收入法，即从收入的角度出发，根据生产要素在生产过程中应得到的收入份额计算，具体构成项目有固定资产折旧、劳动者报酬、生产税净额、营业盈余，这种方法也称要素分配法。本年鉴中的工业增加值是以生产法计算的。

生产法工业增加值的计算方法为：

工业增加值=工业总产出-工业中间投入+应交增值税

(1)工业总产出：指工业企业在一定时期内工业生产活动的总成果。工业总产出包括：成品生产价值，对外加工费收入，自制半成品、在产品期末期初差额价值。1995 年后用新规定计算的工业总产值代替。

(2)工业中间投入：指工业企业在工业生产活动中消耗的外购物质产品和对外支付的服务费用。服务费用包括支付给物质生产部门(工业、农业、批发零售贸易业、建筑业、运输邮电业)的服务费用和支付给非物质生产部门(如保险、金融、文化教育、科学研究、医疗卫生、行政管理等)的服务费用。工业中间投入的确定须遵循以下原则：必须从外部购入的，并已计入工业总产出的产品和服务价值；必须是本期投入生产，并一次性消耗掉(包括本期摊销的低值易耗品等)的产品和服务价值。

工业中间投入包括直接材料费用、制造费用中的工业中间投入、管理费用中的工业中间投入、销售费用中的工业中间投入和利息支出五部分。

资产总计

指企业拥有或控制的能以货币计量的经济资源，包括各种财产、债权和其他权利。资产按流动性分为流动资产、长期投资、固定资产、无形资产、递延资产和其他资产。该指标根据企业会计“资产负债表”中“资产总计”项目的期末数增列。

流动资产平均余额

指企业在报告期内全部流动资产的平均余额。

固定资产净值年平均余额

指固定资产净值在报告期内余额的平均数。计算公式为：

固定资产净值年平均余额=1至12月各月月初、月末固定资产净值之和/24

该指标根据“资产负债表”中“固定资产原价”、“累计折旧”指标的期初、期末数计算填列。

固定资产净值指固定资产原价减去历年已提折旧额后的净额。计算公式为：

固定资产净值=固定资产原价-累计折旧

负债合计

指企业所承担的能以货币计量，将以资产或劳务偿付的债务，偿还形式包括货币、资产或提供劳务。负债一般按偿还期长短分为流动负债和长期负债。根据会计“资产负债表”中“负债合计”的年末数填列。

所有者权益

指企业投资人对企业净资产的所有权。企业净资产等于企业全部资产减去全部负债后的余额，包括企业投资人对企业的最初投入的实际到位的资产及资本公积金、盈余公积金和未分配利润。所有者权益合计数小于零，表示企业资不抵债。

主营业务收入

指企业销售产品和提供劳务等主要经营业务取得的业务总额。

主营业务成本

指企业销售产品和提供劳务等主要经营业务的实际成本。

主营业务税金及附加

指企业销售产品和提供工业性劳务等主要经营业务应负担的城市维护建设税、消费税、资源税和教育费附加。

利润总额

指企业生产经营活动的最终成果，是企业在一定时期内实现的盈亏相抵后的利润总额(亏损以“-”号表示)，它等于营业利润加上补贴收入加上投资收益加上营业外净收入再加上以前年度损益调整。

本年应交增值税

指企业在报告期内应交纳的增值税额。它等于本年销项税额加上出口退税加上进项税额转出数减去本年进项税额。小规模纳税企业直接按全年计税销售额乘以征收率计算取得。

从业人员平均人数　是指报告期内每天拥有的从业人员人数。其计算公式为：

月平均人数=报告月内每天实有人数之和/报告月日历日数

季平均人数=季内各月平均人数之和/3

年平均人数=年内各月平均人数之和/12

工业经济效益综合指数

是指现行综合评价工业经济效益总体水平及工业经济运行质量的指数。它是以若干项代表性经济效益指标，分别除以各项指标的标准值，再乘以各自的权数，加总后除以总权数求得。其计算公式为：

工业经济效益综合指数=(某项经济效益指标报告期数值/该项指标标准值×权数)/总权数

上式总权数为100。

总资产贡献率

反映企业全部资产的获利能力，是企业经营业绩和管理水平的集中体现，是评价和考核企业盈利能力的核心指标。计算公式为：

总资产贡献率（%）=(利润总额+税金总额+利息支出/平均资产总额)×100%

公式中：税金总额为产品销售税金及附加与应交增值税之和；平均资产总额为期初期末资产之和的算术平均值。

资产负债率

该指标既反映企业经营风险的大小，也反映企业利用债权人提供的资金从事经营活动的能力。计算公式为：

资产负债率（%）=(负债总额/资产总额)×100%

资产与负债均为报告期期末数。

流动资产周转次数

指一定时期内流动资产完成的周转次数，反映投入工业企业流动资金的周转速度。计算公式为：

流动资产周转次数=产品销售收入/全部流动资产平均余额

公式中：全部流动资产平均余额为期初和期末的流动资产之和的算术平均值。

成本费用利润率

反映企业投入的生产成本及费用的经济效益，同时也反映企业降低成本所取得的经济效益。计算公式为：

成本费用利润率（%）=(利润总额/成本费用总额)×100%

公式中：成本费用总额为产品销售成本、销售费用、管理费用、财务费用之和。

Explanatory Notes on Main Statistical Indicators

Industry refers to the material production sector which is engaged in extraction of natural resources and processing and reprocessing of minerals and agricultural products, including (1) extraction of natural resources, such as mining, salt production (but not including hunting and fishing); (2) processing and reprocessing of farm and sideline produces, such as rice husking, flour milling, wine making, oil pressing, silk reeling, spinning and weaving, and leather making; (3) manufacture of industrial products, such as steel making, iron smelting, chemicals manufacturing, petroleum processing, machine building, timber processing; water and gas production and electricity generation and supply; (4)repairing of industrial products such as the repairing of machinery and means of transport (including cars).

Prior to 1984, the rural industry run by villages and cooperative organizations under village was classified into agriculture. Since 1984, it has been grouped into industry.

Units of industrial statistics survey corporate industrial enterprises with independent accounting system.

Corporate industrial enterprises with independent accounting system refer to enterprises engaging in industrial production activities, which meet the following requirements: ① They are established legally, having their own names, organizations, location, able to take civil liability; ②They possess and use their assets independently, assume liabilities, and are entitled to sign contracts with other units; ③ They are financially independent and compile their own balance sheets.

Light Industry refers to the industry that produces consumer goods and hand tools. It consists of two categories, depending on the materials used:

(1) Industries using farm products as raw materials. These are branches of light industry which directly or indirectly use farm products as basic raw materials, including the manufacture of food and beverages, tobacco processing, textile, clothing, fur and leather manufacturing, paper making, printing, etc.

(2) Industries using non farm products as raw materials. These are branches of light industry which use manufactured goods as raw materials, including the manufacture of cultural, educational articles and sports goods, chemicals, synthetic fiber, chemical products for daily use, glass products for daily use, metal products for daily use, hand tools, medical apparatus and instruments, and the manufacture of cultural and office machinery.

Heavy Industry refers to the industry which produces capital goods, and provides various sectors of the national economy with necessary material and technical basis. It consists of the following three branches according to the purpose of production or the use of products:

(1) Mining, quarrying and logging industry refers to the industry that extracts natural resources, including extraction of petroleum, coal, metal and non-metal ores.

(2) Raw materials industry refers to the industry that provides various sectors of the national economy with raw materials, fuels and power. It includes smelting and processing of metals, coking and coke chemistry, chemical materials and building materials such as cement, plywood, and power, petroleum refining and coal dressing.

(3) Manufacturing industry refers to the industry that processes raw materials. It includes machine-building industry which equips sectors of the national economy, industries of metal structure and cement products, industries producing means of agricultural production, such as chemical fertilizers and pesticides.

According to the above principle of classification, the repairing tradesss, which are engaged primarily in repairing products of heavy industry are classified as heavy industry while these engaged in repairing products of light industry are classified as light industry.

Gross Industrial Output Value

(1) Definition: Gross industrial output value is the total volume of final industrial products produced and industrial services provided during a given period. It reflects the total achievements and overall scale of industrial production during a given period.

(2) Principles for calculation:

Statistics on industrial production follow the principle that all products produced by the enterprises and accepted during the reference period are to be included no matter whether they are sold or not during the reference period.

Determination of final products follow the principle that all products that are included in the calculation of grow industrial output value are the final products of the enterprise which have been accepted through quality check and require no further processing. If an enterprise has intermediate (semi-finished) products to sell, these intermediate products are considered as the final products of the enterprise.

Gross industrial output value is calculated following the principle of factory approach, i.e. industrial enterprise is used as the basic accounting unit in calculating the gross industrial output value. By this approach, value of the same product is not to be double counted, and the output value of different workshops (branch factories) should not be added. However, this approach does not exclude the possibility of double counting between enterprises.

(3) Content and calculation method: The old definition of gross industrial output value was modified during the national industrial census in 1995. The revised (new) definition of gross industrial output value consists of 3 components: value of the finished products during the reference period, income from external processing, and value of change in semi-finished products at the end and at the beginning of the reference period.

Value of the finished products during the reference period: refers to the value of all finished (semi-finished) industrial products that are produced during the reference period without the need for further processing, checked for acceptance, packed and put into the warehouse of the enterprise, including the value of own-produced equipment and the value of products provided to the projects under construction of the enterprise, and to other non-industrial or welfare units. Value of finished products during the reference period is calculated by the quantity of products produced using own materials multiplied by the average unit prices at which products are sold (excluding value-added tax). Own-produced equipment and products produced for own use are value at cost prices as in the case of enterprise accounting. Value of finished products does not include the value of finished products (semi-finished products) that are produced using the materials from the clients who make the orders.

Income from external processing: refers to income from contracted external processing of industrial products (including processing of industrial products using materials from the clients), and the income from industrial repairing work provided to other units. Income from external processing is calculated using information from the item "products sales income" in the enterprise accounting at the prices excluding value-added tax.

For income from services such as processing, repairing and installation of equipment provided to non-industrial units within the enterprise, if the accounting work of the enterprise is good enough to separate it from other records, and the share of such services is significant, it should also be included in the income from external processing.

Value of change in semi-finished products at the end and at the beginning of the reference period: refers to the value of change in semi-finished products at the end and at the beginning of the reference period, which generally can be obtained from accounting records of enterprises. If the enterprise accounting excludes the cost of semi-finished products, then it should not be included in the gross industrial output value, and vice versa.

(4) Changes in the coverage and method of calculation of gross industrial output value

Prior to 1984, the value of rural industry run by villages was classified into agriculture instead of industry. Since 1984, it has been included in the gross industrial output value. Method of calculation for the gross industrial output value was modified in the industrial census in 1995. The difference in the new method as compared with the old one is outlined below:

Principle in using full value vs. processing fee: The new method stipulates that all products produced using own materials are to be calculated with full value in reporting the gross industrial output value irrespective of sophistication of production, and for external processing, it allows calculation using processing fee. In the old method, however, the use of full value or processing fee was determined by the degree of sophistication of production in different branches of industries.

Principle in determining the value of change in semi-finished products: The new method requires that value of the change in semi-finished products should be included in the gross industrial output value if it is included in the accounting record of the enterprise, otherwise it should not be included. By the old method, it is determined by the type of enterprises in terms of production cycle. If the production cycle is over 6 months, the value of change in semi-finished products is included in the gross industrial output value, otherwise it is excluded.

Difference in prices: The new method uses prices excluding value-added tax in the calculation of gross industrial output value, while the old method used prices including value-added tax.

Value-added of Industry refers to the final results of industrial production of industrial enterprises in money terms during the reference period.

Industrial value-added can be calculated by two approaches: the production approach, i.e. gross industrial output value minus intermediate input plus value-added tax, and the income approach, i.e. income for various factors used in the course of production, including depreciation of fixed assets, remuneration of labourers, net of production tax, and operating surplus. Value-added of industry in the Yearbook is calculated by production approach as following:

Value-added of industry = gross industrial output industrial intermediate input + value-added tax

(1) Gross industrial output: refers to the total achievements of industrial production during a given period. Gross industrial output includes value of finished products, income from external processing, and value of change in semi-finished products at the end and at the beginning of the reference period. Since 1995, it was substituted by the gross industrial output value by new method.

(2) Industrial intermediate input: refers to purchased goods and paid services consumed during the industrial production of enterprises. Fees paid for services include fees paid for the services provided by material production sectors (industry, agriculture, wholesale and retail Tradess, construction, transport, post and telecommunications) and by non-material production sectors (insurance, banking, culture, education, scientific research, health and medical care, public administration, etc.). The determination of industrial intermediate input follows the principle that the goods and services must be purchased from outside and included in the gross industrial output, and that the goods and services are inputted into production and consumed (include low-value consumables) during the reference period.

Industrial intermediate input includes 5 components, namely direct consumption of materials, industrial intermediate input in manufacturing cost, industrial intermediate input in management cost, industrial intermediate input in marketing cost and expenditure on interest.

Total Assets refer to all economic resources, in monetary terms, that is owned or controlled by enterprises, including properties, creditors Equities and other economic rights of all forms. Classified by the degree of equitability, total assets include circulating assets, long-term investment, fixed assets, intangible assets and deferred assets, and other assets. Data on this indicator can be obtained by the year-end figures of total assets in the Assets and Liability Table of accounting records of enterprises.

Annual Average Value of Working Capitals refers to the average value of all working capitals of the enterprise during the reference period.

Annual Average of Net Value of Fixed Assets refer to average of the net value of fixed assets during the reference period, calculated with the following formula:

Annual Average of Net Value of Fixed Assets = sum of net value of fixed assets at the beginning and at the end of each month from January to December / 24.

Information on this indicator can be obtained from the beginning and ending figures of the original value of fixed assets and cumulative depreciation from the Assets and Liability Table of enterprises.

Net value of fixed assets refers to the original value of fixed assets minus depreciation over the years, i.e.:

Net value of fixed assets = original value of fixed assets -cumulative depreciation

Total Liabilities refer to payable liabilities of enterprises that have to repay in terms of money, assets or labour services. In terms of payment, it can be divided into Total Working liabilities and long-term liabilities. Data on this item is obtained from the ending figures on total liabilities from the Assets and Liability Table from the enterprises.

Owner's Equities refers to the wonershiip of net assets of enterprises by its investors.The net assets equal the total assets minus total liabilities of the enterprise,including the actual assets invested into the enterprise by investors,accumulation of capitals and operating surplus and non-distributed profits.The enterprise's assets is less than its liabilities if the sum of owner's Equities is smaller than zero.

Revenue from Principal Business refers to the annual accumulation of corresponding item in the "profit table"of the accountant. For enterprises that do not follow the 2001 Enterprises Accounting Standards,the year-end accumulation of revenue from the sales of products is used as a substitute.

Cost of Principal Business refers to the annual accumulation of corresponding item in the "profit table" of the accountantForenterprises that do not follow the 2001 Enterprise Accounting Standards,the year-end accumulation of cost for the sales of products is used as a substitute.

Tax and Extra Charges from Principal Business refers to the annual accumulation of correspongding item in the "profit table"of the accountant.For enterprises that do not follow the 2001 Enerprise Accounting Standards,the year-end accumulation of tax and extra charges from the sales of products is used as a substitute.

Total Profits refer to the final achievements of production and operation of the enterprises, represented by the total profits after deducting losses (loss is expressed by the negative figure). It is the sum of profits from operation, income from subsidies, investment earnings, net income from activities other than operation, and adjustment of profits and losses of previous years.

Value-added Tax Payable refers to the amount of the value-added tax which should be paid by the enterprises during the reference period. It is the sum of tax on sales, export rebate, and transferred tax on purchases of the current year, minus the tax on purchases of the current year. Value-added tax payable of small-size enterprises is determined by the taxable sales of the year multiplied by the tax rate.

Average Annual Number of Employed Persons Employed persons refer to all those who are employed in enterprises and receive remunerations there from, including currently working employees, retirees who are re-employed, teachers of local-run schools, as well as foreigners, staff from Hong Kong, Macao and Taiwan, part-time employees and persons with second job who are employed by the enterprise, and employees of other units temporarily working in the enterprises, but excluding former employees who left the enterprise with their employment records still kept by the enterprises.

Average number of employed persons refers to the number of employees everyday during the reference period, calculated with the following formula:

calendar dates in reference month

Quarterly average number = sum of monthly average number in reference quarter/3

Annual average number = sum of monthly average number in reference year/12

Aggregative Index on Economic Results of Industry refers to the current comprehensive index to evaluate the general level of economic results of industry and the performance quality of industrial economy. It is calculated as follows:

Aggregative Index on Economic Results of Industry=(Value of an Indicator on Economic Results in Reference Period/Standard Value of the Indicator×Weight) ÷Total Weight

Total Weight=100

Ratio of Profits, Taxes and Interests to Average Assets reflects the profit-making capability of all assets of the enterprise and is a key indicator manifesting the performance and management and evaluating the profit-making potential of the enterprise. It is calculated as follows:

Ratio of Profits, Taxes and Interests to Average Assets (%) = [(total profits + total taxes + interest payment) / average assets]×100%

In the above formula, total taxes is the sum of tax and extra charges on the sales of products and value-added tax payable; and average assets is the arithmetic mean of the sum of beginning assets and ending assets.

Monthly average number = sum of actual employees everyday in reference month/number of

Ratio of Debts to Assets reflect both the operation risk and the capability of the enterprise in making use of the capital from the creditors. It is calculated as follows:

Ratio of Debts to Assets (%) = (total debts / total assets)×100%

Both assets and debts are figures at the end of the reference period.

Turnover of Working Capita refers to the number of times of turnover of working capital in a given period of time, which reflects the speed of the turnover of working capital of industrial enterprises, and is calculated as follows:

Turnover of Working Capital=(sales revenue of products) / (average balance of total working capital)

In the above formula, average balance of total working capital refers to the arithmetic mean of the sum of working capital at the beginning and at the end of the reference period.

Ratio of Profits to Total Industrial Costs refers to the ratio of profits realized in a given period to the total costs in the same period, which reflects the economic efficiency of input cost and is calculated as follows:

Ratio of Profits to Total Industrial Cost (%)=(total profits/ total costs)×100%

Total Costs in the above formula is the sum of cost of products sold, marketing cost, management cost and financial cost.

第十二篇　建筑业

Chapter 12　Construction

资料整理：吴锦洛

Database Editor: Wujinluo

简 要 说 明

本篇资料的主要内容及来源

本篇资料反映了全省建筑业基本情况，主要包括主要年份建筑业总产值及从业人员、建筑企业生产指标、财务指标等方面的内容。

本篇资料来源于建筑业统计年报，由省统计局固定资产投资统计处整理提供。

Brief Introduction

Main Content and Source of Data

Data in this chapter show the basic conditions of the construction industry in Fujian Province, mainly including the gross output value of construction, number of employed persons, major production indices and financial indicators.

Data in this chapter are based on the annual report of construction industry, and are compiled and provided by the Division of Investment and Construction Statistics of Fujian Provincial Bureau of Statistics.

12-1 建筑企业基本情况(1978-2017年)

Basic Situation of Construction Enterprises(1978-2017)

年份 Year	单位数（个） Number of Construction Enterprises (unit)	#国有 State- owned	#集体 Collective - owned	从业人员（万人） Number of Persons Employed (10000 persons)	#国有 State- owned	#集体 Collective - owned	总产值（亿元） Gross Output Value (100 million yuan)	#国有 State- owned	#集体 Collective - owned
1978	146	65	81	4.54	2.34	2.20	3.31	1.88	1.32
1979	152	33	119	12.79	6.60	6.19	4.33	2.39	1.94
1980	241	34	207	15.15	7.11	8.04	4.93	2.30	2.63
1981	257	41	216	15.88	7.58	8.30	5.44	2.43	3.01
1982	273	41	232	15.99	7.56	8.39	6.33	2.91	3.42
1983	267	43	224	17.06	8.30	8.76	7.11	3.49	3.62
1984	832	51	243	30.45	9.17	9.79	12.97	4.88	4.22
1985	956	51	278	30.62	9.12	11.18	16.66	6.80	5.87
1986	951	47	280	30.48	9.17	11.01	17.40	7.44	5.78
1987	1037	47	296	33.25	10.55	11.50	20.75	9.12	6.74
1988	1028	47	293	28.99	8.85	9.76	23.20	10.58	6.95
1989	1001	48	307	30.67	8.48	11.17	29.87	12.33	9.95
1990	1009	49	308	30.98	8.24	11.51	32.54	13.36	11.30
1991	967	49	315	31.75	9.07	11.98	39.11	16.32	14.09
1992	985	70	314	34.45	10.42	13.03	54.13	22.65	19.43
1993	1236	146	441	41.00	13.37	14.81	101.97	46.89	35.61
1994	1379	163	567	40.60	13.50	14.86	149.69	73.91	53.60
1995	1376	170	552	46.90	15.24	20.36	190.85	97.53	62.56
1996	1576	202	1051	47.15	15.44	27.11	211.88	106.21	84.94
1997	1585	236	1056	47.36	17.44	22.46	227.00	107.49	84.43
1998	1707	263	1133	47.93	13.96	28.65	244.67	115.66	95.61
1999	1849	295	1069	47.28	13.53	23.54	251.17	123.23	90.74
2000	1846	283	976	41.37	13.46	19.99	271.15	131.82	89.53
2001	1708	237	787	44.09	12.49	19.12	369.06	139.51	129.47
2002	1672	224	465	49.34	12.42	16.09	408.81	149.02	102.91
2003	1606	138	326	59.99	10.48	15.15	557.31	158.37	107.40
2004	1782	141	266	58.45	9.37	9.66	679.35	181.08	91.05
2005	1878	132	210	81.72	12.93	9.30	889.41	194.89	88.01
2006	1914	106	113	95.33	11.05	5.99	1189.37	198.12	57.81
2007	2022	104	114	124.97	11.96	8.09	1596.69	243.22	90.29
2008	2398	101	90	153.90	18.15	6.51	1921.26	282.88	85.13
2009	2479	93	75	182.97	26.39	5.41	2302.37	361.57	60.09
2010	2606	93	73	229.57	29.32	4.21	3062.17	448.16	61.44
2011	2734	92	79	219.09	14.82	4.28	3873.87	507.57	75.13
2012	2959	93	81	249.64	12.49	4.50	4713.38	535.97	84.08
2013	3233	68	50	300.60	10.97	5.70	5812.37	397.91	100.02
2014	3734	75	46	321.76	14.48	5.89	7056.89	415.15	102.31
2015	4011	78	43	339.06	12.48	6.02	8003.09	461.08	103.72
2016	4223	82	39	360.63	13.01	4.16	8986.78	549.98	97.01
2017	4668	81	35	464.50	19.95	4.99	10478.31	539.32	97.06

注：1996年及以前年份含农村建筑队；1997至2002年为乡及乡以上四级以上建筑企业；2003年起统计范围为具有新资质等级的建筑企业。

Note: In this table,the data in 1996 and before include the individual construction team in rural,the data since 1997 to 2002 include the construction enterprises over town and town level, from 2003 the statistical coverage include the construction enterprises with new grade.

12-1 续表

Continued

年份 Year	增加值（亿元） Total Value-added of Construction Enterprises (100 million yuan)	资产合计（亿元） Total Assets (100 million yuan)	利润总额（亿元） Total Profits (100 million yuan)	税金总额（亿元） Total Tax (100 million yuan)	房屋建筑面积(万平方米) Floor Space of Building Construction(10000 sq.m) 施工面积 Under Construction	竣工面积 Completed	按总产值计算的劳动生产率（元/人） Overall Labor Productivity by Gross Output Value
1978					416.57	183.40	3038
1979					610.14	275.90	3326
1980					673.38	30.70	3461
1981	1.87		0.30		758.34	358.86	3801
1982	1.74		0.46		802.22	366.12	4083
1983	2.80		0.59		805.37	385.80	4296
1984	3.53		0.65		832.13	426.68	7366
1985	3.34		0.70		951.87	475.25	8425
1986	3.50		0.60		892.56	457.40	9226
1987	4.58		0.66		930.84	463.20	9998
1988	5.03		0.44		987.97	399.30	12053
1989	6.12		0.48		1033.22	502.70	15359
1990	7.16		0.50		969.35	499.30	16788
1991	5.90		0.70		1061.58	519.10	19246
1992	11.78		0.77		1313.86	588.73	23863
1993	22.24	127.32	1.69	2.96	1863.70	747.20	28480
1994	31.78	189.05	2.16	4.21	2462.50	1029.30	37976
1995	41.72	237.86	1.86	5.43	3283.60	1371.10	48560
1996	57.14	312.93	2.39	7.42	3523.30	1424.10	47347
1997	63.32	357.46	2.84	8.16	3478.50	1546.70	47043
1998	74.74	410.03	2.61	10.34	3742.41	1494.34	56860
1999	81.39	427.84	2.55	9.54	3991.20	1825.00	63364
2000	82.26	445.80	2.55	11.65	4085.40	1729.00	64884
2001	101.56	461.10	8.85	14.72	4931.31	2436.95	86280
2002	76.26	511.06	9.04	13.28	5237.11	2393.50	93020
2003	103.23	631.12	11.58	19.10	6440.08	2952.12	108288
2004	132.71	641.72	15.70	23.10	7587.15	3587.05	117831
2005	205.50	784.23	19.46	31.42	10268.29	4191.35	120406
2006	298.41	906.31	30.98	40.60	13854.50	4825.62	127097
2007	440.45	1061.70	37.91	57.51	17743.89	6010.26	123490
2008	632.77	1274.48	52.40	71.76	20028.29	7637.76	111960
2009	756.18	1494.09	66.05	94.82	21690.97	7435.06	118616
2010	969.86	1767.68	87.91	107.69	28406.86	9095.78	134520
2011	1180.79	2147.00	127.02	139.61	35674.45	10943.78	120330
2012	1627.40	2628.52	152.82	166.44	41821.78	12343.77	182738
2013	2044.89	3236.95	187.17	204.90	48254.03	13860.99	183213
2014	2331.32	3925.84	235.38	245.39	57385.67	15392.71	204770
2015	2597.04	4395.38	264.56	275.24	59277.33	16631.27	218782
2016	2684.39	4921.27	282.60	299.75	62920.69	18121.20	225271
2017	3156.44	5663.92	341.85	366.77	65711.82	16895.04	225584

12-2 建筑企业主要经济指标
Major Indicators of Construction Enterprises

项目 Item	2000	2005	2010	2016	2017
企业单位数（个） **Number of Enterprises(unit)**	**1846**	**1878**	**2606**	**4223**	**4668**
建筑业总产值（亿元） **Gross Output Value (100 million yuan)**	**271.15**	**889.41**	**3062.17**	**8986.78**	**10478.31**
建筑业增加值 Value Added	82.26	205.50	969.86	2684.39	3156.44
建筑业竣工产值 Output Value of Completed	196.70	608.01	1742.46	5013.32	5436.37
房屋施工面积（万平方米） **Floor Space of Building under (10000 sq.m)**	**4085.40**	**10268.29**	**28406.86**	**62920.69**	**65711.82**
#本年新开工 Newly Started Building in Current Year	1937.23	5282.23	14349.31	20742.25	22064.13
房屋竣工面积（万平方米） **Floor Space of Building(10000 sq.m)**	**1729.00**	**4191.35**	**9095.78**	**18121.20**	**16895.04**
#住宅 Residential Building	995.08	2257.72	5474.72	11987.42	10851.18
年末从业人员（万人） **Number of Staff & Workers at the Year-end(10000 persons)**	**41.37**	**81.72**	**229.57**	**360.63**	**464.50**
全员劳动生产率（元/人） **Overall Labor productivity (yuan/person)**					
按总产值计算 In Terms of Gross Output Value	64884	120406	134520	225271	225584
按增加值计算 In Terms of Value-added	20402	26597	42605	67289	67954
工资总额（亿元） **Total Wages(100 million yuan)**	**34.21**	**146.97**	**713.35**	**2064.47**	**2411.64**
财务指标（亿元） **Financial Indicators(100 million yuan)**					
资本金合计 Total Capital	103.39	247.70	511.59	1396.06	1532.61
流动资产年末数 Circulating Funds at Year-end	343.64	608.16	1321.15	3864.07	4527.86
固定资产原值 Original Value of Fixed Assets	96.59	161.89	327.21	626.64	669.79
固定资产净值 Net Value of Fixed Assets	72.15	129.21	268.69	502.50	517.38
企业总收入 Total Income	274.06	883.22	2816.29	7833.81	9136.61
工程结算收入 Project Settle Accounts	267.96	872.12	2801.82	7784.59	9068.35
工程结算成本 Actual Cost of Projects Settle	239.53	787.44	2512.58	6925.25	8236.02
利润总额 Total Profits	2.55	19.46	87.91	282.60	341.85
#工程结算利润 Profits of Project Settle Accounts	17.24	51.10	168.45	571.06	465.55
利税总额 Total Pre-Tax Profits	14.20	51.46	195.61	582.34	708.62

12-3 国有经济建筑企业主要经济指标

Major Indicators of State-Owned Construction Enterprises

项目 Item	2000	2005	2010	2016	2017
企业单位数（个） **Number of Enterprises(unit)**	**283**	**132**	**93**	**82**	**81**
建筑业总产值（亿元） **Gross Output Value (100 million yuan)**	**131.82**	**194.89**	**448.16**	**549.98**	**539.32**
建筑业增加值 Value Added	42.15	41.90	113.77	118.20	126.51
建筑业竣工产值 Output Value of Completed	90.38	136.78	167.59	300.15	267.89
房屋施工面积（万平方米） **Floor Space of Building under (10000 sq.m)**	**1574.56**	**1862.81**	**3063.41**	**3174.23**	**2473.14**
#本年新开工 Newly Started Building in Current Year	606.60	774.05	1417.80	542.60	715.98
房屋竣工面积（万平方米） **Floor Space of Building(10000 sq.m)**	**546.36**	**655.17**	**498.51**	**889.78**	**744.37**
#住宅 Residential Building	381.47	401.27	376.06	674.13	614.85
年末从业人员（万人） **Number of Staff & Workers at the Year-end(10000 persons)**	**13.46**	**12.93**	**29.32**	**13.01**	**19.95**
全员劳动生产率（元/人） **Overall Labor productivity (person/yuan)**					
按总产值计算 In Terms of Gross Output Value	96111	140828	158901	355950	270350
按增加值计算 In Terms of Value-added	30731	30277	40339	76497	63418
工资总额（亿元） **Total Wages(100 million yuan)**	**14.46**	**26.56**	**88.03**	**91.91**	**97.45**
财务指标（亿元） **Financial Indicators(100 million yuan)**					
资本金合计 Total Capital	29.60	33.00	44.25	74.99	90.86
流动资产年末数 Circulating Funds at Year-end	123.18	163.22	221.40	425.91	469.95
固定资产原值 Original Value of Fixed Assets	41.23	38.45	59.54	68.07	63.65
固定资产净值 Net Value of Fixed Assets	28.66	26.73	44.36	57.72	50.41
企业总收入 Total Income	133.52	219.39	424.75	507.64	501.46
工程结算收入 Project Settle Accounts	129.93	215.85	420.07	500.68	497.46
工程结算成本 Actual Cost of Projects Settle	115.89	196.03	386.16	418.28	463.00
利润总额 Total Profits	0.27	2.35	5.42	10.35	15.48
#工程结算利润 Profits of Project Settle Accounts	8.08	12.19	19.06	70.32	22.46
利税总额 Total Pre-Tax Profits	6.40	9.72	19.20	22.75	27.48

12-4 集体经济建筑企业主要经济指标

Major Indicators of Collective Construction Enterprises

项目 Item	2000	2005	2010	2016	2017
企业单位数（个） **Number of Enterprises(unit)**	**976**	**210**	**73**	**39**	**35**
建筑业总产值（亿元） **Gross Output Value (100 million yuan)**	**89.53**	**88.01**	**61.44**	**97.01**	**97.06**
建筑业增加值 Value Added	26.99	21.85	18.04	24.40	30.96
建筑业竣工产值 Output Value of Completed	69.59	63.57	43.29	66.97	64.70
房屋施工面积（万平方米） **Floor Space of Building under (10000 sq.m)**	**1783.01**	**1657.55**	**884.06**	**1234.70**	**1343.01**
#本年新开工 Newly Started Building in Current Year	944.55	724.47	339.27	347.88	488.48
房屋竣工面积（万平方米） **Floor Space of Building(10000 sq.m)**	**846.18**	**643.80**	**277.51**	**331.61**	**237.28**
#住宅 Residential Building	496.95	427.31	196.10	263.03	188.52
年末从业人员（万人） **Number of Staff & Workers at the Year-end(10000 persons)**	**19.99**	**9.30**	**4.21**	**4.16**	**4.99**
全员劳动生产率（元/人） **Overall Labor productivity (yuan/person)**					
按总产值计算 In Terms of Gross Output Value	44526	91269	137908	218634	194675
按增加值计算 In Terms of Value-added	13423	22659	40501	54993	62090
工资总额（亿元） **Total Wages(100 million yuan)**	**15.71**	**15.65**	**13.95**	**20.17**	**26.76**
财务指标（亿元） **Financial Indicators(100 million yuan)**					
资本金合计 Total Capital	43.55	26.27	9.97	10.45	9.47
流动资产年末数 Circulating Funds at Year-end	144.02	67.18	33.75	36.68	33.69
固定资产原值 Original Value of Fixed Assets	35.50	18.98	6.50	4.29	3.80
固定资产净值 Net Value of Fixed Assets	28.83	16.07	5.23	3.10	2.54
企业总收入 Total Income	93.00	89.07	51.92	79.11	85.72
工程结算收入 Project Settle Accounts	91.48	88.05	51.61	78.69	85.48
工程结算成本 Actual Cost of Projects Settle	82.83	80.92	46.52	73.99	81.06
利润总额 Total Profits	1.03	1.39	1.10	1.36	1.75
#工程结算利润 Profits of Project Settle Accounts	5.19	3.75	3.05	1.99	2.06
利税总额 Total Pre-Tax Profits	4.72	4.70	3.02	4.12	4.10

12-5 各种资质等级建筑企业主要经济指标(2017年)

Major Indicators of Construction Enterprises by Grade(2017)

项目 Item	合计 Total	#总承包 General Contract	一级及以上 First and Above	二级 Second	三级 Third	#专业承包 Special Contract	一级 First and Above	二级 Second	三级及不分等级 Third and Others
企业单位数（个） Number of Enterprises(unit)	**4668**	**2987**	**293**	**630**	**2064**	**1173**	**185**	**549**	**439**
建筑业总产值（亿元） Gross Output Value (100 million yuan)	**10478.31**	**9278.99**	**5450.77**	**2052.66**	**1775.55**	**714.66**	**332.31**	**193.04**	**189.31**
建筑业增加值 Value Added	3156.44	2578.41	1462.07	589.13	527.22	189.13	77.71	54.00	57.42
建筑业竣工产值 Output Value of Completed	5436.37	4987.13	2945.47	1083.94	957.72	449.24	213.79	112.67	122.79
房屋施工面积（万平方米） Floor Space of Building under (10000 sq.m)	**65711.82**	**64858.00**	**45425.33**	**12086.91**	**7345.76**	**853.83**	**614.13**	**128.64**	**111.05**
#本年新开工 Newly Started Building in Current Year	22064.13	21622.42	13573.97	4776.38	3272.06	441.72	229.25	104.84	107.62
房屋竣工面积（万平方米） Floor Space of Building (10000 sq.m)	**16895.04**	**16588.75**	**10363.96**	**3725.06**	**2499.73**	**306.29**	**230.86**	**59.95**	**15.48**
#住宅 Residential Building	10851.18	10844.25	7733.08	2169.94	941.24	6.93	3.27	1.03	2.63
年末从业人员（万人） Number of Staff & Workers at the Year-end(10000 persons)	**464.50**	**354.13**	**200.37**	**79.35**	**74.41**	**25.40**	**10.86**	**7.64**	**6.90**
全员劳动生产率（元/人） Overall Labor productivity(yuan/person)									
按总产值计算 In Terms of Gross Output Value	225584	262021	272031	258688	238620	281337	305866	252774	274330
按增加值计算 In Terms of Value-added	67954	72809	72967	74245	70854	74454	71527	70707	83207
工资总额（亿元） Total Wages(100 million yuan)	**2411.64**	**1914.55**	**1139.16**	**416.19**	**359.21**	**130.04**	**52.79**	**38.47**	**38.78**
财务指标（亿元） Financial Indicators (100 million yuan)									
资本金合计 Total Capital	1532.61	1311.76	523.13	344.32	444.31	196.71	58.40	75.53	62.79
流动资产年末数 Circulating Funds at Year-end	4527.86	4018.07	2334.81	905.19	778.07	509.78	191.92	167.25	150.61
固定资产原值 Original Value of Fixed Assets	669.79	574.34	268.66	158.33	147.35	88.66	27.98	30.67	30.01
固定资产净值 Net Value of Fixed Assets	517.38	451.06	228.53	106.17	116.36	60.57	21.92	19.81	18.84
企业总收入 Total Income	9136.61	7959.27	4640.10	1794.13	1525.04	692.89	310.68	199.92	182.29
工程结算收入 Project Settle Accounts	9068.35	7927.62	4620.67	1789.37	1517.58	656.40	281.80	198.05	176.55
工程结算成本 Actual Cost of Projects Settle	8236.02	7201.28	4270.37	1604.45	1326.46	567.49	243.89	171.37	152.23
利润总额 Total Profits	341.85	306.76	153.84	74.91	78.02	31.18	13.75	7.14	10.29
#工程结算利润 Profits of Project Settle Accounts	465.55	399.31	194.25	94.56	110.50	65.98	27.68	20.30	18.01
利税总额 Total Pre-Tax Profits	708.62	633.79	309.88	165.27	158.64	54.11	23.98	13.52	16.60

12-6 按行业分建筑企业主要经济指标(2017年)

Major Indicators of Construction Enterprises by Sector(2017)

项目 Item	房屋建筑业 Building	土木工程建筑业 Civil Engineering	建筑安装业 Installation	建筑装饰和其他建筑业 Building Decontion and Others
企业单位数（个） Number of Enterprises(unit)	**2205**	**1098**	**376**	**989**
建筑业总产值（亿元） Gross Output Value(100 million yuan)	**7155.77**	**2369.73**	**291.62**	**661.18**
建筑业增加值 Value Added	2073.41	628.57	84.32	370.14
建筑业竣工产值 Output Value of Completed	3871.60	1197.22	170.72	196.83
房屋施工面积（万平方米） Floor Space of Building under(10000 sq.m)	**60349.03**	**5020.23**	**139.86**	**202.70**
#本年新开工 Newly Started Building in Current Year	19635.79	2257.80	87.75	82.79
房屋竣工面积（万平方米） Floor Space of Building(10000 sq.m)	**15238.01**	**1492.00**	**67.99**	**97.04**
#住宅 Residential Building	9989.45	767.18	1.87	92.68
年末从业人员（万人） Number of Staff & Workers at the Year-end(10000 persons)	**288.86**	**88.87**	**10.35**	**76.42**
全员劳动生产率（元/人） Overall Labor productivity (yuan/person)				
按总产值计算 In Terms of Gross Output Value	247721	266664	281860	86518
按增加值计算 In Terms of Value-added	71778	70733	81498	48434
工资总额（亿元） Total Wages(100 million yuan)	**1573.84**	**452.07**	**57.45**	**328.28**
财务指标（亿元） Financial Indicators(100 million yuan)				
资本金合计 Total Capital	918.25	407.35	91.23	115.77
流动资产年末数 Circulating Funds at Year-end	2868.44	1072.19	351.53	235.69
固定资产原值 Original Value of Fixed Assets	356.47	222.72	47.50	43.09
固定资产净值 Net Value of Fixed Assets	316.16	147.03	27.92	26.28
企业总收入 Total Income	6108.44	2089.31	299.78	639.08
工程结算收入 Project Settle Accounts	6062.53	2078.43	290.67	636.72
工程结算成本 Actual Cost of Projects Settle	5532.51	1869.57	249.14	584.80
利润总额 Total Profits	229.49	79.33	15.53	17.50
#工程结算利润 Profits of Project Settle Accounts	277.70	124.30	33.21	30.34
利税总额 Total Pre-Tax Profits	481.81	163.89	23.85	39.08

12-7 按经济类型分建筑企业主要经济指标(2017年)

Major Indicators of Construction Enterprises by Ownership(2017)

项目 Item	国有经济 State-owned	集体经济 Collect-owned	港澳台经济 Hong Kong, Macao and Taiwan Funded	外商经济 Foreign Funded	其他经济 Others
企业单位数（个） **Number of Enterprises(unit)**	**81**	**35**	**25**	**2**	**4525**
建筑业总产值（亿元） **Gross Output Value(100 million yuan)**	**539.32**	**97.06**	**96.74**	**6.33**	**9738.86**
建筑业增加值 Value Added	126.51	30.96	24.07	2.19	2972.72
建筑业竣工产值 Output Value of Completed	267.89	64.70	57.47	5.80	5040.52
房屋施工面积（万平方米） **Floor Space of Building under(10000 sq.m)**	**2473.14**	**1343.01**	**1706.27**	**29.84**	**60159.56**
#本年新开工 Newly Started Building in Current Year	715.98	488.48	381.68	27.42	20450.57
房屋竣工面积（万平方米） **Floor Space of Building(10000 sq.m)**	**744.37**	**237.28**	**247.79**	**15.71**	**15649.89**
#住宅 Residential Building	614.85	188.52	241.29		9806.52
年末从业人员（万人） **Number of Staff & Workers at the Year-end(10000 persons)**	**19.95**	**4.99**	**3.32**	**0.16**	**436.09**
全员劳动生产率（元/人） **Overall Labor productivity(yuan/person)**					
按总产值计算 In Terms of Gross Output Value	270350	194675	291548	403006	223323
按增加值计算 In Terms of Value-added	63418	62090	72549	139115	68168
工资总额（亿元） **Total Wages(100 million yuan)**	**97.45**	**26.76**	**18.22**	**1.60**	**2267.62**
财务指标（亿元） **Financial Indicators(100 million yuan)**					
资本金合计 Total Capital	90.86	9.47	8.58	2.00	1421.70
流动资产年末数 Circulating Funds at Year-end	469.95	33.69	49.69	11.87	3962.65
固定资产原值 Original Value of Fixed Assets	63.65	3.80	1.47	0.48	600.39
固定资产净值 Net Value of Fixed Assets	50.41	2.54	0.72	0.19	463.51
企业总收入 Total Income	501.46	85.72	99.11	11.30	8439.02
工程结算收入 Project Settle Accounts	497.46	85.48	98.95	11.29	8375.18
工程结算成本 Actual Cost of Projects Settle	463.00	81.06	94.10	10.25	7587.61
利润总额 Total Profits	15.48	1.75	2.96	0.60	321.07
#工程结算利润 Profits of Project Settle Accounts	22.46	2.06	2.03	0.99	438.02
利税总额 Total Pre-Tax Profits	27.48	4.10	5.78	0.66	670.62

12-8 按构成分建筑企业增加值(2017年)

Value-added of Construction Enterprises by Composition(2017)

单位：亿元 (100 million yuan)

项目 Item	总计 Total	国有经济 state-Owned	集体经济 Collective-Owned	其他经济 Others
建筑业增加值 Value added	**3156.44**	**126.51**	**30.96**	**2998.97**
#固定资产折旧 Depreciation of Fixed Assets	39.91	2.25	0.12	37.55
应付工资 Wages Payable	2411.64	97.45	26.76	2287.44
工程结算税金及附加 Taxes and Extra charges on project Settle Accounts	164.18	2.45	0.81	160.91
营业利润 Profits of project settle Account	338.11	14.82	1.72	321.57

12-9 房屋竣工建筑面积(2017年)

Floor Space of Completed Building(2017)

单位：万平方米 (10000 sq.m)

项目	Item	竣工面积 Floor Space Completed
合计	**Total**	**16895.04**
住宅房屋	Residential Building	10851.18
商业及服务用房屋	Building for Business and Service	1178.68
商厦房屋（批发和零售用房）	Wholesal and Retail Trade	521.14
宾馆用房屋（住宿用房）	Lodgings	58.78
餐饮用房屋（餐饮用房）	Gatering Services	16.35
商务会展用房屋	Business Showing	37.30
其他商业及服务用房屋（居民服务业用房）	Others	545.11
办公用房屋	Building for Office	984.84
科研、教育、医疗用房屋	Building for Scientific Research,Education,Medical	578.98
科学研究用房屋	Scientific Research	60.53
教育用房屋	Education	431.66
医疗用房屋（卫生医疗用房）	Medical	86.79
文化、体育、娱乐用房屋	Building for Culture, Sports and Enterainment	90.98
厂房及建筑物	Factory Building	3008.23
#厂房	Factory	1257.92
仓库	Storehouse	155.78
其他未列明的房屋建筑物	Others	46.37

12-10 各设区市建筑企业数(2017年)

Number of Construction Enterprises by City(2017)

单位：个 (unit)

地区 Area	合计 Total	#总承包 Gereral Contract	一级及以上 First and Above	二级 Second	三级 Third	#专业承包 Special Contract	一级 First	二级 Second	三级及不分等级 Third and Others
全 省 total	**4668**	**2987**	**293**	**630**	**2064**	**1173**	**185**	**549**	**439**
福州市 Fuzhou	1243	666	79	158	429	356	59	149	148
厦门市 Xiamen	859	386	76	68	242	340	58	185	97
莆田市 Putian	325	272	22	46	204	38	1	25	12
三明市 Sanming	301	257	22	50	185	26	2	4	20
泉州市 Quanzhou	665	375	51	103	221	240	42	120	78
漳州市 Zhangzhou	329	260	13	56	191	48	4	25	19
南平市 Nanping	319	265	1	29	235	35	5	11	19
龙岩市 Longyan	424	337	23	86	228	68	11	27	30
宁德市 Ningde	203	169	6	34	129	22	3	3	16

12-11 各设区市建筑企业从业人员数(2017年)

Number of persons employed by Construction Enterprises by City(2017)

单位：人 (person)

地区 Area	合计 Total	#总承包 Gereral Contract	一级及以上 First and Above	二级 Second	三级 Third	#专业承包 Special Contract	一级 First	二级 Second	三级及不分等级 Third and Others
全 省 total	**4644976**	**3541310**	**2003730**	**793488**	**744092**	**254023**	**108645**	**76368**	**69010**
福州市 Fuzhou	1629089	1278534	766466	267080	244988	104983	51758	25731	27494
厦门市 Xiamen	1207690	582775	397058	75552	110165	57941	18350	23820	15771
莆田市 Putian	217955	214858	124955	38345	51558	2293	17	1563	713
三明市 Sanming	256656	252938	93718	68685	90535	2677	670	194	1813
泉州市 Quanzhou	613579	544743	359761	117904	67078	42679	21307	12535	8837
漳州市 Zhangzhou	197314	185820	83240	60218	42362	8570	363	3729	4478
南平市 Nanping	66103	54873	4890	14872	35111	10451	3344	3200	3907
龙岩市 Longyan	388432	364253	156791	129073	78389	21158	12657	5496	3005
宁德市 Ningde	68158	62516	16851	21759	23906	3271	179	100	2992

12-12 各设区市建筑企业劳动生产率(2017年)

Labor Productivity Construction Enterprises by City(2017)

单位：元/人 (yuan/person)

地区 Area	按总产值计算 In terms of Total Output value	#国有企业 State- Owned	#集体企业 Collective- Owned	按增加值计算 In terms of Added-value	#国有企业 State- Owned	#集体企业 Collective- Owned
全　省 total	**225064**	**269038**	**227556**	**67797**	**63110**	**72578**
福州市 Fuzhou	227335	277632	238660	67735	43997	72879
厦门市 Xiamen	176919	305778	133707	56282	98747	64313
莆田市 Putian	291878	201660	288842	96891	116070	100105
三明市 Sanming	234085	341723		68988	87911	
泉州市 Quanzhou	259805	204519	196724	70787	52737	91112
漳州市 Zhangzhou	271558	270032	159523	80931	65106	55651
南平市 Nanping	248837	150109	266808	66770	50969	120502
龙岩市 Longyan	233145	180431		72122	62644	
宁德市 Ningde	250021	287961		82622	112590	

12-13 各设区市建筑企业房屋施工情况(2017年)

Basic Statistics on Housing construction of Construction Enterprises by City(2017)

单位：万平方米 (10000 sq.m)

地区 Area	房屋建筑竣工面积 Floor Space of Buildings Completed	房屋建筑施工面积 Floor Space of Buildings under	本年新开工 Newly Started Building in Current Year
全　省 total	**16895.04**	**65711.82**	**22064.13**
福州市 Fuzhou	6244.46	28810.11	9296.55
厦门市 Xiamen	2047.24	9106.50	2526.15
莆田市 Putian	1282.79	4742.91	1483.54
三明市 Sanming	1382.61	4354.99	1623.52
泉州市 Quanzhou	3027.70	8923.96	3353.31
漳州市 Zhangzhou	594.53	2595.97	675.55
南平市 Nanping	192.90	751.13	295.69
龙岩市 Longyan	1898.42	4986.03	2481.03
宁德市 Ningde	224.38	1440.23	328.80

12-14 各设区市建筑企业总收入(2017年)

Gross Income of Construction Enterprises by City(2017)

单位：万元 (10000 yuan)

地区 Area	企业总收入 Total Incomes of Enterprises	#工程结算收入 Incomes of Project Settle Accounts	#工程结算成本 Costs ofProject Settle Accounts	#工程结算利润 Profits of Project Settle Accounts	#其他业务收入 Other Incomes	#其他业务利润 Profits of Others
全 省 total	**91366094**	**90683479**	**82360249**	**6681437**	**682615**	**42356**
福州市 Fuzhou	33048069	32910089	30338160	2123993	137981	22242
厦门市 Xiamen	18726918	18649551	17448655	990787	77367	13862
莆田市 Putian	5628131	5562063	4801599	579402	66069	59
三明市 Sanming	4968774	4930643	4396315	397482	38131	-76
泉州市 Quanzhou	14412253	14082666	12518999	1249767	329587	1966
漳州市 Zhangzhou	3776435	3758873	3362070	307997	17562	2323
南平市 Nanping	1393858	1384414	1190218	162421	9444	414
龙岩市 Longyan	7972305	7966131	6993152	771354	6174	1565
宁德市 Ningde	1439351	1439051	1311080	98234	300	

12-15 各设区市建筑企业利税总额(2017年)

Total Pre-tax Profits of Construction Enterprises by City(2017)

单位：万元 (10000 yuan)

地区 Area	利税总额 Total Pre-tax Profits	#利润总额 Total Profits	#工程结算税金及附加 Taxes and Extra Charges on Project Settle Accounts	产值利税率(%) Ratio of pre-tax Profits to Gross Output Value (%)	资产利税率(%) Ratio of pre-tax Profit to Assets (%)
全 省 Total	**7086249**	**3418516**	**1641793**	**6.8**	**12.5**
福州市 Fuzhou	2135705	988452	447935	5.7	10.1
厦门市 Xiamen	982256	462097	210109	4.7	8.1
莆田市 Putian	664657	301447	181061	10.1	18.3
三明市 Sanming	536232	244330	136846	8.6	20.1
泉州市 Quanzhou	1319318	742475	313900	8.5	17.2
漳州市 Zhangzhou	374988	199417	88806	7.1	10.5
南平市 Nanping	140632	63863	31775	8.8	12.2
龙岩市 Longyan	811150	361279	201625	8.9	24.9
宁德市 Ningde	121311	55156	29737	7.2	9.0

主要统计指标解释

建筑业统计单位 指从事房屋、构筑物建造和设备安装活动的法人企业。建筑业法人企业应同时具备的条件是：①依法成立，有自己的名称、组织机构和场所，能够承担民事责任；②独立拥有和使用资产，承担负债，有权与其他单位签订合同；③独立核算盈亏，能够编制资产负债表。

建筑业总产值(即自行完成施工产值) 指以货币表现的建筑安装企业在一定时期内生产的建筑业产品和提供的服务的总和。建筑业总产值包括：

(1)建筑工程产值：指列入建筑工程预算内的各种工程价值。

(2)设备安装工程产值：指设备安装工程价值，不包括被安装设备本身价值。

(3)房屋、构筑物修理产值：指房屋、构筑物修理所完成的价值，但不包括被修理房屋、构筑物本身的价值和生产设备的修理价值。

(4)非标准设备制造产值：指加工制造没有定型的、非标准的生产设备的加工费和原材料价值，以及附属加工厂为本企业承建工程制作的非标准设备的价值。

建筑业增加值 指建筑业企业在报告期内以货币表现的建筑业生产经营活动的最终成果。目前建筑业增加值采用分配法(收入法)计算，即从收入的角度出发，根据生产要素在生产过程中应得的收入份额计算。具体计算公式为：

建筑业增加值＝本年提取的固定资产折旧+主营业务应付工资+主营业务应付福利费+管理费用中的劳动待业保险费、税金+工程结算税金及附加+营业利润

房屋建筑施工面积 指在报告期内施工的全部房屋建筑面积，包括本期新开工的房屋面积、上期施工跨入本期继续施工的房屋面积、上期停缓建在本期恢复施工的房屋面积、本期竣工的房屋面积及本期施工后又停缓建的房屋面积。

房屋建筑竣工面积 指在报告期内房屋建筑按照设计要求全部完工，达到了住人和使用条件，经验收鉴定合格，正式移交使用单位的房屋建筑面积。

工程结算收入 指企业承包工程实现的工程价款结算收入，以及向发包单位收取的除工程价款以外的按规定列作营业收入的各种款项，如临时设施费、劳动保险费、施工机械调迁费等以及向发包单位收取的各种索赔款。

工程结算利润 指已结算工程实现的利润，如亏损以“－”号表示。计算公式为：

工程结算利润＝工程结算收入－工程结算成本－工程结算税金及附加

企业总收入 指与企业生产经营直接有关的各项收入，包括工程结算收入和其他业务收入。计算公式为：

企业总收入＝工程结算收入＋其他业务收入

Explanatory Notes on Main Statistical Indicators

Statistical Unit in the Construction Industry refers to corporate enterprise engaged in the construction of buildings and structures and in the installation of equipment.A corporate construction enterprise should have qualification certifieates with independent accounting system,and should meet the following 3 requirements:①being set up in line with relevant legal basis,having its full name,organization and location,and capable of taking civil liabilities;② independently possessing and using its assets and assuming its liabilities,and entitled to sign contracts with other institutions;and ③ making independent accounts of its profits and losses,and capable of compiling its own balance sheet.

Gross Output Value of Construction (Output Value of Projects Under Construction) refers to total of construction products and services, expressed in money terms, completed by construction and installation enterprises during a given period of time. It includes:

(1) Output value of construction projects, that is the value of projects covered by the project budgets;

(2) Output value of installation projects, that is the value of the installation of equipment, (excluding the value of the equipment to be installed);

(3) Output value of repair of buildings and structures, that is the value created through the repairs of buildings or structures,but does not include the value of buildings or structures being repaired and the value of the repair of production equipment;

(4) Output value of manufactured non-standard equipment, that is the value of non-standard production equipment (including raw materials and manufacturing cost) made for the construction project, and the equipment manufactured by subsidiary workshops.

Value-added of Construction refers to the final result of the activities of production and management of construction in monetary terms in the reference period. At present, the value-added of construction is calculated with the income approach. In other words, it is the sum of income of various production factors in the production process. The formula is as follows:

Value-added of construction=depreciation of fixed assets in the year+wages payable+welfare expenses payable+insurance premium and tax for waiting for employment in the administrative expenses +taxes and surcharges on project settlement+profit gained from project settlement.

Floor Space of Buildings Under Construction refers to floor space of buildings under construction during the reference period, including newly started buildings,buildings started earlier and Continued during the reference period,and buildings suspended earlier but restarted during the reference period, buildings completed during the reference period, and buildings under construction and then suspended during the reference period.

Floor Space of Buildings Completed refers to the floor space of buildings that are completed in the reference period in accordance with the requirements of the design, up to the standard for putting them into use, and have been checked and accepted by concerned departments as qualified ones.

Income from Settlement of Projects refers to the income received by the construction enterprise from the contracted project through settlement procedures, and other charges to the contractoree as operational costs in addition to the value of the project, such as temporary facility fee,labour insurance premium,moving cost of construction equipment,as well as various types of claims to the contractee.

Profit from Settlement of Projects refers to profit realized through settled projects. It is calculated with the following formula:

Profit from Settlement of Projects=Income from Settlement of Projects-Settled Cost-Settled Taxes and Other Cost

Total Revenue of Enterprises refers to the sum of income from production and operation of enterprises, including income from settlement of projects and other operational income, namely:

Total Revenue of Enterprises=Income from Settlement of Projects+Other Operational Income

第十三篇　交通运输和邮电通信业

Chapter 13　Transportation, Postal and Telecommunication Services

资料整理：陈姿 陈洁
Database Editor:Zhenzi Chenjie

简要说明

本篇资料的主要内容及来源

本篇资料反映了全省交通运输业与邮电通讯业发展的基本状况，主要包括交通设施基本情况、客货运量及周转量、交通运输企业主要技术经济指标、沿海主要港口货物吞吐量、邮政和电信基本情况、民用汽车拥有量等方面的内容。

铁路资料来源于南昌铁路局，公路、水路和港口资料来源于福建省交通厅，民航运输资料来源于福建省民航局，邮电信资料来源于福建省通信管理局和福建省邮政管理局。

本篇资料由省统计局服务业处收集整理。

Brief Introduction

Main Content and Source of Data

Data in this chapter cover mainly the basic conditions of the development of transport, post and telecommunications in Fujian Province, including the basic conditions of transport, the freight traffic and passenger traffic accomplished by various means, major financial indices of related enterprises, cargo handled at principal sea ports and the basic conditions of post and telecommunication services.

Data on railways transportation come from the Nanchang Bureau of the Railway. Data on highways waterway and port come from the Bureau of the Transportation. Data on the civil aviation transport come from the Bureau of Fujian Aviation Administration. Data on telecommunication services come from the Telecommunication Bureau. Data on post are provided by the Post Company.

Data in this chapter are compiled and provided by the Division of Services Statistics of Fujian Provincial Bureau of Statistics.

13-1 主要年份各类运输总量

Passenger Traffic and Freight Traffic in Selected Years

年份 Year	客运量（万人） Passenger Traffic (10000 persons)	旅客周转量（亿人公里） Passenger-Kilometers (100 million passenger-km)	货运量（万吨） Freight Traffic (10000 tons)	货物周转量（亿吨公里） Freight ton-kilometers (100 million ton-km)
1952	251	1.72	156	1.44
1957	1966	8.81	1553	10.07
1962	2634	16.97	1845	21.65
1965	3226	16.22	2948	39.47
1970	3324	17.59	2862	40.92
1975	5887	28.36	3747	53.73
1978	7928	35.73	4871	74.03
1979	9996	43.71	5149	80.63
1980	16676	62.37	7979	100.34
1981	20013	73.45	8302	103.34
1982	22570	82.01	9077	120.39
1983	24620	91.50	10175	131.78
1984	29155	109.50	11479	151.61
1985	33984	130.33	13317	161.97
1986	34426	137.09	16931	195.48
1987	35693	159.38	18231	225.02
1988	37216	175.91	20131	242.02
1989	39622	173.66	19859	270.06
1990	39495	175.40	20321	272.71
1991	34038	186.70	12124	267.26
1992	36283	205.17	19836	347.28
1993	40465	232.27	25824	434.02
1994	36416	240.56	28447	577.73
1995	40080	247.65	28922	608.61
1996	42956	267.20	30593	590.58
1997	43658	253.15	30496	605.78
1998	42047	279.76	30010	661.61
1999	41413	301.58	28637	746.71
2000	44203	333.97	29483	687.65
2001	47393	372.72	30547	779.92
2002	49134	392.00	31837	827.44
2003	48097	386.19	33422	1223.82
2004	53950	441.40	37279	1401.26
2005	55615	477.82	40400	1576.12
2006	59369	524.99	44304	1904.36
2007	64244	587.90	50500	2083.72
2008	72742	561.77	57254	2401.41
2009	76121	597.75	58231	2477.46
2010	77153	648.76	66159	2983.52
2011	81082	723.83	75272	3404.11
2012	83725	771.93	84417	3877.73
2013	56965	785.01	96718	3943.77
2014	60765	902.36	111779	4783.48
2015	54031	915.21	111063	5450.96
2016	54237	987.52	120379	6074.83
2017	54118	1086.22	132252	6785.16

注：2013年客运量数据因交通运输业统计范围变化有调整。

Note:Because the scope of Transportation Statistics changes, The Data of Traffic Passengers in 2013 has been adjusted.

13-2 交通运输业基本情况

Basic Conditions of Transport

项目	Item	2000	2005	2010	2016	2017
铁路营业长度（公里）	**Length of Railways in Operation(km)**	**1454**	**1613**	**2110**	**3197**	**3187**
公路通车里程（公里）	**Length of Highway(km)**	**51073**	**58286**	**91015**	**106757**	**108012**
#高速公路	Expressway	351	1208	2350	4831	5039
内河通航里程（公里）	**Length of Navigable Inland Waterways(km)**	**3701**	**3245**	**3245**	**3245**	**3245**
客运量（万人）	**Passenger Traffic(10000 persons)**	**44203**	**55615**	**77153**	**54237**	**54118**
铁路	Railways	1428	1486	3640	10496	11624
公路	Highways	41696	52452	70714	39137	37585
水运	Waterways	726	985	1444	2016	1925
航空	Civil Aviation	353	692	1356	2587	2984
旅客周转量（亿人公里）	**Passenger-kilometers(100 million persons-km)**	**333.97**	**477.82**	**648.76**	**987.52**	**1086.22**
铁路	Railways	71.57	87.90	137.70	338.61	373.61
公路	Highways	223.44	309.99	346.68	251.95	227.83
水路	Waterways	1.44	1.39	2.14	2.72	2.78
航空	Civil Aviation	37.52	78.54	162.23	394.25	481.99
货运量（万吨）	**Freight Traffic(10000 tons)**	**29483**	**40400**	**66159**	**120379**	**132252**
铁路	Railways	2475	3601	3765	2918	3175
公路	Highways	22924	27579	45575	85770	95599
水运	Waterways	4078	9210	16803	31668	33453
航空	Civil Aviation	6	10	16	23	25
货物周转量（亿吨公里）	**Freight Ton-Kilometers (100 million ton-km)**	**687.65**	**1576.12**	**2983.52**	**6074.83**	**6785.16**
铁路	Railways	152.51	201.95	184.20	129.45	135.90
公路	Highways	175.83	238.25	578.32	1094.70	1214.05
水路	Waterways	358.63	1134.64	2218.88	4846.44	5429.82
航空	Civil Aviation	0.67	1.27	2.12	4.24	5.39
全社会机动车拥有量（辆）	**Number of Motor Vehicles(unit)**	**1954426**	**4198416**	**7249619**	**9108329**	**9661713**
汽车	Automobiles	321278	742611	1996529	4950939	5582343
沿海主要港口货物吞吐量（万吨）	**Freight Handled at Principal Seaports (10000 tons)**	**6944.17**	**19605.25**	**32687.01**	**50776.09**	**51995.49**
福州港	Fuzhou	2425.48	7443.45	7124.79	14515.66	14838.16
厦门港	Xiamen	1965.26	4770.76	12728.05	20910.78	21116.25
泉州港	Quanzhou	1712.18	4046.16	8455.37	12560.57	12986.17
漳州港	Zhangzhou	418.72	2081.31	1202.47		
湄州湾港	Meizhouwan	201.34	1050.03	1755.99	2789.09	3054.91
宁德港	Ningde	221.19	213.54	1420.33		

注：2011年起，漳州港并到厦门港，宁德港并到福州港。

Note:Since 2011, Zhangzhou seaports divided to Xiamen Seaports,Ningde seaports divided to Fuzhou Seaports.

13-3 运输线路长度（年底数）

Length of Transportation Routes,End of Year

单位：公里 (km)

项目 Item	2000	2005	2010	2016	2017
铁路营业长度 Length of Railways in Operation	**1454**	**1613**	**2110**	**3197**	**3187**
#电气化长度 Electrified Railways	821	821	1498	2582	2575
公路通车里程 Length of Highway	**53506**	**58286**	**91015**	**106757**	**108012**
#绿化里程 Length of Greened Highways	28068	31010	45906	87947	92717
#养护里程 Length of Maintenced Highways	52776	57430	91009	106757	108012
按行政等级分 By Administrative Level					
国道 National Highways	2443	3129	4206	10404	10625
省道 Provincial Highways	5451	5763	6151	5196	5340
县级公路 County Highways	12527	12814	13485	14996	15067
乡镇公路 Village Highways	27101	30579	35676	41134	41810
专用公路 Highway for Special Purpose	5984	6001	486	118	123
按技术等级分 By Technical Grade					
# 等级路里程合计 Total of Expressway and Class Highway	40637	47986	70655	89829	91297
高速公路 Expressway	351	1208	2351	4831	5039
一级 First Class	255	358	603	1035	1161
二级 Second Class	5515	6262	7373	10051	10669
三级 Third Class	3440	4518	6419	8384	8532
四级 Fourth Class	31076	35640	53910	65528	65897
内河通航里程 Length of Navigable Inland Waterways	**3701**	**3245**	**3245**	**3245**	**3245**

13-4 各类运输工具拥有量（年底数）

Number of Means of Transport, End of Year

项目	Item	2000	2005	2010	2016	2017
公路	**Highway**					
全社会机动车拥有量（辆）	**Number of Motor Vehicles(unit)**	**1954426**	**4198416**	**7246919**	**9108329**	**9661713**
#民用汽车	Automobiles	321278	742611	1996529	4950939	5582343
#载客汽车	Possenger Vehicles	156890	449592	1502963	4271132	4864625
大型	Large-Size		15623	24704	32201	33241
中型	Medium-Size		31203	39736	26919	25037
小型	Small-Size		362861	1384498	4164053	4767594
微型	Mini-Size		39905	54025	47959	38753
载货汽车	Trucks	154219	231351	451130	644292	683473
重型	Large-Capacity		16437	64942	102384	115143
中型	Medium-Capacity		40678	47062	23700	21236
轻型	Small-Capacity		147566	329155	514666	544741
微型	Mini-Capacity		26670	9971	3542	2353
水路	**Waterway**					
内河	**Island River**					
客轮	Passenger Vesssel					
艘数（艘）	Number of Passenger Vesssel (unit)	139	465	319	219	188
载客量（客位）	Passenger Capacity(seat)	7671	15319	9395	7974	7850
货轮	Cargo Vessel					
艘数（艘）	Number of Cargo Vessel(unit)	865	830	722	515	423
净载重量（吨位）	Payload(ton)	67493	154777	313962	322289	246792
沿海	**Coastal**					
客轮	Passenger Vesssel					
艘数（艘）	Number of Passenger Vesssel (unit)	167	212	259	238	239
总吨（吨位）	Total Weight(ton)	4527	10706	16617	20116	24209
载客量（客位）	Passenger Capacity(seat)	7221	9764	15259	18937	19706
货轮	Cargo Vessel					
艘数（艘）	Number of Cargo Vessel(unit)	1313	1290	952	858	827
总吨（吨位）	Total Weight(ton)	787442	1681411	2593122	4727576	5082603
净载重量（吨位）	Payload(ton)	1128810	2736521	4061378	7027366	7548210
远洋	**Ocean**					
货轮	Cargo Vessel					
艘数（艘）	Number of Cargo Vessel(unit)	190	81	91	81	66
总吨（吨位）	Total Weight(ton)	384749	543878	818337	1184620	1186290
净载重量（吨位）	Payload(ton)	589392	769838	1297002	1948679	1917990

13-5 主要年份客货平均运距

Average Transport Distance of Passenger and Freight Traffic in Selected Years

单位：公里 (km)

年份 Year	平均运距 Average Transport Distance	铁路 Railway	公路 Highway	水运 Waterway	民用航空 Civil Aviation
旅客运输平均运距 Average Transport Distance of Passenger					
1978	45	184	33	21	
1980	44	212	31	27	
1985	38	261	29	29	71
1990	44	309	35	26	897
1995	61	403	41	35	949
1996	62	400	44	32	963
1997	58	429	39	29	967
1998	67	438	47	22	982
1999	73	449	52	20	995
2000	76	501	54	20	1062
2001	79	539	57	17	1045
2002	80	530	57	16	1040
2003	80	528	57	16	1074
2004	82	544	56	15	1095
2005	86	592	59	14	1135
2006	88	570	60	13	1151
2007	92	528	62	13	1187
2008	77	524	49	13	1182
2009	78	497	50	14	1187
2010	84	378	49	15	1196
2011	89	367	49	15	1234
2012	92	349	49	16	1282
2013	138	322	71	17	1305
2014	148	341	69	16	1367
2015	169	330	66	14	1425
2016	182	323	64	13	1524
2017	201	321	61	14	1615
货物运输平均运距 Average Transport Distance of Freight					
1978	151	400	31	166	
1980	125	429	41	188	
1985	122	537	42	280	391
1990	134	547	55	454	964
1995	210	593	62	1051	1062
1996	193	565	58	908	1139
1997	199	603	57	908	1008
1998	220	611	63	993	1145
1999	261	603	84	1021	1086
2000	233	616	77	879	1135
2001	255	586	81	942	1143
2002	260	595	81	935	1132
2003	366	606	81	1320	1167
2004	376	586	83	1275	1214
2005	390	561	86	1232	1254
2006	430	553	89	1324	1279
2007	413	583	91	1281	1296
2008	419	565	126	1124	1326
2009	426	503	126	1251	1327
2010	450	489	127	1321	1339
2011	452	491	125	1354	1399
2012	459	469	130	1385	1450
2013	408	450	118	1276	1479
2014	428	440	118	1418	1505
2015	491	456	128	1513	1581
2016	505	444	128	1530	1814
2017	513	428	127	1623	2182

13-6 主要年份铁路运输情况

Railway Transportation in Selected Years

年份 Year	营业长度（公里） Length of Railways in Operation (km)	旅客发送量（万人） Passenger Traffic (10000 persons)	旅客周转量（亿人公里） Passenger-Kilometers (100 million person/km)	货物发送量（万吨） Freight Traffic (10000 tons)	货物周转量（亿吨公里） Freight Ton-kilometers (100 million ton-km)
1957	644	130	1.77	232	3.64
1962	841	476	8.17	267	12.47
1965	876	376	6.65	602	25.38
1970	876	432	7.56	694	27.97
1975	982	606	10.68	962	35.49
1978	1009	718	13.24	1261	50.40
1979	1009	840	16.20	1318	55.17
1980	1009	986	20.92	1320	56.56
1981	1009	997	23.16	1268	55.54
1982	1006	1102	24.34	1305	64.71
1983	1005	1223	28.44	1334	70.06
1984	1005	1349	32.71	1477	79.98
1985	1006	1349	35.25	1536	82.43
1986	1028	1363	37.18	1486	90.37
1987	1028	1423	40.40	1802	95.69
1988	1028	1551	46.24	1810	97.98
1989	1029	1485	44.49	1892	101.08
1990	1021	1234	38.13	1902	104.01
1991	1015	1235	41.10	1988	113.00
1992	1015	1332	49.01	2064	125.91
1993	1015	1556	62.28	2216	136.04
1994	1024	1685	68.01	2301	140.02
1995	1024	1662	67.05	2456	145.69
1996	1025	1466	58.63	2500	141.18
1997	1068	1401	60.09	2373	143.00
1998	1381	1399	61.25	2325	141.94
1999	1383	1480	66.38	2389	144.09
2000	1454	1428	71.57	2475	152.51
2001	1453	1372	73.90	2813	164.78
2002	1454	1446	76.65	2856	169.96
2003	1467	1417	74.85	3206	194.34
2004	1471	1568	85.30	3739	219.10
2005	1613	1486	87.90	3601	201.95
2006	1613	1730	98.60	3646	201.70
2007	1616	1911	100.98	3595	209.70
2008	1618	2066	108.30	3681	207.80
2009	2110	2083	103.60	3631	182.70
2010	2110	3640	137.70	3765	184.20
2011	2110	4696	172.30	3826	187.93
2012	2255	5295	184.78	3868	181.10
2013	2743	6502	209.21	3661	164.81
2014	2755	8345	284.91	3403	149.80
2015	3197	9256	305.34	2820	128.71
2016	3197	10496	338.61	2918	129.45
2017	3187	11624	373.61	3175	135.90

13-7 主要年份公路运输情况
Highway Transportation in Selected Years

年份 Year	公路通车里程（公里） Length of Highways (km)	汽车数(辆) Number of Vehicles(set)	客运量（万人） Passenger Traffic (10000 persons)	旅客周转量（亿人公里） Passenger-Kilometers (100 million person/km)	货运量（万吨） Freight Traffic (10000 tons)	货物周转量（亿吨公里） Freight Ton-kilometers (100 million ton-km)
1952	2839	1470	86	0.77	39	0.27
1957	6034	2118	1254	4.70	725	1.69
1962	13243	4872	1096	5.93	840	2.12
1965	14251	6304	2135	8.06	1455	3.30
1970	18136	7490	2195	8.52	1470	3.98
1975	24204	17189	4385	15.77	1972	6.46
1978	29109	26148	6285	20.53	2671	8.20
1979	32112	30611	8115	25.16	2832	9.14
1980	32577	35999	14593	38.54	5548	22.88
1981	32982	39862	17834	46.45	6041	24.54
1982	33827	44316	20197	53.73	6674	28.66
1983	34445	46662	22154	58.90	7633	31.72
1984	35020	50966	26487	72.51	8793	36.07
1985	35987	63062	31355	91.33	10531	44.54
1986	37175	74490	31643	96.04	13965	60.99
1987	38148	83405	32670	111.79	14970	78.65
1988	39124	92218	33955	121.30	16775	90.37
1989	39124	102413	36439	119.69	16276	89.53
1990	41011	110208	36639	128.27	16710	91.12
1991	41745	121247	31683	135.81	8924	74.43
1992	41882	137272	33668	142.47	15832	93.12
1993	43558	166299	37970	150.92	21276	111.48
1994	44608	210404	33916	149.08	23147	135.17
1995	46574	200765	37508	153.48	23444	145.41
1996	47196	201210	40474	177.30	24732	144.17
1997	47680	221208	41212	160.37	24562	139.18
1998	48021	248062	39618	187.37	23979	151.37
1999	50202	278218	38884	201.13	22162	185.35
2000	51073	321278	41696	223.44	22924	175.83
2001	53547	366707	44926	254.37	23193	187.03
2002	54155	436254	46570	264.89	24023	193.96
2003	54876	520751	45483	257.55	23884	193.50
2004	56208	632739	50862	286.52	25964	216.10
2005	58286	742611	52452	309.99	27579	238.25
2006	86560	935410	55713	335.28	29806	266.34
2007	86926	1143059	60088	375.46	34829	317.44
2008	88607	1339831	68409	338.06	38367	483.57
2009	89504	1622123	71586	360.26	40317	507.23
2010	91015	1996529	70714	346.68	45575	578.32
2011	92322	2422264	73259	360.15	52558	659.52
2012	94661	2861244	75044	368.52	59431	771.09
2013	99535	3349445	46895	330.64	69876	821.44
2014	101190	3884930	48580	334.95	82573	974.80
2015	104585	4368030	40394	267.29	79802	1020.25
2016	106757	4950939	39137	251.95	85770	1094.70
2017	108012	5582343	37585	227.83	95599	1214.05

注：1.2006年及以后年份公路通车里程含村道,以前年份不含村道。2.2013年公路客运量不包含城市公交，出租车在公路上的客运量。

Note:1. Lengh of Highways in 2006 include village highways, but not the before.2.In 2013, Highway Passengers exclude the city bus、taxi passengers on the highway.

13-8 民用汽车拥有量

年份 Year	民用汽车总计（辆） Total(units)	载客汽车 Passenger Vehicles	大型 Large	中型 Medium	小型 Small	微型 Minicar	载货汽车 Trucks
1978	26148	5436					19056
1979	30611	6388					22756
1980	35999	7803					26719
1981	39862	9101					29226
1982	44316	10642					32006
1983	46662	11750					33012
1984	50966	14755					34710
1985	63062	20908					40259
1986	74490	25125					47244
1987	83405	27341					53716
1988	92218	29915					59180
1989	102413	33722					63283
1990	110208	37351					67320
1991	121247	42267					73081
1992	137272	50379					81086
1993	166299	63815					95476
1994	210404	76411					126228
1995	200765	82319					111129
1996	201300	87416					107480
1997	221808	102238					111109
1998	248062	115711					125044
1999	278218	129613					140924
2000	321278	156890					154219
2001	366707	174359					172847
2002	436254	226854	13602	31433	150756	31063	198201
2003	520751	294034	14534	32526	209701	37273	214292
2004	632739	354640	15112	32240	268634	38654	221759
2005	742611	449592	15623	31203	362861	39905	231351
2006	935410	601426	17877	35720	504444	43385	272312
2007	1143059	773989	19171	37642	672830	44346	306995
2008	1339836	947323	20815	38216	842699	45593	328518
2009	1622123	1192518	22393	38913	1081539	49673	384572
2010	1996529	1502963	24704	39736	1384498	54025	451130
2011	2422264	1863029	26795	40178	1737509	58547	517735
2012	2861244	2244527	28079	38936	2116229	61283	574870
2013	3349445	2685948	28376	34761	2562331	60480	623600
2014	3884930	3180576	28833	32621	3059603	59519	664812
2015	4368030	3677895	31511	30037	3560075	56272	654994
2016	4950939	4271132	32201	26919	4164053	47959	644292
2017	5582343	4864625	33241	25037	4767594	38753	683473

Possession of Civil Vehicles

重型 Heavy	中型 Medium	轻型 Light	微型 Minicar	其他汽车 Other	机动车驾驶员（万人） Number of Motor Drivers (10000 persons)	#汽车 Automobile Drivers
				1656	12.93	3.41
				1467		
				1477	17.81	4.69
				1535		
				1668		
				1900		
				1501		
				1895	24.39	6.46
				2121	33.77	8.90
				2348	38.17	10.05
				3123	46.10	11.09
				5408	49.10	11.96
				5537	52.84	12.87
				5899	58.13	14.16
				5807	64.36	26.31
				7008	75.64	32.20
				7765	115.40	23.39
				7317	143.32	31.84
				6404	167.81	44.08
				8461	203.33	57.30
				7307	228.02	65.31
				7681	255.93	73.24
				10169	300.43	86.84
				19501	282.18	91.50
9808	50210	99815	38368	11199	315.51	104.59
9261	49862	117418	37751	12425	350.54	119.01
16420	41106	130409	33824	56340	379.30	148.29
16437	40678	147566	26670	61668	442.79	176.70
21261	45415	183797	21839	61672	485.50	201.19
25951	49610	213939	17495	62075	537.80	242.62
27647	48799	238084	13986	63995	571.65	248.55
51124	47155	274372	11921	45033	632.89	335.71
64942	47062	329155	9971	42436	692.10	395.26
75986	47773	385704	8272	41500	753.72	461.83
82234	45452	440384	6800	41847	818.16	533.87
91710	37363	487858	6669	39897	876.77	586.15
102045	34816	522174	5777	39542	943.46	662.96
103154	31005	516264	4571	35141	1014.52	743.58
102384	23700	514666	3542	35515	1102.05	838.86
115143	21236	544741	2353	34245	1184.85	931.76

13-9 私人汽车拥有量

Possession of Private Vehicles

单位：辆

年份 Year	私人汽车（辆） Total(units)	载客汽车 Passenger Vehicles	大型 Large	中型 Medium	小型 Small	微型 Minicar
1985	3610	308				
1986	5736	697				
1987	10869	1579				
1988	17537	3718				
1989	24894	7969				
1990	26786	8826				
1991	38693	11464				
1992	43801	13996				
1993	54632	17609				
1994	70125	21444				
1995	63513	23572				
1996	55805	19519				
1997	67289	26304				
1998	59282	20945				
1999	71788	24743				
2000	151664	64490				
2001	180452	81197				
2002	228318	116503	881	8759	82554	24309
2003	287760	167499	772	8896	128012	29819
2004	341427	217712	580	8422	177408	31302
2005	420734	292894	413	8327	250720	33434
2006	569852	414642	531	9812	367077	37222
2007	775574	564416	639	10879	513874	39024
2008	945292	717899	535	11349	665055	40960
2009	1206193	943872	630	12041	885907	45294
2010	1541509	1225667	720	12662	1162370	49915
2011	1915787	1550413	789	13364	1481737	54523
2012	2327918	1913841	795	13081	1842456	57509
2013	2792295	2337830	772	10528	2269122	57408
2014	3312330	2823431	858	9204	2756514	56855
2015	3792753	3308677	732	7540	3246439	53966
2016	4366767	3886916	462	5766	3834767	45921
2017	4928775	4438450	410	4664	4396505	36871

13-9 续表

Continued

单位：辆

年份 Year	载货汽车 Trucks	大型 Large	中型 Medium	小型 Small	微型 Minicar	其他汽车 Others
1985	3292					10
1986	5038					1
1987	9286					4
1988	13782					37
1989	16864					61
1990	17940					20
1991	26674					555
1992	29539					266
1993	36642					381
1994	48237					444
1995	39500					441
1996	35938					348
1997	38987					1998
1998	37908					429
1999	46542					503
2000	86256					918
2001	97975					1280
2002	111078	3471	28928	51773	26906	737
2003	119459	3113	27535	62485	26326	802
2004	122833	5661	22336	71715	23121	882
2005	126890	5016	19010	83288	19576	950
2006	153818	6135	21503	109414	16766	1392
2007	179081	7389	23363	134076	14253	32077
2008	196626	7749	22467	154577	11833	30767
2009	234951	11450	22723	190293	10485	27370
2010	290366	15584	23792	241991	8999	25476
2011	341324	18746	24986	290048	7544	24050
2012	390001	20770	24691	338251	6289	24076
2013	431485	22614	20546	382194	6131	22980
2014	465590	26378	19895	414362	4955	23309
2015	464115	27890	17864	414047	4314	19961
2016	459121	27296	13933	414521	3371	20730
2017	471448	27181	12253	429756	2258	18877

13-10 主要年份水路运输情况

Waterway Transportation in Selected Years

年份 Year	内河航运里程（公里） Length of Navigable Inland Waterways (km)	#通航里程 Length of Waterways	客运量（万人） Passenger Traffic (10000 persons)	旅客周转量（亿人公里） Passenger-Kilometers (100 million person/km)	货运量（万吨） Freight Traffic (10000 tons)	货物周转量（亿吨公里） Freight Ton-kilometers (100 million ton-km)
1952	4078		165	0.95	117	1.16
1957	4315		582	2.35	596	4.75
1962	5141		1062	2.87	742	7.06
1965	4723		715	1.51	891	10.79
1970	3726		697	1.51	698	8.97
1975	3793		895	1.91	812	11.78
1978	3629		924	1.96	939	15.43
1979	3857		1040	2.35	999	16.32
1980	3857		1095	2.91	1111	20.90
1981	3857		1179	3.54	993	23.26
1982	3857		1266	3.34	1098	27.02
1983	3857		1237	3.36	1208	30.00
1984	3849		1312	3.28	1209	35.56
1985	3888		1273	3.70	1250	35.00
1986	3888		1401	3.74	1480	44.09
1987	3888		1567	4.07	1458	50.63
1988	3888		1664	3.92	1545	53.59
1989	3888		1646	4.44	1689	79.36
1990	3888		1567	4.02	1708	77.50
1991	3888		1047	2.71	1211	79.72
1992	3888		1174	3.08	1938	128.08
1993	3888		784	3.53	2330	286.26
1994	3888		600	2.41	2996	302.28
1995	3888		649	2.30	3017	317.01
1996	3888		714	2.29	3355	304.57
1997	3725		729	2.13	3555	322.92
1998	3725		728	1.60	3700	367.55
1999	3701		721	1.44	4079	416.48
2000	3701		726	1.44	4078	358.63
2001	3701		680	1.13	4535	427.39
2002	3701		643	1.03	4950	462.62
2003	3955	3245	707	1.11	6324	835.07
2004	3955	3245	897	1.32	7567	964.99
2005	3955	3245	985	1.39	9210	1134.64
2006	3955	3245	1148	1.50	10841	1434.92
2007	3955	3245	1320	1.75	12130	1553.84
2008	3955	3245	1305	1.67	15193	1708.39
2009	3955	3245	1340	1.83	14271	1785.85
2010	3955	3245	1444	2.14	16803	2218.88
2011	3955	3245	1596	2.41	18872	2554.34
2012	3955	3245	1701	2.72	21100	2922.99
2013	3955	3245	1711	2.85	23162	2954.71
2014	3955	3245	1794	2.87	25782	3655.72
2015	3955	3245	1996	2.84	28419	4298.52
2016	3955	3245	2016	2.72	31668	4846.44
2017	3955	3245	1925	2.78	33453	5429.82

注：2003年起货物运输量及货物周转量含厦门远洋总公司，与往年不可比。

Note: Freight traffic and turnover ton-kilometers from 2003 include the data of Xiaman Ocean Company , and are not comparable with that in previous years.

13-11 民用航空情况（1978-2017年）

Basic Statistics of Civil Aviation(1978-2017)

年份 Year	空港数（个） Number of Air Ports (unit)	旅客发送量（万人） Passenger Departing (10000 persons)	货物发送量（万吨） Freight Departing (10000 tons)	旅客周转量（万人公里） Passenger-kilometers (10000 person km)	货物周转量（万吨公里） Freight Ton-kilometers (10000 ton-km)
1978	1	1.15	0.02		
1979	1	1.10	0.04		
1980	1	1.94	0.06		
1981	2	3.12	0.08		
1982	2	5.11	0.11		
1983	3	5.50	0.18		
1984	2	6.66	0.29		
1985	2	7.00	0.11	500	43
1986	2	18.94	0.28	1300	300
1987	2	32.61	0.54	31200	500
1988	2	45.55	0.69	44500	800
1989	2	51.55	0.82	50400	900
1990	2	55.49	0.83	49800	800
1991	2	72.90	1.06	70800	1100
1992	2	108.68	1.54	106100	1700
1993	3	155.20	2.27	155400	2400
1994	3	214.60	2.79	210600	2600
1995	3	261.50	4.71	248200	5000
1996	3	301.20	5.82	289799	6627
1997	4	316.10	5.81	305534	6856
1998	4	301.96	6.49	295519	7432
1999	4	327.85	7.20	326223	7816
2000	4	353.25	5.84	375163	6700
2001	4	414.56	6.30	433095	7200
2002	4	475.51	7.62	494742	8623
2003	4	490.61	7.84	526763	9146
2004	5	623.24	8.78	682610	10655
2005	5	692.19	10.09	785426	12655
2006	5	778.50	10.96	896084	14017
2007	5	924.92	12.15	1097429	15742
2008	5	961.89	12.41	1137307	16458
2009	5	1112.39	12.66	1320686	16770
2010	5	1356.10	15.81	1622300	21200
2011	5	1531.65	16.65	1889700	23300
2012	5	1684.39	17.58	2159100	25500
2013	5	1857.21	19.18	2423081	28087
2014	5	2045.90	20.98	2796316	31631
2015	5	2385.01	22.09	3397446	34789
2016	6	2587.34	23.39	3942475	42424
2017	6	2983.98	24.72	4819880	53948

13-12 主要年份沿海港口货物吞吐量

Freight Handled at Principal Seaports in Selected Years

单位：万吨　　(10000 tons)

年份 Year	总计 Total	福州港 Fuzhou	厦门港 Xiamen	泉州港 Quanzhou	宁德港 Ningde	湄州湾港 Meizhouwan	漳州港 Zhangzhou	吞吐总量指数(以1950年为100) Index(1950=100)
1952	56.68	32.00	5.76	6.50	5.00	7.42		169.6
1957	165.96	85.87	54.87	9.60	8.38	7.24		496.7
1962	135.14	49.33	48.68	13.49	5.56	18.08		404.5
1965	239.87	57.75	110.53	34.10	10.20	27.29		718.0
1970	211.23	59.26	102.94	25.37	9.91	13.75		632.2
1975	284.26	120.00	104.27	23.26	20.33	16.40		850.8
1978	408.13	172.04	120.44	29.54	18.75	22.11		1174.5
1980	685.40	208.89	164.87	31.30	25.60	19.77		1802.2
1981	761.05	217.98	162.28	25.36	26.49	17.85		1841.8
1982	816.44	259.87	190.44	21.54	28.26	21.77		2110.7
1983	869.55	311.15	200.02	24.29	29.31	22.06		2294.2
1984	943.46	347.00	250.52	23.36	30.36	22.38		2623.7
1985	1114.09	357.15	290.97	26.02	51.53	31.60	61.84	2813.8
1986	1159.90	442.46	203.89	38.04	44.39	33.52	107.90	3241.8
1987	1303.36	439.61	417.01	42.24	46.36	40.79	105.63	3565.0
1988	1396.79	445.36	457.12	60.01	43.67	57.88	124.34	3785.0
1989	1614.99	597.90	499.45	59.78	47.71	59.58	135.90	4833.9
1990	1496.50	560.89	519.11	52.65	49.27	27.55	115.60	4479.2
1991	1706.38	725.07	581.87	125.28	97.64	41.26	130.04	5107.4
1992	1862.12	720.51	661.07	217.27	46.53	92.75	120.24	5573.5
1993	2679.09	939.66	940.39	469.54	111.53	57.23	153.47	8018.8
1994	3002.33	914.39	1166.50	558.06	139.68	82.12	125.47	8986.3
1995	3460.80	1098.89	1313.87	680.47	137.94	99.65	116.61	10358.6
1996	3959.00	1248.00	1553.00	804.00	138.00	86.00	130.00	11849.7
1997	4485.00	1371.00	1754.00	1006.00	124.00	78.00	151.00	13424.1
1998	4518.00	1288.00	1639.00	1111.00	183.00	108.00	189.00	13522.9
1999	5285.00	1481.00	1773.00	1521.00	182.00	136.00	192.00	15818.9
2000	6944.17	2425.48	1965.26	1712.18	221.19	201.34	418.72	20785.1
2001	8278.42	2961.29	2098.91	2102.08	261.00	320.80	534.34	24778.7
2002	10200.62	3906.72	2734.51	2122.85	185.38	480.41	770.75	30532.2
2003	12495.48	4753.07	3403.88	2511.53	141.78	600.16	1085.06	37401.1
2004	15834.76	5938.63	4261.37	3093.82	184.17	836.04	1520.73	47396.1
2005	19605.25	7443.45	4770.76	4046.16	213.54	1050.03	2081.31	58681.8
2006	23687.61	8847.82	7792.07	5134.93	447.00	1301.11	164.68	70901.0
2007	23602.90	6433.32	8117.20	6215.32	691.13	1612.74	533.19	70647.5
2008	27070.06	6702.59	9701.96	7224.30	1007.26	1802.26	631.69	81025.2
2009	30541.81	8094.10	11096.28	7666.34	1240.45	1542.38	902.26	91416.7
2010	32687.01	7124.79	12728.05	8455.37	1420.33	1755.99	1202.47	97806.7
2011	37278.95	10221.08	15653.55	9330.48		2073.84		111546.8
2012	41359.23	11410.22	17227.32	10371.51		2350.19		123755.9
2013	45475.19	12759.03	19087.83	10804.09		2824.25		136071.8
2014	49166.24	14391.14	20503.96	11200.70		3070.44		147117.0
2015	50282.09	13967.23	21022.52	12241.21		3051.13		150455.9
2016	50776.09	14515.66	20910.78	12560.57		2789.09		151934.1
2017	51995.49	14838.16	21116.25	12986.17		3054.91		155582.8

注：2011年起，漳州港并到厦门港，宁德港并到福州港。

Note:Since 2011,Zhangzhou seaports divided to Xiamen Seaports,Ningde seaports divided to Fuzhou Seaports.

13-13 主要年份邮电通信业务情况

Basic Conditions of Postal and Telecommunication Services in Selected Years

年份 Year	邮电业务总量（亿元） Business Volume of Post and Telecommunications Service (100 million yuan)	邮政业务总量（亿元） Business Volume of Post (100 million yuan)	电信业务总量（亿元） Business Volume of Telecommunications Service (100 million yuan)	函件（亿件） Number of Letters Delivered(100 million piece)	本地电话用户（万户） Number of Fixed Telephone Subscribers at Year-end (10000 household)	移动电话用户（万户） Mobile Phones Users (10000 household)
1952	0.13			0.18	0.60	
1965	0.60			0.80	3.24	
1970	0.60			0.67	3.19	
1975	0.86			0.84	4.46	
1978	1.01			0.88	5.88	
1980	1.22			1.15	6.57	
1981	1.35			1.19	6.86	
1982	1.40			1.19	7.28	
1983	1.53			1.21	7.84	
1984	1.72			1.32	8.83	
1985	2.08			1.52	10.14	
1986	2.31			1.61	11.15	
1987	2.80			1.75	11.07	
1988	3.72			1.90	14.45	
1989	5.42			1.77	17.91	
1990	7.32			1.62	22.82	
1991	9.51			1.68	29.04	
1992	14.69			2.04	42.75	
1993	24.22			2.56	75.00	
1994	36.48			2.84	117.73	
1995	52.75	4.26	48.50	3.16	168.65	15.50
1996	73.02	4.85	68.17	3.29	219.26	35.65
1997	99.52	5.62	86.98	3.03	285.51	77.82
1998	131.84	6.59	125.25	2.95	347.46	142.20
1999	179.93	7.98	171.95	2.50	436.25	281.29
2000	246.34	10.22	236.12	2.42	562.70	441.00
2001	194.43	17.71	176.72	2.38	750.28	619.97
2002	257.49	19.49	238.00	2.70	937.10	792.04
2003	318.24	22.36	295.88	2.82	1124.87	965.00
2004	426.76	22.62	404.14	2.62	1266.00	1134.00
2005	519.76	25.61	494.15	2.29	1398.53	1302.00
2006	633.04	27.93	605.11	3.05	1485.53	1538.91
2007	787.79	29.24	758.55	2.54	1482.00	1809.00
2008	883.43	32.65	850.78	2.67	1431.00	2368.00
2009	995.77	35.66	960.11	2.60	1245.00	2639.00
2010	1194.20	35.98	1158.22	2.52	1046.00	3022.00
2011	513.50	59.31	454.19	2.45	1015.00	3553.00
2012	594.90	78.69	516.21	2.46	1017.00	4049.00
2013	667.54	114.10	553.44	2.15	984.00	4303.00
2014	857.49	162.67	694.82	1.80	933.32	4276.73
2015	1065.89	217.23	848.66	1.29	888.54	4240.16
2016	889.21	300.69	588.52	1.09	815.70	4159.04
2017	1289.86	392.86	897.00	1.16	781.75	4295.03

注：2011年邮政业务总量以2010年不变价计算，2016年电信业务总量以2015年不变价计算。

Note:Business Volume of Post Service was calculated at 2010 constant prices.Business Volume of Telecommunications Service was calculated at 2015 constant prices.

13-14 邮电业务总量(1995-2017年)

Business Volume of Postal and Telecommunication Services(1995-2017)

年份 Year	邮电业务总量（亿元） Business Volume of Post and Telecommunications Service (100 million yuan)	电信业务总量（亿元） Business Volume of Telecommu- nication Services (100 million yuan)	快递业务量（万件） Express Mail Services (10000 piece)	集邮业务（万枚） Stamp Collection Business(10000 pcs)	互联网用户（万户） Internet Service Users (10000 household)
1995	52.75	48.50			
1996	73.02	68.17			
1997	99.52	86.98			
1998	131.84	125.25		13050.82	3.85
1999	179.93	171.95		13308.40	13.10
2000	246.34	236.12		11007.97	70.70
2001	194.43	176.72		8871.11	183.29
2002	257.49	238.00		7775.50	253.57
2003	318.24	295.88		5409.86	298.08
2004	426.76	404.14		5569.77	285.44
2005	519.76	494.15		4375.56	600.21
2006	633.04	605.11		4364.30	760.83
2007	787.79	758.55		4379.70	876.00
2008	883.43	850.78	5577.00	4509.00	1240.00
2009	995.77	960.11	6961.00	4196.80	1640.00
2010	1194.20	1158.22	10069.00	3526.30	2388.00
2011	513.50	454.19	15765.00	4567.70	2872.00
2012	594.90	516.21	22594.00	5267.00	3461.00
2013	667.54	553.44	44536.00	5606.00	3590.00
2014	857.49	694.82	65417.31	5423.00	3859.04
2015	1065.89	848.66	88786.20	5314.95	3963.83
2016	889.21	588.52	128985.77	6222.02	4412.12
2017	1289.86	897.00	166110.69	5112.36	4882.36

注：2011年起，邮政业务总量按2010年不变价计算；2016年起，电信业务总量按2015年不变价计算。

Note:Since 2011, usiness Volume of Post Services were calculated at 2010 constant prices.Since 2011,Business Volume of Telecommunications Service was calculated at 2015 constant prices.

13-15 电信主要通信能力

Condition of Postal and Telecommunication Services

年份 Year	长途电话业务电路（路） Capacity of Long-distance Telephone Exchanges (circuit)	局用交换机容量（万门） Capacity of Local Telephone Exchanges (10 000 lines)	移动电话交换机容量（万户） Capacity of Mobile Telephone Exchanges (10000 household)	移动电话基站（个） Base Stations of Mobile Telephones (unit)	光缆线路长度（公里） Length of Optical Cable Lines (km)	长途光缆线路总长度（公里） Length of Long Distance Optical Cable Lines (km)
2002	254805	1200	1109	7758	93212	18322
2003	348171	1409	1174	9844	107085	19008
2004	487320	1651	1371	16992	133894	23600
2005	1066980	1795	1574	17310	152162	24532
2006	1460640	1908	2296	20757	170943	24270
2007	10994310	1969	3721	26963	182844	18121
2008	15786480	1956	4629	33292	237445	20314
2009	25093230	1925	5741	50096	302749	20262
2010	38357820	1809	6282	60136	392803	21061
2011	48453510	1748	7180	78013	484873	21622
2012	60438210	1630	7703	87717	570312	22159
2013	79894800	1548	7726	98495	699226	21692
2014	110531763	1232	7895	138892	738003	22471
2015	129019338	922	8204	186535	831928	23278
2016	7690864	400	7964	218757	1025649	24282
2017		280	5614	231161	1261460	23483

13-16 邮政业网点及邮递路线

Postal Network and Postal Routes

项目	Item	2010	2013	2014	2015	2016	2017
营业网点（处）	Number of Offices (unit)	2254	4275	4341	6467	7418	9308
快递营业网点	Outlets for Express Services	2254	4125	4222	6453	6058	7916
信筒信箱（个）	Number of Post Boxes(unit)	14429	9901	9623	8730	8368	8239
农村投递路线（公里）	Rural Delivery Routes(km)	89432	91687	93057	92262	93164	98721
城市投递路线（公里）	Urban Delivery Routes(km)	40401	32268	36047	33147	37707	41005
邮政总长度（公里）	Length of Postal Routes(km)	218405	182600	192848	203778	227354	456716
航空邮路	Airway	160227	116466	129466	129466	129466	386390
铁路邮路	Railway	13416	2834	987	1302	1302	
汽车邮路	Moter	43770	62624	61700	72387	96088	69992

注：2012年航空、铁路、汽车邮路不含EMS部分。

13-17 设区市交通运输业基本情况（2017）

Basic Conditions of Transportation by City(2017)

项目	Item	客运量（万人）Passenger Traffic (10000 persons)	旅客周转量（亿人公里）Passenger-Kilometers(100 million passenger-km)	货运量（万吨）Freight Traffic (10000 tons)	货物周转量（亿吨公里）Freight Ton-kilometers (100 million ton-km)	全社会机动车拥有量（万辆）Possession of Motor Vehicles (10000 units)	汽车 Automobiles
福建省	**Total**	**39509.47**	**230.6**	**129051.96**	**6643.9**	**966.17**	**558.23**
福州市	Fuzhou	9580.14	48.1	28221.75	2204.0	149.09	122.61
厦门市	Xiamen	5042.83	26.2	29451.40	1825.5	146.45	123.27
莆田市	Putian	3149.01	27.8	5789.35	72.0	64.03	30.37
三明市	Sanming	2355.73	17.7	10619.24	112.2	57.73	24.34
泉州市	Quanzhou	5819.88	41.4	27777.90	1919.2	236.62	127.43
漳州市	Zhangzhou	2409.08	16.7	9320.13	120.1	99.44	46.16
南平市	Nanping	1907.90	12.0	3784.46	124.9	66.56	23.65
龙岩市	Longyan	2084.75	12.1	9292.52	128.0	96.87	38.77
宁德市	Ningde	7160.15	28.6	4795.20	138.1	47.31	20.30
平潭综合实验区	Pingtan	829.38	4.0	1786.59	277.3	7.03	4.52

13-18 设区市邮电通信业务基本情况（2017）

Basic Conditions of Postal and Telecommunication by City(2017)

项目	Item	邮政业务总量（亿元）Business Volume of Postal Services (100 million yuan)	电信业务总量（亿元）Business Volume of Telecommunication Services (100 million yuan)	本地电话用户（万户）Number of Fixed Telephone Subscribers at Year-end (10000 household)	移动电话用户（万户）Number of Mobile Telephone Subscribers at Year-end (10000 household)	互联网用户（万户）Number of Internet Users (10000 household)	快递业务（万件）Pieces of Express Mail Services (10000 piece)	邮路单程长度（公里）Length of Postal Route (km)
福建省	**Total**	**392.86**	**897.00**	**781.75**	**4295.03**	**4882.36**	**166110.69**	**456716**
福州市	Fuzhou	81.65	223.42	169.48	925.17	1058.87	33959.62	173124
厦门市	Xiamen	56.39	145.24	117.10	596.07	720.12	24364.66	171180
莆田市	Putian	36.14	62.98	58.42	302.69	347.90	11095.10	1050
三明市	Sanming	7.56	39.52	42.61	244.05	269.04	2377.47	6159
泉州市	Quanzhou	158.95	201.41	172.54	942.01	1071.60	74432.15	89032
漳州市	Zhangzhou	20.59	86.94	81.18	477.47	520.21	8528.16	3940
南平市	Nanping	9.56	42.79	42.41	259.88	283.12	3003.24	4955
龙岩市	Longyan	9.66	44.81	54.14	257.64	294.75	3648.88	4140
宁德市	Ningde	12.35	49.89	43.87	290.05	316.75	4701.42	3136
平潭综合实验区	Pingtan	1.13	6.99	6.64	34.83	39.18	377.85	

主要统计指标解释

铁路营业里程 又称营业长度(包括正式营业和临时营业里程)，指办理客货运输业务的铁路正线总长度。凡是全线或部分建成双线及以上的线路，以第一线的实际长度计算复线、站线、段管线、岔线和特殊用途线以及不计算运费的联络线都不计算营业里程。该指标可以反映铁路运输业基础设施的发展水平，也是计算客货周转量、运输密度和机车车辆运用效率等指标的基础资料。

铁路电气化里程 指在全部铁路营业里程中已安装了供电线路及设备，可以供电力机车牵引列车运行的区段的总里程。

公路里程 指在一定时期内实际达到《公路工程［WTBZ］技术标准 JTJ01-88》规定的等级公路，并经公路主管部门正式验收交付使用的公路里程数。包括大中城市的郊区公路以及通过小城镇街道部分的公路里程和桥梁、渡口的长度，不包括大中城市的街道、厂矿、林区生产用道和农业生产用道的里程。两条或多条公路共同经由同一路段，只计算一次，不得重复计算里程长度。该指标可以反映公路建设的发展规模，也是计算运输网密度等指标的基础资料。

货(客)运量 指在一定时期内，各种运输工具实际运送的货物(旅客)数量。该指标是反映运输业为国民经济和人民生活服务的数量指标，也是制定和检查运输生产计划、研究运输发展规模和速度的重要指标。货运按吨计算，客运按人计算。货物不论运输距离长短、货物类别，均按实际重量统计。旅客不论行程远近或票价多少，均按一人一次客运量统计；半价票、小孩票也按一人统计。

货物(旅客)周转量 指在一定时期内，由各种运输工具运送的货物(旅客)数量与其相应运输距离的乘积之总和。该指标可以反映运输业生产的总成果，也是编制和检查运输生产计划，计算运输效率、劳动生产率以及核算运输单位成本的主要基础资料。计算货物周转量通常按发出站与到达站之间的最短距离，也就是计费距离计算。计算公式为:

货物(旅客)周转量= 货物(旅客)运输量×运输距离

民用汽车拥有量 指报告期末，在公安交通管理部门按照《机动车注册登记工作规范》，已注册登记领有民用车辆牌照的全部汽车数量。汽车拥有量统计的主要分类: 根据汽车结构分为载客汽车、载货汽车及其他汽车；根据汽车所有者不同分为个人(私人)汽车、单位汽车；根据汽车的使用性质分为营运汽车、非营运汽车和特种汽车；根据汽车大小规格不同载客汽车分为大型、中型、小型和微型，载货汽车分为重型、中型、轻型和微型。

邮电业务总量 指以价值量形式表现的邮电通信企业为社会提供各类邮电通信服务的总数量。邮电业务量按专业分类包括函件、包件、汇票、报刊发行、邮政快件、特快专递、邮政储蓄、集邮、公众电报、用户电报、传真、长途电话、出租电路、无线寻呼、移动电话、分组交换数据通信、出租代维等。计算方法为各类产品乘以相应的平均单价(不变价)之和，再加上出租电路和设备、代用户维护电话交换机和线路等的服务收入。该指标综合反映了一定时期邮电业务发展的总成果，是研究邮电业务量构成和发展趋势的重要指标。计算公式为:

邮电业务总量= Σ(各类邮电业务量×不变单价)+ 出租代维及其他业务收入= 邮电业务总量+电信业务总量

移动电话用户 指通过移动电话交换机进入移动电话网、占用移动电话号码的各类电话用户。包括签约用户和智能网预付费用户。一个移动电话号码统计为一户。

本地电话用户 指接入本地电信运营商固定电话网上的电话用户。包括: 住宅用户、单位用户、公用电话用户等。按电话用户位置又分为市内电话用户和农村电话用户。1997 年以前，“市内电话用户”是指接入县城及县以上城市的电话网上的电话用户；“农村电话用户”是指接入县邮电局农话台及县以下农村电话交换点，以县城为中心(除市话用户外)联通县、乡(镇)、行政村、村民小组的用户。从 1997 年起，电话用户数分组调整为以用户所在区域划分为“城市电话用户”和“乡村电话用户”，与过去的按市内电话和农村电话划分方法不同。而电话用户总数、电话机总部数统计范围不变。

移动电话交换机容量 指移动电话交换机根据一定话务模型和交换机处理能力计算出来的最大同时服务用户的数量。

Explanatory Notes on Main Statistical Indicators

Length of Railways in Operation refers to the total length of the trunk line under passenger and freight transportation (including both full operation and temporary operation). The calculation is based on the actual length of the first line even if this line has a full or partial double track or more tracks, excluding double tracks, station sidings, tracks under the charge of stations, branch lines, special-purpose lines and the non-payable connecting lines. The length of railways in operation is an important indicator to show the development of the infrastructure for the railway transport, and also the essential data to calculate volume of passenger freight transport, traffic density and utilization efficiency of the locomotives and carriages.

Length of Electrified Railways refers to the length of the section of railways in operation in which the power supply lines and other equipment are installed for the running of electrified locomotives. The proportion of the length of electrified railways to the total length of railways in operation is an important indicator to show the modernization of railways.

Length of Highways refers to the length of highways which are built in conformity with the grades specified by the highway engineering standard formulated by the Ministry of Communications, and have been formally checked and accepted by the departments of highways and put into use. The length of highways includes that of the suburb highways at large and medium sized cities, highways passing through streets at small cities and towns, and also the length of bridges and ferries. It does not include the length of streets in big and medium-sized cities and highways built for the production purpose at factories, mines, forest areas and agricultural areas. If two or more highways go the same section of the way, the length of the section is only calculated for once and no duplication is allowed. The length of highways is an important indicator to show the development of the highway construction and to provide essential information to calculate the transport network density.

Freight (Passenger) Traffic refers to the volume of freight (passenger) transported with various means within a specific period of time. This indicator reflects the service of the transport industry towards the national economy and people’s living conditions, as well as an important indicator used in formulating and monitoring transport production plans and research into the scale and pace of transport development. Freight transport is calculated in tons and passenger traffic is calculated in terms of number of persons. Freight transport is calculated in terms of the actual weight of the goods and takes no account of the type of freight and distance of travel. Passenger traffic is calculated by the principle that one person can be counted only once in one trip and takes no account of the travelling distance and ticket price. The passengers who travel with a half price ticket or a child’s ticket is also calculated as one person.

Freight Ton-kilometers (Passenger-kilometers) refer to the sum of the products of the volume of transported cargo (passengers) multiplying by the transport distance. It is an important indicator to reflect the achievement of transportation industry. Normally, the shortest distance between the departure station and the destination station (i.e., the payable distance) is the basis to calculate the freight ton-kilometers. This is an import ant indicator to show the total results of the transport industry, to prepare and examine the transport plan and to measure the efficiency, the lab our productivity and t he unit cost of transport.The formula is as follows:

Possession of Civil Motor Vehicles refer to the total numbers of vehicles that are registered and received vehicles' license tags according to the Work Standard for Motor Vehicles Registration formulated by transport management office under department of public security at the end of reference period. They are divided into following categories according to the structure of motor vehicles: passenger vehicles, trucks and others; and private vehicles and vehicles for units use according to ownerships; working vehicles, non-working vehicles and special motor vehicles according to kind of usage; large passenger vehicles, medium passenger vehicles and small passenger vehicles, heavy trucks, light-heavy trucks and light trucks according to sizes of vehicles.

Business Volume of Post and Telecommunications refers to the total amount of post and telecommunication services, expressed in value terms, provided by the post and telecommunications departments for the society. Post and telecommunication services can be classified as letters, parcels, remittance, issue of newspapers and magazines, fast mail service, express mail service, savings deposits, stamps for collection, public and individual telegraph service, facsimiles, long-distance telephone service, leasing of telephone lines, urban paging service, mobile telephone service, data transfer and transmission, etc. The accounting approach is to multiply the service products of all types with their average unit price (constant price) to get sum of business value, plus income from other services such as leasing of telephone lines and equipment, maintenance of telephone switchboards and lines on behalf of customers . This indicator reflects the overall results of post and telecommunications service during a given period, and is important to study the composition of business service and the development of post and telecommunications service.The formula is as follows:

Business Volume of Post and Telecommunications= ∑(Transaction of Post and Telecommunication Service × Constant Price) + Income from Leasing, Maintenance and other Services

Mobile Telephone Subscribers refer to the persons who own mobile telephone numbers and are connected with the mobile telephone communication network through the mobile telephones witch boards, including contracted subscribers and prepaid subscribers for intelligent network. One mobile telephone is taken as a subscriber.

Local Telephone Subscribers refer to subscribers that are connected to the local telecommunication service provider through fix line network, including household subscribers, institutional subscribers and public telephones. They are also classified as city subscribers and rural subscribers according to locations. Before 1997, city subscribers referred to those connected to city telephone networks in county towns and cities, while village subscribers referred to those connected to village telephone stations at and below counties. Since 1997, the classification of telephone subscribers was modified on the basis of physical location of the subscribers as urban telephone subscribers and rural telephone subscribers , which is different from the previous classification of categorizing local telephones and rural telephones , while the definition of total subscribers and total number of telephones remain unchanged.

Capacity of Mobile Telephone Exchanges refers to the capacity of the maximum services provided to subscribers at onetime basing on a certain model and transacting capacity of the mobile telephone exchanges.

第十四篇　批发零售、住宿餐饮和旅游业

Chapter 14　Wholesales, Retail Sales, Hotels,Catering Service and Tourism

---

资料整理：许红琳 戴斌 叶玲

Database Editor: Xuhonglin Daibin Yeling

简要说明

本篇资料的主要内容及来源

本篇资料反映了全省国内市场发展情况、批发和零售业、住宿和餐饮业经营情况和旅游业发展情况，主要包括批发和零售业商品流转情况及财务状况、住宿和餐饮业经营情况及财务状况、社会消费品零售总额、旅游业等内容。

本篇资料中限额以上批发和零售业、住宿和餐饮业资料来源于批发和零售业、住宿和餐饮业统计年报资料，限额以下批发和零售业、住宿和餐饮业经营情况来源于抽样调查，旅游资料来源于省旅游局。

本篇资料由省统计局贸易外经统计处整理提供。

Brief Introduction

Main Content and Source of Data

Data in this chapter show the development of Fujian’s domestic market, wholesale and retail trade, hotels and catering services, mainly including the circulation of commodities in the wholesale and retail trade, the total retail sales of consumer goods and the financial indices of related businesses and tourism etc.

Except the data noted, all data in this chapter are based on the annual report of wholesale, retail, hotels and catering services and periodic statistical statements of 2011.Data on tourism are provided by Fujian Tourism Administration.

Data in this chapter are collected and compiled by the Division of Trade and External Economic Relations Statistics of Fujian Provincial Bureau of Statistics.

14-1 主要年份社会消费品零售总额

Total Retail Sales of Consumer Goods in Selected Years

单位：亿元 (100 million yuan)

年份 Year	社会消费品零售总额 Total Retail Sale of Consumer Goods	社会消费品零售总额指数 Ratio(%) 以上年为100 Preceding Year=100	以1950为100 Year of 1950=100	年份 Year	社会消费品零售总额 Total Retail Sale of Consumer Goods	社会消费品零售总额指数 Ratio(%) 以上年为100 Preceding Year=100	以1950为100 Year of 1950=100
1951	4.71	122.3	122.3	1995	645.47	127.9	16765.5
1952	5.54	117.6	143.9	1996	801.67	124.2	20822.6
1957	10.70	100.5	277.9	1997	950.78	118.6	24695.6
1962	13.96	118.1	362.6	1998	1089.59	114.6	28301.0
1965	16.03	102.9	416.4	1999	1198.55	110.0	31131.2
1970	16.91	99.1	439.2	2000	1320.80	110.2	34306.5
1975	23.68	108.3	615.1	2001	1442.32	109.2	37462.9
1978	30.56	111.9	793.8	2002	1593.76	110.5	41396.4
1979	35.92	117.6	933.0	2003	1797.76	112.8	46695.1
1980	45.47	126.6	1181.0	2004	2062.03	114.7	53559.2
1981	51.47	113.2	1336.9	2005	2351.72	114.0	61083.6
1982	56.77	110.3	1474.5	2006	2717.62	115.6	70587.5
1983	62.59	110.3	1625.7	2007	3212.34	118.2	83437.4
1984	74.50	119.0	1935.1	2008	3866.69	120.4	100433.5
1985	96.04	128.9	2494.5	2009	4481.00	115.9	116389.5
1986	109.07	113.6	2833.0	2010	5310.03	118.5	137922.9
1987	126.06	115.6	3274.3	2011	6276.17	118.2	163017.4
1988	173.74	137.8	4512.7	2012	7256.54	115.6	188481.6
1989	202.30	116.4	5254.5	2013	8275.35	114.0	214944.2
1990	207.74	102.7	5395.8	2014	9346.74	112.9	242772.5
1991	230.99	111.2	5999.7	2015	10505.93	112.4	272881.3
1992	289.38	125.3	7516.4	2016	11674.54	111.1	303234.8
1993	374.10	129.3	9716.9	2017	13013.00	111.5	338000.0
1994	504.66	134.9	13108.1				

14-2 限额以上批发零售与住宿餐饮业企业基本情况

Basic Conditions of Enterprises above Designated Size in Wholesale and Retail Trades,Hotels and Catering Services

项目	Item	2005	2010	2013	2014	2015	2016	2017
法人企业（个）	**Number of Corporation(unit)**	**3107**	**4997**	**9308**	**10948**	**12324**	**13653**	**14390**
批发和零售业	Wholesale and Retail Trades	2499	3924	7770	9275	10554	11820	12473
住宿和餐饮业	Hotels and Catering Services	608	1073	1538	1673	1770	1833	1917
批发和零售业（亿元）	**Wholesale and Retail Trades (100 million yuan)**							
商品购进总额	Total Goods Purchase	2796.41	7707.09	14595.24	16719.48	18567.79	20947.86	25582.61
商品销售总额	Total Goods Sales	3051.03	8304.12	16029.30	18709.01	20516.43	23004.04	28556.93
商品库存总额	Total Goods Inventory	192.07	657.42	1124.21	1122.82	1128.44	1177.17	1509.67
住宿和餐饮业营业收入（亿元）	**Total Sales in Hotels and Catering Services(100 million yuan)**	**79.36**	**197.63**	**306.18**	**299.33**	**320.84**	**352.64**	**413.86**

14-3 限额以上批发和零售企业基本情况(2017年)

Basic Conditions of Wholesale and Retail Trades(2017)

项目 Item	法人企业（个） Number of Corporation (unit)	商品购进额（万元） Total Goods Purchase (10000 yuan)	商品销售额（万元） Sales (10000 yuan)	#批发额（万元） Wholesale (10000 yuan)	期末商品库存额（万元） Inventory at the Year-end (10000 yuan)
合计 Total	**12473**	**255826132**	**285569316**	**221410214**	**15096744**
批发业 Wholesale	**6358**	**208914880**	**227840392**	**216063148**	**11412410**
按登记注册类型分 By Registration Category					
内资企业 Domestic Funded Enterprises	6165	198071604	215184345	205739423	10675884
#国有企业 State-owned Enterprises	69	6517766	8526682	8506173	423876
集体企业 Collective-owned Enterprises	30	291980	293778	281888	40895
有限责任公司 Limited Liability Corporations	2154	84097541	92513373	89566039	4885482
股份有限公司 Share-holding Corporations Ltd.	96	34855481	35757852	33625903	2630320
私营企业 Private Enterprises	3811	72249249	78027649	73707984	2692468
其他企业 Other Enterprises	4	47751	52948	39375	2583
港澳台商投资企业 Funds from Hong Kong, Macao and Taiwan	129	5917823	6544370	6165279	470119
外商投资企业 Foreign Funded Enterprises	64	4925453	6111677	4158445	266408
按行业分 By Sector					
农、林、牧产品批发 Wholesale of Farming,Forestry,Animal Husbandry Products	230	3070345	3136662	2973365	480550
食品、饮料及烟草制品批发 Wholesale of Food, Beverages and Tobaccos	780	20035045	23673758	21709415	1479044
#米、面制品及食用油批发 Sholesale of Rice, Wheat Products and Rdible Oil	107	2721410	2847224	2648447	550043
烟草制品批发 Wholesale of Tobaccos	17	7927674	9739312	9739312	337301

14-3 续表1

Continued

项目 Item	法人企业（个） Number of Corporation (unit)	商品购进额（万元） Total Goods Purchase (10000 yuan)	商品销售额（万元） Sales (10000 yuan)	#批发额（万元） Wholesale (10000 yuan)	期末商品库存额（万元） Inventory at the Year-end (10000 yuan)
纺织、服装及家庭用品批发 Wholesale of Textiles, Garments and Daily Consumer Articles	1565	29079637	33193371	31957700	1512264
#服装批发 Wholesale of Garments	384	6901290	8495994	8057939	575872
家用电器批发 Wholesale of Family Electrical Equipments	107	1519443	1765326	1621753	259584
文化、体育用品及器材批发 Wholesale of Culture, Sports Products and Appliances	233	3478867	3968975	3701635	171280
医药及医疗器材批发 Wholesale of Medicines and Medical Appliances	290	4577965	5026900	4676992	444780
矿产品、建材及化工产品批发 Wholesale of Mineral Products, Building Materials and Chemical Products	2316	122807105	130836412	124530546	5401034
#煤炭及制品批发 Wholesale of Coal and Its Products	184	6012853	6398387	6285377	213328
石油及制品批发 Wholesale of Petroleum and Its Products	240	23768908	26504030	22102652	579101
金属及金属矿批发 Wholesale of Metal and Metal Mineral	511	51102994	52293839	51929261	2900003
建材批发 Wholesale of Building Materials	713	17606913	19804051	19022831	759006
化肥批发 Wholesale of Chemical Fertilizer	79	1043048	1185082	1143957	103174
机械设备、五金产品及电子产品批发 Wholesale of Machinery, Equipment, Hardware,Transport and Electic Products	758	11282144	12769511	11494996	1106051
#汽车批发 Wholesale of Motor Vehicles	111	2041349	2212601	1741899	135868
计算机、软件及辅助设备批发 Wholesale of Computer Software and Supplementary Equipments	59	894853	1030207	991315	82239
贸易经纪与代理 Trade Broker and Agent	39	1213661	1518262	1493799	55266
其他批发业 Other Wholesale not Classified Elsewhere	147	13370113	13716542	13524701	762141
零售业 Retail Trade	**6115**	**46911252**	**57728924**	**5347067**	**3684334**

14-3 续表2
Continued

项目 Item	法人企业（个） Number of Corporation (unit)	商品购进额（万元） Total Goods Purchase (10000 yuan)	商品销售额（万元） Sales (10000 yuan)	#批发额（万元） Wholesale (10000 yuan)	期末商品库存额（万元） Inventory at the Year-end (10000 yuan)
按登记注册类型分 By Registration Category					
内资企业 Domestic Funded Enterprises	5975	40283928	48082383	4594431	3284163
#国有企业 State-owned Enterprises	18	111028	117375	5753	8590
集体企业 Collective-owned Enterprises	67	291674	316244	64323	10520
有限责任公司 Limited Liability Corporations	2279	18129428	21340921	2047396	1490646
股份有限公司 Share-holding Corporations Ltd.	85	2202392	2813045	526292	150279
私营企业 Private Enterprises	3495	19436244	23348970	1939354	1610724
其他企业 Other Enterprises	27	109958	141812	11234	13194
港澳台商投资企业 Funds from Hong Kong, Macao and Taiwan	78	2829832	3161929	49924	202673
外商投资企业 Foreign Funded Enterprises	62	3797492	6484612	702711	197498
按行业分 By Sector					
综合零售 General Retail	595	6498232	7605955	140942	397954
#百货零售 Retail of Consumer Goods	180	1848575	2552471	47887	105531
超级市场零售 Retail of Supermarkets	304	4224628	4540582	37284	270541
食品、饮料及烟草制品专门零售 Retail of Food, Beverages and Tobaccos	1134	3902384	4633695	649473	270626
纺织、服装及日用品专门零售 Retail of Textiles, Garments, Shoes and Hats	449	2938509	4057822	595012	208616
#服装零售 Retail of Garments	149	882230	1418045	216920	101661

14-3 续表3

Continued

项目 Item	法人企业（个） Number of Corporation (unit)	商品购进额（万元） Total Goods Purchase (10000 yuan)	商品销售额（万元） Sales (10000 yuan)	#批发额（万元） Wholesale (10000 yuan)	期末商品库存额（万元） Inventory at the Year-end (10000 yuan)
文化、体育用品及器材专门零售 Retail of Culture, Sports Products and Equipments	259	1986591	2793560	425331	251319
#图书、报刊零售 Retail of Books,Newspapers and Magazines	10	434126	476993	201412	58688
医药及医疗器材专门零售 Retail of Medicines and Medical Appliances	172	1444158	1627692	416713	178006
#药品零售 Retail of Medicines	163	1397994	1567158	416713	171378
汽车、摩托车、燃料及零配件专门零售 Retail of Motor Vehicles, Motorcycles Fule and Parts	1407	18421547	23247202	1764174	1345839
#汽车零售 Retail of Motor Vehicles	1010	14460564	16097418	641157	1237871
机动车燃料零售 Retail of Vehicles Fule	244	3392602	6380054	1053833	62111
家用电器及电子产品专门零售 Retail of Family Electric Equipment and Product	587	2972886	3423907	334091	228479
#家用视听设备零售 Retail of Family Electric Equipment	46	239812	275632	12975	14501
日用家电设备零售 Retail of Daily-use Electric Equipment	276	1840294	2155293	202235	147188
计算机、软件及辅助设备零售 Wholesale of Computer Software and Supplementary Equipments	146	348700	389981	59319	22889
通信设备零售 Retail of Telecommunicate Equipment	79	401157	431948	34402	34700
五金、家具及室内装饰材料专门零售 Retail of Hardware, Furniture and Inside Decoration Materials	537	3009685	3484794	276265	377166
货摊、无店铺及其他零售业 Retail of No Stores and Others	975	5737260	6854298	745066	426329

14-4 限额以上批发和零售企业年末资产及负债情况(2017年)

Main Financial Indicators of Wholesale and Retail Trades Corporation Enterprises(2017)

单位：万元　　　　(10000 yuan)

项目 Item	资产总计 Total Assess	#流动资产合计 Total Circulating Funds	固定资产原价 Oringinal Prices of Fixed Assets	负债总计 Total Liabilities	所有者权益合计 Total Creditors Equity
合计 Total	**116251293**	**87643718**	**8683980**	**73170313**	**43080980**
批发业 Wholesale	**96834563**	**73769417**	**5398013**	**62462157**	**34372406**
按登记注册类型分 By Type of Registration					
内资企业 Domestic Funded Enterprises	89472663	68467962	4401602	57979444	31493218
#国有企业 State-owned Enterprises	3436677	2842642	619478	943448	2493229
集体企业 Collective-owned Enterprises	101995	89742	11096	81507	20489
有限责任公司 Limited Liability Corporations	38013208	28401395	1443885	25695141	12318067
股份有限公司 Share-holding Corporations Ltd.	18362923	12401673	922514	9744780	8618143
私营企业 Private Enterprises	29551136	24729763	1399954	21512633	8038502
其他企业 Other Onterprises	5493	2097	3207	1497	3996
港澳台商投资企业 Funds from Hong Kong, Macao and Taiwan	4319719	3456592	286249	2743123	1576596
外商投资企业 Enterprises with Sole Foreign Investment	3042181	1844863	710162	1739589	1302591
按行业分 By Sector					
农、林、牧产品批发 Wholesale of Farming,Forestry,Animal Husbandry Products	1674986	1398803	170290	1210690	464296
食品、饮料及烟草制品批发 Wholesale of Food, Beverages and Tobaccos	10630824	7833190	1208588	4889442	5741383
#米、面制品及食用油批发 Sholesale of Rice, Wheat Products and Rdible Oil	1259114	1102519	72306	1022648	236466
烟草制品批发 Wholesale of Tobaccos	4517179	3285312	605983	1104107	3413072

14-4 续表1

Continued

单位：万元 (10000 yuan)

项目 Item	资产总计 Total Assess	#流动资产合计 Total Circulating Funds	固定资产原价 Oringinal Prices of Fixed Assets	负债总计 Total Liabilities	所有者权益合计 Total Creditors Equity
纺织、服装及家庭用品批发 Wholesale of Textiles, Garments and Daily Consumer Articles	12790099	10617011	770485	8064182	4725917
#服装批发 Wholesale of Garments	4606107	3685162	195592	2826169	1779939
家用电器批发 Wholesale of Family Electrical Equipments	985848	953746	23889	684244	301604
文化、体育用品及器材批发 Wholesale of Culture, Sports Products and Appliances	1955732	1427391	94609	1311728	644004
医药及医疗器材批发 Wholesale of Medicines and Medical Appliances	2226442	1784295	111365	1538434	688008
矿产品、建材及化工产品批发 Wholesale of Mineral Products, Building Materials and Chemical Products	55614068	40955709	2232397	37145494	18468575
#煤炭及制品批发 Wholesale of Coal and Its Products	2064292	1606017	66769	1570858	493435
石油及制品批发 Wholesale of Petroleum and Its Products	7802686	4826885	1084426	4223960	3578727
金属及金属矿批发 Wholesale of Metal and Metal Mineral	26274668	19377074	422288	18435408	7839260
建材批发 Wholesale of Building Materials	9745505	7765558	358617	6791512	2953993
化肥批发 Wholesale of Chemical Fertilizer	582190	529012	18084	472109	110080
机械设备、五金产品及电子产品批发 Wholesale of Machinery, Equipment, Hardware,Transport and Electic Products	6366858	5368956	684756	4334170	2032688
#汽车批发 Wholesale of Motor Vehicles	859511	800914	30235	720502	139009
计算机、软件及辅助设备批发 Wholesale of Computer Software and Supplementary Equipments	524829	482667	18018	294912	229917
贸易经纪与代理 Trade Broker and Agent	690576	564902	42647	529548	161028
其他批发业 Other Wholesale not Classified Elsewhere	4884977	3819162	82878	3438470	1446507
零售业 Retail Trade	**19416731**	**13874301**	**3285967**	**10708156**	**8708575**

14-4 续表2

Continued

单位：万元　　(10000 yuan)

项目 Item	资产总计 Total Assess	#流动资产合计 Total Circulating Funds	固定资产原价 Oringinal Prices of Fixed Assets	负债总计 Total Liabilities	所有者权益合计 Total Creditors Equity
按登记注册类型分 **By Type of Registration**					
内资企业 Domestic Funded Enterprises	15545873	11340962	2820729	9349339	6196534
#国有企业 State-owned Enterprises	32344	17078	13788	21688	10656
集体企业 Collective-owned Enterprises	41064	20466	22420	17417	23647
有限责任公司 Limited Liability Corporations	6745133	4933084	1299539	4249839	2495294
股份有限公司 Share-holding Corporations Ltd.	1737503	952749	331560	733960	1003542
私营企业 Private Enterprises	6919644	5373665	1137984	4295294	2624350
其他企业 Other Onterprises	68848	42923	14823	30912	37936
港澳台商投资企业 Funds from Hong Kong, Macao and Taiwan	2807728	1662595	274957	636018	2171710
外商投资企业 Enterprises with Sole Foreign Investment	1063130	870744	190281	722799	340331
按行业分 **By Sector**					
综合零售 General Retail	4669720	2850023	878184	2012029	2657692
#百货零售 Retail of Consumer Goods	1546042	974562	420487	1037296	508747
超级市场零售 Retail of Supermarkets	2963320	1778041	426743	905626	2057694
食品、饮料及烟草制品专门零售 Retail of Food, Beverages and Tobaccos	1193232	740519	342498	433700	759532
纺织、服装及日用品专门零售 Retail of Textiles, Garments, Shoes and Hats	915099	777795	108715	491323	423777
#服装零售 Retail of Garments	405048	353459	37418	243021	162027

14-4 续表3

Continued

单位: 万元 (10000 yuan)

项目 Item	资产总计 Total Assess	#流动资产合计 Total Circulating Funds	固定资产原价 Oringinal Prices of Fixed Assets	负债总计 Total Liabilities	所有者权益合计 Total Creditors Equity
文化、体育用品及器材专门零售 Retail of Culture, Sports Products and Equipments	1290148	920430	178074	606152	683997
#图书、报刊零售 Retail of Books,Newspapers and Magazines	446961	289300	121239	183137	263824
医药及医疗器材专门零售 Retail of Medicines and Medical Appliances	841421	628628	85855	492255	349165
#药品零售 Retail of Medicines	810785	600471	83149	470436	340349
汽车、摩托车、燃料及零配件专门零售 Retail of Motor Vehicles, Motorcycles Fule and Parts	6559584	4802484	1178957	4254234	2305350
#汽车零售 Retail of Motor Vehicles	5299734	4196772	836188	3904884	1394851
机动车燃料零售 Retail of Vehicles Fule	1074975	446884	292440	249019	825956
家用电器及电子产品专门零售 Retail of Family Electric Equipment and Product	1087664	900531	113964	652217	435447
#家用视听设备零售 Retail of Family Electric Equipment	59035	50375	6744	30414	28621
日用家电设备零售 Retail of Daily-use Electric Equipment	685327	551018	71980	406780	278547
计算机、软件及辅助设备零售 Wholesale of Computer Software and Supplementary Equipments	111018	96086	13564	48019	62998
通信设备零售 Retail of Telecommunicate Equipment	166864	146556	18363	130656	36208
五金、家具及室内装饰材料专门零售 Retail of Hardware, Furniture and Inside Decoration Materials	1028919	789263	158292	629650	399269
货摊、无店铺及其他零售业 Retail of No Stores and Others	1830944	1464628	241427	1136597	694347

14-5 限额以上批发和零售企业财务状况(2017年)

Main Financial Indicators of Wholesale and Retail Trades Corporation Enterprises(2017)

单位：万元　　(10000 yuan)

项目 Item	主营业务收入 Main Operating Income	主营业务成本 Main Operating Expenses	主营业务税金及附加 Main Operating Tax and Extra Charges	营业利润 Profits of Business
合计 Total	**247591282**	**231171017**	**1117935**	**5604429**
批发业 Wholesale	**200189354**	**189432718**	**903288**	**3948795**
按登记注册类型分 By Type of Registration				
内资企业 Domestic Funded Enterprises	188709225	178957268	880355	3576677
#国有企业 State-owned Enterprises	7291181	5650122	634648	649155
集体企业 Collective-owned Enterprises	268718	253236	800	292
有限责任公司 Limited Liability Corporations	80118377	76796476	113356	1071882
股份有限公司 Share-holding Corporations Ltd.	31229552	30091918	33412	593217
私营企业 Private Enterprises	69741322	66113061	97661	1259493
其他企业 Other Onterprises	48039	40564	470	2633
港澳台商投资企业 Funds from Hong Kong, Macao and Taiwan	5752588	5341982	9893	153830
外商投资企业 Foreign Funded Enterprises	5727541	5133468	13040	218289
按行业分 By Sector				
农、林、牧产品批发 Wholesale of Farming,Forestry,Animal Husbandry Products	2969996	2833183	6690	-3785
食品、饮料及烟草制品批发 Wholesale of Food, Beverages and Tobaccos	20327051	17509996	664780	1024003
#米、面制品及食用油批发 Sholesale of Rice, Wheat Products and Rdible Oil	2566242	2455987	2242	901

14-5 续表1

Continued

单位：万元　　(10000 yuan)

项目 Item	主营业务收入 Main Operating Income	主营业务成本 Main Operating Expenses	主营业务税金及附加 Main Operating Tax and Extra Charges	营业利润 Profits of Business
烟草制品批发 Wholesale of Tobaccos	7733624	6035996	635465	738526
纺织、服装及家庭用品批发 Wholesale of Textiles, Garments and Daily Consumer Articles	30245503	27851829	41613	978357
#服装批发 Wholesale of Garments	7685669	6922954	13254	312269
家用电器批发 Wholesale of Family Electrical Equipments	1537787	1435344	3987	2244
文化、体育用品及器材批发 Wholesale of Culture, Sports Products and Appliances	3566494	3302290	12907	114253
医药及医疗器材批发 Wholesale of Medicines and Medical Appliances	4421947	4086941	10151	91470
矿产品、建材及化工产品批发 Wholesale of Mineral Products, Building Materials and Chemical Products	113891988	110206252	122436	1338503
#煤炭及制品批发 Wholesale of Coal and Its Products	5559998	5403855	5876	-32560
石油及制品批发 Wholesale of Petroleum and Its Products	23367870	22296349	26937	595066
金属及金属矿批发 Wholesale of Metal and Metal Mineral	45163444	43987506	41390	307445
建材批发 Wholesale of Building Materials	17127448	16430349	28437	243892
化肥批发 Wholesale of Chemical Fertilizer	1064860	1004137	3151	12618
机械设备、五金产品及电子产品批发 Wholesale of Machinery, Equipment, Hardware,Transport and Electic Products	11508913	10632714	27700	377192
#汽车批发 Wholesale of Motor Vehicles	2082584	2013729	3662	18625
计算机、软件及辅助设备批发 Wholesale of Computer Software and Supplementary Equipments	914520	855759	1560	30483
贸易经纪与代理 Trade Broker and Agent	1453855	1409087	2215	22388
其他批发业 Other Wholesale not Classified Elsewhere	11803608	11600425	14796	6415

14-5 续表2

Continued

单位：万元 (10000 yuan)

项目 Item	主营业务收入 Main Operating Income	主营业务成本 Main Operating Expenses	主营业务税金及附加 Main Operating Tax and Extra Charges	营业利润 Profits of Business
零售业 **Retail Trade**	**47401928**	**41738300**	**214647**	**1655634**
按登记注册类型分 **By Type of Registration**				
内资企业 Domestic Funded Enterprises	42118174	37283286	197752	1273856
#国有企业 State-owned Enterprises	105404	96281	247	918
集体企业 Collective-owned Enterprises	297714	269735	1450	6942
有限责任公司 Limited Liability Corporations	18426075	16248916	75843	534242
股份有限公司 Share-holding Corporations Ltd.	2332267	2121840	6789	34584
私营企业 Private Enterprises	20822815	18452244	111841	688309
其他企业 Other Onterprises	130464	91414	1562	8590
港澳台商投资企业 Funds from Hong Kong, Macao and Taiwan	2421814	1990303	9690	292859
外商投资企业 Foreign Funded Enterprises	2861940	2464711	7206	88920
按行业分 **By Sector**				
综合零售 General Retail	6425981	5500873	36324	327654
#百货零售 Retail of Consumer Goods	2286209	1950604	18026	26348
超级市场零售 Retail of Supermarkets	3652567	3133582	14694	282066
食品、饮料及烟草制品专门零售 Retail of Food, Beverages and Tobaccos	4188516	3427289	32648	257862
纺织、服装及日用品专门零售 Retail of Textiles, Garments, Shoes and Hats	3746153	3082525	17477	228686

14-5 续表3

Continued

单位：万元 (10000 yuan)

项目 Item	主营业务收入 Main Operating Income	主营业务成本 Main Operating Expenses	主营业务税金及附加 Main Operating Tax and Extra Charges	营业利润 Profits of Business
#服装零售 Retail of Garments	1288823	1065037	5606	80085
文化、体育用品及器材专门零售 Retail of Culture, Sports Products and Equipments	2474384	2130239	16237	77413
#图书、报刊零售 Retail of Books,Newspapers and Magazines	398978	331528	213	17028
医药及医疗器材专门零售 Retail of Medicines and Medical Appliances	1412452	1248771	4730	42875
#药品零售 Retail of Medicines	1360372	1209543	4496	42141
汽车、摩托车、燃料及零配件专门零售 Retail of Motor Vehicles, Motorcycles Fule and Parts	16956950	15802873	46986	276620
#汽车零售 Retail of Motor Vehicles	14117011	13260486	37844	185080
机动车燃料零售 Retail of Vehicles Fule	2194788	1954918	7209	72544
家用电器及电子产品专门零售 Retail of Family Electric Equipment and Electronic Products	2967953	2627908	10836	78980
#家用视听设备零售 Retail of Family Electric Equipment	250039	228281	1480	8252
日用家电设备零售 Retail of Daily-use Electric Equipment	1790476	1568216	5571	40265
计算机、软件及辅助设备零售 Wholesale of Computer Software and Supplementary Equipments	361247	319165	1787	18001
通信设备零售 Retail of Telecommunicate Equipment	389987	360149	929	1754
五金、家具及室内装饰材料专门零售 Retail of Hardware, Furniture and Inside Decoration Materials	3059795	2690374	28106	123291
货摊、无店铺及其他零售业 Retail of No Stores and Others	6169744	5227448	21306	242254

14-6 限额以上批发和零售企业主要效益指标(2017年)

Main Indicators Economic Benefit of Whole Sale Enterprises and Retail Trade above Designated Size(2017)

单位：% (%)

项目 Item	资产负债率 Assets Liability Rate	销售毛利率 Ratio of Gross Profits to Sales Revenue	经营费用率 Ratio of Operating Costs to Total Costs	成本费用利润率 Ratio of Profits to Costs
合计 **Total**	**62.9**	**6.6**	**4.5**	**2.4**
批发业 **Wholesale**	**64.5**	**5.4**	**3.4**	**2.1**
按登记注册类型分 **By Registration Category**				
内资企业 Domestic Funded Enterprises	64.8	5.2	3.2	2.0
#国有企业 State-owned Enterprises	27.5	22.5	5.2	10.9
集体企业 Collective-owned Enterprises	79.9	5.8	5.7	0.8
有限责任公司 Limited Liability Corporations	67.6	4.1	3.0	1.6
股份有限公司 Share-holding Corporations Ltd.	53.1	3.6	2.9	1.9
私营企业 Private Enterprises	72.8	5.2	3.4	1.8
其他企业 Other Enterprises	27.2	15.6	8.3	4.1
港澳台商投资企业 Funds from Hong Kong, Macao and Taiwan	63.5	7.1	5.4	2.7
外商投资企业 Enterprises with Sole Foreign Investment	57.2	10.4	6.2	3.8
按行业分 **By Sector**				
农、林、牧产品批发 Wholesale of Farming,Forestry,Animal Husbandry Products	72.3	4.6	4.6	1.3
食品、饮料及烟草制品批发 Wholesale of Food, Beverages and Tobaccos	46.0	13.9	6.1	5.6
#米、面制品及食用油批发 Sholesale of Rice, Wheat Products and Rdible Oil	81.2	4.3	4.3	0.6
烟草制品批发 Wholesale of Tobaccos	24.4	22.0	5.1	11.5
纺织、服装及家庭用品批发 Wholesale of Textiles, Garments and Daily Consumer Articles	63.1	7.9	4.8	3.1
#服装批发 Wholesale of Garments	61.4	9.9	6.0	3.3
家用电器批发 Wholesale of Family Electrical Equipments	69.4	6.7	5.9	0.1
文化、体育用品及器材批发 Wholesale of Culture, Sports Products and Appliances	67.1	7.4	4.5	3.3
医药及医疗器材批发 Wholesale of Medicines and Medical Appliances	69.1	7.6	5.5	1.9

14-6 续表1

Continued

单位：%　　　　(%)

项目 Item	资产负债率 Assets Liability Rate	销售毛利率 Ratio of Gross Profits to Sales Revenue	经营费用率 Ratio of Operating Costs to Total Costs	成本费用利润率 Ratio of Profits to Costs
矿产品、建材及化工产品批发 Wholesale of Mineral Products, Building Materials and Chemical Products	66.8	3.2	2.4	1.4
#煤炭及制品批发 Wholesale of Coal and Its Products	76.1	2.8	2.8	-0.6
石油及制品批发 Wholesale of Petroleum and Its Products	54.1	4.6	2.5	3.5
金属及金属矿批发 Wholesale of Metal and Metal Mineral	70.2	2.6	2.5	0.6
建材批发 Wholesale of Building Materials	69.7	4.1	3.0	1.5
化肥批发 Wholesale of Chemical Fertilizer	81.1	5.7	4.3	1.4
机械设备、五金产品及电子产品批发 Wholesale of Machinery, Equipment, Hardware,Transport and Electic Products	68.1	7.6	4.2	3.4
#汽车批发 Wholesale of Motor Vehicles	83.8	3.3	2.4	1.0
计算机、软件及辅助设备批发 Wholesale of Computer Software and Supplementary Equipments	56.2	6.4	4.2	3.8
贸易经纪与代理 Trade Broker and Agent	76.7	3.1	2.3	1.7
其他批发业 Other Wholesale not Classified Elsewhere	70.4	1.7	1.8	0.2
零售业 **Retail Trade**	**55.1**	**11.9**	**9.1**	**3.6**
按登记注册类型分 **By Registration Category**				
内资企业 Domestic Funded Enterprises	60.1	11.5	8.5	3.1
#国有企业 State-owned Enterprises	67.1	8.7	8.0	1.3
集体企业 Collective-owned Enterprises	42.4	9.4	6.6	2.4
有限责任公司 Limited Liability Corporations	63.0	11.8	9.2	2.9
股份有限公司 Share-holding Corporations Ltd.	42.2	9.0	8.8	1.5
私营企业 Private Enterprises	62.1	11.4	7.8	3.3
其他企业 Other Enterprise	44.9	29.9	22.1	7.3
港澳台商投资企业 Funds from Hong Kong, Macao and Taiwan	22.7	17.8	18.4	12.4
外商投资企业 Foreign Funded Enterprises	68.0	13.9	9.7	3.2

14-6 续表2

Continued

单位：%　　(%)

项目 Item	资产负债率 Assets Liability Rate	销售毛利率 Ratio of Gross Profits to Sales Revenue	经营费用率 Ratio of Operating Costs to Total Costs	成本费用利润率 Ratio of Profits to Costs
按行业分 **By Sector**				
综合零售 General Retail	43.1	14.4	15.1	5.1
#百货零售 Retail of Consumer Goods	67.1	14.7	15.6	1.3
超级市场零售 Retail of Supermarkets	30.6	14.2	15.4	7.7
食品、饮料及烟草制品专门零售 Retail of Food, Beverages and Tobaccos	36.3	18.2	11.5	7.2
纺织、服装及日用品专门零售 Retail of Textiles, Garments, Shoes and Hats	53.7	17.7	11.2	5.6
#服装零售 Retail of Garments	60.0	17.4	10.3	4.3
文化、体育用品及器材专门零售 Retail of Culture, Sports Products and Equipments	47.0	13.9	10.5	3.1
#图书、报刊零售 Retail of Books,Newspapers and Magazines	41.0	16.9	15.0	4.8
医药及医疗器材专门零售 Retail of Medicines and Medical Appliances	58.5	11.6	9.4	3.2
#药品零售 Retail of Medicines	58.0	11.1	8.9	3.3
汽车、摩托车、燃料及零配件专门零售 Retail of Motor Vehicles, Motorcycles Fule and Parts	64.9	6.8	5.6	1.6
#汽车零售 Retail of Motor Vehicles	73.7	6.1	5.2	1.3
机动车燃料零售 Retail of Vehicles Fule	23.2	10.9	8.2	3.4
家用电器及电子产品专门零售 Retail of Family Electric Equipment and Product	60.0	11.5	7.6	2.8
#家用视听设备零售 Retail of Family Electric Equipment	51.5	8.7	5.1	3.4
日用家电设备零售 Retail of Daily-use Electric Equipment	59.4	12.4	8.2	2.4
计算机、软件及辅助设备零售 Wholesale of Computer Software and Supplementary Equipments	43.3	11.6	6.2	4.8
通信设备零售 Retail of Telecommunicate Equipment	78.3	7.7	9.1	0.6
五金、家具及室内装饰材料专门零售 Retail of Hardware, Furniture and Inside Decoration Materials	61.2	12.1	7.2	3.9
货摊、无店铺及其他零售业 Retail of No Stores and Others	62.1	15.3	10.3	4.1

14-7 亿元以上商品交易市场主要经济指标(2017年)

Statistics on Commodity Markets with Trade over 100 Million Yuan(2017)

项目	Item	市场数（个） Number of Markets (unit)	摊位数（个） Number of Stalls (unit)	营业面积（平方米） Operation Area(sq.m)	市场成交额（万元） Transaction Value (10000 yuan)
总计	**Total**	**118**	**51678**	**3309450**	**14983371**
按经营环境分	**By Operating Circumstance**				
封闭式	Indoor	97	44651	3050143	13318735
露天式	Outdoor	6	1143	58997	831400
其他	Others	15	5884	200310	833236
按营业状态分	**By Operating Status**				
常年营业	Perennial Operation	117	51647	3307950	14959771
季节性营业	Seasonal Operation	1	31	1500	23600
其他	Others				
按经营方式分	**By Operating Mode**				
批发（或以批发为主）	Whole Sale	52	27328	2398511	12041948
零售（或以零售为主）	Retail	66	24350	910939	2941423
按市场类别分	**By Market Category**				
综合市场	General Markets	46	23961	782968	4347302
生产资料综合市场	Product Materials Markets				
工业消费品综合市场	Industrial Products Consume Markets	3	5691	71358	786150
农副产品综合市场	Agricaltural Products General Markets	34	13748	311489	2276176
其他综合市场	Other Markets	9	4522	400121	1284976
专业市场	and Hats	72	27717	2526482	10636069
生产资料市场	Markets for Food, Beverage, Tobacco	9	2566	437179	1747467
农产品市场	and Liquor	33	9409	775290	5065835
食品饮料及烟酒市场	Medicine and Medical Insurments	5	3742	204208	259632
纺织、服装、鞋帽市场	Markets for Furnitures	5	6191	283596	1118113
日用品及文化用品市场	Markets for Small Commodities				
黄金、珠宝、玉器等首饰市场	Markets for Culture Products, VideoProducts	5	2088	246030	1028575
电器、通讯器材、电子设备市场	Newspapers and Magazines	1	719	38000	101889
医药、医疗用品及器材市场	Markets for Second Hand	1	31	1500	23600
家具、五金及装饰材料市场	Markets for Mechanically-propelled Vehicles	7	2129	451504	702761
汽车、摩托车及零配件市场	Markets for Metal Materials	3	269	42600	446514
花、鸟、鱼、虫市场	Markets for Coal	2	205	31855	131344
旧货市场	Markets for Wood	1	368	14720	10339
其他专业市场	Other Markets				

14-8 亿元以上商品交易市场成交情况(2017年)

Transaction Value of Commodity Markets with Trade over 100 Million Yuan by Region(2017)

项目	Item	出租摊位数（个）Number of Stalls (unit)	市场成交额（万元）Transaction Value (10000 yuan)
总计	**Total**	**45531**	**14983371**
粮油、食品类	Grain,Oil and Foods	20845	7698566
饮料类	Beverages	2683	334137
烟酒类	Tobacco and Liquor	393	275343
服装、鞋帽、针纺织品类	Garments,shoes,Caps and Textiles	9724	1838880
服装类	Clothing	8070	1569337
鞋帽类	Shoes and Hats	1107	176095
针纺织品类	Knitwear and Textiles	547	93448
化妆品类	Cosmetics	90	15150
金银珠宝类	Gold,Silver and Jewelry	1641	913708
日用品类	Articles for Daily Use	1237	245533
#儿童玩具类	Children Toys	71	7255
五金、电料类	Hardware and Electrical Materials	533	37856
体育、娱乐用品类	Sports and Recreation Articles	104	62206
书报杂志类	Newspapers and Magazines	7	55
电子出版物及音像制品类	E-journal and Video Products	9	354
家用电器和音像器材类	Household Appliances and Video Appliances	389	62172
中西药品类	Traditional Chinese and Western Medicines	96	26859
#西药类	Western Medicines	7	354
中草药及中成药类	Chinese Herbal Medicine and Mid-product Medicine	45	23744
文化办公用品类	Cultural and Official Goods	653	89292
家具类	Furniture	741	282824
通讯器材类	Communication Appliances	98	6007
煤炭及制品类	Coal and Related Products		
木材及制品类	Wood and Wooden Products	421	79608
石油及制品类	Petroleum and Related Products	3	58
化工材料及制品类	Raw Chemical Materials	92	24870
金属材料类	Metal Materrials	95	370162
建筑及装潢材料类	Building and Decoration Materials	3116	1755611
机电产品及设备类	Mechanical and Electrical Products and Equipment	137	8808
汽车类	Vehicles	264	446514
种子饲料类	Seed and Feedstuff	144	44512
棉麻类	Cotton and Ramie		
其他类	Others	2016	364286

14-9 限额以上住宿业企业基本情况(2017年)

Basic Conditions of Enterprises above Designated Size in Hotels(2017)

项目	Item	法人企业（个） Number of Corporation (unit)	床位数（个） Number of Beds at the year- end (unit)	餐位数（位） Number of seats at the year- end
住宿业	**Hotels**	**890**	**190244**	**344102**
按登记注册类型分	**By Registration Category**			
内资企业	Domestic Funded Enterprises	819	166901	297780
#国有企业	State-owned Enterprises	43	10020	18203
集体企业	Collective-owned Enterprises	6	832	2036
股份合作企业	Cooperative Enterprises	3	439	595
有限责任公司	Limited Liability Corporations	307	75037	125874
股份有限公司	Share-holding Corporations Ltd.	12	3026	3943
私营企业	Private Enterprises	436	75662	144535
其他企业	Other Enterprises	11	1247	2030
港澳台商投资企业	Funds from Hong Kong, Macao and Taiwan	45	13371	31487
外商投资企业	Foreign Funded Enterprises	26	9972	14835
按行业分	**By Sector**			
旅游饭店	Tourism Hotel	560	138337	282110
一般饭店	General Hotel	309	48576	55676
其他住宿服务	Other Hotel	21	3331	6316

14-10 限额以上餐饮业企业基本情况(2017年)

Basic Conditions of Enterprises above Designated Size in Catering Services(2017)

项目	Item	法人企业（个） Number of Corporation (unit)	年末餐饮营业面积（平方米） Operation Area (sq.m)	餐位数（位） Number of seats at the year- end
餐饮业	**Catering Services**	**1027**	**1706091**	**587971**
按登记注册类型分	**By Registration Category**			
内资企业	Domestic Funded Enterprises	976	1442190	522891
#国有企业	State-owned Enterprises	5	17121	14683
有限责任公司	Limited Liability Corporations	272	442297	108655
股份有限公司	Share-holding Corporations Ltd.	7	13271	4287
私营企业	Private Enterprises	670	933910	388053
其他企业	Other Enterprises	21	34491	6613
港澳台商投资企业	Funds from Hong Kong, Macao and Taiwan	33	143139	34369
外商投资企业	Foreign Funded Enterprises	18	120762	30711
按行业分	**By Sector**			
正餐服务业	Dinner	941	1448396	505558
快餐服务业	Snack	49	202723	69158
饮料及冷饮服务业	Drink and Cold Drink	10	13600	1058
其他餐饮服务业	Other	27	41372	12197

14-11 限额以上住宿业和餐饮业企业经营情况(2017年)

Basic Conditions of Enterprises above Designated Size in Hotels and Catering Services(2017)

单位：万元 (10000 yuan)

项目	Item	营业额 Business Revenue	客房收入 From Hotel Rooms	餐费收入 From Meals	商品销售额 From Commodities Income	其他收入 From Others
合计	**Total**	**4138614**	**945059**	**2833607**	**222955**	**136993**
住宿业	**Hotels**	**2030524**	**851073**	**889379**	**171345**	**118728**
按登记注册类型分	**By Registration Category**					
内资企业	Domestic Funded Enterprises	1653802	714253	752462	99464	87624
#国有企业	State-owned Enterprises	100282	48437	41583	355	9907
集体企业	Collective-owned Enterprises	9424	3468	3812		2144
股份合作企业	Cooperative Enterprises	1420	468	810	130	13
有限责任公司	Limited Liability Corporations	836798	354447	367022	66112	49217
股份有限公司	Share-holding Corporations Ltd.	29536	15381	11646	180	2329
私营企业	Private Enterprises	659309	282033	321529	32506	23241
其他企业	Other Enterprises	6697	4082	2483	42	91
港澳台商投资企业	Funds from Hong Kong, Macao and Taiwan	258887	82101	87534	68625	20627
外商投资企业	Foreign Funded Enterprises	117835	54719	49383	3256	10478
按行业分	**Bye Sector**					
旅游饭店	Tourism Hotel	1655711	647686	751088	151973	104964
一般饭店	General Hotel	333049	184570	126598	10352	11529
其他住宿服务	Other Hotel	41765	18817	11693	9019	2236
餐饮业	**Catering Services**	**2108090**	**93986**	**1944229**	**51611**	**18264**
按登记注册类型分	**By Registration Category**					
内资企业	Domestic Funded Enterprises	1612830	73603	1479509	45441	14277
#国有企业	State-owned Enterprises	10183	1348	8789	27	20
有限责任公司	Limited Liability Corporations	425900	39534	360931	15841	9594
股份有限公司	Share-holding Corporations Ltd.	7609	1023	5978	393	215
私营企业	Private Enterprises	1135454	31611	1073772	25623	4448
其他企业	Other Enterprises	27888	87	27755	47	
港澳台商投资企业	Funds from Hong Kong, Macao and Taiwan	267321	18097	239785	5494	3945
外商投资企业	Foreign Funded Enterprises	227939	2286	224935	675	43
按行业分	**Bye Sector**					
正餐服务业	Dinner	1472035	93660	1332467	31579	14329
快餐服务业	Snack	563017		547511	11642	3865
饮料及冷饮服务业	Drink and Cold Drink	14940		14382	534	24
其他餐饮服务业	Other	58097	326	49868	7856	47

14-12 限额以上住宿和餐饮业企业年末资产及负债情况(2017年)

Main Financial Indicators of Hotels and Catering Sevices Corporation Enterprises(2017)

单位：万元 (10000 yuan)

项目	Item	资产总计 Total Assess	流动资产合计 Total Circhlating Funds	固定资产原价 Oringinal Prices of Fixed Assets	负债总计 Total Liabilities	所有者权益合计 Total Creditors Equity
合计	**Total**	**6376942**	**2456272**	**3515218**	**4108391**	**2268551**
住宿业	**Hotels**	**5167029**	**1879756**	**3017150**	**3368781**	**1798248**
按登记注册类型分	**By Registration Category**					
内资企业	Domestic Funded Enterprises	4051276	1575028	2231095	2578780	1472496
国有企业	State-owned Enterprises	243823	68923	200845	133746	110077
集体企业	Collective-owned Enterprises	11441	5143	9594	6698	4743
股份合作企业	Cooperative Enterprises	663	462	886	135	528
有限责任公司	Limited Liability Corporations	2353546	911899	1280647	1522786	830760
股份有限公司	Share-holding Corporations Ltd.	59982	25613	43302	18562	41420
私营企业	Private Enterprises	1342297	542218	657850	876970	465327
其他企业	Other Enterprises	11246	8033	5234	9480	1767
港澳台商投资企业	Funds from Hong Kong, Macao and Taiwan	790045	230363	482489	561349	228696
外商投资企业	Foreign Funded Enterprises	325708	74365	303566	228652	97056
按行业分	**By Sector**					
旅游饭店	Tourism Hotel	4565101	1621391	2749340	2992977	1572124
一般饭店	General Hotel	548335	234150	236163	331576	216760
其他住宿服务	Other Hotel	53593	24214	31648	44229	9364
餐饮业	**Catering Services**	**1209912**	**576516**	**498068**	**739609**	**470303**
按登记注册类型分	**By Registration Category**					
内资企业	Domestic Funded Enterprises	860748	479656	305518	467421	393328
#国有企业	State-owned Enterprises	6371	4095	6919	2578	3793
有限责任公司	Limited Liability Corporations	360914	197111	110313	223093	137821
股份有限公司	Cooperative Enterprises	7537	1297	7248	5011	2526
私营企业	Private Enterprises	470273	266636	175782	233010	237263
其他企业	Other Enterprises	8032	4200	4545	2514	5518
港澳台商投资企业	Funds from Hong Kong, Macao and Taiwan	263837	80063	133343	219617	44221
外商投资企业	Foreign Funded Enterprises	85327	16798	59207	52572	32755
按行业分	**By Sector**					
正餐服务业	Dinner	961348	465375	395411	604006	357342
快餐服务业	Snack	209452	84244	94780	124737	84715
饮料及冷饮服务业	Drink and Cold Drink	8264	2888	3887	2872	5392
其他餐饮服务业	Other	30849	24010	3989	7995	22854

14-13 限额以上住宿和餐饮业企业主要财务指标(2017年)

Main Financial Indicators of Hotels and Catering Sevices Corporation Enterprises(2017)

单位：万元 (10000 yuan)

项目	Item	主营业务收入 Main Operating Income	主营业务成本 Main Operating Expenses	主营业务税金及附加 Main Operating Tax and Extra Charges	营业利润 Profits of Business
合计	**Total**	**3912266**	**2150349**	**57870**	**139955**
住宿业	**Hotels**	**1900492**	**885391**	**35790**	**19182**
按登记注册类型分	**By Registration Category**				
内资企业	Domestic Funded Enterprises	1547196	742094	31434	25204
国有企业	State-owned Enterprises	94043	32504	1097	983
集体企业	Collective-owned Enterprises	7274	4743	104	603
股份合作企业	Cooperative Enterprises	1410	722	51	-3
有限责任公司	Limited Liability Corporations	780019	358881	17589	3388
股份有限公司	Share-holding Corporations Ltd.	28120	10205	404	1022
私营企业	Private Enterprises	620085	329172	11767	18508
其他企业	Other Enterprises	6508	4073	159	339
港澳台商投资企业	Funds from Hong Kong, Macao and Taiwan	241071	110555	2418	-6912
外商投资企业	Foreign Funded Enterprises	112225	32743	1937	890
按行业分	**By Sector**				
旅游饭店	Tourism Hotel	1546982	700400	30262	-189
一般饭店	General Hotel	314078	156233	5075	18335
其他住宿服务	Other Hotel	39432	28758	453	1037
餐饮业	**Catering Services**	**2011774**	**1264957**	**22081**	**120773**
按登记注册类型分	**By Registration Category**				
内资企业	Domestic Funded Enterprises	1551878	1058655	20482	92977
#国有企业	State-owned Enterprises	9835	5921	50	-156
有限责任公司	Limited Liability Corporations	405691	242167	5068	28404
股份有限公司	Share-holding Corporations Ltd.	6985	4000	143	561
私营企业	Private Enterprises	1097329	783067	14610	60722
其他企业	Other Enterprises	26903	21530	559	2789
港澳台商投资企业	Funds from Hong Kong, Macao and Taiwan	250010	99531	1203	16589
外商投资企业	Foreign Funded Enterprises	209887	106772	395	11207
按行业分	**By Sector**				
正餐服务业	Dinner	1424660	928017	20440	85600
快餐服务业	Snack	518237	299204	1089	28130
饮料及冷饮服务业	Drink and Cold Drink	14528	8545	148	-335
其他餐饮服务业	Other	54350	29192	404	7378

14-14 限额以上批发和零售业连锁企业基本经营情况(2017年)

Basic Conditions of Enterprises above Designated Size of Wholesale and Retail Trades(2017)

项目	Item	连锁总店数（个）Number of Head Chain Stores (unit)	年末门店数（个）Number of Stores (unit)	直营店（个）Regular Chain (unit)	加盟店（个）Franchi-se (unit)	年末营业面积（平方米）Operation Area (sq.m)	年末从业人员（人）Persons Employ (person)	商品销售总额(万元) Total Sales (10000 yuan)
总计	**Total**	**188**	**10492**	**7044**	**3448**	**11072341**	**114209**	**15137934**
批发业	Wholesale	8	1097	207	890	177459	4204	117183
零售业	Retail Trade	180	9395	6837	2558	10894882	110005	15020751
按登记注册类型分	**Grouped by Status of Registration**							
内资企业	Domestic Funded Enterprises	167	7178	4039	3139	3008862	48697	6094310
#国有企业	State-owned Enterprises	5	214	214		242133	1940	731806
有限责任公司	Limited-Liability Corporations	74	1995	1638	357	1125961	19211	2375551
股份有限公司	Share Holding Corporations Ltd.	13	737	736	1	598646	5323	1776062
私营企业	Private Enterprises	73	4209	1428	2781	988763	21716	1153589
港澳台商投资企业	Funds from HongKong,Macao,TaiWan	6	1625	1331	294	6881952	49935	5462234
外商投资企业	Foreign Funded Enterprises	15	1689	1674	15	1181527	15577	3581390

14-15 限额以上住宿和餐饮业连锁企业基本经营情况(2017年)

Basic Conditions of Enterprises above Designated Size in Hotels and Catering Services(2017)

项目	Item	连锁总店数（个）Number of Head Chain Stores (unit)	连锁门店数（个）Number of Stores (unit)	直营店（个）Regular Chain (unit)	加盟店（个）Franchise (unit)	营业面积（平方米）Operation Area (sq.m)	年末从业人员（人）Persons Employed (person)	营业收入（万元）Total Sales (10000 yuan)
总计	**Total**	**25**	**703**	**536**	**167**	**206763**	**22398**	**348167**
住宿业	Hotels							
餐饮业	Catering Services	25	703	536	167	206763	22398	348167
按登记注册类型分	**Grouped by Status of Registration**							
内资企业	Domestic Funded Enterprises	16	289	122	167	32891	4190	68700
#有限责任公司	Limited-Liability Corporations	8	128	38	90	9147	2295	51210
私营企业	Private Enterprises	8	161	84	77	23744	1895	17490
港澳台商投资企业	Funds from HongKong, Macao,TaiWan	5	126	126		53524	2592	97714
外商投资企业	Foreign Funded Enterprises	4	288	288		120348	15616	181753

14-16 入境游客人数(1979-2017年)

Foreign Tourists(1979-2017)

单位：人次 (person-time)

年份 Year	合计 Total	#外国人 Foreigner	台湾同胞 Compatriots from Taiwan	港澳同胞 Compatriots from Hong Kong and Macao	#香港同胞 Compatriots from Hong Kong
1979	115214	37522	59	77633	
1980	135059	43724	119	91216	
1981	173351	50498	874	121979	
1982	177835	52130	1670	124035	
1983	211529	69628	6832	135069	
1984	270443	82996	6654	180793	
1985	355748	102190	8593	244965	
1986	362320	126183	8709	227428	
1987	410821	135488	15693	259640	
1988	522082	110338	145838	265906	
1989	504594	81734	209491	213369	
1990	707903	105374	362815	239714	
1991	686023	141137	282003	262883	
1992	816076	182252	333290	300534	
1993	880344	211919	348037	320388	
1994	844503	228404	272194	343905	
1995	906406	256940	251509	397957	
1996	1045658	311861	271798	461999	
1997	1173932	360091	312767	501074	
1998	1217795	373884	355626	488285	
1999	1356042	409035	414622	532385	
2000	1613349	497466	477894	637989	
2001	1634841	465152	494211	675478	598004
2002	1848214	528015	571668	748531	685742
2003	1497164	459448	475220	562496	517123
2004	1728997	629173	491526	608298	565927
2005	1973894	723621	589373	660900	608059
2006	2298960	791160	740232	767568	706215
2007	2687453	1007969	801587	877897	799571
2008	2931908	986440	984761	960707	894813
2009	3120348	978350	1234255	907743	841895
2010	3681353	1152748	1569186	959419	879506
2011	4274232	1400156	1850715	1023361	928931
2012	4936738	1670078	2111586	1155074	1050746
2013	5121304	1782769	2136279	1202256	1091397
2014	5449833	1950628	2253899	1245306	1140972
2015	5914501	2142819	2381467	1390215	1279323
2016	6807912	2541193	2671983	1594736	1440834
2017	7754066	2928733	3132741	1692592	1523146

注：2000年起合计项含接待海外一日游游客人数。

Note:The data of total from 2000 include the foreign tourists of one day.

14-17 接待游客人数及旅游收入(1979-2017年)

Number of Tourists and Exchange Earnings(1979-2017)

年份 Year	入境旅游人数（人次） Number of International Tourists(person-time)	#外国人 Foreigners	国际旅游外汇收入（万美元） Foreigners Exchange Earnings(USD 10000)	国内旅游人数（万人次） Domestic Tourists (10000 person-time)	国内旅游收入（亿元） Domestic Tourism Earnings (100 million yuan)	国内游客人均花费（元） Domestic Per Capita Expenditure (yuan)
1979	115214	37522				
1980	135059	43724				
1981	173351	50498				
1982	177835	52130				
1983	211529	69628				
1984	270443	82996				
1985	355748	102190				
1986	362320	126183				
1987	410821	135488				
1988	522082	110338				
1989	504594	81734				
1990	707903	105374				
1991	686023	141137				
1992	816076	182252				
1993	880344	211919				
1994	844503	228404				
1995	906406	256940				
1996	1045658	311861	55486			
1997	1173932	360091	61373	1900	110	579
1998	1217795	373884	65109	2100	146	695
1999	1356042	409035	72536	2513	190	756
2000	1613349	497466	89382	2942	231	785
2001	1634841	465152	94202	3322	268	806
2002	1848214	528015	110022	3931	333	848
2003	1497164	459448	91487	3711	311	839
2004	1728997	629173	106507	4643	463	996
2005	1973894	723621	130529	5684	578	1017
2006	2298960	791160	147100	6779	694	1023
2007	2687453	1007969	216918	8041	838	1042
2008	2931908	986440	239353	8690	875	1007
2009	3120348	978350	259900	9851	981	996
2010	3681353	1152748	297824	11957	1202	1005
2011	4274232	1400156	363444	14230	1444	1015
2012	4936738	1670078	422567	16660	1702	1022
2013	5121304	1782769	457338	19542	2003	1025
2014	5449833	1950628	491179	22888	2406	1051
2015	5914501	2142819	556140	26129	2798	1071
2016	6807912	2541193	662569	30864	3495	1132
2017	7754066	2928733	758803	37534	4571	1218

注：由于2012年泉州市旅游局进行旅游普查，故调整从2008-2011年国内旅游人数和国内旅游收入。

Note:Due to quanzhou tourism census,the domestic tourism and domestic tourism income have been adjusted from 2008 to 2011.

14-18 入境外国游客人数

Number of Foreign Tourists Arrivals by Country

单位：人次 (Person-time)

国别(地区) Country (Region)	2000	2005	2010	2014	2015	2016	2017
合计 Total	**497466**	**723621**	**1152748**	**1950628**	**2142819**	**2541193**	**2928733**
亚洲小计 Total of Asia	**324260**	**478130**	**554661**	**1144093**	**1235503**	**1539786**	**1848225**
#日本 Japan	97816	163198	169913	284597	258934	343113	429246
菲律宾 Philippines	31974	30668	36655	55007	79534	97548	130415
新加坡 Singapore	83667	79658	95030	180930	215959	248712	301589
泰国 Thailand	4960	23093	12967	30856	29860	36338	46757
印度尼西亚 Indonesia	15748	16840	38728	75034	65965	70858	87355
马来西亚 Malaysia	69303	78826	94515	229024	318983	374113	442061
美洲小计 Total of Amercia	**66832**	**151136**	**426759**	**340181**	**391121**	**421095**	**439290**
#美国 United Kingdom	59256	136804	373081	253974	285481	303981	315287
加拿大 Canada	5727	11275	43576	46143	58021	68770	73972
欧洲小计 Total of Europe	**29824**	**75692**	**132425**	**345575**	**365247**	**395016**	**433969**
#英国 United Kingdom	5174	11832	24050	52588	67286	70189	69883
法国 France	3494	9233	15152	40038	40255	44309	46779
德国 German,FR	6887	17644	27639	59121	69749	67181	69094
意大利 Italy	3080	8414	15623	35387	33051	36943	41501
俄罗斯 Russia	1626	3063	8027	20983	17428	27541	41359
大洋洲小计 Total of Oceanic	**5845**	**12485**	**26010**	**75261**	**100762**	**125505**	**125027**
#澳大利亚 Australia	4587	10195	20125	54390	69907	77493	81087
新西兰 New Zealand	663	1606	5036	12451	24782	33919	27001
非洲小计 Total of Africa	**2185**	**6178**	**12895**	**45518**	**50186**	**59791**	**82222**

14-19 国内旅游人数及旅游收入

Number of Domestic Tourists and Exchange Earnings

项目 Item	2000	2005	2010	2014	2015	2016	2017
国内旅游者人数（万人次） Total Number of Domestic Tourist (10000 person-time)	**2942.00**	**5683.92**	**11956.61**	**22887.70**	**26128.60**	**30864.30**	**37534.00**
住宿设施接待人数 In Hotel	2010.00	3556.00	5935.03	9917.23	11088.24	12882.67	15446.41
居民家庭接待人数 In Household	262.00	373.36	736.47	2019.04	2077.49	2586.71	3459.48
一日游游客人数 For One Day	670.00	1754.56	5285.11	10951.43	12962.87	15394.91	18628.18
国内旅游收入（亿元） Domestic Tourism Receipts(100 million yuan)	**230.80**	**578.03**	**1202.25**	**2405.84**	**2798.16**	**3495.21**	**4570.77**
外省游客消费 Consumption of Tourists from Other Provinces	143.70	320.91	655.16	1057.92	1285.42	1797.25	2327.09
本省多日游游客消费 Consumption of Tourists Inside the Province	77.20	208.87	342.28	962.23	1047.21	1179.27	1535.40
一日游游客消费 Consumption of Tourists for One Day	9.90	48.25	204.81	385.69	465.53	518.70	708.28

注：由于2012年泉州市旅游局进行旅游普查，故调整2010年和2011年国内旅游人数和收入及分项数。

Note:Due to quanzhou tourism census, the domestic tourism and domestic tourism income have been adjusted in 2010 and 2011

14-20 国内游客消费构成

Consumption Composition of Domestic Tourists

单位：% (%)

项目 Item	2000	2005	2010	2014	2015	2016	2017
交给旅行社 Fees Paid to Tour Agencies	12.3	14.4	11.5	7.8	6.1	5.8	5.5
长途交通 Long Distance Transportation	13.3	14.3	24.0	17.9	23.9	22.3	21.7
住宿 Accommodation	19.2	12.6	17.1	20.8	22.4	21.0	22.5
餐饮 Food	14.1	11.6	12.5	16.8	16.6	17.4	17.5
购物 Shopping	16.5	16.6	17.0	13.9	14.0	15.7	16.0
游览 Visiting	5.6	6.8	5.9	6.2	5.8	6.4	6.5
娱乐 Entertainment	5.5	5.0	5.1	5.7	4.9	5.8	5.2
市区交通 Transport within the City	3.0	2.5	2.3	4.5	4.2	4.0	4.0
邮电通讯 Postal and Telecommunications	2.0	1.8	1.2				
其他 Others	8.5	14.4	3.4	6.4	2.2	1.6	1.1

注：2014年报表将“邮电通讯”归入“其他”类。

Note:In 2014,Postal and Telecommunications Classified to Others.

14-21 国内游客构成

Composition of Domestic Tourists

单位：%　　(%)

项目 Item	2000	2005	2010	2014	2015	2016	2017
按性别分 By Sex							
男 Male	65.1	59.3	57.0	54.0	53.7	53.0	52.5
女 Female	34.9	40.7	43.0	46.0	46.3	47.0	47.5
按年龄分 By Age							
14岁以下 14 and under	1.3	1.5	0.9	1.2	0.9	0.6	1.0
15-24岁 Aged 15-24	26.9	25.6	18.8	24.6	27.2	27.8	30.2
25-44岁 Aged 25-44	48.8	50.9	54.9	54.3	58.0	60.0	57.6
45-59岁 Aged 45-59	18.1	17.7	20.4	17.8	12.6	10.6	10.1
60岁以上 60 and over	4.9	4.3	5.0	2.1	1.4	1.1	1.1
按旅游目的分 By Aim of Tourist							
休闲观光渡假 Sightseeing and Holiday	44.0	52.0	54.2	73.0	76.4	75.3	77.3
探亲访友 Visiting Relatives and Friends	12.3	13.1	10.7	7.4	6.8	7.2	7.0
公务 Offical	15.4	11.8	13.9	7.2	6.8	8.1	6.7
经商 Bussiness	11.1	8.1	7.5	2.0	1.7	1.4	1.1
会议 Meeting	4.7	4.4	6.1				
医疗 Medical Care	0.9	0.9	0.7	1.3	1.1	0.8	0.8
宗教朝拜 Religious Worship	2.8	1.9	1.6	1.8	2.2	2.6	2.6
文化科技交流 Exchange of Culture, Science and Technology	2.5	1.6	1.2				
其他 Others	6.3	6.2	4.0	7.3	4.9	4.7	4.4
按出游方式分 By Mode							
单位组织 Organized by Unit	20.9	20.8	24.4	7.9	7.6	7.4	6.9
旅行社 Travel Agency	10.3	13.2	13.8	4.8	4.6	4.5	3.9
个人亲友结伴 Relatives and Friends as Accompaniers	60.0	58.6	52.2	82.8	85.1	84.4	86.7
其他 Others	8.8	7.4	9.6	4.5	2.6	3.8	3.2

14-22 各设区市国际旅游外汇收入

Foreign Exchange Earnings from International Tourism by City

单位：万美元 (USD 10000)

地区	Area	2000	2005	2010	2014	2015	2016	2017
福州市	Fuzhou	22173	27266	84299	124515	119980	134677	150076
厦门市	Xiamen	29920	55233	108552	178450	238009	323321	334758
莆田市	Putian	3476	2585	12922	19988	23611	27057	41055
三明市	Sanming	79	541	2034	4438	4839	5713	7169
泉州市	Quanzhou	25428	37728	66737	117846	112834	112640	135166
漳州市	Zhangzhou	2902	1400	15455	25741	32168	31468	50195
南平市	Nanping	4792	5434	6680	14078	17012	16518	25765
龙岩市	Longyan	427	277	983	4795	6002	8640	11180
宁德市	Ningde	186	65	162	1182	1434	2165	2801
平潭综合实验区	Pingtan				147	251	369	639

注：2012年以前，福州数据含平潭。
Note:Before 2012,The data of Fuzhou include Pingtan.

14-23 各设区市入境游客人数

Number of Foreign Tourists by City

单位：人次 (Person-time)

地区	Area	2000	2005	2010	2014	2015	2016	2017
福州市	Fuzhou	300269	308883	698607	906886	966198	1086765	1314816
厦门市	Xiamen	494920	803144	1551864	2349245	2655924	2927156	3260269
莆田市	Putian	103103	110665	184737	248144	269872	311406	449281
三明市	Sanming	3037	9776	29018	52407	5274	65102	77705
泉州市	Quanzhou	485788	535381	770457	1089454	1110946	1309964	1452592
漳州市	Zhangzhou	49886	42089	247469	406497	424399	554700	610788
南平市	Nanping	162104	153595	173400	288215	303955	370138	370262
龙岩市	Longyan	8961	7969	22417	80940	98168	138984	164086
宁德市	Ningde	5281	2392	3384	22986	25029	32922	40067
平潭综合实验区	Pingtan				5059	6836	10775	14200

注：2012年以前，福州数据含平潭。
Note:Before 2012,The data of Fuzhou include Pingtan.

主要统计指标解释

社会消费品零售总额　指企业（单位、个体户）通过交易直接售给个人、社会集团非生产、非经营用的实物商品金额，以及提供餐饮服务所取得的收入金额。个人包括城乡居民和入境人员，社会集团包括机关、社会团体、部队、学校、企事业单位、居委会或村委会等。

商品购进额　指从本企业以外的单位和个人购进（包括从国外直接进口）作为转卖或加工后转卖的商品金额（含增值税）。商品购进包括：（1）从工农业生产者、批发和零售业、住宿和餐饮业、出版社或报社的出版发行部门和其他服务业等企事业单位和个体经营户购进的商品；（2）从机关、社会团体购进的商品；（3）从海关、市场管理部门购进的缉私和没收的商品；（4）从居民收购的废旧商品等。

商品销售额　指对本单位以外的单位和个人出售的商品金额（包括售给本单位消费用的商品，含增值税）。商品销售包括：（1）售给个人和社会集团消费用的商品；（2）售给农业、工业、建筑业、服务业等国民经济各行业用于生产、经营用的商品，包括售予批发和零售业作为转卖或加工后转卖的商品；（3）对国（境）外直接出口的商品。

期末商品库存额　对于批发和零售业法人单位和个体经营户，是指报告期末取得所有权的全部商品金额（含增值税）；对于批发和零售业产业活动单位，是指报告期末实际在库且归属法人具有所有权的全部商品金额（含增值税）。库存商品包括：（1）存放在本单位（如门市部、批发站、采购站、经营处）的仓库、货场、货柜和货架中的商品；（2）挑选、整理、包装中的商品；（3）已记入购进而尚未运到本单位的商品，即发货单或银行承兑凭证已到而货未到的商品；（4）寄放他处的商品，如因购货方拒绝付款而暂时存在购货方的商品；（5）委托其他单位代销（未作销售或调出）尚未售出的商品；（6）代其他单位购进尚未交付的商品。

亿元商品交易市场成交额　指年成交额在亿元及以上的商品交易市场。商品交易市场是指经有关部门和组织批准设立，有固定场所、设施，有经营管理部门和监管人员，若干市场经营者入内，常年或实际开业三个月以上，集中、公开、独立地进行生活消费品、生产资料等现货商品交易以及提供相关服务的交易场所，包括各类消费品市场、生产资料市场等。

连锁企业（或称连锁店、连锁公司）　指在核心企业或总店的领导下，由分散的、经营同类商品或服务的企业或活动单位，采取共同方针，实行集中采购和分散销售的有机结合，通过规范化经营，实现规模效益的经济联合组织形式。一般连锁店应由若干个分店组成。其经营特征：(1)经营同类商品；(2)使用统一商号；(3)统一采购配送，采购与销售相分离（部分商品可根据物流合理和保质保鲜原则，由供应商直接送货到门店，其余均由总部统一配送）。

连锁门店包括下列两种形式：

直营连锁：指正规连锁。连锁门店均由总部独资或控股开设，在总部的直接领导下统一经营。

加盟连锁：指特许连锁。各连锁门店（被特许人）通过合同形式，取得使用总部（特许人）商标、商号、经营技术和销售总部开发的商品的特许权，各加盟连锁门店为独立法人，在总部指导下统一经营。

入境国际旅游者人数　指来中国参观、访问、旅行、探亲、访友、休养、考察、参加会议和从事经济、科技、文化、教育、宗教等活动的外国人、华侨、港澳同胞和台湾同胞的人数。不包括外国在我国的常驻机构，如使领馆、通讯社、企业办事处的工作人员；来我国常住的外国专家、留学生以及在岸逗留不过夜人员。

国际旅游(外汇)收入　指入境旅游的外国人、华侨、港澳同胞和台湾同胞在中国大陆旅游过程中发生的一切旅游支出，对于国家来说就是国际旅游(外汇)收入。

Explanatory Notes on Main Statistical Indicators

Total Retail Sales of Consumer Goods refer to the sum of retail sales of commodities sold by wholesale and retail trades, hotel and catering services, and other industries to urban and rural households for household consumption and to social institutions for public consumption. Of which, the ratail sales to households refer to the amount of money of commodities of daily use sold to the urban and rural households. The ratail sales to social institutions refer to the amount of money of commodities sold to the government agencies, social organizations, military units, schools, institutions, neighbourhood (village) committees on public funds for the pupose of non-production and non-operation usage and public consumption. Total retail sale of consumer goods include the amount of money of commodities sold to the urban and rural households for daily consumption and the amount of money of construction materials for building and repairing houses, the amount of money of comsumer goods sold to foreigners, overseas Chinese and Chinese compatriots from Hong Kong, Macao and Taiwan, the amount of money of commodities sold to the social organizations for the purpose of non-production and non-operation usage and public consumption.

Total Purchases of Commodities refer to the total value of purchases of commodities by enterprises (establishments) from other establishments or individuals (including direct import from abroad) for the purpose of re-selling, either with or without further processing of the commodities purchased. The commodities include: (1) commodities purchased from agricultural and industrial producer, wholesaler, retailer, publishing hourse and other service business; (2) commodities purchased from institutions and government departments; (3) confiscated goods purchased from the custums authorities or market management agencies; (4) second-hand goods and wastes purchased from residents.

Total Sales of Commodities refer to value of commodities sold by the establishments to other establishments and individuals (including goods sold for self consumption, including the value-added tax). The commodities include: (1) commodities sold to urban and rural residents and social groups for their consumption; (2) commodities sold to establishments in all industries for their production and operation, including agriculture, industry, construction, transportation, post and telecommunications, catering services, and public utility including commodities sold to wholesale and retail establishments for re-selling, with or without further processing; and (3) commodities for direct export to abroad.

Total Stock of Commodities refers to total commodities possessed by wholesaler and retailer of various types of registration status at the end of the reference period, reflecting the commodity stock level of various wholesaler and retailer and the potential for market supply. It includes: (1) commodities located in storage, garages, counters, and shelves of operating places (such as sale stores, wholesale centres, and operating offices); (2) commodities in the process of being selected, sorted, and packed; (3) commodities not arrived but recorded as purchase in the account, i.e. commodities not arrived but payment receipts for the commodities from the sellers or the banks arrived; (4) commodities deposited in other places rather than places mentioned above, for instance: commodities in the hold of purchasers temporarily due to the refusal of payment and commodities not taken back after going through the formalities; (5) commodities entrusted to other units to sell but not sold yet; (6) commodities purchased for other units but not delivered yet. Commodities not included as stock are those not owned by the enterprises (units), commodities on commission for processing but not yet delivered, imported commodities of agency of foreign trade enterprise but not yet delivered to ordering units and finally those put in stock on behalf of the state material reserves units.

Volume of Transaction at Large Commodity Markets with Transaction Value over 100 Million Yuan refers to the commodity markets with an annual transaction of over 100 million. The commodity market refers to the markets approved and managed by related departments, where there are fixed sites, facilities, managers and administration offices, where there are a certain number of traders to operate for three month and above or all the year, where the commodities including the articles for daily comsuption and capital goods and services are traded in a centralized, independent and open way., Such market includes markets of daily goods and market of capital goods, etc.

Chain Enterprises(also called chain stores or chain corporations) refer to a form of joint economic entities under which scattered enterprises or establishments engaged in providing homogeneous commodities or services, with the central leadership of core enterprise or headquarters and guided by common policies, conduct centralized purchase and distributed selling of commodities, in order to gain better efficiency through standardized operation. Consisting of a number of branch stores, the chain stores have in general following features: 1) homogeneous commodities, 2) unique name of stores, 3) centralized purchase and delivery which is separated from distributed selling operation (most commodities are delivered from the headquarters except some items which, from logistics, quality or freshness considerations, might be delivered by the suppliers directly).

Chain stores have two categories:

a) Chain stores under direct management: These are formal chain stores invested or controlled by the headquarters. They operate under the direct and unified management from the headquarters.

b) Chain stores through license arrangement: Through contracts, chain stores (their owners) obtain licenses from the headquarters to use designated Trades marks, names, operation know-how, and to sell the commodity developed by the headquarters. Under this arrangement, each store in the chain is an independent legal entity and operates under the guidance from the headquarters.

Number of Tourists Visitor arrivals refer to the number of foreigners, Chinese compatriots from Hong Kong, Macao and Taiwan Chinese (mainland) who come to China (mainland) for sight-seeing, vacation, visiting relatives, medical treatment, shopping, attending conference, or to engage in economic, cultural, sports and religious activities. In compiling statistics, each time of entering China is counted as one person-time.

Foreign Exchange Earnings from International Tourism refer to the total expenditures of foreigners, overseas Chinese, Chinese compatriots from Hong Kong, Macao and Taiwan during their stay in the mainland of China, which are earnings of foreign exchange from international tourism from the point of view from China.

第十五篇　科学和教育

Chapter 15　Science and Education

资料整理：廖捷 许光洁 陈昉
Database Editor:Liaojie Xuguangjie Chenfang

简 要 说 明

本篇资料的主要内容及来源

本篇反映全省科学技术活动和教育事业的发展情况。

科学技术部分主要包括了全省科技活动的规模、构成、布局和发展状况的资料，收录了全省有关部门年度的科技统计数据。反映科研机构、大中型工业企业和高等院校三大科技活动主体单位的机构数、人员数和经费收支等情况，根据省科技厅、省教育厅、省人力资源和社会保障厅、省统计局科技统计综合年报汇总。专利申请受理量和授权量由省知识产权局提供。

教育部分包括高等教育、中等教育、初等教育、幼儿教育和各种类型的各级成人教育等，主要指标有各级各类学校的校数、在校学生数、招生数、毕业生数、教职工数、教师数等。教育统计资料主要由省教育厅提供，技工学校的资料来源于省人力资源和社会保障厅。

本篇资料由省统计局社会和科技统计处整理提供。

Brief Introduction

Main Content and Source of Data

Data in this chapter show the basic conditions of the activities of science and technology and development of Fujian’s education.

In addition, data on the technical training schools are provided by the Department of Labor and Social Security.Data on science and technology cover mainly the scale, composition, distribution and development of the scientific and technological activities, including the statistical data of the departments concerned under the provincial government on science and technology in the table on the basic conditions of the scientific and technological activities show in a summary way the number of institutions and personnel in scientific and technological institutions, large and medium-sized industrial enterprises and universities and colleges, the three main bodies engaged in the scientific and technological activities as well as their income and expenditure. Data are collected and tabulated in accordance with the annual reporting scheme on science and technology statistics of the Provincial Commission of Science, Provincial Commission of Education, Provincial Human Resource and Social Guarantee Bureau,Provincial Office of Science, Technology and Industry for National Defence and the provincial Statistical Bureau.Data on the number of patent applications examined and certified are provided by Fujian Patent Office.

Data on education cover the situations on higher education, secondary education, primary education, kindergartens and all kinds of adult education etc. The main indicators cover the number of schools of various levels and categories, students enrolled, new students enrolled, graduates, staff and workers and number of teachers etc. Data on education are mainly provided by the Provincial Commission of Education.

Data in this chapter are provided and compiled by the Division of Social, Science and Technology Statistics of Fujian Provincial Bureau of Statistics.

15-1 主要年份科技活动基本情况

Basic Statistics on Scientific and Technological Activities in Selected Years

项目 Item	2000	2005	2010	2016	2017
研究与试验发展人员（人） R&D Personal(person)			101374	201090	207608
#科研机构 Science Research & Technical Development Institutions			3358	5405	5703
高等院校 Higher Education Institutions			12290	28985	31827
规模以上工业企业 Industrial Enterprises above Designated Size			71222	145083	145529
研究与试验发展人员折合全时当量（人年） Full-time Equivalent of R&D Personnel(person/year)	**22420**	**35815**	**76737**	**132155**	**140325**
#科学研究与开发机构 Science Research & Technical Development Institutions	2200	1726	2756	4305	4747
高等院校 Higher Education Institutions	3208	3938	5892	10673	11960
大中型工业企业 Large-scale and Medium-scale Industrial Enterprises		16661	44062	74746	77799
研究与试验发展经费内部支出（亿元） Internal Expenditures on S&T Activities(100 million yuan)	**21.19**	**53.73**	**170.90**	**454.29**	**543.09**
#科学研究与开发机构 Science Research & Technical Development Institutions		2.15	6.54	18.60	23.16
高等院校 Higher Education Institutions		2.27	6.94	27.16	36.69
大中型工业企业 Large-scale and Medium-scale Industrial Enterprises		34.70	116.12	291.37	338.78
研究与试验发展经费支出相当于国内生产总值比例（%） Proportion of Expenditure on R&D to GDP Achievements in S&T and National Prizes Won(%)	**0.56**	**0.82**	**1.16**	**1.59**	**1.68**
技术市场成交额（万元） Transaction Value in Technical Market(10000 yuan)	**172601**	**171959**	**381217**	**1057125**	**1032793**
专利申请受理数（项） Number of Patents Application Acceptance(unit)	**4211**	**9460**	**21994**	**130376**	**128079**
#发明专利 Inventions	377	1202	5117	27041	26460
专利申请授权数（项） Number of Patents Application Granted(unit)	**3003**	**5147**	**18063**	**67142**	**68304**
#发明专利 Inventions	93	242	1224	7170	8718
发明专利拥有量（项） The Ownership of Invention Patents(unit)			3295	26714	31006
每万人口发明专利拥有量（件） The Ownership of Invention Patents per 10000 Persons(piece)			0.89	6.20	8.00

15-2 研究与试验发展（R&D）人员情况(2009-2017年)

Conditions of R&D Personnel(2009-2017)

单位：人 (person)

年份 Year	合计 Total	科研机构 Science Research & Technical Development Institutions	高等院校 Higher Education Institutions	规模以上工业企业 Industrial Enterprises above Designated Size	大中型 Large-scale and Medium-scale Industrial Enterprises	其他 Others
2009	85745	3266	10144	59897	42766	12438
2010	101374	3358	12290	71222	54133	14504
2011	128614	3294	13198	94942	78297	17180
2012	158089	3587	14414	120671	95342	19417
2013	167041	4382	16633	130227	102040	15799
2014	185044	4791	18170	144021	112076	18062
2015	182811	4977	26035	134111	97605	17688
2016	201090	5405	28985	145083	104073	21617
2017	207608	5703	31827	145529	104536	24549

15-3 各单位技术买卖情况(2017年)

Basic Statistics of Technology Trade by Unit(2017)

项目 Item	合计 Total	机关法人 Government Agencies	事业法人 Institutions	社团法人 Mass Organizations	企业法人 Enterprises	自然人 Natural Person	其他组织 Other Corporation
买卖项数（项） Number(unit)	**6008**	**1**	**619**	**8**	**5207**	**164**	**9**
机关法人 Government Agencies	944	1	46		869	28	
事业法人 Institutions	652		73		551	28	
社团法人 Mass Organizations	16		1		15		
企业法人 Enterprises	4319		493	8	3701	108	9
自然人 Natural Person	27				27		
其他组织 Other Corporation	50		6		44		
买卖金额（万元） Value(10000 yuan)	**1032793**	**8**	**35922**	**1241**	**909586**	**1345**	**84690**
机关法人 Government Agencies	102492	8	781		101518	185	
事业法人 Institutions	39698		3480		35978	240	
社团法人 Mass Organizations	2491		12		2479		
企业法人 Enterprises	872939		31274	1241	754813	920	84690
自然人 Natural Person	355				355		
其他组织 Other Corporation	14818		375		14444		

15-4 主要年份研究与试验发展（R&D）活动指标

Indicators of Research and Development Activities in Selected Years

项目 Item	2000	2005	2010	2016	2017
R&D人员折合全时人员（人） **R&D Personnel(person)**	**22420**	**35815**	**76737**	**132155**	**140325**
基础研究 Fundamental Research	2033	1452	3435	5629	6378
应用研究 Applied Research	3635	7005	8090	12561	13993
试验发展 Experimental Development	16752	27358	65218	113965	119954
R&D经费内部支出(亿元) **Intramural Expenditure for R&D(100 million yuan)**	**21.19**	**53.73**	**170.90**	**454.29**	**543.09**
基础研究 Fundamental Research	0.66	1.17	4.19	11.83	18.91
应用研究 Applied Research	1.41	5.13	9.49	29.97	39.18
试验发展 Experimental Development	18.30	46.82	157.22	412.49	485.01
#科学研究与开发机构 Science Research & Technical Development Institutions	1.38	2.35	6.54	18.60	23.16
基础研究 Fundamental Research		0.56	1.99	6.93	10.73
应用研究 Applied Research		0.80	2.80	5.75	7.14
试验发展 Experimental Development		0.78	1.75	5.93	5.29
高等院校 Higher Education Institutions	1.31	2.31	6.94	27.16	36.69
基础研究 Fundamental Research		0.59	1.82	4.42	7.13
应用研究 Applied Research		1.11	4.31	21.31	27.33
试验发展 Experimental Development		0.57	0.82	1.42	2.23
大中型工业企业 Large-scale and Medium-scale Industrial Enterprises		34.89	116.12	291.37	338.78
基础研究 Fundamental Research				0.003	0.050
应用研究 Applied Research		1.34	0.43	0.56	1.52
试验发展 Experimental Development		33.36	115.68	290.81	337.21
R&D经费内部支出按支出来源分(亿元) Intramural Expenditure for R&D by Expenditure Source(100 million yuan)					
政府资金 Government Funds	3.09	5.32	17.61	49.82	61.22
企业资金 Enterprises Funds	15.79	47.14	148.45	390.85	467.95
国外资金 Abroad Funds	0.37	0.13	1.38	1.48	1.32
其他 Others	1.94	1.14	3.46	12.13	12.60
R&D经费内部支出占GDP比重（%） **Proportion of Intramural R&D Expenditure to GDP(%)**	**0.56**	**0.82**	**1.16**	**1.59**	**1.68**

15-5 规模以上工业企业研究与试验发展（R&D）活动情况（2017年）

Research and Development Activities of Industrial Enterprises above Designated Size(2017)

项目 Item	规模以上工业企业数（个） Number of Enterprises (unit)	有R&D活动（个） With R&D Activities (unit)	有研发机构（个） With R&D Institutions (unit)	R&D人员（人） R&D Personnel (person)	R&D人员折合全时当量（人年） Full-time Equivalent of R&D Personnel	R&D经费内部支出（万元） Intramural Expenditure for R&D (10000 yuan)	R&D经费外部支出（万元） External Expenditure for R&D (10000 yuan)
总计 **Total**	**17339**	**3825**	**1419**	**145529**	**105533**	**4487934**	**149578**
按企业规模分 **Grouped by Size of Enterprises**							
大型 Large	432	270	165	59151	44622	2132389	81647
中型 Medium	2806	1012	443	45385	33177	1255450	45111
小型 Small	13308	2505	798	40756	27553	1091602	22576
微型企业 Micro	793	38	13	237	181	8493	243
按隶属关系分 **Grouped by Subordination**							
中央 Central	83	27	9	2927	1742	122308	18869
地方 Region	17256	3798	1410	142602	103791	4365626	130708
按登记注册类型分 **Grouped by Status of Registration**							
内资企业 Sole Funded	13798	2916	1051	91522	64863	2777958	90180
国有企业 State-owned Enterprises	35	7	3	395	272	7968	139
集体企业 Collective-owned Enterprises	65	2	2	12	5	99	7
股份合作企业 Cooperative Enterprises	44	4	1	57	26	982	
联营 Joint Ownership Enterprises	8						
国有联营企业 State Joint Ownership Enterprises							
集体联营企业 Collective-owned Joint Ownership Enterprises	4						
国有与集体联营企业 State and Collective-owned Joint Ownership Enterprises							
其他联营企业 Other Joint Ownership Enterprises	4						
有限责任公司 Limited-Liability Corporations	4233	949	357	37652	25998	1263198	41333
国有独资公司 State Sole Funded Corporations	148	27	12	1797	756	31237	15631
其他责任有限公司 Other Limited-Liability Corporations	4085	922	345	35855	25242	1231961	25702
股份有限公司 Share Holding Corporations Ltd.	405	232	124	17603	13539	510462	32839
私营企业 Private Enterprises	8991	1720	563	35796	25017	995115	15863

15-5 续表1

Continued

项目 Item	规模以上工业企业数（个） Number of Enterprises (unit)	有R&D活动（个） With R&D Activities (unit)	有研发机构（个） With R&D Institutions (unit)	R&D人员（人） R&D Personnel (person)	R&D人员折合全时当量（人年） Full-time Equivalent of R&D Personnel	R&D经费内部支出（万元） Intramural Expenditure for R&D (10000 yuan)	R&D经费外部支出（万元） External Expenditure for R&D (10000 yuan)
私营独资企业 Private Sole Funded Enterprises	257	17	5	145	95	6050	
私营合伙企业 Private Joint-venture Enterprises	55	2	1	14	2	122	
私营有限责任公司 Private Limited-Liability Corporations	8429	1590	506	31427	21921	867854	13329
私营股份有限公司 Private Share Holding Corporations Ltd.	250	111	51	4210	2998	121090	2533
其他企业 Other Enterprises	17	2	1	7	7	135	
港澳台商投资企业 Funds from HongKong, Macao,TaiWan	2377	593	231	33475	24128	1103541	21781
合资经营企业（港或澳、台资） Joint-venture Enterprises	512	166	72	10025	7267	334129	13874
合作经营企业（港或澳、台资） Cooperative Enterprises	18	3	1	33	24	612	837
港、澳、台商独资经营企业 Enterprises with Sole Fund	1758	395	144	21521	15277	715113	6428
港、澳、台商投资股份有限公司 Share Holding Corporations Ltd.	44	19	11	1626	1388	43136	641
其他港澳台商投资企业 Others	45	10	3	270	172	10552	2
外商投资企业 Foreign Funded Enterprises	1164	316	137	20532	16542	606435	37617
#中外合资 Joint Venture	326	115	37	9073	7604	276173	9981
中外合作 Cooperative Operation	9	3	1	410	254	12247	1015
外商独资 Venture Exclusively with Foreign Investment	775	187	93	10008	7880	283890	26333
外商投资股份有限公司 Share Holding Corporations Ltd.	23	4	3	644	532	20932	261
其他外商投资企业 Others	31	7	3	397	272	13192	27
按行业分 **Grouped by Sector**							
采矿业 Mining	377	26	9	477	294	8754	452
煤炭开采和洗选业 Coal Mining and Dressing	88	6	4	138	75	1131	19
黑色金属矿采选业 Ferrous Metals Mining and Dressing	76	8	1	119	85	1271	82
有色金属矿采选业 Nonferrous Metals Mining and Dressing	48	6	3	141	91	4052	352
非金属矿采选业 Nonmetal Minerals Mining and Dressing	165	6	1	79	44	2300	
制造业 Manufacturing	16580	3765	1403	143083	104429	4429053	132451

15-5 续表2

Continued

项目 Item	规模以上工业企业数（个） Number of Enterprises (unit)	有R&D活动（个） With R&D Activities (unit)	有研发机构（个） With R&D Institutions (unit)	R&D人员（人） R&D Personnel (person)	R&D人员折合全时当量（人年） Full-time Equivalent of R&D Personnel	R&D经费内部支出（万元） Intramural Expenditure for R&D (10000 yuan)	R&D经费外部支出（万元） External Expenditure for R&D (10000 yuan)
农副食品加工业 Agricultural and Sideline Products Processing	1148	199	98	3705	2674	126970	2459
食品制造业 Food Manufacturing	608	112	54	2063	1485	56966	1109
酒、饮料和精制茶制造业 Wine，Drink and Tea Manufacturing	604	88	40	1408	964	45417	731
烟草制品业 Tobacco Processing	7	6	2	277	181	7580	83
纺织业 Textile Industry	913	173	58	6023	4400	192588	2523
纺织服装、服饰业 Textile Garments Products	1270	119	27	3951	2655	123771	2920
皮革、毛皮、羽毛及其制品和制鞋业 Leather , Furs , Down and Relate Products	1258	152	69	6917	5151	191118	3206
木材加工和木、竹、藤、棕、草制品业 Timber Processing,Bamboo,Cane,Palm Fiber and Straw Products	791	81	25	1242	811	40873	196
家具制造业 Furniture Manufacturing	351	25	13	672	462	18251	305
造纸和纸制品业 Papermaking and Paper Products	435	69	18	2282	1600	91145	403
印刷和记录媒介复制业 Printing and Record Medium Reproduction	251	30	8	736	458	17189	312
文教、工美、体育和娱乐用品制造业 Cultural , Educational and Sports Goods	1023	126	51	3599	2642	64395	1015
石油加工、炼焦和核燃料加工业 Petroleum Processing , Coking and Nuclear Fuel Processing	30	12	4	248	142	20250	740
化学原料和化学制品制造业 Raw Chemical Materials and Chemical Products	743	253	97	4837	3418	188105	2351
医药制造业 Medical and Pharmaceutical Products	141	89	49	2784	2007	75358	11169
化学纤维制造业 Chemical Fiber	101	36	14	2660	2214	133424	2391
橡胶和塑料制品业 Rubber and Plastic Products	780	198	67	7177	5458	183189	703
非金属矿物制品业 Nonmetal Minerals Products	1719	297	97	7270	5354	197677	1760
黑色金属冶炼和压延加工业 Smelting and Pressing of Ferrous Metals	267	41	12	3000	2434	182814	3506
有色金属冶炼和压延加工业 Smelting and Pressing of Nonferrous Metals	142	48	16	3474	2565	183687	2508
金属制品业 Metal Products	625	153	42	4550	3522	120872	874
通用设备制造业 General Equipment	595	203	67	6889	5387	174812	29819
专用设备制造业 Special Purpose Equipment	534	249	82	7629	5432	204931	11222
汽车制造业 Car Manufacturing	367	140	60	7041	4994	221199	13773

15-5 续表3

Continued

项目 Item	规模以上工业企业数（个） Number of Enterprises (unit)	有R&D活动（个） With R&D Activities (unit)	有研发机构（个） With R&D Institutions (unit)	R&D人员（人） R&D Personnel (person)	R&D人员折合全时当量（人年） Full-time Equivalent of R&D Personnel	R&D经费内部支出（万元） Intramural Expenditure for R&D (10000 yuan)	R&D经费外部支出（万元） External Expenditure for R&D (10000 yuan)
铁路、船舶、航空航天和其他运输设备制造业 Railway,Watercraft,Aviation and others transportation Manufacturing	170	45	18	1777	1267	36282	4818
电气机械和器材制造业 Electric Equipment and Machinery	703	304	113	16509	10033	467664	8210
计算机、通信和其他电子设备制造业 Computer,Communication and other Electronic Equipment	581	384	156	29965	23186	981513	19430
仪器仪表制造业 Instruments and Meters Machinery	177	86	32	2970	2329	56231	2066
其他制造业 Others Manufacturing	169	30	12	1181	1016	19228	1746
废弃资源综合利用业 Waste Resources and Materials Recovering	51	8	1	90	75	3266	65
金属制品、机械和设备修理业 Metals,Machinery and Equipment maintenance	26	9	1	157	111	2291	43
电力、热力、燃气及水生产和供应业 Production and Supply of Electric Power and Hot Power	382	34	7	1969	810	50127	16675
电力、热力生产和供应业 Production and Supply of Electric Power and Hot Power	279	20	3	1798	731	46768	16623
燃气生产和供应业 Production and Supply of Gas	40	5	2	64	35	1454	14
水的生产和供应业 Production and Supply of Water	63	9	2	107	43	1905	38
按地市分类 **Grouped by City**							
福州市 Fuzhou	2213	609	213	31386	24418	1019644	44734
厦门市 Xiamen	1894	743	274	41085	32543	1132323	51660
莆田市 Putian	1221	208	130	5888	4315	230156	3891
三明市 Sanming	1770	227	72	4693	3514	196700	4712
泉州市 Quanzhou	4635	878	289	25852	16976	756120	16372
漳州市 Zhangzhou	2254	468	171	15945	11546	424086	8140
南平市 Nanping	1080	218	87	4863	3012	160427	3103
龙岩市 Longyan	1186	342	133	8332	5700	314348	8951
宁德市 Ningde	1086	132	50	7485	3508	254132	8014

15-6 各设区市研究与试验发展（R&D）人员情况（2017年）

Personnel Condition of Research and Development by city(2017)

项目	Item	R&D人员（人） R&D Personnel (person)	R&D人员折合全时当量（人年） Full-time Equivalent of R&D Personnel(man-year)	基础研究 Basic Reseach	应用研究 Applied Reseach	试验发展 Experimental Development
福建省	**Fujian**	**207608**	**140325**	**6378**	**13993**	**119954**
福州市	Fuzhou	62160	42999	3233	6625	33141
厦门市	Xiamen	56704	42093	1971	3257	36865
莆田市	Putian	7298	4903	135	332	4436
三明市	Sanming	6310	4301	123	522	3655
泉州市	Quanzhou	31614	19223	348	1312	17563
漳州市	Zhangzhou	18971	12710	277	664	11770
南平市	Nanping	6359	3758	115	599	3044
龙岩市	Longyan	9360	6101	58	224	5818
宁德市	Ningde	8832	4238	118	459	3662

15-7 各设区市研究与试验发展（R&D）经费情况（2017年）

Expenditure Condition of Research and Development by city(2017)

单位：万元 (10000yuan)

项目	Item	R&D经费内部支出 Intramural Expenditure for R&D	基础研究 Experimental Development	应用研究 Experimental Development	试验发展 Experimental Development	R&D经费外部支出 External Expenditure for R&D
福建省	**Fujian**	**5430888**	**189079**	**391759**	**4850050**	**210063**
福州市	Fuzhou	1549977	118354	184293	1247333	59451
厦门市	Xiamen	1423882	55862	133909	1234109	94635
莆田市	Putian	237817	2370	4195	231253	3910
三明市	Sanming	206761	928	6883	198950	4755
泉州市	Quanzhou	814179	4286	38111	771782	18796
漳州市	Zhangzhou	446808	5475	11285	430046	8306
南平市	Nanping	168017	654	5139	162224	3128
龙岩市	Longyan	324106	389	5798	317919	9062
宁德市	Ningde	259342	760	2146	256436	8021

15-8 各类型专利申请和授权情况(1985-2017年)

Patents Applicated and Granted by Category(1985-2017)

单位：项 (unit)

年份 Year	专利申请数 Number of Patent Applicated Accepted	发明 Creation and Inventions	实用新型 Utility Models	外观设计 Designs	专利授权数 Number Of Patent Applicated Granted	发明 Creation and Inventions	实用新型 Utility Models	外观设计 Designs
1985	137	74	63		1	1		
1986	195	67	125	3	23		23	
1987	305	84	206	15	78	3	73	2
1988	420	90	320	10	132	13	114	5
1989	445	90	318	37	203	20	176	7
1990	540	95	374	71	276	25	239	12
1991	672	102	512	58	277	21	206	50
1992	928	171	661	96	352	17	295	40
1993	1271	199	729	343	850	36	697	117
1994	1510	202	725	583	733	22	455	256
1995	1979	200	816	963	933	17	439	477
1996	2626	224	971	1431	1196	15	468	713
1997	3018	226	1113	1679	1547	24	468	1055
1998	3393	201	1071	2121	2318	20	689	1609
1999	3381	240	1099	2042	2934	32	1089	1813
2000	4211	377	1516	2318	3003	93	1074	1836
2001	4971	361	1757	2853	3296	82	1107	2107
2002	6521	562	2233	3726	4001	63	1306	2632
2003	7236	797	2554	3885	5377	137	1658	3582
2004	7498	850	2524	4124	4758	160	1776	2822
2005	9460	1202	3182	5076	5147	242	1793	3112
2006	10351	1437	3445	5469	6412	310	2578	3524
2007	11341	2170	3878	5293	7761	336	3323	4102
2008	13181	2701	5141	5339	7937	530	3921	3486
2009	17559	3842	7844	5873	11282	824	4939	5519
2010	21994	5117	10846	6031	18063	1224	9664	7175
2011	32325	6896	16688	8741	21857	1945	12697	7215
2012	42773	8492	22081	12200	30497	2977	17708	9812
2013	53701	9884	25769	18048	37511	2941	22152	12418
2014	58075	12529	25410	20136	37857	3426	21013	13418
2015	83146	17663	44339	21144	61621	5730	34086	21805
2016	130376	27041	78176	25159	67142	7170	42110	17862
2017	128079	26460	76724	24895	68304	8718	39608	19978

注：2017年起，国家知识产权局对专利统计数据口径进行调整。

Note:Since 2017,Intellectual Property Office adjusted the calibre of Data.

15-9 各单位专利申请授权情况(1990-2017年)

Partents Applicated and Granted by Unit(1990-2017)

单位：项 (unit)

项目 Item	合计 Total	个人 Individual	大专院校 Universities and College	科研单位 Research Institutions	企业 Enterprises	机关团体 Government Agencies and Organizations
申请专利数 Number of Patent Applicated Accepted						
1990	540	371	22	27	71	49
1991	672	493	30	20	75	54
1992	928	699	29	11	76	113
1993	1271	853	36	29	163	190
1994	1510	964	25	33	157	331
1995	1979	1246	16	27	512	178
1996	2626	1608	47	22	923	26
1997	3018	1748	27	30	1202	11
1998	3393	2069	32	39	1245	8
1999	3381	2257	14	31	1074	5
2000	4211	2839	58	34	1271	9
2001	4971	3511	49	38	1361	12
2002	6521	4849	84	85	1493	10
2003	7236	5312	165	69	1677	13
2004	7498	5713	182	56	1536	11
2005	9460	7276	259	105	1812	8
2006	10351	7500	360	95	2376	20
2007	11341	7437	486	141	3249	28
2008	13181	7553	639	295	4632	62
2009	17559	7960	732	257	8552	58
2010	21994	8267	1035	422	12129	141
2011	32325	10625	1470	590	19340	300
2012	42773	14959	1863	650	25093	208
2013	53701	20771	2474	775	29362	319
2014	58075	17335	3632	807	35881	420
2015	83146	30317	5085	1200	45861	683
2016	130376	53104	6890	1560	68042	780
2017	128079	39718	7980	1688	77694	999
授权专利数 Number Of Patent Applicated Granted						
1990	276	192	25	16	38	5
1991	277	168	19	15	39	36
1992	352	247	18	12	42	33
1993	850	589	29	14	93	125
1994	733	477	20	16	82	138
1995	933	534	19	10	154	216
1996	1196	638	13	9	395	141
1997	1547	776	21	10	722	18
1998	2318	1232	9	2	1071	4
1999	2934	1712	29	22	1158	13
2000	3003	1945	30	13	1006	9
2001	3296	2078	38	28	1144	8
2002	4001	2930	35	19	1006	11
2003	5377	3979	58	34	1298	8
2004	4758	3465	82	33	1170	8
2005	5147	3903	87	25	1125	7
2006	6412	4827	146	43	1391	5
2007	7761	5531	177	39	2001	13
2008	7937	5214	275	57	2382	9
2009	11282	6385	376	82	4402	37
2010	18063	7714	535	135	9587	92
2011	21857	7501	703	173	13334	146
2012	30497	10161	652	197	18703	784
2013	37511	13666	1207	408	22106	124
2014	37857	11176	1671	439	24381	190
2015	61621	21007	3256	689	36321	348
2016	67142	24738	3395	708	38026	275
2017	68304	19279	4055	733	43814	423

注：2017年起，国家知识产权局对专利统计数据口径进行调整。

Note:Since 2017,Intellectual Property Office adjusted the calibre of Data.

15-10 技术市场基本情况(1990-2017年)

Basic Statistics of Technical Market(1990-2017)

项目 Item	合计 Total	技术开发 Technical Development	技术转让 Technical Transfer	技术咨询 Technical Advisory	技术服务 Technical Service
合同数（项）					
Number of Contract(unit)					
1990	8397	151	69	1029	7148
1991	3943	262	104	450	3127
1992	6140	354	270	782	4734
1993	4220	355	350	1172	2343
1994	5992	438	158	1010	4386
1995	4266	642	444	1051	2129
1996	6819	605	284	1310	4620
1997	6310	613	326	1812	3559
1998	5698	531	312	1094	3761
1999	6506	1041	404	1653	3408
2000	5597	731	393	1296	3177
2001	4589	688	346	567	2988
2002	4668	868	492	623	2685
2003	5496	1113	242	1149	2992
2004	5656	1191	204	1406	2855
2005	6510	1457	200	1503	3350
2006	5673	1585	122	1059	2907
2007	5047	1752	98	996	2201
2008	5196	1906	135	1173	1982
2009	4799	2265	231	781	1522
2010	5137	2811	290	639	1397
2011	4839	2954	272	575	1038
2012	5390	3654	216	926	594
2013	5361	3463	218	1135	545
2014	3797	2591	235	692	279
2015	4209	3064	314	327	504
2016	5220	3090	345	356	1429
2017	6008	3717	326	260	1705
合同金额（万元）					
Amount of Contracts(10000 yuan)					
1991	6485	2942	848	407	2288
1992	13545	2935	2472	1124	7014
1993	18758	4058	4437	3113	7150
1994	25118	7629	1938	2783	12768
1995	30550	8960	6404	3914	11272
1996	46206	12635	7766	4477	21328
1997	57459	12924	9836	9066	25633
1998	69363	17323	9228	6063	36749
1999	80868	28268	6888	12477	33235
2000	172601	25411	75045	6701	65444
2001	136941	26488	62482	7752	40219
2002	128988	53778	41271	7399	26540
2003	166778	65108	47015	13001	41654
2004	141395	46021	59653	8989	26732
2005	171959	51837	79761	12574	27787
2006	144122	64191	46261	11288	22382
2007	168662	68989	72069	9696	17908
2008	191223	95052	35414	12954	47803
2009	262349	132945	64562	9691	55151
2010	381217	194219	84986	8519	93494
2011	534130	247146	194359	9176	83450
2012	735768	305585	328475	9120	92588
2013	539868	290407	145476	12237	91747
2014	508271	240243	239584	8142	20301
2015	538645	332784	169587	2792	33382
2016	1057125	731769	201710	4075	119570
2017	1032793	460102	402225	2676	167790

15-11 技术市场合同数与合同金额情况(2017年)

Basic Statistics of Technical Market Contract and Contract Amount(2017)

项目 Item	合同数 （项） Number of Contracts(unit)	合同金额 （万元） Amount of Contracts (10000 yuan)
合　计 Total	**6008**	**1032792.59**
按合同类别分 By Kind of Contract		
技术开发合同 Contract of Technical Development	3717	460101.50
技术转让合同 Contract of Technical Transfer	326	402225.21
技术咨询合同 Contract of Technical Advisory	260	2675.98
技术服务合同 Contract of Technical Service	1705	167789.90
按服务目标分 By Service Aim		
农、林、牧、渔业发展 Development of Farming, Forestry Animal Husbandry and Fishery	171	9465.56
工商业发展 Development of Industry	716	175689.58
能源生产、分配和合理利用 Production, Distribution and Use for Energy	106	13248.76
基础设施以及城市和农村规划 Infrastructure and Planning of Urban and Rural	154	7478.72
环境保护、生态建设及污染防治 Environmental Protection	312	26091.61
卫生事业发展 Health	159	24402.43
教育事业发展 Education	109	5133.31
社会发展和社会经济发展 Development of Social and Social Economy	2974	475963.13
非定向研究 Nondirectional Research	463	10222.67
民用空间探测及开发 Civil Space	54	1270.86
地球和大气层的探索与利用 Probe and Utilize of Earth and atmasphere	64	2633.04
国防 National defense	27	5212.69
其他民用目标 Others	726	275980.22
按技术流向分 By the Flaw of Technology		
本省 Native Province	4175	
省外 Outside the Province	1833	

15-12 地方国有企事业单位专业技术人员数(1978-2017年)

Number of Professional and Technical Personnel in local State-owned Enterprises and Institutions(1978-2017)

单位：人 (person)

年份 Year	合计 Total	#工程技术人员 Engineering	#农业技术人员 Agriculture	#卫生技术人员 Health Care	#科学研究人员 Scientific Research	#教学人员 Teaching
1978	84117	30363	9290	24326	2789	17349
1979	89501	33507	10019	23181	3281	19513
1980	154241	39546	8292	25713	3186	49666
1981	168096	43823	9501	27664	3000	55607
1982	185383	51431	10602	30376	3232	59759
1983	291400	57852	13158	32492	2553	153274
1984	291913	52345	13670	32085	3663	158318
1985	308855	57986	15642	32697	3719	159859
1986	326646	65826	15351	35670	2711	169990
1987	363237	76424	15746	37189	2969	185971
1988	429162	78854	15800	40134	3005	201603
1989	470772	82248	16316	41377	3369	225623
1990	500783	88457	16211	44560	3571	240899
1991	478923	81500	13244	46346	2737	247627
1992	487634	83165	13290	45895	2695	255783
1993	484192	82631	12852	44972	2733	262393
1994	499806	84673	12854	46851	2519	269232
1995	509638	86132	12868	46421	3073	282294
1996	534016	87619	13500	50092	3179	300406
1997	555600	88338	14425	52211	3397	315846
1998	577184	88184	14517	54153	3652	337086
1999	590289	89012	14462	55498	3758	349978
2000	592765	86683	14495	56703	3798	354760
2001	587761	81635	14498	57343	4218	357930
2002	582288	74776	13844	58521	4128	361832
2003	574834	68822	13859	60623	4132	363626
2004	575058	65732	14218	61973	4232	363405
2005	581281	66294	14212	62967	4165	368136
2006	579696	65723	15425	64213	4411	363814
2007	586516	67607	13540	65439	4568	368380
2008	610062	67969	13023	85944	5836	370156
2009	611313	69135	13247	85901	6458	368590
2010	599406	66621	11781	90431	5070	361339
2011	626371	74246	11848	95128	6034	372207
2012	656091	71218	12617	97324	7144	367184
2013	672667	74872	13001	103566	8485	367894
2014	688199	76157	12962	106517	8771	372909
2015	703950	80289	13247	113119	9058	375467
2016	725593	86827	11973	114527	8798	380590
2017	736743	89515	12950	116238	8565	380596

15-13 主要年份地方国有企事业单位各行业技术人员数

Number of Specialized Technical Personnel in local state-owned Enterprises and Institutions by Sector in Selected Years

单位：人 (person)

行业 Sector	2005	2010	2015	2016	2017
合　计 Total	**581281**	**599406**	**703950**	**725593**	**736743**
按行业分 By Sectors					
农、林、牧、渔业 Farming, Forestry, Animal Husbandy and Fishery	25496	22813	22558	21858	22392
采矿业 Mining and Quarrying	3233	3635	3240	2859	2635
制造业 Manufacturing	16425	13744	12627	12710	13366
电力、燃气及水的生产和供应业 Production and Supply of Electricity Gas and Water	4987	4175	5267	5961	6253
建筑业 Construction	10719	8766	12809	13542	16097
交通运输、仓储和邮政业 Transport, Storage and Post Services	12918	12670	18627	17509	17699
信息传输、计算机服务和软件业 Information Transmission, Computer Software and Services	1772	5261	7926	9351	10042
批发和零售业 Wholesale and Retail Trade	6301	5253	4804	6397	6352
住宿和餐饮业 Lodgings and Catering Services	829	703	765	695	659
金融业 Finance	3690	6641	23748	24618	25632
房地产业 Real Estate	4100	3783	5963	6723	7142
租赁和商务服务业 Rent and Business Services	1936	2052	2955	2951	3199
科学研究、技术服务和地质勘查业 Scientific Reseach, Ploytechnic Services and Geological Prospecting	11919	11925	14618	14745	13919
水利、环境和公共设施管理业 Water Conservancy, Environment and Public Facilities Management	8304	7971	9983	9680	10604
居民服务和其他服务业 Resident Services and Others	3220	3674	3962	6664	6732
教育 Education	374351	370279	389241	394471	395124
卫生、社会保障和社会福利业 Health Care, Social Ensure and Walfare	63307	94348	133027	139778	143152
文化、体育和娱乐业 Culture, Sports and Entertainment	17116	14193	16601	18376	16970
公共管理和社会组织 Public Management and Social Organizations	10658	7520	15229	16705	18774
按三次产业分 By Three Strata of Industry					
第一产业 Primary Industry	25496	22813	22558	21858	22392
第二产业 Secondary Industry	35364	30320	33943	35072	38351
第三产业 Tertiary Industry	520421	546273	647449	668663	676000

15-14 主要年份专任教师数和在校学生数

Number of Full-time Teachers and Students in Selected Years

年份 Year	专任教师数（人） Full-time Teachers(person)				在校学生数（万人） Student Enrollment(10000 persons)				每万常住人口拥有大学在校学生数（人） University & College Student Enrollment per 10000 Population (person)
	普通高等学校 Regular Institutions Of Higher Educations	普通中等学校 Regular Institutions Of Secondary Educations	#普通中学 Regular Secondary Schools	普通小学 Primary Schools	普通高等学校 Regular Institutions Of Higher Educations	普通中等学校 Regular Institutions Of Secondary Educations	#普通中学 Regular Secondary Schools	普通小学 Primary Schools	
1952	611	5242	4159	31937	0.47	11.55	9.64	102.59	3.9
1957	1811	7929	6727	42442	0.75	18.69	16.78	137.61	5.4
1962	3484	14609	12328	61998	1.91	23.81	21.74	157.81	17.1
1965	3033	19170	14294	127368	1.52	35.34	27.54	290.11	17.5
1970	1783	18684	18683	85294	0.07	38.68	38.67	238.19	0.4
1975	3142	35782	34680	140353	1.03	80.49	79.34	398.32	6.9
1980	6106	61128	57124	141812	3.86	114.73	109.41	376.42	22.7
1985	8137	64848	55465	138673	4.41	121.39	109.92	372.40	27.8
1990	8926	84535	69000	148789	5.56	120.69	104.85	337.08	28.6
1995	8354	109879	90400	166191	7.17	185.82	155.25	379.96	38.7
1996	8373	117657	98558	170791	7.34	212.91	181.85	392.01	40.8
1997	8646	124842	105279	176591	7.81	240.46	207.36	404.91	42.9
1998	8279	131910	111986	180587	8.52	253.42	220.05	401.97	45.7
1999	8853	138044	117312	183601	10.26	264.11	228.14	386.85	50.4
2000	9779	140769	120667	183547	13.14	269.46	233.50	369.10	61.0
2001	10716	145152	125866	181816	16.74	275.04	238.30	354.62	74.7
2002	12701	149963	131263	181457	19.73	279.19	240.76	339.18	88.0
2003	16663	155858	135778	177248	25.74	291.62	247.19	311.98	110.8
2004	20980	159838	139549	170962	32.57	299.84	252.10	286.94	123.5
2005	24919	164888	144310	166465	40.70	302.74	250.17	273.27	148.8
2006	28724	169568	148055	163350	46.13	300.26	243.07	269.22	172.9
2007	31444	172288	150636	160911	50.95	291.76	233.71	258.29	186.6
2008	33637	172904	151271	160347	56.26	284.82	226.18	247.15	201.6
2009	35841	173887	151785	156779	60.63	276.25	213.43	239.76	203.9
2010	37733	172901	151469	156601	64.78	260.22	198.21	238.89	214.4
2011	39747	171636	150170	155337	67.48	260.61	186.68	246.09	220.2
2012	41119	170041	148687	153941	70.14	255.09	181.09	252.73	230.0
2013	42905	169245	148564	154490	73.05	235.84	176.47	259.84	241.8
2014	43902	169151	148856	158698	74.85	224.53	175.48	274.63	251.3
2015	44791	168453	148428	162496	75.85	221.09	175.97	288.31	250.8
2016	44751	168992	149213	165910	75.64	222.91	178.95	298.67	243.8
2017	45398	170370	150600	168857	75.10	226.83	185.28	307.09	232.8

15-15 各级各类非学历教育学生情况(2017年)

Basic Statistics on Students by Level and Type of Non-formal Education(2017)

单位：万人 (10000 persons)

项目	Item	毕(结)业生数 Graduates with Degrees or Diplomas	注册学生数 Registered Students
总计	**Total**	**129.78**	**121.49**
高等教育	**Higher Education**	**25.29**	**24.06**
自考助学班	Classes for Self-learning Programs	0.10	0.64
普通预科生	Pre-students		0.11
进修及培训	In-service Training Courses	25.16	23.26
中等职业教育	**Vocational Secondary Education**	**25.53**	**22.38**
#资格证书培训	Training for Qualification Certificates	6.40	5.24
岗位证书培训	Training for Post Certificates	17.73	16.54
职业技术培训机构	**Vocational Training Institutes**	**78.96**	**75.04**
#资格证书培训	Training for Qualification Certificates	26.56	25.36
岗位证书培训	Training for Post Certificates	21.84	19.35

15-16 各级各类民办教育基本情况(2017年)

Basic Statistics on Private Schools by Level and Type of Schools(2017)

单位：人 (person)

项目	Item	学校数（所） Number of Schools(unit)	毕业生数 Number of Graduates	招生数 New Enrollment	在校学生数 Total Enrollment	教职工数 Teachers and Staff	#专任教师数 Full-time Teachers
民办高等教育	**Private Higher Education**	**37**	**58958**	**64574**	**221083**	**17017**	**11982**
民办高校	Private Institutions of Higher Education	30	36658	45121	143194	10945	7287
本科	Undergraduate Courses	8	13416	19536	66364	5719	3805
专科	Specialized Courses	22	23242	25585	76830	5226	3482
独立学院	Non-university Tertiary	7	22300	19453	77889	6072	4695
本科	Undergraduate Courses	7	22300	19453	77889	6072	4695
高中阶段教育	**Senior Secondary Education**	**106**	**32252**	**33750**	**101383**	**17810**	**13287**
高中	Private Regular Senior Secondary Schools	74	20435	23437	71478	16635	12425
中等职业学校	Private Vocational Secondary Education	32	11817	10313	29905	1175	862
初中阶段教育	**Junior Secondary Education**	**63**	**45249**	**52966**	**150966**	**6840**	**5035**
初中	Private Regular Junior Secondary Schools	63	45249	52966	150966	6840	5035
民办普通小学	**Private Regular Primary Schools**	**92**	**18987**	**20711**	**125463**	**4779**	**3615**
民办幼儿园	**Private Kindergartens**	**5600**	**275940**	**333725**	**893692**	**101283**	**54127**

15-17 主要年份各类学校数

Number of Schools by Field of Study in Selected Years

单位：所 (unit)

年份 Year	普通高等学校 Regular Institutions Of Higher Educations	成人高等学校 Adult Institions of Higher Educations	中等职业教育 Secondary Vocational Education	普通中学 Regular Secondary Schools	#高中 Senior Secondary Schools	技工学校 Technical Schools	小学 Primary Schools	幼儿园 Kinder gartens
1952	5		51	178	67		9081	320
1957	4		41	213	101		12850	1144
1962	18	19	52	408	150		15550	1373
1965	10	2	67	429	152	4	34583	1916
1970	3		1	1301	199		25743	
1975	7	43	36	1089	767	1	33946	1902
1980	16	25	82	1148	821	28	28170	3608
1985	36	18	94	1180	451	35	26607	5210
1990	36	20	103	1362	415	43	19472	7958
1995	30	20	109	1771	404	54	15765	12748
1996	30	20	110	1834	397	85	15603	13315
1997	30	20	111	1880	409	135	15535	13033
1998	30	20	112	1902	427	138	14824	12612
1999	30	20	118	1893	440	110	14355	12522
2000	28	18	118	1921	477	119	13935	11885
2001	32	17	109	1988	523	101	13664	7398
2002	33	16	106	1998	559	93	12924	7329
2003	49	15	355	2006	592	93	12406	7064
2004	53	13	389	2022	614	98	11614	7200
2005	66	9	391	2030	627	93	10560	7541
2006	67	10	403	2020	636	95	9867	7550
2007	74	8	364	1984	616	96	9388	7567
2008	83	7	350	1963	610	91	8566	7508
2009	86	7	312	1936	606	94	7849	7137
2010	84	4	298	1903	575	95	6974	6179
2011	85	4	262	1830	559	71	5947	6813
2012	86	4	251	1783	543	71	5414	7183
2013	87	3	230	1782	544	69	5228	7419
2014	88	3	226	1781	542	66	5167	7591
2015	88	3	217	1780	540	62	5141	7748
2016	88	3	207	1778	533	62	5188	7791
2017	89	3	184	1774	534	62	5190	8041

15-18 主要年份各类学校专任教师数

Number of Full-time Teachers by Type of School in Selected Years

单位：人 (person)

年份 Year	普通高等学校 Regular Institutions Of Higher Educations	中等职业教育 Secondary Vocational Education	普通中学 Regular Secondary Schools	#高中 Senior Secondary Schools	技工学校 Technical Schools	小学 Primary Schools	幼儿园 Kinder gartens
1952	611	1083	4159	892		31937	641
1957	1811	1202	6727	1790		42442	2127
1962	3484	2030	12328	3039		61998	3200
1965	3033	1729	14294	3201	111	127368	4300
1970	1783		18683			85294	
1975	3142	1081	34680	9607		140353	3789
1980	6106	3017	57124	12555	800	141812	14026
1985	8137	4721	55465	13025	1300	138673	18586
1990	8926	5969	69000	13641	2100	148789	26907
1995	8354	6703	90400	13306	2300	166191	40640
1996	8373	6739	98558	13727	2100	170791	41409
1997	8646	6927	105279	14632	2100	176591	42446
1998	8279	7149	111986	16394	2100	180587	41771
1999	8853	7162	117312	19295	2800	183601	40033
2000	9779	6920	120667	23170	2463	183547	39409
2001	10716	6798	125866	27411	2506	181816	26647
2002	12701	6100	131263	31514	2521	181457	25790
2003	16663	17357	135778	35853	2716	177248	27238
2004	20980	17266	139549	40132	2982	170962	28846
2005	24919	17457	144310	45328	3144	166465	31228
2006	28724	18216	148055	49593	3268	163350	31845
2007	31444	18197	150636	52169	3404	160911	33381
2008	33637	18229	151271	52531	3812	160347	33774
2009	35841	18290	151785	52339	3879	156779	36750
2010	37733	18000	151469	52100	3439	156601	38900
2011	39747	17781	150170	52375	3685	155337	53216
2012	41119	17710	148687	52049	3644	153941	59163
2013	42905	17187	148403	51578	3655	154474	65226
2014	43902	17102	148856	50923	3193	158698	70405
2015	44791	17103	148428	50463	2922	162496	74840
2016	44751	16732	149213	50424	3047	165910	79381
2017	45398	16479	150600	50720	3291	168857	85310

15-19 主要年份各类学校在校学生数

Number of Students Enrollment by Type of School in Selected Years

单位：万人 (10000 persons)

年份 Year	普通高等学校 Regular Institutions Of Higher Educations	成人高等学校 Adult Institions of Higher Educations	中等职业教育 Secondary Vocational Education	普通中学 Regular Secondary Schools	#高中 Senior Secondary Schools	技工学校 Technical Schools	小学 Primary Schools	幼儿园 Kinder Gartens
1952	0.47		1.91	9.64	1.46		102.59	2.26
1957	0.75		1.91	16.78	3.88		137.61	7.11
1962	1.91	0.82	1.56	21.74	4.79		157.81	9.94
1965	1.52	1.46	2.00	27.54	5.18	0.14	290.11	12.52
1970	0.07		0.01	38.67	2.23		238.19	12.47
1975	1.03	0.52	1.10	79.34	20.76	0.05	398.32	12.38
1980	3.86	1.78	3.84	109.41	20.58	1.27	376.42	41.88
1985	4.41	2.94	4.34	109.92	19.90	1.61	372.40	52.03
1990	5.56	2.58	5.89	104.85	15.47	2.83	337.08	74.32
1995	7.17	4.71	9.68	155.25	16.52	4.55	379.96	103.24
1996	7.34	5.32	10.59	181.85	18.16	4.43	392.01	102.63
1997	7.81	5.70	11.27	207.36	21.38	4.73	404.91	92.11
1998	8.52	5.96	11.83	220.05	25.37	4.69	401.97	83.78
1999	10.26	5.79	12.89	228.14	30.78	5.02	386.85	81.91
2000	13.14	6.37	12.90	233.50	37.24	4.57	369.10	78.64
2001	16.74	7.17	13.40	238.30	44.04	4.88	354.62	73.40
2002	19.73	8.59	13.09	240.76	50.78	5.59	339.18	66.71
2003	25.74	9.86	37.76	247.19	57.52	6.64	311.98	69.58
2004	32.57	6.96	40.08	252.10	65.98	7.66	286.94	74.82
2005	40.70	7.45	44.77	250.17	73.25	7.87	273.27	82.67
2006	46.13	10.12	48.67	243.07	78.04	8.52	269.22	87.11
2007	50.95	10.11	49.43	233.71	77.68	8.62	258.29	91.93
2008	56.26	10.39	49.83	226.18	74.88	8.94	247.15	99.27
2009	60.63	9.95	54.00	213.43	71.91	8.29	239.76	107.72
2010	64.78	9.90	53.60	198.21	70.64	8.40	238.89	116.63
2011	67.48	10.37	57.31	186.68	70.95	8.72	246.09	131.92
2012	70.14	11.86	58.30	181.09	69.05	6.95	252.73	139.98
2013	73.05	14.39	52.51	176.47	65.65	5.68	259.84	143.29
2014	74.85	16.08	43.76	175.48	62.91	5.29	274.63	145.63
2015	75.85	15.47	39.67	175.97	62.63	5.45	288.31	151.26
2016	75.64	13.67	38.05	178.95	63.47	5.90	298.67	156.61
2017	75.10	10.34	34.55	185.28	63.71	7.00	307.09	165.49

15-20 主要年份各类学校招生数

New Students Enrollment by Type of School in Selected Years

单位：万人　　　　(10000 persons)

年份 Year	普通高等学校 Regular Institutions Of Higher Educations	成人高等学校 Adult Institions of Higher Educations	中等职业教育 Secondary Vocational Education	普通中学 Regular Secondary Schools	#高中 Senior Secondary Schools	技工学校 Technical Schools	小学 Primary Schools	幼儿园 Kinder gartens
1952	0.19		1.11	5.36	0.85		30.77	
1957	0.19		0.34	5.65	1.26		28.32	
1962	0.27		0.06	8.39	1.63		34.24	
1965	0.34		0.91	10.53	1.83	0.04	85.86	
1970	0.08		0.01	20.05	1.65		63.74	
1975	0.38		0.56	48.49	11.08	0.04	81.97	
1980	0.78		1.55	29.86	0.01	0.79	72.59	
1985	1.79		1.73	40.81	7.18	0.91	63.22	39.68
1990	1.72	0.77	1.91	40.17	5.69	1.16	56.74	50.12
1995	2.36	1.91	3.37	63.42	6.16	1.90	68.49	63.53
1996	2.47	1.97	3.57	69.85	7.05	1.84	71.45	61.89
1997	2.67	1.97	3.73	75.15	8.65	2.19	74.77	55.21
1998	2.91	2.04	3.93	77.16	10.18	1.95	63.50	49.71
1999	3.87	2.34	4.30	79.93	12.54	1.97	52.86	46.37
2000	5.06	2.56	3.48	81.81	15.18	2.12	49.34	43.67
2001	5.95	3.24	3.28	82.52	17.14	2.19	50.62	42.22
2002	6.89	3.54	4.23	82.49	19.35	2.60	47.52	36.86
2003	10.67	3.90	14.51	87.48	21.84	3.19	40.23	37.46
2004	11.99	3.73	15.46	87.10	25.57	3.36	36.49	40.09
2005	14.67	3.57	17.59	81.01	27.21	3.46	35.88	40.45
2006	15.17	3.62	19.45	79.78	27.41	3.60	41.24	42.36
2007	16.74	3.62	19.14	78.69	25.93	3.55	41.93	42.81
2008	18.91	3.55	18.94	73.84	24.25	3.58	39.91	44.78
2009	19.37	3.27	23.40	66.46	23.85	3.22	40.40	47.32
2010	20.25	3.60	20.15	62.62	24.31	3.30	42.60	52.91
2011	20.84	3.87	25.17	60.40	24.06	3.46	44.79	59.47
2012	21.35	4.71	24.08	60.05	21.87	2.79	46.75	60.94
2013	22.61	5.70	15.50	59.54	20.94	2.58	49.57	59.48
2014	21.91	6.07	14.09	58.04	20.86	2.13	52.95	59.86
2015	21.79	5.00	14.08	59.77	21.57	2.41	53.63	64.03
2016	21.16	3.37	13.70	62.60	21.71	3.22	53.08	62.48
2017	21.38	2.48	11.65	64.16	20.89	3.34	53.40	63.82

15-21 主要年份各类学校毕业生数

Number of Graduates by Type of School in Selected Years

单位：万人 (10000 persons)

年份 Year	普通高等学校 Regular Institutions of Higher Educations	成人高等学校 Adult Institions of Higher Educations	中等职业教育 Secondary Vocational Education	普通中学 Regular Secondary Schools	#高中 Senior Secondary Schools	技工学校 Technical Schools	小学 Primary Schools
1952	0.09		0.20	1.75	0.33		3.90
1957	0.08		0.37	3.85	0.97		9.05
1962	0.46		0.94	5.29	1.48		11.89
1965	0.43		0.38	5.38	1.24	0.01	15.34
1970	0.47			1.48	0.28		46.66
1975	0.21		0.34	22.20	7.75		44.03
1978	0.35		0.19	46.16	12.54		47.62
1979	0.08		0.61	51.52	17.90	0.05	43.29
1980	0.90		1.49	14.33	13.63	0.30	44.37
1981	1.56		1.64	40.40	16.30	0.47	47.29
1982	1.16		1.60	25.06	3.54	0.78	48.07
1983	0.73		1.35	27.15	7.84	0.72	50.82
1984	0.76		1.06	23.41	4.55	0.48	51.97
1985	0.79		1.01	24.65	4.48	0.60	55.43
1986	0.94		1.34	27.95	5.45	0.68	58.66
1987	1.44		1.77	28.70	6.47	0.81	59.11
1988	1.68		1.74	30.01	6.51	0.75	51.60
1989	1.73		1.69	28.59	6.22	0.80	49.52
1990	1.79	0.54	1.64	27.11	5.45	1.05	53.33
1991	1.80	0.87	1.93	25.16	4.57	1.11	51.52
1992	1.73	0.65	1.83	28.21	4.78	0.98	51.53
1993	1.65	0.65	1.89	32.90	5.37	1.07	51.05
1994	1.69	0.53	1.87	34.43	5.68	1.12	56.06
1995	2.04	0.85	2.25	38.43	5.57	1.49	62.56
1996	2.23	1.07	2.61	40.51	4.94	1.73	64.67
1997	2.14		3.02	47.25	4.95	1.70	67.57
1998	2.15		3.29	58.75	5.60	1.64	68.63
1999	2.07	1.67	3.21	64.24	6.40	1.55	69.59
2000	2.19	1.67	3.31	69.04	7.84	1.59	68.64
2001	2.84	1.58	2.60	69.65	9.37	1.41	67.44
2002	3.68	1.80	3.78	71.72	11.58	1.51	64.77
2003	4.78	2.33	11.12	73.33	13.95	1.68	66.97
2004	5.28	2.76	11.03	75.03	15.92	1.86	62.58
2005	6.48	2.83	11.00	75.94	18.26	2.56	54.71
2006	9.50	1.01	12.49	80.41	20.18	2.75	52.61
2007	11.41	3.24	12.37	79.88	23.40	2.51	53.51
2008	13.04	3.07	13.65	73.75	24.22	2.55	50.50
2009	14.28	3.11	14.97	72.69	24.90	2.62	43.90
2010	15.34	3.47	15.53	71.88	24.03	2.63	39.60
2011	17.37	3.23	16.20	68.98	22.63	2.38	37.20
2012	17.85	2.93	17.59	63.03	22.56	1.91	39.13
2013	18.72	3.45	15.08	60.32	23.18	3.13	39.85
2014	19.01	4.12	15.21	57.03	22.72	1.76	37.89
2015	19.47	4.30	13.84	57.13	20.81	1.69	38.84
2016	19.95	4.38	13.17	57.21	19.70	1.75	41.56
2017	20.44	5.29	11.78	55.74	19.65	1.62	43.83

15-22 主要年份平均每一专任教师负担学生数

Student-Teacher Ratio in Selected Years

单位：人 (person)

年份 Year	普通高等学校 Regular Institutions of Higher Education	成人高等学校 Adult Institions of Higher Educations	中等职业教育 Specialized Vocational Education	普通中学 Regular Secondary Schools	#高中 Senior Secondary Schools	技工学校 Technical Schools	小学 Primary Schools	幼儿园 Kinder Gartens
1952	7.76		17.62	23.19	16.42		32.12	35.29
1957	4.17		15.91	24.94	21.70		32.42	33.42
1962	5.49		7.67	17.64	15.77		25.45	31.32
1965	5.01		11.56	19.27	16.20	12.79	22.78	29.23
1970	0.41		89.00	20.70			27.93	
1975	3.29		10.22	22.88	21.61	23.81	28.38	32.67
1978	4.97		12.02	21.99	21.91	17.17	26.86	34.15
1980	6.31		11.70	19.15	16.39	15.27	26.54	29.86
1985	5.42		9.19	19.82	15.28	12.58	26.85	27.99
1990	6.23	29.21	9.86	14.83	11.34	13.67	22.65	27.62
1995	8.58	29.21	14.45	17.04	12.42	19.60	22.86	25.40
1996	8.77	38.76	15.71	18.45	13.23	20.64	23.00	24.80
1997	9.03	42.01	16.26	19.70	14.61	22.83	22.90	21.70
1998	10.28	45.97	16.55	19.65	15.47	17.30	22.26	20.06
1999	11.53	48.03	18.00	19.45	15.95	18.07	21.07	20.48
2000	13.40	44.98	18.70	19.35	16.05	16.32	20.11	19.96
2001	15.62	48.16	19.72	18.93	16.07	19.52	19.50	27.55
2002	15.78	47.80	21.44	18.34	16.12	22.16	18.69	25.86
2003	15.88	50.53	21.70	18.20	16.02	24.46	17.61	25.58
2004	15.36	46.95	22.68	18.07	16.44	25.69	16.78	25.98
2005	16.35	34.80	25.58	17.34	16.17	25.03	16.41	26.50
2006	16.07	35.94	26.74	16.41	15.73	26.07	16.48	27.39
2007	16.23	59.35	27.16	15.52	14.88	24.95	16.05	27.52
2008	16.74	103.90	27.38	14.95	14.26	23.45	15.42	29.37
2009	17.92	90.45	29.53	14.06	13.74	21.38	15.29	29.31
2010	17.18	162.89	29.77	13.08	13.56	24.44	15.25	29.98
2011	17.00	165.00	32.20	12.43	13.54	17.82	15.85	24.80
2012	17.07	197.00	32.84	12.18	13.28	14.37	16.42	23.65
2013	17.03	310.00	30.55	11.08	12.73	15.54	16.82	21.97
2014	17.05	369.58	25.58	11.79	12.35	16.56	17.30	20.68
2015	16.93	345.35	23.19	11.86	12.41	18.66	17.74	20.21
2016	16.90	630.09	22.74	11.99	12.59	19.37	18.00	19.73
2017	16.54	429.00	20.97	12.30	12.56	21.28	18.19	19.40

15-23 主要年份研究生数

Number of Postgraduates in Selected Years

单位：人 (person)

年份 Year	在校学生数 Stuent Enrollment	招生数 New Student Enrollment	毕业生数 Graduates	年份 Year	在校学生数 Stuent Enrollment	招生数 New Student Enrollment	毕业生数 Graduates
1978	90	90		2001	6828	2877	1119
1980	261	70		2002	8862	3667	1452
1985	1064	564	324	2003	13266	5860	1871
1986	1246	460	226	2004	18273	7275	2820
1987	1520	557	268	2005	19500	7442	3222
1988	1490	499	504	2006	22798	8150	4560
1989	1350	364	462	2007	25580	8741	5725
1990	1198	366	497	2008	27062	8781	6899
1991	1122	403	425	2009	29012	9934	7790
1992	1268	445	275	2010	30933	10313	8159
1993	1372	512	394	2011	33896	11561	8207
1994	1967	806	374	2012	36035	11927	9511
1995	2248	739	434	2013	38190	12620	10179
1996	2445	933	694	2014	39312	12505	10878
1997	2773	1026	661	2015	41338	13288	10969
1998	3281	1218	701	2016	42731	14088	11968
1999	3907	1562	889	2017	47587	17620	11973
2000	5134	2179	929				

15-24 职业技术培训机构基本情况(2017年)

Basic Statistics on Vocational/Technical Training Institutions(2017)

项目 Item	学校数（所） Number of Schools(unit)	注册学生数（人） Registered Students (person)	结业学生数（人） Graduates (person)	教职工数（人） Teachers and Staff (person)	#专任教师数 Full-time Teachers
总计 Total	**1839**	**750442**	**789584**	**11568**	**5897**
职工技术培训学校（机构） Vocational/Technical Training Schools	**79**	**159368**	**186933**	**1919**	**1708**
#教育部门和集体办 Run by Education Departments and Collectives	63	153526	181141	1836	1657
民办 Run by Private Institutions	16	5842	5792	83	51
农村成人文化技术培训学校（机构） Technical Training Schools for Adult Farmers	**1393**	**420897**	**420554**	**3951**	**540**
#教育部门和集体办 Run by Education Departments and Collectives	1391	419666	419223	3939	530
民办 Run by Private Institutions	2	1231	1331	12	10
其他培训机构（含社会培训机构） Others	**367**	**170177**	**182097**	**5698**	**3649**
#教育部门和集体办 Run by Education Departments and Collectives	23	49429	65892	538	395
民办 Run by Private Institutions	344	120748	116205	5160	3254

15-25 分科研究生数(2017年)

Number of Postgraduates by Field of Study(2017)

单位：人 (person)

项目	Item	在校学生数 Student Enrollment	招生数 New Student Enrollment	毕业生数 Graduates	博士生 Doctor 在校生数 Student Enrollment	博士生 Doctor 招生数 New Student Enrollment	博士生 Doctor 毕业生数 Graduates	硕士生 Master 在校生数 Student Enrollment	硕士生 Master 招生数 New Student Enrollment	硕士生 Master 毕业生数 Graduates
合计	**Total**	**47587**	**17620**	**11973**	**6256**	**1486**	**779**	**41331**	**16134**	**11194**
学术型学位	**Academic Degree**	**25729**	**8178**	**6602**	**6163**	**1474**	**776**	**19566**	**6704**	**5826**
哲学	Philosophy	261	76	63	96	22	11	165	54	52
经济学	Economics	1648	462	442	423	80	51	1225	382	391
法学	Law	1603	514	480	396	89	34	1207	425	446
教育学	Education	773	239	260	118	32	19	655	207	241
文学	Literature	1458	426	388	331	73	40	1127	353	348
历史学	History	421	125	107	140	29	16	281	96	91
理学	Science	6798	2225	1568	2005	545	258	4793	1680	1310
工学	Engineering	6185	2037	1475	1268	303	138	4917	1734	1337
农学	Agriculture	1406	461	295	349	76	33	1057	385	262
医学	Medicine	2344	773	789	371	99	90	1973	674	699
管理学	Management	2356	692	601	606	110	75	1750	582	526
艺术学	Art	476	148	134	60	16	11	416	132	123
专业学位	**Professional Degree**	**21858**	**9442**	**5371**	**93**	**12**	**3**	**21765**	**9430**	**5368**
哲学	Philosophy									
经济学	Economics	955	410	233				955	410	233
法学	Law	1190	607	274				1190	607	274
教育学	Education	2135	1108	705	93	12	3	2042	1096	702
文学	Literature	627	282	212				627	282	212
历史学	History	42	15	12				42	15	12
理学	Science									
工学	Engineering	5065	2496	1191				5065	2496	1191
农学	Agriculture	893	496	280				893	496	280
医学	Medicine	3212	1279	865				3212	1279	865
管理学	Management	7148	2483	1457				7148	2483	1457
艺术学	Art	591	266	142				591	266	142

15-26 普通高等学校本科分科学生情况（2012-2017年）

Basic Statistics of Students in Higher Educational Institutions by Field of Study(2012-2017)

单位：人 (person)

项目	Item	2012	2013	2014	2015	2016	2017
在校学生数	**Number of Student Enrollment**	**425131**	**457241**	**477753**	**491779**	**499185**	**497440**
哲学	Philosophy	181	321	542	516	530	157
经济学	Economics	37048	39830	40412	39163	39882	39518
法学	Law	15727	15585	15993	16423	16626	15963
教育学	Education	13063	13693	14279	15040	15852	16618
文学	Literature	73212	47549	46962	46540	44445	44496
历史学	History	1698	1638	1571	1726	1447	1413
理学	Science	38099	30821	30632	31260	29282	28564
工学	Engineering	131557	149730	158764	165067	170337	171578
农学	Agriculture	8960	9547	9235	9273	9766	9958
医学	Medicine	21760	23200	24823	25768	26403	26677
管理学	Management	83826	93282	98154	100154	102647	101017
艺术学	Art		32045	36386	40849	41968	41481
招生数	**Number of New Student Enrollment**	**120965**	**130506**	**127557**	**128633**	**124729**	**125798**
哲学	Philosophy	32	205	222	194	215	18
经济学	Economics	9881	10734	9727	9918	9969	10525
法学	Law	4204	4259	4268	4078	3618	3364
教育学	Education	3882	4089	3962	4266	4332	4601
文学	Literature	20871	12275	11535	11474	10749	11330
历史学	History	401	356	340	382	334	312
理学	Science	10199	7765	7838	7910	6828	6544
工学	Engineering	38890	43987	43946	44798	44124	43450
农学	Agriculture	2554	2755	2612	2655	2555	2481
医学	Medicine	5581	6068	6311	5682	5570	5956
管理学	Management	24470	27203	26026	26263	25795	26500
艺术学	Art		10810	10770	11013	10640	10717
毕业生数	**Number of Graduates**	**88638**	**94450**	**102431**	**109789**	**112010**	**121774**
哲学	Philosophy	81	63	46	39	29	46
经济学	Economics	7389	8181	9268	10395	9944	10531
法学	Law	5039	4289	3809	3604	3799	4199
教育学	Education	2433	2876	3158	3345	3375	3630
文学	Literature	15404	11218	11770	11937	12087	11900
历史学	History	451	417	419	497	398	407
理学	Science	8894	7187	7268	7765	7231	7006
工学	Engineering	26037	30156	32283	35760	36261	39465
农学	Agriculture	1785	2095	2393	2414	2042	2111
医学	Medicine	4581	4353	4619	4654	4797	5596
管理学	Management	16544	18321	21325	22561	24107	27062
艺术学	Art		5294	6073	6818	7940	9821

注：2013年以前，文学中含艺术学。

Note:Before 2013, Literature contains Art.

15-27 普通高等学校专科分科学生数(2017年)

Basic Statistics of Students in Higher Educational Institutions by Field of Study(2017)

单位：人 (person)

项目	Item	在校学生数 Total Enrollment	招生数 New Enrollment	毕业生数 Graduates
合计	**Total**	**253547**	**88001**	**82643**
#农林牧渔大类	Agriculture, Forestry, Animal Husbandry and Fishery	3671	1395	942
资源环境与安全大类	Resource Environment and Security	2281	816	548
材料与能源大类	Material and Energy	2116	887	578
土建大类	Construction	29259	8850	12337
水利大类	Water Conservancy	1300	420	428
制造大类	Manufacturing	19018	6431	5775
生物与化工大类	Biology and Chemical Industry	1384	484	445
轻工纺织大类	Light and Textile Industry	2372	1136	754
食品药品与粮食大类	Food,Medicine and Food	6207	2324	2194
交通运输大类	Transport	11255	3984	2732
电子信息大类	Electronic Information	30233	11609	8025
医药卫生大类	Medicine and Health	30226	10510	10087
财经商贸大类	Financial and Commercial Business	56025	17009	20487
旅游大类	Touring	8108	2902	2546
文化艺术大类	Culture and Art	15976	5855	4890
新闻传播大类	News Media	2917	1203	920
教育与体育大类	Education and Sports	28891	11281	8270
公安与司法大类	Public Security and Judicature	106	31	25
公共管理与服务大类	Public Management and Service	2202	874	660

15-28 主要年份成人高等学校分科学生情况

Basic Statistics of Students in Adult Higher Educational Institutions by Field of Study in Selected Years

单位：人 (person)

项目	Item	2000	2005	2010	2016	2017
招生数	**Number of New Student Enrollment**	**25629**	**35695**	**36025**	**16015**	**12798**
经济学	Economics	7577	3284	1904	323	222
法　学	Law	2232	1618	798	253	237
教育学	Education	1876	3626	5063	2087	1839
文　学	Literature	5090	5952	2226	266	226
历史学	History	384	209	36	3	3
理　学	Science	1962	3052	352	101	14
工　学	Engineering	4733	6381	9142	4333	3337
农　学	Agriculture	359	429	338	200	310
医　学	Medicine	1416	2811	4545	3776	2194
管理学	Manage		8333	11621	4605	4351
艺术学	Art				68	65
在校学生数	**Number of Student Enrollment**	**63663**	**74472**	**99038**	**58021**	**47948**
经济学	Economics	19437	6464	5821	1123	862
法　学	Law	5802	3897	2352	867	636
教育学	Education	3991	7151	11746	6928	6189
文　学	Literature	11496	13501	7489	1458	950
历史学	History	774	556	116	31	22
理　学	Science	3636	6404	1012	437	207
工　学	Engineering	13469	14255	24131	17059	13876
农　学	Agriculture	1054	725	1190	996	919
医　学	Medicine	4004	5722	13041	13771	10686
管理学	Manage		15797	32140	15026	13372
艺术学	Art				325	229
毕业生数	**Number of Graduates**	**16742**	**28262**	**34699**	**18966**	**21525**
经济学	Economics	6231	2765	2854	571	453
法　学	Law	2149	2018	1120	468	450
教育学	Education	681	3266	4537	1905	2471
文　学	Literature	3368	5432	4309	745	684
历史学	History	245	307	75	22	12
理　学	Science	520	2970	1178	241	152
工　学	Engineering	2526	4812	6323	5474	6149
农　学	Agriculture	235	357	508	381	387
医　学	Medicine	787	1618	4025	4032	5063
管理学	Manage		4717	9770	4965	5581
艺术学	Art				162	123

注：1.由于学科分类变化，2015年起数据只含本科生。2.2000、2005、2010年文学中含艺术学。

Note:1.Due to the subject classification change, Since 2015,the data of contained only an undergraduate. 2.Literature of 2000、2005 and 2010 contains Art.

15-29 成人高等学校专科分科学生数(2017年)

Basic Statistics of Students in Adult Higher Educational Institutions by Field of Study(2017)

单位：人 (person)

项目	Item	在校学生数 Total Enrollment	招生数 New Enrollment	毕业生数 Graduates
合计	**Total**	**55462**	**11980**	**31335**
#农林牧渔大类	Agriculture, Forestry, Animal Husbandry and Fishery	5373	1707	2927
资源环境与安全大类	Resource Environment and Security	56		87
材料与能源大类	Material and Energy	330	61	171
土建大类	Construction	6896	1156	4537
水利大类	Water Conservancy	71	14	41
制造大类	Manufacturing	4157	647	2371
生物与化工大类	Biology and Chemical Industry	261	50	209
轻工纺织大类	Light and Textile Industry	107	19	95
食品药品与粮食大类	Food,Medicine and Food	105		53
交通运输大类	Transport	598	97	490
电子信息大类	Electronic Information	1774	363	917
医药卫生大类	Medicine and Health	11248	1180	6111
财经商贸大类	Financial and Commercial Business	16429	4834	9587
旅游大类	Touring	441	86	651
文化艺术大类	Culture and Art	706	120	549
新闻传播大类	News Media	31		4
教育与体育大类	Education and Sports	5451	1246	1793
公安与司法大类	Public Security and Judicature	32		3
公共管理与服务大类	Public Management and Service	1396	400	739

15-30 中等职业教育分科学生数(2017年)

Students in Secondary Vocational Schools by Field of Study (2017)

单位：人 (person)

项目	Item	毕业生数 Graduates	招生数 New Enrollment	#招初中毕业生数 Junior Secondary School Graduates	在校学生数 Total Enrollment
合计	**Total**	**117763**	**116477**	**102533**	**345500**
#农林牧渔类	Agriculture, Forestry, Animal Husbandry and Fishery	26950	6505	2897	24675
资源环境类	Resources and Environment	6	21	21	51
能源与新能源类	Energy and New Energy	133	242	242	753
土木水利类	Civil and Hydraulic Engineering	9372	6053	4879	19178
加工制造类	Manufacturing	7818	9230	8101	28484
石油化工类	Petroleum and Chemical	262	280	242	991
轻纺食品类	Light Industry, Textile, and Food	1492	1576	1426	5232
交通运输类	Transport	12027	11900	10844	34154
信息技术类	Information Technologies	13542	21257	19002	57987
医药卫生类	Medicine and Health	6433	7276	6658	22908
休闲保健类	Leisure and Health	1233	1626	1579	4875
财经商贸类	Finance and Trade	16289	18351	16885	57356
旅游服务类	Tourism Services	5322	8502	7112	22057
文化艺术类	Culture and Arts	5704	6943	6426	22447
体育与健身	Sports and Fitness	616	1012	1012	3237
教育类	Education	8545	14799	14346	38082
公共管理与服务类	Public Management and Services	832	565	524	1725
其他	Others	1136	337	337	952

15-31 主要年份技工学校数、学生数和专任教师数

Number of Technical Schools,Students,Full-time Teachers in Selected Years

年份 Year	学校数（所） Schools (unit)	招生数（人） New Enrollment (person)	在校学生数（人） Total Enrollment (person)	毕业生数（人） Graduates (person)	专任教师数（人） Number of Full-time Teachers (person)
1985	35	9100	16100	6000	1300
1990	43	11600	28300	10500	2100
1995	54	19000	45500	14900	2300
1996	85	18400	44300	17300	2100
1997	135	21900	47300	17000	2100
1998	138	19500	46900	16400	2100
1999	110	19700	50200	15500	2800
2000	119	21180	45672	15939	2463
2001	101	21938	48832	14074	2506
2002	93	26000	55864	15140	2521
2003	93	31872	66439	16826	2716
2004	98	33568	76606	18621	2982
2005	93	34589	78691	25625	3144
2006	95	36003	85199	27466	3268
2007	96	35452	86221	25123	3404
2008	91	35811	89429	25518	3812
2009	94	32190	82922	26220	3879
2010	95	32965	84040	26263	3439
2011	71	34606	87225	23763	3685
2012	71	27855	69457	19142	3644
2013	69	21102	56811	55546	3655
2014	66	26913	76678	27602	3193
2015	62	24130	54524	16948	2922
2016	62	32244	59016	17500	3047
2017	62	33381	70021	16203	3291

注：2013年起毕业生数含非全日制教育。

Note:Since 2013,The graduates exclude full-time education.

15-32 小学学龄儿童入学率升学率和初中升学率(1990-2017年)

Enrollment Ratio of Primary School and Promotion Rate of Junior middle School(1990-2017)

单位：%　　(%)

年份 Years	小学学龄儿童入学率 Enrollment Ratio of Primary School	小学升学率 Promotion Rate of Primary School	初中升学率 Promotion Rate of Junior middle School	年份 Years	小学学龄儿童入学率 Enrollment Ratio of Primary School	小学升学率 Promotion Rate of Primary School	初中升学率 Promotion Rate of Junior middle School
1990	99.10	64.96	49.71	2004	99.72	98.34	69.42
1991	99.32	70.64	58.58	2005	99.79	98.34	77.66
1992	99.47	76.24	58.20	2006	99.84	99.57	77.80
1993	99.63	83.77	59.99	2007	99.93	98.59	87.80
1994	99.68	82.63	57.40	2008	99.97	98.20	94.14
1995	99.70	91.89	57.29	2009	99.97	97.05	98.86
1996	99.75	97.51	55.32	2010	100.00	96.70	92.90
1997	99.80	97.80	53.80	2011	99.98	97.69	84.08
1998	99.84	97.80	47.60	2012	99.99	97.60	89.57
1999	99.83	97.02	49.88	2013	99.90	96.89	84.42
2000	99.86	97.27	49.97	2014	99.99	98.10	92.79
2001	100.08	97.05	40.60	2015	100.00	98.36	88.28
2002	99.40	97.68	58.70	2016	99.99	98.38	87.80
2003	99.65	98.03	65.60	2017	99.97	98.73	85.51

主要统计指标解释

科技活动 指在自然科学、农业科学、医药科学、工程与技术科学、人文与社会科学领域(简称科学技术领域)中，与科技知识的产生、发展、传播和应用密切相关的有组织的活动。可分为研究与试验发展(R&D)、研究与试验发展成果应用及相关的科技服务三类活动。该定义是联合国教科文组织考虑成员国特别是发展中国家开展科技统计工作的需要，而对科技活动所作的统计界定。

科技活动人员 指直接从事科技活动、以及专门从事科技活动管理和为科技活动提供直接服务，累计的实际工作时间占全年制度工作时间 10%及以上的人员。(1)直接从事科技活动的人员包括: 在独立核算的科学研究与技术开发机构、高等学校、各类企业及其他事业单位内设的研究室、实验室、技术开发中心及中试车间(基地)等机构中从事科技活动的研究人员、工程技术人员、技术工人及其它人员; 虽不在上述机构工作，但编入科技活动项目(课题)组的人员; 科技信息与文献机构中的专业技术人员; 从事论文设计的研究生等。(2)专门从事科技活动管理和为科技活动提供直接服务的人员，包括: 独立核算的科学研究与技术开发机构、科技信息与文献机构、高等学校、各类企业及其他事业单位主管科技工作的负责人，专门从事科技活动的计划、行政、人事、财务、物资供应、设备维护、图书资料管理等工作的各类人员，但不包括保卫、医疗保健人员、司机、食堂人员、茶炉工、水暖工、清洁工等为科技活动提供间接服务的人员。该指标用来反映投入科技活动人力的规模。

研究与试验发展(R&D) 指在科学技术领域，为增加知识总量、以及运用这些知识去创造新的应用进行的系统的创造性的活动，包括基础研究、应用研究、试验发展三类活动。国际上通常采用 R&D 活动的规模和强度指标反映一国的科技实力和核心竞争力。

基础研究 指为了获得关于现象和可观察事实的基本原理的新知识(揭示客观事物的本质、运动规律，获得新发现、新学说)而进行的实验性或理论性研究，它不以任何专门或特定的应用或使用为目的。其成果以科学论文和科学著作为主要形式。用来反映知识的原始创新能力。

应用研究 指为获得新知识而进行的创造性研究，主要针对某一特定的目的或目标。应用研究是为了确定基础研究成果可能的用途，或是为达到预定的目标探索应采取的新方法(原理性)或新途径。其成果形式以科学论文、专著、原理性模型或发明专利为主。用来反映对基础研究成果应用途径的探索。

试验发展 指利用从基础研究、应用研究和实际经验所获得的现有知识，为产生新的产品、材料和装置，建立新的工艺、系统和服务，以及对已产生和建立的上述各项作实质性的改进而进行的系统性工作。其成果形式主要是专利、专有技术、具有新产品基本特征的产品原型或具有新装置基本特征的原始样机等。在社会科学领域，试验发展是指把通过基础研究、应用研究获得的知识转变成可以实施的计划(包括为进行检验和评估实施示范项目)的过程。人文科学领域没有对应的试验发展活动。主要反映将科研成果转化为技术和产品的能力，是科技推动经济社会发展的物化成果。

研究与试验发展人员 指参与研究与试验发展项目研究、管理和辅助工作的人员， 包括项目(课题)组人员， 企业科技行政管理人员和直接为项目(课题)活动提供服务的辅助人员。反映投入从事拥有自主知识产权的研究开发活动的人力规模。

研究与试验发展人员全时当量 指全时人员数加非全时人员按工作量折算为全时人员数的总和。例如: 有两个全时人员和三个非全时人员(工作时间分别为 20%、30% 和 70%)，则全时当量为 2+0.2+0.3+0.7=3.2 人年。为国际上比较科技人力投入而制定的可比指标。

专业技术人员 指从事专业技术工作和专业技术管理工作的人员，即企事业单位中已经聘任专业技术职务从事专业技术工作和专业技术管理工作的人员，以及未聘任专业技术职务，现在专业技术岗位上工作的人员。包括工程技术人员，农业技术人员，科学研究人员，卫生技术人员，教学人×100%员，经济人员，会计人员，统计人员，翻译人员，图书资料、档案、文博人员，新闻出版人员，律师、公证人员，广播电视播音人员，工艺美术人员，体育人员，艺术人员及企业政治思想工作人员，共十七个专业技术职务类别。用来反映科技人力资源情况。

专利 是专利权的简称，是对发明人的发明创造经审查合格后，由专利局依据专利法授予发明人和设计人对该项发明创造享有的专有权。包括发明、实用新型和外观设计。反映拥有自主知识产权的科技和设计成果情况。

发明　指对产品、方法或者其改进所提出的新的技术方案。是国际通行的反映拥有自主知识产权技术的核心指标。

实用新型　指对产品的形状、构造或者其结合所提出的适于实用的新的技术方案。反映具有一定技术含量的技术成果情况。

外观设计　指对产品的形状、图案、色彩或者其结合所作出的富有美感并适于工业上应用的新设计。反映拥有自主知识产权的外观设计成果情况。

普通高等学校　指按照国家规定的设置标准和审批程序批准举办的，通过全国普通高等学校统一招生考试，招收高中毕业生为主要培养对象，实施高等教育的全日制大学、独立设置的学院和高等专科学校、高等职业学校和其他机构。大学、独立设置的学院主要实施本科层次以上教育，高等专科学校、高等职业学校实施专科层次教育，其他机构是承担国家普通招生计划任务不计校数的机构。包括普通高等学校分校和批准筹建的普通高等学校等。

成人高等学校　指按照国家规定的设置标准和审批程序批准举办的，通过全国成人高等学校统一招生考试，招收具有高中毕业或同等学历的在职从业人员为主要培养对象，利用函授、业余、脱产等多种形式对其实施高等学历教育的学校。包括职工高等学校、农民高等学校、管理干部学院、教育学院、独立函授学院、广播电视大学、其他机构等。其他机构是承担国家成人招生计划任务不计校数的机构。

小学学龄儿童入学率　指调查范围内已入小学学习的学龄儿童占校内外学龄儿童总数(包括弱智儿童，不包括盲聋哑儿童)的比重。计算公式为：

小学学龄儿童入学率=已入小学学习的学龄儿童数/校内外学龄儿童总数×100%

Explanatory Notes on Main Statistical Indicators

Scientific and Technological Activities (S&T Activities) refer to organized activities which are closely related with the creation, development, dissemination and application of the scientific and technical knowledge in the fields of natural sciences, agricultural science, medical science, engineering and technological science, humanities and social sciences (referred to as scientific and technological fields). S&T activities can be classified into 3 categories: research and development (R&D) activities, application of R&D results, and related S&T services. This statistical definition is made by UNICHIEF for scientific and technological activities to meet the need of carrying out statistical work in this field for its member countries in particular those developing countries.

Personnel Engaged in S&T Activities refer to personnel directly engaged in S&T activities, in the management of S&T activities, and in providing direct service to S&T activities, who sp end over 10% of the total working hours in a year in S&T activities. (1) Personnel directly engaged in S&T activities include researchers, engineers, technicians and other related personnel engaged in S&T activities in independent-accounting R&D institutions, institutions of higher learning, and in research institutes, laboratories, technology development centers and central experiment workshops under enterprises and institutions. Also included are people working in S&T research project teams, professional and technical personnel working in S&T information archiving institutes, and graduate students working on the design of their thesis. (2) Personnel engaged in the management of S&T activities and in providing direct service to S&T activities include senior management people responsible for S&T activities in independent -accounting R&D institutions, S&T information archiving institutes, institutions of higher learning, and in enterprises and institutions where S&T activities are undertaken. Also included are people responsible for the planning, administration, personnel management, financial management, logistics supply, equipment maintenance, information and library management that are related with S&T activities. People providing indirect services are excluded, such as security, medical service, drivers, plumbers, cleaners and those providing catering and related service. This indicator reflects the size of personnel engaged in S&T activities.

Research and Development (R&D) refers to systematic and creative activities in the field of science and technology aiming at increasing the knowledge and using the knowledge for new application. R&D includes 3 categories of activities: basic research, applied research and experiments and development. The scale and intensity of R&D are widely used internationally to reflect the strength of S&T and the core competitiveness of a country in the world.

Basic Research refers to empirical or theoretical research aiming at obtaining new knowledge on the fundament al principles of phenomena of observable facts to reveal the nature and law of movement of objects and to acquire new discoveries or new theories. Basic research takes no specific or designated application as the aim of the research. Results of basic research are mainly released or disseminated in the form of scientific papers or monographs. This indicator reflects the original innovation capacity for original knowledge.

Applied research refers to creative research aiming at obtaining new knowledge on a specific objective or target. Purpose of the applied research is to identify the possible use of results from basic research, or to explore new (fundamental) methods or new approaches. Results of applied research are expressed in the form of scientific papers , monographs, fundamental models or invention patents. This indicator reflects the exploration of ways to apply the results of basic research.

Experiments and Development refer to systematic activities aiming at using the knowledge from basic and applied researches or from practical experience to develop new products, materials and equipment, to establish new production process, systems and services, or to make substantial improvement on the existing products, process or services. Results of experiment and development activities are embodied in patents, exclusive technology, and monotype of new products or equipment. In social sciences, experiment and development activities refer to the process of converting the knowledge from basic or applied researches in to feasible programs (including conduct of demonstration projects for assessment and evaluation). There are no experiment and development activities in the science of humanities. This indicator reflects the capability of transferring the results of S&T into technique and products, which is the materialized measurement of S&T pushing forward the economic and social development.

R&D Personnel refer to persons engaged in research, management and supporting activities of R&D, including persons in the project teams, persons engaged in the management of S&T activities of enterprises and sup porting staff providing direct service to the research projects. This indicator reflects the size of personnel engaged in R&D activities with independent intellectual property.

Full-time Equivalent of R&D Personnel refers to the sum of the full-time persons and the full-time equivalent of part time persons converted by workload. For instance, if there are 2full-time persons and 3 part time workers (20%, 30% and 70%of working hours respectively on R&D activities), the full-time equivalent is 2+0.2+0.3+0.7=3.2 person-years. This is an internationally comp arable indicator of input of personnel in S&T activities.

Professional and Technical Personnel refer to persons engaged in professional and technical work or in the management of professional and technical activities, i.e., people with professional or technical posit ions who are engaged in professional and technical work or in the management of professional and technical activities, and people without professional or technical positions but are working on professional or technical posts. They include professionals and technicians working in 17 categories of technical occupations including engineering, agriculture, scientific researches, medical service, teaching, economic research and application, accounting, statistics, translation, libraries, archives, cultural and museum service, journalism and publication, lawyers, notarization service, radio and television broadcasting, handicraft and fine arts, sports, performing art, and political workers in enterprises. This indicator reflects the condition of human resources in S&T.

Patent is an abbreviation for the patent right and refers to the exclusive right of ownership by the inventors or designers for the creation or inventions, given from the patent offices after due process of assessment and approval in accordance wit h the Patent Law. Patents are grant ed for inventions, utility model sand designs. This indicator reflects the achievements of S&T and design with in dependent intellectual property.

Inventions refer to the new technical proposals to the products or methods or their modifications. This is universal core Indicator reflecting the technologies with independent intellectual property.

Utility Models refer to t he practical and new technical proposals on the shape and structure of the product or the combination of both. This indicator reflects the condition of technological results with certain technical content.

Designs refer to the aesthetics and industrially applicable new designs for the shape, pattern and color of the product, or their combinations. This indicator reflects the appearance design achievements with independent intellectual property.

Regular Institutions of Higher Learning refer to educational establishments set up according to the government evaluation and approval procedures, enrolling graduates from senior secondary schools and providing higher education courses and training for senior professionals. They include full-time universities, colleges, high professional schools, high professional vocational schools and others.Universities and colleges are mainly providing undergraduate courses; those high professional schools and high professional vocational schools are mainly providing professional trainings; and others refer to educational establishments, which hare responsible for enrolling students but not covered in the total number of schools, including: branch schools of universities and colleges, and universities and colleges that have been proved and prepared to construct.

Institutions of Higher Learning for Adults refer to educational establishments, set up in line with relevant rules approved by the government, enrolling staff and workers wit h senior secondary school or equivalent education, and providing higher education courses in many forms of correspondence, spare time, or full time for adults. Professionals thus trained receive a qualification equivalent to graduates studying regular courses at regular universities, colleges and professional colleges. Institutions of higher learning for adults include schools of high education for staff and workers, schools of high education for peasants, colleges for management cadres, pedagogical colleges, independent correspondence colleges, Radio and TV universities and other educational establishments. Other educational establishments are responsible for enrolling adult students but not covered in the number of schools.

Enrollment Rate of Primary School Age Children refers to the proportion of school age children enrolled at schools to the total number of school age children both in and outside schools (including retarded children, but excluding blind, deaf and mute children). The formula is:

Enrollment Rate of Primary School-age Children = (Total Primary School-age Children at Schools/Total Primary School-age Children Both at and Outside Schools) × 100%

第十六篇　文化和体育

Chapter 16　Culture and Sports

资料整理：廖捷
Database Editor:Liaojie

简 要 说 明

本篇资料的主要内容及来源

本篇主要反映全省文化和体育事业发展情况。文化部分主要包括艺术、图书馆、群众文化、文物、广播、电视、新闻出版等文化事业的机构、人员及业务活动情况。体育部分包括群众体育和竞技体育，主要内容有竞技体育情况、运动员、教练员和裁判员人数等。

上述资料分别由省文化厅、省新闻出版广电局、省体育局等部门提供，是根据有关部门制定的统计报表制度进行统计、汇总整理而成的。

本篇资料由省统计局社会和科技统计处整理提供。

Brief Introduction

Main Content and Source of Data

Data in this chapter show the development of culture, sports and public health. Data on culture cover mainly the situations on institutions, personnel and business activities of arts, libraries, mass culture, cultural relics, broadcasting, films, televisions, news and publication etc. Data on Sports cover mass sports (sports for all) and athletics sports, including mainly the number of staff and workers in sports departments, number of athletes, coaches and referees etc.Data on Public health include mainly the number of institutions, personnel, hospital beds, number of patients treated and inpatients.

The above mentioned data are provide By the Provincial Department of Culture , Provincial Administration of Broadcasting, film and Television, Provincial Press and Publication House, the Provincial Commission of Sports, Department of Public Health. Data are collected and tabulated in accordance with the statistical reporting schemes stipulated by the departments concerned.

Data in this chapter are provided and compiled by the Division of Social, Science and Technology Statistics of Fujian Provincial Bureau of Statistics.

16-1 主要年份文化事业情况
Statistics on Culture in Selected Years

年份 Year	艺术表演团体(个) Art Performance Troupes(unit)	公共图书馆(座) Public Libraries(unit)	博物馆(座) Museums(unit)	图书出版总印数(万份) Number of Books Published (10000 copies)	期刊出版总印数(万份) Number of Magazines Published (10000 copies)	报纸出版总印数(万份) Number of Newspapers Published (10000 copies)	广播综合人口覆盖率(%) Listener Rating (%)	电视综合人口覆盖率(%) Viewer Rating (%)
1952	62	2		127	109	1916		
1957	113	10	1	1041	63	3559		
1962	119	10	9	1846	96	4221		
1965	115	12	13	3956				
1970	66	10	6					
1975	77	14	10					
1978	101	23	13	6818	388	14784	1.00	
1980	107	26	15	8246	960	14913	40.00	60.00
1985	104	65	24	15603	3375	35847	55.00	65.00
1986	101	68	25	12465	3450	39596	63.00	76.00
1987	98	70	34	17101	4177	44858	63.00	80.00
1988	97	71	42	17047	3429	44135	63.00	80.00
1989	92	73	51	15859	2765	36961	63.00	80.00
1990	91	74	58	16312	3157	41455	67.00	82.00
1991	89	74	61	17667	3688	44176	71.00	84.00
1992	89	75	64	19399	4258	45021	73.00	87.00
1993	90	75	63	17044	4350	45845	76.00	88.00
1994	91	75	62	19745	4004	49208	84.00	89.00
1995	91	78	64	18448	4239	51526	86.00	90.00
1996	91	79	70	21348	3891	53608	90.00	91.00
1997	92	78	76	23282	3974	55027	91.00	94.00
1998	94	80	76	21596	3899	59543	93.00	95.00
1999	93	82	77	21875	3990	64195	95.00	97.00
2000	96	81	81	20298	4463	68897	95.81	97.14
2001	93	82	80	17891	4470	73185	95.97	97.47
2002	94	82	80	19953	4089	79061	96.12	97.62
2003	94	82	79	15595	3937	79809	96.44	97.82
2004	94	83	79	13907	3450	89681	96.45	97.83
2005	91	84	82	10643	2841	87962	96.96	98.10
2006	92	85	84	9840	2902	97246	96.99	98.13
2007	92	85	85	8463	2870	99836	97.05	98.25
2008	90	85	89	7793	2935	103791	97.37	98.34
2009	90	85	93	7689	2828	82900	97.64	98.41
2010	93	86	94	7749	2940	99982	97.80	98.45
2011	93	86	96	8294	3677	111850	98.00	98.54
2012	74	87	94	9078	3660	118783	98.04	98.58
2013	77	88	98	8870	4920	120576	98.20	98.63
2014	72	88	98	8619	4426	111945	98.31	98.70
2015	70	90	98	8800	3970	106072	98.68	98.94
2016	70	90	98	9709	4215	90608	98.96	99.12
2017	426	90	123	10809	3032	83957	99.01	99.15

注：2017年艺术表演团体中含民间艺术表演团体357个。下同。

Note:Number of Art Performance Troupes include Folk Performance Troupes in 2017 is 357.

16-2 主要年份各类文化事业机构数

Number of Cultural Institutions in Selected Years

单位：个　　　　(unit)

年份	艺术事业 Art Institutions		公共图书馆	博物馆	群众文化事业 Mass Culture	
	艺术表演团体 Art Performance Troups	表演场馆 Art Centers			艺术（文化）馆 Art(Cultural) Centers	文化站 Cultural Stations
Year			Public Libraries	Museums		
1952	62	32	2		72	152
1957	113	74	10	1	69	149
1962	119	48	10	9	80	47
1965	115	52	12	13	81	40
1970	66	31	10	6	56	34
1975	77	31	14	10	74	37
1978	101		23	13	82	35
1980	107	26	26	15	85	55
1985	104	55	65	24	88	134
1986	101	64	68	25	88	140
1987	98	67	70	34	88	143
1988	97	71	71	42	88	144
1989	92	71	73	51	89	145
1990	91	75	74	58	90	145
1991	89	75	74	61	90	128
1992	89	77	75	64	90	143
1993	90	77	75	63	90	126
1994	91	78	75	62	90	115
1995	91	78	78	64	90	159
1996	91	79	79	70	90	146
1997	92	78	78	76	90	149
1998	94	79	80	76	90	142
1999	93	79	82	77	90	143
2000	96	80	81	81	90	995
2001	93	83	82	80	90	1042
2002	94	78	82	80	90	1042
2003	94	76	82	79	88	1066
2004	94	74	83	79	88	1001
2005	91	76	84	82	90	1026
2006	92	69	85	84	90	1018
2007	92	67	85	85	91	1050
2008	90	68	85	89	92	1090
2009	90	53	85	93	94	1093
2010	93	51	86	94	95	1095
2011	93	49	86	96	95	1104
2012	74	53	87	94	95	1104
2013	77	49	88	98	98	1139
2014	72	57	88	98	97	1118
2015	70	56	90	98	97	1125
2016	70	58	90	98	97	1125
2017	426	59	90	123	97	1126

16-3 群众文化（艺术）馆站业务活动及经费情况(2017年)

Basic Statistics on Activities and Expenditures of Mass Art Centers and Cultural(2017)

项目	Item	总计 Total	群众文化（艺术）馆 Mass Cultural(Art) Centers	文化站 Cultural Stations
单位数（个）	Number of Units(unit)	1223	97	1126
从业人员（人）	Persons Employed(person)	4100	1004	3096
举办展览（个）	Number of Exhibitions(unit)	4301	1084	3217
组织文艺活动（次）	Art Performances and Story-telling Sessions(time)	18651	3698	14953
举办训练班（次）	Training Courses(time)	17767	7921	9846
培训人次（千人次）	Number of Persons Completing Courses(1000 person-times)	1534	968	565
组织公益性讲座次数（次）	Number of Organization Public Lectures(time)	757	757	
本年收入总额（千元）	Total Income(1000 yuan)(1000 yuan)	551794	313444	238350
本年支出合计（千元）	Total Expenditures(1000 yuan)	520677	280487	240190

16-4 艺术表演团体按剧种分演出情况(2017年)

Basic Statistics on Performance of Art Troupes in Culture(2017)

项目	Item	剧团数（个） Number of Institutions (unit)	从业人员（人） Number of Employed Persons (person)	本年新排上演剧目（个） Plays Showed this Year (unit)	演出场次（千场） Total Number of Performance (1000 shows)	演出观众人数（千人次） Number of Audience (1000 person-times)	艺术表演团体演出收入（千元） Total Income (1000 yuan)
艺术表演团体	**State-owned Art Performance Group**	**426**	**12788**	**70**	**77.19**	**26614**	**414085**
话剧、儿童剧、滑稽剧种	Drama, Children's play and Comedy Troupes	30	749	1	3.75	1552	28948
歌舞、音乐类	Class of Song, Dance and Music	26	1274	18	3.33	1236	29339
杂技、魔术、马戏类	Class of Acrobatics, Magic and Circus	4	225	2	1.03	270	4404
京剧、昆曲类	Class of Beijing Opera and Kunqu Opera	4	184	1	0.20	103	1284
京剧	Beijing Opera	4	184	1	0.20	103	1284
地方戏曲类	Local Opera	312	9092	47	63.18	21170	328390
曲艺类	Folk Art	24	451	1	2.98	1442	6712
综合性艺术表演团体	Comprehensive Performing Arts Groups	26	813		2.70	842	15008

16-5 图书、博物馆情况(2013-2017年)

Basic Statistics on Libraries and Museums(2013-2017)

项目 Item	2013	2014	2015	2016	2017
图书馆 **Libraries**					
公共图书馆图书总藏量（千册） Total Collections of Public Library(1000 volumes)	24667	26602	28211	30510	33220
#图书藏量（千册） Total Collections of Books(1000 volumes)	18398	20645	22076	24140	26500
报刊藏量（千册） Total Collections of Newspapers(1000 volumes)	2351	2171	2341	2437	2550
视听文献、缩微制品藏量（千册） Total Collections of Public Library(1000 volumes)	601	639	696	712	755
电子图书（千册） Electronic Books(1000 volumes)	15061	16605	18543	21516	26270
组织各类讲座次数（次） All kinds of Sessions for reader(time)	2265	2364	2891	3384	2327
各类讲座参加人次（千人次） Number of Visitors(1000 person-times)	301	323	287	416	290
举办展览次数（次） Number of Exhibitions(time)	638	751	712	836	1092
参观展览人次（千人次） Number of Exhibitions Persons (1000 person-times)	1795	1357	1420	1738	2420
举办培训班次数（次） Training Courses(time)	674	740	1083	1368	2396
参加培训班人次（千人次） Number of Persons Completing Courses (1000 person-times)	51	41	58	119	1100
总流通人次（千人次） Total Number of Circulation(1000 person-times)	18092	20519	23963	26035	29701
图书购置费（千元） Purchase Expenses for Books(1000 yuan)	38043	45208	52063	60998	69740
博物馆 **Museums**					
文物藏品（件） Collection of Cultural Relics(piece)	482562	483880	514057	541462	648149
#一级品 Grade one	1038	1060	1081	1085	1099
二级品 Grade two	2833	2912	3043	2999	3046
三级品 Grade three	93643	94310	97883	100066	103644
参观人次（千人次） Number of Visitors(1000 person-times)	21250	23082	24121	25883	30170
#文物机构青少年参观人次 Number of Visitors	6932	8132	8451	9206	9870

16-6 图书出版情况(1978-2017年)

Basic Statistics of Book Published(1978-2017)

年份 Year	图书种数(种) Number of Publications (kind)	本版图书种数 Book Publications of Original Edition	#新出 New Publications	总印数(万册、万张) Total Printed Copies (10000 copies)	#租型 Copies for Rent	总印张(千印张) Total Pointed Sheets (1000 sheets)	#租型 Copies for Rent	定价总金额(万元) Total Priced Value (10000 yuan)
1978	347	180	150	6818	3709	258719	160714	
1979	335	157	152	7316	4557	293006	174064	
1980	448	224	197	8246	5459	318718	230922	
1981	606	405	358	12113	5716	448673	220433	3377
1982	620	430	376	9988	5324	335147	196042	2747
1983	903	694	520	11757	5084	374473	182416	3293
1984	979	782	588	11870	4523	424764	168286	4107
1985	1219	976	783	15603	5339	609847	183552	8495
1986	1341	1119	874	12465	5132	443306	192474	6572
1987	1454	1207	823	17101	5431	609655	203602	9702
1988	1434	1183	716	17047	5233	614164	202373	13970
1989	1734	1449	1035	15859	5164	579815	195930	16998
1990	1799	1518	1034	16312	5370	588903	198660	18774
1991	1956	1709	1096	17667	5367	687789	212078	26176
1992	2200	1939	1089	19399	6229	747055	255252	28563
1993	2237	1988	1404	17044	5820	692582	269185	33137
1994	2658	2379	1548	19745	6316	786552	306980	52794
1995	2346	2041	1285	18448	6554	799268	350580	60411
1996	2765	2456	1457	21348	7316	923246	392633	87917
1997	2713	2403	1400	23282	7740	1012534	444673	94820
1998	2864	2545	1551	21596	8188	1004826	475610	105493
1999	3250	2956	1688	21875	7942	1021736	458774	107293
2000	2879	2637	1518	20298	7062	969527	444525	99604
2001	2395	2140	1464	17891	7470	933277	475153	83157
2002	3011	2692	2127	19953	7752	1079027	511177	106245
2003	2950	2591	1881	15595	7236	935650	496601	96910
2004	3049	2641	1771	13907	6306	1123920	726166	91232
2005	2943	2623	1693	10643	5066	691813	394674	74571
2006	3002	2692	1793	9840	4458	687082	346972	71235
2007	2966	2678	2009	8463	3902	622153	285318	68507
2008	3471	3259	2265	7793	2501	491166	152947	76128
2009	3422	3246	2052	7689	2197	561484	147631	83165
2010	3574	3415	2320	7749	2169	585841	146601	86650
2011	3774	3568	2401	8294	2621	591332	182355	94065
2012	3629	3417	2329	9078	3078	683578	217612	106475
2013	3547	3320	2283	8870	3208	699137	233615	109569
2014	3653	3456	2442	8619	3099	660192	226916	108127
2015	3579	3395	2318	8800	3197	700447	234302	116504
2016	4154	3954	2620	9709	3309	792968	246575	143426
2017	4493	4289	2545	10809	3709	856126	262909	163964

16-7 图书出版分类情况(2017年)

Composition of Books Published(2017)

项目 Item	图书种数(种) Publications of Original Edition (kind)	#本版图书新出 New Publica-tions	总印数(万册、万张) Printed Copies (10000 copies)	#新出 New Publica-tions	总印张(千印张) Printed sheets (1000 sheets)	#新出 New Publica-tions
总　　计 Total	**4493**	**2545**	**10809**	**2263**	**856126**	**219954**
#使用“中国标准书号”合计 Publications with "China International Standard Book Number"	**4493**	**2545**	**10808**	**2263**	**856060**	**219887**
马列主义、毛泽东思想 Marxism-Leninism,Mao Zedong Thought	15	11	5		1160	965
哲学 Philosophy	82	58	60	25	7289	3371
社会科学总论 General Social Sciences	32	25	8	7	1279	1012
政治、法律 Politics and Law	171	141	311	40	18629	5241
军事 Military Affairs	5	2	27		2541	1969
经济 Economics	186	137	57	45	12021	10074
文化、科学、教育、体育 Culture, Science, Education and Sports	2228	856	9372	1484	709696	127614
语言、文字 Languages	72	40	31	15	3504	1744
文学 Literature	689	489	484	292	48162	30253
艺术 Arts	237	205	71	60	5628	4876
历史、地理 History and Geography	255	213	110	85	14156	11207
自然科学总论 General Natural Sciences	7	3	3	1	232	66
数理科学、化学 Mathematics and Chemistry	27	15	6	4	1033	558
天文学、地球科学 Astronomy and Geology	19	15	15	13	810	592
生物科学 Biology	26	23	9	8	1041	936
医学、卫生 Medicine and Health Care	107	73	57	39	7735	4987
农业科学 Agricultural Science	85	47	37	21	3745	2166
工业技术 Industrial Technology	165	114	83	49	11374	6352
交通运输 Transportation	4	3	1	1	148	140
环境科学 Environmental Science	9	6	51	51	2357	2326
综合性图书 General Books	70	68	12	11	3494	3421

16-8 主要年份书刊报纸出版情况

Books, Magazines and Newspapers Published in Selected Years

年份 Year	出版社（个） Publishing Houses (unit)	出版种数（种） Number of Publications(kinds)			总印数（万份） Printed Copies(10000 copies)		
		图书 Books	期刊 Magazines	报纸 Newspaper	图书 Books	期刊 Magazines	报纸 Newspaper
1978	1	347	8	4	6818	388	14784
1980	4	448	28	6	8246	960	14913
1985	9	1219	114	32	15603	3375	35847
1986	9	1341	119	31	12465	3450	39596
1987	9	1454	124	38	17101	4177	44858
1988	10	1434	126	31	17047	3429	44135
1989	10	1734	128	31	15859	2765	36961
1990	10	1799	123	31	16312	3157	41455
1991	10	1956	126	32	17667	3688	44176
1992	10	2200	134	35	19399	4258	45021
1993	10	2237	139	41	17044	4350	45845
1994	11	2658	150	43	19745	4004	49208
1995	11	2346	159	47	18448	4239	51526
1996	11	2765	159	47	21348	3891	53608
1997	11	2713	157	48	23282	3974	55027
1998	11	2864	159	48	21596	3899	59543
1999	11	3250	134	49	21875	3990	64195
2000	11	2879	187	61	20298	4463	68897
2001	11	2395	189	64	17891	4470	73185
2002	11	3011	186	66	19953	4089	79061
2003	11	2950	186	66	15595	3937	79809
2004	11	3049	176	58	13907	3450	89681
2005	11	2943	174	58	10643	2841	87962
2006	11	3002	174	59	9840	2902	97246
2007	11	2966	176	59	8463	2870	99836
2008	12	3471	174	59	7793	2935	103791
2009	12	3422	175	59	7689	2828	82900
2010	12	3574	175	59	7749	2940	99982
2011	12	3774	177	60	8294	3677	111850
2012	12	3629	176	46	9078	3660	118783
2013	11	3547	176	42	8870	4920	120576
2014	11	3653	176	42	8619	4426	111945
2015	11	3579	176	45	8800	3970	106072
2016	11	4154	176	42	9709	4215	90608
2017	11	4493	176	42	10809	3032	83957

注：2012年起报纸出版种类及印数不含校报。

Note:Since 2012,Newspaper exclude school-paper.

16-9 音像电子出版物出版情况(2013-2017年)

Publication of Video Products and E-journals(2013-2017)

项目	Item	2013		2014		2015		2016		2017	
		种数（种）Type (kinds)	数量（万张）Volume (10000 sheets)	种数（种）Type (kinds)	数量（万张）Volume (10000 sheets)	种数（种）Type (kinds)	数量（万张）Volume (10000 sheets)	种数（种）Type (kinds)	数量（万张）Volume (10000 sheets)	种数（种）Type (kinds)	数量（万张）Volume (10000 sheets)
出版	**Publication**										
录音制品	Audio Products	72	11.31	54	18.81	31	6.79	32	9.60	44	8.41
录像制品	Video Products	45	43.50	35	29.65	28	16.72	42	7.43	50	18.55
电子出版物	E-journals	95	16.26	32	8.05	39	24.58	52	21.33	22	10.08
复制	**Reproduction**										
磁带制品	Tape Products		29.50		14.83		8.33		7.89		0.31
光盘制品	CD Products		3534.82		1803.53		1082.88		1201.53		899.04

16-10 广播电视事业发展情况(2013-2017年)

Statistics on Broadcasting and Television(2013-2017)

项目	Item	2013	2014	2015	2016	2017
广播电台数量（座）	Number of Radio and TV(unit)					
广播电台	Radio	8	6	6	4	4
电视台	TV	8	6	7	5	5
广播电视台	Radio and TV	65	65	65	67	68
节目套数（套）	Number of Radio Programs(sets)					
广播	Radio	89	90	90	91	91
电视	TV	41	41	41	103	101
全年播出节目时间（万小时）	Length of Public Radio Programs Broadcasted(10000 hours)					
广播	Radio	51.93	51.65	52.41	52.34	52.07
电视	TV	34.06	34.92	36.49	36.92	39.52
全年节目制作时间（万小时）	Length of Radio Programs Produced (10000 hours)					
广播	Radio	25.23	25.63	25.37	25.84	52.07
电视	TV	6.62	6.78	7.40	6.90	7.84
人口覆盖率（%）	Coverage Rate of the Population(%)					
广播	Radio	98.20	98.31	98.68	98.96	99.01
电视	TV	98.63	98.70	98.94	99.12	99.15
有线广播电视用户（万户）	Users of Cable Radio and TV(10000 households)(10000 household)	691.53	724.03	730.68	738.89	727.02
#数字电视用户	Users of Digital TV	489.12	594.66	689.18	715.37	727.02
付费数字电视用户	Paying Users	173.07	123.85	306.81	305.52	307.77
#双向电视用户	Both-way Users	14.21	22.42	53.51	94.85	153.90
广播电视网络互联网用户数（万户）	Indicator(10000 household)	32.16	30.62	33.60	78.20	111.23
有线电视入户率（%）	Coverage Rate of the Population(%)	66.92	69.26	69.07	69.25	67.18
广播电视总收入（亿元）	Income of Radio and TV(100 million yuan)	89.18	91.36	99.34	105.80	135.21
实际创收收入（亿元）	Realized Income(100 million yuan)	60.78	63.75	71.96	74.33	93.72
#广告收入	Advertising Income	21.39	22.25	19.85	17.40	17.18
#广播广告收入	Radio	3.21	3.61	4.05	3.74	3.94
电视广告收入	TV	15.76	16.33	13.66	10.77	10.74
网络收入	Network Income	20.88	23.36	26.11	28.87	30.39
广播电视节目销售收入	Sales Revenue	3.38	1.99	3.65	3.73	5.24

16-11 广播电视制作播出情况(2013-2017年)
Statisticts on Wireless Broadcasting and Television(2013-2017)

项目 Item	2013	2014	2015	2016	2017
广播 Broadcasting					
本年广播节目制作（小时） Produced Programs of Broadcasting the Current Year(hours)	252275	256277	253719	258355	263745
#新闻资讯类 News and Messages	58729	63278	52818	55549	52563
专题服务类 Special Servics	67694	68040	66807	66184	75490
综艺益智类 General arts	69517	68624	76749	83184	77036
广告类 Adierticsement	20023	16499	17001	16435	12161
平均每日播音时间（小时） Average Broadcasting Time per-day(hours)	1423	1415	1436	1434	1426
#播出自制节目 Homemade Program	853	851	855	853	897
购买交换节目 Purchased Exchange Program	90	87	86	95	84
电视 Television					
有线广播电视用户数（万户） Users of Cable TV(10000 household)	691.53	724.03	730.68	738.89	727.02
#数字电视用户数（万户） Users of Digital TV(10000 household)	489.12	594.66	689.18	715.37	727.02
本年电视节目制作（小时） Programs of Television the Current Year(hours)	66181	67805	73986	68977	78353
#新闻资讯类 News and Messages	25189	23388	25814	25769	26973
专题服务类 Special Servics	18162	19478	18265	15473	16253
综艺益智类 General arts	4839	5300	5519	5983	4666
影视剧类 Films and Plays	2437	809	495	627	295
广告类 Adierticsement	8885	5475	5914	5365	7183
本年制作电视剧（集） Produced Television Plays the Current Year(volumes)	245	186	108	192	119
平均每周播出时间（小时） Average Television Time Per-week(hours)	6549	6714	6997	7100	7600
全年电视剧播出数（集） Number of Television Plays the Current Year(volumes)	102883	101173	108101	106744	108329

16-12 主要年份各设区市有线电视用户数

Number of Users of Cable Television by City in Selected Years

单位：万户　(10000 households)

地区	Area	2000	2005	2010	2012	2013	2014	2015	2016	2017
全　省	**Total**	**280.00**	**422.98**	**613.16**	**659.67**	**691.53**	**724.03**	**730.68**	**738.89**	**727.02**
福州市	Fuzhou	67.82	111.75	163.91	173.69	181.82	184.59	187.66	187.21	153.47
厦门市	Xiamen	25.19	37.28	64.60	72.77	77.35	81.03	80.83	80.01	82.63
莆田市	Putian	19.85	25.34	36.70	34.09	36.67	39.82	45.82	46.87	49.51
三明市	Sanming	19.98	31.20	39.69	42.06	46.86	47.49	49.93	49.79	49.99
泉州市	Quanzhou	41.64	68.07	97.47	105.87	118.19	129.15	126.48	135.25	139.83
漳州市	Zhangzhou	19.57	37.86	73.04	78.08	79.97	86.40	81.80	79.62	83.41
南平市	Nanping	35.31	44.69	55.58	67.81	66.77	67.79	64.85	65.64	69.52
龙岩市	Longyan	24.35	29.04	33.20	33.63	37.00	40.25	41.33	40.88	44.74
宁德市	Ningde	26.29	37.75	48.97	46.12	46.90	47.51	51.98	53.62	53.93

16-13 主要年份各设区市电视节目综合人口覆盖率

Television Coverage of Population by City in Selected Years

单位：%　(%)

地区	Area	2000	2005	2010	2013	2014	2015	2016	2017
全　省	**Total**	**97.14**	**98.10**	**98.45**	**98.63**	**98.70**	**98.94**	**99.12**	**99.15**
福州市	Fuzhou	97.65	98.28	98.59	99.12	99.08	99.17	100.00	100.00
厦门市	Xiamen	97.05	99.59	98.68	100.00	100.00	100.00	100.00	100.00
莆田市	Putian	97.35	98.09	98.30	98.31	98.38	98.59	98.60	98.70
三明市	Sanming	98.28	98.59	99.08	99.14	99.15	99.17	99.24	99.33
泉州市	Quanzhou	97.60	98.15	98.18	98.19	98.39	98.39	98.43	98.48
漳州市	Zhangzhou	97.30	98.11	99.02	99.10	99.12	99.15	99.18	99.19
南平市	Nanping	96.07	97.44	98.13	98.56	98.58	98.64	98.71	98.73
龙岩市	Longyan	96.00	98.48	98.92	98.14	98.18	98.57	98.62	98.63
宁德市	Ningde	95.95	96.93	97.34	97.60	97.61	99.30	99.42	99.47

16-14 当年在聘技术等级运动员人数(2013-2017年)

Full-time Technological Athletes by Grade(2013-2017)

单位：人 (person)

项目	Item	2013	2014	2015	2016	2017
等级运动员人数						
等级运动员	Number of Athletes in Grades	1463	1282	1469	1544	1163
#女	Female	555	541	585	606	451
国际级运动健将	International Master of Sports	3	15	7		
#女	Female	3	5	5		
国家级运动健将	National Master of Sports		62	66	8	2
#女	Female		27	32	2	2
一级运动员	First Grade Sportsman	201	320	405	398	313
#女	Female	78	171	163	165	104
二级运动员	Second Grade Sportsman	1259	885	991	1138	848
#女	Female	474	338	365	439	345

16-15 主要年份竞技体育比赛奖牌情况

Medals of Athletic Games in Selected Years

单位：枚

项目	Item	2000	2005	2010	2012	2013	2014	2015	2016	2017
世界比赛	**International Games**	**8**	**25**	**37**	**21**	**9**	**22**	**18**	**12**	**10.0**
金牌	Gold Medals	6	15	15	13	7	12	12	8	2.0
银牌	Silver Medals	1	8	12	5	2	5	4	1	4.0
铜牌	Bronze Medals	1	2	10	3		5	2	2	4.0
亚洲比赛	**Asia Games**	**20**	**19**	**40**	**26**	**14**	**40**	**25**	**24**	**14.0**
金牌	Gold Medals	10	8	22	13	4	18	15	12	5.0
银牌	Silver Medals	6	8	7	6	5	17	5	9	4.0
铜牌	Bronze Medals	4	3	11	7	5	5	5	3	4.0
全国比赛	**National Games**	**191**	**134**	**111**	**7**	**127**	**117**	**108**	**97**	**114.5**
金牌	Gold Medals	67	46	48	2	41	32	40	39	38.5
银牌	Silver Medals	59	51	32	2	34	37	34	32	39.5
铜牌	Bronze Medals	65	37	31	3	34	48	34	26	36.5

注：2017年在全运会上与其他省份合作取得奖牌按0.5枚统计。

Note:In 2017,The Number of Medals in cooperation with other provinces in the National Games is calculated by 0.5.

主要统计指标解释

文化事业机构　指从事专业文化工作和为专业文化工作服务的独立建制的单位。不包括这些单位另外举办独立核算的其他机构和各部门的业余文化组织。该指标主要反映文化事业机构发展规模水平。

艺术表演团体　指从事戏曲、音乐、舞蹈、杂技等专业艺术表演，有独立帐户的单位，不包括半工半艺、半农半艺和民间职业剧团。该指标主要反映专业艺术表演团体发展规模水平。

艺术表演观众人数(人次)　指售票、包场演出或民族地区免费演出的艺术表演观众人次数，不包括彩排审查和内部观摩演出的观看人次数。该指标主要反映观看专业艺术表演团体演出的效益规模。

等级运动员人数　指经考核正式批准授予等级运动员称号的人数。运动员等级分为国际级运动健将、运动健将、一级运动员、二级运动员、三级运动员、少年级运动员。该指标主要反映运动员队伍的技术质量水平。

等级裁判员人数　指经考核正式批准授予等级裁判员称号的人数。裁判员等级分为国际裁判、国家级裁判、一级裁判、二级裁判、三级裁判。该指标主要反映裁判员队伍的技术质量水平。

Explanatory Notes on Main Statistical Indicators

Cultural Institutions refer to units, which have their own organizational system and independent accounting system and specialize in or serve cultural development. They exclude other establishments run by these cultural institutions and amateur cultural groups established by various departments. This indicator reflects the development of cultural units.

Art Troupe refers to t he troupe which is engaged in drama, opera, music, dance, acrobatics or other art performance, opens independent accounts with banks and has self-supporting accounting system; excluding the troupes which are engaged partly in industrial or agricultural activities, partly in art performance and the professional troupes organized by the people. This indicator reflects the development of national professional art troupes.

Number of Spectators at Art Performance refers to the number of attendants at commercial shows, completely booked shows or free shows given in minority national areas, and does not include the number of spectators at rehearsals for examination and internal shows for study. This indicator reflects beneficial results of.

Number of Athletes in Grades refers to the number of athletes who have been given titles through examination. The titles of athletes include international masters of sports, masters of sports, first-grade, second- grade and third-grade sportsmen and young athletes. This indicator reflects skill of the athletes.

Number of Referees in Grades refers to the number of referees who have been given titles after examination. They are classified as international referees, national referees and referees of the first, second and third grades. This indicator reflects the skill of referees.

第十七篇　卫生事业

Chapter 17　Health

资料整理：廖捷

Database Editor:Liaojie

简 要 说 明

本篇资料的主要内容及来源

本篇主要反映全省卫生事业发展情况。主要内容为卫生机构、人员、床位数，医院诊疗人次及入院人数。

上述资料由省卫生和计划生育委员会提供，是根据有关部门制定的统计报表制度进行统计、汇总整理而成的。

本篇资料由省统计局社会和科技统计处整理提供。

Brief Introduction

Main Content and Source of Data

Data in this chapter show the development of culture, sports and public health. Data on culture cover mainly the situations on institutions, personnel and business activities of arts, libraries, mass culture, cultural relics, broadcasting, films, televisions, news and publication etc. Data on Sports cover mass sports (sports for all) and athletics sports, including mainly the number of staff and workers in sports departments, number of athletes, coaches and referees, number of stadiums and gymnasiums etc.Data on Public health include mainly the number of institutions, personnel, hospital beds, number of patients treated and inpatients.

The above mentioned data are provide By the Provincial Department of Public Health. Data are collected and tabulated in accordance with the statistical reporting schemes stipulated by the departments concerned.

Data in this chapter are provided and compiled by the Division of Social, Science and Technology Statistics of Fujian Provincial Bureau of Statistics.

17-1 主要年份卫生机构和人员情况

Statistics of Health Institutions and Personnels in Selected Years

项目 Item	卫生机构数（个） Number of Health Institutions (unit)	#医院、卫生院 Hospitals	卫生机构床位数（张） Number of Beds in Health Institution (set)	#医院、卫生院 Hospitals	卫生机构技术人员数（人） Medical Technical Personnel (person)	#医生 Doctors	每千人口拥有 Per 10 000 Persons 卫生机构床位数（张） Number of Beds (set)	每千人口拥有 Per 10 000 Persons 医生数（人） Doctors (persons)
1952	633	113	6933	5902	17281	11416	0.5	0.9
1957	2068	132	10898	9902	26076	15022	0.7	1.0
1962	7434	211	27058	16958	40560	18001	1.7	1.1
1965	6757	420	28246	21818	42692	20437	1.6	1.2
1970	4297	922	31520	25322	34876	15795	1.6	0.8
1975	3403	1070	44905	38746	47059	20404	1.9	0.9
1978	3809	1111	51505	45331	54855	22097	2.1	0.9
1979	4118	1117	52779	46121	56913	21393	2.1	0.9
1980	4191	1130	53001	46772	58764	21033	2.1	0.8
1985	4816	1154	58414	52041	74204	26992	2.1	1.0
1990	4885	1198	68073	60664	86772	35696	2.2	1.2
1995	4537	1257	73644	65919	92811	39130	2.3	1.2
1996	4543	1298	83684	75676	93614	40253	2.6	1.2
1997	10059	1306	88710	80935	94993	40775	2.7	1.2
1998	10159	1315	89280	81759	97361	41924	2.7	1.3
1999	10154	1313	90091	82259	97548	31652	2.7	1.0
2000	9807	1323	90091	82389	97569	41461	2.6	1.2
2001	9765	1331	89769	82125	99440	42414	2.6	1.2
2002	8740	1318	84599	80463	95059	40253	2.5	1.2
2003	8525	1323	86634	79503	96902	41252	2.5	1.2
2004	8672	1315	87836	80523	100502	43586	2.5	1.2
2005	7932	1318	88239	81268	100937	44309	2.5	1.2
2006	9652	1307	91533	84289	106586	46051	2.6	1.3
2007	9230	1307	89366	82603	111192	46628	2.5	1.3
2008	7773	1302	98482	90811	119250	50659	2.7	1.4
2009	6984	1288	104222	95980	127446	51959	2.8	1.4
2010	6999	1325	112334	103933	140133	55402	3.0	1.5
2011	7285	1355	123784	114824	155729	59225	3.3	1.6
2012	7584	1399	139172	129194	172532	63449	3.7	1.7
2013	7672	1421	156149	144132	189187	67087	4.1	1.8
2014	27913	1437	164781	152529	206545	75372	4.3	1.9
2015	27921	1450	173199	160011	213162	78173	4.5	2.0
2016	27658	1470	178902	165177	220889	80131	4.6	2.1
2017	27217	1489	183418	170440	231546	84045	4.7	2.1

注：1.2002年及以后卫生机构数为登记注册数，医生系执业(助理)医师数。2.每千人口拥有床位数和每千人口拥有医生数，2005年以前以户籍人口为分母计算，2005年起以常住人口为分母计算。3.2014年起数据含村卫生室。

Note:a)Number of health institutions are the number of registeration since 2002, doctors also refer to the certified (assistant) doctors. b)Before 2005, Number of Beds and Doctors per 1000 Persons was Calculated by the Registered Population.Since 2005,Number of Beds and Doctors per 1000 Persons was Calculated by the Population of Permanent Residents.c)The data includes village Health Institutions Since 2014.

17-2 主要年份各类卫生机构数

Number of Health Institutions in Selected Years

单位：个　(unit)

项目 Item	2000	2005	2010	2013	2014	2015	2016	2017
合　计 Total	**9807**	**7932**	**6999**	**7672**	**27913**	**27921**	**27658**	**27217**
医院 Hospitals	**333**	**365**	**457**	**541**	**557**	**570**	**590**	**608**
基层医疗卫生机构 Grassroots Health Institutions	**9059**	**7220**	**6174**	**6743**	**25877**	**25875**	**26190**	**26074**
社区卫生服务中心(站) Health service centers in Communities		392	499	533	531	528	555	676
卫生院 Rural Township Hospitals	990	953	868	880	880	880	880	881
门诊部 Clinics	87	303	432	482	492	512	615	781
诊所、卫生所、医务室 Clinigues,Health Clinic,Infirmaries	7982	5572	4375	4848	4849	4945	5195	5127
村卫生室 Village Clinics					19125	19010	18945	18609
专业公共卫生机构 Professional Public Health Institutions	**218**	**276**	**296**	**311**	**1405**	**1402**	**808**	**471**
疾病预防控制中心 Sanitation and Antiepidemic Stations	101	93	94	96	96	96	96	96
专科疾病防治院 Specialized Prevention & Treatment Centers	73	34	25	25	24	23	24	25
健康教育所 Health Education Centers	33	7	1	1	1			
妇幼保健院、所、站 Maternity and Child Care Centers	11	89	87	88	87	87	87	89
急救中心 First-aid Centers		10	7	7	7	7	7	7
采供血机构 Blood Collected and Supplied Centers		10	9	9	9	9	9	9
卫生监督所 Sanitation Supervision Centers		33	73	85	86	86	86	87
计划生育技术服务机构 Family Planning Technical Service Institution					1095	1094	499	158
其他卫生机构 Other Health Institutions	**197**	**71**	**72**	**76**	**74**	**74**	**70**	**64**
疗养院 Sanatorium	12	16	11	12	11	11	11	8
医学科学研究机构 Research Institutions of Medical Science	13	9	8	8	8	8	8	8
医学在职培训机构 Sanitation Supervision and Inspection Centers	36	26	25	23	23	23	22	20
其他 Other Institutions	136	20	28	33	32	32	29	28

注：2013年前各类卫生机构数不含村卫生室。

Note:Before 2013,The Data of Health Institutions exclude Village Clinics.

17-3 主要年份各类卫生机构床位数

Number of Beds in Health Institutions in Selected Years

单位：张 (set)

项目 Item	2000	2005	2010	2013	2014	2015	2016	2017
合 计 Total	**90091**	**88239**	**112334**	**156149**	**164781**	**173199**	**178902**	**183418**
#医院 Hospitals	58505	58694	80938	114849	122843	129609	134790	140213
疗养院 Sanatorium		2497	1769	2433	2374	2527	2600	1761
社区卫生服务中心(站) Health service centers in Communities		516	2426	2928	3045	3201	3377	3455
卫生院 Rural Township Hospitals	23884	22574	22995	29283	29686	30402	30387	30227
门诊部 Clinics	485	116	77	8	10	39	26	7
妇幼保健院、所、站 Maternity and Child Care Centers		2107	3383	5197	5338	5709	6036	6015
专科疾病防治院 Specialized Prevention & Treatment Centers		1628	706	1420	1454	1681	1655	1709

17-4 主要年份各类卫生技术人员数

Number of Medical Technical Personnel by Category in Selected Years

单位：人 (person)

项目 Item	2000	2005	2010	2013	2014	2015	2016	2017
合 计 Total	**97569**	**100937**	**140133**	**189187**	**206545**	**213162**	**220889**	**231546**
#执业医师 Chartered Doctors	31966	36668	48789	59320	64444	66162	69307	73377
执业助理医师 Assistant Chartered Doctors	9495	7641	6613	7767	10928	12011	10824	10668
注册护士 Certified Nurses	31430	34195	53820	78548	85673	90503	96250	101285
药师（士） Pharmacists	9212	9128	10027	13202	13798	13865	14410	14597
检验人员 Laboratory Technicians	3764	4620	7582	9792	7446	7720	8145	8653

注：2014年起各类卫生技术人员数含村卫生室卫生技术人员。

Note:The data includes village Health Institutions Since 2014.

17-5 各类卫生机构情况(2017年)

Statistics of Health Institutions by Category(2017)

项目 Item	卫生机构（个） Number of Health Institutions (unit)	医疗床位（张） Hospital Beds (set)	卫生技术人员（人） Medical Technical Personnel (person)	#医生 Doctors	#注册护士 Certified Nurses
合　计 Total	**27217**	**183418**	**231546**	**84045**	**101285**
医院 Hospitals	**608**	**140213**	**142630**	**45931**	**72303**
综合医院 Integrated Hospitals	361	95248	103735	33321	53409
中医医院 Hospitals of Traditional Chinese Medicine	80	18576	19529	6682	8810
中西医结合医院 Hospitals Integrating Traditional Chinese Medicine with Western Medicine	10	2808	3055	1011	1559
民族医院 National Hospital	1	60	37	14	17
专科医院 Specialized Hospitals	154	23421	16210	4882	8481
护理院 Nursing Home	2	100	64	21	27
基层医疗卫生机构 Grassroots Health Institutions	**26074**	**33689**	**71581**	**31620**	**23516**
社区卫生服务中心(站) Health service centers in Communities	676	3455	11788	4857	4187
卫生院 Rural Township Hospitals	881	30227	31122	10229	10824
门诊部 Clinics	781	7	10865	5510	3712
诊所、卫生所、医务室 Clinigues,Health Clinic,Infirmaries	5127		13702	7293	4420
村卫生室 Village Clinics	18609		4104	3731	373
专业公共卫生机构 Professional Public Health Institutions	**471**	**7755**	**16664**	**6282**	**5205**
疾病预防控制中心 Sanitation and Antiepidemic Stations	96		3672	2068	258
专科疾病防治院 Specialized Prevention & Treatment Centers	25	1709	849	355	205
妇幼保健院、所、站 Maternity and Child Care Centers	89	6015	9525	3485	4131
急救中心 First-aid Centers	7	31	289	112	150
采供血机构 Blood Collected and Supplied Centers	9		602	72	336
卫生监督所 Sanitation Supervision Centers	87		1260		
计划生育技术服务机构 Family Planning Technical Service Institution	158		467	190	125
其他卫生机构 Other Institutions	**64**	**1761**	**671**	**212**	**261**
疗养院 Sanatorium	8	1761	341	93	207
医学科学研究机构 Research Institutions of Medical Science	8		87	53	8
医学在职培训机构 Sanitation Supervision and Inspection Centers	20		57	24	22
其他 Others	28		186	42	24

注：医生为执业（助理）医师数。
Note:The Doctors is Medical Practitoner.

17-6 基层医疗卫生机构情况(2017年)

Statistics of Grassroots Health Institutions by Category(2017)

项目 Item	社区卫生服务中心(站) Health Service Stations in Communities	卫生院 Health Institutes	门诊部 Outpatient Department	诊所、卫生所、医务室 Clinic,Health Clinic,Infirmaries	村卫生室 Village Clinics
机构数（个） **Number of Institutions(unit)**	**676**	**881**	**781**	**5127**	**18609**
卫生技术人员数（人） **Number of Health Technical Personnel (person)**	**11788**	**31122**	**10865**	**13702**	**4104**
#执业医师 Chartered Doctors	4018	7437	4762	6165	1310
执业助理医师 Assistant Chartered Doctors	839	2792	748	1128	2421
注册护士 Certified Nurses	4187	10824	3712	4420	373
药师（士） Pharmacists	1099	2959	711	1312	
检验人员 Laboratory Technicians	399	1221	441	31	

17-7 主要年份农村村级卫生组织情况

Health Organizations in Rural Areas at Village Level in Selected Years

项目 Item	2000	2005	2010	2013	2014	2015	2016	2017
村设置医疗点数（个） **Medical Treatment Stations of Villages(unit)**	**17476**	**18222**	**19976**	**19408**	**19125**	**19010**	**18945**	**18609**
执业（助理）医师（人） Chartered(Assistant) Doctors		2478	3390	3413	3563	3513	3809	3731
注册护士（人） Certified Nurses(person)			264	294	291	329	361	373
乡村医生和卫生人员数（人） **Number of Rural Doctors and Medical Personnel (person)**	**30769**	**30384**	**28868**	**27936**	**27240**	**26902**	**26502**	**25261**
乡村医生 Rural Doctors	20974	29139	28405	27094	26532	26113	25697	24540
卫生员 Medical Personnel	9795	1245	463	842	708	789	805	721

17-8 主要年份各类医院医疗服务情况

Medical Services of Hospitals in Selected Years

年份 Year	诊疗人数（万人次） Total Number Of Patients Treated	#门急诊 Out-patients And Emergency Patients	入院人数（万人） Hospital Admissions (10000 persons)	出院人数（万人） Hospital Discharged (10000 persons)	病床周转数（次） Turnover of Beds (time)
1980	1561.87	1543.53	51.58	51.47	22.90
1985	1895.08	1794.93	70.98	58.39	24.60
1986	1931.00	1828.71	72.62	72.43	24.30
1987	2425.69	2293.21	83.22	68.38	24.90
1988	2460.94	2428.99	88.62	88.56	25.70
1989	2299.53	2272.22	89.57	89.65	25.00
1990	2410.01	2380.83	91.62	57.60	24.70
1991	2471.20	2328.25	97.55	79.39	26.00
1992	2496.94	2488.74	93.18	93.14	24.90
1993	2930.23	2629.02	94.29	94.33	22.60
1994	2749.75	2614.02	100.03	98.29	23.50
1995	2709.47	2580.12	91.68	91.19	21.70
1996	2838.69	2565.51	79.10	79.09	19.00
1997	3249.23	2772.14	81.58	81.44	17.60
1998	3351.09	2932.52	85.10	84.54	18.10
1999	3157.56	2984.98	89.91	89.57	18.40
2000	3326.20	3097.08	98.76	99.26	20.77
2001	3201.92	2990.75	105.81	105.81	22.21
2002	3288.68	3027.07	128.70	110.23	22.73
2003	3430.00	3315.44	115.45	116.29	23.72
2004	3767.08	3685.85	129.57	129.53	24.79
2005	4248.77	4039.31	137.95	139.26	26.26
2006	4421.39	4305.12	152.28	152.13	26.81
2007	4674.58	4522.88	167.07	166.15	30.30
2008	5872.06	5786.21	205.17	204.78	30.97
2009	5850.61	5785.27	206.81	207.10	32.53
2010	6558.16	6525.56	271.45	270.89	34.08
2011	7200.56	7161.82	308.97	308.37	35.12
2012	8182.96	8121.59	364.95	364.41	37.32
2013	8772.14	8683.32	390.81	388.85	35.90
2014	9333.62	9238.56	411.46	410.71	35.20
2015	9310.82	9230.45	409.86	408.94	33.73
2016	9642.67	9569.44	425.27	424.45	33.49
2017	9881.51	9775.34	446.10	444.37	33.90

17-9 医院、卫生院、妇幼保健院医疗服务情况(2017年)

Medical Services of Hospitals,Institutes of Health and Health-Centers(2017)

项目 Item	诊疗人数（万人次） Number of Patients Treated (10000 person-times)	#门急诊 Out-patients And Emergency Patients	入院人数（万人） Hospital Admissions (10000 persons)	出院人数（万人） Hospital Discharged (10000 persons)	死亡率（%） Death Rate (%)	病床周转数（次） Turnover of Beds (time)	病床使用率（%） Usage of Beds (%)
医院 **Hospitals**	**9881.51**	**9775.34**	**446.10**	**444.37**	**0.16**	**33.90**	**82.63**
#综合医院 Integrated Hospitals	7256.52	7197.74	342.44	341.29	0.18	38.10	83.52
中医医院 Hospitals of Traditional Chinese Medicine	1601.37	1588.43	52.54	52.29	0.11	30.20	76.47
专科医院 Specialized Hospitals	799.01	768.71	42.14	41.83	0.05	19.70	84.11
卫生院 **Rural Township Hospitals**	**2968.13**	**2902.01**	**76.38**	**76.52**	**0.01**	**26.50**	**45.13**
妇幼保健院 **Maternity and Child Care Centers**	**1040.53**	**1004.01**	**21.47**	**21.47**	**0.01**	**41.90**	**62.29**

注：本表死亡率是指入院后死亡人数与入院人数之比。

Note:The Death Rate is the proportion deaths after admissions.

17-10 防病工作情况（2010-2017年）

Basic Condition of Disease Prevention and Cure(2010-2017)

项目	Item	2010	2013	2014	2015	2016	2017
甲乙类传染病发病总例数（万个）	Number of Incidence from infectious disease(A、B) (10000 unit)	10.61	22.42	25.33	22.82	22.63	23.46
传染病发病率(1/10万)	Incidence Disease Rate (1/100 000)	559.18	598.11	671.08	599.62	589.38	605.45
传染病死亡总人数（人）	Number of Death from infectious disease(person)	231	166	171	172	184	205
传染病死亡率(1/10万)	Death Rate (1/100 000)	0.64	0.44	0.45	0.45	0.48	0.53
结核病登记病人数(例)	Number of register of Tuberculosis (person)	20850	17765	17469	16602	15922	14798
登记患病率（‰）	Register sicken Rate(‰)	0.57	0.48	0.46	0.44	0.42	0.38
结核病新发病人数(例)	Number of New Incidence from Tuberculosis(person)	19439	16817	16507	16016	15063	13786
结核病登记新发病率(1/10万)	Register New Incidence Disease Rate (1/100 000)	54.00	45.21	43.74	42.44	39.58	35.91
“五苗”接种率（%）	Five Type of bacterins inoculability Rate (%)	99.50	99.82	99.92	99.91	99.88	99.78
乙肝疫苗全程接种率（%）	Hepatitis B Bacterins Quite inoculability Rate(%)	99.75	99.65	99.94	99.94	99.91	99.86

17-11 法定报告传染病发病及死亡情况(2017年)

Incidence and Death from Infectious Diseases(2017)

项目	Item	发病率(1/10万) Incidence Disease Rate (per100 000)	死亡率(1/10万) Death Rate(per 100 000)	病死率(%) Mortality Rate (%)
总计	**Total**	**605.45**	**0.53**	**0.09**
病毒性肝炎	Viral Hepatitis	121.28	0.01	0.01
痢疾	Dysentery	0.96		
伤寒副伤寒	Typhoid and Paratyphoid Fever	1.84	...	0.14
艾滋病	AIDS	2.50	0.35	14.15
淋病	Gonorrhea	18.63	...	0.01
梅毒	Syphilis	61.78	0.01	0.01
麻疹	Measles	0.13		
百日咳	Whooping Cough	0.04		
流脑	Epidemic Encephalitis			
猩红热	Scarlet Fever	3.19		
出血热	Hemorrhage Fever	1.00	...	0.26
狂犬病	Hydrophobia			100.00
布氏杆菌病	Brucellosis	0.24		
乙脑	Encephalitis B	0.01		
疟疾	Malaria	0.37		
新生儿破伤风	Newborn Tetanus	0.01		
肺结核	Pulmonary Tuberculosis	42.79	0.10	0.23

注：传染病死亡率指传染病死亡人数与全省常住人口之比，病死率指传染病死亡人数与患病人数之比。
Note:The Death Rate is the proportion deaths of Total Population.

17-12 前十位疾病死亡原因及构成(2017年)

Death Rate of 10 Major Diseases(2017)

项目 Item	占疾病死亡总人数比重(%) Mortality(%)	项目 Item	占疾病死亡总人数比重(%) Mortality(%)
城市 Urban	**91.90**	**农村 Rural**	**92.50**
恶性肿瘤 Malignant Tumour	30.18	恶性肿瘤 Malignment Tumour	30.88
心脏病 Heart Trouble	17.46	脑血管病 Cerebrovasular Disease	17.74
脑血管病 Cerebrovasular Disease	16.46	心脏病 Heart Trouble	14.57
损伤和中毒 Trauma and Toxicosis	9.13	损伤和中毒 Trauma and Toxicosis	11.27
呼吸系统疾病 Diseases of the Respi- ratory System	8.84	呼吸系统疾病 Diseases of the Respiratory System	10.18
内分泌、营养和代谢疾病 Endocrine,Nutritional & Metabolite Disease	4.04	内分泌、营养和代谢疾病 Endocrine,Nutritional & Metabolite Disease	2.44
消化系统疾病 Disease of the Digestive System	2.31	消化系统疾病 Disease of the Digestive System	2.07
神经系统疾病 Diseases of the Nervous System	1.39	精神障碍 Mental Disorders	1.19
精神障碍 Mental Disorders	1.07	神经系统疾病 Nervous System	1.17
泌尿生殖系统疾病 Diseases of the Genitou-rinary System	1.01	泌尿生殖系统疾病 Diseases of the Genitou- rinary System	0.98

主要统计指标解释

卫生机构 包括医疗机构、疾病预防控制中心(防疫站)、采供血机构、卫生监督及监测(检验)机构、医学科研和在职培训机构、健康教育所等。医疗机构包括医院、社区卫生服务中心(站)、疗养院、卫生院、门诊部、诊所(卫生所、医务室)、妇幼保健院(所、站)、专科疾病防治院(所、站)、急救中心(站)和临床检验中心。医疗机构分为非赢利性医疗机构和赢利性医疗机构。

医院 指设有固定床位，能收容病人住院并能为病人提供医疗、护理服务的医疗机构，包括县及县以上医院、农村乡卫生院和其他医院。医院按业务性质不同分为综合医院、中医医院、中西医结合医院、民族医院和专科医院。

卫生技术人员 包括执业（助理）医师、注册护士、药剂人员、检验和影像技师（士、员）等卫生专业人员，不包括从事管理工作的卫生技术人员。

医生 指在医疗、预防保健机构工作且取得《执业医师证书》的执业医师和执业助理医师。

Explanatory Notes on Main Statistical Indicators

Health Care Institutions refer to the units which have been qualified the Certification of Health Care Institution by the administration of public health, or qualified the Certification of Corporate Unit by the civil affairs, administration for industry and commerce, commission office for public sector reform, and engaging in medical care, disease prevention and control, health supervision and inspection, medicine research and health education, etc., including: hospitals, sanatoriums, community health service centers (stations), health centers, clinics (health stations and infirmaries), first-aid centres (stations), blood gathering and supplying institutions, women and children care agencies (centres and stations), special disease prevention and curing agencies (centres and stations), disease prevention and control centres (epidemic prevention stations), health supervision and inspection agencies, sanitary inspection institutions, medicinal scientific research and on-job training institutions, health education centres and so on.

Hospitals include: polyclinics, traditional Chinese medical hospitals, hospitals integrated with traditional Chinese therapeutics and western therapeutics, ethical hospitals, various specialties hospitals and nursing hospitals.

Medical Technical Personnel refers to doctors, assistant nurses, pharmacists, and laboratory technicians working in medical institutions.

Doctors refer to certified physicians and certified assistant physicians with certifications working in medical and health care and prevention agencies.

第十八篇　公共管理及其他社会活动

Chapter 18 Publish Administration and Others

资料整理：廖捷

Database Editor:Liaojie

简 要 说 明

本篇资料的主要内容及来源

本篇主要反映全省社会福利，司法情况、交通事故、火灾事故等情况。主要内容包括社会福利事业的单位机构、社会福利救济、婚姻状况等。

本篇资料来源于省民政厅、省司法厅等。

本篇资料由省统计局社会和科技统计处整理提供。

Brief Introduction

Main Content and Source of Data

This chapter contain information that reflect the condition and natural resources and data on development of environment protection ,Social welfare ,the judicial conditions, basic statistics on traffic accidents and fires etc in Fujian. including natural resources and natural condition, total water resources ,atmospheric environment, solid waste, environment noise , eco- environment protection , natural disasters and investments in the treatment of environmental pollution control ; the number of institutions and personnel, social welfare relief, and marital status etc.

The above mentioned data are provide By the Department of Public Security and the Provincial Meteorological Bureau.

Data in this chapter are provided and compiled by the Division of Social, Science and Technology Statistics of Fujian Provincial Bureau of Statistics.

18-1 婚姻登记情况(2000-2017年)

Statistics of Marriages(2000-2017)

单位：对

年份 Year	结婚登记对数 Total number of Registered Marriages	内地居民登记结婚 Registered Marriages of Mainland	涉外及华侨、港澳台居民登记结婚 Regisered Marriages with Foreigner and the Citizen of Hong Kong,Macao,Taiwan	离婚登记对数 Total Number of Divorces	内地居民登记离婚 Divorces Marriages of Mainland	涉外及华侨、港澳台居民登记离婚 Divorces with Foreigner and the Citizen of Hong Kong,Macao,Taiwan
2000	261314	246171	15143	12035	11982	53
2001	252815	231327	21488	11546	11392	154
2002	256323	236695	19628	15321	15175	146
2003	280770	256112	24658	21541	21058	483
2004	294973	279488	15485	26515	25553	962
2005	272172	258551	13621	25786	23536	2250
2006	328698	314784	13914	35227	33759	1468
2007	350877	342916	7961	32646	30112	2534
2008	364892	356814	8078	33251	31414	1837
2009	360613	351989	8624	41441	40272	1169
2010	378792	371045	7747	43935	42703	1232
2011	382772	372761	10011	48413	47132	1281
2012	381887	371041	10846	56815	55467	1348
2013	395926	386043	9883	65007	63749	1258
2014	375330	368993	6337	70341	69168	1173
2015	349417	344309	5108	72589	71632	957
2016	314648	309569	5079	80169	79323	846
2017	291447	286595	4852	89801	88965	836

注：离婚对数不包括法院判决数。

Note:Number of divorce not including court number

18-2 社会救济与捐赠情况

Statistics of Social Relief and Donation

项目	Item	2010	2016	2017
社会救济	**Social Relief**			
城镇居民最低生活保障人数（人）	Number of Family Receiving Minimum Living Allowance in Urban Areas(household)	181530	85879	68249
#女性	Female	59498	35546	29744
#老年人	Old People	35936	20924	16539
#残疾人	Disabled Persons	19764	17207	16624
城市居民最低保障家庭数（户）	Number of Family Receiving Minimum Living Allowance in Urban Areas(household)	84876	54017	42949
城市低保资金全年计划支出（万元）	The Annual Plan Expenditure of Minimum Living Allowance in Urban Areas(10000 yuan)	28851	44415	40578
农村最低生活保障人数（人）	Number of Persons Receiving Minimum Living Allowance in Rural Areas(person)	713217	461493	390801
#女性	Female	194465	186463	160458
#老年人	Old People	174188	139439	115963
#未成年人	Minors	80935	59365	50420
#残疾人	Disabled Persons	85429	78853	69555
农村居民最低生活保障家庭数（户）	Number of Family Receiving Minimum Living Allowance in Rural Areas(household)	305692	242437	210969
社会捐赠	**Social Donation**			
直接接受捐赠情况	**Donation Directing Received**			
捐赠款数额（万元）	Donated Funds(10000 yuan)	124204.40	5076.00	195.30
捐赠其他物资价值（万元）	Valus of Other Materials Donated(10000 yuan)	294.00	20.80	
受益人数（次）	**Persons Receiving Donation(time)**	**162286**	**13391**	**2219**
社会接收工作站、点数（个）	**Working Stations for Social Donation(unit)**	**1233**	**804**	**807**

18-3 提供住宿的社会服务机构数(2011-2017年)

Number of Social Service agency of Accommodation Provider(2011-2017)

单位：个 (unit)

项目	Item	2011	2012	2013	2014	2015	2016	2017
合计	Total	1173	1362	1235	494	440	432	440
#光荣院	Homes for Disabled Veterans	57	57	56	50	26	25	24
社会福利院	Social Welfare Homes	70	73	73	69	66	65	65
城市养老服务机构	City endowment service agencies	129	153	171	112	118	117	117
农村养老服务机构	Rural endowment service agencies	739	821	767	94	94	88	97
社会福利医院	Social Welfare Hospitals	15	15	14	14	14	15	14
儿童福利机构	Baby Welfare Homes	9	10	10	12	11	11	11
救助类服务机构（救助管理站）	Salvage Service Agencies	48	62	68	69	42	43	43
军休所	Military Hugh	59	59	56	54	50	50	50

注：2014年起农村养老服务机构中不含未登记的乡镇敬老院。
Note:Since2014,The Rural endowment service agencies excludes village Gerocomium.

18-4 提供住宿的社会服务机构基本情况(2017年)

Basic Statistics on Social Service agency of Accommodation Provider(2017)

项目	Item	床位数（张） Number of Beds (set)	年末在院人数（人） Number of Persons Housed in the year-end (person)	社会（助理）工作师人数（人） Social(Assistant) Staff (person)
总计	**Total**	**57765**	**26009**	**333**
#光荣院	Homes for Disabled Veterans	1573	416	10
社会福利院	Social Welfare Homes	12244	4049	117
城市养老服务机构	City endowment service agencies	25963	11890	31
农村养老服务机构	Rural endowment service agencies	6009	2641	3
社会福利医院	Social Welfare Hospitals	3719	3413	39
儿童福利机构	Baby Welfare Homes	1273	745	22
救助类服务机构	Salvage Service Agencies	2051	156	61
军休所	Military Hugh	2720	1710	41

18-5 老龄事业发展情况

Basic Statistics on Old People

项目	Item	2010	2016	2017
老年维权	**Old People's Right-safeguarding**			
老年法律援助中心（个）	Old People Legal aid center(unit)	891	1375	2656
维权协调组织数（个）	Numbers of Right-safeguarding(unit)	1851	2112	2208
老年服务设施	**Old People Service Equipment**			
老年活动站（中心、室）（个）	Action Stations，Center，Room number(unit)	15166	16301	17622
老年福利	**Elderly Welfare**			
享受高龄补贴的老年人数（人）	Numbers of Age Allowance Old People(person)	197587	559137	533322
老年医疗护理机构	**Old People Medical care**			
老年医院（个）	Old People Hospitals(unit)	38	44	42
#床位数（张）	Beds(set)	2115	3165	3107
老年临终关怀医院（个）	Old People Hospice care Hospitals(unit)	6	33	32
#床位数（张）	Beds(set)	844	1798	1713
年底在院人数（人）	Numbers of Old People in Hospital(person)	396	958	947
老年群众组织	**Mass organizations of Old People**			
老年协会（个）	Elderly association(unit)	13827	15551	15919
参加人数（人）	Number of attendees(person)	2243303	2250262	2443071
老年基金会（个）	Elderly Foundation(unit)	470	216	170
事业投入经费（万元）	Funds(10000 yuan)	3370	4386	4067
其他老年社团组织（个）	Other Mass organizations(unit)	1164	773	1040
参加人数	Number of attendees	261839	293718	292716
老年教育	**Older Education**			
老年大学个数（个）	Number of Older University (unit)	11268	11119	10743
在校人数（人）	Number of Old People Enrollment(person)	592429	930784	1001559

18-6 主要年份律师 公证 调解工作情况

Basic Statistics on Lawyers, Notarization and Mediation in Select year

项目 Item	2000	2005	2010	2015	2016	2017
律师工作 Lawyers						
律师事务所（个） Number of Law Office(unit)	269	333	454	660	751	838
专职律师（人） Full-time Lawyers(person)	1803	3115	4455	7211	8055	8706
兼职律师（人） Part-time Lawyers(person)	544	230	332	426	445	445
聘请常年法律顾问单位（个） Number of Units with Permanent Legal Advisors(unit)	8384	9889	12876	16310	20194	19487
律师业务情况 Status of Lawyers'Business						
民事诉讼（件） Civil Cases(case)	41213	56352	78765	128245	140959	151651
行政诉讼（件） Administrative Action(case)	2321	2221	2280	4010	5559	7360
非诉讼法律事务（件） Agent of Non-Litigious Legal Affairs(case)	14649	12259	10331	16905	18596	17653
解答法律咨询和代写法律事务文书（件） Agent of Legal Advisory Services (cases)	139391	129436	148256	180682	164685	182046
公证工作 Notarization						
公证处（个） Number of Notary Offices(unit)	95	94	90	90	90	90
公证人员（人） Notarial Personnel(person)	612	644	726	979	999	1050
#公证员 Notaries	397	373	374	417	433	434
办理公证书（件） Number of Notarized Documents(piece)	400748	418052	422154	491618	538332	591321
国内公证 Domestic Notarization	108344	79364	130143	229152	279941	345757
涉外及港澳台 Notarization of Foreign-related,Hongkong, Macao & Taiwan Affairs	292404	338688	292011	262466	258391	245654
调解工作 Number of Mediation						
人民调解委员会（个） Number of People's Mediation Committees(unit)	17180	18354	18868	19817	19986	20220
调解人员（万人） Number of Mediators(10000 persons)	26.16	19.15	12.40	9.60	9.66	9.66
调解纠纷（万件） Number of Disputes Mediated(10000 cases)	15.87	14.52	15.30	17.26	14.20	13.15
专职司法助理员（人） Number of Full-time Judicial Assistants(person)	1103	1356	1842	2481	2498	2481

注：1.调解纠纷数不含口头达成协议。2.民事诉讼代理已包括经济诉讼代理.

Note:a)Disputes Mediated do mot exclude those mediated by oral agreements. b)The data Number of Lawyers in 2007 is the number of lawyers with license.

18-7 国内公证业务分类情况(2017年)

Domestic Notarial Services by Type(2017)

单位：件　　(piece)

项目	Item	办证件数 Number of Certificates Handling
合计	**Total**	**591321**
合同（协议）	Contract(Agreement)	11675
继承	Inheritance	25169
委托	Delegation	131654
声明	Statement	30718
赠与	Bestowal	1729
遗嘱	Testament	5955
现场监督	Supervision	2039
婚姻状况、亲属关系、收养关系	Marriage,Relatives,Adoption	48875
出生、生存、死亡	Birth,Survival,Death	55595
身份、经历、学历、学位、职务、职称	Identity,Experience,Degree,Job	4089
有无违法犯罪记录	Criminal Record	38153
公司章程	Article of association	238
保全证据	Evidence preservation	16882
证书（执照）	Certificate(license)	16599
签名（印章）	Certificate	34323
文本相符	Text consistent	62806
赋予执行效力	Effectiveness	2404
执行证书	Perform certificate	333
抵押登记	Mortgage registration	33
提存	Escrow	51
保管司法辅助事务	Safekeeping	49705
#参与调解	Conciliation	932
参与取证	Evidence	6947
参与送达	Service	30594
参与保全	Preservation	8453
参与执行	Execution	2775
其他	Others	52296

18-8 全省安全生产情况（2017年）

Basic Statistics of Safety Production(2017)

项目 Item	安全生产事故起数（起） Number of Safety Production Accidents				安全生产事故死亡人数（人） Death of Safety Production Accidents(person)			
	合计 Total	一般事故 General accident	较大事故 Larger accident	重大事故 Major accident	合计 Total	一般事故 General accident	较大事故 Larger accident	重大事故 Major accident
总计 Total	**1782**	**1761**	**21**		**1021**	**940**	**81**	
按行业类型分 Grouped by Sector								
农林牧渔业 Farming, Forestry, Animal Husbandy and Fishery	32	32			30	30		
#农业机械 Agriculture Machinery	5	5			2	2		
渔业船舶 Fishery	20	20			20	20		
采矿业 Mining and Quarrying	16	16			17	17		
#煤矿 Coal Mine	3	3			2	2		
金属非金属矿山 Metal and Nonmetal Mine	13	13			15	15		
商贸制造业 Manufacturing	86	82	4		89	75	14	
#化工 Chemical Industry	4	4			5	5		
冶金机械 Metallurgical Machinery	43	40	3		44	33	11	
建筑业 Construction	82	79	3		90	81	9	
#房建市政 Housing Construction	29	28	1		33	30	3	
交通建设 Traffic Construction	16	15	1		16	13	3	
交通运输和仓储业 Transport and Storage Services	1530	1519	11		749	705	44	
#铁路 Railway	36	36			28	28		
道路 Road	1481	1472	9		697	666	31	
水上 Waterway	6	4	2		17	4	13	
其他行业 Others	36	33	3		46	32	14	

主要统计指标解释

社会福利事业单位　指集中收养社会孤老、残、幼的机构，包括由民政部门管理的社会福利院、儿童福利院、精神病人福利院和城镇集体举办的福利院及农村集体举办的敬老院以及优抚医院和具有收养能力的社区服务中心等。该指标主要反映我国在社会福利性单位投入的水平。

社会福利事业单位收养人数　包括民政部门管理和城镇、农村集体举办的社会福利事业单位中收养的老人、少年儿童、缺乏生活自理能力的残疾人员和精神病人。该指标主要反映收养性社会福利单位的收养能力。

社会福利企业单位　指以安置城镇有一定劳动能力的盲、聋、哑和肢体残疾人员就业为目的，享受国家减免税待遇的国有或集体企业。包括福利工厂、福利商业和服务业、假肢厂和安置农场等单位。该指标主要反映我国对残疾人照顾的特殊政策。

农村五保户　指农村中既无劳动能力，又无经济来源的老、弱、孤、残的农民，其生活由集体供养，实行保吃、保穿、保住、保医、保葬(孤儿保教)，简称“五保”，享受五保待遇的家庭叫五保户。该指标主要反映农村弱势群体的人员数量。

律师　指依法取得律师执业证书，担任法律顾问，民事(刑事、行政)案件代理人、刑事案件辩护人、办理非诉讼业务，解答法律询问，代写法律事务文书等，为社会提供法律服务的人员。

公证人员　指在公证处工作的人员总称，包括公证处主任、副主任、公证员、公证员助理(助理公证员)和其他从事辅助性工作的人员。

公证文书　指公证处根据当事人申请，依照事实和法律，按照法定程序制作的，具有法律效力的司法证明文书。根据公证书用途和使用地，公证书分为国内公证书、国内经济公证书、涉外民事公证书、涉外经济公证书四类。

Explanatory Notes on Main Statistical Indicators

Social Welfare Institutions refer to institutions taking care of old pople without children, handicapped people and orphans. They include social welfare institutions run by civil affairs departments, children welfare institutions, social welfare institutions for mental patients, collective-owned old peoples homes in rural areas, convalescent homes and community service centers with the capaCity of receiving those people. This indicator reflects the input in social welfare institutions.

Number of People Taken in by Social Welfare Institutions refers to the number of old people, children, totally dependent handicapped people and mental patients taken in by social welfare institutions run by civil affairs departments and those run by collective units in urban and rural areas. This indicator reflects the cap a City of social welfare institutions.

Social Welfare Enterprises are collective owned enterprises which employ the blind, deaf-mute, and other handicapped people who are able to work in cities and towns and enjoy exemption from state taxes, including welfare plants, welfare commercial services, artificial limb plants and farms, etc. This indicator reflects the preferential policies toward disabled persons.

Rural Households with Livelihood Guaranteed in Five Aspects refer to the households in which there are old people without child, orphans and handicapped people who are unable to work and without financial resources in rural areas. They are taken care of by the collective units and their food, clothing, housing, medical care, funeral expenses (or schooling for orphans) are guaranteed to be provided for. This indicator reflects the total number of disadvantageous groups of rural population.

Lawyers are certified legal workers according to law, and who are employed by legal counseling firms to act as legal advisers, agents in criminal or civil lawsuits, or defenders in criminal lawsuits, or to handle non-litigious legal affairs, to advise on matters of law or t o write legal papers for others, and provide service to the public.

Notary Personnel refers to people working for notary offices including: directors, deputy direct or, notaries, assistant notaries, and other people providing assistance.

Notary Documents refer to the judicatory notary documents drawn up by the request of the party and are in accordance with facts and laws and following certain legal proceedings. According to usage and locality, the notary documents are divided into following 4 types: domestic notary documents, domestic economic notary documents, foreign-related civil notary documents and foreign-related economic notary documents.

第十九篇　企业调查

Chapter 19　Enterprise Survey

资料整理：林武兴 吴锦洛 许红琳

Database Editor: Linwuxing Wujinluo Xuhonglin

简要说明

本篇资料的主要内容及来源

本篇资料主要包括工业、建筑业和贸易企业的主要企业名录。

销售额前 300 家工业企业由省统计局工业交通统计处整理提供，建筑业总产值前300家建筑企业由省统计局固定资产投资统计处提供，主营业务收入前 300 家贸易企业由省统计局贸易外经统计处提供。

Brief Introduction

Main Content and Source of Data

The data in this chapter mainly include main enterprises group in Industrial Enterprises, Construction Enterprises and Sale Enterprises.

Data on Industrial Enterprises before the three hunderdth by Main Operating Income are provided by the Division of Industry and Transport Statistics of Fujian Provincial Bureau of Statistics. Data on Construction Enterprises before the three hunderdth by Output Value Completed by self , are provided by the Division of Investment in Fixed Assets Statistics of Fujian Provincial Bureau of Statistics. Data on Sale Enterprises before the three hunderdth by Main Operating Income are provided by the Division of Trade and Extermal Economic Relations Statistics of Fujian Provincial Bureau of Statistics.

19-1 主营业务收入前300家工业企业(2017年)

Industrial Enterprises before the three hunderdth by Main Operating Income(2017)

位次 No.	企业名称 Name
1	福建省电力有限公司
2	福建联合石油化工有限公司
3	戴尔（中国）有限公司
4	福建青拓镍业有限公司
5	中化泉州石化有限公司
6	福建鼎信科技有限公司
7	紫金铜业有限公司
8	福建省三钢（集团）有限责任公司
9	宸美（厦门）光电有限公司
10	福建捷联电子有限公司
11	宁德新能源科技有限公司
12	冠捷显示科技（厦门）有限公司
13	宁德时代新能源科技有限公司
14	紫金矿业集团黄金冶炼有限公司
15	福建省金纶高纤股份有限公司
16	特步（中国）有限公司
17	友达光电（厦门）有限公司
18	福建三宝特钢有限公司
19	正兴车轮集团有限公司
20	连江清禄鞋业有限公司
21	龙岩烟草工业有限责任公司
22	福建鼎信实业有限公司
23	长乐恒申合纤科技有限公司
24	宝钢德盛不锈钢有限公司
25	宸鸿科技（厦门）有限公司
26	厦门天马微电子有限公司
27	东南（福建）汽车工业有限公司
28	福建罗源闽光钢铁有限责任公司
29	联想移动通信科技有限公司
30	祥兴(福建)箱包集团有限公司
31	厦门烟草工业有限责任公司
32	福建三安钢铁有限公司
33	泉州明恒纺织有限公司
34	福建宁德核电有限公司
35	中海福建天然气有限责任公司
36	戴尔（厦门）有限公司
37	福建锦江科技有限公司
38	福建奔驰汽车有限公司
39	福建三宝钢铁有限公司
40	捷星显示科技（福建）有限公司
41	国网福建晋江市供电有限公司
42	厦门银鹭食品集团有限公司
43	福建明辉电力系统有限公司
44	联盛纸业(龙海)有限公司
45	福建福欣特殊钢有限公司
46	福建甬金金属科技有限公司
47	福建福清核电有限公司
48	福建吴航不锈钢制品有限公司
49	福建中锦新材料有限公司
50	福建龙净环保股份有限公司
51	福建省石狮市通达电器有限公司
52	厦门太古飞机工程有限公司
53	厦门金龙联合汽车工业有限公司
54	福建宏旺实业有限公司
55	福建省长汀金龙稀土有限公司
56	中宇建材集团有限公司
57	福建元成豆业有限公司
58	福建星网锐捷通讯股份有限公司
59	柯林(福建)服饰有限公司
60	安踏体育用品集团有限公司
61	福建百宏聚纤科技实业有限公司
62	厦门金龙旅行车有限公司
63	泉州福海粮油工业有限公司
64	纬恒(福建)轻纺有限公司
65	福建省闽发铝业股份有限公司
66	捷太格特转向系统（厦门）有限公司
67	福建三钢小蕉实业发展有限公司罗源分公司
68	长乐力恒锦纶科技有限公司
69	福建省晋江福源食品有限公司
70	福建省长乐市山力化纤有限公司
71	金莱克（中国）体育用品有限公司
72	南靖万利达科技有限公司
73	福建省长乐市长源纺织有限公司
74	石狮市佳龙石化纺纤有限公司
75	福建圣农发展股份有限公司
76	飞毛腿（福建）电子有限公司
77	福建省辉源金属制品有限公司
78	厦门市三安半导体科技有限公司
79	国网福建长乐市供电有限公司
80	福建傲农生物科技集团股份有限公司
81	中国重汽集团福建海西汽车有限公司
82	福建亿鑫钢铁有限公司
83	达运精密工业（厦门）有限公司
84	达利食品集团有限公司
85	华阳电业有限公司
86	厦门太古发动机服务有限公司
87	百威英博雪津啤酒有限公司
88	福建天辰耀隆新材料有限公司
89	福建省长乐市金源纺织有限公司
90	九牧厨卫股份有限公司
91	中铝瑞闽股份有限公司
92	厦门厦工机械股份有限公司
93	厦门正新橡胶工业有限公司
94	福建省长乐市第二棉纺织厂
95	华映光电股份有限公司
96	路达（厦门）工业有限公司
97	福建铂阳精工设备有限公司
98	福建省长乐市锦源纺织有限公司
99	福建华峰新材料有限公司
100	漳州华荣纸业有限公司

19-1 续表1
Continued

位次 No.	企业名称 Name	位次 No.	企业名称 Name
101	福建泉州宝辉珠宝首饰有限公司	151	漳州大北农农牧科技有限公司
102	福建凯邦锦纶科技有限公司	152	福建永春县图图服饰有限公司
103	漳州立达信光电子科技有限公司	153	福建龙麟集团有限公司
104	福州翔隆纺织有限公司	154	莆田市力天红木艺雕有限公司
105	福建省长乐市泰源纺织实业有限公司	155	厦门ABB低压电器设备有限公司
106	福建中景石化有限公司	156	福建省鸿山热电有限责任公司
107	紫金矿业集团股份有限公司	157	国电泉州热电有限公司
108	福建美明达鞋业发展有限公司	158	福建南平太阳电缆股份有限公司
109	厦门美图移动科技有限公司	159	福建冠盖金属包装有限公司
110	福建景丰科技有限公司	160	福建省长乐市新华源纺织有限公司
111	赛得利（福建）纤维有限公司	161	福建省南安市鑫源鞋业有限公司
112	国网福建南安市供电有限公司	162	福建省源威涤锦科技有限公司
113	林德（中国）叉车有限公司	163	匹克(中国)有限公司
114	莆田市鑫龙鞋业有限公司	164	福建省永安万年水泥有限公司
115	福建省东鑫石油化工有限公司	165	稻兴电子科技（厦门）有限公司
116	明达实业(厦门)有限公司	166	福建省金燕海洋生物科技股份有限公司
117	欧浦登（顺昌）光学有限公司	167	厦门松下电子信息有限公司
118	福建公元食品有限公司	168	厦门宏发电声股份有限公司
119	厦门厦钨新能源材料有限公司	169	福州吴航钢铁制品有限公司
120	莆田市永丰鞋业有限公司	170	福建上润精密仪器有限公司
121	广福鑫（福建）有色金属工业有限公司	171	申鹭达股份有限公司
122	福建欧美龙体育用品有限公司	172	福建圣农发展（浦城）有限公司
123	厦门三安光电有限公司	173	安踏（中国）有限公司
124	福建佳通轮胎有限公司	174	福建翔升纺织有限公司
125	福建龙峰纺织科技实业有限公司	175	国网福建福安市供电有限公司
126	厦门钨业股份有限公司	176	漳州旗滨玻璃有限公司
127	福州大通机电有限公司	177	厦门ABB开关有限公司
128	福建华电可门发电有限公司	178	福建省晋江市陈埭安盛鞋服有限公司
129	福州龙福食品有限公司	179	福建省长乐市华亚纺织有限公司
130	福建省南平铝业股份有限公司	180	泉州闽华电器有限公司
131	福耀玻璃工业集团股份有限公司	181	福建雯峰珠宝有限公司
132	福州开发区钜联鞋业有限公司	182	福建省东南电化股份有限公司
133	泉州市燃气有限公司	183	星泉（福建）鞋塑有限公司
134	福建恒利集团有限公司	184	福建省长乐市金磊纺织有限公司
135	福建省联盛纸业有限责任公司	185	龙工(福建)机械有限公司
136	华能国际电力股份有限公司福州电厂	186	厦门华特集团有限公司
137	福建德通金属容器股份有限公司	187	厦门金鹭特种合金有限公司
138	福建正麒高纤科技股份有限公司	188	泉州市天纶纺织科技有限公司
139	厦门厦顺铝箔有限公司	189	金强（福建）建材科技股份有限公司
140	厦门盈趣科技股份有限公司	190	通达（厦门）科技有限公司
141	珠穆朗玛（中国）有限公司	191	福建新大陆电脑股份有限公司
142	厦门正新海燕轮胎有限公司	192	泉州市泉港富兴钢板有限公司
143	漳州蒙发利实业有限公司	193	际诺思（厦门）轻工制品有限公司
144	金保利（泉州）科技实业有限公司	194	福州京东方光电科技有限公司
145	神华福能发电有限责任公司	195	福建省万达汽车玻璃工业有限公司
146	福建大唐国际宁德发电有限责任公司	196	福建省莆田荔兴轻工实业有限责任公司
147	福建上杭太阳铜业有限公司	197	厦门长塑实业有限公司
148	福建省鑫东华实业有限公司	198	福建力道鞋服有限公司
149	福建省国联混凝土有限责任公司	199	福建省中江石化有限公司
150	福建省福清供电有限公司	200	福建泉州群发包装纸品有限公司

19-1 续表2
Continued

位次 No.	企业名称 Name	位次 No.	企业名称 Name
201	晋江市慷慨橡塑制品有限公司	251	福建荣盛钢结构实业有限公司
202	福建唐源合纤科技有限公司	252	福建莱克石化有限公司
203	福建省长乐市华源纺织有限公司	253	石狮市斯舒郎体育用品有限公司
204	福建龙马环卫装备股份有限公司	254	九牧王股份有限公司
205	福建省长乐市正隆纺织有限公司	255	福建经纬集团有限公司
206	福建南平南孚电池有限公司	256	福建省德化县佳美工艺品有限责任公司
207	蜡笔小新(福建)食品工业有限公司	257	泉州来亚丝卫生用品有限公司
208	中海福建燃气发电有限公司	258	石狮市雄豹狼服装发展有限公司
209	福建晶安光电有限公司	259	兴业皮革科技股份有限公司
210	万利（中国）有限公司	260	福建康宏股份有限公司
211	石狮市大帝集团有限公司	261	福建海壹食品饮料有限公司
212	厦门翔鹭化纤股份有限公司	262	福建莆田南华电路板有限公司
213	福建晋江天然气发电有限公司	263	正新(漳州)橡胶工业有限公司
214	福建乐隆隆食品科技有限公司	264	福建省谋成水泥发展有限公司
215	福建省海安橡胶有限公司	265	福建圣农食品有限公司
216	厦门中禾实业有限公司	266	福建三山集团有限公司
217	福建新世纪电子材料有限公司	267	福建省晋江优兰发纸业有限公司
218	三棵树涂料股份有限公司	268	国网福建龙海市供电有限公司
219	福建福马食品集团有限公司	269	福建源盛纺织服装城有限公司
220	玖龙纸业（泉州）有限公司	270	腾龙特种树脂(厦门)有限公司
221	厦门银祥油脂有限公司	271	贵人鸟股份有限公司
222	福建亚伦电子电器科技有限公司	272	福建省闽华电源股份有限公司
223	福建联迪商用设备有限公司	273	福建恒利纸业有限公司
224	辉煌水暖集团有限公司	274	漳州天福茶业有限公司
225	晋江市锦福化纤聚合有限公司	275	厦门建松电器有限公司
226	福建省晋江市浩沙制衣有限公司	276	福建日丰布业有限公司
227	闽太消防科技股份有限公司	277	福建宝德集团有限公司
228	福建浔兴拉链科技股份有限公司	278	三明厦钨新能源材料有限公司
229	福建三钢小蕉实业发展有限公司	279	福建三宏环保科技有限公司
230	厦门TDK有限公司	280	福建东海漆业有限公司
231	国网福建石狮市供电有限公司	281	安发（福建）生物科技有限公司
232	福建省闽中有机食品有限公司	282	长乐市聚泉食品有限公司
233	福建东山县顺发水产有限公司	283	南安市华益塑胶制造有限公司
234	鸿一粮油资源股份有限公司	284	金冠(中国）食品有限公司
235	福建森源家具有限公司	285	福建惠康食品有限公司
236	泉州星竹鞋材有限公司	286	贝莱胜电子（厦门）有限公司
237	福建省长乐市金鑫纺织有限公司	287	开发晶照明（厦门）有限公司
238	正大（中国）服饰有限公司	288	漳州灿坤实业有限公司
239	漳州万利达生活电器有限公司	289	厦门松霖科技有限公司
240	福建省名乐体育用品有限公司[名乐（中国）有限公	290	福建飞越鞋服有限公司
241	锐珂(厦门)医疗器材有限公司	291	漳州片仔癀药业股份有限公司
242	福建柒牌时装科技股份有限公司	292	福建万鸿纺织有限公司
243	三六一度(福建)体育用品有限公司	293	福建固美金属有限公司
244	华昌珠宝有限公司	294	福建福鼎海鸥水产食品有限公司
245	盈丰食品股份有限公司	295	晋江市三福纺织实业有限公司
246	中港（福建）水产食品有限公司	296	福建省马尾造船股份有限公司
247	福建思嘉环保材料科技有限公司	297	福建紫金铜业有限公司
248	莆田市涵江区章圣鞋业有限公司	298	福建宝华鞋业有限公司
249	厦门阳光恩耐照明有限公司	299	福建南安市万家美针织有限公司
250	福建省永安林业（集团）股份有限公司	300	福建省辉源达钢铁制品有限公司

19-2 建筑业总产值前300家企业(2017年)

Construction Enterprises before the three hunderdth by Output Value Completed by self(2017)

位次 No.	企业名称 Name	位次 No.	企业名称 Name
1	中建海峡建设发展有限公司	51	中国水利水电第十六工程局有限公司
2	福建六建集团有限公司	52	鑫泰建设集团有限公司
3	福建省泷澄建设集团有限公司	53	福建省同源建设工程有限公司
4	宏峰集团（福建）有限公司	54	福建省东风建筑工程有限公司
5	福建省闽南建筑工程有限公司	55	福建省恒基建设股份有限公司
6	福建九鼎建设集团有限公司	56	恒晟集团有限公司
7	中交一公局厦门工程有限公司	57	福建凌志建设工程有限公司
8	福建建工集团总公司	58	中建协和建设有限公司
9	福建省永富建设集团有限公司	59	福建新华夏建工有限公司
10	中建鑫宏鼎环境集团有限公司	60	福建省透堡建筑工程有限公司
11	福建宏盛建设集团有限公司	61	福建省兴岩建设集团有限公司
12	福建省九龙建设集团有限公司	62	福建省涵城建设工程有限公司
13	福建省第五建筑工程公司	63	福州市一建建设股份有限公司
14	福建闽清一建建设发展有限公司	64	福建省泉州市东海建筑有限公司
15	福建省惠东建筑工程有限公司	65	福建荣建集团有限公司
16	中建海峡（厦门）建设发展有限公司	66	福建成森建设集团有限公司
17	中城建设有限责任公司	67	中建诺成有限公司
18	福建璟榕工程建设发展有限公司	68	厦门源昌城建集团有限公司
19	福建省惠五建设工程有限公司	69	方圆建设集团有限公司
20	福建省永泰建筑工程公司	70	福建路桥建设有限公司
21	福建省二建建设集团有限公司	71	中铁海峡建设集团有限公司
22	福建省东霖建设工程有限公司	72	福建省工业设备安装有限公司
23	福建省华荣建设集团有限公司	73	福建省晓沃建设工程有限公司
24	福建省来宝建设工程有限公司	74	中建富林集团有限公司
25	福建巨岸建设工程有限公司	75	宏禹建设有限公司
26	福建卓越建设工程开发有限公司	76	福建省高华建设工程有限公司
27	中交三航（厦门）工程有限公司	77	福建发展集团有限公司
28	中铁十七局集团第六工程有限公司	78	名筑建工集团有限公司
29	宏基置业(集团)有限责任公司	79	中标建设集团股份有限公司
30	中铁二十二局集团第三工程有限公司	80	福建福环建设发展集团有限公司
31	厦门中联永亨建设集团有限公司	81	福建省兴创建设集团有限公司
32	中建凯源集团有限公司	82	厦门特房建设工程集团有限公司
33	福建省八方建筑工程有限公司	83	中铁二十四局集团福建铁路建设有限公司
34	中铁一局集团厦门建设工程有限公司	84	福建恒盛建筑集团有限公司
35	福建省安泰建筑工程有限公司	85	福建省融旗建设工程有限公司
36	中建四局第四建筑工程有限公司	86	厦门安能建设有限公司
37	福建路港（集团）有限公司	87	福建省南安市第一建设有限公司
38	福建省长乐市新纪建筑工程有限责任公司	88	福建省雄盛建筑工程有限公司
39	福建一建集团有限公司	89	中建三局（厦门）建设有限公司
40	福建联泰建设工程有限公司	90	福建省荔隆建设工程有限公司
41	泉发建设股份有限公司	91	福建省中嘉建设工程有限公司
42	福建省隆盛建设工程有限公司	92	福建省亿方建筑工程有限公司
43	福建省百盛建设发展有限公司	93	福建省海天建设工程有限公司
44	福建磊鑫（集团）有限公司	94	厦门海投工程建设有限公司
45	福建省中马建设工程有限公司	95	飞阳建设工程有限公司
46	福州建工(集团)总公司	96	福建省中晟建设投资有限公司
47	福建省隧道工程有限公司	97	中建八达建设有限公司
48	福建博业建设集团有限公司	98	大成工程建设集团有限公司
49	福建省杭辉建设工程有限公司	99	福建省榕源建设工程有限公司
50	福建登凯成龙建设集团有限公司	100	福建永东南建设集团有限公司

19-2 续表1
Continued

位次 No.	企业名称 Name	位次 No.	企业名称 Name
101	福建省水利水电工程局有限公司	151	福建兴万祥建设集团有限公司
102	福建省中木建设集团有限公司	152	福建省第一电力建设公司
103	福建华鸿建设工程有限公司	153	厦门闽天骄市政园林建设有限公司
104	福建省五洲建设集团有限公司	154	福建兴港建工有限公司
105	福建金鼎建筑发展有限公司	155	福建七建集团有限公司
106	福建森正建设有限公司	156	福建恒声建设发展有限公司
107	中建（福建）建设有限公司	157	福建省送变电工程有限公司
108	福建省长鸿建筑工程有限公司	158	福建省明通建设集团有限公司
109	中建力天集团有限公司	159	福建地矿建设集团公司
110	福建才溪建设集团有限公司	160	中建旷博（福建）有限公司
111	福建远舟港湾建设工程有限公司	161	厦门集三建设集团有限公司
112	福建祥荣建设投资集团有限公司	162	泉州市亿民建设发展有限公司
113	福建省国泰建设有限公司	163	中建大闽台建设发展有限公司
114	永太建设集团有限公司	164	向阳建设实业有限公司
115	福州市第三建筑工程公司	165	福建华轩建设有限公司
116	福建华建工程建设有限公司	166	福建京源建设工程有限公司
117	福建省日晟建设工程有限公司	167	星华昌源集团有限公司
118	宏晖建设工程有限公司	168	福建省隆恩建设集团有限公司
119	中东建设集团有限公司	169	福建晟亿建设发展有限公司
120	福建省明丰建设集团有限公司	170	福建煜生集团有限公司
121	中建远南集团有限公司	171	中汇建筑集团有限公司
122	福建联美建设集团有限公司	172	厦门电力工程集团有限公司
123	福建省中大工程建设有限公司	173	中城投集团第八工程局有限公司
124	福建普尔泰集团有限公司	174	恒富建设集团有限公司
125	中交四航局第五工程有限公司	175	中星联丰幕墙装饰工程有限公司
126	福建省惠三建设发展有限公司	176	展文建设有限公司
127	福建蓝海市政园林建筑有限公司	177	福建漳龙建投集团有限公司
128	福建省华航建设工程有限公司	178	福建省金通建设集团有限公司
129	福建省桃城建设工程有限公司	179	福州亿力电力工程有限公司
130	福建华通路桥建设有限公司	180	福建联谊建筑工程有限公司
131	福建省利恒建设工程有限公司	181	中铁（厦门）投资有限公司
132	龙岩市恒达工程有限公司	182	厦门市建安集团有限公司
133	福能联信建设集团有限公司	183	福建径坊建造工程有限公司
134	福州三桥建筑工程有限公司	184	厦门思总建设有限公司
135	福建三建工程有限公司	185	亿创电力建设集团有限公司
136	厦门市大方舟建设有限公司	186	海峡金岸集团有限公司
137	福建省埕坤建设集团有限公司	187	福建章诚隆建设工程有限公司
138	福建弘祥建设工程有限公司	188	福建泉州市二建工程有限公司
139	福建惠丰建筑工程有限公司	189	中核工建设集团第四工程局有限公司
140	神州建设集团有限公司	190	福建广弘翔建设有限公司
141	福建省吴航建筑工程有限公司	191	厦门市政工程有限公司
142	福建省城弘建设集团有限公司	192	福建省永泰县第三建筑工程公司
143	亿晟建设有限公司	193	福建省上杭县宏庄建筑工程有限公司
144	福建省鹭恒昌建设工程有限公司	194	福建省民益建设工程有限公司
145	厦门泰隆建筑工程有限公司	195	福建省海坛隧道建设工程有限公司
146	厦门树鑫建设集团有限公司	196	福建兴宏宇建设有限公司
147	福建大华鑫建设工程有限公司	197	龙岩市西安建筑工程有限公司
148	福建省第一公路工程公司	198	中铁照明(福建)有限公司
149	福建省莆田市联发建筑工程有限公司	199	中建正泰建设发展有限公司
150	福建闽东建工投资有限公司	200	中交鹭建有限公司

19-2 续表2
Continued

位次 No.	企业名称 Name	位次 No.	企业名称 Name
201	厦门市吉兴集团建设有限公司	251	华盛置业集团建设工程有限公司
202	福建亨立建设集团有限公司	252	福建省骏业市政工程有限公司
203	福建省巨龙建设工程有限公司	253	福建创邦建筑工程有限公司
204	福建省闽鑫建设工程有限公司	254	漳州市建筑工程有限公司
205	厦门市捷安建设集团有限公司	255	福建省闽楚建设工程有限公司
206	福建省金福建筑工程有限公司	256	福建省福新建设工程有限公司
207	福建省交建集团工程有限公司	257	福建名城建工有限公司
208	福建省双阳建筑工程有限公司	258	厦门港航建设有限公司
209	福建博成建筑工程有限公司	259	福建省港口工程有限公司
210	福建勘察基础工程公司	260	福建百益建设集团有限公司
211	福建上杭广厦建设有限公司	261	福建屹立建设工程有限公司
212	福建铭泰集团有限公司	262	福州第七建筑工程有限公司
213	中磐建设集团有限公司	263	福建省燕城建设工程有限公司
214	福建省汀江水电工程有限公司	264	兴锋盈(福建)集团有限公司
215	福建省中禹水利水电工程有限公司	265	福建省浦口建筑工程有限公司
216	闽晟（福建）建设工程有限公司	266	福建建隆建筑工程有限公司
217	福建省禹澄建设工程有限公司	267	福建中联建设工程有限公司
218	福建省崇禹水利水电建设工程有限公司	268	福建省樟榕建设工程有限公司
219	福建省惠一建设工程有限公司	269	福建省长龙建筑工程有限公司
220	福建省龙津建筑工程有限公司	270	福建兴磊建设有限公司
221	福建福阳建筑工程有限公司	271	三明客家源建设工程有限公司
222	福州东辉建筑工程有限公司	272	福建省溪石建筑工程有限公司
223	福建省闽西交通工程有限公司	273	福建省筑信工程建设有限公司
224	福建省兴盛建设工程有限公司	274	福建上河建筑工程有限公司
225	中建名城集团有限公司	275	福建省东昇建设工程有限公司
226	福建省土木建设实业有限公司	276	福建省九建建筑工程有限公司
227	福建永旺建设集团有限公司	277	福建嘉宜建筑工程有限公司
228	福建省龙祥建设集团有限公司	278	中泛建设集团有限公司
229	福建闽盛建设工程有限公司	279	紫金矿业建设有限公司
230	福建省盛威建设发展有限公司	280	福建省麒麟建设工程集团有限公司
231	福建省邮电工程有限公司	281	福建省冠辉建设工程有限公司
232	中国武夷实业股份有限公司	282	福建省金正建设工程有限公司
233	福建省榕圣市政工程股份有限公司	283	福建省中固建设有限公司
234	厦门中宸集团有限公司	284	福建环宇建筑集团有限公司
235	福建大舟建设集团有限公司	285	厦门鲁班源屋营造有限公司
236	福建省恒鼎建筑工程有限公司	286	福建省亿鑫建设有限公司
237	福建省华辉建设发展有限公司	287	福建省城乡建设工程有限公司
238	福建省拓安建设工程有限公司	288	国建华中建设有限公司
239	福建省正鹏建设工程有限公司	289	福建省泰宏建设工程有限公司
240	福建省昊立建设工程有限公司	290	中建富泉股份有限公司
241	中耀建设（福建）有限公司	291	福建五岳建设工程有限公司
242	福建省日誉建设集团有限公司	292	福建省鑫宏扬建设工程有限公司
243	中建八局(厦门)建设有限公司	293	漳州新源电力工程有限公司
244	福建省福圣建设发展有限公司	294	福州闽龙铁路工程有限公司
245	福建新纪建设集团有限公司	295	凯辉集团（福建）有限公司
246	福建旭建市政园林工程有限公司	296	福建景翔建设工程有限公司
247	福建省惠房建设工程有限公司	297	福建省永同达建筑工程有限公司
248	福建省国筑建设工程有限公司	298	福建省泰成建设工程有限公司
249	福建省顺天亿建设有限公司	299	福建省高德工程建设有限公司
250	恒亿集团有限公司	300	福建省华舜水利水电工程有限公司

19-3 主营业务收入前300家贸易企业(2017年)

Sale Enterprises before the three hunderdth by Main Operating Income(2017)

位次 No.	企业名称 Name	位次 No.	企业名称 Name
1	厦门建发股份有限公司	51	晋江市恒丰进出口贸易有限公司
2	厦门国贸集团股份有限公司	52	中国航油集团福建石油有限公司
3	厦门象屿物流集团有限责任公司	53	厦门启铭贸易有限公司
4	福建省福化工贸股份有限公司	54	福建省烟草公司三明市公司
5	中石化森美（福建）石油有限公司	55	裕华能源控股集团（福建）有限公司
6	厦门信达股份有限公司	56	厦门航空开发股份有限公司
7	福建中烟工业有限责任公司	57	晋江辉豪化工有限公司
8	福建兴大进出口贸易有限公司	58	福建省烟草公司南平市公司
9	福建三安集团有限公司	59	福建柯普森物流发展有限公司
10	成大物产（厦门）有限公司	60	厦门信和达电子有限公司
11	福建炼油化工有限公司	61	鑫东森集团有限公司
12	福建闽海石化有限公司	62	福建创世化工有限公司
13	福建石油化工集团华南联合营销有限公司	63	福建省烟草公司龙岩市公司
14	中化石油成品油销售有限公司	64	厦门安踏有限公司
15	中国石油天然气股份有限公司福建销售分公司	65	福安市青拓商贸有限公司
16	中石化化工销售（福建）有限公司	66	中海石油气电集团有限责任公司福建销售分公司
17	福建省福能电力燃料有限公司	67	龙工（中国）机械销售有限公司
18	均和（厦门）控股有限公司	68	晋江市进出口有限公司
19	永辉超市股份有限公司	69	大生（福建）农业有限公司
20	厦门象屿化工有限公司	70	福清江阴港银河国际汽车进出口贸易有限公司
21	厦门华信石油控股有限公司	71	福州喜盈门实业有限公司
22	厦门京东东和贸易有限公司	72	福建匹克能源有限公司
23	福建国能化工有限公司	73	福建山福国际能源有限责任公司
24	福建省烟草公司泉州市公司	74	均达升（厦门）控股有限公司
25	福建阳光集团有限公司	75	福建省三明钢联有限责任公司
26	福建信通贸易有限公司	76	厦门海峡供应链发展有限公司
27	福建省烟草公司福州市公司	77	福建大生控股有限公司
28	中国石化销售有限公司福建石油分公司	78	福建盛世欣兴格力贸易有限公司
29	信达点矿（厦门）矿业有限公司	79	厦门象屿兴宝发贸易有限公司
30	厦门港务贸易有限公司	80	厦门路桥国际贸易有限公司
31	均和（厦门）石化有限公司	81	厦门合兴包装印刷股份有限公司
32	中拓（福建）实业有限公司	82	福建裕华石油化工有限公司
33	福建省烟草公司漳州市公司	83	厦门特步投资有限公司
34	漳州路桥物资发展有限公司	84	荣鑫盛(厦门)商贸有限公司
35	厦门市信达安贸易有限公司	85	厦门乔丹发展有限公司
36	福建百纳实业有限公司	86	均和（厦门）融资租赁有限公司
37	厦门市明穗粮油贸易有限公司	87	福建省烟草公司莆田市公司
38	福建达利发展有限公司	88	中国工艺福建实业有限公司
39	福建三钢国贸有限公司	89	福建省榕江进出口有限公司
40	福建省传祺能源科技有限公司	90	福建山野物流有限公司
41	盛屯金属有限公司	91	晋江市大长江钢管实业有限公司
42	厦门象屿铝晟有限公司	92	福建国海燃料有限公司
43	厦门宝拓资源有限公司	93	福建南方建材发展有限公司
44	中化石油福建有限公司	94	厦门嘉联恒进出口有限公司
45	福建湛华智能科技有限公司	95	厦门展志投资有限公司
46	福建省烟草公司厦门市公司	96	全骏达实业有限公司
47	中储北方（厦门）油品国际贸易有限公司	97	泉州中国水暖城有限公司
48	紫金矿业集团（厦门）金属材料有限公司	98	福州民天实业有限公司
49	中石化炼油销售（福建）有限公司	99	华东（福建）石油有限公司
50	福建闽侯永辉商业有限公司	100	盛屯矿业集团股份有限公司

19-3 续表1

Continued

位次 No.	企业名称 Name	位次 No.	企业名称 Name
101	晋江锦兴贸易有限公司	151	国药控股福州有限公司
102	福建省烟草公司宁德市公司	152	厦门宙航船舶燃料有限公司
103	厦门海翼国际贸易有限公司	153	隆鑫集团（福建）有限公司
104	福建新华发行（集团）有限责任公司	154	中海石油福建新能源有限公司
105	福建闽台农产品市场有限公司	155	坤健控股（厦门）有限公司
106	厦门宇力贸易有限公司	156	鹭燕医药股份有限公司
107	厦门市嘉晟对外贸易有限公司	157	福建漳龙集团有限公司
108	厦门育哲集团有限公司	158	福建省长乐市中海石化储运有限责任公司
109	福建力聚物流有限公司	159	福建省三钢钢城工贸有限公司
110	泉州经济技术开发区网商虚拟产业园电子商务有限公	160	泉州港丰能源有限公司
111	达芙妮投资（集团）有限公司	161	福建省福农农资集团有限公司
112	厦门大正贸易有限公司	162	福建阳光集团厦门进出口有限公司
113	厦门启润实业有限公司	163	福清市驰辰汽车进出口贸易有限公司
114	福建漳龙三宝进出口有限公司	164	厦门三裕丰能源有限公司
115	厦门安踏电子商务有限公司	165	中国石油天然气股份有限公司泉州销售分公司
116	福建省南安市闽南建材第一市场有限公司	166	厦门金圆产业发展有限公司
117	冠捷(福州保税区)贸易有限公司	167	神华（福建）能源有限责任公司
118	裕华能源（厦门）有限公司	168	中矿（宁德）有限公司
119	厦门恒兴集团有限公司	169	福建福泰钢铁有限公司
120	福建苏闽石油有限公司	170	厦门新五菱汽车销售有限公司
121	厦门万翔网络商务有限公司	171	福建省路路达石油制品有限公司
122	福建省润通汽车销售服务有限责任公司	172	中国厦门国际经济技术合作公司
123	福建大生进出口有限公司	173	新华都购物广场股份有限公司
124	福州开发区新电燃料有限公司	174	厦门安踏贸易有限公司
125	新中冠智能科技股份有限公司	175	中国石油天然气股份有限公司福建福州销售分公司
126	福州中宝汽车销售服务有限公司	176	厦门同歆贸易有限公司
127	福州中维实业有限公司	177	国药控股福建有限公司
128	厦门嘉晟供应链股份有限公司	178	厦门维多利商贸有限公司
129	福建汇丰物流有限公司	179	厦门夏商国际贸易有限公司
130	国投京闽（福建）工贸有限公司	180	福州臻盛贸易有限公司
131	福建省龙润凯达石化有限公司	181	华信（福建）石油有限公司
132	集岭（厦门）石化有限公司	182	福建恒安集团厦门商贸有限公司
133	福建华锦贸易有限公司	183	中粮粮油厦门有限公司
134	福建三木建设发展有限公司	184	厦门大亮贸易有限公司
135	斐乐服饰有限公司	185	厦门新纸源电子商务有限公司
136	福州麦多万嘉超市有限公司	186	厦门匹克体育用品有限公司
137	福建和锦贸易有限公司	187	均和（厦门）股权投资基金有限公司
138	福清市众汇汽车进出口贸易有限公司	188	兴思源（厦门）石油化工有限公司
139	厦门宝达纺织有限公司	189	福州联合闽津茶业有限公司
140	厦门佳大贸易有限公司	190	中国石油天然气股份有限公司华南化工销售厦门分公
141	厦门元庆生贸易有限公司	191	福建裕华能源有限公司
142	厦门芗江进出口公司	192	厦门西海控股有限公司
143	福建中天药业有限公司	193	新储（厦门）农业有限公司
144	厦门路桥工程物资有限公司	194	福建唯酷信息工程有限公司
145	福建省福润水泥销售有限公司	195	福建福日实业发展有限公司
146	斐乐体育有限公司	196	晋江昌博贸易有限公司
147	厦门鑫通贸易有限公司	197	厦门古龙进出口有限公司
148	泉州福宝汽车销售服务有限公司	198	泉州新华都购物广场有限公司
149	福建同春药业股份有限公司	199	厦门伟美义贸易有限公司
150	莆田启峰木业有限公司	200	厦门益电能源股份有限公司

19-3 续表2

Continued

位次 No.	企业名称 Name	位次 No.	企业名称 Name
201	厦门市海澳石油有限公司	251	厦门誉联集团有限公司
202	厦门东华兴工贸有限公司	252	厦门海投经济贸易有限公司
203	福建九州通医药有限公司	253	厦门信和达供应链有限公司
204	福建省医药有限责任公司	254	漳州兴路贸易有限公司
205	泉州亲亲商贸有限公司	255	晋江宝华钢材有限公司
206	福建泉州市嘉晟供应链有限公司	256	厦门国贸化纤有限公司
207	住重中骏（厦门）建机有限公司	257	厦门片仔癀宏仁医药有限公司
208	漳州市龙文区好又鲜贸易有限公司	258	厦门夏商粮食发展有限公司
209	福建省益源废物利用有限公司	259	沃尔玛深国投百货有限公司福州山姆会员商店
210	福州港燃油供应有限公司	260	福州福百祥壹玖伍捌文化创意园有限公司
211	厦门时代创览文化传播有限公司	261	厦门禹港有限公司
212	晋江裕福集团有限公司	262	厦门盛屯金属销售有限公司
213	尧山国际控股股份有限公司	263	福建新华都综合百货有限公司
214	万烽（厦门）能源有限公司	264	厦门中艺抽纱进出口有限公司
215	福建星之宝汽车销售服务有限公司	265	福州国美电器有限公司
216	福建省超盛化工工贸有限公司	266	福州龙泽投资有限公司
217	盛世达（厦门）石油化工有限公司	267	厦门瑞悦隆供应链管理有限公司
218	福州威石艺术品贸易有限公司	268	福建省盛屯贸易有限公司
219	新恒基（厦门）投资控股有限公司	269	长乐国际机场航空油料有限责任公司
220	福建斯兰供应链服务有限公司	270	厦门厦工国际贸易有限公司
221	厦门空港航星汽车维修服务有限公司	271	泉州日声商贸有限公司
222	厦门航开保税贸易有限公司	272	厦门昊凯供应链管理有限公司
223	厦门融银贸易有限公司	273	福建苏宁云商商贸有限公司
224	福州苏宁云商商贸有限公司	274	厦门昌吉贸易有限公司
225	福建吴钢再生资源有限责任公司	275	厦门庆通新材料科技有限公司
226	福州高泽贸易有限公司	276	厦门时代华纳电子科技有限公司
227	福州永力通汽车贸易有限公司	277	厦门国林林产品有限公司
228	漳州商贸集团有限公司	278	晋江市新长江精密钢管制造有限公司
229	道普（厦门）石化有限公司	279	福建省恒一发展集团有限公司
230	厦门恒兴晟贸易有限公司	280	福建金一文化发展有限公司
231	中国石油天然气股份有限公司福建厦门销售分公司	281	福建省储备粮管理有限公司
232	漳州市龙文区鲜鲜旺贸易有限公司	282	中化（泉州）石油销售有限公司
233	福建七匹狼实业股份有限公司	283	福建龙翌商贸有限公司
234	中国卷烟销售公司厦门卷烟调拨站	284	厦门海沧保税港区供应链
235	福建聚丰珠宝有限公司	285	福建华闽进出口有限公司
236	福建省南安市华龙石油有限公司	286	厦门博钦贸易有限公司
237	厦门轨道物资有限公司	287	宁德万达广场商业物业管理有限公司
238	福建省粮油食品进出口集团有限公司	288	美宁电商（福建）企业管理有限公司
239	福州朝畅贸易有限公司	289	福建广捷经贸有限公司
240	福州轻工进出口有限公司	290	福建新紫金医药有限公司
241	厦门市东之星汽车销售有限公司	291	厦门良和国际贸易有限公司
242	福建科宝金属制品有限公司	292	厦门欧美萌皮革制品有限公司
243	紫金矿业物流有限公司	293	厦门湘城顺商贸有限公司
244	福建省南平市立远贸易有限公司	294	福州天赐建材有限公司
245	厦门市鹭欣嘉贸易有限公司	295	厦门金达威集团股份有限公司
246	厦门松泰实业有限公司	296	厦门永佳和塑胶有限公司
247	泉州展志钢材有限公司	297	晋江市和亨进出口贸易有限公司
248	福建省莆田富力进出口有限公司	298	福建璟旭宏发有限公司
249	厦门锦厦科技有限公司	299	东琦（厦门）石化有限公司
250	福州速传保税供应链管理有限公司	300	福建捷成贸易有限公司

第二十篇　市县国民经济主要指标

Chapter 20　Main Economic Indicators of City Prefecture and County

资料整理：邓文颖 李丽精 林增武 范李功 李君 陈思 张凤园 饶晓燕 连晓毅 王洵 廖捷 戴斌

Database Editor: Dengwenying Lilijing linzengwu Fanligong Lijun Chensi Zhangfengyuan Raoxiaoyan Lianxiaoyi Wangxun Liaojie Daibin

简要说明

本篇资料的主要内容及来源

本篇资料反映了全省各市（县）经济社会事业发展基本情况，主要包括地区生产总值、人口、从业人员、工业、投资、社会消费品零售总额、财政、职工工资和教育、卫生等方面的内容。

本篇资料由省统计局各相关专业处室整理提供。

Brief Introduction

Main Content and Source of Data

Data in this chapter show the development in society and economy of Urban districts or counties or cities on the county level, mainly including GDP, population, employed persons,, industry, investment, total retail sales of consumer good，finance, income of rural households, wage of staff and works, education and public health.

Data on this chapter are compiled and provided by the related department of Bureau of Fujian Provincial Bureau of Statistics.

20-1 地区生产总值（2017年）

Gross Domestic Products(2017)

单位：亿元 (100 million yuan)

地区	Area	地区生产总值 Gross Domestic Product	第一产业 Primary Industry	第二产业 Secondary Industry	第三产业 Tertiary Industry	工业 Industry	建筑业 Construction	人均GDP（元） Per Capita GDP(yuan)
全　省	**Fujian**	**32292.09**	**2215.13**	**15354.29**	**14722.67**	**12674.89**	**2707.82**	**82960**
福州市	**Fuzhou**	**7104.02**	**519.49**	**2962.94**	**3621.60**	**2270.92**	**698.20**	**93290**
福州市辖区	District under Fuzhou							
鼓楼区	Gulou	1468.43		272.46	1195.97	80.71	194.38	200742
台江区	Taijiang	433.47		89.05	344.42	27.29	62.38	90212
仓山区	Cangshan	559.35	2.51	289.92	266.92	266.78	24.54	68255
马尾区	Mawei	494.55	6.22	301.65	186.68	277.55	24.90	192431
晋安区	Jin'an	642.84	5.50	213.94	423.40	137.23	77.22	74705
长乐区	Changle	740.31	55.24	451.67	233.40	420.54	31.24	102112
福清市	Fuqing	996.61	105.67	495.42	395.51	398.08	97.35	76721
闽侯县	Minhou	563.98	39.81	335.39	188.79	298.62	38.19	79434
连江县	Lianjiang	432.38	148.84	169.09	114.44	149.32	20.35	73911
罗源县	Luoyuan	224.63	41.52	134.62	48.49	126.60	8.37	106967
闽清县	Minqing	164.73	30.18	88.11	47.94	72.60	15.60	69552
永泰县	Yongtai	165.86	48.47	60.24	57.15	15.27	44.98	65557
平潭县	Pingtan	230.83	37.05	65.34	128.44	6.64	58.70	51872
厦门市	**Xiamen**	**4351.18**	**23.23**	**1815.92**	**2512.03**	**1541.88**	**285.14**	**109740**
厦门市辖区	District under Xiamen							
思明区	Siming	1321.86	1.54	158.80	1161.52	82.73	76.07	131267
海沧区	Haicang	609.15	1.08	364.69	243.37	321.18	43.51	171109
湖里区	Huli	954.07		407.79	546.28	368.29	50.61	92359
集美区	Jimei	619.97	1.50	305.28	313.19	255.92	49.36	91984
同安区	Tong'an	378.80	10.25	231.23	137.31	208.44	22.79	65197
翔安区	Xiang'an	467.34	8.85	348.13	110.36	305.33	42.80	130177
莆田市	**Putian**	**2045.19**	**130.30**	**1146.50**	**768.39**	**934.57**	**220.12**	**70646**
莆田市辖区	District under Putian							
城厢区	Chengxiang	358.21	10.11	154.67	193.43	109.98	45.66	82823
涵江区	Hanjiang	484.12	19.18	326.80	138.14	298.38	31.04	99512
荔城区	Licheng	412.48	17.97	241.92	152.59	198.44	45.21	79019
秀屿区	Xiuyu	415.10	50.64	236.35	128.11	169.87	67.97	69999
仙游县	Xianyou	375.28	32.40	186.76	156.12	157.90	30.24	43586
三明市	**Sanming**	**2136.06**	**282.52**	**1095.15**	**758.38**	**895.62**	**199.54**	**83440**
三明市辖区	District under Sanming							
梅列区	Meilie	306.66	4.52	167.58	134.55	153.38	14.20	167849
三元区	Sanyuan	151.30	13.55	78.83	58.92	64.79	14.03	74716
永安市	Yong'an	384.19	30.98	223.34	129.87	199.84	23.50	108498
明溪县	Mingxi	71.43	15.81	31.14	24.48	23.38	7.75	69620
清流县	Qingliu	101.89	17.68	49.84	34.38	34.99	14.84	74481
宁化县	Ninghua	134.67	28.44	59.66	46.57	41.22	18.45	47253
大田县	Datian	198.22	33.41	101.36	63.45	88.72	12.64	62431
尤溪县	Youxi	231.35	52.50	99.00	79.85	76.47	22.53	64344
沙县	Shaxian	233.01	29.97	126.15	76.89	107.74	18.41	100718
将乐县	Jiangle	123.63	18.43	66.46	38.74	48.16	18.30	81550
泰宁县	Taining	100.35	17.40	43.13	39.82	31.44	11.69	88375
建宁县	Jianning	99.36	19.83	48.67	30.87	25.49	23.18	80945
泉州市	**Quanzhou**	**7548.01**	**198.03**	**4397.78**	**2952.19**	**3926.19**	**474.19**	**87615**
泉州市辖区	District under Quanzhou							
鲤城区	Licheng	464.96	0.13	266.25	198.58	244.98	21.42	106155
丰泽区	Fengze	590.96	1.82	190.43	398.70	124.62	65.82	102775
洛江区	Luojiang	175.95	4.03	127.61	44.30	114.47	13.14	82411
泉港区	Quangang	526.89	11.69	400.33	114.87	358.31	42.02	158940
石狮市	Shishi	772.65	22.43	393.36	356.85	351.92	41.58	112060

20-1 续表
Continued

单位：亿元　(100 million yuan)

地区	Area	地区生产总值 Gross Domestic Product	第一产业 Primary Industry	第二产业 Secondary Industry	第三产业 Tertiary Industry	工业 Industry	建筑业 Construction	人均GDP（元） Per Capita GDP(yuan)
晋江市	Jinjiang	1981.50	21.29	1196.11	764.10	1124.14	74.06	94470
南安市	Nan'an	977.38	27.78	575.36	374.25	528.53	46.92	65421
惠安县	Hui'an	949.31	30.71	644.02	274.58	558.73	85.32	94177
安溪县	Anxi	515.33	41.75	268.20	205.38	234.35	33.89	50746
永春县	Yongchun	373.31	25.96	207.95	139.40	186.14	21.82	80715
德化县	Dehua	221.05	10.43	128.19	82.43	99.99	28.20	76223
漳州市	**Zhangzhou**	**3563.48**	**430.44**	**1695.87**	**1437.17**	**1425.19**	**270.73**	**70216**
漳州市辖区	District under Zhangzhou							
芗城区	Xiangcheng	592.93	9.20	257.43	326.30	214.56	42.87	99820
龙文区	Longwen	222.57	5.40	113.07	104.10	86.38	26.69	115922
龙海市	Longhai	827.28	70.08	456.94	300.26	377.46	79.48	87613
云霄县	Yunxiao	206.11	31.88	97.79	76.44	84.99	12.80	48840
漳浦县	Zhangpu	385.74	77.21	140.44	168.09	105.08	35.40	46343
诏安县	Zhao'an	252.32	47.43	108.70	96.19	92.87	15.83	40891
长泰县	Changtai	245.02	16.82	150.11	78.10	143.52	6.59	109360
东山县	Dongshan	202.87	36.64	94.92	71.31	84.37	10.55	91404
南靖县	Nanjing	277.30	50.28	135.64	91.37	123.09	12.55	80027
平和县	Pinghe	216.28	54.68	70.17	91.42	53.47	16.70	41931
华安县	Hua'an	135.06	30.81	70.67	33.59	59.39	11.28	81831
南平市	**Nanping**	**1626.10**	**329.28**	**699.12**	**597.70**	**522.24**	**176.89**	**60903**
南平市辖区	District under Nanping							
延平区	Yanping	331.65	37.80	163.24	130.62	100.97	62.27	69602
建阳区	Jianyang	184.65	35.72	91.22	57.71	75.60	15.61	58712
邵武市	Shaowu	231.62	32.60	111.45	87.57	95.02	16.43	83920
武夷山市	Wuyishan	164.49	26.82	66.66	71.02	40.01	26.65	69848
建瓯市	Jian’ou	244.48	58.06	97.06	89.36	71.83	25.23	53850
顺昌县	Shunchang	111.50	22.31	42.05	47.13	33.91	8.14	58528
浦城县	Pucheng	151.31	43.19	54.51	53.61	44.14	10.37	50691
光泽县	Guangze	91.10	40.31	28.78	22.01	25.66	3.12	67231
松溪县	Songxi	52.13	13.61	20.23	18.30	14.53	5.70	42907
政和县	Zhenghe	63.16	18.87	23.93	20.37	20.57	3.35	37709
龙岩市	**Longyan**	**2167.49**	**227.24**	**1125.18**	**815.07**	**901.01**	**224.17**	**82258**
龙岩市辖区	District under Longyan							
新罗区	Xinluo	795.92	29.70	462.32	303.91	382.13	80.19	109105
永定区	Yongding	243.63	32.96	123.58	87.08	101.26	22.32	67116
漳平市	Zhangping	232.56	28.70	101.95	101.91	79.05	22.90	96099
长汀县	Changting	209.39	31.92	101.29	76.18	75.33	25.96	52087
上杭县	Shanghang	318.92	36.32	179.19	103.41	139.74	39.46	85159
武平县	Wuping	182.50	35.17	77.00	70.32	55.59	21.41	65884
连城县	Liancheng	184.58	32.48	79.85	72.25	67.90	11.94	74729
宁德市	**Ningde**	**1793.87**	**301.91**	**876.49**	**615.47**	**718.53**	**158.85**	**61964**
宁德市辖区	District under Ningde							
蕉城区	Jiaocheng	363.43	39.89	171.21	152.33	115.53	55.82	81304
福安市	Fu'an	419.77	50.82	251.75	117.20	229.96	22.07	72972
福鼎市	Fuding	359.86	50.69	210.34	98.83	191.18	19.41	66579
霞浦县	Xiapu	220.74	65.63	63.57	91.54	42.16	21.46	47293
古田县	Gutian	168.83	42.59	59.60	66.64	48.66	10.99	50852
屏南县	Pingnan	74.36	15.99	29.99	28.38	23.71	6.31	52925
寿宁县	Shouning	78.55	16.99	36.83	24.73	25.13	11.72	43518
周宁县	Zhouning	53.71	9.94	24.95	18.82	18.24	6.73	44115
柘荣县	Zherong	54.62	9.36	28.27	17.00	23.97	4.32	60187

20-2 地区生产总值指数（2017年）

Indices of Gross Domestic Products(2017)

单位：以上年为100 (preceding year=100)

地区	Area	地区生产总值 Gross Domestic Product	第一产业 Primary Industry	第二产业 Secondary Industry	第三产业 Tertiary Industry	工业 Industry	建筑业 Construction	人均GDP（元） Per Capita GDP(yuan)
全　省	**Fujian**	**108.1**	**103.7**	**106.8**	**110.2**	**107.5**	**103.9**	**107.1**
福州市	**Fuzhou**	**108.7**	**103.7**	**106.9**	**111.0**	**107.7**	**104.4**	**107.6**
福州市辖区	District under Fuzhou							
鼓楼区	Gulou	108.8	100.0	104.8	109.7	105.9	104.5	107.6
台江区	Taijiang	103.0	100.0	104.5	102.6	105.9	103.2	101.6
仓山区	Cangshan	109.9	102.0	106.3	114.1	106.6	104.2	108.4
马尾区	Mawei	109.2	104.8	107.5	112.1	107.9	104.2	107.5
晋安区	Jin'an	110.2	105.0	106.3	112.4	107.5	104.3	108.8
长乐区	Changle	111.0	104.8	106.8	121.8	106.9	105.1	109.9
福清市	Fuqing	109.9	103.6	109.3	112.6	110.4	104.6	109.1
闽侯县	Minhou	109.6	105.2	109.3	111.2	110.0	104.5	108.6
连江县	Lianjiang	106.8	104.4	107.5	108.6	108.0	104.2	106.1
罗源县	Luoyuan	108.8	104.4	107.7	115.7	107.9	105.7	108.2
闽清县	Minqing	107.0	105.2	106.7	108.7	106.9	105.7	106.6
永泰县	Yongtai	109.6	105.3	105.5	118.3	106.5	105.2	109.2
平潭县	Pingtan	107.2	100.0	101.7	112.4	85.0	104.2	104.8
厦门市	**Xiamen**	**107.6**	**102.1**	**107.2**	**107.9**	**107.8**	**104.0**	**112.8**
厦门市辖区	District under Xiamen							
思明区	Siming	107.8	98.5	105.9	108.1	108.2	103.3	112.5
海沧区	Haicang	105.2	110.5	105.0	105.4	105.2	103.8	106.0
湖里区	Huli	108.7		108.7	108.8	108.3	111.5	114.7
集美区	Jimei	106.5	83.6	107.4	105.7	108.7	100.5	108.5
同安区	Tong'an	109.0	106.1	108.4	110.2	110.2	94.6	114.2
翔安区	Xiang'an	108.0	101.1	107.5	110.7	107.5	107.0	112.0
莆田市	**Putian**	**108.4**	**103.0**	**107.4**	**110.8**	**107.7**	**106.2**	**107.8**
莆田市辖区	District under Putian							
城厢区	Chengxiang	108.4	91.2	107.7	110.1	107.6	107.9	107.9
涵江区	Hanjiang	108.1	103.8	107.4	110.6	107.6	105.9	107.8
荔城区	Licheng	108.8	101.1	107.2	112.5	107.5	106.1	108.2
秀屿区	Xiuyu	108.3	105.1	107.6	111.0	108.5	105.4	107.8
仙游县	Xianyou	108.3	105.0	107.2	110.4	107.5	105.9	107.6
三明市	**Sanming**	**107.9**	**104.2**	**106.8**	**111.1**	**107.7**	**102.8**	**107.1**
三明市辖区	District under Sanming							
梅列区	Meilie	108.4	103.7	107.4	109.7	107.8	104.0	107.0
三元区	Sanyuan	108.6	103.6	106.3	113.1	107.1	102.6	107.5
永安市	Yong'an	107.6	104.6	107.1	109.2	107.7	101.9	106.9
明溪县	Mingxi	107.6	103.7	106.1	112.3	107.2	102.8	107.0
清流县	Qingliu	107.9	103.8	107.1	111.5	108.2	104.5	107.5
宁化县	Ninghua	107.8	104.2	106.3	112.1	107.7	103.4	106.8
大田县	Datian	108.8	104.1	107.3	113.6	107.7	105.1	107.7
尤溪县	Youxi	107.7	103.8	106.3	112.4	107.5	102.5	106.8
沙县	Shaxian	107.7	104.5	107.2	109.8	107.9	103.0	107.2
将乐县	Jiangle	107.3	104.8	106.9	109.5	108.3	103.2	106.6
泰宁县	Taining	107.5	104.1	105.9	110.9	107.2	102.2	106.5
建宁县	Jianning	108.1	105.1	104.2	117.0	107.9	100.4	107.6
泉州市	**Quanzhou**	**108.4**	**100.9**	**107.2**	**110.6**	**107.7**	**103.5**	**107.5**
泉州市辖区	District under Quanzhou							
鲤城区	Licheng	107.5	99.3	106.7	108.7	107.0	103.0	106.7
丰泽区	Fengze	108.6	101.6	104.6	110.8	105.1	103.3	107.2
洛江区	Luojiang	109.7	99.1	108.7	114.0	109.3	103.7	108.2
泉港区	Quangang	108.6	99.7	108.3	110.4	109.2	103.1	107.1
石狮市	Shishi	108.5	93.1	106.9	111.6	107.2	103.3	107.8

20-2 续表

Continued

单位：以上年为100　　(preceding year=100)

地区	Area	地区生产总值 Gross Domestic Product	第一产业 Primary Industry	第二产业 Secondary Industry	第三产业 Tertiary Industry	工业 Industry	建筑业 Construction	人均GDP（元） Per Capita GDP(yuan)
晋江市	Jinjiang	108.2	98.5	106.6	111.1	106.8	103.6	107.5
南安市	Nan'an	108.5	103.8	107.9	109.8	108.2	103.4	107.6
惠安县	Hui'an	108.2	100.2	107.9	109.8	108.6	103.9	107.3
安溪县	Anxi	108.9	104.3	107.9	111.4	108.5	103.6	108.2
永春县	Yongchun	108.7	105.6	107.9	110.4	108.5	103.2	107.8
德化县	Dehua	107.7	103.1	106.1	110.8	106.9	103.4	106.0
漳州市	**Zhangzhou**	**109.1**	**104.0**	**107.5**	**112.7**	**108.1**	**104.4**	**108.1**
漳州市辖区	District under Zhangzhou							
芗城区	Xiangcheng	108.0	105.0	105.0	110.6	107.7	93.4	107.2
龙文区	Longwen	110.5	102.9	108.8	112.8	108.7	109.0	108.8
龙海市	Longhai	108.3	105.7	107.5	110.0	107.5	107.2	107.3
云霄县	Yunxiao	110.3	104.9	108.7	115.0	108.9	107.5	109.6
漳浦县	Zhangpu	108.7	104.2	108.4	111.1	109.2	106.1	107.6
诏安县	Zhao'an	110.7	106.6	107.2	117.1	107.6	104.8	109.5
长泰县	Changtai	110.8	102.9	108.8	117.0	108.7	109.4	109.3
东山县	Dongshan	108.8	103.9	106.7	114.3	107.9	98.2	107.8
南靖县	Nanjing	110.5	104.2	108.3	118.3	108.3	107.6	109.6
平和县	Pinghe	108.9	99.7	108.0	116.3	107.9	108.3	107.5
华安县	Hua'an	108.4	103.6	108.7	112.6	109.1	106.9	107.5
南平市	**Nanping**	**107.6**	**105.0**	**106.6**	**110.2**	**107.5**	**103.7**	**106.7**
南平市辖区	District under Nanping							
延平区	Yanping	105.8	99.9	104.3	109.6	107.7	99.2	105.2
建阳区	Jianyang	107.6	103.0	107.8	110.3	108.0	106.7	106.0
邵武市	Shaowu	107.9	105.4	106.2	111.3	106.3	105.2	107.1
武夷山市	Wuyishan	105.7	101.7	106.3	106.9	109.8	101.3	104.6
建瓯市	Jian'ou	108.4	104.6	109.0	110.5	108.4	110.6	107.9
顺昌县	Shunchang	109.1	105.7	108.5	111.6	107.5	112.7	108.3
浦城县	Pucheng	109.0	109.6	104.8	112.9	107.4	95.0	108.6
光泽县	Guangze	108.5	109.2	106.8	109.5	107.1	104.2	107.7
松溪县	Songxi	108.4	103.2	109.2	111.6	104.1	125.3	107.0
政和县	Zhenghe	108.8	107.2	109.4	109.6	107.2	126.1	108.2
龙岩市	**Longyan**	**108.2**	**102.7**	**106.8**	**111.9**	**107.6**	**103.8**	**107.6**
龙岩市辖区	District under Longyan							
新罗区	Xinluo	107.9	102.3	106.4	110.9	107.1	103.1	106.4
永定区	Yongding	107.8	102.1	106.1	112.7	106.3	105.2	107.5
漳平市	Zhangping	108.8	103.0	107.3	112.0	108.4	103.6	108.5
长汀县	Changting	107.9	103.4	107.0	111.1	107.9	104.7	107.6
上杭县	Shanghang	108.9	103.2	107.9	112.7	108.9	104.5	108.4
武平县	Wuping	108.0	102.0	106.4	113.1	107.8	102.9	107.8
连城县	Liancheng	109.0	103.3	107.7	113.3	108.3	104.1	108.8
宁德市	**Ningde**							
宁德市辖区	District under Ningde							
蕉城区	Jiaocheng	110.4	102.5	108.9	114.3	113.0	101.9	109.9
福安市	Fu'an	107.1	102.9	105.1	113.7	105.9	97.7	106.7
福鼎市	Fuding	103.4	104.5	101.1	108.2	101.0	102.1	103.0
霞浦县	Xiapu	105.0	105.4	102.1	106.8	103.5	99.2	104.7
古田县	Gutian	101.8	105.0	90.0	113.5	86.9	109.1	101.2
屏南县	Pingnan	103.4	105.7	97.8	108.7	95.2	110.0	102.3
寿宁县	Shouning	101.4	103.6	98.0	105.2	97.7	98.6	100.5
周宁县	Zhouning	97.8	104.6	88.1	110.2	83.0	106.8	96.2
柘荣县	Zherong	102.9	103.1	100.5	107.1	99.4	107.5	102.0

20-3 年末户籍统计人口数（2017年）

Total Population at the Year-end(2017)

单位：万人　　　　(10000 persons)

地区	Area	年末户籍统计总人口 Total Population at the Year-end	按城乡分 By Residence 城镇 Annual	乡村 Annual	按性别分 By sex 男 Male	女 Female
全　省	**Fujian**	**3807.58**	**1819.35**	**1988.23**	**1960.09**	**1847.49**
福州市	**Fuzhou**	**693.35**	**393.21**	**300.14**	**354.05**	**339.30**
福州市辖区	District under Fuzhou	279.23	233.45	45.78	140.01	139.22
鼓楼区	Gulou	57.92	57.92		28.63	29.29
台江区	Taijiang	32.08	32.08		15.87	16.21
仓山区	Cangshan	57.56	57.56		28.25	29.31
马尾区	Mawei	17.56	12.64	4.92	8.74	8.82
晋安区	Jin'an	40.46	37.09	3.37	19.91	20.55
长乐区	Changle	73.66	36.17	37.49	38.62	35.04
福清市	Fuqing	136.68	57.92	78.76	70.45	66.23
闽侯县	Minhou	68.22	30.08	38.14	34.90	33.32
连江县	Lianjiang	67.29	29.09	38.20	34.87	32.42
罗源县	Luoyuan	26.83	9.77	17.06	13.99	12.84
闽清县	Minqing	32.45	10.52	21.93	17.07	15.38
永泰县	Yongtai	38.32	9.91	28.41	20.33	17.99
平潭县	Pingtan	44.32	12.46	31.86	22.42	21.90
厦门市	**Xiamen**	**229.98**	**195.91**	**34.07**	**113.80**	**116.18**
厦门市辖区	District under Xiamen	229.98	195.91	34.07	113.80	116.18
思明区	Siming	77.70	77.70		37.94	39.76
海沧区	Haicang	19.23	19.23		9.44	9.79
湖里区	Huli	31.69	31.69		15.87	15.82
集美区	Jimei	28.66	21.32	7.34	14.15	14.51
同安区	Tong'an	37.80	19.03	18.77	18.92	18.88
翔安区	Xiang'an	34.90	26.94	7.96	17.48	17.42
莆田市	**Putian**	**354.67**	**155.51**	**199.16**	**181.27**	**173.40**
莆田市辖区	District under Putian	238.67	112.34	126.33	121.41	117.26
城厢区	Chengxiang	42.27	20.50	21.77	21.27	21.00
涵江区	Hanjiang	44.55	28.75	15.80	22.15	22.40
荔城区	Licheng	57.68	34.88	22.80	28.95	28.73
秀屿区	Xiuyu	94.17	28.21	65.96	49.04	45.13
仙游县	Xianyou	116.00	43.17	72.83	59.86	56.14
三明市	**Sanming**	**287.19**	**104.21**	**182.98**	**150.16**	**137.03**
三明市辖区	District under Sanming	28.10	22.51	5.59	14.11	13.99
梅列区	Meilie	14.41	13.12	1.29	7.18	7.23
三元区	Sanyuan	13.69	9.39	4.30	6.93	6.76
永安市	Yong'an	33.13	18.25	14.88	17.03	16.10
明溪县	Mingxi	11.84	3.76	8.08	6.14	5.70
清流县	Qingliu	15.58	4.68	10.90	8.14	7.44
宁化县	Ninghua	37.64	9.10	28.54	19.73	17.91
大田县	Datian	40.96	12.32	28.64	22.25	18.71
尤溪县	Youxi	45.01	11.69	33.32	24.13	20.88
沙县	Shaxian	26.98	9.47	17.51	13.87	13.11
将乐县	Jiangle	18.60	5.33	13.27	9.65	8.95
泰宁县	Taining	13.77	3.55	10.22	7.12	6.65
建宁县	Jianning	15.58	3.55	12.03	7.99	7.59
泉州市	**Quanzhou**	**742.33**	**368.59**	**373.74**	**384.61**	**357.72**
泉州市辖区	District under Quanzhou	112.45	76.66	35.79	56.54	55.91
鲤城区	Licheng	25.86	25.86		12.69	13.17
丰泽区	Fengze	25.69	25.69		12.47	13.22
洛江区	Luojiang	19.69	5.56	14.13	10.26	9.43
泉港区	Quangang	41.21	19.54	21.67	21.12	20.09
石狮市	Shishi	33.71	24.91	8.80	17.15	16.56
晋江市	Jinjiang	114.71	64.42	50.29	58.67	56.04

20-3 续表

Continued

单位：万人 (10000 persons)

地区	Area	年末户籍统计总人口 Total Population at the Year-end	按城乡分 By Residence 城镇 Annual	乡村 Annual	按性别分 By sex 男 Male	女 Female
南安市	Nan'an	163.50	87.42	76.08	85.91	77.59
惠安县	Hui'an	102.23	46.80	55.43	51.48	50.75
安溪县	Anxi	121.46	28.84	92.62	65.02	56.44
永春县	Yongchun	60.14	28.74	31.40	31.75	28.39
德化县	Dehua	34.13	10.81	23.32	18.09	16.04
漳州市	**Zhangzhou**	**514.41**	**223.06**	**291.35**	**263.97**	**250.44**
漳州市辖区	District under Zhangzhou	61.57	46.64	14.93	30.39	31.18
芗城区	Xiangcheng	46.14	36.28	9.86	22.71	23.43
龙文区	Longwen	15.43	10.36	5.07	7.68	7.75
龙海市	Longhai	88.51	36.61	51.90	44.47	44.04
云霄县	Yunxiao	46.21	17.79	28.42	24.34	21.87
漳浦县	Zhangpu	92.86	35.96	56.90	47.75	45.11
诏安县	Zhao'an	67.27	22.26	45.01	35.11	32.16
长泰县	Changtai	21.03	9.44	11.59	10.67	10.36
东山县	Dongshan	21.88	12.24	9.64	11.02	10.86
南靖县	Nanjing	36.17	12.31	23.86	18.49	17.68
平和县	Pinghe	61.99	22.57	39.42	32.97	29.02
华安县	Hua'an	16.92	7.24	9.68	8.76	8.16
南平市	**Nanping**	**319.04**	**112.03**	**207.01**	**164.54**	**154.50**
南平市辖区	District under Nanping	85.63	36.42	49.21	43.91	41.72
延平区	Yanping	49.98	24.53	25.45	25.65	24.33
建阳区	Jianyang	35.65	11.89	23.76	18.26	17.39
邵武市	Shaowu	30.64	13.03	17.61	15.67	14.97
武夷山市	Wuyishan	24.30	10.22	14.08	12.34	11.96
建瓯市	Jian'ou	55.14	17.44	37.70	28.44	26.70
顺昌县	Shunchang	23.57	8.50	15.07	12.12	11.45
浦城县	Pucheng	43.06	9.78	33.28	22.18	20.88
光泽县	Guangze	16.30	4.51	11.79	8.49	7.81
松溪县	Songxi	16.79	4.87	11.92	8.74	8.05
政和县	Zhenghe	23.61	7.26	16.35	12.65	10.96
龙岩市	**Longyan**	**315.89**	**139.64**	**176.25**	**163.81**	**152.08**
龙岩市辖区	District under Longyan	104.07	56.21	47.86	53.17	50.90
新罗区	Xinluo	53.40	38.44	14.96	26.74	26.66
永定区	Yongding	50.67	17.77	32.90	26.43	24.24
漳平市	Zhangping	29.67	11.59	18.08	15.60	14.07
长汀县	Changting	54.52	22.60	31.92	28.81	25.71
上杭县	Shanghang	52.92	20.72	32.20	27.18	25.74
武平县	Wuping	40.07	16.10	23.97	20.76	19.31
连城县	Liancheng	34.64	12.42	22.22	18.29	16.35
宁德市	**Ningde**	**350.72**	**127.19**	**223.53**	**183.87**	**166.85**
宁德市辖区	District under Ningde	49.40	22.58	26.82	25.15	24.25
蕉城区	Jiaocheng	49.40	22.58	26.82	25.15	24.25
福安市	Fu'an	66.70	25.79	40.91	35.09	31.61
福鼎市	Fuding	59.59	19.91	39.68	30.91	28.68
霞浦县	Xiapu	54.47	19.08	35.39	28.67	25.80
古田县	Gutian	42.98	13.69	29.29	22.67	20.31
屏南县	Pingnan	19.05	5.79	13.26	10.17	8.88
寿宁县	Shouning	26.52	8.94	17.58	14.18	12.34
周宁县	Zhouning	21.13	7.32	13.81	11.35	9.78
柘荣县	Zherong	10.88	4.09	6.79	5.68	5.20

20-4 年末常住人口数（2017年）

Total Population at the Year-end(2017)

单位：万人 (10000 persons)

地区	Area	常住人口数 Total Population on Census	城镇人口 Urban	乡村人口 Rural	城镇化水平(%) Lever of Township (%)
全　省	**Fujian**	**3911.00**	**2534.87**	**1376.13**	**64.8**
福州市	**Fuzhou**	**766.00**	**532.34**	**233.66**	**69.5**
福州市辖区	District under Fuzhou	389.70	347.46	42.24	89.2
鼓楼区	Gulou	73.50	73.50		100.0
台江区	Taijiang	48.30	48.30		100.0
仓山区	Cangshan	82.50	82.50		100.0
马尾区	Mawei	25.90	19.37	6.53	74.8
晋安区	Jin'an	86.60	86.17	0.43	99.5
长乐区	Changle	72.90	37.62	35.28	51.6
福清市	Fuqing	130.50	66.16	64.34	50.7
闽侯县	Minhou	71.50	40.04	31.46	56.0
连江县	Lianjiang	58.80	27.11	31.69	46.1
罗源县	Luoyuan	21.10	9.60	11.50	45.5
闽清县	Minqing	24.00	9.70	14.30	40.4
永泰县	Yongtai	25.40	10.49	14.91	41.3
平潭县	Pingtan	45.00	21.78	23.22	48.4
厦门市	**Xiamen**	**401.00**	**357.30**	**43.70**	**89.1**
厦门市辖区	District under Xiamen	401.00	357.30	43.70	89.1
思明区	Siming	100.70	100.70		100.0
海沧区	Haicang	35.60	32.43	3.17	91.1
湖里区	Huli	103.30	103.30		100.0
集美区	Jimei	67.40	58.84	8.56	87.3
同安区	Tong'an	58.10	40.96	17.14	70.5
翔安区	Xiang'an	35.90	21.07	14.83	58.7
莆田市	**Putian**	**290.00**	**172.85**	**117.15**	**59.6**
莆田市辖区	District under Putian	203.70	133.15	70.55	65.4
城厢区	Chengxiang	43.30	30.53	12.77	70.5
涵江区	Hanjiang	48.70	38.28	10.42	78.6
荔城区	Licheng	52.30	37.97	14.33	72.6
秀屿区	Xiuyu	59.40	26.37	33.03	44.4
仙游县	Xianyou	86.30	39.70	46.60	46.0
三明市	**Sanming**	**257.00**	**151.73**	**105.27**	**59.0**
三明市辖区	District under Sanming	38.80	35.72	3.08	92.1
梅列区	Meilie	18.40	18.09	0.31	98.3
三元区	Sanyuan	20.40	17.63	2.77	86.4
永安市	Yong'an	35.50	24.57	10.93	69.2
明溪县	Mingxi	10.30	5.40	4.90	52.4
清流县	Qingliu	13.70	6.59	7.11	48.1
宁化县	Ninghua	28.60	12.67	15.93	44.3
大田县	Datian	31.90	16.11	15.79	50.5
尤溪县	Youxi	36.10	16.17	19.93	44.8
沙县	Shaxian	23.20	14.96	8.24	64.5
将乐县	Jiangle	15.20	8.33	6.87	54.8
泰宁县	Taining	11.40	5.75	5.65	50.4
建宁县	Jianning	12.30	5.46	6.84	44.4
泉州市	**Quanzhou**	**865.00**	**568.25**	**296.75**	**65.7**
泉州市辖区	District under Quanzhou	156.70	131.41	25.29	83.9
鲤城区	Licheng	43.90	43.90		100.0
丰泽区	Fengze	57.90	57.90		100.0
洛江区	Luojiang	21.50	12.38	9.12	57.6

20-4 续表

Continued

单位：万人　　　　　　　　　　　　　　　　　　(10000 persons)

地区	Area	常住人口数 Total Population on Census	城镇人口 Urban	乡村人口 Rural	城镇化水平(%) Lever of Township (%)
泉港区	Quangang	33.40	17.23	16.17	51.6
石狮市	Shishi	69.10	54.66	14.44	79.1
晋江市	Jinjiang	210.30	139.01	71.29	66.1
南安市	Nan'an	149.90	87.84	62.06	58.6
惠安县	Hui'an	101.30	58.55	42.75	57.8
安溪县	Anxi	101.90	47.38	54.52	46.5
永春县	Yongchun	46.50	27.48	19.02	59.1
德化县	Dehua	29.30	21.92	7.38	74.8
漳州市	**Zhangzhou**	**510.00**	**294.29**	**215.71**	**57.7**
漳州市辖区	District under Zhangzhou	79.00	71.45	7.55	90.4
芗城区	Xiangcheng	59.70	54.27	5.43	90.9
龙文区	Longwen	19.30	17.18	2.12	89.0
龙海市	Longhai	94.90	55.23	39.67	58.2
云霄县	Yunxiao	42.40	21.62	20.78	51.0
漳浦县	Zhangpu	83.70	43.36	40.34	51.8
诏安县	Zhao'an	62.00	27.53	34.47	44.4
长泰县	Changtai	22.50	12.17	10.33	54.1
东山县	Dongshan	22.30	12.93	9.37	58.0
南靖县	Nanjing	34.80	17.68	17.12	50.8
平和县	Pinghe	51.80	23.62	28.18	45.6
华安县	Hua'an	16.60	8.70	7.90	52.4
南平市	**Nanping**	**268.00**	**149.53**	**118.47**	**55.8**
南平市辖区	District under Nanping	79.50	50.71	28.79	63.8
延平区	Yanping	47.80	32.55	15.25	68.1
建阳区	Jianyang	31.70	18.16	13.54	57.3
邵武市	Shaowu	27.70	18.92	8.78	68.3
武夷山市	Wuyishan	23.70	13.58	10.12	57.3
建瓯市	Jian'ou	45.50	22.98	22.52	50.5
顺昌县	Shunchang	19.10	9.45	9.65	49.5
浦城县	Pucheng	29.90	14.08	15.82	47.1
光泽县	Guangze	13.60	6.32	7.28	46.5
松溪县	Songxi	12.20	5.71	6.49	46.8
政和县	Zhenghe	16.80	7.78	9.02	46.3
龙岩市	**Longyan**	**264.00**	**147.04**	**116.96**	**55.7**
龙岩市辖区	District under Longyan	109.70	69.87.	39.83	63.7
新罗区	Xinluo	73.40	52.41	20.99	71.4
永定区	Yongding	36.30	17.46	18.84	48.1
漳平市	Zhangping	24.20	13.21	10.99	54.6
长汀县	Changting	40.20	20.66	19.54	51.4
上杭县	Shanghang	37.50	18.11	19.39	48.3
武平县	Wuping	27.70	13.43	14.27	48.5
连城县	Liancheng	24.70	11.76	12.94	47.6
宁德市	**Ningde**	**290.00**	**161.54**	**128.46**	**55.7**
宁德市辖区	District under Ningde	44.80	28.90	15.90	64.5
蕉城区	Jiaocheng	44.80	28.90	15.90	64.5
福安市	Fu'an	57.60	36.46	21.14	63.3
福鼎市	Fuding	54.10	31.97	22.13	59.1
霞浦县	Xiapu	46.70	22.09	24.61	47.3
古田县	Gutian	33.30	15.65	17.65	47.0
屏南县	Pingnan	14.10	6.25	7.85	44.3
寿宁县	Shouning	18.10	8.63	9.47	47.7
周宁县	Zhouning	12.20	6.08	6.12	49.8
柘荣县	Zherong	9.10	5.51	3.59	60.5

20-5 城镇单位年末从业人员数（2017年）

Persons Employed in Urban Units at the Year-end (2017)

单位：人 (person)

地区	Area	单位从业人员数 Number of persons Employed in Units	在岗职工 Number of Staff and Workers on the Job	国有 State-Owned Units	城镇集体 Urban Collective - Owned Units	其他 Units of Other Types of Ownerships	其他从业人员 Other Employed Persons
全　省	**Fujian**	**6724839**	**5666211**	**1334445**	**76171**	**4255595**	**1058628**
福州市	**Fuzhou**	**1587716**	**1197892**	**301764**	**19316**	**876812**	**389824**
福州市辖区	District under Fuzhou	1077799	753983	194241	9877	549865	323816
鼓楼区	Gulou	460723	300068	90305	2711	207052	160655
台江区	Taijiang	145919	67816	21307	797	45712	78103
仓山区	Cangshan	137292	123416	30056	2854	90506	13876
马尾区	Mawei	107371	83708	9807	1096	72805	23663
晋安区	Jin'an	128821	89055	25059	2227	61769	39766
长乐区	Changle	97673	89920	17707	192	72021	7753
福清市	Fuqing	187014	172649	32241	1371	139037	14365
闽侯县	Minhou	92623	81854	26158	2928	52768	10769
连江县	Lianjiang	42563	37700	13755	1752	22193	4863
罗源县	Luoyuan	29312	26214	7461	713	18040	3098
闽清县	Minqing	67433	64214	9107	2175	52932	3219
永泰县	Yongtai	59956	40244	7917	500	31827	19712
平潭县	Pingtan	31016	21034	10884		10150	9982
厦门市	**Xiamen**	**1459940**	**1248570**	**160368**	**3858**	**1084344**	**211370**
厦门市辖区	District under Xiamen	1459940	1248570	160368	3858	1084344	211370
思明区	Siming	537912	431912	88474	1836	341602	106000
海沧区	Haicang	190001	151514	8674	510	142330	38487
湖里区	Huli	328852	301817	18665	376	282776	27035
集美区	Jimei	182124	167744	24772	928	142044	14380
同安区	Tong'an	104934	94934	12333	435	82166	10000
翔安区	Xiang'an	116117	100649	7191	62	93396	15468
莆田市	**Putian**	**541410**	**483686**	**82988**	**5243**	**395455**	**57724**
莆田市辖区	District under Putian	445264	395067	62074	3772	329221	50197
城厢区	Chengxiang	104465	87982	26202	1197	60583	16483
涵江区	Hanjiang	120886	105763	11049	996	93718	15123
荔城区	Licheng	151395	136083	12011	731	123341	15312
秀屿区	Xiuyu	68518	65239	12812	848	51579	3279
仙游县	Xianyou	96146	88619	20914	1471	66234	7527
三明市	**Sanming**	**243536**	**208050**	**105407**	**7495**	**95148**	**35486**
三明市辖区	District under Sanming	83369	71683	25565	1325	44793	11686
梅列区	Meilie	27083	24666	6510	903	17253	2417
三元区	Sanyuan	28443	26399	3660	223	22516	2044
永安市	Yong'an	32097	26648	13164	269	13215	5449
明溪县	Mingxi	9181	6771	4461	222	2088	2410
清流县	Qingliu	19920	17738	6149	237	11352	2182
宁化县	Ninghua	13370	12523	9659	674	2190	847
大田县	Datian	19724	16822	10373	2706	3743	2902
尤溪县	Youxi	17943	15392	10927	519	3946	2551
沙县	Shaxian	19141	16541	8262	967	7312	2600
将乐县	Jiangle	10899	9096	7170	113	1813	1803
泰宁县	Taining	7856	6422	5053	181	1188	1434
建宁县	Jianning	10036	8414	4624	282	3508	1622
泉州市	**Quanzhou**	**1399105**	**1308529**	**220031**	**13012**	**1075486**	**90576**
泉州市辖区	District under Quanzhou	366300	339712	98010	2643	239059	26588
鲤城区	Licheng	94261	84416	31870	639	51907	9845
丰泽区	Fengze	105657	101353	12095	1076	88182	4304
洛江区	Luojiang	40682	37691	3563	228	33900	2991
泉港区	Quangang	30849	28332	9345	422	18565	2517

20-5 续表

Continued

单位：人 (person)

地区	Area	单位从业人员数 Number of persons Employed in Units	在岗职工 Number of Staff and Workers on the Job	国有 State-Owned Units	城镇集体 Urban Collective - Owned Units	其他 Units of Other Types of Ownerships	其他从业人员 Other Employed Persons
石狮市	Shishi	115272	100904	6694	931	93279	14368
晋江市	Jinjiang	278414	266815	29296	2408	235111	11599
南安市	Nan'an	136788	128404	24887	1809	101708	8384
惠安县	Hui'an	264827	255793	20064	1912	233817	9034
安溪县	Anxi	152436	140168	21680	1591	116897	12268
永春县	Yongchun	60067	53501	11052	1092	41357	6566
德化县	Dehua	25001	23232	8348	626	14258	1769
漳州市	**Zhangzhou**	**567033**	**455844**	**130542**	**9196**	**316106**	**111189**
漳州市辖区	District under Zhangzhou	173082	130264	41519	1136	87609	42818
芗城区	Xiangcheng	137575	100547	35828	1109	63610	37028
龙文区	Longwen	35507	29717	5691	27	23999	5790
龙海市	Longhai	125891	96108	16243	1445	78420	29783
云霄县	Yunxiao	34197	25893	9785	562	15546	8304
漳浦县	Zhangpu	60171	48582	14920	1960	31702	11589
诏安县	Zhao'an	37915	29691	11017	988	17686	8224
长泰县	Changtai	45353	44353	6563	683	37107	1000
东山县	Dongshan	18047	14386	7664	184	6538	3661
南靖县	Nanjing	26086	24002	8015	611	15376	2084
平和县	Pinghe	26546	24478	10117	977	13384	2068
华安县	Hua'an	19745	18087	4699	650	12738	1658
南平市	**Nanping**	**254527**	**207313**	**99847**	**5562**	**101904**	**47214**
南平市辖区	District under Nanping	105343	82247	35498	1368	45381	23096
延平区	Yanping	77959	62800	25383	801	36616	15159
建阳区	Jianyang	27384	19447	10115	567	8765	7937
邵武市	Shaowu	35160	29529	9721	1004	18804	5631
武夷山市	Wuyishan	23996	19810	10608	543	8659	4186
建瓯市	Jian'ou	20761	17836	11854	1012	4970	2925
顺昌县	Shunchang	14993	11729	7245	652	3832	3264
浦城县	Pucheng	22341	18761	8585	510	9666	3580
光泽县	Guangze	8458	7698	5533	105	2060	760
松溪县	Songxi	9424	7892	5554	207	2131	1532
政和县	Zhenghe	14051	11811	5249	161	6401	2240
龙岩市	**Longyan**	**316217**	**267829**	**98758**	**7592**	**161479**	**48388**
龙岩市辖区	District under Longyan	130619	103993	47177	3018	53798	26626
新罗区	Xinluo	101038	77516	32911	1410	43195	23522
永定区	Yongding	29581	26477	14266	1608	10603	3104
漳平市	Zhangping	39306	36027	9403	823	25801	3279
长汀县	Changting	47668	42285	10718	2166	29401	5383
上杭县	Shanghang	50402	45054	13097	169	31788	5348
武平县	Wuping	27913	23878	9172	650	14056	4035
连城县	Liancheng	20309	16592	9191	766	6635	3717
宁德市	**Ningde**	**317039**	**255961**	**102203**	**4897**	**148861**	**61078**
宁德市辖区	District under Ningde	123847	86461	26803	227	59431	37386
蕉城区	Jiaocheng	123847	86461	26803	227	59431	37386
福安市	Fu'an	49748	45836	17625	1120	27091	3912
福鼎市	Fuding	59081	55186	14054	1220	39912	3895
霞浦县	Xiapu	18636	15131	11045	782	3304	3505
古田县	Gutian	22937	18574	9264	1034	8276	4363
屏南县	Pingnan	10111	7849	5613	223	2013	2262
寿宁县	Shouning	12816	10556	6954	17	3585	2260
周宁县	Zhouning	9833	7537	5502	259	1776	2296
柘荣县	Zherong	10030	8831	5343	15	3473	1199

20-6 固定资产投资（2017年）

Fixed Asset Investment(2017)

单位：亿元 (100 million)

地区	Area	固定资产投资 Investment in Fixed Assets 投资额 Value	比上年增长(%) Rate(%)	项目投资 Project Investment 投资额 Value	比上年增长(%) Rate(%)	房地产开发 Real Estate Development 投资额 Value	比上年增长(%) Rate(%)
全　省	**Fujian**	**26226.60**	**13.5**	**21432.37**	**15.7**	**4794.23**	**4.5**
福州市	**Fuzhou**	**5823.39**	**12.3**	**4129.21**	**17.8**	**1694.18**	**0.9**
福州市辖区	District under Fuzhou						
鼓楼区	Gulou	525.49	14.5	460.11	21.4	65.38	-18.4
台江区	Taijiang	171.27	-34.4	97.97	-37.4	73.30	-30.0
仓山区	Cangshan	658.41	17.9	311.11	91.3	347.30	-12.2
马尾区	Mawei	353.76	14.2	177.25	13.9	176.50	14.6
晋安区	Jin'an	659.89	17.7	407.15	16.9	252.74	19.0
长乐区	Changle	605.61	21.7	468.91	20.5	136.70	26.1
福清市	Fuqing	1009.52	16.4	845.41	13.2	164.10	36.3
闽侯县	Minhou	561.42	21.6	277.39	31.1	284.03	13.6
连江县	Lianjiang	441.96	-6.8	377.10	-3.7	64.86	-21.5
罗源县	Luoyuan	167.64	21.6	158.65	21.4	8.99	25.4
闽清县	Minqing	91.97	18.5	73.78	22.3	18.19	5.3
永泰县	Yongtai	111.63	25.3	83.80	93.5	27.83	-39.2
平潭县	Pingtan	464.82	17.1	390.58	31.9	74.25	-26.3
厦门市	**Xiamen**	**2381.46**	**10.3**	**1501.60**	**7.7**	**879.86**	**14.9**
厦门市辖区	District under Xiamen						
思明区	Siming	294.40	7.3	209.54	47.8	84.86	-35.9
海沧区	Haicang	431.45	0.3	275.25	-2.9	156.21	6.4
湖里区	Huli	359.43	-2.1	308.18	9.7	51.25	-40.4
集美区	Jimei	375.53	-0.6	206.93	16.2	168.60	-15.7
同安区	Tong'an	334.29	23.0	168.71	7.9	165.57	43.4
翔安区	Xiang'an	586.36	33.7	332.99	-5.8	253.37	197.9
莆田市	**Putian**	**2274.65**	**17.4**	**1885.83**	**19.0**	**388.82**	**10.1**
莆田市辖区	District under Putian						
城厢区	Chengxiang	250.56	18.7	146.03	53.2	104.54	-9.7
涵江区	Hanjiang	485.73	25.3	402.15	23.5	83.58	35.0
荔城区	Licheng	362.41	22.0	243.96	28.2	118.45	11.0
秀屿区	Xiuyu	770.13	9.1	742.00	7.7	28.14	68.0
仙游县	Xianyou	403.25	22.9	349.14	26.5	54.11	3.7
三明市	**Sanming**	**2498.50**	**16.7**	**2389.29**	**17.3**	**109.21**	**4.6**
三明市辖区	District under Sanming						
梅列区	Meilie	205.71	18.0	174.08	22.8	31.63	-2.9
三元区	Sanyuan	234.80	17.8	228.17	17.2	6.63	43.5
永安市	Yong'an	314.93	10.7	303.23	11.9	11.70	-12.5
明溪县	Mingxi	106.50	17.0	105.00	17.8	1.50	-23.0
清流县	Qingliu	115.58	16.9	114.60	16.8	0.98	43.4
宁化县	Ninghua	201.95	15.2	179.95	10.0	22.00	86.8
大田县	Datian	319.13	17.3	313.02	17.0	6.11	38.5
尤溪县	Youxi	258.69	17.1	254.25	17.0	4.44	23.3
沙县	Shaxian	269.49	17.6	260.43	21.5	9.06	-38.4
将乐县	Jiangle	142.99	16.8	132.76	18.3	10.23	0.4
泰宁县	Taining	121.06	18.2	118.58	20.5	2.48	-37.3
建宁县	Jianning	131.52	17.4	129.07	17.9	2.46	-2.7
泉州市	**Quanzhou**	**4123.80**	**10.0**	**3423.15**	**12.5**	**700.66**	**-0.8**
泉州市辖区	District under Quanzhou						
鲤城区	Licheng	156.87	8.1	112.91	-0.7	43.96	40.0
丰泽区	Fengze	222.23	-24.7	111.45	-3.2	110.79	-38.5

注：本表数据由各设区市上报。
Note:Data in this Table is Reported by Districts.

20-6 续表

Continued

单位：亿元　　　　(100 million)

地区	Area	固定资产投资 Investment in Fixed Assets					
		投资额 Value	比上年增长(%) Rate(%)	项目投资 Project Investment		房地产开发 Real Estate Development	
				投资额 Value	比上年增长(%) Rate(%)	投资额 Value	比上年增长(%) Rate(%)
洛江区	Luojiang	117.23	16.8	84.42	5.5	32.81	61.2
泉港区	Quangang	264.62	16.2	239.20	14.9	25.41	30.8
石狮市	Shishi	512.31	14.1	446.42	15.8	65.89	3.6
晋江市	Jinjiang	1028.86	12.5	863.80	20.0	165.06	-15.3
南安市	Nan'an	659.07	18.1	609.00	18.0	50.07	19.0
惠安县	Hui'an	523.44	6.8	447.68	4.3	75.75	24.4
安溪县	Anxi	362.76	11.1	267.54	3.6	95.22	39.6
永春县	Yongchun	150.01	16.3	138.30	16.6	11.70	12.3
德化县	Dehua	126.41	13.2	102.42	5.6	23.99	63.5
漳州市	**Zhangzhou**	**3328.10**	**17.7**	**2823.55**	**19.4**	**504.55**	**9.0**
漳州市辖区	District under Zhangzhou						
芗城区	Xiangcheng	236.21	25.4	147.64	20.5	88.58	34.7
龙文区	Longwen	261.25	7.5	127.68	-4.7	133.57	22.4
龙海市	Longhai	638.11	11.7	454.89	6.3	183.22	27.6
云霄县	Yunxiao	309.72	26.2	303.04	29.8	6.69	-44.1
漳浦县	Zhangpu	379.28	3.6	352.07	16.5	27.20	-57.3
诏安县	Zhao'an	312.21	28.0	300.28	29.0	11.93	7.0
长泰县	Changtai	270.16	17.6	245.88	15.3	24.28	48.2
东山县	Dongshan	223.94	27.2	214.60	28.7	9.35	0.1
南靖县	Nanjing	315.50	28.0	306.58	31.7	8.92	-34.0
平和县	Pinghe	214.31	19.3	204.20	23.5	10.11	-28.9
华安县	Hua'an	125.70	25.1	125.00	29.7	0.70	-83.0
南平市	**Nanping**	**1990.15**	**17.5**	**1827.88**	**19.0**	**162.27**	**2.8**
南平市辖区	District under Nanping						
延平区	Yanping	200.66	13.4	166.49	15.3	34.17	5.1
建阳区	Jianyang	344.17	24.8	292.67	30.4	51.50	0.1
邵武市	Shaowu	386.82	13.8	365.54	12.4	21.28	44.8
武夷山市	Wuyishan	267.79	3.2	250.92	2.9	16.86	7.2
建瓯市	Jian'ou	313.95	19.7	295.51	19.5	18.44	23.1
顺昌县	Shunchang	106.11	47.6	104.20	53.6	1.92	-52.7
浦城县	Pucheng	165.85	23.9	163.88	25.3	1.97	-36.9
光泽县	Guangze	64.47	31.4	57.43	30.6	7.04	38.5
松溪县	Songxi	66.00	20.3	59.21	33.6	6.79	-35.7
政和县	Zhenghe	74.33	5.8	72.04	11.4	2.30	-58.9
龙岩市	**Longyan**	**2519.13**	**15.1**	**2334.09**	**16.2**	**185.05**	**2.7**
龙岩市辖区	District under Longyan						
新罗区	Xinluo	845.98	11.4	711.13	13.2	134.86	3.2
永定区	Yongding	290.31	19.1	281.02	19.1	9.29	18.9
漳平市	Zhangping	253.88	17.3	246.00	18.0	7.88	-1.4
长汀县	Changting	272.94	17.7	264.56	17.6	8.38	20.1
上杭县	Shanghang	312.15	21.3	307.46	21.2	4.69	29.6
武平县	Wuping	280.77	8.3	272.54	8.8	8.23	-5.5
连城县	Liancheng	263.09	19.5	251.38	22.1	11.72	-17.9
宁德市	**Ningde**	**1287.42**	**5.1**	**1117.78**	**6.9**	**169.64**	**-5.2**
宁德市辖区	District under Ningde						
蕉城区	Jiaocheng	328.65	10.8	267.91	11.0	60.74	9.9
福安市	Fu'an	231.99	13.3	210.60	32.2	21.39	-52.8
福鼎市	Fuding	283.80	4.0	259.18	2.6	24.62	22.2
霞浦县	Xiapu	149.49	15.1	123.88	8.3	25.60	64.3
古田县	Gutian	66.27	-7.8	44.86	-2.6	21.41	-17.0
屏南县	Pingnan	58.84	21.1	51.11	15.6	7.73	75.5
寿宁县	Shouning	58.78	-9.7	58.69	-7.1	0.09	-95.4
周宁县	Zhouning	57.31	13.2	51.05	20.8	6.26	-25.2
柘荣县	Zherong	52.30	16.1	50.50	17.8	1.80	-16.4

20-7 城镇单位在岗职工平均工资（2017年）

Average Annual Wages of Staff and Worker on the Job in Urban Areas(2017)

单位：元 (yuan)

地区	Area	在岗职工平均工资 Total Wages of Staff and Workers on the Job	国有 State-Owned Units	城镇集体 Urban Collective-Owned Unit	其他 Units of Other Types of Ownerships	在岗职工平均工资比上年增长(%) Ratio(%)
全　省	**Fujian**	**69029**	**91651**	**65427**	**61790**	**9.3**
福州市	**Fuzhou**	**75133**	**97418**	**53574**	**68077**	**11.1**
福州市辖区	District under Fuzhou	77147	103504	49693	68896	11.8
鼓楼区	Gulou	81460	107685	56308	1118	15.8
台江区	Taijiang	73728	109903	58088	1550	6.3
仓山区	Cangshan	74169	93138	46469	1788	9.3
马尾区	Mawei	72754	98075	50022	1989	8.3
晋安区	Jin'an	73550	97501	39226	1306	10.3
长乐区	Changle	69527	85725	37111	1652	7.2
福清市	Fuqing	71704	82988	60295	1789	6.7
闽侯县	Minhou	78315	102391	50736	1810	14.6
连江县	Lianjiang	70212	84410	72756	2165	14.9
罗源县	Luoyuan	68340	84283	66515	2171	6.1
闽清县	Minqing	70558	78551	56395	1879	18.0
永泰县	Yongtai	68720	71977	51382	1430	9.6
平潭县	Pingtan	79158	103068		1252	17.7
厦门市	**Xiamen**	**75452**	**124800**	**80711**	**68079**	**9.0**
厦门市辖区	District under Xiamen	75452	124800	80711	68079	9.0
思明区	Siming	83163	132581	76406	70878	8.6
海沧区	Haicang	75433	96488	85204	74135	9.1
湖里区	Huli	73534	109923	65758	70847	10.2
集美区	Jimei	69662	112224	90928	63011	11.7
同安区	Tong'an	66481	115284	105599	58156	9.8
翔安区	Xiang'an	65031	143961	40774	58682	8.9
莆田市	**Putian**	**59358**	**86642**	**60865**	**53439**	**5.0**
莆田市辖区	District under Putian	59785	90048	56630	53819	4.0
城厢区	Chengxiang	68057	102255	62859	51482	6.6
涵江区	Hanjiang	55407	82693	55233	52260	9.7
荔城区	Licheng	57564	83497	62668	55047	1.6
秀屿区	Xiuyu	60029	74113	44707	56617	-2.5
仙游县	Xianyou	57404	75149	69328	51759	11.0
三明市	**Sanming**	**71555**	**80737**	**55085**	**62316**	**14.1**
三明市辖区	District under Sanming	81084	93648	55026	74469	16.9
梅列区	Meilie	82910	92013	54506	81296	20.7
三元区	Sanyuan	68719	75725	61822	67569	11.2
永安市	Yong'an	72924	90205	37228	56725	14.5
明溪县	Mingxi	63826	67400	52153	56282	10.1
清流县	Qingliu	53464	74964	63822	41800	4.2
宁化县	Ninghua	68305	74472	50622	46796	5.4
大田县	Datian	60596	70388	49647	39572	12.9
尤溪县	Youxi	72378	77896	59658	58690	15.8
沙县	Shaxian	71087	81801	63737	59535	18.2
将乐县	Jiangle	69075	71470	95795	57492	18.6
泰宁县	Taining	72437	72915	72028	70549	19.9
建宁县	Jianning	63577	69969	58912	54603	9.8
泉州市	**Quanzhou**	**61253**	**90460**	**74612**	**54793**	**7.2**
泉州市辖区	District under Quanzhou	66063	91993	78727	54943	9.8
鲤城区	Licheng	52609	63410	86575	45244	5.2
丰泽区	Fengze	63918	85117	87399	60270	4.0
洛江区	Luojiang	52686	97264	79341	47011	8.3
泉港区	Quangang	67576	77491	48701	63021	9.1

20-7 续表

Continued

单位：元 (yuan)

地区	Area	在岗职工平均工资 Total Wages of Staff and Workers on the Job	国有 State-Owned Units	城镇集体 Urban Collective-Owned Unit	其他 Units of Other Types of Ownerships	在岗职工平均工资比上年增长(%) Ratio(%)
石狮市	Shishi	56384	79146	40664	54976	-5.0
晋江市	Jinjiang	61299	105391	91816	55013	15.6
南安市	Nan'an	61089	81468	63594	55934	3.8
惠安县	Hui'an	56423	81347	61527	53795	2.2
安溪县	Anxi	61161	89979	94449	55452	3.8
永春县	Yongchun	55790	86755	76541	47403	0.3
德化县	Dehua	63488	83394	59130	51633	19.7
漳州市	**Zhangzhou**	**66483**	**88539**	**85733**	**56744**	**8.8**
漳州市辖区	District under Zhangzhou	69713	104791	53763	53717	9.8
芗城区	Xiangcheng	71413	107524	52847	52560	10.1
龙文区	Longwen	63679	88762	91444	57073	8.1
龙海市	Longhai	70433	86381	119686	66158	9.0
云霄县	Yunxiao	63954	77846	89891	53344	12.1
漳浦县	Zhangpu	60403	74930	79804	52200	5.5
诏安县	Zhao'an	58689	75144	49221	49108	12.3
长泰县	Changtai	60531	90658	123106	54096	4.8
东山县	Dongshan	71269	89881	113960	48077	9.8
南靖县	Nanjing	63819	81344	57966	54263	7.2
平和县	Pinghe	63975	72640	107425	53876	10.0
华安县	Hua'an	68798	86151	74116	61094	6.0
南平市	**Nanping**	**64347**	**76274**	**58667**	**52684**	**8.1**
南平市辖区	District under Nanping	68324	83257	61343	57039	7.2
延平区	Yanping	68198	83748	58101	57947	5.1
建阳区	Jianyang	68748	82027	65167	52935	15.7
邵武市	Shaowu	60387	79481	66448	49553	9.8
武夷山市	Wuyishan	66955	71381	59216	61781	16.9
建瓯市	Jian'ou	64632	71673	50026	50892	6.7
顺昌县	Shunchang	60799	71191	48455	44709	8.8
浦城县	Pucheng	59359	75606	68645	43007	2.4
光泽县	Guangze	62465	70110	52810	41068	8.7
松溪县	Songxi	66806	75191	54455	43366	15.6
政和县	Zhenghe	52618	60764	50443	44810	4.7
龙岩市	**Longyan**	**64211**	**76581**	**65742**	**55179**	**8.2**
龙岩市辖区	District under Longyan	71591	82027	71365	61339	8.6
新罗区	Xinluo	74613	86528	75220	64048	8.4
永定区	Yongding	62121	70196	67068	50110	9.0
漳平市	Zhangping	55492	68880	87189	47915	6.1
长汀县	Changting	54915	77053	57799	45534	8.3
上杭县	Shanghang	67805	74631	40595	64747	8.5
武平县	Wuping	56385	72531	49945	42442	10.4
连城县	Liancheng	56889	62993	61303	46382	5.2
宁德市	**Ningde**	**68669**	**71291**	**66928**	**66863**	**12.0**
宁德市辖区	District under Ningde	77503	82108	180892	75122	15.6
蕉城区	Jiaocheng	77503	82108	180892	75122	15.6
福安市	Fu'an	75092	73998	37179	77612	15.6
福鼎市	Fuding	60327	73967	70739	54615	4.3
霞浦县	Xiapu	59675	61754	68078	60090	6.7
古田县	Gutian	56985	66812	54176	44942	8.6
屏南县	Pingnan	61221	65119	98065	44193	12.3
寿宁县	Shouning	60472	66789	62824	48397	12.2
周宁县	Zhouning	57978	58783	62085	54332	9.9
柘荣县	Zherong	57938	56204	83071	60423	2.1

20-8 城乡居民人均可支配收入（2017年）

Annual Per Capita Disposable Income of Urban and Rural Households(2017)

单位：元 (yuan)

项目	Item	城镇居民人均可支配收入 Annual Per Capita Disposable Income of Urban Households		农村居民人均可支配收入 Per Capita Net Income of Rural Residence	
		数值 Value	比上年增长（%） Ratio(%)	数值 Value	比上年增长（%） Ratio(%)
全　省	**Fujian**	**39001**	**8.3**	**16335**	**8.9**
福州市	**Fuzhou**	**40973**	**8.3**	**17865**	**9.3**
福州市辖区	District under Fuzhou				
鼓楼区	Gulou	48091	8.4		
台江区	Taijiang	44381	7.9		
仓山区	Cangshan	37797	8.8		
马尾区	Mawei	45152	9.0	23153	9.0
晋安区	Jin'an	41357	7.5	18054	8.1
长乐区	Changle	42304	7.8	20304	7.8
福清市	Fuqing	41585	9.2	21095	9.7
闽侯县	Minhou	38445	8.2	16976	8.5
连江县	Lianjiang	33593	8.6	16374	9.4
罗源县	Luoyuan	30295	7.7	13736	7.4
闽清县	Minqing	28955	8.1	13482	10.8
永泰县	Yongtai	28562	9.3	13205	12.0
平潭县	Pingtan	35738	7.3	14643	7.6
厦门市	**Xiamen**	**50019**	**8.1**	**20460**	**8.3**
厦门市辖区	District under Xiamen				
思明区	Siming	60233	7.9		
海沧区	Haicang	45728	8.5	25403	7.9
湖里区	Huli	49248	7.4		
集美区	Jimei	44777	8.9	24681	7.3
同安区	Tong'an	42330	9.4	18935	8.6
翔安区	Xiang'an	35649	8.1	18489	8.8
莆田市	**Putian**	**34490**	**8.4**	**16492**	**9.0**
莆田市辖区	District under Putian				
城厢区	Chengxiang	39325	8.0	18376	8.1
涵江区	Hanjiang	32716	8.1	16006	9.0
荔城区	Licheng	38915	8.7	18475	9.5
秀屿区	Xiuyu	28871	9.0	17064	9.4
仙游县	Xianyou	29571	8.3	14937	8.9
三明市	**Sanming**	**32261**	**8.7**	**15212**	**9.3**
三明市辖区	District under Sanming				
梅列区	Meilie	37182	10.0	16840	9.4
三元区	Sanyuan	35074	8.6	17716	9.6
永安市	Yong'an	33362	8.3	16374	8.5
明溪县	Mingxi	27651	8.2	13839	7.6
清流县	Qingliu	28266	9.3	14403	9.0
宁化县	Ninghua	25653	7.0	13911	11.0
大田县	Datian	32532	9.5	15413	9.4
尤溪县	Youxi	30846	8.3	15849	9.8
沙县	Shaxian	33083	8.4	17190	9.2
将乐县	Jiangle	30790	8.6	14943	9.0
泰宁县	Taining	29490	8.5	14347	9.5
建宁县	Jianning	26647	9.7	14094	9.7
泉州市	**Quanzhou**	**42696**	**7.7**	**18606**	**8.3**
泉州市辖区	District under Quanzhou				
鲤城区	Licheng	41105	6.3		
丰泽区	Fengze	50330	7.1		
洛江区	Luojiang	37392	7.1	15709	7.6
泉港区	Quangang	32562	8.5	18081	7.2
石狮市	Shishi	54457	7.3	22803	8.1

20-8 续表

Continued

单位：元 (yuan)

项目	Item	城镇居民人均可支配收入 Annual Per Capita Disposable Income of Urban Households		农村居民人均可支配收入 Per Capita Net Income of Rural Residence	
		数值 Value	比上年增长（%） Ratio(%)	数值 Value	比上年增长（%） Ratio(%)
晋江市	Jinjiang	45883	7.7	21870	10.0
南安市	Nan'an	42541	8.8	19864	8.8
惠安县	Hui'an	40232	7.2	19014	9.7
安溪县	Anxi	29767	9.2	15145	8.1
永春县	Yongchun	29795	6.8	14476	7.1
德化县	Dehua	31337	8.5	14253	9.5
漳州市	**Zhangzhou**	**33359**	**8.6**	**16676**	**8.9**
漳州市辖区	District under Zhangzhou				
芗城区	Xiangcheng	36968	8.7	16630	8.3
龙文区	Longwen	37907	8.1	18005	7.9
龙海市	Longhai	34435	8.9	17469	8.5
云霄县	Yunxiao	29905	8.4	15353	9.3
漳浦县	Zhangpu	33573	9.4	18106	9.5
诏安县	Zhao'an	27619	8.6	14749	7.6
长泰县	Changtai	34638	9.6	17701	9.7
东山县	Dongshan	33343	8.1	19336	8.1
南靖县	Nanjing	30430	7.9	15744	10.0
平和县	Pinghe	29623	7.5	16147	8.9
华安县	Hua'an	31333	9.0	16366	9.3
南平市	**Nanping**	**30070**	**8.1**	**14558**	**9.2**
南平市辖区	District under Nanping				
延平区	Yanping	31071	7.2	16102	8.6
建阳区	Jianyang	30587	9.0	14645	9.6
邵武市	Shaowu	31691	8.7	16788	9.8
武夷山市	Wuyishan	31043	7.2	15848	8.4
建瓯市	Jian'ou	29998	7.8	15951	9.3
顺昌县	Shunchang	27375	8.1	13883	9.0
浦城县	Pucheng	28340	8.7	13260	9.3
光泽县	Guangze	27193	8.0	12574	9.9
松溪县	Songxi	26435	8.5	11206	9.1
政和县	Zhenghe	26911	8.3	11452	8.5
龙岩市	**Longyan**	**33022**	**8.6**	**15698**	**8.8**
龙岩市辖区	District under Longyan				
新罗区	Xinluo	36736	8.2	18919	8.1
永定区	Yongding	34645	7.8	16626	8.3
漳平市	Zhangping	31497	8.4	15902	9.7
长汀县	Changting	23330	9.7	13991	9.6
上杭县	Shanghang	35991	9.0	15355	9.1
武平县	Wuping	31027	9.1	14852	8.6
连城县	Liancheng	28708	9.3	14091	10.0
宁德市	**Ningde**	**30502**	**8.3**	**14722**	**8.9**
宁德市辖区	District under Ningde				
蕉城区	Jiaocheng	31790	9.1	14843	9.4
福安市	Fu'an	32557	8.2	15391	8.8
福鼎市	Fuding	32646	9.0	15063	8.3
霞浦县	Xiapu	30472	7.9	15151	10.3
古田县	Gutian	28597	8.3	15538	9.4
屏南县	Pingnan	25301	9.6	13304	9.6
寿宁县	Shouning	23739	8.4	12698	8.6
周宁县	Zhouning	26355	8.0	13685	8.4
柘荣县	Zherong	24868	8.0	13193	9.0

20-9 地方一般公共预算收入（2017年）

Budgetary Revenue of Local Government(2017)

单位：万元 (10000 yuan)

地区	Area	地方一般公共预算收入 Budgetary Revenue of Local Government	#增值税 Value-added Tax	#营业税 Business Tax	#企业所得税 Enterprises' Income Tax	#个人所得税 Individual Income Tax
全　省	**Fujian**	**28090332**	**7518247**	**25616**	**3818226**	**1505525**
福州市	**Fuzhou**	**6341633**	**1525483**	**5044**	**898991**	**441560**
福州市辖区	District under Fuzhou	2257894	461041	2407	308909	246293
鼓楼区	Gulou	413965	89813	768	105550	
台江区	Taijiang	138636	45549	29	29629	
仓山区	Cangshan	324859	73116	161	48660	
马尾区	Mawei	239417	56170	5	35198	1678
晋安区	Jin'an	281456	64933	94	49021	
长乐区	Changle	424251	123109	47	34265	34321
福清市	Fuqing	623074	166999	384	86927	54602
闽侯县	Minhou	710941	183726	822	88809	15801
连江县	Lianjiang	315343	75045	19	37251	8718
罗源县	Luoyuan	127210	56821	176	11823	3938
闽清县	Minqing	96860	44314	85	11929	8978
永泰县	Yongtai	91019	25382	-35	12110	2929
平潭县	Pingtan	296708	59465	82	38910	64302
厦门市	**Xiamen**	**6968660**	**1830454**	**2711**	**1126908**	**536575**
厦门市辖区	District under Xiamen	4919626	1289002	1888	756894	382868
思明区	Siming	529680	143919	500	95728	73264
海沧区	Haicang	388345	89591	69	59512	11902
湖里区	Huli	438218	123275	81	102466	41641
集美区	Jimei	312708	76991	38	58491	12939
同安区	Tong'an	200286	63757	39	32907	8078
翔安区	Xiang'an	179797	43919	96	20910	5883
莆田市	**Putian**	**1363665**	**316772**	**4223**	**157101**	**44441**
莆田市辖区	District under Putian	241958	23502	-3	13476	6903
城厢区	Chengxiang	212700	49363	1182	27370	8695
涵江区	Hanjiang	221174	63213	96	33969	5580
荔城区	Licheng	247326	74921	1561	37773	7414
秀屿区	Xiuyu	222759	54785		22397	4659
仙游县	Xianyou	217748	50988	1387	22116	11190
三明市	**Sanming**	**1007599**	**304294**	**1214**	**55803**	**31930**
三明市辖区	District under Sanming	211417	100333	19	8496	7305
梅列区	Meilie	76561	13813	-13	3387	3401
三元区	Sanyuan	41181	10769	62	2931	1231
永安市	Yong'an	176108	46211	196	11069	4436
明溪县	Mingxi	30195	8998	24	1926	1868
清流县	Qingliu	36169	14703	161	4180	1015
宁化县	Ninghua	62502	12957	39	3548	1349
大田县	Datian	74247	22866	323	3037	1587
尤溪县	Youxi	78222	24958	57	5337	2439
沙县	Shaxian	97123	22460	167	4656	4527
将乐县	Jiangle	64493	14071	165	2754	1277
泰宁县	Taining	27568	5963	14	2075	702
建宁县	Jianning	31813	6192		2407	793
泉州市	**Quanzhou**	**4422979**	**1542345**	**2347**	**560826**	**244711**
泉州市辖区	District under Quanzhou	751276	211362	297	72963	34927
鲤城区	Licheng	104270	42735	130	18416	5484
丰泽区	Fengze	207122	63057	152	30363	13832
洛江区	Luojiang	101520	39145	53	15993	3280
泉港区	Quangang	324303	189015	347	38534	5005
石狮市	Shishi	415967	97004	326	37847	20600

20-9 续表

Continued

单位：万元 (10000 yuan)

地区	Area	地方一般公共预算收入 Budgetary Revenue of Local Government	#增值税 Value-added Tax	#营业税 Business Tax	#企业所得税 Enterprises' Income Tax	#个人所得税 Individual Income Tax
晋江市	Jinjiang	1267697	457512	-96	182394	82176
南安市	Nan'an	410996	146104	217	44569	52238
惠安县	Hui'an	352939	146668	134	71381	12589
安溪县	Anxi	265695	82591	30	29628	5884
永春县	Yongchun	111028	34300	125	9564	3974
德化县	Dehua	110166	32852	632	9174	4722
漳州市	**Zhangzhou**	**2040408**	**579618**	**1689**	**246482**	**65806**
漳州市辖区	District under Zhangzhou	820030	200123	534	117511	25691
芗城区	Xiangcheng	151367	53707	86	18804	8466
龙文区	Longwen	93265	31116	115	17102	2752
龙海市	Longhai	225806	61649	439	25103	5850
云霄县	Yunxiao	61800	16917	22	5248	2417
漳浦县	Zhangpu	199737	49228	496	23115	5620
诏安县	Zhao'an	61589	18353	4	6370	1582
长泰县	Changtai	127488	45411	80	12161	6241
东山县	Dongshan	114020	40390	-82	9081	1835
南靖县	Nanjing	80213	26009	-10	5026	2438
平和县	Pinghe	59127	16225	3	4254	1886
华安县	Hua'an	45966	20490	2	2707	1028
南平市	**Nanping**	**870769**	**237891**	**2697**	**71296**	**32723**
南平市辖区	District under Nanping	195585	68027	321	27897	11089
延平区	Yanping	71919	22936	257	7118	4304
建阳区	Jianyang	117092	25515	142	8242	3654
邵武市	Shaowu	115456	30183	-25	5562	2922
武夷山市	Wuyishan	80166	18183	377	4292	2738
建瓯市	Jian'ou	83040	23434	402	4949	2044
顺昌县	Shunchang	46951	14265	373	2467	1018
浦城县	Pucheng	58271	12523	448	4020	1526
光泽县	Guangze	43285	9032	324	3183	2075
松溪县	Songxi	24257	5946	78	1285	383
政和县	Zhenghe	34747	7847		2281	970
龙岩市	**Longyan**	**1387501**	**412479**	**1464**	**108494**	**47230**
龙岩市辖区	District under Longyan	557094	197717	423	38528	14005
新罗区	Xinluo	219365	60076	294	19927	9219
永定区	Yongding	91889	31437	63	6919	3372
漳平市	Zhangping	68075	23278	28	6006	3516
长汀县	Changting	72159	20170	27	8244	2924
上杭县	Shanghang	251308	44746	406	15597	8500
武平县	Wuping	79817	20520	194	7670	3532
连城县	Liancheng	47794	14535	29	5603	2162
宁德市	**Ningde**	**1103835**	**354877**	**999**	**117955**	**60540**
宁德市辖区	District under Ningde	270910	70063	253	37140	28561
蕉城区	Jiaocheng	141850	49073	207	27739	7429
福安市	Fu'an	206674	101455	29	19407	6511
福鼎市	Fuding	176343	48893	209	12120	7490
霞浦县	Xiapu	91102	23591	177	2585	2464
古田县	Gutian	73614	22945	-24	6284	2643
屏南县	Pingnan	40710	11793	46	4666	931
寿宁县	Shouning	36577	8464	70	3463	2835
周宁县	Zhouning	41716	9198	28	2918	752
柘荣县	Zherong	24339	9402	4	1633	924

20-10 一般公共预算支出（2017年）

Budgetary Expenditures of Local Government(2017)

单位：万元 (10000 yuan)

地区	Area	一般公共预算支出 Budgetary Expenditure	#一般公共服务支出 Expenditure for General Public Service	#教育支出 Expenditure for Education	#科学技术支出 Expenditure for Science	#农林水事务支出 Expenditure for Agriculture Forestry and Water Conservancy
全 省	**Fujian**	**46841517**	**3808446**	**8422065**	**994414**	**4477013**
福州市	**Fuzhou**	**9388572**	**684847**	**1557755**	**196765**	**914002**
福州市辖区	District under Fuzhou	2657879	141344	337669	43319	297549
鼓楼区	Gulou	392872	42520	100990	10975	7026
台江区	Taijiang	189943	26486	47843	3673	24
仓山区	Cangshan	368621	35496	88092	23820	6974
马尾区	Mawei	427875	41348	72496	11528	26871
晋安区	Jin'an	343262	29122	59076	3302	13550
长乐区	Changle	658720	42920	121330	6321	59695
福清市	Fuqing	880935	84791	207434	13631	80005
闽侯县	Minhou	945671	60969	126257	20535	65044
连江县	Lianjiang	653191	50110	150805	4258	101286
罗源县	Luoyuan	317661	27414	39608	837	72353
闽清县	Minqing	351524	21271	55504	889	58197
永泰县	Yongtai	314271	24690	56096	8864	60494
平潭县	Pingtan	886147	56366	94555	44813	64934
厦门市	**Xiamen**	**7970976**	**710814**	**1231528**	**237386**	**228758**
厦门市辖区	District under Xiamen	4287893	422652	363373	145133	86643
思明区	Siming	842450	51011	199763	20793	800
海沧区	Haicang	679123	54384	154168	20052	17449
湖里区	Huli	655546	60193	121044	5649	3394
集美区	Jimei	564315	44840	159549	21457	41211
同安区	Tong'an	548935	33680	136746	19928	51643
翔安区	Xiang'an	392714	44054	96885	4374	27618
莆田市	**Putian**	**2281087**	**192912**	**550779**	**31558**	**208829**
莆田市辖区	District under Putian	552562	54669	77348	9651	30842
城厢区	Chengxiang	248452	19414	64157	3330	25836
涵江区	Hanjiang	270492	30656	74374	3538	17993
荔城区	Licheng	304208	22588	89671	10325	22763
秀屿区	Xiuyu	369438	32775	104883	1556	38252
仙游县	Xianyou	535935	32810	140346	3158	73143
三明市	**Sanming**	**2909650**	**275999**	**569187**	**46013**	**448711**
三明市辖区	District under Sanming	471755	39598	68246	3760	32728
梅列区	Meilie	144656	11389	25456	1964	29321
三元区	Sanyuan	88995	7771	23082	1226	9510
永安市	Yong'an	291511	51593	66490	13119	31888
明溪县	Mingxi	156960	13272	23397	655	33162
清流县	Qingliu	173833	15917	33781	2494	45355
宁化县	Ninghua	254661	17737	51433	3154	43151
大田县	Datian	238702	17290	69372	7033	26571
尤溪县	Youxi	288677	20274	71940	653	60760
沙县	Shaxian	248196	31688	48270	4746	36179
将乐县	Jiangle	206007	23477	39069	5042	34242
泰宁县	Taining	158815	12645	23757	409	30973
建宁县	Jianning	186882	13348	24894	1758	34871
泉州市	**Quanzhou**	**6378085**	**465942**	**1381903**	**149060**	**602470**
泉州市辖区	District under Quanzhou	1024873	94616	190341	33532	50745
鲤城区	Licheng	127210	12210	40636	2919	2101
丰泽区	Fengze	226010	24901	56537	4367	6600
洛江区	Luojiang	148118	14447	37228	4218	14443

20-10 续表

Continued

单位：万元 (10000 yuan)

地区	Area	一般公共预算支出 Budgetary Expenditure	#一般公共服务支出 Expenditure for General Public Service	#教育支出 Expenditure for Education	#科学技术支出 Expenditure for Science	#农林水事务支出 Expenditure for Agriculture Forestry and Water Conservancey
泉港区	Quangang	350199	24988	75760	9621	32442
石狮市	Shishi	530581	43699	78494	10883	46753
晋江市	Jinjiang	1458274	75646	288511	35900	140961
南安市	Nan'an	741801	46264	171031	14257	77613
惠安县	Hui'an	540869	35158	132912	10500	59974
安溪县	Anxi	630659	44846	174511	15730	73409
永春县	Yongchun	320637	28951	78149	2831	51379
德化县	Dehua	278854	20216	57793	4302	46050
漳州市	**Zhangzhou**	**4291903**	**331454**	**738449**	**76713**	**432268**
漳州市辖区	District under Zhangzhou	907064	83896	125341	49489	26491
芗城区	Xiangcheng	220659	22166	38919	1386	5806
龙文区	Longwen	174660	17390	30347	4634	8364
龙海市	Longhai	470071	42894	85850	2042	63585
云霄县	Yunxiao	307561	19473	66075	979	40260
漳浦县	Zhangpu	571957	22124	96283	7580	54004
诏安县	Zhao'an	327484	26447	64154	1245	52303
长泰县	Changtai	236359	19935	43620	2591	24360
东山县	Dongshan	279392	18698	36848	1639	37268
南靖县	Nanjing	267082	22733	56548	1229	42062
平和县	Pinghe	355690	20243	69366	2962	56283
华安县	Hua'an	173924	15455	25098	937	21482
南平市	**Nanping**	**2836435**	**193655**	**501458**	**31004**	**481513**
南平市辖区	District under Nanping	429057	38924	59367	5505	15088
延平区	Yanping	236838	15595	53048	3210	54082
建阳区	Jianyang	293976	19626	57920	2454	48601
邵武市	Shaowu	290450	19436	58779	515	50536
武夷山市	Wuyishan	264683	16660	38945	2781	52857
建瓯市	Jian’ou	323013	17310	62801	10368	45913
顺昌县	Shunchang	207138	13171	38493	686	40385
浦城县	Pucheng	279948	15221	48940	1599	59116
光泽县	Guangze	174716	11651	26994	519	44972
松溪县	Songxi	176802	16622	27643	2300	33582
政和县	Zhenghe	159814	9439	28528	1067	36381
龙岩市	**Longyan**	**2998149**	**247493**	**601554**	**84419**	**436297**
龙岩市辖区	District under Longyan	603171	58169	94143	5754	27820
新罗区	Xinluo	406798	38062	97680	36326	58576
永定区	Yongding	290544	26560	66295	5406	45375
漳平市	Zhangping	239271	21960	50131	5418	49958
长汀县	Changting	371521	21389	80582	987	64905
上杭县	Shanghang	474009	38984	89162	8687	61788
武平县	Wuping	354123	22900	67392	18639	76550
连城县	Liancheng	258712	19469	56169	3202	51325
宁德市	**Ningde**	**2970803**	**263129**	**558140**	**25757**	**454190**
宁德市辖区	District under Ningde	413495	59279	56875	17127	32853
蕉城区	Jiaocheng	326152	33913	67998	715	42811
福安市	Fu'an	432587	31059	94873	2438	65985
福鼎市	Fuding	408002	25738	80570	1074	61386
霞浦县	Xiapu	368761	24460	72366	441	82979
古田县	Gutian	288156	22271	54800	479	39322
屏南县	Pingnan	206404	16484	41881	771	42247
寿宁县	Shouning	208151	13835	37358	467	35232
周宁县	Zhouning	174292	13938	30798	1258	26740
柘荣县	Zherong	144803	22152	20621	987	24635

20-11 金融机构货币存贷款余额（2017年）

Deposits and Loans of Financial institutions by Country and City(2017)

单位：亿元 (100 million yuan)

地区	Area	金融机构人民币各项存款余额 RMB Deposits of National Banking System	#非金融企业存款 Non-Financial Enterprises	#储蓄存款 Savings Deposits	金融机构人民币各项贷款余额 RMB Loans of National Banking System	#短期贷款 Short-term Loans	#中长期贷款 Medium-term & Long-term Loans
全　省	**Fujian**	**42794.79**	**14068.86**	**15213.62**	**40484.93**	**14040.45**	**25317.11**
福州市	**Fuzhou**	**13136.68**	**4744.37**	**4064.51**	**13320.41**	**3135.32**	**9891.06**
福州市辖区	District under Fuzhou	9652.09	3945.97	2232.68	10259.62	2103.60	7882.45
鼓楼区	Gulou						
台江区	Taijiang						
仓山区	Cangshan						
马尾区	Mawei	674.02	210.47	304.10	571.55	155.56	406.45
晋安区	Jin'an						
长乐区	Changle	720.80	189.21	342.49	868.92	439.41	418.36
福清市	Fuqing	1041.00	203	634.56	828.67	259.37	563.07
闽侯县	Minhou	501.32	80.65	259.86	316.34	90.46	224.57
连江县	Lianjiang	390.70	54.94	222.13	381.43	85.33	295.56
罗源县	Luoyuan	119.09	21.86	63.55	159.77	34.73	124.84
闽清县	Minqing	142.93	16.49	97.97	76.74	35.10	41.55
永泰县	Yongtai	143.98	19.07	80.70	101.93	32.43	69.49
平潭县	Pingtan	424.75	213.17	130.57	327.01	54.88	271.18
厦门市	**Xiamen**	**10015.12**	**3685.78**	**2093.51**	**8850.58**	**2892.07**	**5701.00**
厦门市辖区	District under Xiamen	10015.12	3685.78	2093.51	8850.58	2892.07	5701.00
思明区	Siming						
海沧区	Haicang						
湖里区	Huli						
集美区	Jimei						
同安区	Tong'an						
翔安区	Xiang'an						
莆田市	**Putian**	**1775.23**	**312.13**	**1044.93**	**1791.69**	**660.28**	**1117.48**
莆田市辖区	District under Putian	1422.60	277.6	786.47	1529.17	551.52	964.35
城厢区	Chengxiang						
涵江区	Hanjiang						
荔城区	Licheng						
秀屿区	Xiuyu						
仙游县	Xianyou	352.63	34.52	258.45	262.52	108.76	153.13
三明市	**Sanming**	**1663.72**	**416.97**	**820.48**	**1312.94**	**390.31**	**895.79**
三明市辖区	District under Sanming	532.50	213.98	170.66	494.74	132.40	340.32
梅列区	Meilie						
三元区	Sanyuan						
永安市	Yong'an	211.07	56.93	110.64	192.20	69.14	122.74
明溪县	Mingxi	76.28	9.79	40.01	25.93	11.10	14.83
清流县	Qingliu	60.14	10.66	33.46	30.64	10.51	19.11
宁化县	Ninghua	139.67	27.5	76.72	74.86	15.20	59.51
大田县	Datian	109.57	15.57	67.50	85.92	27.92	57.01
尤溪县	Youxi	141.13	16.74	97.63	106.76	35.58	70.13
沙县	Shaxian	166.93	39.85	99.06	168.15	50.18	117.39
将乐县	Jiangle	84.10	9.8	49.81	56.07	13.89	41.56
泰宁县	Taining	66.90	6.3	36.38	41.52	10.59	30.86
建宁县	Jianning	75.45	9.85	38.60	36.16	13.82	22.34
泉州市	**Quanzhou**	**6777.69**	**1906.07**	**3268.89**	**6041.91**	**2727.97**	**3101.87**
泉州市辖区	District under Quanzhou	2345.18	855.46	753.02	2049.25	783.77	1182.56
鲤城区	Licheng						
丰泽区	Fengze						
洛江区	Luojiang						
泉港区	Quangang						

20-11 续表

Continued

单位：亿元　　(100 million yuan)

地区	Area	金融机构人民币各项存款余额 RMB Deposits of National Banking System	#非金融企业存款 Non-Financial Enterprises	#储蓄存款 Savings Deposits	金融机构人民币各项贷款余额 RMB Loans of National Banking System	#短期贷款 Short-term Loans	#中长期贷款 Medium-term & Long-term Loans
石狮市	Shishi	657.77	130.31	389.21	702.12	316.19	359.59
晋江市	Jinjiang	1520.91	460.48	790.29	1396.06	773.99	562.62
南安市	Nan'an	876.71	131.58	571.06	774.36	427.55	318.25
惠安县	Hui'an	567.88	189.2	286.83	441.39	190.80	245.47
安溪县	Anxi	405.51	84.44	253.40	363.20	109.68	251.92
永春县	Yongchun	207.34	22.21	135.09	126.66	48.80	72.15
德化县	Dehua	196.39	32.4	90.01	188.87	77.19	109.31
漳州市	**Zhangzhou**	**2812.43**	**804.37**	**1370.51**	**2463.15**	**925.93**	**1497.36**
漳州市辖区	District under Zhangzhou	1126.66	482.29	387.35	1089.62	435.23	623.35
芗城区	Xiangcheng						
龙文区	Longwen						
龙海市	Longhai	521.62	144.5	269.62	604.39	143.08	455.75
云霄县	Yunxiao	143.03	17.8	88.83	85.95	32.31	53.63
漳浦县	Zhangpu	308.16	63.19	169.88	254.51	100.50	153.95
诏安县	Zhao'an	135.85	17.42	86.47	68.33	36.20	32.05
长泰县	Changtai	143.76	27.31	79.87	77.71	43.93	33.32
东山县	Dongshan	101.66	18.73	65.30	95.33	30.47	64.82
南靖县	Nanjing	116.65	14.41	78.17	84.08	49.75	32.89
平和县	Pinghe	158.42	13.36	108.42	73.08	37.86	35.21
华安县	Hua'an	56.63	5.37	36.61	30.16	16.62	12.40
南平市	**Nanping**	**1753.14**	**424.16**	**943.28**	**1303.20**	**414.68**	**861.31**
南平市辖区	District under Nanping	743.96	261.41	316.55	678.78	162.94	493.95
延平区	Yanping	500.23	163.34	209.58	490.95	119.61	353.58
建阳区	Jianyang	243.74	98.06	106.97	187.83	43.33	140.37
邵武市	Shaowu	181.65	40.54	105.64	124.20	44.05	80.06
武夷山市	Wuyishan	148.71	19.73	94.28	121.05	36.84	81.96
建瓯市	Jian'ou	194.09	28.01	134.69	123.11	45.56	77.27
顺昌县	Shunchang	101.85	15.67	65.24	55.19	24.47	29.57
浦城县	Pucheng	153.69	15.93	103.45	67.11	29.07	36.85
光泽县	Guangze	79.59	16.25	42.37	68.90	37.92	30.99
松溪县	Songxi	67.78	12.38	37.18	30.58	18.00	12.23
政和县	Zhenghe	81.81	14.23	43.89	34.28	15.83	18.45
龙岩市	**Longyan**	**1844.45**	**477.95**	**851.52**	**1642.10**	**524.62**	**1098.92**
龙岩市辖区	District under Longyan	1087.29	309.01	443.30	1092.20	291.77	788.72
新罗区	Xinluo	937.11	289.62	351.14	993.27	259.78	721.78
永定区	Yongding	150.19	19.39	92.16	98.94	31.99	66.94
漳平市	Zhangping	112.81	13.41	71.23	83.06	41.42	41.58
长汀县	Changting	176.10	24.07	101.09	119.46	48.17	71.09
上杭县	Shanghang	264.98	102.2	112.04	185.16	74.08	104.53
武平县	Wuping	112.78	16.69	68.74	90.88	32.84	58.03
连城县	Liancheng	90.49	12.57	55.13	71.34	36.35	34.98
宁德市	**Ningde**	**1504.64**	**312.82**	**739.28**	**1571.37**	**440.39**	**1090.71**
宁德市辖区	District under Ningde	518.72	170.49	159.60	494.12	112.47	354.08
蕉城区	Jiaocheng	518.72	170.49	159.60	494.12	112.47	354.08
福安市	Fu'an	218.38	38.22	131.10	213.45	78.96	124.03
福鼎市	Fuding	236.85	37.87	140.50	427.38	79.53	347.38
霞浦县	Xiapu	133.97	16.11	72.49	147.14	50.50	96.63
古田县	Gutian	155.73	20.05	102.96	120.23	48.21	72.02
屏南县	Pingnan	65.47	8.07	38.14	66.70	24.57	42.13
寿宁县	Shouning	72.43	8.26	41.17	40.59	21.29	19.30
周宁县	Zhouning	61.75	8.32	33.11	31.50	11.61	18.13
柘荣县	Zherong	41.36	5.42	20.21	30.27	13.26	17.01

20-12 规模以上工业增加值增速（2017年）

Growth Rate of Value-added of Industrial Enterprises above Designated Size(2017)

单位：%　　(%)

地区	Area	工业增加值比上年增长 Ratio	轻工业 Light Industy	重工业 Heavy Industry
全　省	**Fujian**	**8.0**	**9.3**	**6.5**
福州市	**Fuzhou**	**8.2**	**7.9**	**8.4**
福州市辖区	District under Fuzhou			
鼓楼区	Gulou	6.1	8.8	5.5
台江区	Taijiang	6.2	5.4	7.5
仓山区	Cangshan	6.8	8.5	4.4
马尾区	Mawei	8.0	8.5	7.6
晋安区	Jin'an	7.9	10.0	5.6
长乐区	Changle	7.3	9.2	5.9
福清市	Fuqing	11.1	4.5	11.7
闽侯县	Minhou	11.0	5.2	14.4
连江县	Lianjiang	7.2	8.4	6.0
罗源县	Luoyuan	7.8	10.7	7.0
闽清县	Minqing	7.3	9.5	6.6
永泰县	Yongtai	7.5	7.9	7.0
平潭县	Pingtan	-20.1	-3.9	-21.2
厦门市	**Xiamen**	**8.1**	**5.2**	**9.7**
厦门市辖区	District under Xiamen			
思明区	Siming	8.6	7.0	9.0
海沧区	Haicang	5.2	7.9	2.3
湖里区	Huli	8.3	2.8	9.5
集美区	Jimei	9.3	3.6	11.9
同安区	Tong'an	11.0	4.2	21.1
翔安区	Xiang'an	8.2	5.2	9.3
莆田市	**Putian**	**8.2**	**9.3**	**5.6**
莆田市辖区	District under Putian			
城厢区	Chengxiang	8.3	9.4	3.3
涵江区	Hanjiang	8.2	9.3	5.6
荔城区	Licheng	8.1	8.4	6.1
秀屿区	Xiuyu	9.1	9.6	8.8
仙游县	Xianyou	8.1	10.9	-0.6
三明市	**Sanming**	**8.1**	**10.7**	**6.7**
三明市辖区	District under Sanming			
梅列区	Meilie	8.3	-5.8	9.4
三元区	Sanyuan	7.7	7.2	7.9
永安市	Yong'an	8.1	7.5	8.4
明溪县	Mingxi	7.6	14.5	3.1
清流县	Qingliu	8.5	19.1	4.2
宁化县	Ninghua	8.2	14.3	2.1
大田县	Datian	7.8	21.2	5.0
尤溪县	Youxi	8.0	8.8	6.3
沙县	Shaxian	8.4	9.8	7.3
将乐县	Jiangle	8.7	25.0	1.3
泰宁县	Taining	7.9	10.7	5.1
建宁县	Jianning	8.5	8.2	8.9
泉州市	**Quanzhou**	**8.3**	**8.0**	**8.8**
泉州市辖区	District under Quanzhou			
鲤城区	Licheng	7.5	6.6	12.7
丰泽区	Fengze	5.4	1.6	9.2
洛江区	Luojiang	9.9	8.5	15.4

20-12 续表

Continued

单位：%　　(%)

地区	Area	工业增加值比上年增长 Ratio	轻工业 Light Industy	重工业 Heavy Industry
泉港区	Quangang	9.5	12.9	8.5
石狮市	Shishi	7.9	3.4	25.6
晋江市	Jinjiang	7.3	6.6	10.1
南安市	Nan'an	8.8	9.1	8.6
惠安县	Hui'an	9.2	14.6	3.6
安溪县	Anxi	9.1	5.2	20.3
永春县	Yongchun	9.0	10.2	4.5
德化县	Dehua	7.8	7.4	9.6
漳州市	**Zhangzhou**	**8.7**	**10.8**	**6.2**
漳州市辖区	District under Zhangzhou			
芗城区	Xiangcheng	7.7	9.9	6.9
龙文区	Longwen	9.2	11.4	6.2
龙海市	Longhai	7.9	6.3	10.6
云霄县	Yunxiao	9.6	15.7	3.1
漳浦县	Zhangpu	9.9	11.3	7.2
诏安县	Zhao'an	8.6	13.4	-4.2
长泰县	Changtai	9.5	6.4	11.9
东山县	Dongshan	8.6	12.8	-14.0
南靖县	Nanjing	9.1	14.8	3.0
平和县	Pinghe	9.0	9.5	8.5
华安县	Hua'an	9.7	12.0	8.2
南平市	**Nanping**	**8.0**	**10.9**	**4.5**
南平市辖区	District under Nanping			
延平区	Yanping	6.4	11.8	-0.2
建阳区	Jianyang	6.8	8.8	4.2
邵武市	Shaowu	5.0	8.0	-4.0
武夷山市	Wuyishan	8.2	7.2	15.4
建瓯市	Jian’ou	7.9	9.6	5.6
顺昌县	Shunchang	8.4	3.5	3.5
浦城县	Pucheng	7.6	9.2	6.4
光泽县	Guangze	7.6	9.1	1.5
松溪县	Songxi	3.5	0.5	11.0
政和县	Zhenghe	7.7	7.8	7.5
龙岩市	**Longyan**	**8.1**	**5.5**	**10.1**
龙岩市辖区	District under Longyan			
新罗区	Xinluo	7.3	5.1	9.6
永定区	Yongding	7.1	24.0	1.4
漳平市	Zhangping	9.3	10.0	8.9
长汀县	Changting	8.9	-5.6	27.3
上杭县	Shanghang	9.6	1.7	10.1
武平县	Wuping	8.9	10.3	8.3
连城县	Liancheng	9.5	8.9	10.8
宁德市	**Ningde**	**1.8**	**13.7**	**-5.3**
宁德市辖区	District under Ningde			
蕉城区	Jiaocheng	23.1	33.9	-9.2
福安市	Fu'an	6.6	-11.4	7.7
福鼎市	Fuding	-2.6	1.5	-4.1
霞浦县	Xiapu	-4.4	-8.8	3.4
古田县	Gutian	-44.5	-26.3	-58.6
屏南县	Pingnan	-13.8	-3.1	-23.9
寿宁县	Shouning	-22.1	-1.6	-34.7
周宁县	Zhouning	-65.8	-25.8	-73.0
柘荣县	Zherong	-11.4	-2.4	-18.1

20-13 规模以上工业企业主要财务指标（2017年）

Finacial Indicators of Industrial Enterprises above Designated Size(2017)

单位：亿元 (100 million)

地区	Area	固定资产合计 Total Value of Fixed Assets	流动资产合计 Circulating Funds	主营业务收入 Sale of Products	利润总额 Total Profits	利税总额 Total Pre-tax Profits
全　省	**Fujian**	**10530.68**	**17494.17**	**45658.46**	**3221.82**	**4715.68**
福州市	**Fuzhou**	**2529.64**	**3315.86**	**8249.26**	**515.38**	**725.04**
福州市辖区	District under Fuzhou	1053.02	1685.63	4472.28	235.73	331.57
鼓楼区	Gulou	155.90	132.10	249.14	11.06	18.67
台江区	Taijiang	129.42	31.17	156.16	1.83	5.98
仓山区	Cangshan	73.54	291.73	762.83	37.68	69.79
马尾区	Mawei	107.12	384.62	698.55	29.26	43.26
晋安区	Jin'an	30.14	106.63	456.13	15.68	27.41
长乐区	Changle	556.90	739.38	2149.47	140.22	166.46
福清市	Fuqing	927.15	864.66	1614.01	112.86	154.91
闽侯县	Minhou	126.82	356.80	917.63	47.11	86.96
连江县	Lianjiang	198.00	199.69	578.35	78.35	90.73
罗源县	Luoyuan	111.65	122.36	420.83	20.49	30.03
闽清县	Minqing	56.52	51.46	163.45	19.37	26.39
永泰县	Yongtai	24.15	21.06	58.72	2.03	3.96
平潭县	Pingtan	32.34	14.19	23.98	-0.55	0.50
厦门市	**Xiamen**	**1300.07**	**3475.20**	**5588.71**	**350.93**	**516.69**
厦门市辖区	District under Xiamen	1300.07	3475.20	5588.71	350.93	516.69
思明区	Siming	170.59	202.09	273.94	16.34	23.44
海沧区	Haicang	257.87	685.99	971.40	82.62	170.82
湖里区	Huli	123.14	961.02	1669.19	112.19	139.08
集美区	Jimei	174.70	616.17	838.72	72.57	91.65
同安区	Tong'an	191.63	490.85	736.23	51.92	70.36
翔安区	Xiang'an	382.14	519.08	1099.23	15.30	21.34
莆田市	**Putian**	**592.16**	**833.80**	**2925.05**	**245.55**	**319.53**
莆田市辖区	District under Putian	516.93	681.86	2409.79	214.28	276.26
城厢区	Chengxiang	73.52	88.24	341.47	20.16	26.91
涵江区	Hanjiang	148.04	205.70	906.70	102.06	125.03
荔城区	Licheng	40.70	164.20	585.77	35.44	47.75
秀屿区	Xiuyu	254.67	223.73	575.86	56.62	76.57
仙游县	Xianyou	75.24	151.94	515.27	31.27	43.27
三明市	**Sanming**	**641.10**	**725.36**	**3671.97**	**147.54**	**215.00**
三明市辖区	District under Sanming	224.60	214.11	878.30	75.93	105.12
梅列区	Meilie	124.71	164.86	504.83	60.57	78.85
三元区	Sanyuan	99.89	49.25	373.46	15.36	26.27
永安市	Yong'an	133.10	172.20	848.01	11.44	21.73
明溪县	Mingxi	19.13	16.71	106.74	4.20	5.89
清流县	Qingliu	28.32	19.97	111.65	9.07	12.78
宁化县	Ninghua	30.82	17.02	126.28	4.09	6.07
大田县	Datian	34.48	38.91	282.25	4.97	11.23
尤溪县	Youxi	38.23	59.40	257.17	3.85	6.37
沙县	Shaxian	60.30	122.51	671.20	21.39	27.40
将乐县	Jiangle	30.79	36.25	166.59	4.35	7.24
泰宁县	Taining	21.06	14.38	89.44	3.28	4.70
建宁县	Jianning	20.25	13.90	134.35	4.97	6.48
泉州市	**Quanzhou**	**2402.43**	**4473.66**	**13324.38**	**1118.02**	**1625.33**
泉州市辖区	District under Quanzhou	597.99	925.56	3015.33	264.67	459.86
鲤城区	Licheng	59.32	375.36	791.68	57.27	78.25
丰泽区	Fengze	166.12	117.05	360.36	13.23	22.49
洛江区	Luojiang	44.74	100.57	450.32	48.64	58.14
泉港区	Quangang	327.80	332.58	1412.97	145.52	300.97
石狮市	Shishi	229.87	376.25	1066.42	75.68	97.28

20-13 续表

Continued

单位：亿元 (100 million)

地区	Area	固定资产合计 Total Value of Fixed Assets	流动资产合计 Circulating Funds	主营业务收入 Sale of Products	利润总额 Total Profits	利税总额 Total Pre-tax Profits
晋江市	Jinjiang	476.57	1740.31	4006.61	264.57	386.93
南安市	Nan'an	212.75	641.26	2019.74	156.14	196.68
惠安县	Hui'an	575.63	503.48	1651.79	172.64	255.64
安溪县	Anxi	221.05	141.52	708.93	105.62	127.64
永春县	Yongchun	50.12	92.94	600.04	68.57	82.77
德化县	Dehua	38.45	52.33	255.53	10.13	18.53
漳州市	**Zhangzhou**	**942.40**	**1773.18**	**4880.54**	**437.53**	**635.04**
漳州市辖区	District under Zhangzhou	184.66	327.76	1045.19	96.69	133.65
芗城区	Xiangcheng	139.13	217.60	774.31	77.40	102.04
龙文区	Longwen	45.54	110.16	270.87	19.29	31.61
龙海市	Longhai	311.02	544.52	1289.15	109.22	162.18
云霄县	Yunxiao	35.83	72.51	281.11	25.34	35.76
漳浦县	Zhangpu	79.08	208.41	319.04	18.09	28.38
诏安县	Zhao'an	41.93	107.93	306.77	36.12	48.98
长泰县	Changtai	93.04	169.12	568.35	49.59	78.31
东山县	Dongshan	51.05	98.82	294.68	20.84	40.19
南靖县	Nanjing	67.52	142.01	411.09	46.69	57.74
平和县	Pinghe	28.66	31.29	177.95	15.26	23.43
华安县	Hua'an	49.60	70.79	187.21	19.69	26.42
南平市	**Nanping**	**524.39**	**713.82**	**2073.09**	**108.19**	**163.68**
南平市辖区	District under Nanping	155.55	183.88	551.11	25.22	40.28
延平区	Yanping	113.01	104.29	290.15	12.43	20.97
建阳区	Jianyang	42.54	79.58	260.96	12.79	19.31
邵武市	Shaowu	143.17	299.51	615.34	41.63	63.50
武夷山市	Wuyishan	19.69	22.31	118.38	5.50	7.79
建瓯市	Jian’ou	32.33	54.27	253.79	12.61	19.19
顺昌县	Shunchang	23.36	26.85	126.22	2.38	4.11
浦城县	Pucheng	48.73	37.90	170.98	7.88	11.70
光泽县	Guangze	57.63	52.37	91.64	1.96	2.83
松溪县	Songxi	9.46	15.34	66.87	7.44	9.29
政和县	Zhenghe	34.47	21.40	78.76	3.56	5.00
龙岩市	**Longyan**	**556.28**	**996.83**	**2305.39**	**122.29**	**282.29**
龙岩市辖区	District under Longyan	273.47	526.82	1052.07	50.01	174.04
新罗区	Xinluo	198.61	473.21	895.13	47.00	165.45
永定区	Yongding	74.86	53.60	156.94	3.01	8.59
漳平市	Zhangping	77.17	61.66	172.37	8.07	12.31
长汀县	Changting	30.87	58.34	190.89	21.25	34.78
上杭县	Shanghang	107.89	281.62	561.24	24.43	33.73
武平县	Wuping	38.77	38.20	157.51	11.57	17.61
连城县	Liancheng	28.10	30.20	171.30	6.97	9.81
宁德市	**Ningde**	**1042.20**	**1186.47**	**2640.08**	**176.38**	**233.08**
宁德市辖区	District under Ningde	253.43	523.97	563.09	97.18	103.04
蕉城区	Jiaocheng	253.43	523.97	563.09	97.18	103.04
福安市	Fu'an	176.34	353.82	1083.87	18.82	38.15
福鼎市	Fuding	527.64	189.49	671.07	47.51	70.17
霞浦县	Xiapu	20.93	46.46	123.69	3.74	5.01
古田县	Gutian	18.03	19.41	53.68	2.02	3.33
屏南县	Pingnan	15.61	17.93	47.01	2.21	4.72
寿宁县	Shouning	11.65	13.86	36.93	2.87	4.34
周宁县	Zhouning	8.50	5.88	12.37	0.44	0.82
柘荣县	Zherong	10.07	15.64	48.37	1.59	3.49

20-14 运输邮电基本情况（2017年）

Basic Indicators of Transportation and Post(2017)

单位：公里 (KM)

地区	Area	农村投递路线总长度 Rural Delivery Routes	公路通车里程 Length of Highways in Operation
全　省	**Fujian**	**98721**	**108012**
福州市	**Fuzhou**	**11487**	**12083**
福州市辖区	District under Fuzhou	1523	1928
鼓楼区	Gulou		
台江区	Taijiang		
仓山区	Cangshan		121
马尾区	Mawei		241
晋安区	Jin'an		489
长乐区	Changle	1523	1077
福清市	Fuqing	2097	2131
闽侯县	Minhou	2424	1752
连江县	Lianjiang	1021	1231
罗源县	Luoyuan	837	963
闽清县	Minqing	931	1518
永泰县	Yongtai	1029	1941
平潭县	Pingtan	858	618
厦门市	**Xiamen**	**10100**	**2196**
厦门市辖区	District under Xiamen		
思明区	Siming		90
海沧区	Haicang		211
湖里区	Huli		87
集美区	Jimei		285
同安区	Tong'an		1050
翔安区	Xiang'an		472
莆田市	**Putian**	**4399**	**6517**
莆田市辖区	District under Putian	2960	
城厢区	Chengxiang		705
涵江区	Hanjiang		1200
荔城区	Licheng		636
秀屿区	Xiuyu		1292
仙游县	Xianyou	1439	2684
三明市	**Sanming**	**9621**	**15175**
三明市辖区	District under Sanming	793	
梅列区	Meilie		387
三元区	Sanyuan		596
永安市	Yong'an	1141	1740
明溪县	Mingxi	566	1124
清流县	Qingliu	893	902
宁化县	Ninghua	894	1519
大田县	Datian	1311	1774
尤溪县	Youxi	1456	2631
沙县	Shaxian	760	1247
将乐县	Jiangle	740	1198
泰宁县	Taining	631	952
建宁县	Jianning	435	1105
泉州市	**Quanzhou**	**23816**	**17658**
泉州市辖区	District under Quanzhou	1204	
鲤城区	Licheng		182
丰泽区	Fengze		319
洛江区	Luojiang		512
泉港区	Quangang		496
石狮市	Shishi	591	550
晋江市	Jinjiang	7167	2014
南安市	Nan'an	6861	3356
惠安县	Hui'an	2608	1145
安溪县	Anxi	1996	4097
永春县	Yongchun	1670	2682
德化县	Dehua	366	2305
漳州市	**Zhangzhou**	**10722**	**12329**
漳州市辖区	District under Zhangzhou	1358	
芗城区	Xiangcheng		359
龙文区	Longwen		298
龙海市	Longhai	1841	1504
云霄县	Yunxiao	550	782
漳浦县	Zhangpu	2274	1660
诏安县	Zhao'an	984	1251
长泰县	Changtai	521	1067
东山县	Dongshan	672	414
南靖县	Nanjing	1115	2022
平和县	Pinghe	934	1615
华安县	Hua'an	473	1359
南平市	**Nanping**	**9672**	**15813**
南平市辖区	District under Nanping	2630	
延平区	Yanping	1319	2251
建阳区	Jianyang	1311	1494
邵武市	Shaowu	816	1682
武夷山市	Wuyishan	843	1344
建瓯市	Jian'ou	1204	2601
顺昌县	Shunchang	838	1184
浦城县	Pucheng	1041	1954
光泽县	Guangze	523	1074
松溪县	Songxi	488	819
政和县	Zhenghe	1291	1411
龙岩市	**Longyan**	**8310**	**14436**
龙岩市辖区	District under Longyan	2390	
新罗区	Xinluo	1369	2169
永定区	Yongding	1021	1818
漳平市	Zhangping	1265	2107
长汀县	Changting	1271	2490
上杭县	Shanghang	1415	2110
武平县	Wuping	808	1712
连城县	Liancheng	1161	2031
宁德市	**Ningde**	**10594**	**11805**
宁德市辖区	District under Ningde	997	
蕉城区	Jiaocheng		1222
福安市	Fu'an	2485	2078
福鼎市	Fuding	1191	1663
霞浦县	Xiapu	2211	1377
古田县	Gutian	988	1593
屏南县	Pingnan	763	897
寿宁县	Shouning	924	1393
周宁县	Zhouning	513	917
柘荣县	Zherong	523	665

20-15 普通教育专任教师及在校学生数（2017年）

Number of Full-time Teachers and Students Enrollment in Regular Schools(2017)

单位：人　(person)

地区	Aera	专任教师数 Full-time Teachers			在校生数 Students Enrollment		
		普通高中 Regular Senior Secondary Schools	普通初中 Regular Junior Secondary Schools	小学 Primary Schools	普通高中 Regular Senior Secondary School	普通初中 Regular Junior Secondary Schools	小学 Primary Schools
全　省	**Fujian**	**50720**	**99880**	**168867**	**637102**	**1215717**	**3070865**
福州市	**Fuzhou**	**8743**	**17482**	**29673**	**109929**	**232223**	**576464**
福州市辖区	District under Fuzhou	3997	6988	12805	53311	106383	275546
鼓楼区	Gulou	1369	1724	2896	18380	26448	54534
台江区	Taijiang	484	664	1250	6685	10830	25305
仓山区	Cangshan	751	1587	3156	11005	25144	75336
马尾区	Mawei	286	579	898	3804	6488	16032
晋安区	Jin'an	415	946	2035	5254	16886	51029
长乐区	Changle	1743	3680	5990	20909	49033	117810
福清市	Fuqing	692	1488	2570	8183	20587	53310
闽侯县	Minhou	647	1528	2640	8331	22361	53841
连江县	Lianjiang	716	1675	2610	8439	17420	46841
罗源县	Luoyuan	284	645	1194	2915	5985	16098
闽清县	Minqing	346	971	1444	3900	9643	18910
永泰县	Yongtai	366	880	1307	4499	8634	18953
平潭县	Pingtan	644	1115	1683	7625	12764	28465
厦门市	**Xiamen**	**3732**	**7680**	**16645**	**48481**	**106538**	**310453**
厦门市辖区	District under Xiamen	3732	7680	16645	48481	106538	310453
思明区	Siming	1603	2295	4002	20459	33584	73509
海沧区	Haicang	215	697	1762	2965	9599	32461
湖里区	Huli	199	1104	2984	2804	17288	58566
集美区	Jimei	696	1310	2995	8443	18388	59900
同安区	Tong'an	678	1469	3217	9050	19007	57138
翔安区	Xiang'an	341	805	1685	4760	8672	28879
莆田市	**Putian**	**4899**	**8551**	**15171**	**63551**	**111936**	**255434**
莆田市辖区	District under Putian	3424	5786	10582	44737	75703	184005
城厢区	Chengxiang	889	1389	2242	10551	18824	37853
涵江区	Hanjiang	596	1135	2002	8407	12241	32166
荔城区	Licheng	1151	1445	2646	15397	23890	57405
秀屿区	Xiuyu	788	1817	3692	10382	20748	56581
仙游县	Xianyou	1475	2765	4589	18814	36233	71429
三明市	**Sanming**	**3806**	**7591**	**12011**	**47836**	**78547**	**193051**
三明市辖区	District under Sanming	637	983	1431	9830	11888	25775
梅列区	Meilie	256	555	756	4132	6756	14164
三元区	Sanyuan	381	428	675	5698	5132	11611
永安市	Yong'an	522	1020	1551	5987	10753	24799
明溪县	Mingxi	149	279	440	1641	2194	5694
清流县	Qingliu	169	361	680	2052	3906	9959
宁化县	Ninghua	475	792	1339	5851	8541	21836
大田县	Datian	375	969	1658	4265	9329	29578
尤溪县	Youxi	566	1221	1574	6878	9846	22530
沙县	Shaxian	368	874	1323	4742	9994	23593
将乐县	Jiangle	246	458	771	2902	4947	12195
泰宁县	Taining	149	281	566	1800	3603	8109
建宁县	Jianning	150	353	678	1888	3546	8983
泉州市	**Quanzhou**	**10548**	**20633**	**34391**	**137366**	**266179**	**740033**
泉州市辖区	District under Quanzhou	2689	3990	6436	33936	53733	130297
鲤城区	Licheng	1298	1411	1912	16898	23804	46498
丰泽区	Fengze	542	948	1851	7448	14078	37891
洛江区	Luojiang	283	515	887	3941	6389	16728

20-15 续表

Continued

单位：人 (person)

地区	Aera	专任教师数 Full-time Teachers 普通高中 Regular Senior Secondary Schools	普通初中 Regular Junior Secondary Schools	小学 Primary Schools	在校生数 Students Enrollment 普通高中 Regular Senior Secondary School	普通初中 Regular Junior Secondary Schools	小学 Primary Schools
泉港区	Quangang	566	1116	1786	5649	9462	29180
石狮市	Shishi	701	1245	2304	11201	22171	62188
晋江市	Jinjiang	1799	3894	6852	26766	62781	178680
南安市	Nan'an	1881	3855	5499	21459	41005	120962
惠安县	Hui'an	1169	2761	3900	16064	27239	76438
安溪县	Anxi	1243	2686	5984	14297	35008	112287
永春县	Yongchun	664	1418	2137	8237	14544	36184
德化县	Dehua	402	784	1279	5406	9698	22997
漳州市	**Zhangzhou**	**6816**	**13478**	**20939**	**86207**	**158159**	**358362**
漳州市辖区	District under Zhangzhou	1466	2286	3292	19755	34306	66233
芗城区	Xiangcheng	1192	1768	2258	16692	26731	47252
龙文区	Longwen	274	518	1034	3063	7575	18981
龙海市	Longhai	1359	2237	3596	15565	23790	64728
云霄县	Yunxiao	615	1339	2159	7718	15235	30841
漳浦县	Zhangpu	996	2322	3128	13635	25356	61100
诏安县	Zhao'an	640	1430	2418	8421	16861	42547
长泰县	Changtai	256	566	910	2612	5188	15929
东山县	Dongshan	311	483	791	3213	5263	13819
南靖县	Nanjing	393	843	1338	4804	8414	18869
平和县	Pinghe	614	1560	2570	8921	19358	34797
华安县	Hua'an	166	412	737	1563	4388	9499
南平市	**Nanping**	**3629**	**7905**	**13086**	**48906**	**90862**	**205094**
南平市辖区	District under Nanping	1006	2197	3666	13306	26318	57331
延平区	Yanping	604	1335	2156	7854	15372	32818
建阳区	Jianyang	402	862	1510	5452	10946	24513
邵武市	Shaowu	350	855	1238	4622	8074	18498
武夷山市	Wuyishan	211	660	1116	3598	7491	18740
建瓯市	Jian’ou	553	1264	2146	7086	15012	37350
顺昌县	Shunchang	457	703	916	6305	5564	11372
浦城县	Pucheng	382	1027	1598	5746	13883	24422
光泽县	Guangze	218	403	830	2812	5356	10401
松溪县	Songxi	184	349	664	2310	3865	10919
政和县	Zhenghe	268	447	912	3121	5299	16061
龙岩市	**Longyan**	**4325**	**8243**	**12733**	**46268**	**80561**	**192928**
龙岩市辖区	District under Longyan	1583	3022	5133	17542	33023	81122
新罗区	Xinluo	896	1681	3095	11403	21679	54827
永定区	Yongding	687	1341	2038	6139	11344	26295
漳平市	Zhangping	298	841	1275	4139	7304	17856
长汀县	Changting	718	1215	2012	8689	13829	32839
上杭县	Shanghang	746	1201	1634	6642	11077	25620
武平县	Wuping	474	983	1411	5006	8345	18721
连城县	Liancheng	506	981	1268	4250	6983	16770
宁德市	**Ningde**	**4222**	**8317**	**14218**	**48558**	**90712**	**239046**
宁德市辖区	District under Ningde	714	1281	2487	7884	14604	44259
蕉城区	Jiaocheng	714	1281	2487	7884	14604	44259
福安市	Fu'an	922	1601	2840	10892	21797	52865
福鼎市	Fuding	658	1413	2203	8497	15014	40564
霞浦县	Xiapu	514	1175	2069	7112	12510	38203
古田县	Gutian	491	1053	1501	4541	8669	20533
屏南县	Pingnan	222	449	812	2221	3947	10098
寿宁县	Shouning	300	673	1005	3334	6668	13594
周宁县	Zhouning	258	467	788	2426	4723	11058
柘荣县	Zherong	143	205	513	1651	2780	7872

20-16 卫生主要指标（2017年）

Main Indicators of Sanitation(2017)

地区	Area	卫生机构数（个）Number of Health Institutions (unit)	卫生机构床位数（张）Number of Beds in Health Institutions (set)	卫生技术人员数（人）Medical Technical Personnel (person)	#执业医师 Medical practitioner	#注册护士 Registered Nurse
全　省	**Fujian**	**27217**	**183418**	**231546**	**73377**	**101285**
福州市	**Fuzhou**	**4269**	**36129**	**55332**	**18861**	**24227**
福州市辖区	District under Fuzhou	1752	25048	40128	14529	17666
鼓楼区	Gulou	317	10014	16454	6079	7394
台江区	Taijiang	214	4921	8633	3408	3870
仓山区	Cangshan	372	4140	6085	2181	2754
马尾区	Mawei	119	643	927	315	374
晋安区	Jin'an	353	3270	5156	1636	2174
长乐区	Changle	377	2060	2873	910	1100
福清市	Fuqing	634	3533	5020	1495	2241
闽侯县	Minhou	397	1369	2307	673	936
连江县	Lianjiang	355	1360	2151	624	775
罗源县	Luoyuan	234	1110	1200	300	547
闽清县	Minqing	301	1472	1406	368	677
永泰县	Yongtai	285	972	1157	369	492
平潭县	Pingtan	311	1265	1963	503	893
厦门市	**Xiamen**	**1701**	**15341**	**31182**	**11804**	**13402**
厦门市辖区	District under Xiamen	1701	15341	31182	11804	13402
思明区	Siming	472	8062	14563	5427	6588
海沧区	Haicang	169	1310	3050	1193	1207
湖里区	Huli	148	1511	2837	975	1266
集美区	Jimei	337	2197	5919	2366	2432
同安区	Tong'an	369	1461	3146	1178	1284
翔安区	Xiang'an	206	800	1667	665	625
莆田市	**Putian**	**1348**	**13285**	**14505**	**4495**	**6419**
莆田市辖区	District under Putian	992	10149	11171	3644	4965
城厢区	Chengxiang	192	2792	3472	1240	1639
涵江区	Hanjiang	256	4616	4200	1345	1953
荔城区	Licheng	271	1215	1969	611	813
秀屿区	Xiuyu	273	1526	1530	448	560
仙游县	Xianyou	356	3136	3334	851	1454
三明市	**Sanming**	**2597**	**14093**	**15725**	**4650**	**6895**
三明市辖区	District under Sanming	230	3126	3776	1249	1735
梅列区	Meilie	125	1725	2543	846	1176
三元区	Sanyuan	105	1401	1233	403	559
永安市	Yong'an	355	2569	2772	906	1311
明溪县	Mingxi	106	512	555	156	213
清流县	Qingliu	133	565	706	180	307
宁化县	Ninghua	277	1264	1320	348	563
大田县	Datian	477	1468	1452	402	657
尤溪县	Youxi	371	1597	1789	475	725
沙县	Shaxian	238	1069	1306	370	540
将乐县	Jiangle	136	865	823	240	351
泰宁县	Taining	158	649	736	205	279
建宁县	Jianning	116	409	490	119	214
泉州市	**Quanzhou**	**4830**	**34168**	**39487**	**12318**	**16891**
泉州市辖区	District under Quanzhou	690	11730	15624	4760	7371
鲤城区	Licheng	176	6252	8018	2404	4079
丰泽区	Fengze	203	3361	5316	1693	2412
洛江区	Luojiang	125	683	746	232	256
泉港区	Quangang	186	1434	1544	431	624
石狮市	Shishi	361	1626	2954	1056	1248

20-16 续表

Continued

地区	Area	卫生机构数（个）Number of Health Institutions (unit)	卫生机构床位数（张）Number of Beds in Health Institutions (set)	卫生技术人员数（人）Medical Technical Personnel (person)	#执业医师 Medical practitioner	#注册护士 Registered Nurse
晋江市	Jinjiang	898	4783	6357	2061	2338
南安市	Nan'an	899	5400	4457	1390	1759
惠安县	Hui'an	464	3546	3534	1059	1414
安溪县	Anxi	816	3642	3249	941	1419
永春县	Yongchun	386	2139	1902	566	745
德化县	Dehua	316	1302	1410	485	597
漳州市	**Zhangzhou**	**4333**	**23196**	**23691**	**6655**	**10077**
漳州市辖区	District under Zhangzhou	543	8209	9463	2943	4293
芗城区	Xiangcheng	368	7284	8205	2587	3822
龙文区	Longwen	175	925	1258	356	471
龙海市	Longhai	826	3070	3096	944	1248
云霄县	Yunxiao	289	1590	1473	363	674
漳浦县	Zhangpu	706	2882	3191	766	1270
诏安县	Zhao'an	439	1993	1757	408	683
长泰县	Changtai	180	854	847	247	330
东山县	Dongshan	179	970	920	258	373
南靖县	Nanjing	382	1052	1159	304	449
平和县	Pinghe	576	2006	1372	324	599
华安县	Hua'an	213	570	413	98	158
南平市	**Nanping**	**2213**	**16242**	**16351**	**4562**	**7347**
南平市辖区	District under Nanping	514	5659	5841	1629	2779
延平区	Yanping	274	3662	3594	1090	1656
建阳区	Jianyang	240	1997	2247	539	1123
邵武市	Shaowu	159	2353	1981	538	912
武夷山市	Wuyishan	259	1184	1309	459	513
建瓯市	Jian’ou	332	2444	2389	685	1055
顺昌县	Shunchang	163	900	867	216	381
浦城县	Pucheng	284	1574	1405	415	602
光泽县	Guangze	161	680	764	207	336
松溪县	Songxi	158	643	823	183	354
政和县	Zhenghe	183	805	972	230	415
龙岩市	**Longyan**	**3028**	**17519**	**18842**	**5412**	**8666**
龙岩市辖区	District under Longyan	903	8510	9707	3165	4671
新罗区	Xinluo	543	6533	7905	2662	3924
永定区	Yongding	360	1977	1802	503	747
漳平市	Zhangping	329	1373	1297	372	548
长汀县	Changting	472	2355	2514	492	1143
上杭县	Shanghang	563	1944	1992	553	779
武平县	Wuping	484	1860	1709	413	764
连城县	Liancheng	277	1477	1623	417	761
宁德市	**Ningde**	**2898**	**13445**	**16431**	**4620**	**7361**
宁德市辖区	District under Ningde	404	3206	4151	1287	2002
蕉城区	Jiaocheng	404	3206	4151	1287	2002
福安市	Fu'an	551	2381	2961	950	1396
福鼎市	Fuding	441	2139	3091	867	1327
霞浦县	Xiapu	339	1740	2203	522	955
古田县	Gutian	484	1390	1513	383	674
屏南县	Pingnan	184	737	630	163	279
寿宁县	Shouning	221	766	835	185	339
周宁县	Zhouning	158	587	565	116	213
柘荣县	Zherong	116	499	482	147	176

20-17 社会消费品零售总额（2017年）

Total Retail Sales of Consumer Goods(2017)

单位：万元 (10000 yuan)

地区	Area	社会消费品零售总额 Total Retail Sales of Consumer Goods 数量 Value	比上年增长(%) Ratio(%)
全　省	**Fujian**	**130130023**	**11.5**
福州市	**Fuzhou**	**41938675**	**11.4**
福州市辖区	District under Fuzhou	30989907	10.8
鼓楼区	Gulou	10676665	8.6
台江区	Taijiang	4060302	6.0
仓山区	Cangshan	5079496	16.1
马尾区	Mawei	1846096	14.6
晋安区	Jin'an	7200933	12.0
长乐区	Changle	2126416	12.4
福清市	Fuqing	4274129	14.3
闽侯县	Minhou	2767415	16.1
连江县	Lianjiang	1565511	14.5
罗源县	Luoyuan	583209	12.5
闽清县	Minqing	512390	12.4
永泰县	Yongtai	601511	14.3
平潭县	Pingtan	644603	8.9
厦门市	**Xiamen**	**14467448**	**12.7**
厦门市辖区	District under Xiamen	14467448	12.7
思明区	Siming	5298558	8.3
海沧区	Haicang	1492508	-5.2
湖里区	Huli	3644176	-0.4
集美区	Jimei	1293929	13.2
同安区	Tong'an	2099352	109.0
翔安区	Xiang'an	638925	13.6
莆田市	**Putian**	**6954108**	**11.6**
莆田市辖区	District under Putian	6003550	11.9
城厢区	Chengxiang	2145575	13.0
涵江区	Hanjiang	1216156	10.3
荔城区	Licheng	1886981	12.5
秀屿区	Xiuyu	754838	10.0
仙游县	Xianyou	950558	9.7
三明市	**Sanming**	**5334337**	**11.0**
三明市辖区	District under Sanming	1259983	11.5
梅列区	Meilie	833697	11.4
三元区	Sanyuan	426286	11.8
永安市	Yong'an	958987	11.8
明溪县	Mingxi	172026	11.5
清流县	Qingliu	239571	13.0
宁化县	Ninghua	392869	11.6
大田县	Datian	536851	11.0
尤溪县	Youxi	494041	10.8
沙县	Shaxian	546105	7.6
将乐县	Jiangle	252576	11.7
泰宁县	Taining	240117	8.9
建宁县	Jianning	241212	11.8
泉州市	**Quanzhou**	**30339515**	**11.4**
泉州市辖区	District under Quanzhou	7956723	12.9
鲤城区	Licheng	4172850	12.1
丰泽区	Fengze	2487417	13.2
洛江区	Luojiang	402451	22.3
泉港区	Quangang	894005	11.5
石狮市	Shishi	4452945	8.9
晋江市	Jinjiang	6672800	12.3
南安市	Nan'an	4403008	12.3
惠安县	Hui'an	2737609	8.8
安溪县	Anxi	2624168	10.5
永春县	Yongchun	874051	10.4
德化县	Dehua	618211	10.9
漳州市	**Zhangzhou**	**9824346**	**12.2**
漳州市辖区	District under Zhangzhou	3347398	11.5
芗城区	Xiangcheng	2008466	9.3
龙文区	Longwen	1338933	15.1
龙海市	Longhai	1411108	10.8
云霄县	Yunxiao	709035	14.6
漳浦县	Zhangpu	1139894	12.0
诏安县	Zhao'an	1092715	14.1
长泰县	Changtai	350282	14.4
东山县	Dongshan	443105	13.7
南靖县	Nanjing	459634	13.3
平和县	Pinghe	575697	10.1
华安县	Hua'an	295478	13.1
南平市	**Nanping**	**6152590**	**10.5**
南平市辖区	District under Nanping	2028462	10.0
延平区	Yanping	1424480	8.8
建阳区	Jianyang	601638	12.4
邵武市	Shaowu	1201791	11.7
武夷山市	Wuyishan	518333	10.0
建瓯市	Jian'ou	860650	13.1
顺昌县	Shunchang	330223	7.9
浦城县	Pucheng	486234	8.9
光泽县	Guangze	217937	9.0
松溪县	Songxi	267286	10.6
政和县	Zhenghe	241673	10.0
龙岩市	**Longyan**	**8131876**	**11.5**
龙岩市辖区	District under Longyan	4421004	13.2
新罗区	Xinluo	3551392	13.4
永定区	Yongding	869611	12.3
漳平市	Zhangping	706414	13.6
长汀县	Changting	787669	13.3
上杭县	Shanghang	855656	-0.8
武平县	Wuping	757833	12.3
连城县	Liancheng	603301	13.9
宁德市	**Ningde**	**5650870**	**10.3**
宁德市辖区	District under Ningde	1367272	12.4
蕉城区	Jiaocheng	1367272	12.4
福安市	Fu'an	843366	8.8
福鼎市	Fuding	1148428	11.4
霞浦县	Xiapu	787208	9.0
古田县	Gutian	724470	10.1
屏南县	Pingnan	211746	8.2
寿宁县	Shouning	245525	7.6
周宁县	Zhouning	185988	9.4
柘荣县	Zherong	136867	7.5

20-18 社会保险和低保情况（2017年）

Statistics of People in Social Insurance and Subsistence(2017)

单位：万人 (10000 persons)

地区	Area	期末参加基本养老保险职工人数 People Participated in Basic Pension Insurance at the Year-end	期末参加城乡居民社会养老保险人数 People Participated in Residents of Social Endowment Insurance in Urban and Rural Areas	期末参加基本医疗保险人数 People Participated in Basic Medical Insurance at the Year-end	城镇居民最低生活保障人数 People Receiving Minimum Living Allowance in Urban Areas	农村居民最低生活保障人数 People Receiving Minimum Living Allowance in Rural Areas
全　省	**Fujian**	**840.05**	**1493.74**	**3768.61**	**6.82**	**39.08**
福州市	**Fuzhou**	**159.97**	**232.33**	**657.40**	**0.90**	**5.24**
福州市辖区	District under Fuzhou	101.83	50.24	196.58	0.53	1.03
鼓楼区	Gulou		0.96		0.02	
台江区	Taijiang		0.93		0.16	
仓山区	Cangshan		5.45		0.16	0.22
马尾区	Mawei	9.78	4.61	20.83	0.07	0.11
晋安区	Jin'an		4.34		0.08	0.07
长乐区	Changle	6.15	33.95	60.56	0.04	0.62
福清市	Fuqing	15.34	66.47	131.19	0.10	0.84
闽侯县	Minhou	9.01	28.93	61.93	0.04	0.84
连江县	Lianjiang	5.38	28.81	59.32	0.03	0.66
罗源县	Luoyuan	2.76	9.97	24.35	0.04	0.52
闽清县	Minqing	3.76	13.69	28.84	0.03	0.32
永泰县	Yongtai	2.94	15.80	34.38	0.06	0.45
平潭县	Pingtan					
厦门市	**Xiamen**	**221.07**	**23.79**	**381.81**	**0.76**	**0.40**
厦门市辖区	District under Xiamen	221.07	23.79	381.81	0.76	0.40
思明区	Siming	3.13	1.30		0.21	
海沧区	Haicang	0.82	0.86		0.05	0.04
湖里区	Huli	0.44	2.73		0.07	
集美区	Jimei	0.51	7.74		0.04	0.02
同安区	Tong'an	0.95	1.77		0.13	0.27
翔安区	Xiang'an	0.82	9.39		0.27	0.07
莆田市	**Putian**	**34.45**	**154.99**	**327.94**	**0.15**	**3.65**
莆田市辖区	District under Putian	15.19	103.70	34.89	0.10	1.53
城厢区	Chengxiang	0.76	16.11	32.45	0.02	0.29
涵江区	Hanjiang	7.52	21.60	37.38	0.03	0.22
荔城区	Licheng	0.83	21.01	45.39	0.05	0.29
秀屿区	Xiuyu	3.31	44.98	79.75		0.73
仙游县	Xianyou	6.85	51.29	98.08	0.05	2.12
三明市	**Sanming**	**41.86**	**120.85**	**261.42**	**0.49**	**3.02**
三明市辖区	District under Sanming	6.82	3.85	15.66	0.10	0.05
梅列区	Meilie	3.02	1.33	4.56	0.04	0.02
三元区	Sanyuan	2.35	3.52	8.83	0.06	0.03
永安市	Yong'an	7.38	11.97	30.44	0.05	0.11
明溪县	Mingxi	1.46	5.68	10.72	0.03	0.13
清流县	Qingliu	1.69	6.67	13.38	0.03	0.22
宁化县	Ninghua	2.55	16.29	32.53	0.06	0.53
大田县	Datian	3.52	17.87	35.53	0.02	0.47
尤溪县	Youxi	3.16	22.71	40.70	0.03	0.59
沙县	Shaxian	4.64	11.73	25.32	0.06	0.22
将乐县	Jiangle	2.21	9.34	16.97	0.04	0.23
泰宁县	Taining	1.55	6.44	12.90	0.03	0.15
建宁县	Jianning	1.51	7.30	13.88	0.04	0.31
泉州市	**Quanzhou**	**142.99**	**364.62**	**721.64**	**1.04**	**6.09**
泉州市辖区	District under Quanzhou	18.52	39.68	23.25	0.35	0.86
鲤城区	Licheng	9.85	4.17	18.22	0.09	
丰泽区	Fengze	15.35	5.66	25.86	0.10	
洛江区	Luojiang	4.37	8.87	20.84	0.02	0.17
泉港区	Quangang	3.86	20.98	38.36	0.13	0.69

注：1.期末参加基本养老保险职工人数及期末参加基本医疗保险人数中，全省总数含省本级，市辖区总数含市本级；2.期末参加基本养老保险职工人数不含离退休。

Note:a)In number of People Participated in Basic Pension Insurance at the year-end,the entire province total including provincial level, the entire city total including city level.b)Number of People Participated in Basic Pension Insurance at the year-end exclude Retirees.

20-18 续表

Continued

单位：万人　　　　(10000 persons)

地区	Area	期末参加基本养老保险职工人数 People Participated in Basic Pension Insurance at the Year-end	期末参加城乡居民社会养老保险人数 People Participated in Residents of Social Endowment Insurance in Urban and Rural Areas	期末参加基本医疗保险人数 People Participated in Basic Medical Insurance at the Year-end	城镇居民最低生活保障人数 People Receiving Minimum Living Allowance in Urban Areas	农村居民最低生活保障人数 People Receiving Minimum Living Allowance in Rural Areas
石狮市	Shishi	10.37	18.97	35.54	0.25	
晋江市	Jinjiang	36.65	59.63	117.41	0.23	0.69
南安市	Nan'an	14.36	84.22	149.76	0.06	1.71
惠安县	Hui'an	11.92	55.76	96.93	0.06	0.98
安溪县	Anxi	7.44	60.69	106.05	0.05	1.09
永春县	Yongchun	5.66	30.44	54.93	0.03	0.46
德化县	Dehua	4.64	15.24	34.50	0.01	0.30
漳州市	**Zhangzhou**	**73.19**	**208.50**	**479.13**	**1.43**	**6.93**
漳州市辖区	District under Zhangzhou	18.62	17.60	64.10	0.31	0.35
芗城区	Xiangcheng	9.10	10.02		0.26	0.22
龙文区	Longwen	0.02	7.58		0.05	0.14
龙海市	Longhai	10.10	41.09	80.29	0.37	1.25
云霄县	Yunxiao	4.60	18.23	42.10	0.14	0.87
漳浦县	Zhangpu	8.02	39.61	85.67	0.13	0.98
诏安县	Zhao'an	3.73	22.53	60.61	0.13	1.40
长泰县	Changtai	4.97	8.28	21.17	0.04	0.39
东山县	Dongshan	3.47	8.65	20.18	0.12	0.18
南靖县	Nanjing	4.43	17.51	33.26	0.06	0.34
平和县	Pinghe	4.23	26.72	55.33	0.10	1.02
华安县	Hua'an	1.90	8.28	16.42	0.02	0.16
南平市	**Nanping**	**45.33**	**128.91**	**294.13**	**0.92**	**4.13**
南平市辖区	District under Nanping	8.37	31.77	9.35	0.26	0.91
延平区	Yanping	6.26	16.69	37.81	0.19	0.51
建阳区	Jianyang	4.37	15.08	33.32	0.07	0.39
邵武市	Shaowu	5.39	11.99	29.36	0.07	0.23
武夷山市	Wuyishan	3.35	10.01	22.56	0.12	0.67
建瓯市	Jian'ou	4.24	22.74	51.01	0.16	0.54
顺昌县	Shunchang	3.58	9.91	20.86	0.08	0.30
浦城县	Pucheng	4.23	18.92	40.00	0.05	0.42
光泽县	Guangze	2.52	7.22	14.84	0.08	0.28
松溪县	Songxi	1.46	7.47	14.77	0.03	0.28
政和县	Zhenghe	1.56	8.89	20.26	0.07	0.51
龙岩市	**Longyan**	**44.90**	**132.34**	**290.88**	**0.30**	**3.75**
龙岩市辖区	District under Longyan	4.26	40.37	15.35	0.07	0.72
新罗区	Xinluo	5.00	23.22	44.54	0.06	0.22
永定区	Yongding	13.38	17.15	43.67	0.01	0.50
漳平市	Zhangping	3.57	13.85	26.70	0.05	0.68
长汀县	Changting	4.60	21.60	47.42	0.11	0.69
上杭县	Shanghang	6.47	22.96	47.59	0.01	0.42
武平县	Wuping	4.10	19.14	35.41	0.02	0.65
连城县	Liancheng	3.52	14.43	30.21	0.04	0.59
宁德市	**Ningde**	**41.12**	**127.41**	**316.94**	**0.83**	**5.88**
宁德市辖区	District under Ningde	5.33	15.13	6.20	0.09	0.44
蕉城区	Jiaocheng	6.94	15.13	42.96	0.09	0.44
福安市	Fu'an	8.45	25.76	56.63	0.18	1.19
福鼎市	Fuding	7.09	24.26	56.54	0.10	0.76
霞浦县	Xiapu	3.66	20.19	48.39	0.14	0.69
古田县	Gutian	3.39	14.24	37.62	0.08	0.50
屏南县	Pingnan	1.39	7.69	17.29	0.03	0.64
寿宁县	Shouning	2.26	8.52	23.28	0.08	0.73
周宁县	Zhouning	1.22	7.74	17.70	0.04	0.57
柘荣县	Zherong	1.38	3.88	10.33	0.09	0.35

中国统计出版社最新图书简目

(仅供参考,以实际出版为准)

统计资料

中国统计年鉴　中国统计摘要　中国第三产业统计年鉴
中国第三次全国农业普查综合资料　国际统计年鉴　金砖国家联合统计手册
中国-东盟国家统计手册　中国农村统计年鉴　中国县域统计年鉴
中国农产品价格调查年鉴　中国城市统计年鉴　中国价格统计年鉴
中国贸易外经统计年鉴　中国零售和餐饮连锁企业统计年鉴　中国商品交易市场统计年鉴
大中型批发零售和住宿餐饮企业统计年鉴　中国住户调查年鉴　中国工业统计年鉴
中国环境统计年鉴　中国能源统计年鉴　中国建筑业统计年鉴
中国房地产统计年鉴　中国固定资产投资统计年鉴　中国对外直接投资统计公报
中国人口和就业统计年鉴　中国劳动统计年鉴　中国社会统计年鉴
中国科技统计年鉴　中国高技术产业统计年鉴　全国企业创新调查年鉴
中国文化及相关产业统计年鉴　2018年时间利用调查资料　中国妇女儿童状况统计资料
中国基本单位统计年鉴　中国教育统计年鉴　中国教育经费统计年鉴
中国民族统计年鉴　中国残疾人事业统计年鉴

省级综合统计年鉴系列

北京 天津 河北 山西 内蒙古 辽宁 吉林 黑龙江 上海 江苏 浙江 安徽 福建 江西 山东 河南 湖北 湖南
广东 广西 海南 重庆 四川 贵州 云南 西藏 陕西 甘肃 青海 宁夏 新疆 新疆生产建设兵团

市(县)级综合统计年鉴系列

滨海新区 石家庄 唐山 邯郸 保定 沧州 邢台 廊坊 承德 衡水 秦皇岛 张家口 太原 大同 阳泉 长治 晋城
朔州 晋中 运城 忻州 临汾 吕梁 呼和浩特 呼和浩特新城区 鄂尔多斯 包头 沈阳 大连 长春 吉林 延吉 四平
通化 松原 哈尔滨 齐齐哈尔 黑龙江垦区 上海浦东新区 南京 无锡 徐州 常州 苏州 南通 连云港 淮安 盐城
扬州 镇江 泰州 宿迁 江阴 丹阳 海门 杭州 宁波 温州 嘉兴 湖州 绍兴 金华 衢州 舟山 台州 丽水 合肥
安庆 马鞍山 福州 厦门 宁德 漳州 龙岩 南昌 九江 上饶 新余 抚州 萍乡 赣州 吉安 景德镇 济南 青岛 潍坊
枣庄 日照 滕州 郑州 洛阳 平顶山 三门峡 商丘 信阳 济源 汝州 武汉 十堰 荆州 宜昌 荆门 咸宁 长沙 广州
深圳 惠州 东莞 汕尾 南宁 柳州 桂林 梧州 来宾 河池 防城港 海口 三亚 成都 贵阳 黔南 毕节 昆明 西安
咸阳 延安 宝鸡 安康 铜川 汉中 榆林 兰州 庆阳 银川 乌鲁木齐 兵团一师 兵团十师

调查年鉴系列

天津 内蒙古 上海 浙江 福建 河南 湖北 湖南 广东 广西 重庆 四川 云南 甘肃 宁夏

统计方法应用/实用手册

实用SAS统计分析教程　Python数据分析基础　统计公文知识问答　领导干部统计知识问答
乡镇统计人员岗位知识培训系列教材：辅助调查员岗位基础知识　乡镇统计人员岗位基础知识
县级统计人员岗位知识培训系列教材：Excel在统计工作中的应用　简明统计分析
地市级统计人员岗位知识培训系列教材：统计报告与演示　中国国民经济核算体系（2016）基础知识
全国统计专业技术资格考试系列考试用书：统计业务知识（第四版）　统计业务知识学习指导与习题
全国统计专业技术资格考试系列考试用书：统计相关知识（第四版）　统计相关知识学习指导与习题

统计通俗读物/统计科普图书

我国20个统计指标的历史变迁　联合国工业发展组织：2016年工业发展报告
中国古代统计发展史　理解国民账户

重点图书

波澜壮阔四十年　砥砺奋进铸就辉煌——改革开放40年与时俱进的中国统计
新编英汉汉英统计大词典　中国国民经济核算体系2016　国民经济行业分类注释
挑大学选专业2019—考研择校指南　挑大学选专业2019—高考志愿填报指南　中华医学统计百科全书

中国统计出版社发行部电话：（010）63376907　63376908　同楫行书店电话：68783171　68783172
地址：北京市丰台区西三环南路甲6号　邮政编码：100073　网址：http://www.zgtjcbs.com

《福建统计年鉴-2018》光盘（CD-ROM）介绍

《福建统计年鉴—2018》（光盘）是一部信息高度密集的统计资料书的电子版。全书系统收录了 2017 年福建省全省及各地区、各部门经济和社会发展各方面的统计数据，以及重要年份福建国民经济主要指标的统计数据，是一部全面反映福建经济和社会发展情况的资料性年刊。

全书内容分为20个部分：1.综合；2.国民经济核算；3.人口、就业和职工工资；4.固定资产投资；5.对外经济；6.能源；7.人民生活；8.价格指数；9.财政金融；10.农业；11.工业；12.建筑业；13.交通运输和邮电通信业；14.批发零售、住宿餐饮和旅游业；15.科学和教育；16.文化和体育；17.卫生事业；18.公共管理和其他社会活动；19.企业调查；20.市县国民经济主要指标。各篇末均附有《主要统计指标解释》。

《福建统计年鉴—2018》（光盘）为中英文双语版，操作简便，还设有转换Excel文件功能。

Introduction to CD-ROM

Fujian Statistical Yearbook 2018 (CD-ROM) is an annual statistic publication of comprehensive information with highly density. The yearbook covers very comprehensive data in 2017 and some selected data series in important years of provincial and regional levels and in different departments , reflects various aspects of Fujian social and economic development.

The CD-ROM contains the following twenty chapters: 1.General Survey；2.National Economy Accounting；3. Population,Employment and Wages；4.Investment in Fixed Assets；5.Foreign Trade；6. Energy；7.People's Living Conditions；8.Price Indices；9..Finance；10.Agriculture；11.Industry；12.Construction；13. Transportation, Postal and Telecommunication Services；14.Wholesale,Retail Trades, Hotels, Catering Services and Tourism；15.Science and Education；16.Culture and Sports；17.Health；18.Publish Administration and Others；19.Enterprise Survey；20.Main Economic Indicators of City Prefecture and County etc. At the end of each chapter, Explanatory Notes on Main Statistical Indicators are included.

Fujian Statistical Yearbook 2018 (CD-ROM) is Compiled in Chinese and English and is Easy to used. The Tables in the CD-ROM can be converted to Excel Documents.

光盘（CD-ROM）操作说明

系统要求：Windows98及以上版本　IE4.0以上浏览器

显示设置：建议使用800×600像素分辨率

运行方法：光盘插入驱动器后自动运行，或直接运行INDEX.HTM文件

How to use the CD-ROM

System Requirement: Windows 98 or above versions, IE4.0or above browers.

Monitor:800*600 resolution suggested.

How to Start: The CD-ROM will run automatically once inserted into the driver or run INDEX.htm.